레전드
일본어
회화사전

NEW 레전드
일본어 회화사전

개정2판 2쇄 **발행** 2024년 3월 20일
개정2판 1쇄 **발행** 2023년 11월 20일

저자 더 콜링_김정희·桃坂ももさか·明子あきこ·一朗いちろう
감수 日野理沙ひのりさ(김윤의)
기획 김은경
편집 이지영
디자인 IndigoBlue
성우 扶たすく·恭子きょうこ
녹음·영상 BRIDGE CODE

발행인 조경아
총괄 강신갑
발행처 **랭**귀지**북**스
등록번호 101-90-85278 **등록일자** 2008년 7월 10일
주소 서울시 마포구 포은로2나길 31 벨라비스타 208호
전화 02.406.0047 **팩스** 02.406.0042
이메일 languagebooks@hanmail.net
MP3 다운로드 blog.naver.com/languagebook

ISBN 979-11-5635-208-2 (13730)
값 18,000원

레전드
일본어
회화사전

랭귀지북스

일본어, 이제 네이티브와 당당하게 말해 보세요!

일본어를 우리말처럼 하고 싶다면?
언제 어디서든 내가 필요한 일본어 표현을 척척 꺼내고 싶다면?
일본 여행을 계획해 놓았는데, 일본어 공부를 못했다면?
이런 고민이 있다면 이제는 **〈레전드 일본어 회화사전〉**을 펴 보세요.

일본어를 접하는 대부분의 사람들은 일본 만화나 드라마, 또는 일본 문화에 심취하다가 빠져든 경우가 많습니다. 그러기에 단순한 학습적인 접근이 아닌 문화와 생활을 통해 이해하며 학습하는 것이 재미있게 공부할 수 있는 방법이 됩니다. 언어는 말뿐 아니라 문화도 중요합니다. 그 언어를 구사하는 사람들이 모여 형성하고 있는 문화를 이해할 때, 언어는 비로소 재미있어집니다.
무조건 일대일 번역보다 그 상황에 맞게 구사할 수 있는 능력도 일본어 잘한다는 소리를 들을 수 있는 비결 중 하나가 되겠죠.

〈레전드 일본어 회화사전〉에서는 이런 점을 염두에 두고, 일본 문화와 상황에 맞춰 필요한 표현들을 모았습니다. 그곳에서만 쓰이고 꼭 필요한 표현만 추렸으며, 우리말로 단순히 옮긴 표현은 버렸습니다. 일본어를 잘하기 위해 어려운 말을 구사하려고 애쓰지 마세요. 쉬운 말이라도 내 입 밖으로 꺼내는 것이 중요합니다.

이 책은 여러분의 일본어 자신감을 더해 줄 수 있도록 모든 일본어 표현에 한글 발음 표기 및 한자에도 모두 후리가나(일본어 발음표기)를 꼼꼼하게 달아놓았습니다. 한글 발음 표기는 최대한 원어민의 발음에 가깝도록 필요한 표현을 구사하는 데 어려움이 없도록 했습니다.

이 책이 완성될 수 있도록 도와준 모든 분들 – 한국과 한국 문화, 그리고 한국어 사랑이 뜨거웠던 桃坂ももさかさん, 明子あきこさん, 一朗いちろうさん, 바쁜 일상 중에도 기꺼이 시간 내어 감수해 준 윤의(理沙りさ) 언니, 내 일처럼 열정을 갖고 녹음과 검토에 힘써 준 扶たすくさん에 감사의 마음을 전합니다.
그리고 언제나 내 삶의 이유 되시는 하나님께 모든 영광을 돌립니다.

저자 더 콜링_김정희

About this book 이 책의 특징

일본에서 가장 많이 쓰는 기본 표현을 엄선해 담았습니다. 학습을 통해 자기소개와 취미 말하기부터 직업 소개, 감정 표현까지 다양한 주제의 기본 회화를 쉽게 구사해 보세요.

1. 상황에 따른 3,600여 개 표현!

왕초보부터 초·중급 수준의 일본어 학습자를 위한 어휘·표현집으로, 일상생활에서 자주 접하게 되는 상황을 12개의 큰 주제로 묶고, 다시 500개 이상의 작은 주제로 나눠 3,600여 개의 표현을 제시했습니다.

2. 눈에 쏙 들어오는 그림으로 기본 어휘 다지기!

500여 컷 이상의 일러스트와 함께 기본 어휘를 쉽게 익힐 수 있습니다. 자기소개, 직장생활 등 일상생활에 필요한 기본 단어부터 취미, 감정 등 주제별 주요 단어와 어휘를 생생한 그림과 함께 담았습니다.

音楽おんがく 옹가꾸 음악

MP3. Word_C03_05

音楽おんがく 옹가꾸 n. 음악	歌うた 우따 n. 노래 歌うたう 우따우 v. 노래하다	歌手かしゅ 카슈 n. 가수
楽器がっき 각끼 n. 악기	演奏えんそうする 엔소-스루 v. 연주하다	演奏会えんそうかい 엔소-까이 n. 연주회 コンサート 콘사-토 n. 음악회, 콘서트
ピアノ 피아노 n. 피아노	バイオリン 바이오린 n. 바이올린	チェロ 체로 n. 첼로
ギター 기타- n. 기타	ハープ 하-프 n. 하프	三味線しゃみせん 샤미셍 n. 샤미센(일본 전통 악기로, 세 줄을 가진 목이 긴 현악기)
ドラム 도라무 n. 드럼, 북	鼓つづみ 츠즈미 n. 북(일본 전통 악기로, 장고처럼 생긴 양면북)	太鼓たいこ 타이꼬 n. 북(일본 전통 악기로, 원통형의 양면북)
フルート 후루-토 n. 플룻	トランペット 토람펫토 n. 트럼펫	サックス 삭쿠스 n. 색소폰

3. 바로 찾아 바로 말할 수 있는 한글 발음 표기!

기초가 부족한 초보 학습자가 일본어를 읽을 수 있는 가장 쉬운 방법은 바로 한글로 발음을 표기해 두는 것입니다. 일본어 발음이 우리말과 일대일로 대응하지 않지만, 여러분의 학습에 편의를 드리고자 일본에서 사용하는 표준 발음과 최대한 가까운 소리로 한글 발음을 표기하였습니다. 초보자도 언제 어디서나 필요한 표현을 바로 찾아 다양한 문장을 구사할 수 있습니다. 각 표현의 하단에는 사전 없이 바로 이해할 수 있도록 참고 어휘를 정리해 두었습니다.

4. 꼭! 짚고 가기 & 여기서 잠깐!

문화를 제대로 알아야 언어를 이해하기 쉽습니다. 일본 사회, 문화 전반에 걸친 다양한 정보와 언어가 형성된 배경을 담아 억지로 외우지 않아도 표현이 가능하도록 하였습니다. 우리와 다른 그들의 문화를 접하며 표현 익히는 데 재미를 더해 보세요.

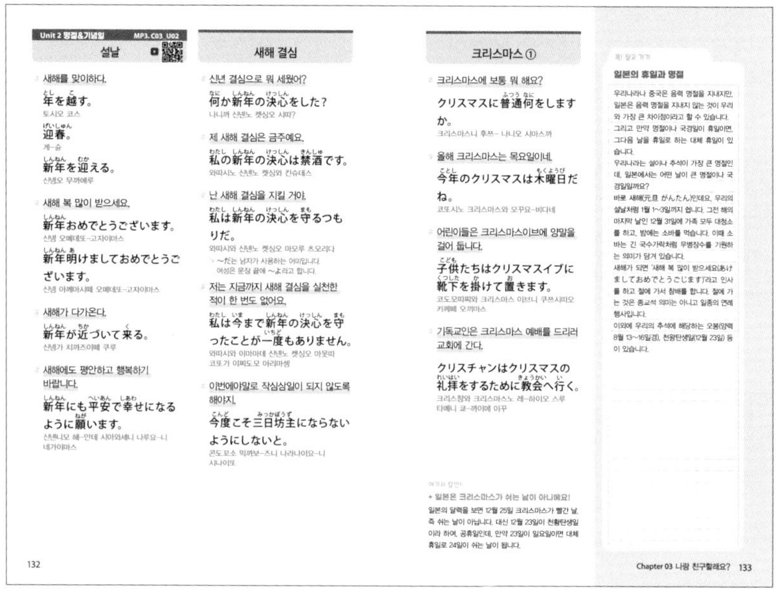

Unit 2 명절&기념일 MP3. C03_U02

설날

새해를 맞이하다.

年を越す。
토시오 코스

迎春。
게-슌

新年を迎える。
신넹오 무까에루

새해 복 많이 받으세요.

新年おめでとうございます。
신넹 오메데또-고자이마스

新年明けましておめでとうございます。
신넹 아께마시떼 오메데또-고자이마스

새해가 다가온다.

新年が近づいて来る。
신넹가 치까즈이떼 쿠루

새해에도 평안하고 행복하기 바랍니다.

新年にも平安で幸せになるように願います。
신넨니모 헤-안데 시아와세니 나루요-니 네가이마스

새해 결심

신년 결심으로 뭐 세웠어?

何か新年の決心をした？
나니까 신넨노 켓싱오 시따?

제 새해 결심은 금주예요.

私の新年の決心は禁酒です。
와따시노 신넨노 켓싱와 킨슈데스

난 새해 결심을 지킬 거야.

私は新年の決心を守るつもりだ。
와따시와 신넨노 켓싱오 마모루 츠모리다

+ ~だ는 남자가 사용하는 어미입니다. 여성은 문장 끝에 ~よ라고 합니다.

저는 지금까지 새해 결심을 실천한 적이 한 번도 없어요.

私は今まで新年の決心を守ったことが一度もありません。
와따시와 이마마데 신넨노 켓싱오 마못따 코또가 이찌도모 아리마셍

이번에야말로 작심삼일이 되지 않도록 해야지.

今度こそ三日坊主にならないようにしないと。
콘도꼬소 믹까보-즈니 나라나이요-니 시나이또

크리스마스 ①

크리스마스에 보통 뭐 해요?

クリスマスに普通何をしますか。
크리스마스니 후쯔- 나니오 시마스까

올해 크리스마스는 목요일이네.

今年のクリスマスは木曜日だね。
코또시노 크리스마스와 모꾸요-비다네

어린이들은 크리스마스이브에 양말을 걸어 둡니다.

子供たちはクリスマスイブに靴下を掛けて置きます。
코도모따찌와 크리스마스 이브니 쿠쯔시따오 카께떼 오끼마스

기독교인은 크리스마스 예배를 드리러 교회에 간다.

クリスチャンはクリスマスの礼拝をするために教会へ行く。
크리스챵와 크리스마스노 레-하이오 스루 타메니 쿄-까이에 이꾸

여기서 잠깐!

+ 일본은 크리스마스가 쉬는 날이 아니에요!

일본의 달력을 보면 12월 25일 크리스마스가 빨간 날, 즉 쉬는 날이 아닙니다. 대신 12월 23일이 천황탄생일이라 하여, 공휴일인데, 만약 23일이 일요일이면 대체 휴일로 24일이 쉬는 날이 됩니다.

꼭! 짚고 가기

일본의 휴일과 명절

우리나라나 중국은 음력 명절을 지내지만, 일본은 음력 명절을 지내지 않는 것이 우리와 가장 큰 차이점이라고 할 수 있습니다.
그리고 만약 명절이나 국경일이 휴일이면, 그다음 날을 휴일로 하는 대체 휴일이 있습니다.
우리나라는 설이나 추석이 가장 큰 명절인데, 일본에서는 어떤 날이 큰 명절이나 국경일일까요?
바로 새해(元旦 がんたん)인데요, 우리의 설날처럼 1월 1~3일까지 쉽니다. 그전 해의 마지막 날인 12월 31일에 가족 모두 대청소를 하고, 밤에는 소바를 먹습니다. 이때 소바는 긴 국수가락처럼 무병장수를 기원하는 의미가 담겨 있습니다.
새해가 되면 '새해 복 많이 받으세요(あけましておめでとうございます)'라고 인사를 하고 절에 가서 참배를 합니다. 절에 가는 것은 종교적 의미는 아니고 일종의 연례 행사입니다.
이외에 우리의 추석에 해당하는 오봉(양력 8월 13~16일경), 천황탄생일(12월 23일) 등이 있습니다.

132

Chapter 03 나랑 친구할래요? 133

5. 말하기 집중 훈련 유튜브 영상 & MP3!

이 책에는 기본 어휘부터 본문의 모든 회화 표현까지 원어민의 정확한 발음으로 녹음한 MP3 파일과 본문 영상을 제공합니다.
Unit마다 QR코드를 스캔하여 영상 자료를 쉽게 찾아볼 수 있습니다. 자주 듣고 큰 소리로 따라 말하며 학습 효과를 높여 보세요.

일본어는 기본적으로 히라가나와 카타카나, 한자로 표기합니다. 히라가나와 카타카나를 각각 음절에 따라 행과 단으로 배열한 표를 흔히 50음도라고 하는데, 오늘날 사용되지 않는 가나 문자를 빼면 모두 46자입니다.

1. 히라가나 ひらがな

히라가나는 한자의 초서체에서 유래한 문자로, 오늘날 모든 인쇄와 필기에 사용되는 가장 일반적이고 기본적인 일본어 문자입니다.

MP3. C00_1

단 / 행	あ 아	い 이	う 우	え 에	お 오
あ 아	あ 아	い 이	う 우	え 에	お 오
	あめ 아메 비	いぬ 이누 개	うえ 우에 위	えき 에끼 역	おとうと 오또-또 남동생
か 카	か 카	き 키	く 쿠	け 케	こ 코
	かさ 카사 우산	き 키 나무	くつ 쿠쯔 신발	けが 케가 상처, 부상	こと 코또 일, 것
さ 사	さ 사	し 시	す 스	せ 세	そ 소
	さくら 사꾸라 벚꽃	し 시 4, 넷	すし 스시 초밥	せき 세끼 자리, 좌석	そば 소바 곁, 옆
た 타	た 타	ち 치	つ 츠	て 테	と 토
	たくさん 탁상 많음	ちち 치찌 아버지	つゆ 츠유 장마	て 테 손	ともだち 토모다찌 친구

단 / 행	あ 아	い 이	う 우	え 에	お 오
な 나	な 나	に 니	ぬ 누	ね 네	の 노
	なみだ 나미다 눈물	にく 니꾸 고기	ぬいめ 누이메 솔기	ねだん 네당 가격, 값	のり 노리 김
は 하	は 하	ひ 히	ふ 후	へ 헤	ほ 호
	はな 하나 꽃	ひ 히 해, 태양	ふく 후꾸 옷	へや 헤야 방	ほか 호까 다른 것, 밖
ま 마	ま 마	み 미	む 무	め 메	も 모
	まえ 마에 앞	みみ 미미 귀	むかし 무까시 옛날, 예전	めいし 메–시 명함	もも 모모 복숭아
や 야	や 야		ゆ 유		よ 요
	やま 야마 산		ゆき 유끼 눈		よる 요루 밤
ら 라	ら 라	り 리	る 루	れ 레	ろ 로
	らいねん 라이넹 내년	りんご 링고 사과	るす 루스 부재중	れんらく 렌라꾸 연락	ろく 로꾸 6, 여섯
わ 와	わ 와				を 오
	わたし 와따시 나, 저				～を 오 ～을
ん 응	ん 응				
	うん 응 응(승낙, 긍정을 표현하는 말)				

2. 카타카나 カタカナ

카타카나는 한자 획의 일부를 취해서 만들어진 문자로, 표기되는 문자 모양은 달라도 발음은 히라가나와 같습니다. 주로 외래어나 외국의 인명, 지명, 의성어, 의태어, 동식물명 등을 표기할 때와 강조하고 싶은 말에 쓰이는데, 요즘은 카타카나의 사용 비중이 계속 커지고 있습니다.

MP3. C00_2

단 행	ア 아	イ 이	ウ 우	エ 에	オ 오
ア 아	ア 아	イ 이	ウ 우	エ 에	オ 오
	アジア 아지아 아시아	イギリス 이기리스 영국	ウェブ 웨부 웹	エアコン 에아콩 에어컨	オレンジ 오렌지 오렌지
カ 카	カ 카	キ 키	ク 쿠	ケ 케	コ 코
	カード 카–도 카드	キャラクター 캬라쿠타– 캐릭터	クリーム 쿠리–무 크림	ケーキ 케–키 케이크	コート 코–토 코트
サ 사	サ 사	シ 시	ス 스	セ 세	ソ 소
	サークル 사–쿠루 서클, 동호회	シングル 싱구루 싱글	スクリーン 스쿠리–ㅇ 스크린	セット 셋토 세트	ソウル 소우루 서울
タ 타	タ 타	チ 치	ツ 츠	テ 테	ト 토
	タイトル 타이토루 타이틀, 제목	チーズ 치–즈 치즈	ツアー 츠아– 투어	テレビ 테레비 텔레비전	トイレ 토이레 화장실
ナ 나	ナ 나	ニ 니	ヌ 누	ネ 네	ノ 노
	ナンバー 남바– 넘버, 번호	ニュース 뉴–스 뉴스	ヌードル 누–도루 누들	ネット 넷토 네트, 그물	ノート 노–토 노트

단 행	ア아	イ이	ウ우	エ에	オ오
ハ하	ハ 하	ヒ 히	フ 후	ヘ 헤	ホ 호
	ハイキング 하이킹그 하이킹	ヒーロー 히–로– 히어로, 영웅	フリー 후리– 프리, 자유	ヘア 헤아 헤어, 머리털	ホテル 호테루 호텔
マ마	マ 마	ミ 미	ム 무	メ 메	モ 모
	マスク 마스쿠 마스크	ミキサー 미키사– 믹서	ムード 무–도 무드, 분위기	メモリー 메모리– 메모리	モニター 모니타– 모니터
ヤ야	ヤ 야		ユ 유		ヨ 요
	ヤフー 야후 야후		ユニット 유닛토 유닛, 단위		ヨーロッパ 요–롭파 유럽
ラ라	ラ 라	リ 리	ル 루	レ 레	ロ 로
	ラジオ 라지오 라디오	リング 링그 링, 반지	ルーム 루–므 룸, 방	レポート 레포–토 리포트, 보고서	ロボット 로봇토 로봇
ワ와	ワ 와				*ヲ 오
	ワーク 와–크 워크, 일				
ン응	ン 응				
	ペン 펜 펜				

* 현재는 ヲ 오를 거의 사용하지 않습니다.
(옛날 전보문이나 공식 문서에서 쓰였으나, 현재는 형식상 남아 있습니다.)

Contents 차례

Chapter 03 나랑 친구할래요?

Chapter 01

이 정돈 기본이에요!

Chapter 01.

紹介しょうかい 쇼–까이 소개

MP3. Word_C01_01

紹介しょうかい 쇼–까이
n. 소개

名前なまえ 나마에
n. 이름
お名前なまえ 오나마에
n. 성함

姓せい 세–
n. 성

自己紹介じこしょうかい
지꼬쇼–까이
자기소개

名刺めいし 메–시
n. 명함

性別せいべつ 세–베쯔
n. 성별

男おとこ 오또꼬
n. 남자, 사나이
男性だんせい 단세–
n. 남성

女おんな 온나
n. 여자
女性じょせい 죠세–
n. 여성

～さん 상
n. ～씨

～様さま 사마
n. ～님

～方かた 카따
n. ～분들, ～님들

～君くん 쿤
n. ～군(주로 젊은 남성에 대하여 씀)

～ちゃん 챵
n. ～야(친근감을 주는 호칭, ～さん보다 다정함)

年とし 토시
n. 나이, ～살, ～년
年齢ねんれい 넨레–
n. 나이, 연령

老人ろうじん 로–진
n. 노인

大人おとな 오또나
n. 어른

若い人わかいひと 와까이 히또
n. 젊은이

子供こども 코도모
n. 어린이

赤ちゃんあかちゃん 아까쨩
= **ベビー** 베비–
n. 아기

一日いちにち 이찌니찌 하루

MP3. Word_C01_02

一日いちにち 이찌니찌 n. 하루	朝あさ 아사 n. 아침 午前ごぜん 고젱 n. 오전	起おきる 오끼루 v. 일어나다
	顔かおを洗あらう 카오오 아라우 세수하다	朝あさごはん 아사고항 n. 아침 식사
	昼ひる 히루 n. 낮 午後ごご 고고 n. 오후	昼ひるごはん 히루고항 n. 점심 식사
	昼寝ひるね 히루네 n. 낮잠	仕事しごとをするする 시고또오 스루 v. 일하다
夜よる 요루 n. 밤	夕方ゆうがた 유–가따 n. 저녁 晩ばん 방 n. 저녁때, 밤	夕ゆうご飯はん 유–고항 = 夕食ゆうしょく 유–쇼꾸 n. 저녁 식사
夢ゆめ 유메 n. 꿈	夢ゆめを見みる 유메오 미루 v. 꿈꾸다	眠ねむる 네무루 v. 자다(≠ 覚さめる 사메루) 寝ねる 네루 v. 자다(≠ 起おきる 오끼루)

時間じかん 지깡 시간

MP3. Word_C01_03

日付ひづけ 히즈께 n. 날짜	日にち 니찌 n. 일	月がつ 가쯔 n. 월	年ねん 넹 n. 년
	週しゅう 슈– n. 주 ウィーク 위–쿠 n. 주, 위크	週末しゅうまつ 슈–마쯔 n. 주말 ウイークエンド 위–켄도 n. 주말, 위크엔드	カレンダー 카렌다– n. 달력

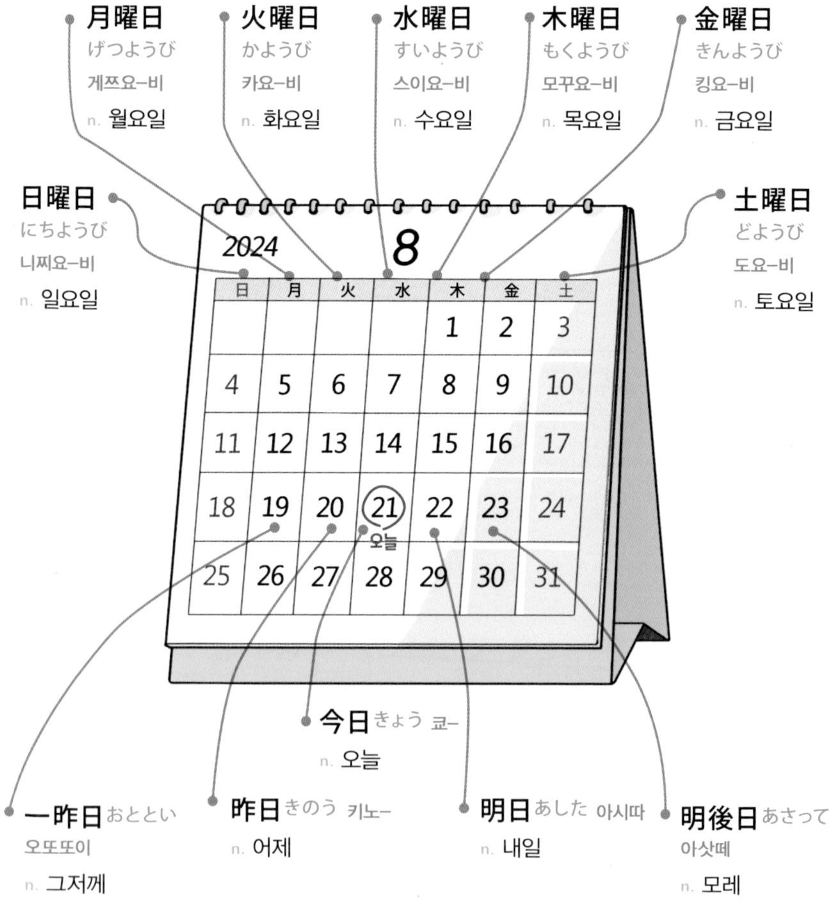

月曜日
げつようび
게쯔요–비
n. 월요일

火曜日
かようび
카요–비
n. 화요일

水曜日
すいようび
스이요–비
n. 수요일

木曜日
もくようび
모꾸요–비
n. 목요일

金曜日
きんようび
킹요–비
n. 금요일

日曜日
にちようび
니찌요–비
n. 일요일

土曜日
どようび
도요–비
n. 토요일

今日きょう 쿄–
n. 오늘

一昨日おととい
오또또이
n. 그저께

昨日きのう 키노–
n. 어제

明日あした 아시따
n. 내일

明後日あさって
아삿떼
n. 모레

挨拶あいさつ 아이사쯔 인사

MP3. Word_C01_04

お元気げんきですか。
오겐끼데스까
안녕하세요?, 잘 지내요?

いかがお過すごしですか。
이까가 오스고시데스까
어떻게 지내고 계세요?

おはよう。 오하요–
안녕. (아침 인사)

おはようございます。
오하요– 고자이마스
안녕하세요. (아침 인사)

こんにちは。 콘니찌와
안녕하세요.
(점심, 오후 인사)

こんばんは。 콤방와
안녕하세요. (저녁 인사)

おやすみなさい。
오야스미나사이
안녕히 주무세요.

さようなら。 사요–나라
안녕히 가세요.,
안녕히 계세요.

バイバイ。 바이바이
안녕., 바이바이.

じゃあ、また今度こんど。
쟈–, 마따 콘도
그럼, 다음에 또 봐요.

じゃあ、またね。
쟈–, 마따네
그럼, 또 봐.

では、また明日あした。
데와, 마따 아시따
그럼, 내일 또 봐요.

よい週末しゅうまつを。
요이 슈–마쯔오
즐거운 주말 되세요.

よろしく伝つたえてください。
요로시꾸 츠따에떼 쿠다사이
안부 전해 주세요.

ありがとうございます。 아리가또– 고자이마스
감사합니다.,
고맙습니다.

サンキュー。 상큐–
생큐., 감사합니다.

ようこそ。 요–꼬소
환영합니다.

ごめんなさい。
고멘나사이
죄송[미안]합니다.

申もうし訳わけありません。 모–시와께아리마셍
정말[대단히] 죄송합니다.

すみません。 스미마셍
죄송[미안]합니다.; 고맙습니다.;
부탁합니다.

失礼しつれいします。
시쯔레–시마스
실례합니다.

처음 만났을 때 ①

처음 뵙겠습니다.

初(はじ)めまして。

하지메마시떼

잘 부탁합니다.

どうぞよろしくお願(ねが)いします。

도-조 요로시꾸 오네가이시마스

잘 부탁해.

どうぞよろしく。

도-조 요로시꾸

저야말로 잘 부탁합니다.

こちらこそよろしくお願(ねが)いします。

코찌라꼬소 요로시꾸 오네가이시마스

나야말로 잘 부탁해.

こちらこそ。

코찌라꼬소

こちらこそよろしく。

코찌라꼬소 요로시꾸

만나서 반갑습니다.

お目(め)にかかれてとても嬉(うれ)しいです。

오메니 카까레떼 토떼모 우레시-데스

お会(あ)いできて嬉(うれ)しいです。

오아이데끼떼 우레시-데스

처음 만났을 때 ②

만나 뵙게 되어 영광입니다.

お目(め)にかかれて光栄(こうえい)です。

오메니 카까레떼 코-에-데스

말씀 많이 들었습니다.

おうわさはかねがね伺(うかが)っておりました。

오우와사와 카네가네 우까갓떼 오리마시따

お話(はなし)はよく伺(うかが)っております。

오하나시와 요꾸 우까갓떼 오리마스

마츠모토에게 말씀은 들었습니다.

松本(まつもと)の方(ほう)から聞(き)いてました。

마쯔모또노 호-까라 키-떼마시따

명함을 주시겠어요?

お名刺(めいし)をいただけますか。

오메-시오 이따다께마스까

제 명함을 드릴까요?

私(わたし)の名刺(めいし)を受(う)け取(と)っていただけますでしょうか。

와따시노 메-시오 우께똣떼
이따다께마스데쇼-까

光栄 영광
伺う '묻다, 듣다'의 겸사말
名刺 명함
* **名刺入れ** 명함지갑

때에 따른 인사

안녕하세요.

おはよう。 ↘ 아침에 하는 인사말로, '안녕히 주무셨어요'라는 의미로도 쓸 수 있습니다.
오하요-

おはようございます。
오하요- 고자이마스

안녕하세요.

こんにちは。 ↘ 점심-오후 인사
콘니찌와

안녕하세요.

こんばんは。 ↘ 저녁 인사
콤방와

잘 자.

おやすみ。
오야스미

잘 자요.

おやすみなさい。
오야스미나사이

↘ 잘 때만 쓰는 인사는 아니고, 밤에 헤어질 때나 '쉬세요'라는 의미로도 쓸 수 있답니다.

잘 잤어?

よく眠(ねむ)れた?
요꾸 네무레따?

眠る 자다, 잠들다

꼭! 짚고 가기

기타 인사말

- **いただきます。**
  잘 먹겠습니다.
  – 식사하기 전에 하는 말로, 대접 받는 경우가 아니라도 흔히 말합니다.
- **こちそうさまでした。**
  잘 먹었습니다.
  – 식사를 마치고 하는 인사말입니다.
- **よい週末(しゅうまつ)を。**
  즐거운 주말 보내요.
  – 주말에 하는 인사입니다.
- **ハロー。**
  안녕하세요.
  – 영어의 hello에서 딴 말로, 인사말은 물론, '(전화상) 여보세요'라는 의미로도 쓸 수 있습니다.
- **まいど。**
  안녕하세요.
  – 오사카 및 칸사이 지방에서 쓰는 사투리로, まいどおおきに가 정식 표현입니다. '항상 감사합니다'라는 뜻에서 왔듯이, 소소한 일에도 감사의 인사를 잊지 않는 일본인다운 표현이라고 할 수 있습니다. 칸사이 지방에서 흔히 들을 수 있으며, 요즘은 인사말로 많이 쓰입니다.
- **バイバイ。**
  바이바이.
  – 영어의 bye-bye에서 딴 말로, 비격식어이며, 헤어질 때 하는 인사입니다.

오랜만에 만났을 때 ①

\# 오랜만입니다.

お久(ひさ)しぶりです。
오히사시부리데스

しばらくです。
시바라꾸데스

\# 오랜만이네.

久(ひさ)しぶりだね。
히사시부리다네

\# 몇 년 만입니까?

何年(なんねん)ぶりですか。
난넴부리데스까

\# 오랫동안 뵙지 못했습니다.

長(なが)いこと、お目(め)にかかれませんでした。
나가이 코또, 오메니 카까레마센데시따

\# 오랫동안 소식을 드리지 못했습니다.

ご無沙汰(ぶさた)しておりました。
고부사따시떼 오리마시따
↳ 대화에서 쓰이는 말

ご無沙汰(ぶさた)しています。
고부사따시떼 이마스
↳ 편지에서 쓰이는 말

\# 시간 참 빠르네요.

時間(じかん)は早(はや)いものですね。
지깡와 하야이 모노데스네

ぶり ~만에(시간의 경과)

오랜만에 만났을 때 ②

\# 뵙고 싶었어요.

お会(あ)いしたかったです。
오아이시따깟따데스

\# 어떻게 지내셨어요?

どうしていましたか。
도-시떼이마시따까

\# 어떻게 지냈니?

どうしていた(の)?
도-시떼이따(노)?

\# 하나도 안 변했어요.

少(すこ)しも変(か)わらないですね。
스꼬시모 카와라나이데스네

\# 전혀 안 변했구나.

相変(あいか)わらずだね。
아이까와라즈다네

\# 아니, 이게 누구야!

いやー、これはこれは!
이야-, 코레와꼬레와!

\# 이렇게 여기에서 당신을 만나다니 뜻밖이에요.

こんなところで会(あ)うとは思(おも)いませんでした。
콘나 토꼬로데 아우또와 오모이마센데시따

안부를 묻는 인사

건강하세요?

お元気(げんき)ですか。
오겡끼데스까

지난 주말 어땠어요?

先週(せんしゅう)の週末(しゅうまつ)いかがでしたか。
센슈-노 슈-마쯔 이까가데시따까

가족 분들은 모두 잘 지내십니까?

ご家族(かぞく)の皆(みな)さんはお元気(げんき)ですか。
고까조꾸노 미나상와 오겡끼데스까

자제분은 잘 있습니까?

お子(こ)さんはお元気(げんき)ですか。
오꼬상와 오겡끼데스까

어떻게 지내세요?

いかがお過(す)ごしですか。
이까가 오스고시데스까

별일 없어요?

お変(か)わりないですか。
오까와리나이데스까

무슨 좋은 일이라도 있으세요?

何(なに)かいいことでもあるんですか。
나니까 이- 코또데모 아룬데스까

안부 인사에 대한 대답

모두 건강합니다.

みんな元気(げんき)です。
민나 겡끼데스

그럭저럭 지냅니다.

まあまあです。
마-마-데스

늘 마찬가지죠.

いつも同(おな)じですね。
이쯔모 오나지데스네

별일 없어.

いや、別(べつ)に。
이야, 베쯔니

무슨 별다른 일이라도?

何(なに)か変(か)わったことは？
나니까 카왓따 코또와?

여기서 잠깐!

+ 나를 기준으로 부르는 가족 호칭

- 父(ちち) 아버지
- 母(はは) 어머니
- 兄(あに) 형, 오빠
- 姉(あね) 누나, 언니
- 弟(おとうと) 남동생
- 妹(いもうと) 여동생
- 息子(むすこ) 아들
- 娘(むすめ) 딸

헤어질 때 인사 ①

안녕히 가세요.

さようなら。
사요-나라

↳ さよなら라고 쓰기도 합니다.

그럼, 내일 봐요.

では、また明日(あした)。
데와, 마따 아시따

じゃ、明日(あした)会(あ)いましょう。
쟈, 아시따 아이마쇼-

그럼, 다음 주에 봐요.

じゃ、また来週(らいしゅう)。
쟈, 마따 라이슈-

じゃ、来週(らいしゅう)会(あ)いましょう。
쟈, 라이슈- 아이마쇼-

그럼, 나중에 봐.

じゃ、あとでね。
쟈, 아또데네

그럼, 또 봐.

じゃ、またね。
쟈, 마따네

조심하세요.

気(き)をつけてください。
키오 츠께떼 쿠다사이

헤어질 때 인사 ②

다녀올게요.

行(い)ってきます。
잇떼 키마스

↳ 나가는 사람이 집에 있는 사람에게 하는 말

行(い)って参(まい)ります。
잇떼 마이리마스

↳ 정중한 표현으로
주로 회사에서 외근 나갈 때 하는 말

잘 다녀오세요.

行(い)ってらっしゃい。
잇떼랏샤이

↳ 외출에서 돌아온 사람은
'ただいま。다녀왔습니다.'라고 합니다.

전 지금 가야겠어요.

もう行(い)かないといけません。
모- 이까나이또 이께마셍

가끔 연락하고 지내자.

たまに連絡(れんらく)してね。
타마니 렌라꾸시떼네

また連絡(れんらく)するね。
마따 렌라꾸스루네

당신 가족에게 안부를 전해 주세요.

ご家族(かぞく)によろしく。
고까조꾸니 요로시꾸

ご家族(かぞく)によろしく伝(つた)えてください。
고까조꾸니 요로시꾸 츠따에떼 쿠다사이

じゃ 그럼(では의 변한 말)
伝える 전하다, 알리다

환영할 때

어서 오세요.

いらっしゃい。
이랏샤이

いらっしゃいませ。
이랏샤이마세

お帰(かえ)りなさい。
오까에리나사이

일본에 오신 것을 환영합니다.

ようこそ日本(にほん)へ。
요–꼬소 니홍에

저희 집에 오신 것을 환영합니다.

私(わたし)の家(いえ)にようこそ。
와따시노 이에니 요–꼬소

↳ 私の家는 わがや라고 읽기도 합니다.

이곳이 마음에 들기 바랍니다.

こちらを気(き)に入(い)ってもらえると嬉(うれ)しいです。
코찌라오 키니 잇떼 모라에루또 우레시–데스

ここを気(き)に入(い)ってもらえると嬉(うれ)しいです。
코꼬오 키니 잇떼 모라에루또 우레시–데스

함께 일하게 되어 반갑습니다.

一緒(いっしょ)に働(はたら)くようになって嬉(うれ)しいです。
잇쇼니 하따라꾸요–니 낫떼 우레시–데스

気に入る 마음에 들다

꼭! 짚고 가기

일본어의 경어

우리말의 존댓말처럼 일본어에도 예의를 갖춰야 하는 경우 사용하는 말이 다릅니다. 사용하는 때와 상대방에 따라 형태가 달라지는데, 기본적으로 다음과 같이 구분합니다.

(1) **존경어**

상대의 동작이나 상태 등에 대해서 존경의 마음을 나타내는 말입니다.

- なさる 하시다
- いらっしゃる 계시다, 가[오]시다
- 召(め)し上(あ)がる 드시다

(2) **겸양어**

자신 또는 가족의 동작이나 상태를 낮추어서 표현함으로써, 자연스럽게 상대방을 높이는 말입니다.

- いたす 하다
- おる 있다
- いただく 먹다

(3) **정중어**

말을 정중하게 함으로써 상대방에게 경의를 표하는 말입니다. 보통은 단어 앞에 ご나 お를 붙여서 표현합니다.

- ご飯(はん) 진지
- お食事(しょくじ) 식사
- お茶(ちゃ) 차

사람 부르기

\# 실례합니다.

すみません。
스미마셍
↳ **すいません**으로 발음하기도 합니다.

\# 여보세요.

もしもし。
모시모시

\# 어이.

おい。
오이

\# 저…

あのう。
아노-.

ねえ。
네-.

あのさあ。
아노사-

\# 실은.

実(じつ)は。
지쯔와

\# 저, 말이야.

あのね。
아노네

ねえ、ねえ。
네-, 네-

말을 걸 때

\# 할 말이 있는데.

話(はなし)があるんだけど。
하나시가 아룬다께도

\# 이야기하고 싶은 게 있는데요.

話(はな)したいことがあるんですが。
하나시따이 코또가 아룬데스가

\# 들어줬으면 하는 게 있는데.

聞(き)いてもらいたいことがあるんだけど。
키-떼 모라이따이 코또가 아룬다께도

\# 의논했으면 하는 게 있어.

相談(そうだん)したいことがあるの。
소-단시따이 코또가 아루노

\# 지금, 이야기해도 될까?

今(いま)、話(はな)してもいい？
이마, 하나시떼모 이-?

\# 지금, 시간 있어?

今(いま)、時間(じかん)ある？
이마, 지깡 아루?

\# 지금, 잠깐 괜찮아?

今(いま)、ちょっといい？
이마, 춋또 이-?

Unit 2 소개 MP3. C01_U02

상대의 정보 묻기 ①

실례지만, 성함이 어떻게 되세요?

失礼(しつれい)ですが、お名前(なまえ)は何(なん)とおっしゃいますか。

시쯔레-데스가, 오나마에와 난또 옷샤이마스까

성함이 어떻게 되세요?

お名前(なまえ)は何(なん)ですか。

오나마에와 난데스까

성함을 어떻게 읽습니까?

お名前(なまえ)は何(なん)と読(よ)みますか。

오나마에와 난또 요미마스까

성함의 한자는 어떻게 읽습니까?

お名前(なまえ)の漢字(かんじ)はどう読(よ)みますか。

오나마에노 칸지와 도- 요미마스까

이름 가르쳐 줘.

名前(なまえ)教(おし)えて。

나마에 오시에떼

성함이 뭐였지요?

お名前(なまえ)は何(なん)でしたか。

오나마에와 난데시따까

별명이 무엇입니까?

ニックネームは何(なん)ですか。

닉쿠네-무와 난데스까

꼭! 짚고 가기

일본인의 성(姓)

원래 일본인은 성을 가지는 것이 무사나귀족 계층만 가질 수 있었던 특권이었습니다. 1870년 메이지 정부가 평민에게 성을 가질 수 있도록 허락한 후부터 모든 일본인이 성을 가질 수 있게 되었습니다. 평민들이 성을 가질 수 있게 되면서 다양한 성들이 생겨났습니다.

그런데 같은 한자라도 읽는 방법이 다르거나, 같은 발음인데 다른 한자를 쓰는 바람에 약 30만 종류의 성이 있다고 합니다. 그래서 일본인의 이름을 한자만 봐서는 어떻게 읽는지 알기 어렵습니다. 만약 일본인의 명함을 받는다면 어떻게 읽는 것인지 꼭 물어보세요.

일본에서 많이 볼 수 있는 성은 다음과 같습니다.

- 佐藤(さとう)
- 鈴木(すずき)
- 高橋(たかはし)
- 田中(たなか)
- 渡辺(わたなべ)
- 伊藤(いとう)
- 山本(やまもと)
- 中村(なかむら)
- 小林(こばやし)
- 加藤(かとう)

상대의 정보 묻기 ②

성함만 알고 있었습니다.

お名前(なまえ)だけ分(わ)かっていました。

오나마에다께 와갓데 이마시따

명함을 주시겠습니까?

お名刺(めいし)をいただけますか。

오메-시오 이따다께마스까

직업이 뭐예요?

お仕事(しごと)は何(なん)ですか。

오시고또와 난데스까

국적이 무엇입니까?

国籍(こくせき)は何(なん)ですか。

콕세끼와 난데스까

어디 태생인가요?

どちらのお生(う)まれですか。

도찌라노 오우마레데스까

학교는 어디 다닙니까?

学校(がっこう)はどちらですか。

각꼬-와 도찌라데스까

가족은 몇 분입니까?

ご家族(かぞく)は何人(なんにん)ですか。

고까조꾸와 난닌데스까

자기소개하기 ①

제 소개를 하겠습니다.

自己紹介(じこしょうかい)させてください。

지꼬 쇼-까이사세떼 쿠다사이

김지현 씨에게 소개받은 이진우입니다.

金(きん)さんにご紹介(しょうかい)いただきましたイジンウです。

킨산니 고쇼-까이 이따다끼마시따 이징우데스

처음 뵙겠습니다. 스즈키 류이치라고 합니다.

初(はじ)めまして、鈴木龍一(すずきりゅういち)と申(もう)します。

하지메마시떼, 스즈끼류-이찌또 모-시마스

스즈키 류이치입니다.

鈴木龍一(すずきりゅういち)です。

스즈끼류-이찌데스

치아키라고 불러 주세요.

私(わたし)を千秋(ちあき)と呼(よ)んでください。

와따시오 치아끼또 욘데 쿠다사이

저는 한국에서 왔습니다.

私(わたし)は韓国(かんこく)から来(き)ました。

와따시와 캉꼬꾸까라 키마시따

私(わたし)は韓国人(かんこくじん)です。

와따시와 캉꼬꾸진데스

生まれる 태어나다, 출생하다

자기소개하기 ②

\# 저는 타나카 회사의 후지모토입니다.

わたし　たなか　かいしゃ　ふじもと
私は田中会社の藤本です。
와따시와 타나까 카이샤노 후지모또데스

\# 저는 은행에서 근무합니다.

わたし　ぎんこう　つと
私は銀行に勤めています。
와따시와 깅꼬-니 츠또메떼 이마스

\# 저는 하라주쿠의 옷가게에서 일하고 있습니다.

わたし　はらじゅく　ふくや　はたら
私は原宿の服屋で働いています。
와따시와 하라쥬꾸노 후꾸야데 하따라이떼 이마스

\# 저는 한국대학교 4학년입니다.

わたし　かんこくだいがく　ねんせい
私は韓国大学の4年生です。
와따시와 캉꼬꾸 다이가꾸노 요넨세-데스

\# 저는 미혼입니다.

わたし　みこん
私は未婚です。
와따시와 미꼰데스

\# 저는 결혼했습니다.

わたし　けっこん
私は結婚しています。
와따시와 켁꼰시떼 이마스

勤める 근무하다, 종사하다
大学 대학
* **小学校** 초등학교
* **中学校** 중학교
* **高等学校, 高校** 고등학교

꼭! 짚고 가기

직업 관련 어휘

- 会社員(かいしゃいん) 회사원
- サラリーマン 샐러리맨
- 行員(こういん) 은행원
- 教師(きょうし) 교사
- 教授(きょうじゅ) 교수
- 警察官(けいさつかん) 경찰관
- 消防士(しょうぼうし) 소방관
- 郵便配達人(ゆうびんはいたつにん) 우편 배달부
- 医者(いしゃ) 의사
- 看護師(かんごし) 간호사
- 薬剤師(やくざいし) 약사
- 公務員(こうむいん) 공무원
- 弁護士(べんごし) 변호사
- パイロット 파일럿
- スチュワーデス 스튜어디스
- 作家(さっか) 작가
- 詩人(しじん) 시인
- 記者(きしゃ) 기자
- アナウンサー 아나운서
- 科学者(かがくしゃ) 과학자
- デザイナー 디자이너
- 編集者(へんしゅうしゃ) 편집자, 에디터
- キュレーター 큐레이터
- 司書(ししょ) 사서
- コック 요리사
- 美容師(びようし) 미용사
- 大工(だいく) 목수
- 農夫(のうふ) 농부
- 漁師(りょうし) 어부
- 俳優(はいゆう) 배우
- 牧師(ぼくし) 목사
- 神父(しんぷ) 신부
- 坊(ぼう)さん 승려

Unit 3 감사 MP3. C01_U03

감사하다 ①

\# 고마워요.

ありがとう。
아리가또-

どうも。
도-모

サンキュー。
상큐-

↘ Thank you의 발음대로 해서 '39[さんきゅう]'라고 말하기도 합니다.

\# 감사합니다.

ありがとうございます。
아리가또-고자이마스

感謝(かんしゃ)します。
칸샤시마스

\# 감사드립니다.

感謝(かんしゃ)しております。
칸샤시떼 오리마스

\# 아주 고맙습니다.

本当(ほんとう)にありがとうございます。
혼또-니 아리가또-고자이마스

\# 깊이 감사드립니다.

深(ふか)く御礼(おれい)申(もう)し上(あ)げます。
후까꾸 오레- 모-시아게마스

\# 어쨌든, 고마워요.

何(なに)はともあれ、ありがとう。
나니와또모아레, 아리가또-

とにかくありがとう。
토니까꾸 아리가또-

감사하다 ②

\# 아주 고마워서 어떻게 감사해야 할지 모르겠습니다.

とてもありがたくてどう言(い)っていいか分(わ)かりません。
토떼모 아리가따꾸떼 도- 잇떼 이-까 와까리마셍

どれほど感謝(かんしゃ)してるか言(い)いきれません。
도레호도 칸샤시떼루까 이-끼레마셍

\# 뭐라 감사의 말씀을 드려야 좋을지 모르겠네요.

何(なん)と御礼(おれい)を申(もう)したらいいのか分(わ)からないです。
난또 오레-오 모-시따라 이-노까 와까라나이데스

\# 여러모로 신세 많이 졌습니다.

いろいろお世話(せわ)になりました。
이로이로 오세와니 나리마시따

\# 대단히 신세 많이 졌습니다.

たいへんお世話(せわ)になりました。
타이헹 오세와니 나리마시따

\# 당신 덕분으로 도움이 되었습니다.

おかげさまで助(たす)かりました。
오까게사마데 타스까리마시따

どれほど 어느 정도, 얼마나

감사하다 ③

\# 지난번에는 고마웠어.

先日(せんじつ)はどうも。

센지쯔와 도–모

\# 수고를 끼쳐드렸습니다.

ご面倒(めんどう)をおかけしました。

고멘도–오 오까께시마시따

\# 늘 도와주셔서 감사합니다.

いつも助(たす)けてくれてありがとうございます。

이쯔모 타스께떼 쿠레떼 아리가또–고자이마스

\# 도와주셔서 대단히 감사합니다.

手伝(てつだ)ってくれてどうもありがとうございます。

테쯔닷떼 쿠레떼 도–모 아리가또–고자이마스

本当(ほんとう)に助(たす)かりました。

혼또–니 타스까리마시따

\# 당신의 친절에 감사드립니다.

親切(しんせつ)にして下(くだ)さってありがとうございます。

신세쯔니 시떼 쿠다삿떼 아리가또–고자이마스

\# 요시다 씨 덕분입니다.

吉田(よしだ)さんのおかげです。

요시다산노 오까게데스

감사하다 ④

\# 알려 줘서 고마워.

知(し)らせてくれてありがとう。

시라세떼 쿠레떼 아리가또–

\# 초대해 주셔서 고맙습니다.

ご招待(しょうたい)ありがとうございます。

고쇼–따이 아리가또–고자이마스

お招(まね)きありがとうございます。

오마네끼 아리가또–고자이마스

\# 만나러 와 줘서 고마워.

会(あ)いに来(き)てくれてありがとう。

아이니 키떼 쿠레떼 아리가또–

\# 길을 가르쳐 줘서 고마워요.

道(みち)を教(おし)えてくれてありがとう。

미찌오 오시에떼 쿠레떼 아리가또–

\# 선물, 무척 고마워요.

プレゼント、どうもありがとう。

프레젠토, 도–모 아리가또–

\# 배려해 주셔서 감사합니다.

気(き)をつかってくださって感謝(かんしゃ)します。

키오 츠깟떼 쿠다삿떼 칸샤시마스

\# 기다려 줘서 고마워.

待(ま)ってくれてどうも。

맛떼 쿠레떼 도–모

감사 인사에 응답할 때

천만에요.

どういたしまして。
도–이따시마시떼

덕분입니다.

おかげさまです。
오까게사마데스

제가 오히려 고맙죠.

こちらこそ、どうもありがとう。
코찌라꼬소, 도–모 아리가또–

대단한 일도 아닌데요.

大(たい)したことではありません。
타이시따 코또데와 아리마셍

언제라도 부탁하세요.

いつでも頼(たの)んでください。
이쯔데모 타논데 쿠다사이

도움이 될 수 있어서 기뻐요.

お役(やく)に立(た)てて嬉(うれ)しいです。
오야꾸니 타떼떼 우레시–데스

大した 대단한, 굉장한
頼む 부탁하다, 의뢰하다

Unit 4 사과 MP3. C01_U04

사과하다 ①

미안합니다.

ごめんなさい。
고멘나사이

すみません。
스미마셍

申(もう)し訳(わけ)ありません。
모–시와께아리마셍

申(もう)し訳(わけ)ございません。
모–시와께고자이마셍

미안.

ごめん。
고멩

사과드립니다.

お詫(わ)びいたします。
오와비이따시마스

お詫(わ)び申(もう)し上(あ)げます。
오와비모–시아게마스

그 일에 대해서 미안하게 생각하고 있습니다.

その事(こと)に対(たい)してすまなく思(おも)っています。
소노 코또니 타이시떼 스마나꾸 오못떼 이마스

기다리게 해서 미안합니다.

お待(ま)たせしてすみませんでした。
오마따세시떼 스미마센데시따

사과하다 ②

늦어서 죄송합니다.

遅(おそ)くなってすみません。

오소꾸낫떼 스미마셍

대단히 죄송합니다.

誠(まこと)に申(もう)し訳(わけ)ございません。

마꼬또니 모-시와께고자이마셍

대단히 죄송했습니다.

どうもすみませんでした。

도-모 스미마센데시따

앞으로 이런 일이 없을 겁니다.

これからはこんな事(こと)がないようにします。

코레까라와 콘나 코또가 나이요-니 시마스

진심으로 사과드립니다.

心(こころ)からおわびいたします。

코꼬로까라 오와비이따시마스

폐를 끼쳐 드려 죄송합니다.

ご迷惑(めいわく)をかけてしまい申(もう)し訳(わけ)ございません。

고메-와꾸오 카께떼 시마이
모-시와께고자이마셍

미안하다는 말을 하고 싶어요.

あやまりたいです。

아야마리따이데스

꼭! 짚고 가기

이것만 알아도 일본어 만능!

일본어를 공부하면서, 이것만 알아둬도 다양하게 써먹을 수 있어 큰 도움이 됩니다.

(1) **すみません** 미안합니다

흔히 사과할 때 쓰는 말이지만, 꼭 그렇지도 않습니다.

상대방보다 먼저 자리를 떠야 할 때는 '실례합니다'에 해당하는 말이 되고, 상대방에게 볼펜을 빌려 달라고 해서 받았을 때는 '감사합니다'라는 의미도 됩니다. 또, 종업원을 부르는 등 상대방의 주의를 환기시킬 때도 쓸 수 있습니다.

(2) **どうも** 정말, 참

どうもすみません。(정말 미안합니다.), どうもありがとう。(정말 고맙습니다.), どうも失礼(しつれい)しました。(매우 실례했습니다.)라는 말은 모두 どうも라고만 해도 됩니다.

(3) **どうぞ**

상대방에게 부탁하거나 권할 때 쓰는 공손한 말씨로 '부디, 아무쪼록'이라는 뜻입니다. 또는 승낙이나 허가를 나타내는 뜻이 되기도 하므로, 상황에 따라 알맞은 의미로 해석됩니다.

(4) **ちょっと**

'조금, 좀, 잠깐'이라는 의미인데, 상대방을 부르는 말로 '여보세요, 이봐요'라고도 쓸 수 있습니다.

사과 인사에 응답할 때

괜찮습니다.

いいです。

이-데스

だいじょうぶ
大丈夫です。

다이죠-부데스

저야말로 사과를 드려야죠.

わたし　ほう
私の方こそごめんなさい。

와따시노 호-꼬소 고멘나사이

제가 잘못했습니다.

わたし
私がいけませんでした。

와따시가 이께마센데시따

걱정하지 마세요.

き
気にしないでください。

키니 시나이데 쿠다사이

しんぱい
ご心配なく。

고심빠이나꾸

당신의 사과를 받아들이겠습니다.

しゃざい　う　い
あなたの謝罪を受け入れます。

아나따노 샤자이오 우께이레마스

잘못&실수했을 때 ①

내가 잘못했어.

わたし　わる
私が悪かった。

와따시가 와루깟따

저 때문에 죄송합니다.

わたし　もう　わけ
私のために申し訳ありません。

와따시노 타메니 모-시와께아리마셍

제가 실수했어요.

わたし
私のまちがいです。

와따시노 마찌가이데스

제 탓이에요.

わたし
私のせいです。

와따시노 세-데스

죄송해요, 어쩔 수 없었어요.

ごめんなさい、しかたなかったんです。

고멘나사이, 시까따나깟딴데스

미안, 깜빡 잊고 있었어.

わす
ごめん、忘れていた。

고멩, 와스레떼 이따

せい 탓, 원인

잘못&실수했을 때 ②

미안해요. 부주의였습니다.

すみません。不注意(ふちゅうい)でした。

스미마셍. 후쮸–이데시따

착각했습니다. 미안합니다.

間違(まちが)えました。すみません。

마찌가에마시따. 스미마셍

폐를 끼쳤습니다.

ご迷惑(めいわく)をおかけしました。

고메–와꾸오 오까께시마시따

귀찮게 해 드려 죄송합니다.

ご面倒(めんどう)をおかけして申(もう)し訳(わけ)ありません。

고멘도–오 오까께시떼 모–시와께아리마셍

문제가 생기리라고는 생각하지 못했어요.

問題(もんだい)が起(お)きるとは思(おも)いませんでした。

몬다이가 오끼루또와 오모이마센데시따

만회할 기회를 주세요.

取(と)り返(かえ)す機会(きかい)をください。

토리까에스 키까이오 쿠다사이

間違える 잘못 알다, 착각을 하다
面倒 번거로움, 폐
取り返す 돌이키다, 만회하다

Unit 5 대답 MP3. C01_U05

잘 알아듣지 못할 때 ①

죄송한데, 안 들려요.

すみませんが、聞(き)こえません。

스미마셍가, 키꼬에마셍

말이 너무 빨라 잘 알아들을 수 없어요.

あまり早口(はやくち)でよく聞(き)き取(と)れないです。

아마리 하야꾸찌데 요꾸 키끼또레나이데스

미안해요. 지금, 뭐라고 말씀하셨습니까?

失礼(しつれい)。今(いま)、何(なん)とおっしゃいましたか。

시쯔레–. 이마, 난또 옷샤이마시따까

잘 모르겠네요.

よく分(わ)かりません。

요꾸 와까리마셍

말을 알아듣지 못했어요.

言(い)うことを聞(き)き取(と)れませんでした。

이우 코또오 키끼또레마센데시따

다시 한번 말해 주세요.

もう一度(いちど)言(い)ってください。

모– 이찌도 잇떼 쿠다사이

早口 말이 빠름

잘 알아듣지 못할 때 ②

미안, 나한테 말했었지?

ごめん、僕に言ってたんだね。

고멩, 보꾸니 잇떼딴다네

지금, 뭔가 말했니?

今、何か言った？

이마, 나니까 잇따?

무슨 뜻이죠?

どういう意味ですか。

도–이우 이미데스까

何の意味ですか。

난노 이미데스까

뭐라고?

何て？

난떼?

예를 들면?

たとえば？

타또에바?

천천히 말해 주세요.

ゆっくり言ってください。

육꾸리 잇떼 쿠다사이

ゆっくり 천천히, 느긋하게

실례&양해를 구할 때

먼저 실례해도 될까요?

お先に失礼してもいいですか。

오사끼니 시쯔레–시떼모 이–데스까

실례지만, 지나가도 될까요?

失礼ですが、通ってもいいでしょうか。

시쯔레–데스가, 토–ㅅ떼모 이–데쇼–까

잠시 실례하겠습니다, 곧 돌아오겠습니다.

ちょっと失礼します、すぐ戻ります。

춋또 시쯔레–시마스, 스구 모도리마스

일이 있어서, 가 봐야겠어요.

仕事があるから、行かなければならないです。

시고또가 아루까라, 이까나께레바 나라나이데스

전화 좀 빌려줄래?

ちょっと電話貸してくれる？

춋또 뎅와 카시떼 쿠레루?

다녀올 때까지, 이 가방 좀 봐 줄 수 있으세요?

戻ってくるまで、ちょっとかばんをみてもらえますか。

모돗떼 쿠루마데, 춋또 카방오 미떼 모라에마스까

긍정적으로 대답할 때 ①

물론이죠.

もちろんですよ。
모찌론데스요

알겠습니다.

分(わ)かりました。
와까리마시따

기꺼이 하죠.

喜(よろこ)んでします。
요로꼰데시마스

네.

はい。
하이

응.

うん。
웅

네, 그렇습니다.

はい、そうです。
하이, 소–데스

네, 정말입니다.

はい、本当(ほんとう)です。
하이, 혼또–데스

아, 정말이다.

ああ、本当(ほんとう)だ。
아–, 혼또–다

긍정적으로 대답할 때 ②

응, 할게.

うん、やるよ。
웅, 야루요

그렇겠지.

そうだろうね。
소–다로–네

당연하죠.

当然(とうぜん)ですよ。
토–젠데스요

절대.

絶対(ぜったい)だ。
젯따이다

좋을 것 같아.

よさそう。
요사소–

좋아요.

いいよ。
이–요

부정적으로 대답할 때 ①

아니요.

いいえ。
이–에

아니요, 그렇지 않습니다.

いいえ、そうじゃありません。
이–에, 소–쟈아리마셍

いいえ、そうじゃないです。
이–에, 소–쟈나이데스

아니요, 다릅니다.

いいえ、違(ちが)います。
이–에, 치가이마스

아니요, 이제 됐습니다.

いいえ、もう結構(けっこう)です。
이–에, 모– 켁꼬–데스

전혀 모르겠어요.

ぜんぜん分(わ)かりません。
젠젱 와까리마셍

그렇지 않다고 생각해요.

そうじゃないと思(おも)いますが。
소–쟈나이또 오모이마스가

부정적으로 대답할 때 ②

안 될 것 같습니다.

だめだと思(おも)います。
다메다또 오모이마스

해결할 수 없어요.

解決(かいけつ)することができません。
카이께쯔스루 코또가 데끼마셍

아무것도 아니에요.

何(なん)でもないです。
난데모 나이데스

何(なん)でもありません。
난데모 아리마셍

아직이요.

まだです。
마다데스

물론 아니죠.

もちろん違(ちが)います。
모찌롱 치가이마스

어, 유감인데요.

え、残念(ざんねん)ですね。
에, 잔넨데스네

結構 충분함, 만족스러움

완곡히 거절할 때

유감이지만, 안 되겠어요.

残念(ざんねん)ですけど、だめです。
잔넨데스께도, 다메데스

그렇게 생각하지 않는데요.

そう(は)思(おも)いませんが。
소-(와) 오모이마셍가

아니요, 할 수 없을 것 같군요.

いいえ、できないようですね。
이-에, 데끼나이요-데스네

미안해요, 지금은 무리예요.

ごめんなさい、今(いま)は無理(むり)ですよ。
고멘나사이, 이마와 무리데스요

아무래도 안 되겠어요.

どうしてもだめです。
도-시떼모 다메데스

모른 체하겠습니다.

知(し)らないふりをします。
시라나이후리오 시마스

無理 무리
ふり 그럴 듯하게 꾸미는 시늉

꼭! 짚고 가기

일본의 지역 구분

일본의 지역 사회는 구분하는 목적이나 그 주체에 따라 다양하게 구분할 수 있습니다. 가장 널리 통용되는 구분은 47개 도도부현을 지리적, 역사적, 문화적 근접성을 고려하여 8개로 지역을 구분하는 것입니다.

(1) **홋카이도 지방**
北海道(ほっかいどう)

(2) **도호쿠 지방**
青森(あおもり)、岩手(いわて)、宮城(みやぎ)、秋田(あきた)、山形(やまがた)、福島(ふくしま)

(3) **간토 지방**
茨城(いばらき)、栃木(とちぎ)、群馬(ぐんま)、埼玉(さいたま)、千葉(ちば)、東京(とうきょう)、神奈川(かながわ)

(4) **주부 지방**
新潟(にいがた)、富山(とやま)、石川(いしかわ)、福井(ふくい)、山梨(やまなし)、長野(ながの)、岐阜(ぎふ)、静岡(しずおか)、愛知(あいち)

(5) **긴키 지방**
三重(みえ)、滋賀(しが)、京都(きょうと)、大阪(おおさか)、兵庫(ひょうご)、奈良(なら)、和歌山(わかやま)

(6) **주고쿠 지방**
鳥取(とっとり)、島根(しまね)、岡山(おかやま)、広島(ひろしま)、山口(やまぐち)

(7) **시코쿠 지방**
徳島(とくしま)、香川(かがわ)、愛媛(えひめ)、高知(こうち)

(8) **규슈 지방**
福岡(ふくおか)、佐賀(さが)、長崎(ながさき)、熊本(くまもと)、大分(おおいた)、宮崎(みやざき)、鹿児島(かごしま)、沖縄(おきなわ)

기타 대답 표현 ①

그럴 수도 있죠.

そんなこともあります。
손나 코또모 아리마스

그럴지도 몰라.

そうかもしれない。
소–까모시레나이

아마도.

たぶん。
타붕

아마 그럴 거야.

どうもそうらしい。
도–모 소–라시–

그렇다면 좋겠는데.

そうだといいんだけれど。
소–다또 이–ㄴ다께레도

그것은 경우에 따라 달라요.

それは場合(ばあい)によって違(ちが)います。
소레와 바아이니 욧떼 치가이마스

場合 때, 경우

기타 대답 표현 ②

이해하겠어요?

分(わ)かりますか。
와까리마스까

믿기 어려운데요.

信(しん)じがたいです。
신지가따이데스

믿을 수 없어.

信(しん)じられない。
신지라레나이

장난치지 마.

いたずらをするな。
이따즈라오 스루나

생각 좀 해 보겠어요.

ちょっと考(かんが)えてみます。
춋또 캉가에떼 이마스

할 기분이 아니에요.

気持(きもち)がのらないです。
키모찌가 노라나이데스

나중에 기회를 주세요.

後(あと)で機会(きかい)をください。
아또데 키까이오 쿠다사이

いたずら 장난, 장난질

기타 대답 표현 ③

글쎄, 어떨까요?

さあ、どうでしょうか。
사-, 도-데쇼-까

글쎄요, 의심스럽군.

そうですね、疑(うたが)わしいな。
소-데스네, 우따가와시-나

글쎄, 애매한데.

まあ、どっちつかずだ。
마-, 돗찌쯔까즈다

확실하지 않지만요.

はっきりしないのですが。
학끼리시나이노데스가

뭐라고 말할 수 없습니다.

何(なん)とも言(い)えません。
난또모 이에마셍

어느 쪽이라고도 말할 수 없군요.

どちらとも言(い)えませんね。
도찌라또모 이에마센네

한 마디로는 말할 수 없군요.

一口(ひとくち)では言(い)えませんね。
히또꾸찌데와 이에마센네

疑わしい 수상하다, 의심스럽다
はっきり 확실히

맞장구칠 때 ①

맞아요.

そのとおりです。
소노 토-리데스

맞아, 맞아.

そうだ、そうだ。
소-다, 소-다

바로 그것입니다.

まさしくそれです。
마사시꾸 소레데스

그렇군요.

なるほど。
나루호도

그것이 바로 제 생각입니다.

それがまさに私(わたし)の考(かんが)えです。
소레가 마사니 와따시노 캉가에데스

좋은 생각이에요.

いいアイディアですね。
이- 아이디아데스네 ↳ = アイデア

좋아, 됐어요.

よし、オッケ です。
요시, 옥케-데스

네, 그렇고 말고요.

はい、そのとおりです。
하이, 소노 토-리데스

맞장구칠 때 ②

찬성!

賛成(さんせい)!

산세-!

저도 그렇습니다.

私(わたし)もそうなんです。

와따시모 소-난데스

당신의 의견에 동의합니다.

私(わたし)はあなたの意見(いけん)に同意(どうい)します。

와따시와 아나따노 이껜니 도-이시마스

그의 제의에 동의합니다.

彼(かれ)の提議(ていぎ)に同意(どうい)します。

카레노 테-기니 도-이시마스

저는 이의가 없어요.

私(わたし)は異議(いぎ)がありません。

와따시와 이기가 아리마셍

그럴 거라고 생각해요.

そうだと思(おも)います。

소-다또 오모이마스

역시 대단해요.

さすがでいらっしゃいますね。

사스가데 이랏샤이마스네

맞장구치지 않을 때

그래요?

そうなんですか。

소-난데스까

그럴 리가.

そのような事(こと)が。

소노요-나 코또가

잘 모르겠어요.

よく分(わ)からないです。

요꾸 와까라나이데스

참 안됐군요.

本当(ほんとう)に気(き)の毒(どく)でした。

혼또-니 키노도꾸데시따

꼭 그렇지도 않아요.

必(かなら)ずしもそうではないです。

카나라즈시모 소-데와나이데스

항상 옳다고 할 수 없죠.

いつも正(ただ)しいとは言(い)えないです。

이쯔모 타다시-또와 이에나이데스스

설마.

まさか。

마사까

必ず 반드시, 꼭
正しい 바르다, 옳다

반대할 때

\# 반대!

反対!
はんたい

한따이!

\# 전 당신 의견을 지지하지 않아요.

私はあなたの意見を支持しません。
わたし　いけん　しじ

와따시와 아나따노 이껭오 시지시마셍

\# 당신에게 동의하지 않아요.

私はあなたに同意しないです。
わたし　どうい

와따시와 아나따니 도-이시나이데스

\# 그 계획에 반대합니다.

私はその計画に反対します。
わたし　けいかく　はんたい

와따시와 소노 케-까꾸니 한따이시마스

\# 그래요? 전 아닌데요.

そうですか。私は違います。
わたし　ちが

소-데스까. 와따시와 치가이마스

支持する 받들다, 지지하다
計画 계획

꼭! 짚고 가기

일본인의 민족 구성

일본에 거주하고 있는 사람들을 혈통적, 문화적 관점에서 보면 다수 민족인 야마토 민족을 비롯, 소수 민족인 류큐 민족, 아이누 민족이 있습니다.

(1) **야마토(大和) 민족**
현대 일본인의 다수 집단을 형성하고 있으며, 본토인이라고도 불립니다. 혼슈, 규슈, 시코쿠 등 넓은 지역에 거주하고 있습니다. 일본 최초 통일 정권인 야마토 왕권에서 유래하여 야마토 민족이라 합니다.

(2) **류큐(琉球) 민족**
주로 류큐 열도(오키나와)에 거주하며 독자적인 류큐 문화를 발전시켜 왔습니다. 1879년 일본이 무력으로 번복하며 일본 통치하에 편입되었습니다.

(3) **아이누(アイヌ) 민족**
주로 홋카이도에 거주하면서 수렵과 채집, 어업으로 생활을 하며 독자적인 문화를 발전시켜 왔습니다. 1868년 메이지 정부가 이 지역을 강제적으로 통합하여 홋카이도라 칭하였습니다.

Unit 6 주의&충고 MP3. C01_U06

주의를 줄 때 ①

조심해!

気(き)をつけて!

키오 츠께떼!

차 조심해.

車(くるま)に気(き)をつけて。

쿠루마니 키오 츠께떼

말을 조심해라.

言葉(ことば)に気(き)を付(づ)けなさい。

코또바니 키오 츠께나사이

言葉(ことば)使(つか)いに気(き)を付(づ)けなさい。

코또바쯔까이니 키오 츠께나사이

쓸데없는 짓 마라.

無駄(むだ)なことしないでね。

무다나 코또 시나이데네

無駄(むだ)なことするな。

무다나 코또 스루나

마음대로 하지 마.

勝手(かって)にするな。

캇떼니스루나

비행기 태우지 마.

おだてるな。

오다떼루나

비밀을 지켜 주세요.

秘密(ひみつ)を守(まも)ってください。

히미쯔오 마못떼 쿠다사이

주의를 줄 때 ②

조용히 해.

静(しず)かにしろ。

시즈까니 시로

반말하지 마.

なまいきな口(くち)をきくな。

나마이끼나 쿠찌오 키꾸나

口(くち)のききかたに気(き)をつけろ。

쿠찌노 키끼까따니 키오 츠께로

너, 내 성질 건드리지 마.

お前(まえ)、俺(おれ)にけんかをうってるのか。

오마에, 오레니 켕까오 웃떼루노까

너, 분위기 파악 좀 해라.

お前(まえ)、少(すこ)し空気(くうき)を読(よ)めよ。

오마에, 스꼬시 쿠–끼오 요메요

발뺌하지 마.

しらないふりするな。

시라나이후리스루나

자기 물건은 자기가 알아서 치우세요.

自分(じぶん)の物(もの)は自分(じぶん)で片付(かたづ)けてください。

지분노 모노와 지분데 카따즈께떼 쿠다사이

장난치지 마.

からかうなよ。

카라까우나요

주의를 줄 때 ③

노크도 안 하고 불쑥 들어오지 마라.

ノックもしないで突然入(とつぜんはい)って来(こ)ないでね。

녹쿠모시나이데 토쯔젱 하잇떼 코나이데네

입에 가득 넣고 말하지 마라.

口(くち)にいっぱい入(い)れて言(い)うな。

쿠찌니 입빠이 이레떼 이우나

(ものを)食(た)べながら口(くち)をきくな。

(모노오) 타베나가라 쿠찌오 키꾸나

食(た)べながら物(もの)を言(い)うな。

타베나가라 모노오 이우나

그만 좀 해라.

もうやめなさい。

모– 야메나사이

나한테 불만 있어?

私(わたし)に文句(もんく)ある(のか)?

와따시니 몽꾸 아루(노까)?

그를 괴롭히지 마라.

彼(かれ)をいじめるな。

카레오 이지메루나

彼(かれ)を苦(くる)しめるな。

카레오 쿠루시메루나

충고할 때 ①

날 실망시키지 마.

私(わたし)を失望(しつぼう)させないでね。

와따시오 시쯔보–사세나이데네

私(わたし)をがっかりさせるな。

와따시오 각까리사세루나

명심해라.

肝(きも)に銘(めい)じなさい。

키모니 메–지나사이

자존심은 버려요.

プライドは捨(す)ててください。

푸라이도와 스떼떼 쿠다사이

최선을 다해라.

最善(さいぜん)を尽(つ)くしなさい。

사이젱오 츠꾸시나사이

最善(さいぜん)の努力(どりょく)を尽(つ)くしなさい。

사이젠노 도료꾸오 츠꾸시나사이

최선을 다해야 한다.

最善(さいぜん)を尽(つ)くさねばならない。

사이젱오 츠꾸사네바나라나이

창피한 줄 알아.

恥(はじ)を知(し)れ。

하지오 시레

정신 차려라.

しっかりしろ。

식까리 시로

충고할 때 ②

진지해라.

真剣(しんけん)にしなさい。

싱껜니 시나사이

真剣(しんけん)にしろ。

싱껜니 시로

심각하게 받아들이지 마.

本気(ほんき)にするな。

홍끼니 스루나

충동적으로 행동하지 마.

衝動的(しょうどうてき)に行動(こうどう)するな。

쇼-도-떼끼니 코-도-스루나

하고 싶은 말이 있으면 다 해.

話(はな)したいことがあれば話(はな)しなさい。

하나시따이 코또가 아레바 하나시나사이

言(い)いたい事(こと)があれば言(い)いなさい。

이-따이 코또가 아레바 이-나사이

내숭 떨지 마.

猫(ねこ)かぶるな。

네꼬까부루나

ぶりっこするな。

부릭꼬스루나

충고할 때 ③

새로운 것을 시도하는 일에 주저하지 마라.

新(あたら)しい事(こと)をすることにためらわないでね。

아따라시이 코또오 스루코또니
타메라와나이데네

何(なん)でも勇気(ゆうき)を持(も)ってためしてみろ。

난데모 유-끼오 못떼 타메시떼 미로

그렇게 혼나고도, 또 시도하려는가?

そんなにひどい目(め)にあって、またやるというのか。

손나니 히도이 메니 앗떼, 마따
야루또이우노까

문제에 맞서 봐.

問題(もんだい)をまっすぐ受(う)けとめなさい。

몬다이오 맛스구 우께또메나사이

問題(もんだい)に正面(しょうめん)からとりくめ。

몬다이니 쇼-멩까라 토리꾸메

계속 열심히 해라.

これから頑張(がんば)りなさい。

코레까라 감바리나사이

これから一生懸命(いっしょうけんめい)やりなさい。

코레까라 잇쇼-껨메- 야리나사이

충고할 때 ④

\# 얌전히 있어라.

おとなしくしろ。
오또나시꾸 시로

\# 마음에 준비하고 있어라.

心(こころ)の準備(じゅんび)をしなさい。
코꼬로노 쥼비오 시나사이

\# 한번 알아보는 것이 좋을 거야.

一度(いちど)調(しら)べた方(ほう)がいいだろう。
이찌도 시라베따 호-가 이-다로-

\# 내일 시험을 위해 일찍 자라.

明日(あした)の試験(しけん)のため早(はや)く寝(ね)なさい。
아시따노 시껜노 타메 하야꾸 네나사이

明日(あした)試験(しけん)だから早(はや)く寝(ね)なさい。
아시따 시껜다까라 하야꾸 네나사이

\# 해 보기 전에 이러니저러니 하고 트집 잡지 마라.

やる前(まえ)になんだかんだと言(い)うな。
야루 마에니 난다깐다또 이우나

やる前(まえ)になんだかんだとけちを付(つ)けるな。
야루 마에니 난다깐다또 케찌오 츠께루나

꼭! 짚고 가기

일본어의 구성과 특징

일본어의 문자는 히라가나, 카타카나, 한자, 로마자, 숫자로 구성되어 있습니다.

히라가나는 한자의 초서체를 흘려서 만든 문자로, 처음에는 50개였으나, 현재 46개가 남아 있습니다.

카타카나는 한자의 자획을 일부 떼어내어 만든 문자로, 외래어 표기나 의성어, 의태어에 주로 사용합니다.

한자는 음만 읽는 우리와 달리, 음과 훈을 모두 읽는 특징을 가지고 있습니다. 그래서 한자 읽는 법이 음이냐 훈이냐에 따라 다릅니다.

일본어가 가지는 특징은 다음과 같습니다.

(1) 교착어로써 '주어+목적어+서술어'의 구조를 보입니다.
(2) 다른 언어에 비해 음운 조직이 단순하고 음절의 종류가 적습니다.
(3) 문자의 종류가 많습니다.
(4) 고저의 악센트 체계를 갖습니다.
(5) 조사가 문법적 기능을 합니다.
(6) 동음이의어가 많습니다.
(7) 직업, 세대, 성별 등에 따라 사용하는 언어의 차이가 나타나기도 합니다.

재촉할 때

\# 서둘러라!

急(いそ)ぎなさい!

이소기나사이!

急(いそ)げ!

이소게!

\# 서두릅시다.

急(いそ)ぎましょう。

이소기마쇼-

\# 시간이 없어요.

時間(じかん)がないです。

지깡가 나이데스

\# 급해요.

急(いそ)いでます。

이소이데마스

\# 속도를 좀 내세요.

速度(そくど)を出(だ)してください。

소꾸도오 다시떼 쿠다사이

スピードを出(だ)してください。

스피-도오 다시떼 쿠다사이

少(すこ)し急(いそ)いでください。

스꼬시 이소이데 쿠다사이

\# 시간의 여유가 없어요.

時間(じかん)の余裕(よゆう)がないです。

지깐노 요유-가 나이데스

Unit 7 기타 MP3. C01_U07

부탁할 때

\# 부탁이 있는데요.

頼(たの)みがあるんですが。

타노미가 아룬데스가

\# 당신 것을 좀 빌려줄래요?

あなたの物(もの)をちょっとかしてくれますか。

아나따노 모노오 춋또 카시떼 쿠레마스까

\# 창문 좀 열어 주실래요?

窓(まど)をちょっと開(あ)けてくださいませんか。

마도오 춋또 아께떼 쿠다사이마셍까

\# 좀 태워다 줄래요?

ちょっと乗(の)せてくれますか。

춋또 노세떼 쿠레마스까

\# 미안하지만, 마실 것 좀 부탁해도 될까요?

すみませんが、私(わたし)の飲(の)み物(もの)ちょっと頼(たの)んでいいですか。

스미마셍가, 와따시노 노미모노 춋또 타논데 이-데스까

\# TV 좀 켜 주면 고맙겠는데.

テレビをちょっとつけてくれたらありがたいが。

테레비오 춋또 츠께떼 쿠레따라 아리가따이가

↳ が대신 けど를 써도 됩니다.

긍정적 추측

\# 그럴 줄 알았어.

そうすると思(おも)った。

소– 스루또 오못따

そうだと思(おも)った。

소–다또 오못따

\# 당신 추측이 딱 맞았어요.

あなたの推測(すいそく)がぴったりと合(あ)いました。

아나따노 스이소꾸가 핏따리또 아이마시따

あなたの予想(よそう)が当(あ)たりました。

아나따노 요소–가 아따리마시따

\# 제가 옳았다는 것이 판명되었어요.

私(わたし)が正(ただ)しかったことが判明(はんめい)しました。

와따시가 타다시깟따 코또가 함메–시마시따

私(わたし)が正(ただ)しかったことが明(あき)らかになりました。

와따시가 타다시깟따 코또가 아끼라까니 나리마시따

\# 결과가 우리 예상대로 되었어요.

結果(けっか)が私(わたし)たちの予想(よそう)どおりになりました。

켁까가 와따시따찌노 요소–도–리니 나리마시따

부정적 추측 ①

\# 가능성이 적죠.

可能性(かのうせい)が少(すこ)ししかないです。

카노–세–가 스꼬시시까 나이데스

可能性(かのうせい)が低(ひく)いでしょう。

카노–세–가 히꾸이데쇼–

\# 당신이 오리라고는 전혀 생각 못했어요.

あなたが来(く)るとはまったく思(おも)いもしなかったです。

아나따가 쿠루또와 맛따꾸 오모이모시나깟따데스

\# 그건 전혀 예상 밖의 일이었어요.

それは本当(ほんとう)に意外(いがい)でした。

소레와 혼또–니 이가이데시따

まったくまとはずれでした。

맛따꾸 마또하즈레데시따

\# 그건 예측하기 어려워요.

それは予測(よそく)しにくいです。

소레와 요소꾸시니꾸이데스

\# 결과를 예측할 수 없었어요.

結果(けっか)の予測(よそく)がつかなかったです。

켁까노 요소꾸가 츠까나깟따데스

\# 추측할 길이 없어요.

推測(すいそく)する方法(ほうほう)がないです。

스이소꾸스루 호–호–가 나이데스

부정적 추측 ②

네 추측은 틀렸어.

あなたの推測(すいそく)ははずれた。

아나따노 스이소꾸와 하즈레따

내 멋대로 추측했어요.

私(わたし)がかってに推測(すいそく)しました。

와따시가 캇떼니 스이소꾸시마시따

私(わたし)なりに推測(すいそく)しました。

와따시나리니 스이소꾸시마시따

이것은 예상과 반대의 결과입니다.

これは予想(よそう)と反対(はんたい)のけっかです。

코레와 요소-또 한따이노 켁까데스

예상이 어긋났어요.

予想(よそう)が狂(くる)いました。

요소-가 쿠루이마시따

모든 예측이 빗나갔어요.

すべての予測(よそく)がはずれました。

스베떼노 요소꾸가 하즈레마시따

かって 제멋대로 굶, 자기 좋을 대로 함

Unit 8 전화 MP3. C01_U08

전화를 걸 때 ①

여보세요.

もしもし。

모시모시

ハロー。

하로-

하야시 씨 계십니까?

林(はやし)さんいらっしゃいますか。

하야시상 이랏샤이마스까

사토시 씨를 부탁합니다.

聡(さとし)さんをお願(ねが)いします。

사또시상오 오네가이시마스

여보세요, 타카하시 씨 댁입니까?

もしもし、高橋(たかはし)さんのお宅(たく)ですか。

모시모시, 타까하시산노 오따꾸데스까

여보세요, 카미사카 씨입니까?

もしもし、そちらは神坂(かみさか)さんでしょうか。

모시모시, 소찌라와 카미사까산데쇼-까

노다라고 합니다만, 아키코 씨 계세요?

野田(のだ)ともうしますが、明子(あきこ)さんいらっしゃいますか。

노다또 모-시마스가, 아끼꼬상 이랏샤이마스까

전화를 걸 때 ②

지금, 통화 괜찮으세요?

今(いま)、お話(はなし)できますか。

이마, 오하나시데끼마스까

지금, 통화 괜찮아?

今(いま)、電話(でんわ)いい？

이마, 뎅와 이-?

今(いま)、電話大丈夫(でんわだいじょうぶ)？

이마, 뎅와 다이죠-부?

바쁘신데 전화한 건가요?

お忙(いそが)しいのに電話(でんわ)を？

오이소가시-노니 뎅와오?

밤 늦게 죄송합니다.

夜分遅(やぶんおそ)く(に)すみません。

야붕 오소꾸(니) 스미마셍

밤 늦게 전화해서 죄송합니다.

遅(おそ)い時間(じかん)に電話(でんわ)して申(もう)し訳(わけ)ありません。

오소이 지깐니 뎅와시떼 모-시와께아리마셍

아침 일찍 죄송합니다.

朝早(あさはや)くにすみません。

아사 하야꾸니 스미마셍

사토 씨 계세요? 좀 바꿔 주시겠어요?

佐藤(さとう)さんいらっしゃいますか。ちょっと替(か)わってもらえますか。

사또-상 이랏샤이마스까.
춋또 카왓데 모라에마스까

꼭! 짚고 가기

전화 관련 어휘

- もしもし 여보세요
- いらっしゃる 계시다(いる의 존경어)
- おる 있다(いる의 겸양어)
- 少々(しょうしょう) 약간, 조금
- ちょっと 조금, 잠시
- 待(ま)つ 기다리다
- 変(か)える 바꾸다
- つなぐ 연결하다
- 席(せき) 자리
- 外(はず)す 비우다
- 戻(もど)る 돌아오다
- 内線(ないせん) 내선
- 混線(こんせん) 혼선
- 外出(がいしゅつ) 외출
- 外回(そとまわ)り 외근
- 伝言(でんごん) 메모, 전언
- 連絡先(れんらくさき) 연락처
- 間違(ちが)う 틀리다
- 伝(つた)える 전하다
- 用件(ようけん) 용건
- 受(う)ける 받다
- あいにく 공교롭게도
- 失礼(しつれい)します 실례하겠습니다
- どちらさま 누구
- あとで 나중에
- ゆっくり 천천히
- 会議中(かいぎちゅう) 회의 중
- 大(おお)きい声(こえ) 큰 소리
- 電話(でんわ)に出(で)ない 전화를 받지 않음

전화를 걸 때 – 회사에서

여보세요. 늘, 신세를 지고 있습니다.

もしもし。いつも、お世話になっております。
모시모시. 이쯔모, 오세와니낫떼 오리마스

늘 신세를 지고 있습니다. 신이치 말입니까?

お世話になっております。
信一でございますか。
오세와니 낫떼 오리마스.
싱이찌데고자이마스까

제 주문에 관해 요스케 씨와 통화하려고 합니다만.

私の注文について洋介さんとお話したいのですが。
와따시노 츄–몬니 츠이떼 요–스께산또
오하나시시따이노데스가

인사부 아무나 바꿔 주시겠습니까?

人事部の誰かにつないでくださいませんか。
진지부노 다레까니 츠나이데 쿠다사이마셍까

전화를 받을 때 ①

누구신가요?

どなたですか。
도나따데스까

무슨 일이세요?

何でございましょうか。
난데고자이마쇼–까

どうしましたか。
도–시마시따까

무슨 일 때문이죠?

どういうことでございますか。
도–이우 코또데 고자이마스까

용건이 무엇입니까?

ご用件は何ですか。
고요–겡와 난데스까

무슨 용건이세요?

何のご用件ですか。
난노 고요–껜데스까

어떤 분이십니까?

どちら様ですか。
도찌라사마데스까

어느 분을 찾으십니까?

どういう方をお捜しですか。
도–이우 카따오 오사가시데스까

전화를 받을 때 ②

접니다만.

私(わたし)ですが。

와따시데스가

네, 전화 바꿨습니다.

はい、お電話(でんわ)替(か)わりました。

하이, 오뎅와 카와리마시따

여보세요, 전화 바꿨습니다. 카네다입니다.

もしもし、お電話(でんわ)替(か)わりました。金田(かねだ)です。

모시모시, 오뎅와 카와리마시따. 카네다데스

기다리게 해서 죄송합니다.

お待(ま)たせ致(いた)しました。

오마따세이따시마시따

죄송하지만, 전화가 좀 먼데요, 좀 더 크게 말해 줄래요?

すみませんが、電話(でんわ)が遠(とお)いので、もうちょっと大(おお)きな声(こえ)で話(はな)してもらえますか。

스미마셍가, 뎅와가 토-이노데, 모- 촛또 오-끼나 코에데 하나시떼 모라에마스까

전화를 받을 때 ③

좀 더 크게 말해 주세요.

もうちょっと大(おお)きな声(こえ)で言(い)ってください。

모- 촛또 오-끼나 코에데 잇떼 쿠다사이

좀 작게 말해 주세요.

もうちょっと声(こえ)をおとしてください。

모- 촛또 코에오 오또시떼 쿠다사이

여보세요, 들려요?

もしもし、聞(き)こえますか。

모시모시, 키꼬에마스까

좀 천천히 말씀해 주세요.

もう少(すこ)しゆっくりおっしゃってください。

모- 스꼬시 육꾸리 옷샤떼 쿠다사이

다시 한번 말씀해 주세요.

もう一度(いちど)おっしゃってください。

모- 이찌도 옷샤떼 쿠다사이

전화를 받을 때 – 회사에서

감사합니다. 야마다 회사입니다.

ありがとうございます、山田(やまだ)でございます。

아리가또–고자이마스, 야마다데고자이마스

↳ (보통 회사에서 걸려온 전화를 받을 때)

안녕하세요. 야마다 회사 영업부의 야마시타입니다.

もしもし。山田会社(やまだがいしゃ)の営業部(えいぎょうぶ)の山下(やました)です。

모시모시. 야마다가이샤노 에–교–부노 야마시따데스

↳ (소속부서와 이름까지 밝히는 경우)

닛산 센터로 전화 주셔서 감사합니다. 무엇을 도와드릴까요?

日産(にっさん)センターにお電話(でんわ)いただいてありがとうございます。どのようなご用件(ようけん)でしょうか。

닛산 센타–니 오뎅와 이따다이떼 아리가또–고자이마스. 도노요–나 고요–껜데쇼–까

안녕하세요. 야마시타 씨의 전화입니다만.

もしもし。山下(やました)さんの電話(でんわ)ですが。

모시모시. 야마시따산노 뎅와데스가

↳ (다른 사람의 전화를 대신 받을 때)

전화를 바꿔 줄 때 ①

잠시만.

ちょっと待(ま)って。

춋또 맛떼

잠시만 기다리세요.

少々(しょうしょう)お待(ま)ちください。

쇼–쇼– 오마찌꾸다사이

누구를 바꿔 드릴까요?

誰(だれ)に替(か)わりましょうか。

다레니 카와리마쇼–까

연결해 드리겠습니다.

おつなぎ致(いた)します。

오쯔나기이따시마스

네 전화야.

あなたの電話(でんわ)なの。

아나따노 뎅와나노

↳ (전화기를 건네며)

담당자를 바꿔 드리겠습니다.

担当者(たんとうしゃ)に替(か)わりますので。

탄또–샤니 카와리마스노데

전화를 바꿔 줄 때 ②

과장님, 전화 왔어요.

課長(かちょう)、お電話(でんわ)です。

카쬬–, 오뎅와데스

↘ '과장님'을 일본어로는 **課長様**라고 하지 않는답니다.

유코 씨를 곧 바꿔 드릴게요.

ただいま裕子(ゆうこ)さんと代(か)わります。

타다이마 유–꼬산또 카와리마스

잠시만 기다려 주세요. 전화를 마케팅부로 돌려 드리겠습니다.

少々(しょうしょう)お待(ま)ちください。電話(でんわ)をマーケティング部(ぶ)につなぎます。

쇼–쇼– 오마찌꾸다사이.
뎅와오 마–케팅구부니 츠나기마스

잠시 기다려 주세요. 지금 바꿀 테니까요.

ちょっと待(ま)ってくださいね。今(いま)替(か)わりますから。

춋또 맛떼 쿠다사이네. 이마 카와리마스까라

후쿠다 씨의 내선번호는 427번입니다.

福田(ふくだ)さんの内線番号(ないせんばんごう)は427番(ばん)[回(かい)]です。

후꾸다산노 나이센방고–와 욘니나나반
[까이]데스

다시 전화한다고 할 때

나중에 다시 전화할게요.

後(あと)でもう一度(いちど)かけ直(なお)します。

아또데 모– 이찌도 카께나오시마스

다시 걸게요.

またかけます。

마따 카께마스

내가 나중에 전화할게.

私(わたし)が後(あと)で電話(でんわ)する。

와따시가 아또데 뎅와스루

나중에 전화 드리겠습니다.

後(あと)でお電話(でんわ)を差(さ)し上(あ)げます。

아또데 오뎅와오 사시아게마스

제가 잠시 후에 다시 전화하겠습니다.

私(わたし)がしばらく後(あと)にまた電話(でんわ)します。

와따시가 시바라꾸 아또니 마따 뎅와시마스

のちほど折(お)り返(かえ)しお電話(でんわ)さし上(あ)げます。

노찌호도 오리까에시 오뎅와사시아게마스

죄송하지만, 10분 후에 다시 전화해 주시겠습니까?

すみませんが、十分後(じゅっぷんご)におかけ直(なお)しいただけますか。

스미마셍가, 쥽뿐고니
오까께나오시이따다께마스까

のちほど 나중에, 뒤에

전화를 받을 수 없을 때 ①

통화 중입니다.

話中(はなしちゅう)です。

하나시쮸–데스

그는 지금 없는데요.

彼(かれ)は今(いま)いません。

카레와 이마 이마셍

죄송합니다만, 그는 방금 나가셨어요.

すみませんが、彼(かれ)はただいま出(で)ています。

스미마셍가, 카레와 타다이마 데떼 이마스

지금, 자리를 비우시고 안 계십니다만.

ただいま、席(せき)をはずしておりますが。

타다이마, 세끼오 하즈시떼 오리마스가

지금, 외출하셨습니다만.

ただいま、出(で)かけておりますが。

타다이마, 데까께떼 오리마스가

지금, 해외출장 중입니다.

今(いま)、海外出張中(かいがいしゅっちょうちゅう)でございます。

이마, 카이가이 슛쬬–쮸–데고자이마스

지금, 휴가 중입니다.

今(いま)、休暇中(きゅうかちゅう)です。

이마, 큐–까쮸–데스

전화를 받을 수 없을 때 ②

점심 식사 나가셨습니다.

昼食(ちゅうしょく)に出(で)ています。

츄–쇼꾸니 데떼 이마스

이미 퇴근하셨습니다.

すでに退勤(たいきん)いたしました。

스데니 타이낑이따시마시따

다른 전화를 받고 있습니다.

他(ほか)の電話(でんわ)をとっております。

호까노 뎅와오 톳떼 오리마스

지금 통화 중입니다만.

ただいま電話中(でんわちゅう)ですが。

타다이마 뎅와쮸–데스가

죄송하지만, 좀 있다 다시 전화 주시겠습니까?

申(もう)し訳(わけ)ありませんが、少(すこ)ししてから、おかけ直(なお)しいただけますか。

모–시와께아리마셍가, 스꼬시시떼까라, 오까께나오시이따다께마스까

오래 통화할 수 없어요.

長電話(ながでんわ)はできません。

나가뎅와와 데끼마셍

전화 오면 나 없다고 해 줘요.

電話(でんわ)が来(き)たら私(わたし)はいないと言(い)ってください。

뎅와가 키따라 와따시와 이나이또 잇떼 쿠다사이

통화 상태가 안 좋을 때

전화가 끊기는 것 같은데요.

電話(でんわ)が切(き)れてしまいますね。

뎅와가 키레떼 시마이마스네

잘 안 들려요.

よく聞(き)こえないです。

요꾸 키꼬에나이데스

전화가 먼데요.

電話(でんわ)が遠(とお)いです。

뎅와가 토-이데스

↳ (전화 감이 멀어 잘 안 들릴 때)

전화가 감이 멀어 잘 들리지 않습니다.

電話(でんわ)が遠(とお)くて聞(き)こえません。

뎅와가 토-꾸떼 키꼬에마셍

이야기 중에 전화가 끊어졌습니다.

話中(はなしちゅう)に電話(でんわ)が切(き)れました。

하나시쮸-니 뎅와가 키레마시따

전화가 혼선된 것 같습니다.

電話(でんわ)が混線(こんせん)しているようです。

뎅와가 콘센시떼 이루요-데스

전화가 불통이 되었습니다.

電話(でんわ)が不通(ふつう)になりました。

뎅와가 후쯔-니 나리마시따

꼭! 짚고 가기

전화에서 쓰는 경어

- **상대방을 바꿔 달라고 부탁할 때**

野田(のだ)さんをできますでしょうか。

노다 씨를 부탁해도 될까요?

- **나중에 다시 전화를 한다고 할 때**

何時(なんじ)頃(ごろ)お戻(もど)りでしょうか。

ではその頃(ごろ)に改めてお電話(でんわ)させていただきます。

몇 시 정도에 돌아오십니까?

그러면 그때쯤에 다시 전화하겠습니다.

- **전화를 부탁할 때**

恐(おそ)れ入(い)りますが、戻(もど)られましたら、おりかえすお電話(でんわ)をいただけますでしょうか。

죄송합니다만, 돌아오시면 전화 좀 부탁해도 될까요?

- **전화를 끊을 때**

お忙(おそが)しい中(ちゅう)、ありがとうございました。

失礼(しつれい)いたします。

바쁘실텐데, 감사드립니다.

실례하겠습니다.

- **전달할 말을 부탁할 때**

それでは、花子(はなこ)から電話(でんわ)があった旨(むね)だけお伝(つた)えいただけますでしょうか。

그럼, 하나코에게 전화가 왔었다고 전해 주시겠습니까?

恐(おそ)れ入(い)りますが、お伝(つた)えいただけますか。

죄송합니다만, 말을 좀 전해 주시겠어요?

전화 메시지 관련

타카하시가 전화했었다고 전해 주세요.

高橋(たかはし)が電話(でんわ)したと伝(つた)えてください。

타까하시가 뎅와시따또 츠따에떼 쿠다사이

전화하라고 전해 주세요.

電話(でんわ)して欲(ほ)しいと伝(つた)えてください。

뎅와시떼 호시-또 츠따에떼 쿠다사이

1234-5678로 전화하라고 전해 주세요.

1234-5678に電話(でんわ)して欲(ほ)しいと伝(つた)えてください。

이찌니상욘노 고로꾸나나하찌니 뎅와시떼 호시-또 츠따에떼 쿠다사이

제가 전화했었다고, 그에게 전해 주세요.

私(わたし)から電話(でんわ)があったと、彼(かれ)に伝(つた)えてください。

와따시까라 뎅와가 앗따또, 카레니 츠따에떼 쿠다사이

당신을 찾는 전화가 걸려 왔습니다.

あなたに電話(でんわ)がかかってきました。

아나따니 뎅와가 카깟떼 키마시따

잘못 걸려 온 전화

잘못 거셨어요.

おかけ間違(まちが)いですよ。

오까께마찌가이데스요

그런 사람 없어요.

そのような者(もの)はこちらにはおりません。

소노요-나 모노와 코찌라니와 오리마셍

몇 번에 거셨어요?

どちらにおかけになりましたか。

도찌라니 오까께니 나리마시따까

잘못 거신 것이 아니세요?

お間違(まちが)えではないでしょうか。

오마찌가에데와 나이데쇼-까

전화번호를 다시 한번 확인해 주세요.

電話番号(でんわばんごう)をもう一度(いちど)チェックしてみてください。

뎅와방고-오 모-이찌도 첵쿠시떼 미떼 쿠다사이

제가 전화를 잘못 걸었습니다.

かけ間違(まちが)えてしまいました。

카께마찌가에떼 시마이마시따

전화를 끊을 때

곧 다시 통화하자.

また話(はな)そう。

마따 하나소–

전화해 줘서 고마워.

電話(でんわ)してくれてありがとう。

뎅와시떼 쿠레떼 아리가또

연락하는 것 잊지 마.

連絡(れんらく)すること忘(わす)れないで。

렌라꾸스루 코또 와스레나이데

언제든 내게 연락해.

いつでも私(わたし)に連絡(れんらく)して。

이쯔데모 와따시니 렌라꾸시떼

내일 저녁에 전화할게요.

明日(あした)の夕方(ゆうがた)に電話(でんわ)します。

아시따노 유–가따니 뎅와시마스

도착하면 꼭 전화하라고 몇 번씩 당부했다.

到着(とうちゃく)したら必(かなら)ず電話(でんわ)するように何度(なんど)も念(ねん)を押(お)した。

토–짜꾸시따라 카나라즈 뎅와스루요–니 난도모 넹오 오시따

전화 기타

전화 좀 받아 주세요.

電話(でんわ)にちょっと出(で)てください。

뎅와니 춋또 데떼 쿠다사이

제가 전화를 받을게요.

私(わたし)が電話(でんわ)に出(で)ます。

와따시가 뎅와니 데마스

전화를 안 받는데요.

電話(でんわ)に出(で)ませんが。

뎅와니 데마셍가

공중전화는 어디 있어요?

公衆(こうしゅう)電話(でんわ)はどこにありますか。

코–슈–뎅와와 도꼬니 아리마스까

지금 거신 번호는 현재 사용되고 있지 않습니다.

今(いま)お掛(か)けになった番号(ばんごう)は現在(げんざい)使(つか)われておりません。

이마 오까께니 낫따 방고–와 겐자이 츠까와레떼 오리마셍

전화를 막 하려던 참이에요.

電話(でんわ)をしようと思(おも)ったところです。

뎅와오 시요–또 오못따 토꼬로데스

Chapter 02

무슨 말을 꺼낼까?

Chapter 02.

Unit 1 하루 생활

Unit 2 집

Unit 3 운전&교통

Unit 4 이사

日課にっか 닛까 일과

MP3. Word_C02_01

起おきる 오끼루 v. 일어나다, 기상하다 	アラームクロック 아라–무쿠록크 n. 알람 시계, 자명종 	ベッド 벳도 n. 침대 
食たべる 타베루 v. 먹다 	スプーン 스프–ㅇ n. 숟가락 	箸はし 하시 n. 젓가락 
	フォーク 호–크 n. 포크 	ナイフ 나이후 n. 나이프(서양식 작은 칼) 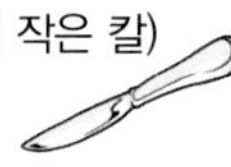
洗あらう 아라우 v. 씻다 	顔かおを洗あらう 카오오 아라우 세수하다 	歯はを磨みがく 하오 미가꾸 이를 닦다 
頭あたまを洗あらう 아따마오 아라우 = 髪かみを洗あらう 카미오 아라우 머리를 감다	シャワーを浴あびる 샤와–오 아비루 샤워하다 	お風呂ふろに入はいる 오후로니 하이루 목욕하다 

家いえで 이에데 집에서

MP3. Word_C02_02

部屋へや 헤야 n. 방 	寝室しんしつ 신시쯔 n. 침실 	リビング 리빙그 = 茶ちゃの間ま 챠노마 n. 거실 
台所だいどころ 다이도꼬로 = キッチン 킷칭 n. 부엌, 주방 	風呂場ふろば 후로바 = 浴室よくしつ 요꾸시쯔 n. 욕실 	お手洗てあらい 오떼아라이 = トイレ 토이레 n. 화장실 

着きるもの 키루모노 입을 것

MP3. Word_C02_03

着きる 키루
v. 옷을 입다

スーツ 스-츠
n. 슈트, 양복

Yワイシャツ 와이샤츠
n. 와이셔츠

シャツ 샤츠
n. 셔츠

ブラウス 브라우스
n. 블라우스

ワンピース 왐피-스
n. 원피스

スカート 스카-토
n. 치마

穿はく 하꾸
v. (바지 등을) 입다

ズボン 즈봉
= **パンツ** 판츠
n. 바지
ジーンズ 지-ㄴ즈
= **ジーパン** 지-팡
n. 청바지

上着うわぎを羽織はおる 우와기오 하오루
윗옷을 걸치다

セーター 세-타-
n. 스웨터

被かぶる 카부루
v. (모자 등을) 쓰다

帽子ぼうし 보-시
n. 모자

掛かける 카께루
v. (안경 등을) 쓰다

眼鏡めがね 메가네
n. 안경

する 스루
v. 하다

ネクタイ 네쿠타이
n. 넥타이

ベルト 베루토
n. 허리띠

時計とけい 토께-
n. 시계

指輪ゆびわ 유비와
n. 반지

ネックレス 넥쿠레스
n. 목걸이

イヤリング 이야링구
n. 귀걸이

靴下くつした 쿠쯔시따
n. 양말

靴くつ 쿠쯔
n. 신발

装よそおう 요소-우
v. 치장하다, 정중한 옷차림을 하다

脱ぬぐ 누구
v. 벗다

食たべ物もの 타베모노 먹을 것

MP3. Word_C02_04

肉にく 니꾸 n. 고기	牛肉ぎゅうにく 규-니꾸 n. 소고기	豚肉ぶたにく 부따니꾸 n. 돼지고기
鶏肉とりにく 토리니꾸 n. 닭고기	魚さかな 사까나 n. 생선	貝かい 카이 n. 조개
果物くだもの 쿠다모노 = フルーツ 후루-츠 n. 과일	いちご 이찌고 n. 딸기	りんご 링고 n. 사과
梨なし 나시 n. 배	みかん 미깡 n. 귤	ぶどう 부도- n. 포도
すいか 스이까 n. 수박	バナナ 바나나 n. 바나나	桃もも 모모 n. 복숭아
野菜やさい 야사이 n. 채소	玉たまねぎ 타마네기 n. 양파	ねぎ 네기 n. 파
にんにく 닌니꾸 n. 마늘	生薑しょうが 쇼-가 n. 생강	唐辛子とうがらし 토-가라시 n. 고추
ほうれん草そう 호-렌소- n. 시금치	きゅうり 큐-리 n. 오이	じゃがいも 쟈가이모 n. 감자
サツマイモ 사츠마이모 n. 고구마	にんじん 닌징 n. 당근	トマト 토마토 n. 토마토

料理りょうり 료−리 요리

MP3. Word_C02_05

料理りょうりする 료−리스루 = 調理ちょうりする 쵸−리스루 v. 요리하다 	冷蔵庫れいぞうこ 레−조−꼬 n. 냉장고 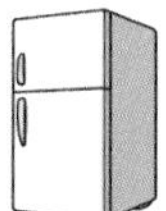	ガスレンジ 가스렌지 n. 가스레인지 
	電子でんしレンジ 덴시렌지 n. 전자레인지 	オーブン 오−븡 n. 오븐 
	ミキサー 미키사− n. 믹서 	オーブントースター 오−븐토−스타− n. 토스터 

掃除そうじと洗濯せんたく 소−지또 센따꾸 청소와 세탁

MP3. Word_C02_06

掃除そうじ 소−지 n. 청소 	掃除そうじをする 소−지오 스루 v. 청소하다 	大掃除おおそうじ 오−소−지 n. 대청소
	掃除機そうじき 소−지끼 n. 청소기 	雑巾ぞうきんがけをする 조−낑가께오 스루 = 雑巾ぞうきんをかける 조−낑오 까께루 걸레질을 하다
	ほこりを払はらう 호꼬리오 하라우 먼지를 털다 	片付かたづける 카따즈께루 v. 정리하다, 정돈하다 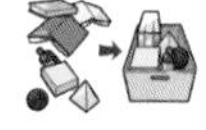
洗濯せんたく 센따꾸 n. 세탁 	洗濯物せんたくもの 센따꾸모노 n. 빨래, 세탁물	洗濯機せんたくき 센따꾸끼 n. 세탁기 

일어나기 ①

빨리 일어나세요.

早(はや)く起(お)きなさい。

하야꾸 오끼나사이

이제 일어날 시간이야!

もう起(お)きる時間(じかん)よ！

모– 오끼루 지깡요!

일어났어?

起(お)きたの？

오끼따노?

조금만 더 자게 해 주세요.

もうちょっと寝(ね)かせてください。

모– 춋또 네까세떼 쿠다사이

깨어났니?

目(め)は覚(さ)めてる？

메와 사메떼루?

아직 안 일어나?

まだ起(お)きないの？

마다 오끼나이노?

이제 슬슬 일어나야지.

もうそろそろ起(お)きなきゃいけない。

모– 소로소로 오끼나꺄 이께나이

일어나기 ②

겨우 일어났구나.

ようやく起(お)きたね。

요–야꾸 오끼따네

막 일어났어요.

ちょうど今(いま)起(お)きました。

쵸–도 이마 오끼마시따

たったいま起(お)きました。

탓따이마 오끼마시따

일어나, 늦겠어.

起(お)きなさい、遅(おく)れるよ。

오끼나사이, 오꾸레루요

이런, 늦잠을 잤어.

おや、寝坊(ねぼう)した。

오야, 네보–시따

너무 자 버렸어.

寝(ね)てしまった。

네떼 시맛따

寝過(ねす)ごしちゃった。

네스고시쨧따

왜 안 깨웠어요?

どうして起(お)きなかったんですか。

도–시떼 오끼나깟딴데스까

ようやく 겨우, 가까스로
寝坊 늦잠을 잠, 잠꾸러기

기상하기 ①

\# 내일 아침에는 일찍 깨워 주세요.

明日(あした)の朝(あさ)、早(はや)く起(お)こしてください。

아시따노 아사, 하야꾸 오꼬시떼 쿠다사이

\# 전 아침 일찍 눈을 떠요.

私(わたし)は朝早(あさはや)く目(め)を覚(さ)まします。

와따시와 아사 하야꾸 메오 사마시마스

\# 난 아침형 인간이야.

私(わたし)は朝型人間(あさがたにんげん)だ。

와따시와 아사가따 닝겐다

\# 난 보통 아침 6시에 일어납니다.

私(わたし)は普通(ふつう)朝(あさ)6時(じ)に起(お)きます。

와따시와 후쯔– 아사 로꾸지니 오끼마스

\# 평소보다 일찍 일어났어.

いつもより早起(はやお)きした。

이쯔모요리 하야오끼시따

\# 가끔 아침에 일어나는 것이 힘들어요.

たまに朝起(あさお)きるのが大変(たいへん)です。

타마니 아사 오끼루노가 타이헨데스

朝型人間 아침형 인간
* **夜型人間** 올빼미형 인간

꼭! 짚고 가기

일본의 원호

현재 일본에서는 연도를 표기할 때, 서기와 함께 원호 元号(げんごう)를 쓰고 있습니다. 이는 왕의 즉위나 특별한 일, 천재지변 등 역사적 사건이 일어났을 때 이를 기준으로 해를 세는 방식입니다.
근세 일본의 원호로는 다음과 같은 것들이 있습니다.

(1) 메이지 明治 (1868~1912)
(2) 다이쇼 大正 (1912~1926)
(3) 쇼와 昭和 (1926~1989)
(4) 헤이세이 平成 (1989~2019)
(5) 레이와 令和 (2019~)

2019년 5월 1일 나루히토 왕세자가 일황으로 즉위하며 사용되는 새 연호인 '레이와'는 '질서, 평화, 조화'를 뜻합니다.
그리고 원호를 서기로 고치려면 각 원호의 원년을 알아야 합니다.
예를 들어, 레이와 원년은 2019년이므로 '레이와 5년'을 서기로 고치려면 5+2019=2024년입니다.
일본에서는 많은 곳에서 원호를 사용하고 있기 때문에 알아두는 것이 편리합니다.

기상하기 ②

\# 전 모닝콜이 필요해요.

私(わたし)はモーニングコールがかかせません。

와따시와 모–닝구코–루가 카까세마셍

\# 난 알람 소리에 잠이 깹니다.

私(わたし)はアラームの音(おと)で目(め)を覚(さ)まします。

와따시와 아라–무노 오또데 메오 사마시마스

\# 자명종을 맞춰 놓았지만, 일어나지 못했어요.

目覚(めざ)まし時計(どけい)をかけたけど、起(お)きられなかったです。

메자마시도께–오 카께따께도,
오끼라레나깟따데스

\# 자명종 소리를 전혀 듣지 못했어요.

目覚(めざ)まし時計(どけい)の音(おと)が全(まった)く聞(き)こえなかったです。

메자마시도께–노 오또가 맛따꾸
키꼬에나깟따데스

\# 자명종 맞추는 것을 잊었어요.

目覚(めざ)まし時計(どけい)をかける事(こと)を忘(わす)れていました。

메자마시도께–오 카께루 코또오 와스레떼
이마시따

세면 ①

\# 손을 씻으세요.

手(て)を洗(あら)ってください。

테오 아랏떼 쿠다사이

\# 얼굴을 잘 씻어라.

ちゃんと顔(かお)を洗(あら)いなさい。

챠또 카오오 아라이나사이

\# 세수하면, 잠이 깰 거야.

顔(かお)を洗(あら)ったら、目(め)が覚(さ)めるよ。

카오오 아랏따라, 메가 사메루요

\# 벌써 세수했어?

もう顔(かお)を洗(あら)ったの?

모– 카오오 아랏따노?

\# 찬물로 세수했어요.

冷(つめ)たい水(みず)で顔(かお)を洗(あら)いました。

츠메따이 미즈데 카오오 아라이마시따

\# 얼굴 닦는 수건을 집어 줄래?

顔(かお)をふくタオルを取(と)ってくれない?

카오오 후꾸 타오루오 톳떼 쿠레나이?

세면 ②

세수를 했더니 산뜻해.

顔(かお)を洗(あら)ったら、さっぱりしたよ。

카오오 아랏따라, 삽빠리시따요

비누가 눈에 들어가 버렸어.

石(せっ)けんが目(め)に入(はい)っちゃった。

섹껭가 메니 하잇쨧따

여드름 예방 세안제를 쓰고 있어요.

にきび予防(よぼう)の洗顔料(せんがんりょう)を使(つか)っています。

니끼비 요보−노 셍간료−오 츠깟떼 이마스

하루에 세 번 이를 닦자.

一日(いちにち)に三回(さんかい)は歯(は)を磨(みが)こう。

이찌니찌니 상까이와 하오 미가꼬−

식후에 이를 닦아.

食後(しょくご)に歯磨(はみが)きをする。

쇼꾸고니 하미가끼오 스루

새 칫솔을 쓸게.

新(あたら)しい歯(は)ブラシを使(つか)おう。

아따라시− 하부라시오 츠까오−

さっぱり 산뜻이, 후련하게

샤워

저는 매일 아침에 머리를 감아요.

私(わたし)は毎朝(まいあさ)シャンプーしています。

와따시와 마이아사 샴푸−시떼 이마스

아침에는 머리 감을 시간이 없어서 주로 저녁에 감아요.

朝(あさ)シャンする時間(じかん)がないから主(おも)に夕方(ゆうがた)に洗(あら)います。

아사샹스루 지깡가 나이까라 오모니 유−가따니 아라이마스

난 매일 샤워를 해요.

私(わたし)は毎日(まいにち)シャワーをします。

와따시와 마이니찌 샤와−오 시마스

그는 서둘러 샤워를 하고 있었다.

彼(かれ)は急(いそ)いでシャワーを浴(あ)びていた。

카레와 이소이데 샤와−오 아비떼 이따

너무 더워서 샤워를 했습니다.

あまりにもあついのでシャワーを浴(あ)びました。

아마리니모 아쯔이노데 샤와−오 아비마시따

朝シャンプーする 아침에 머리를 감다
= **朝シャンする**
主に 주로

목욕 ①

\# 욕실을 좀 써도 될까요?

浴室(よくしつ)をちょっと借(か)りてもいいですか。

요꾸시쯔오 춋또 카리떼모 이-데스까

\# 목욕하고 있어.

お風呂(ふろ)に入(はい)ってるよ。

오후로니 하잇떼루요

\# 벌써 목욕했니?

もうお風呂(ふろ)はすんだの？

모- 오후로와 슨다노?

\# 목욕, 먼저 하세요.

お風呂(ふろ)、お先(さき)にどうぞ。

오후로, 오사끼니 도-조

\# 빨리 목욕해라.

早(はや)くお風呂(ふろ)に入(はい)りなさい。

하야꾸 오후로니 하이리나사이

\# 너무 오래 목욕했어.

長風呂(ながぶろ)した。

나가부로시따

\# 목욕물 온도가 알맞았어.

いい湯加減(ゆかげん)だった。

이- 유까겐닷따

목욕 ②

\# 목욕물이 좀 식었어.

お湯(ゆ)が少(すこ)し冷(さ)めていた。

오유가 스꼬시 사메떼 이따

\# 미지근한 물이 좋아.

ぬるめのお湯(ゆ)がいい。

누루메노 오유가 이-

\# 목욕물을 데워 주세요.

風呂(ふろ)をたいてください。

후로오 타이떼 쿠다사이

\# 공중목욕탕에 가 본 적 있어요?

風呂屋(ふろや)に行(い)ったことがありますか。

후로야니 잇따 코또가 아리마스까

\# 냉수로 목욕하는 것은 건강에 좋다.

冷水浴(れいすいよく)をすることは健康(けんこう)にいい。

레-스이요꾸오 스루 코또와 켕꼬-니 이-

\# 목욕을 먼저 하라고 서로 사양하는 사이에 목욕물은 식어 버린다.

ゆの辞儀(じぎ)は水(みず)になる。

유노 지기와 미즈니 나루

↳ 사양도 때와 경우에 따라 해야 한다는 의미입니다.

식사 – 일반

편식하면 안 돼.

偏食(へんしょく)してはいけない。

헨쇼꾸시데와 이께나이

남기지 말고 다 먹어.

残(のこ)さずにすべて食(た)べて。

노꼬사즈니 스베떼 타베떼

밥 더 줄까?

おかわりする?

오까와리스루?

다 먹었어?

食(た)べ終(お)わったの?

타베오왓따노?

식사라도 합시다.

食事(しょくじ)でもしましょう。

쇼꾸지데모 시마쇼–

식사를 간단히 마쳤어요.

食事(しょくじ)を簡単(かんたん)にしました。

쇼꾸지오 칸딴니 시마시따

직접 밥을 떠 담으세요.

自分(じぶん)でご飯(はん)をもってください。

시분데 고항오 못떼 쿠다사이

아침 식사

아침 식사 다 됐어요!

朝飯(あさごはん)の用意(ようい)[支度(したく)]できました!

아사고항노 요–이[시따꾸] 데끼마시따!

아침 식사는 토스트와 커피로 정해 놓고 있습니다.

朝飯(ちょうしょく)はトーストとコーヒーにきめています。

쵸–쇼꾸와 토–스토또 코–히–니 키메떼 이마스

어머니는 아침 식사를 차리고 있어요.

母(はは)は朝飯(あさめし)の仕度(したく)をしています。

하하와 아사메시노 시따꾸오 시떼 이마스

난 절대로 아침을 거르지 않아.

私(わたし)は絶対(ぜったい)に朝食(ちょうしょく)を欠(か)かさないの。

와따시와 젯따이니 쵸–쇼꾸오 카까사나이노

오늘은 아침을 먹을 기분이 아니야.

今日(きょう)は朝食(ちょうしょく)を食(た)べる気分(きぶん)じゃない。

쿄–와 쵸–쇼꾸오 타베루 키분쟈나이

おかわり 같은 음식을 더 먹음, 또는 그 음식

점심 식사

\# 점심 먹으래.

昼ご飯にしなさいって。

히루고한니 시나사잇떼

\# 지금, 점심 식사 준비를 하고 있어요.

今、昼食のしたくをしてます。

이마, 츄–쇼꾸노 시따꾸오 시떼마스

\# 점심을 먹지 않아 뱃속에서 쪼르륵 소리가 나요.

昼食を食べなかったのでおなかがぐうぐういいます。

츄–쇼꾸오 타베나깟따노데 오나까가 구–구– 이–마스

\# 점심 값은 각자 부담하죠.

昼食代を割り勘にしましょう。

츄–쇼꾸다이오 와리깐니 시마쇼–

\# 삼삼오오 앉아 점심을 먹었습니다.

仲間同じして座って昼食をとりました。

나까마오나지시떼 스왓떼 츄–쇼꾸오 토리마시따

\# 점심을 준비해 놓고 기다리고 있었는데.

昼食を用意して待っているのに。

츄–쇼꾸오 요–이시떼 맛떼 이루노니

저녁 식사&기타

\# 평소보다 간단하게 저녁을 먹읍시다.

いつもよりかるめの夕食をとりましょう。

이쯔모요리 카루메노 유–쇼꾸오 토리마쇼–

\# 오늘 저녁 반찬은 뭐야?

今日夕食のおかずは何？

쿄– 유–쇼꾸노 오까즈와 나니?

\# 아내가 저녁 밥상을 차리고 있다.

妻が夕食を作っている。

츠마가 유–쇼꾸오 츠꿋데 이루

\# 우리는 저녁 식사에 초대 받았다.

私たちは夕食によばれました。

와따시따찌와 유–쇼꾸니 요바레마시따

\# 간식을 주세요.

おやつをちょうだい。

오야쯔오 쵸–다이

\# 식후의 디저트는 뭐가 좋을까요?

食後のデザートは何がいいですか。

쇼꾸고노 데자–토와 나니가 이–데스까

おかず 반찬
おやつ 오후의 간식
~ちょうだい 여자나 아이가 쓰는 말투

옷 입기 ①

\# 오늘은 뭘 입지?

今日(きょう)は何(なに)を着(き)る?

쿄–와 나니오 키루?

\# 어떤 넥타이를 매지?

どんなネクタイをする?

돈나 네쿠타이오 스루?

\# 그건 옷에 어울리지 않는 넥타이예요.

それは服(ふく)に合(あ)わないネクタイです。

소레와 후꾸니 아와나이 네쿠타이데스

\# 오늘은 머리부터 발끝까지 검은 옷으로 입었어.

今日(きょう)は頭(あたま)から足先(あしさき)まで黒(くろ)い服(ふく)を着(き)た。

쿄–와 아따마까라 아시사끼마데 쿠로이 후꾸오 키따

\# 넌 아침에, 거울 앞에서 보내는 시간이 너무 길어.

お前(まえ)は朝(あさ)、鏡(かがみ)の前(まえ)で過(す)ごす時間(じかん)が長(なが)すぎだ。

오마에와 아사, 카가미노 마에데 스고스 지깡가 나가스기다

\# 그는 항상 똑같은 옷을 입고 있다.

彼(かれ)はいつも同(おな)じ服(ふく)を着(き)ている。

카레와 이쯔모 오나지 후꾸오 키떼 이루

꼭! 짚고 가기

일본의 젓가락 문화

젓가락을 사용하는 나라로, 우리나라뿐 아니라 중국이나 일본 등이 있습니다. 그런데 각 나라마다 젓가락 사용에 대한 문화가 다르기 때문에, 그것에 대해 서로 이해할 필요가 있습니다.

일본에서는 국물을 먹기 위해 숟가락을 사용하는 것 외에는 젓가락으로만 식사하기 때문에, 식당에서 식사할 때 따로 요구하지 않으면 숟가락이 나오지 않는 경우가 많습니다.

그리고 젓가락을 사용할 때 지켜야 할 여러 가지 매너가 있습니다. 한 번 음식에 젓가락을 댔으면 그 음식은 반드시 먹어야 하는데, 이를 惑(まど)い箸(ばし)라고 합니다. 젓가락을 손에 쥔 채로 다른 접시의 반찬을 집는 것이나 젓가락으로 반찬을 찍어 먹거나 핥아먹는 것도 예의에 어긋나는 행위이니 주의해야 합니다.

그 밖에 일본인들이 젓가락으로 금기시하는 행위가 있습니다. 젓가락으로 무엇을 집어서 건네주는 것은 장례식에서 화장하고 남은 뼈를 젓가락으로 집는 것으로 여기기 때문에 불쾌하게 생각합니다. 또 그릇에 담긴 밥에 젓가락을 꽂는 것도 제삿밥이라고 생각하기 때문에 피해야 하는 행위입니다.

옷 입기 ②

넌 밝은색의 옷이 어울려.

お前は明るい色の服が似合うね。

오마에와 아까루이 이로노 후꾸가 니아우네

이 옷은 맵시 있게 입기 힘들다.

この服は着こなしが難しい。

코노 후꾸와 키꼬나시가 무즈까시–

아이가 옷을 입을 수 있도록 좀 도와주세요.

子供が服を着がえるのをちょっと手伝ってください。

코도모가 후꾸오 키가에루노오 춋또 테쯔닷떼 쿠다사이

이것은 몸에 딱 맞는 옷이야.

これはぴったりと体に合う服だ。

코레와 핏따리또 카라다니 아우 후꾸다

이 원피스는 꼭 끼는 옷이에요.

このワンピースは窮屈です。

코노 완피–스와 큐–꾸쯔데스

ぴったり 딱, 꼭
窮屈 비좁아 갑갑함

TV 시청 ①

오늘 밤 TV에서 뭐 하지?

今晩テレビで何をやる?

콤방 테레비데 나니오 야루?

NHK 채널에서 뭐 하지?

NHKチャンネルでは何やってる?

에누엣치케– 챠네루데와 나니 얏떼루?

↳ NHK는 1925년에 설립된 '일본 방송 협회'

이것은 장수 프로그램입니다.

これは長寿番組です。

코레와 쵸–쥬 방구미데스

지금, 인기 드라마 할 시간이다.

ちょうど今、人気ドラマの時間だ。

쵸–도 이마, 닝끼 도라마노 지깐다

채널 좀 바꾸자.

チャンネルちょっと変えよう。

챠네루 춋또 카에요–

채널 돌리지 마.

チャンネル変えすぎだよ。

챠네루 카에스기다요

チャンネル変えるのやめなさい。

챠네루 카에루노 야메나사이

TV 시청 ②

리모컨 좀 갖다줄래요?

リモコンちょっと持(も)ってきてくれますか。

리모콩 촛또 못떼 키떼 쿠레마스까

TV 소리를 줄여 주세요.

テレビの音(おと)を小(ちい)さくしてください。

테레비노 오또오 치–사꾸시떼 쿠다사이

TV 소리를 크게 해 주세요.

テレビの音(おと)を大(おお)きくしてください。

테레비노 오또오 오–끼꾸시떼 쿠다사이

이제 TV를 꺼라.

もうテレビを消(け)しなさい。

모– 테레비오 케시나사이

저녁을 먹으면서 TV를 보고 있습니다.

夕飯(ゆうはん)を食(た)べながらテレビを見(み)ています。

유–항오 타베나가라 테레비오 미떼 이마스

잠자리 들기 ①

자, 잠잘 시간이야.

もう、寝(ね)る時間(じかん)だ。

모–, 네루 지깐다

난 이제 잘게요.

私(わたし)はこれから寝(ね)ます。

와따시와 코레까라 네마스

잠자리를 준비할까요?

布団(ふとん)を敷(し)きましょうか。

후똥오 시끼마쇼–까

애를 좀 재워 줄래요?

子供(こども)をちょっと寝(ね)かしつけてくれますか。

코도모오 촛또 네까시쯔께떼 쿠레마스까

아직 안 자니? 곧 자정이야.

まだ寝(ね)てないの？もう零時(れいじ)だよ。

마다 네떼 나이노? 모– 레–지다요

불을 꺼 줄래요?

電気(でんき)を消(け)してくれますか。

뎅끼오 케시떼 쿠레마스까

어제는 일찍 잤어요.

昨日(きのう)は早(はや)く寝(ね)ました。

키노–와 하야꾸 네마시따

잠자리 듣기 ②

잠이 잘 안 와.

寝付(ねつ)きが悪(わる)い。

네쯔끼가 와루이

잠이 잘 와.

寝付(ねつ)きがよい。

네쯔끼가 요이

언제까지 안 잘 거야?

いつまで起(お)きているの?

이쯔마데 오끼떼 이루노?

일찍 자거라.

早(はや)く寝(ね)なさい。

하야꾸 네나사이

아직 안 졸려.

まだ寝(ね)たくない。

마다 네따꾸나이

그는 슬슬 잠이 들어 버렸다.

彼(かれ)はゆっくり眠(ねむ)ってしまった。

카레와 육꾸리 네뭇떼 시맛따

어제는 피곤해서 초저녁부터 잠들었어.

昨日(きのう)は疲(つか)れて宵(よい)の口(くち)から眠(ねむ)り込(こ)んだ。

키노-와 츠까레떼 요이노 쿠찌까라 네무리꼰다

잠자리 듣기 ③

그때 낮잠을 자고 있었어요.

その時(とき)昼寝(ひるね)をしていました。

소노 토끼 히루네오 시떼 이마시따

단잠을 자고 있었는데.

ぐっすり眠(ねむ)っていたのに。

굿스리 네뭇떼 이따노니

熟睡(じゅくすい)してたのに。

쥭스이시떼따노니

그는 항상 이불을 뒤집어쓰고 잔다.

彼(かれ)はいつも布団(ふとん)をかぶって寝(ね)る。

카레와 이쯔모 후똥오 카붓떼 네루

대자로 뻗어 자고 있습니다.

大(だい)の字(じ)になって寝(ね)ています。

다이노 지니 낫떼 네떼 이마스

아기가 엎드려 자고 있어요.

赤(あか)ちゃんがうつぶせになって寝(ね)ています。

아까짱가 우쯔부세니 낫떼 네떼 이마스

엄마는 팔베개를 하고 주무시고 있습니다.

母(はは)はひじ枕(まくら)で寝(ね)ています。

하하와 히지마꾸라데 네떼 이마스

宵の口 초저녁

잠버릇 ①

\# 남편은 잠버릇이 나빠요.

夫は寝癖が悪いです。

옷또와 네구세가 와루이데스

\# 그는 밤새도록 코를 골아요.

彼は夜通しいびきをかきます。

카레와 요도-시 이비끼오 카끼마스

\# 그는 잠들자마자 코를 골기 시작했다.

彼は寝るやいなやいびきをかき始めた。

카레와 네루야이나야 이비끼오 카끼하지메따

\# 이노우에 씨는 잠꼬대하는 버릇이 있어요.

井上さんは寝言を言う癖があります。

이노우에상와 네고또오 이우 쿠세가 아리마스

\# 그녀는 잘 때 이를 갈아요.

彼女は寝る時歯ぎしりをします。

카노죠와 네루 토끼 하기시리오 시마스

잠버릇 ②

\# 아내는 자다가 자꾸 뒤척거려요.

妻は寝ながらしきりに寝がえりを打ちます。

츠마와 네나가라 시끼리니 네가에리오 우찌마스

\# 저는 자면서 몸부림이 심해요.

私は眠りながら寝がえりをひどく打ちます。

와따시와 네무리나가라 네가에리오 히도꾸 우찌마스

私は眠りながらよく寝返りを打ちます。

와따시와 네무리나가라 요꾸 네가에리오 우찌마스

\# 가위 눌렸어.

夢でうなされていたよ。

유메데 우나사레떼 이따요

\# 난 반듯이 누워서 자.

私はあおむけで寝る。

와따시와 아오무께데 네루

\# 베개가 바뀌면, 잠을 못 자.

枕が変わると、眠れない。

미꾸라가 카와루또, 네무레나이

寝癖 잠버릇
いびき 코고는 소리를 냄

うなされる 가위눌리다
あおむけ 위를 향한 상태

숙면 ①

아직 졸려.

まだ眠(ねむ)い。

마다 네무이

나 때문에 깬 거야?

私(わたし)のせいで起(お)きたの？

와따시노 세–데 오끼따노?

어제 밤을 새웠어.

夕(ゆう)べ夜(よ)ふかししました。

유–베 요후까시시마시따

어젯밤, 몇 시에 잤니?

夕(ゆう)べ、何時(なんじ)に寝(ね)たの？

유–베, 난지니 네따노?

잔 것 같지 않아.

寝(ね)た気(き)がしない。

네따 키가 시나이

잘 자지 못했어.

あまり眠(ねむ)れなかった。

아마리 네무레나깟따

수면 부족이야.

睡眠不足(すいみんぶそく)だ。

스이민부소꾸다

숙면 ②

어젯밤에는 잘 잤어요.

夕(ゆう)べはよく寝(ね)ました。

유–베와 요꾸 네마시따

난 잠을 잘 못 자요.

私(わたし)はよく眠(ねむ)れません。

와따시와 요꾸 네무레마셍

요즘 잠을 잘 못 자요.

最近(さいきん)あまり眠(ねむ)れないです。

사이낑 아마리 네무레나이데스

그가 코를 고는 바람에 잠을 잘 수 없었어요.

彼(かれ)がいびきをかくせいで眠(ねむ)れませんでした。

카레가 이비끼오 칵세–데 네무레마센데시따

피로를 푸는 가장 좋은 방법은 숙면이죠.

疲(つか)れを解(ほぐ)す一番(いちばん)いい方法(ほうほう)は熟睡(じゅくすい)することですね。

츠까레오 호구스 이찌방 이– 호–호–와
쥭스이스루 코또데스네

숙면한 덕에 피로가 풀렸습니다.

ぐっすり眠(ねむ)ったおかげで疲(つか)れがとれました。

굿스리 네뭇따 오까게데 츠까레가 토레마시따

꿈

잘 자, 좋은 꿈 꿔!

おやすみ、いい夢(ゆめ)を見(み)てね！

오야스미, 이– 유메오 미떼네!

난 가끔 그의 꿈을 꿔.

私(わたし)はたまに彼(かれ)の夢(ゆめ)を見(み)る。

와따시와 타마니 카레노 유메오 미루

어제 이상한 꿈을 꿨어.

昨日(きのう)おかしい夢(ゆめ)を見(み)た。

키노– 오까시– 유메오 미따

악몽을 꿨어요.

悪夢(あくむ)を見(み)ました。

아꾸무오 미마시따

그는 가끔 악몽에 시달립니다.

彼(かれ)は時々(ときどき)悪夢(あくむ)にうなされます。

카레와 토끼도끼 아꾸무니 우나사레마스

당신의 꿈은 흑백인가요, 컬러인가요?

あなたの夢(ゆめ)は白黒(しろくろ)ですか、カラーですか。

아나따노 유메와 시로꾸로데스까,
카라–데스까

꼭! 짚고 가기

고타쓰

고타쓰(こたつ)는 일본의 실내 난방 장치의 하나로, 일본 영화나 드라마, 만화를 즐겨 봤다면 한 번쯤은 봤을 것입니다. 일본은 예로부터 우리나라처럼 온돌 시설이 잘 안 되어 있으므로, 고타쓰는 추운 겨울을 따뜻하게 보내기 위해 만들어진 전통적인 난방 기구로 애용되어 왔습니다.

옛날의 고타쓰는 작은 용기에 숯불을 담고 그 위에 나무로 만든 틀을 설치하여 위에 이불을 덮어 사용했었는데, 중독사고나 화재가 많았습니다. 현재 쓰이는 전기식 고타쓰는 1960년에 들어서 생산되기 시작했습니다.

작은 난방 장치에 이불을 덮어 보온 기능을 유지하여 효율적인 반면, 방 전체의 공기를 데우기에는 한계가 있기 때문에 고타쓰 안에 넣은 하반신을 제외하고는 실내라도 옷을 따뜻하게 입어야 합니다.

일본의 겨울 실내 활동은 고타쓰를 중심으로 이뤄지다 보니, 영화나 드라마에서 보는 화면에서는 그 모습이 매우 옹기종기 다정하고 화목해 보이기도 합니다. 이런 느낌 때문에 최근에는 한국에서도 고타쓰를 구입하는 사람들이 종종 있답니다.

화장실 사용 ①

화장실이 어디죠?

トイレはどこですか。

토이레와 도꼬데스까

화장실 좀 다녀올게.

トイレちょっと行(い)って来(く)る。

토이레 춋또 잇떼 쿠루

난 화장실에 자주 가.

私(わたし)はトイレが近(ちか)い。

와따시와 토이레가 치까이

화장실에 잠시 들렀어요.

トイレにちょっと立(た)ち寄(よ)りました。

토이레니 춋또 타찌요리마시따

화장실에 누가 있어.

トイレに誰(だれ)かいるよ。

토이레니 다레까 이루요

화장실은 자주 청소합니까?

トイレはよく掃除(そうじ)しますか。

토이레와 요꾸 소–지시마스까

화장실 사용 ②

수도꼭지가 안 잠겨요.

蛇口(じゃぐち)が締(し)まりません。

쟈구찌가 시마리마셍

화장실 물이 안 빠져.

トイレの水(みず)が流(なが)れないよ。

토이레노 미즈가 나가레나이요

화장실 물이 안 멈춰.

トイレの水(みず)が止(と)まらない。

토이레노 미즈가 토마라나이

변기가 막혔어요.

便器(べんき)が詰(つ)まりました。

벵끼가 츠마리마시따

화장실 배수관이 막혔어요.

トイレの配水管(はいすいかん)が詰(つ)まりました。

토이레노 하이스이깡가 츠마리마시따

화장지가 떨어진 것 같아.

トイレの紙(かみ)がなくなったそうだ。

토이레노 카미가 나꾸낫따 소–다

화장실 전등이 나갔어.

トイレの電球(でんきゅう)が切(き)れた。

토이레노 뎅뀨–가 키레따

立ち寄る 들르다

화장실 에티켓

\# 물 내리는 것을 잊지 마.

便器(べんき)の水(みず)を流(なが)すことを忘(わす)れるな。

벵끼노 미즈오 나가스 코또오 와스레루나

\# 사용한 휴지는 휴지통에 넣어 주세요.

使(つか)った紙(かみ)はごみ箱(ばこ)に入(い)れてください。

츠깟따 카미와 고미바꼬니 이레떼 쿠다사이

\# 휴지는 휴지통에.

ごみはごみ箱(ばこ)に。

고미와 고미바꼬니

\# 이물질을 변기에 버리지 마시오.

ごみを便器(べんき)に捨(す)てないでください。

고미오 벵끼니 스떼나이데 쿠다사이

\# 화장지를 아껴 씁시다.

トイレットペーパーを節約(せつやく)して使(つか)いましょう。

토이렛토페–파–오 세쯔야꾸시떼 츠까이마쇼–

\# 화장실에 담배꽁초를 버리지 마세요.

トイレに吸殻(すいがら)を捨(す)てないでください。

토이레니 스이가라오 스떼나이데 쿠다사이

소변&대변

\# 그는 화장실에서 소변을 봤습니다.

彼(かれ)はトイレで小便(しょうべん)をしました。

카레와 토이레데 쇼–벵오 시마시따

\# 소변 금지!

小便(しょうべん)禁止(きんし)！

쇼–벵 킨시!

\# 화장실에서 대변을 보았다.

トイレで大便(だいべん)をしました。

토이레데 다이벵오 시마시따

トイレで排便(はいべん)しました。

토이레데 하이벤시마시따

\# 대변이 마려워요.

便意(べんい)を催(もよお)します。

벵이오 모요오시마스

\# 그는 대변보러 화장실에 갔다.

彼(かれ)は大便(だいべん)しにトイレへ行(い)った。

카레와 다이벤시니 토이레에 잇따

\# 사흘 동안 변을 보지 못했어요.

三日間(みっかかん)お通(つう)じがなかったです。

믹까깡 오쯔–지가 나깟따데스

거실 ①

\# 거실이 좀 더 넓으면 좋겠어요.

リビング[居間]がもうちょっと広ければいいです。

리빙그[이마]가 모– 춋또 히로께레바 이–데스

\# 거실에는 TV가 있어요.

リビングにはテレビがあります。

리빙그니와 테레비가 아리마스

\# 거실에 소파 베드가 있습니다.

リビングにソファーベッドがあります。

리빙그니 소화–벳도가 아리마스

\# 우리 집 거실은 너무 복잡해.

家のリビングは物が多すぎだ。

이에노 리빙그와 모노가 오–스기다

\# 소파에 편하게 앉아 있습니다.

ソファーにゆったり座っています。

소화–니 육따리 스왓떼 이마스

거실 ②

\# 최근 거실에 홈시어터를 설치했어요.

最近リビングにホームシアターを設置しました。

사이낑 리빙그니 호–무시아타–오 셋찌시마시따

\# 거실의 그림을 바꿔 걸었습니다.

リビングの絵をかけかえました。

리빙그노 에오 카께까에마시따

\# 부엌 일을 끝내고 겨우 거실에 앉았어요.

台所のかたづけ物を済ませてやっとリビングで座りました。

다이도꼬로노 카따즈께모노오 스마세떼 얏또 리빙그데 스와리마시따

\# 방 두 개에 거실과 식당 겸용 주방이 딸린 구조입니다.

2LDKです。

니에루디–케–데스

\# 그때, 나는 거실에서 쉬고 있었어요.

そのとき、私はリビングでやすんでいました。

소노 토끼, 와따시와 리빙그데 야슨데 이마시따

LDK 거실과 식당을 겸한 부엌
(living room+dining kitchen을 뜻하는 일본 조어)

부엌용품

\# 이 아파트의 부엌은 모든 설비가 갖춰져 있어요.

このアパートの台所(だいどころ)はすべての設備(せつび)が揃(そろ)っています。

코노 아파–토노 다이도꼬로와 스베떼노 세쯔비가 소롯떼 이마스

\# 냄비는 찬장에 가지런히 놓여 있어요.

鍋(なべ)は戸棚(とだな)にきちんと置(お)かれています。

나베와 토다나니 키찐또 오까레떼 이마스

\# 이 그릇은 조심해서 다뤄야 해요.

この器(うつわ)は気(き)をつけて扱(あつか)わなければなりません。

코노 우쯔와와 키오 츠께떼 아쯔까와나께레바 나리마셍

\# 프라이팬은 오래 쓸수록 길들여져서 쓰기에 좋아요.

フライパンは長(なが)く使(つか)うほどよくなじみます。

후라이팡와 나가꾸 츠까우호도 요꾸 나지미마스

\# 이것은 새로 산 에어프라이기예요.

これは新(あたら)しく買(か)ったエアフライヤーです。

코레와 아따라시꾸 캇따 에아흐레이야–데스

냉장고

\# 남은 음식은 냉장고에 넣어 둘게요.

残(のこ)った食(た)べ物(もの)は冷蔵庫(れいぞうこ)に入(い)れて置(お)きます。

노꼿따 타베모노와 레–조–꼬니 이레떼 오끼마스

\# 우리 집 냉장고는 인스턴트식품으로 가득 차 있어요.

私(わたし)の家(いえ)の冷蔵庫(れいぞうこ)はインスタント食品(しょくひん)でいっぱいです。

와따시노 이에노 레–조–꼬와 인스탄토 쇼꾸힌데 입빠이데스

\# 이 냉장고는 용량이 어떻게 되나요?

この冷蔵庫(れいぞうこ)はどのくらいの用量(ようりょう)ですか。

코노 레–조–꼬와 도노꾸라이노 요–료–데스까

\# 우리 집 냉장고의 용량은 약 700리터예요.

私(わたし)の家(いえ)の冷蔵庫(れいぞうこ)の用量(ようりょう)は約(やく)700リットルです。

와따시노 이에노 레–조–꼬노 요–료–와 야꾸 나나햐꾸릿토루데스

揃う 갖추어지다, 구비하다

전자레인지&가스레인지

전자레인지는 음식을 조리하는 시간을 줄여 줘요.

電子レンジは食べ物を料理する時間を減らしてくれます。

덴시렌지와 타베모노오 료-리스루 지깡오 헤라시떼 쿠레마스

電子レンジは食べ物の調理時間を減らしてくれます。

덴시렌지와 타베모노노 쵸-리지깡오 헤라시떼 쿠레마스

전자레인지에 금속으로 된 그릇을 넣으면 안 됩니다.

電子レンジに金属製の器を入れてはいけません。

덴시렌지니 킨조꾸세-노 우쯔와오 이레떼와 이께마셍

유코는 가스레인지를 켜고 있었다.

裕子はガスレンジをつけてました。

유-꼬와 가스렌지오 츠께떼마시따

냄비를 조심스럽게 인덕션에 놓았어요.

鍋をしんちょうにIHクッキングヒーターの上に置きました。

나베오 신쪼-니 아이에-치 쿡킹그히-타-노 우에니 오끼마시따

요리 준비

저녁을 준비하는 중이에요.

夕食を用意してます。

유-쇼꾸오 요-이시떼마스

오늘 저녁은 뭐야?

今晩の食事は何なの?

콤반노 쇼꾸지와 난나노?

10분 있으면 저녁이 준비될 거야.

十分あれば夕食が準備できるわ。

쥽뿡 아레바 유-쇼꾸가 쥼비데끼루와

곧 저녁을 할 테니까, 기다릴 수 있지?

すぐ夕食作るから、待ってられる?

스구 유-쇼꾸 츠꾸루까라, 맛떼라레루?

간단하고 빠르게 준비할 수 있는 요리는 뭔가요?

簡単で早く準備できる料理は何ですか。

칸딴데 하야꾸 쥼비데끼루 료-리와 난데스까

식탁 차리는 것 좀 도와줄래?

食事をテーブルにのせるのちょっと手伝ってくれる?

쇼꾸지오 테-부루니 노세루노 춋또 테쯔닷떼 쿠레루?

요리하기 ①

맛있는 냄새에 군침이 도는걸.

おいしいにおいによだれが出(で)るの。

오이시- 니오이니 요다레가 데루노

저녁으로 불고기를 준비했어요.

夕食(ゆうしょく)で焼肉(やきにく)を準備(じゅんび)しました。

유-쇼꾸데 야끼니꾸오 쥼비시마시따

오코노미야키는 어떻게 만들어요?

お好(この)み焼(や)きはどう作(つく)りますか。

오꼬노미야끼와 도- 츠꾸리마스까

맛은 어때요?

味(あじ)はどうですか。

아지와 도-데스까

맛 좀 봐 주세요.

味見(あじみ)をして[見(み)て]ください。

아지미오 시떼[미떼] 쿠다사이

조미료를 넣지 않으면 맛이 안 나.

調味料(ちょうみりょう)を入(い)れないと味(あじ)がでない。

쵸-미료-오 이레나이또 아지가 데나이

곁들임은 뭘 하지?

つけ合(あ)わせは何(なに)にしよう?

츠께아와세와 나니니 시요-?

꼭! 짚고 가기

오코노미야키 vs 몬자야키

우리가 일본의 부침개라고 알고 있는 오코노미야키(お好み焼き)는 일본 간사이 지방의 명물이라서 오사카 등에 가면 유명한 오코노미야키 맛집을 많이 볼 수 있습니다. 그런데 오코노미야키는 우리의 부침개와 비슷해 보이지만, 만드는 법은 차이가 있습니다. 고기나 해물, 양배추, 파, 마 등 재료가 듬뿍 들어가고, 밀가루는 적게 넣습니다. 그리고 부침개처럼 얇지 않고 두껍게 부치는 것이 특징입니다. 오코노미야키 전문점에 가면 재료가 나오고 손님이 직접 철판에 만들어 먹습니다.

간토 지방에서는 오코노미야키랑 비슷한 몬자야키(もんじゃ焼き)가 유명합니다.

역시 여러 가지 채소와 해물 등을 넣고 철판에 반죽 형태로 볶는 스타일인데, 오코노미야키보다 수분이 많습니다. 몬자야키는 도쿄 등에서 흔히 먹습니다.

이 두 가지는 각 지방을 대표하는 음식으로, 만약 도쿄에 가서 오코노미야키를 찾는다면, 분명 몬자야키를 추천받게 될 것입니다.

요리하기 ②

\# 어머니가 쓰던 요리법을 사용했을 뿐이에요.

母が使ったレシピを使っただけです。

하하가 츠깟따 레시피오 츠깟따다께데스

\# 요리법 좀 가르쳐 줄래요?

レシピちょっと教えてくれますか。

레시피 춋또 오시에떼 쿠레마스까

\# 이 요리법대로만 따라 하세요.

このレシピどおりにつくってください。

코노 레시피도-리니 츠꿋떼 쿠다사이

\# 준비한 저녁을 맛있게 드세요.

準備した夕食を召し上がってください。

쥼비시따 유-쇼꾸오 메시아갓떼 쿠다사이

夕食を準備しましたので召し上がってください。

유-쇼꾸오 쥼비시마시따노데 메시아갓떼 쿠다사이

\# 이거, 어떻게 굽지?

これ、どうやって焼くの?

코레, 도-얏떼 야꾸노?

식사 예절 ①

\# 잘 먹겠습니다.

いただきます。

이따다끼마스

\# 잘 먹었습니다.

こちそうさまでした。

코찌소-사마데시따

\# 식사 전에 손을 비누로 깨끗이 씻어라.

食事の前に手を石鹸できれいに洗いなさい。

쇼꾸지노 마에니 테오 섹껜데 키레-니 아라이나사이

\# 입에 음식을 넣은 채 말하지 마.

食べ物を口に入れたまま話すのはやめなさい。

타베모노오 쿠찌니 이레따마마 하나스노와 야메나사이

\# 음식을 남기지 말고 다 먹도록 해.

食べ物を残さず全部食べなさい。

타베모노오 노꼬사즈 젬부 타베나사이

식사 예절 ②

\# 식탁에서 팔꿈치를 올리면 안 돼요.

食卓(しょくたく)にひじを上(あ)げてはだめです。

쇼꾸따꾸니 히지오 아게떼와 다메데스

食卓(しょくたく)にひじをついてはだめです。

쇼꾸따꾸니 히지오 츠이떼와 다메데스

\# 식사를 마치면 포크와 나이프를 접시 위에 놓으세요.

食事(しょくじ)を終(お)えればフォークとナイフを皿(さら)の上(うえ)に置(お)いてください。

쇼꾸지오 오에레바 호–쿠또 나이후오 사라노 우에니 오이떼 쿠다사이

\# 식탁에서 신문 읽는 것, 그만두면 안 돼요?

食卓(しょくたく)で新聞(しんぶん)を読(よ)むの、やめなさい。

쇼꾸따꾸데 심붕오 요무노, 야메나사이

\# 자리에서 먼저 일어나도 될까요?

先(さき)に失礼(しつれい)してもいいですか。

사끼니 시쯔레–시떼모 이–데스까

설거지

\# 식탁 좀 치워 줄래요?

食卓(しょくたく)ちょっと片付(かたづ)けてくれますか。

쇼꾸따꾸 춋또 카따즈께떼 쿠레마스까

\# 그릇을 개수대에 넣어 줘.

器(うつわ)を流(なが)しに入(い)れてくれる。

우쯔와오 나가시니 이레떼 쿠레루

\# 식탁을 치우고 그릇을 식기세척기에 넣어 줄래요?

食卓(しょくたく)を片付(かたづ)けて器(うつわ)を食器洗浄器(しょっきせんじょうき)に入(い)れてくれますか。

쇼꾸따꾸오 카따즈께떼 우쯔와오 쇽끼센죠–끼니 이레떼 쿠레마스까

\# 설거지는 내가 할게요.

皿洗(さらあら)いは私(わたし)がします。

사라아라이와 와따시가 시마스

\# 그가 저 대신에 설거지를 할 거라고 했어요.

彼(かれ)が私(わたし)のかわりに皿洗(さらあら)いをすると言(い)いました。

카레가 와따시노 카와리니 사라아라이오 스루또 이–마시따

片付ける 정돈하다, 치우다
皿洗い 접시닦이, 설거지

위생

그녀는 돌아오면 항상 손부터 씻어요.

彼女は帰るといつも手から洗います。

카노죠와 카에루또 이쯔모 테까라 아라이마스

독감 예방을 위해 가장 중요한 것은 바깥에서 돌아온 후에는 손을 씻는 것이에요.

インフルエンザ予防のために一番大切なことは外から戻った後には手を洗うことです。

잉후루엔자 요보–노 타메니 이찌방 타이세쯔나 코또와 소또까라 모돗따 아또니와 테오 아라우 코또데스

그들은 위생 관념이 없어요.

彼らは衛生観念がありません。

카레라와 에–세–깐넹가 아리마셍

청결이 병을 예방하는 최선책이에요.

清潔が病気を予防する最善の方法です。

세–께쯔가 뵤–끼오 요보–스루 사이젠노 호–호–데스

청소 ①

방이 어질러졌네. 좀 치우도록 해.

部屋がちらかってるね。ちょっと片付けなさい。

헤야가 치라깟떼루네. 춋또 카따즈께나사이

청소기를 돌려야겠어.

バキュームで掃除しましょう。

바큐–무데 소–지시마쇼–

電気掃除機で掃除しましょう。

뎅끼소–지끼데 소–지시마쇼–

청소하는 것 좀 도와줄래?

掃除するのをちょっと手伝ってくれる?

소–지스루노오 춋또 테쯔닷떼 쿠레루?

선반의 먼지 좀 털어 줄래?

棚のほこりちょっと払いてくれる?

타나노 호꼬리 춋또 하따이떼 쿠레루?

난 매달 한 번씩 집안 구석구석을 청소한다.

私は毎月一回ずつ家を隅々まで掃除する。

와따시와 마이쯔끼 익까이즈쯔 이에오 스미즈미마데 소–지스루

청소 ②

매달 대청소를 한다.

毎月(まいつき)大掃除(おおそうじ)をする。

마이쯔끼 오−소−지오 스루

온 가족이 총동원되어 대청소를 합니다.

一家(いっか)そうがかりで大掃除(おおそうじ)をします。

익까소−가까리데 오−소−지오 시마스

대청소로 하루가 고스란히 지나갔다.

大掃除(おおそうじ)でまる一日(いちにち)つぶれました。

오−소−지데 마루이찌니찌 츠부레마시따

난 매일 방 청소를 합니다.

私(わたし)は毎日(まいにち)部屋(へや)の掃除(そうじ)をします。

와따시와 마이니찌 헤야노 소−지오 시마스

방 청소를 다시 했습니다.

部屋(へや)の掃除(そうじ)をやり直(なお)しました。

헤야노 소−지오 야리나오시마시따

분담해서 방 청소를 시작합시다.

手分(てわ)けして掃除(そうじ)を始(はじ)めましょう。

테와께시떼 소−지오 하지메마쇼−

걸레질

내가 청소기를 돌릴 테니, 당신은 걸레질을 해 줄래요?

私(わたし)がバキュームで掃除(そうじ)するから、あなたは雑巾(ぞうきん)がけをしてくれますか。

와따시가 바큐−무데 소−지스루까라, 아나따와 조−낑가께오 시떼 쿠레마스까

이 방은 걸레질이 필요하겠는걸.

この部屋(へや)は雑巾(ぞうきん)がけが必要(ひつよう)だね。

코노 헤야와 조−낑가께가 히쯔요−다네

엎지른 물을 걸레로 훔쳐냈어.

こぼした水(みず)を雑巾(ぞうきん)で拭(ふ)き取(と)った。

코보시따 미즈오 조−낀데 후끼똣따

창문 좀 닦아 줄래요?

窓(まど)ちょっと拭(ふ)いてくれますか。

마도 춋또 후이떼 쿠레마스까

아침 내내 욕조를 닦았습니다.

朝(あさ)の間(あいだ)浴槽(よくそう)を磨(みが)きました。

아사노 아이다 요꾸소−오 미가끼마시따

내가 걸레질을 할게.

私(わたし)が雑巾(ぞうきん)掛(が)けをするよ。

와따시가 조−낑가께오 스루요

분리수거

쓰레기통 좀 비우지 그래?

ゴミ箱(はこ)ちょっと空(あ)けない?

고미바꼬 춋또 아께나이?

쓰레기 좀 버려 줄래요?

ごみちょっと捨(す)ててくれますか。

고미 춋또 스떼떼 쿠레마스까

어젯밤 쓰레기 내놨어요?

夕(ゆう)べごみ出(だ)して置(お)きましたか。

유–베 고미다시떼 오끼마시따까

오늘은 쓰레기 수거차가 오는 날이다.

今日(きょう)はダストカートが来(く)る日(ひ)だ。

쿄–와 다스토카–토가 쿠루 히다

재활용 쓰레기는 분리해서 버려야 해요.

リサイクルごみは分(わ)けて捨(す)てなければならないです。

리사이쿠루고미와 와께떼 스떼나께레바 나라나이데스

세탁 ①

오늘은 빨래를 해야 해.

今日(きょう)は洗濯(せんたく)しなきゃ。

쿄–와 센따꾸시나꺄

빨래가 산더미야.

洗濯(せんたく)が山盛(やまも)りだ。

센따꾸가 야마모리다

빨래가 많이 밀렸어요.

洗濯物(せんたくもの)がたくさんたまりました。

센따꾸모노가 탁상 타마리마시따

세탁기를 돌려야겠어.

洗濯機(せんたくき)を回(まわ)さなければならない。

센따꾸끼오 마와나께레바 나라나이

빨래를 비벼 빨아라.

洗濯物(せんたくもの)をもんで洗(あら)いなさい。

센따꾸모노오 몬데 아라이나사이

빨래를 헹궈 주세요.

洗濯物(せんたくもの)をゆすいでください。

센따꾸모노오 유스이데 쿠다사이

빨래를 삶아서 널었다.

洗濯物(せんたくもの)を煮(に)て干(ほ)した。

센따꾸모노오 니떼 호시따

* 衣類乾燥機(いるいかんそうき) 빨래 건조기
* 物(もの)干(ほ)し台(だい) 빨래 건조대

세탁 ②

빨래 좀 널어 주세요.

洗濯(せんたく)ちょっと干(ほ)してください。

센따꾸 춋또 호시떼 쿠다사이

빨래를 너는 걸 잊고 있었어.

洗濯物(せんたくもの)を干(ほ)し忘(わす)れていた。

센따꾸모노오 호시와스레떼 이따

빨래 좀 걷어 줄래요?

洗濯(せんたく)ちょっと取(と)り込(こ)んでくれますか。

센따꾸 춋또 토리꼰데 쿠레마스까

비로 좀처럼 안 말라.

雨(あめ)でなかなか乾(かわ)かないわね。

아메데 나까나까 카와까나이와네

좋은 날씨로, 빨래가 잘 마르네.

いいお天気(てんき)で、洗濯物(せんたくもの)がよく乾(かわ)くわね。

이– 오뗑끼데, 센따꾸모노가 요꾸 카와꾸와네

이 티셔츠, 빨았더니 줄어들어 버렸어.

このTシャツ、洗(あら)ったら伸(の)びちゃった。

코노 티–샤츠, 아랏따라 노비쨧따

다림질

다림질 좀 해 줄래?

アイロンをかけてくれない?

아이롱오 카께떼 쿠레나이?

셔츠 좀 다려 줄래요?

シャツちょっとアイロンをかけてくれますか。

샤츠 춋또 아이롱오 카께떼 쿠레마스까

천을 대고 다림질을 해 줘요.

あて布(ぬの)をしてアイロンをかけてね。

아떼누노오 시떼 아이롱오 카께떼네

다려야 할 옷이 산더미야.

アイロンをかける服(ふく)が山盛(やまも)りだ。

아이롱오 카께루 후꾸가 야마모리다

간신히 다림질을 마쳤네.

やっとアイロンをかけ終(お)わった。

얏또 아이롱오 카께오왓따

다리미 스위치를 껐나?

アイロンのスイッチを切(き)ったかな。

아이론노 스잇치오 킷따까나

집 꾸미기

전 인테리어나 가구의 디자인에 관심이 많아요.

私(わたし)はインテリアとか家具(かぐ)のデザインに興味(きょうみ)が高(たか)いです。

와따시와 인테리아또까 카구노 데자인니 쿄–미가 타까이데스

인테리어 전문가가 집 전체를 개조했다.

インテリア専門家(せんもんか)が家(いえ)の全体(ぜんたい)を改造(かいぞう)した。

인테리아 셈몽까가 이에노 젠따이오 카이조–시따

새 커튼은 벽 색깔과 어울리지 않아.

新(あたら)しいカーテンは壁(かべ)の色(いろ)と似合(にあ)わない。

아따라시– 카–텡와 카베노 이로또 니아와나이

야마모토 씨의 집 거실은 멋있는 가구로 꾸며져 있어요.

山本(やまもと)さんの家(いえ)の居間(いま)はすてきな家具(かぐ)がそろっています。

야마모또산노 이에노 이마와 스떼끼나 카구가 소롯떼 이마스

Unit 3 운전&교통 MP3. C02_U03

운전 ①

어제 운전면허를 땄어요.

昨日(きのう)運転免許(うんてんめんきょ)を取(と)りました。

키노– 운뗀멩꾜오 토리마시따

昨日(きのう)ドライバーライセンスを取(と)りました。

키노– 도라이바–라이센스오 토리마시따

昨日(きのう)車(くるま)のライセンスを取(と)りました。

키노– 쿠루마노 라이센스오 토리마시따

난 아직 운전에 익숙하지 않아요.

私(わたし)はまだ運転(うんてん)に慣(な)れません。

와따시와 마다 운뗀니 나레마셍

그는 운전에 아주 능숙해요.

彼(かれ)は運転(うんてん)がとても上手(じょうず)です。

카레와 운뗑가 토떼모 죠–즈데스

彼(かれ)は運転(うんてん)がとてもうまいです。

카레와 운뗑가 토떼모 우마이데스

내 운전면허는 다음 달이 만기예요.

私(わたし)の運転免許(うんてんめんきょ)は来月(らいげつ)が満期(まんき)です。

와따시노 운뗀멩꾜와 라이게쯔가 망끼데스

免許(めんきょ)の有効期間(ゆうこうきかん)は来月(らいげつ)です。

멩꾜노 유–꼬–끼깡와 라이게쯔데스

운전 ②

\# 최근 운전면허를 갱신했어요.

最近運転免許を更新しました。(さいきんうんてんめんきょをこうしんしました)

사이낑 운뗀멩꾜오 코–신시마시따

\# 음주 운전으로 면허를 취소당했어요.

飲酒運転で免許を取り消されました。(いんしゅうんてんでめんきょをとりけされました)

인슈운뗀데 멩꾜오 토리께사레마시따

\# 넌 너무 난폭운전이라 같이 타기가 겁나.

あなたはとても荒っぽい運転だから、一緒に乗るのが怖い。(あら, うんてん, いっしょ, の, こわ)

아나따와 토떼모 아랍뽀이 운뗀다까라, 잇쇼니 노루노가 코와이

\# 너무 빠르잖아. 속도 좀 줄여.

速すぎだ。スピード落とせよ。(はや, お)

하야스기다. 스피–도 오또세요

\# 조심해! 빨간 불이야!

気をつけて！赤信号だ！(き, あかしんごう)

키오 츠께떼! 아까싱고–다!

\# 안전벨트를 매라.

シートベルトをしめなさい。

시–토베루토오 시메나사이

꼭! 짚고 가기

일본의 전통 예술

(1) **가부키** 歌舞伎(かぶき)

가부키는 음악과 춤이 중심이 된 일종의 무용극입니다. 에도 시대에 서민 중심의 예능으로 시작되어 현재까지 약 400년 동안 이어져 온 일본 전통 예술입니다.

(2) **분라쿠** 文楽(ぶんらく)

서민을 위한 성인용 인형극으로, 유네스코 세계 무형 문화유산으로 지정되었습니다. 처음에는 손발이 없는 단순한 형태의 인형을 사용하였지만, 17세기 말엽, 인형 조종술이 발달되면서 많은 이야깃거리가 만들어졌습니다.

(3) **노** 能(のう)

일본 전통 가무극의 한 장르로, 메이지 시대 이후 생긴 말입니다. 그 이전에는 사루가쿠라고 불렸습니다. 가부키가 서민적인 연극이라면 노는 귀족적인 연극입니다.

(4) **라쿠고** 落語(らくご)

기모노 차림의 라쿠고카가 1인 다역을 하는 1인 희극입니다. 부채와 수건 정도의 도구만 들고 다양한 사물과 상황을 연출합니다.

운전 ③

에어컨 좀 켜도 될까요?

エアコンちょっとつけてもいいですか。

에아콩 촛또 츠께떼모 이-데스까

길을 잃은 것 같은데.

道(みち)に迷(まよ)ったようなんだけど。

미찌니 마욧따요-난다께도

좌회전을 해야 하니, 좌측 차선으로 들어가.

左折(させつ)をしなきゃいけないから、左側(ひだりがわ)の車線(しゃせん)に入(はい)りなさい。

사세쯔오 시나꺄 이께나이까라, 히다리가와노 샤센니 하이리나사이

직진해서 신호에서 좌회전하세요.

まっすぐ進(すす)んで信号(しんごう)の所(ところ)で左(ひだり)に曲(ま)がりなさい。

맛스구 스슨데 싱고-노 토꼬로데 히다리니 마가리나사이

다음 모퉁이에서 우회전해 주세요.

次(つぎ)の角(かど)を右折(うせつ)してください。

츠기노 카도오 우세쯔시떼 쿠다사이

주차

주차장은 어디에 있나요?

駐車場(ちゅうしゃじょう)はどこにありますか。

츄-샤죠-와 도꼬니 아리마스까

건물 뒤에 주차장이 있습니다.

ビルの後(うし)ろに駐車場(ちゅうしゃじょう)があります。

비루노 우시로니 츄-샤죠-가 아리마스

한 시간당 주차료는 얼마예요?

一時間(いちじかん)当(あ)たりの駐車料(ちゅうしゃりょう)はいくらですか。

이찌지깡아따리노 츄-샤료-와 이꾸라데스까

주차장은 만차입니다.

駐車場(ちゅうしゃじょう)は満車(まんしゃ)です。

츄-샤죠-와 만샤데스

제가 주차해 드리겠습니다.

私(わたし)が止(と)めます。

와따시가 토메마스

私(わたし)がやります。

와따시가 야리마스

↳ 보통 주차장에서 말하는 상황이므로
이렇게 말하면 어떤 의미인지 이해할 수 있습니다.

주차금지!

駐車禁止(ちゅうしゃきんし)！

츄-샤 킨시!

교통 체증

\# 길이 꽉 막혔어요.

道は大渋滞でした。(みち だいじゅうたい)

미찌와 다이쥬-따이데시따

\# 고장 난 차 때문에 길이 딱 막혔어.

故障した車のために交通がマヒした。(こしょう くるま こうつう)

코쇼-시따 쿠루마노 타메니 코-쯔-가 마히시따

\# 오늘은 교통 체증이 아주 심한데요.

今日は交通渋滞がとてもひどいです。(きょう こうつうじゅうたい)

쿄-와 코-쯔-쥬-따이가 토떼모 히도이데스

\# 왜 밀리는 거죠?

どうして渋滞してるの?(じゅうたい)

도-시떼 쥬-따이시떼루노?

\# 앞에서 교통사고가 난 것 같은데요.

前で交通事故が起きたようですが。(まえ こうつう じこ お)

마에데 코-쯔-지꼬가 오끼따요-데스가

꼭! 짚고 가기

운전 관련 어휘

- アクセル 액셀러레이터
- クラッチ 클러치
- ブレーキ 브레이크
- ハンドル 핸들
- クラクション 클락션
- 直進(ちょくしん) 직진
- 左折(させつ) 좌회전
- 右折(うせつ) 우회전
- ユーターン 유턴
- 交通信号機(こうつうしんごうき) 신호등
- シートベルト 안전벨트
- 交通違反(こうつういはん) 교통위반
- 車道(しゃどう) 차도
- 歩道(ほどう) 인도
- 横断歩道(おうだんほどう) 횡단보도
- 歩行者(ほこうしゃ) 보행자
- 高速道路(こうそくどうろ) 고속도로
- スピードバンプ 과속방지턱

교통위반 ①

오른쪽 길 옆으로 차를 세워 주세요.

右側(みぎがわ)の道(みち)ぞいに車(くるま)を止(と)めてください。

미기가와노 미찌조이니 쿠루마오 토메떼 쿠다사이

면허증 좀 보여 주시겠어요?

免許証(めんきょしょう)ちょっと見(み)せてくれませんか。

멩꾜쇼– 춋또 미세떼 쿠레마셍까

차에서 내려 주시겠어요?

車(くるま)から降(お)りてくれませんか。

쿠루마까라 오리떼 쿠레마셍까

음주측정기를 부십시오.

飲酒(いんしゅ)測定(そくてい)器を吹(ふ)いてください。

인슈소꾸떼–끼오 후이떼 쿠다사이

정지신호에서 멈추지 않으셨어요.

停止(ていし)信号(しんごう)で止(と)まりませんでした。

테–시싱고–데 토마리마센데시따

제한속도를 위반하셨어요.

制限(せいげん)速度(そくど)を違反(いはん)しました。

세–겐소꾸도오 이한시마시따

교통위반 ②

속도위반으로 걸린 적 있습니까?

速度(そくど)違反(いはん)で取(と)り締(し)まりにひっかかったことがありますか。

소꾸도이한데 토리시마리니 힉까깟따 코또가 아리마스까

벌금은 얼마인가요?

罰金(ばっきん)はいくらですか。

박낑와 이꾸라데스가

무단횡단을 하면 안 됩니다.

違反(いはん)横断(おうだん)をしてはいけません。

이항오–당오 시떼와 이께마셍

이 차선은 좌회전 전용입니다.

この車線(しゃせん)は左折(させつ)専用(せんよう)です。

코노 샤셍와 사세쯔 셍요–데스

여기에서 우회전은 안 됩니다.

ここでは右折(うせつ)はできません。

코꼬데와 우세쯔와 데끼마셍

ここでは右折(うせつ)禁止(きんし)です。

코꼬데와 우세쯔 킨시데스

Unit 4 이사　　MP3. C02_U04

부동산 - 집 구하기 ①

\# 새 아파트를 구하고 있어요.

新(あたら)しいアパートを探(さが)しています。

아따라시- 아파-토오 사가시떼 이마스

\# 임대할 집을 찾고 있어요.

賃貸(ちんたい)の家(いえ)を探(さが)しています。

친따이노 이에오 사가시떼 이마스

\# 추천해 주실 집이 있나요?

お勧(すす)めの家(いえ)はあるんですか。

오스스메노 이에와 아룬데스까

\# 어느 정도 크기의 집을 찾고 있어요?

どのぐらいの大(おお)きさの家(いえ)を探(さが)しているんですか。

도노구라이노 오-끼사노 이에오 사가시떼 이룬데스까

\# 지하철역에서 가까운 집이 있나요?

地下鉄(ちかてつ)の駅(えき)から近(ちか)い家(いえ)はあるんですか。

치까떼쯔노 에끼까라 치까이 이에와 아룬데스까

\# 지하철역에서 걸어서 10분 걸립니다.

地下鉄(ちかてつ)の駅(えき)から歩(ある)いて十分(じゅっぷん)かかります。

치까떼쯔노 에끼까라 아루이떼 쥽붕 카까리마스

꼭! 짚고 가기

일본에서 집 구하기

일본에는 우리나라에 있는 전세 제도가 없고 월세 제도가 있습니다. 집을 구할 때는 인터넷이나 부동산을 이용하는데, 이때 보증인이 필요합니다. 그리고 마음에 드는 집이 있어 계약하려면 두 달 치에 해당하는 월세와 집주인에게 주는 사례금, 계약을 성사시켜 준 부동산에 수수료 명목의 금액이 있어야 하기 때문에, 계약 초기에 상당한 목돈이 필요합니다. 그밖에 계약을 갱신할 때도 갱신료라는 명목으로 내야 합니다.

여행이나 출장 등으로 단기간 체류를 목적으로 하는 사람들을 위해 위클리 맨션(ウィークリーマンション)이나 먼슬리 맨션(マンスリーマンション) 등도 있습니다.

집을 구할 때 필요한 표현은 다음과 같습니다.

- 大家(おおや)さん 집주인, 집 소유주
- 家賃(やちん) 방세, 월세
- 敷金(しききん) 보증금
  (보통 2개월분의 월세에 해당하는 금액이며, 임차기간이 끝나면 돌려받는다)
- 礼金(れいきん) 사례금
  (집을 빌려주는 것에 대해 고맙다는 의미로, 집주인에게 1~2개월분의 월세에 해당하는 금액을 지불해야 한다)
- 仲介手数料(ちゅうかいてすうりょう) 중개수수료
  (계약 성사에 대해 부동산에 주는 수수료)
- 更新料(こうしんりょう) 갱신료
  (계약을 갱신할 때 월세 1개월분에 해당하는 금액을 집주인에게 지불한다)

부동산 – 집 구하기 ②

\# 방 두 개짜리 아파트를 구하고 있습니다.

二部屋(ふたへや)の物件(ぶっけん)を探(さが)しています。

후따헤야노 북껭오 사가시떼 이마스

\# 이 아파트는 방이 몇 개인가요?

このアパートは部屋(へや)はいくつですか。

코노 아파-토와 헤야와 이꾸쯔데스까

\# 방 두 개와 욕실이 있고, 가구도 갖춰져 있습니다.

二部屋(ふたへや)で、バス付(つ)き、家具(かぐ)付(つ)きです。

후따헤야데, 바스쯔끼, 카구쯔끼데스

\# 몇 층인가요?

何階(なんかい)ですか。

낭까이데스까

\# 임대료는 얼마인가요?

貸(か)し賃(ちん)はいくらですか。

카시찡와 이꾸라데스까

レンタル料(りょう)はいくらですか。

렌타루료-와 이꾸라데스까

부동산 – 계약하기

\# 계약 기간은 얼마입니까?

契約(けいやく)期間(きかん)はいつまでですか。

케-야꾸 키깡와 이쯔마데데스까

\# 계약하겠어요.

契約(けいやく)してください。

케-야꾸시떼 쿠다사이

\# 이 집으로 하겠어요.

この家(いえ)にします。

코노 이에니 시마스

\# 이 아파트를 임대하겠어요.

このアパートに入(はい)ります。

코노 아파-토니 하이리마스

\# 계약서에 서명해 주시겠어요?

契約書(けいやくしょ)に署名(しょめい)してくださいませんか。

케-야꾸쇼니 쇼메-시떼 쿠다사이마셍까

\# 언제 이사 올 수 있을까요?

いつ引(ひ)っ越(こ)しできますか。

이쯔 힉꼬시데끼마스까

\# 지금 당장 이사 들어가도 될까요?

今(いま)すぐ引(ひ)っ越(こ)してもいいでしょうか。

이마 스구 힉꼬시떼모 이-데쇼-까

이사 계획 ①

\# 우리 가족은 한 달 후에 이사할 예정이에요.

私の家族は一ヶ月後に引っ越す予定です。

와따시노 카조꾸와 익까게쯔고니 힉꼬스 요떼-데스

\# 곧 이사간다면서요?

もうすぐ引っ越しするんですって？

모-스구 힉꼬시스룬데슷떼?

\# 어디로 이사하니?

どこに引っ越すの？

도꼬니 힉꼬스노?

\# 새 아파트로 언제 이사가세요?

新しいアパートにいつ引っ越しますか。

아따라시- 아파-토니 이쯔 힉꼬시마스까

\# 이번에는 단독주택입니다.

今度は一戸建てです。

콘도와 익꼬다떼데스

\# 이사할 날도 금방인걸.

引っ越しする日も間近だよ。

힉꼬시스루 히모 마찌가다요

꼭! 짚고 가기

일본의 유명한 성

일본어로 오시로(お城)라고 하는 것은 우리가 알고 있는 성(城)을 의미합니다. 일본은 15세기 전후부터 군사적인 목적으로 성을 쌓기 시작하여 교통의 요지에 성들을 세워 권력의 상징으로 삼았답니다.

일본 전국에서 손꼽히는 유명한 성으로는 다음과 같습니다.

(1) **고쿄** 皇居(こうきょ)
천황과 그 일가가 살고 있는 곳으로, 평소에는 예약한 사람만 가이드 투어를 들어갈 수 있습니다. 예약 없이 들어갈 수 있는 날은 1년에 단 두 번, 신년과 천황의 생일에 가능합니다.

(2) **오사카성** 大阪城(おおさかじょう)
도요토미히데요시가 세운 일본 최대의 성으로 그의 유물이 전시된 박물관으로 유명한 관광지로 꼽히고 있습니다.

(3) **히메지성** 姫路城(ひめじじょう)
1993년 일본 최초로 세계문화유산으로 등록되었습니다. 성벽에 흰색 옻칠을 하여 그 모습이 마치 백로가 날아오르는 듯하다고 해서 시라사기라고도 부릅니다.

(4) **나고야성** 名古屋城(なごやじょう)
메이지 시대 전까지만 해도 도쿠가와 집안이 대물림하며 살아왔던 곳으로, 이후 국유화되었습니다. 1945년 나고야 공습으로 소실되었다가 1959년 재건되었습니다.

(5) **구마모토성** 熊本城(くまもとじょう)
임진왜란 때 우리나라 침공을 진두지휘한 가토 기요마사가 한반도 침략으로 얻은 조선식 축성술 시식을 바탕으로 만들어진 성입니다. 2016년 구마모토 지진으로 붕괴되어 폐쇄된 적이 있습니다.

이사 계획 ②

\# 이사하는 것 때문에 걱정이에요.

引(ひ)っ越(こ)しのことが心配(しんぱい)です。

힉꼬시노 코또가 심빠이데스

\# 이사하는 건 쉬운 일이 아니네요.

引(ひ)っ越(こ)しは簡単(かんたん)なことではないですね。

힉꼬시와 칸딴나 코또데와 나이데스네

\# 이사하려면 한 달 전에 미리 알려 주세요.

引(ひ)っ越(こ)しするなら一ヶ月前(いっかげつまえ)にあらかじめお知(し)らせください。

힉꼬시스루나라 익까께쯔 마에니 아라까지메 오시라세 쿠다사이

\# 직장 관계로 지방으로 이사합니다.

職場(しょくば)の関係(かんけい)で地方(ちほう)に引(ひ)っ越(こ)します。

쇼꾸바노 캉께–데 치호–니 힉꼬시마스

\# 어느 이삿짐센터에 맡길까?

どこの運送会社(うんそうがいしゃ)にたのもうかな。

도꼬노 운소–가이샤니 타노모–까나

짐 싸기&정리 ①

\# 이삿짐은 모두 쌌어요?

引(ひ)っ越(こ)しの荷物(にもつ)はすべてパッキングしましたか。

힉꼬시노 니모쯔와 스베떼 팍킹구시마시따까

引(ひ)っ越(こ)しの荷物(にもつ)は全部(ぜんぶ)荷造(にづく)りしましたか。

힉꼬시노 니모쯔와 젬부 니즈꾸리시마시따까

\# 이사가기 위해 짐을 싸야 해요.

引(ひ)っ越(こ)しのために荷物(にもつ)をまとめなければなりません。

힉꼬시노 타메니 니모쯔오 마또메나께레바 나리마셍

\# 이사 전에 물건을 팔아야겠어요.

引(ひ)っ越(こ)しの前(まえ)に品物(しなもの)を売(う)らなければならない。

힉꼬시노 마에니 시나모노오 우라나께레바 나라나이

\# 이사하기 전에 가재도구를 정리했습니다.

引(ひ)っ越(こ)しの前(まえ)に家財道具(かざいどうぐ)を整理(せいり)しました。

힉꼬시노 마에니 카자이도–구오 세–리시마시따

짐 싸기&정리 ②

\# 어떤 상자에 뭘 넣었는지 모르겠어.

どの箱(はこ)に何(なに)を入(い)れたか、分(わ)からなくなったよ。

도노 하꼬니 나니오 이레따까, 와까라나꾸낫따요

\# 그 상자에는 '파손주의'라고 써 뒀어.

その箱(はこ)には「ワレモノ注意(ちゅうい)」って書(か)いておいたよ。

소노 하꼬니와 「와레모노 츄-잇」떼 카이떼 오이따요

\# 이사했지만, 아직 집 안이 정리되지 않았어.

引(ひ)っ越(こ)ししたけれど、まだ家(いえ)の中(なか)は片(かた)づいていない。

힉꼬시시따께레도, 마다 이에노 나까와 카따즈이떼 이나이

\# 짐 정리를 도와줄 수 있어요?

荷物(にもつ)の整理(せいり)を手伝(てつだ)ってくれませんか。

니모쯔노 세-리오 테쯔닷떼 쿠레마셍까

\# 가스는 언제 공급되나요?

ガスはいつ供給(きょうきゅう)されるんですか。

가스와 이쯔 쿄-뀨-사레룬데스까

집들이

\# 새집을 정리하는 데 일주일이나 걸렸어요.

新(あたら)しい家(いえ)を整理(せいり)するのに一週間(いっしゅうかん)もかかりました。

아따라시- 이에오 세-리스루노니 잇슈-깜모 카까리마시따

\# 집들이는 언제 할 거예요?

お引(ひ)っ越(こ)し祝(いわ)いはいつするつもりですか。

오힉꼬시이와이와 이쯔스루 츠모리데스까

\# 집들이를 합시다.

引(ひ)っ越(こ)しパーティーをしましょう。

힉꼬시 파-티-오 시마쇼-

\# 이번 주말 새집에 초대할게요.

今度(こんど)の週末新(しゅうまつあたら)しい家(いえ)に招待(しょうたい)しますよ。

콘도노 슈-마쯔 아따라시- 이에니 쇼-따이시마스요

\# 그의 집들이에 초대받았습니다.

彼(かれ)のお引(ひ)っ越(こ)しパーティーに呼(よ)ばれました。

카레노 오힉꼬시 파-티-니 요바레마시따

Chapter 03

나랑 친구할래요?

Chapter 03.

天気てんきと季節きせつ 텐끼또 키세쯔 날씨와 계절

MP3. Word_C03_01

天気てんき 텐끼 n. 날씨	**日**ひ 히 n. 해, 태양; 햇빛	**晴れ**はれ 하레 n. 맑음
	雲くも 쿠모 n. 구름	**曇り**くもり 쿠모리 n. 흐림
	暑いあつい 아쯔이 a. 덥다	**暖かい**あたたかい 아따따까이 a. 따뜻하다
	寒いさむい 사무이 a. 춥다	**涼しい**すずしい 스즈시– a. 시원하다, 서늘하다
	風かぜ 카제 n. 바람	**風が吹く**かぜがふく 카제가 후꾸 바람이 불다
	台風たいふう 타이후– n. 태풍	**津波**つなみ 츠나미 n. 해일, 쓰나미
	雨あめ 아메 n. 비	**雨が降る**あめがふる 아메가 후루 비가 오다

	傘 かさ 카사 n. 우산	虹 にじ 니지 n. 무지개
	雪 ゆき 유끼 n. 눈	雪ゆきが降ふる 유끼가 후루 눈이 오다
黄砂 こうさ 코-사 n. 황사	洪水 こうずい 코-즈이 n. 홍수	日照ひでり 히데리 n. 가뭄
季節 きせつ 키세쯔 n. 계절	春 はる 하루 n. 봄	つぼみ 츠보미 n. 꽃봉오리
	夏 なつ 나쯔 n. 여름	熱帯夜 ねったいや 넷따이야 n. 열대야
	秋 あき 아끼 n. 가을	紅葉 もみじ 모미지 n. 단풍
	冬 ふゆ 후유 n. 겨울	雪ゆきだるま 유끼다루마 n. 눈사람

趣味しゅみ 슈미 취미

MP3. Word_C03_02

スポーツ 스포–츠 = 運動うんどう 운도– n. 스포츠, 운동	ジョギング 죠깅그 n. 조깅	ジョギングする 죠깅그스루 v. 조깅하다
	水泳すいえい 스이에– = 泳およぎ 오요기 = スイミング 스위밍그 n. 수영	水泳すいえいする 스이에–스루 = 泳およぐ 오요구 v. 수영하다
テニス 테니스 n. 테니스	バドミントン 바도민통 n. 배드민턴	卓球たっきゅう 탁뀨– = ピンポン 핑퐁 n. 탁구
サッカー 삭카– n. 축구	アメリカンフットボール 아메리칸훗토보–루 n. 미식축구	野球やきゅう 야뀨– n. 야구
バスケット 바스켓토 = バスケットボール 바스켓토보–루 n. 농구	バレー 바레– = バレーボール 바레–보–루 n. 배구	ゴルフ 고루흐 n. 골프
ヨガ 요가 n. 요가	テクォンドー 테퀀도– n. 태권도	ボクシング 복싱그 n. 권투, 복싱
相撲すもう 스모– n. 스모	剣道けんどう 켄도– n. 검도	柔道じゅうどう 쥬–도– n. 유도
スノーボード 스노–보–도 n. 스노보드	スキー 스키– n. 스키 スキーをする 스키–오 스루 v. 스키를 타다	スケート 스케–토 n. 스케이트 スケートをする 스케–토오 스루 v. 스케이트를 타다

映画えいが 에–가 영화

MP3. Word_C03_03

映画えいが 에–가 n. 영화	**映画**えいが**を観**み**る** 에–가오 미루 v. 영화를 보다	**劇場**げきじょう 게끼죠– n. 극장 **映画館**えいがかん 에–가깡 n. 영화관
	公開こうかい 코–까이 n. 공개, 개봉 **初演**しょえん 쇼엔 n. 초연	**ストーリー** 스토–리– n. 줄거리 **観客**かんきゃく 캉꺄꾸 n. 관객
映画監督えいがかんとく 에–가깐또꾸 n. 영화감독	**俳優**はいゆう 하이유 = **役者**やくしゃ 야꾸샤 n. 배우	**男優**だんゆう 단유– n. 남자 배우 **女優**じょゆう 죠유– n. 여자 배우

読書どくしょ 도꾸쇼 독서

MP3. Word_C03_04

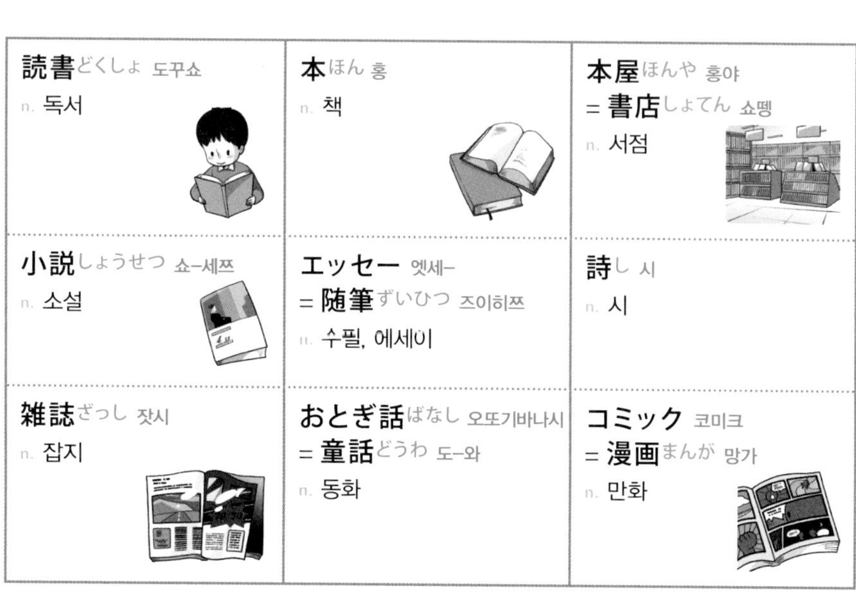

読書どくしょ 도꾸쇼 n. 독서	**本**ほん 홍 n. 책	**本屋**ほんや 홍야 = **書店**しょてん 쇼뗑 n. 서점
小説しょうせつ 쇼–세쯔 n. 소설	**エッセー** 엣세– = **随筆**ずいひつ 즈이히쯔 n. 수필, 에세이	**詩**し 시 n. 시
雑誌ざっし 잣시 n. 잡지	**おとぎ話**ばなし 오또기바나시 = **童話**どうわ 도–와 n. 동화	**コミック** 코미크 = **漫画**まんが 망가 n. 만화

音楽おんがく 옹가꾸 음악

MP3. Word_C03_05

音楽おんがく 옹가꾸 n. 음악	歌うた 우따 n. 노래 歌うたう 우따우 v. 노래하다	歌手かしゅ 카슈 n. 가수
楽器がっき 각끼 n. 악기	演奏えんそうする 엔소–스루 v. 연주하다	演奏会えんそうかい 엔소–까이 n. 연주회 コンサート 콘사–토 n. 음악회, 콘서트
ピアノ 피아노 n. 피아노	バイオリン 바이오링 n. 바이올린	チェロ 체로 n. 첼로
ギター 기타– n. 기타	ハープ 하–프 n. 하프	三味線しゃみせん 샤미셍 n. 샤미센(일본 전통 악기로, 세 줄을 가진 목이 긴 현악기)
ドラム 도라무 n. 드럼, 북	鼓つづみ 츠즈미 n. 북(일본 전통 악기로, 장고처럼 생긴 양면북)	太鼓たいこ 타이꼬 n. 북(일본 전통 악기로, 원통형의 양면북)
フルート 후루–토 n. 플룻	トランペット 토람펫토 n. 트럼펫	サックス 삭쿠스 n. 색소폰
オペラ 오페라 n. 오페라	ミュージカル 뮤–지카루 n. 뮤지컬	歌舞伎かぶき 카부끼 n. 가부키 (일본 전통 연극)

ペット 펫토 반려동물

MP3. Word_C03_06

ペット 펫토 n. 반려동물 	飼かう 카우 n. 사육하다, 기르다 	獣医じゅうい 쥬-이 n. 수의사 動物病院どうぶつびょういん 도-부쯔뵤-잉 n. 동물병원
犬いぬ 이누  n. 개 子犬こいぬ 코이누 n. 강아지	猫ねこ 네꼬  n. 고양이 子猫ねこ 코네꼬 n. 새끼고양이	うさぎ 우사기 n. 토끼 
ハムスター 하무스타- n. 햄스터 	鳥とり 토리 n. 새 	金魚きんぎょ 킹교 n. 금붕어 
かたつむり 카따쯔무리 n. 달팽이	亀かめ 카메 n. 거북 	カブトムシ 카부토무시 n. 딱정벌레 
足あし 아시 n. (동물의) 발, 다리 	毛け 케 n. 털	しっぽ 십뽀 n. 꼬리 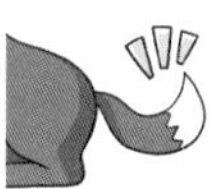
引ひっかく 힉까꾸 n. 할퀴다 	噛かむ 카무 n. 물다 	唸うなる 우나루 v. (동물이) 으르렁거리다 
吠ほえる 호에루 v. (개가) 짖다 	わんわん 왕왕 adv. 멍멍(개 짖는 소리)	ニャーニャー鳴なく 냐-냐- 나꾸 (고양이가) 야옹야옹 울다 ニャー 냐- interj. 야옹(고양이가 우는 소리)

날씨 묻기

\# 오늘 날씨 어때요?

今日(きょう)の天気(てんき)どうですか。
쿄-노 텡끼 도-데스까

今日(きょう)どんな天気(てんき)ですか。
쿄- 돈나 텡끼데스까

\# 바깥 날씨 어때요?

外(そと)の天気(てんき)どうですか。
소또노 텡끼 도-데스까

\# 내일 날씨는 어떨까요?

明日(あした)の天気(てんき)はどうでしょうか。
아시따노 텡끼와 도-데쇼-까

\# 오늘은 날씨가 참 좋죠?

今日(きょう)は天気(てんき)が本当(ほんとう)にいいでしょう?
쿄-와 텡끼가 혼또-니 이-데쇼-?

↳ **今日の天気は**~라고도 할 수 있어요.

\# 이런 날씨 좋아하세요?

こんな天気(てんき)好(す)きですか。
콘나 텡끼 스끼데스까

このような天気(てんき)好(す)きですか。
코노 요-나 텡끼 스끼데스까

\# 오늘 몇 도예요?

今日(きょう)何度(なんど)ですか。
쿄- 난도데스까

일기예보 ①

\# 오늘 일기예보 어때요?

今日(きょう)の天気予報(てんきよほう)どうですか。
쿄-노 텡끼요호- 도-데스까

↳ **週末の天気予報**(주말 일기예보)라고 바꿔서 말해볼까요?

\# 내일 일기예보 아세요?

明日(あした)の天気予報(てんきよほう)知(し)ってますか。
아시따노 텡끼요호- 싯떼마스까

明日(あした)の天気予報(てんきよほう)見(み)ましたか。
아시따노 텡끼요호- 미마시따까

\# 일기예보에서는 맑다고 했습니다.

天気予報(てんきよほう)では晴(は)れだと言(い)っていました。
텡끼요호-데와 하레다또 잇떼이마시따

\# 일기예보에 의하면 내일은 비가 온다고 합니다.

天気予報(てんきよほう)によると明日(あした)は雨(あめ)だそうです。
텡끼요호-니요루또 아시따와 아메다소-데스

\# 오늘 일기예보로는, 오전 중은 흐리고, 오후는 비가 옵니다.

今日(きょう)の天気予報(てんきよほう)では、午前中(ごぜんちゅう)は曇(くも)り、午後(ごご)は雨(あめ)です。
쿄-노 텡끼요호-데와, 고젠쮸-와 쿠모리, 고고와 아메데스

일기예보 ②

일기예보를 확인해 봐.

てんきよほう　かくにん
天気予報を確認してみて。

텡끼요호-오 카꾸닌시떼 미떼

오늘 일기예보는 맞았네요.

きょう　てんきよほう　あ
今日の天気予報は当たりましたね。

쿄-노 텡끼요호-와 아따리마시따네

일기예보가 빗나갔다.

てんきよほう　はず
天気予報が外れた。

텡끼요호-가 하즈레따

일기예보는 믿을 수 없어요.

てんきよほう　しん
天気予報は信じられません。

텡끼요호-와 신지라레마셍

일기예보는 안 맞는 경우도 많으니까.

てんきよほう　はず　おお
天気予報は外れることも多いからね。

텡끼요호-와 하즈레루 코또모 오-이까라네

곳에 따라 흐리고 때때로 비.

くも　ときどきあめ
ところにより曇り時々雨。

토꼬로니요리 쿠모리 토끼도끼 아메

꼭! 짚고 가기

날씨 관련 어휘

- 気候(きこう) 기후
- 天気(てんき) 날씨
- 天気予報(てんきよほう) 일기예보
- 晴(は)れる 맑다, 개다
- 晴(は)れ 맑게 갬
- 曇(くも)る 흐리다
- 曇(くも)り 흐림
- 降(ふ)る (눈, 비가) 내리다
- 止(や)む 그치다
- 雲(くも) 구름
- 雪(ゆき) 눈
- 雨(あめ) 비
- 霧(きり) 안개
- 露(つゆ) 서리
- 梅雨(つゆ) 장마
- 最高気温(さいこうきおん) 최고 기온
- 最低気温(さいていきおん) 최저 기온
- 夏日(なつび) 하루 최고 기온이 섭씨 25도를 넘은 날
- 真夏日(まなつび) 하루 최고 기온이 섭씨 30도를 넘은 날
- 五月雨(さみだれ) 초여름의 장마
- 梅雨(つゆ) 장마
- 梅雨(つゆ)が明(あ)ける 장마가 개다
- 夕立(ゆうだち) 여름철 오후에 한 차례 내리는 소나기
- 土砂降(どしゃぶ)り 억수같이 쏟아지는 비
- 小雨(こさめ) 가랑비
- 大雨(おおあめ) 큰비, 호우

맑은 날 ①

오늘은 맑아요.

今日(きょう)は晴(は)れです。
쿄–와 하레데스

今日(きょう)はいい天気(てんき)です。
쿄–와 이– 텡끼데스

오늘은 날씨가 화창하네요.

今日(きょう)はのどかな天気(てんき)ですね。
쿄–와 노도카나 텡끼데스네

최근 날씨가 계속 좋네요.

最近(さいきん)天気(てんき)がずっといいですね。
사이낑 텡끼가 즛또 이–데스네

このところすばらしい天気(てんき)が続(つづ)いていますね。
코노또꼬로 스바라시– 텡끼가 츠즈이떼 이마스네

햇볕이 아주 좋아요.

日(ひ)ざしがとても気持(きも)ちいいです。
히자시가 토떼모 키모찌이–데스

のどか 날씨가 화창함

맑은 날 ②

오늘은 햇볕이 따갑군.

今日(きょう)は日(ひ)ざしが強(つよ)い。
쿄–와 히자시가 츠요이

활짝 갰군요.

からっとしていますね。
카랏또시떼이마스네

오늘 오후에는 갤 것 같아요.

今日(きょう)の午後(ごご)には晴(は)れるようです。
쿄–노 고고니와 하레루요–데스

날씨가 개었어요.

晴(は)れてきましたよ。
하레떼끼마시따요

내일 날씨가 개면 좋을 텐데.

明日(あした)晴(は)れるといいんだがなあ。
아시따 하레루또 이인다가나–

내일은 날이 개도록, 인형을 장식해야지.

明日(あした)は晴(は)れるように、てるてる坊主(ぼうず)を作(つく)って飾(かざ)ろう。
아시따와 하레루요–니, 테루떼루보–즈오 츠꿋떼 카자로–

↳ **てるてる坊主**는 날이 개길 빌며 처마 끝에 매다는 종이 인형으로, 날이 개면 먹으로 눈동자를 그려 넣기도 합니다.

흐린 날

날씨가 궂어요.

天気(てんき)が悪(わる)いです。

텡끼가 와루이데스

날이 흐려졌어요.

曇(くも)ってきました。

쿠못떼 키마시따

아주 흐려요.

とても曇(くも)ってます。

토떼모 쿠못떼마스

별안간 하늘이 흐려졌어요.

急(きゅう)に空(そら)が曇(くも)りました。

큐-니 소라가 쿠모리마시따

하루 종일 흐려 있었어요.

一日中(いちにちじゅう)曇(くも)っていました。

이찌니찌쥬- 쿠못떼 이마시따

날씨가 우중충해요.

天気(てんき)がうっとうしいです。

텡끼가 웃또우시-데스

우중충한 날씨군요.

うっとうしい天気(てんき)ですね。

웃또우시- 텡끼네스네

비 오는 날 ①

비가 와요.

雨(あめ)が降(ふ)っています。

아메가 훗떼이마스

비가 뚝뚝 떨어지기 시작했어요.

雨(あめ)がぽつりぽつりと降(ふ)りだした。

아메가 포쯔리뽀쯔리또 후리다시따

비가 심하게 오는군요.

雨(あめ)がひどい降(ふ)りですねえ。

아메가 히도이 후리데스네-

비가 멈추지 않고 계속 온다.

雨(あめ)がやみません。

아메가 야미마셍

그저 지나가는 비예요.

たんなる通(とお)り雨(あめ)ですよ。

탄나루 토-리 아메데스요

비가 억수같이 퍼붓는데요.

バケツをひっくりかえしたようだ。

바케츠오 힛꾸리까에시따요-다

土砂降(どしゃぶ)りですね。

도샤부리데스네

ぽつりぽつり 뚝뚝, 방울방울
たんなる 단순한

비 오는 날 ②

\# 금방 비가 올 것 같아요.

すぐ雨(あめ)が降(ふ)るみたいです。

스구 아메가 후루미따이데스

\# 비가 올 것 같으니, 우산을 갖고 가.

雨(あめ)が降(ふ)りそうですから、傘(かさ)を持(も)って行(い)きなさい。

아메가 후리소–데스까라, 카사오 못떼 이끼나사이

\# 길에서 소나기를 만났습니다.

道(みち)でにわか雨(あめ)に会(あ)いました。

미찌데 니와까아메니 아이마시따

\# 빗발이 약해졌습니다.

雨(あめ)がこぶりになりました。

아메가 코부리니나리마시따

\# 이제 비가 그쳤나요?

もう雨(あめ)が止(や)みましたか。

모–아메가 야미마시따까

\# 그는 '비를 몰고 다니는 남자'라고 불리고 있어요.

彼は「あめおとこ」と呼(よ)ばれています。

카레와 「아메오또꼬」또 요바레떼이마스

↳ はれおとこ는 '맑은 남자'라는 뜻으로, 무슨 일을 하거나 어디를 가든 그가 있으면 항상 날이 맑다는 의미입니다.

천둥&번개

\# 천둥이 치고 있어요.

雷(かみなり)が鳴(な)いています。

카미나리가 나이떼이마스

\# 번개가 쳐요.

稲妻(いなずま)が走(はし)ります。

이나즈마가 하시리마스

↳ 稲妻＝稲光

\# 천둥이 심하네!

雷(かみなり)がひどいです！

카미나리가 히도이데스!

\# 천둥소리에 놀랐습니다.

雷(かみなり)の音(おと)にびっくりしました。

카미나리노 오또니 빗꾸리시마시따

\# 번개가 치자 천둥소리가 울렸다.

稲光(いなびかり)が走(はし)り雷鳴(らいめい)が聞(き)こえた。

이나비까리가 하시리 라이메–가 키꼬에따

\# 밤새 천둥소리가 울렸어요.

夜通(よどお)し雷(かみなり)が鳴(な)っていました。

요도오시 카미나리가 낫떼 이마시따

\# 내일은 천둥을 동반한 비가 예상됩니다.

明日(あした)は雷(かみなり)を伴(ともな)った雨(あめ)が予想(よそう)されます。

아시따와 카미나리오 토모낫따 아메가 요소–사레마스

봄 날씨 ①

봄이 코앞에 다가왔어요.

春(はる)がもうすぐ目(め)の前(まえ)に迫(せま)ってきました。

하루가 모-스구 메노 마에니 세맛떼 키마시따

봄 날씨치고는 꽤 춥네요.

春(はる)の天気(てんき)と言(い)うわりにはかなり寒(さむ)いですね。

하루노 텡끼또 이우와리니와 카나리 사무이데스네

봄 기운이 완연하네요.

春(はる)の雰囲気(ふんいき)がはっきり現(あらわ)れてきました。

하루노 훙이끼가 학끼리 아라와레떼 키마시따

봄은 날씨가 변화무쌍해요.

春(はる)は天気(てんき)が変(か)わりやすいです。

하루와 텡끼가 카와리야스이데스

날씨가 따뜻해요.

暖(あたた)かい天気(てんき)です。

아따따까이 텡끼데스

오늘은 따스하군요.

今日(きょう)はぽかぽか暖(あたた)かいですね。

쿄-와 포까뽀까 아따따까이데스네

꼭! 짚고 가기

꽃 관련 어휘

- つつじ 진달래
- 蓮華(れんげ) 연꽃
- 朝顔(あさがお) 나팔꽃
- チューリップ 튤립
- 桜(さくら) 벚꽃
- 菊(きく) 국화
- エーデルワイス 에델바이스
- つばき 동백꽃
- ゆり 백합
- 牡丹(ぼたん) 모란
- 梅(うめ) 매화
- たちあおい 접시꽃
- ばら 장미
- たんぽぽ 민들레
- すみれ 제비꽃
- ほうせんか 봉선화
- ひまわり 해바라기
- カーネーション 카네이션
- 水洗化(すいせんか) 수선화
- 紫陽花(あじさい) 수국

봄 날씨 ②

이 시기치고는 제법 따뜻하군요.

この時期にしてはかなり暖かいですね。

코노 지끼니시떼와 카나리 아따따까이데스네

꽃구경하는 계절이야.

花見の季節だね。

하나미노 키세쯔다네

벚꽃이 피었어.

桜が咲いたよ。

사꾸라가 사이따요

오늘은 강한 남풍이 불었어요.

今日は春一番が吹きました。

쿄-와 하루이찌방가 후끼마시따

그는 봄을 타요.

彼は春になるとゆううつになります。

카레와 하루니나루또 유-우쯔니나리마스

계절 중에 봄이 제일 기분이 좋아요.

季節の中で春が一番気持ちがいいです。

키세쯔노 나까데 하루가 이찌방 키모찌가 이-데스

～にしては ～치고는
春一番 입춘 후 처음으로 부는 강한 남풍

황사

황사가 올 거 같아.

黄砂が飛んでくるみたい。

코-사가 톤데 쿠루미따이

또, 황사의 계절이 되었어요.

また、黄砂の季節になりました。

마따, 코-사노 키세쯔니나리마시따

황사가 올 때는 외출을 삼가는 것이 좋아요.

黄砂が来る時は外出をしない方がいいです。

코-사가 쿠루 토끼와 가이슈쯔오 시나이 호-가 이-데스

극심한 미세먼지로 가시거리가 50m 이하로 떨어졌습니다.

激しいこまかいほこりで可視距離が50メートル以下に落ちました。

하게시- 코마까이호꼬리데 카시꼬리가 고쥬-메-토루이까니 오찌마시따

미세먼지가 심하니, 마스크를 꼭 쓰세요.

こまかいほこりがひどいのでマスクを必ずしてください。

코마까이호꼬리가 히도이노데 마스크오 카나라즈 시떼 쿠다사이

여름 날씨 ①

정말 덥네요.

本当(ほんとう)に暑(あつ)いです。

혼또–니 아쯔이데스

올 여름은 특히 더워요.

今年(ことし)の夏(なつ)は特(とく)に暑(あつ)いです。

코또시노 나쯔와 토꾸니 아쯔이데스

작년 여름보다 올 여름이 더 더워요.

去年(きょねん)の夏(なつ)より今年(ことし)の夏(なつ)がもっと暑(あつ)いです。

쿄넨노 나쯔요리 코또시노 나쯔가 못또 아쯔이데스

오늘은 상당히 덥군요.

今日(きょう)はかなり暑(あつ)いですね。

쿄–와 카나리 아쯔이데스네

점점 더워지고 있어요.

いよいよ暑(あつ)くなっています。

이요이요 아쯔꾸낫떼 이마스

너무 더워.

暑(あつ)すぎるよ。

아쯔스기루요

여름은 후덥지근해요.

夏(なつ)は蒸(む)し暑(あつ)いです。

나쯔와 무시아쯔이데스

여름 날씨 ②

푹푹 찌네요!

ムシムシしますね！

무시무시시마스네!

찜 찌듯 더워서 숨쉬기 괴로워.

ムシムシして息苦(いきぐる)しい。

무시무시시떼 이끼구루시–

이 더위에는 견딜 수 없습니다.

この暑(あつ)さには耐(た)えられません。

코노 아쯔사니와 타에라레마셍

오늘도 다시 더워질 것 같군요.

今日(きょう)もまた暑(あつ)くなりそうですよ。

쿄–모 마따 아쯔꾸나리소–데스요

이 시기치고는 너무 덥네요.

この時期(じき)のわりにはとても暑(あつ)いです。

코노 지끼노 와리니와 토떼모 아쯔이데스

오늘이 이번 여름에 가장 더운 날이래요.

今日(きょう)はこの夏一番暑(なついちばんあつ)い日(ひ)だそうです。

쿄–와 코노나쯔 이찌방 아쯔이 히다소–데스

여름 날씨 ③

\# 이 더위가 언제까지 지속될까요?

この暑(あつ)さがいつまでつづくのでしょうか。

코노 아쯔사가 이쯔마데 츠즈꾸노데쇼–까

\# 이제 여름도 끝나네.

もう夏(なつ)も終(お)わりだね。

모– 나쯔모 오와리다네

\# 올 여름은 예년보다 기온이 낮습니다.

今年(ことし)は冷夏(れいか)です。

코또시와 레–까데스

\# 열대야가 계속되고 있어.

熱帯夜(ねったいや)が続(つづ)いている。

넷따이야가 츠즈이떼 이루

\# 그녀는 더위를 탑니다.

彼女(かのじょ)は暑(あつ)がりです。

카노죠와 아쯔가리데스

\# 저는 더위를 먹었어요.

私(わたし)は夏(なつ)バテしました。

와따시와 나쯔바테시마시따

冷夏 평년보다 기온이 낮은 여름

태풍

\# 태풍이 다가오고 있어요.

台風(たいふう)が近(ちか)づいています。

타이후–가 치까즈이떼 이마스

\# 태풍은 밤 사이에 지나간 것 같은데요.

台風(たいふう)は夜(よる)のうちに通(とお)りすぎたみたいですね。

타이후–와 요루노 우찌니 토오리스기따미따이데스네

\# 태풍 때문에 파도가 높아요.

台風(たいふう)のために波(なみ)が高(たか)いです。

타이후–노 타메니 나미가 타까이데스

\# 태풍은 지금 어디에 있을까요?

台風(たいふう)は今(いま)どのへんでしょうか。

타이후–와 이마 도노헨데쇼–까

\# 태풍이 동해안에 상륙했습니다.

台風(たいふう)が東(ひがし)の海岸(かいがん)に上陸(じょうりく)しました。

타이후–가 히가시노 카이간니 죠–리꾸시마시따

\# 바람이 심하게 불고 있군요.

風(かぜ)が強(つよ)く吹(ふ)いていますね。

카제가 츠요꾸 후이떼 이마스네

風が吹く 바람이 불다
* **風がおさまる** 바람이 멎다

장마

\# 장마철에 접어들었어요.

梅雨(つゆ)に入(はい)りました。

츠유니 하이리마시따

\# 장마전선이 북상하고 있습니다.

梅雨前線(ばいうぜんせん)が北上(ほくじょう)しています。

바이우 젠셍가 호꾸죠–시떼 이마스

\# 장마철에는 날씨가 오락가락해요.

梅雨時(つゆどき)には天気(てんき)が不安定(ふあんてい)です。

츠유도끼니와 텡끼가 후안떼–데스

\# 장마가 개어서 다행이군요.

梅雨(つゆ)が開(あ)けてよかったですね。

츠유가 아께떼 요깟따데스네

\# 장마가 끝났어요.

梅雨(つゆ)が終(お)わりました。

츠유가 오와리마시따

梅雨(つゆ)が明(あ)けました。

츠유가 아께마시따

梅雨前線 9월 중순에서 10월 중순에 걸쳐 일본 부근에 동서로 머물러 있는 장마전선

가뭄

\# 가뭄으로 식물들이 시들어요.

日照(ひで)りで植物(しょくぶつ)が枯(か)れます。

히데리데 쇼꾸부쯔가 카레마스

\# 사상 최악의 가뭄이 될 거라네요.

史上最悪(しじょうさいあく)の日照(ひで)りになると言(い)います。

시죠– 사이아꾸노 히데리니나루또 이–마스

\# 이번 가뭄으로 농작물이 큰 피해를 입었어요.

今回(こんかい)の日照(ひで)りで農作物(のうさくもつ)が大(おお)きな被害(ひがい)にあいました。

콩까이노 히데리데 노–사꾸모쯔가 오–끼나 히가이니 아이마시따

\# 올 여름은 가뭄이 장기간 지속될 예상입니다.

今年(ことし)の夏(なつ)は日照(ひで)りが長期間(ちょうきかん)続(つづ)く予想(よそう)です。

코또시노 나쯔와 히데리가 쵸–끼깡 츠즈꾸 요소–데스

\# 오랜 가뭄으로 댐 수위가 낮아졌습니다.

長(なが)い日照(ひで)りによってダムの水位(すいい)が下(さ)がりました。

나가이 히데리니 욧떼 다무노 스이–가 사가리마시따

홍수

매년 이 시기는 홍수가 나요.

毎年(まいとし)この時期(じき)は洪水(こうずい)になります。

마이또시 코노 지끼와 코-즈이니 나리마스

이 지역은 홍수 취약 지역이에요.

ここは洪水(こうずい)多発(たはつ)地域(ちいき)です。

코꼬와 코-즈이 타하쯔 치-끼데스

홍수로 그 다리가 떠내려갔어요.

洪水(こうずい)で橋(はし)が押(お)し流(なが)されました。

코-즈이데 하시가 오시나가사레마시따

홍수로 집도 농작물도 송두리째 떠내려갔습니다.

洪水(こうずい)で家(いえ)も作物(さくもつ)も根(ね)こそぎ流(なが)されました。

코-즈이데 이에모 사꾸모쯔모 네꼬소기 나가사레마시따

작년의 대규모 홍수로 인한 피해는 막대했어요.

去年(きょねん)の大規模(だいきぼ)洪水(こうずい)による被害(ひがい)は甚大(じんだい)でした。

쿄넨노 다이끼보 코-즈이니 요루 히가이와 진다이데시따

가을 날씨 ①

어느덧 가을이 왔어요.

いつのまにか秋(あき)が来(き)ました。

이쯔노마니까 아끼가 키마시따

가을로 접어들었어요.

秋(あき)に入(はい)りました。

아끼니 하이리마시따

서늘해요.

涼(すず)しいです。

스즈시-데스

가을 바람이 살랑살랑 붑니다.

秋風(あきかぜ)がそよそよと吹(ふ)きます。

아끼까제가 소요소요또 후끼마스

가을 기운이 완연합니다.

秋(あき)の雰囲気(ふんいき)がはっきり現(あらわ)れます。

아끼노 훙이끼가 학끼리 아라와레마스

가을은 눈 깜짝할 사이에 지나갔습니다.

秋(あき)は瞬(また)く間(ま)に通(とお)り過(す)ぎました。

아끼와 마따따꾸마니 토-리스기마시따

가을이 벌써 지나간 것 같아요.

秋(あき)はもう終(お)わりのようですね。

아끼와 모- 오와리노요-데스네

가을 날씨 ②

가을은 '천고마비의 계절'입니다.

秋は「天高く馬肥ゆる秋」です。

아끼와 「텐따까꾸 우마 코유루 아끼」데스

가을은 독서의 계절입니다.

秋は読書の季節です。

아끼와 도꾸쇼꾸노 키세쯔데스

가을은 여행하기에 좋은 계절이죠.

秋は旅行するのにいい季節です。

아끼와 료꼬–스루노니 이– 키세쯔데스

가을은 결실의 계절입니다.

秋は実りの季節です。

아끼와 미노리노 키세쯔데스

가을이 되면 식욕이 좋아져요.

秋になると食欲が増します。

아끼니 나루또 쇼꾸요꾸가 마시마스

저 높푸른 가을 하늘을 봐.

あの高く青い秋の空を見て。

아노 타까꾸 아오이 아끼노 소라오 미떼

단풍

단풍이 제철이에요.

紅葉が見ごろです。

모미지가 미고로데스

가을에는 단풍놀이가 최고예요.

秋には紅葉狩りが最高です。

아끼니와 모미지가리가 사이꼬–데스

나뭇잎이 붉게 물들고 있어요.

木の葉が赤く染まっています。

코노하가 아까꾸 소맛떼 이마스

가을이면 낙엽이 져요.

秋になると[には]葉が落ちます。

아끼니나루또[니와] 하가 오찌마스

은행나무가 노랗게 물들기 시작했어요.

銀杏が黄色く染まり始めました。

이쬬–가 키–로꾸 소마리하지메마시따

다음 주말에 단풍놀이를 갈 거예요.

来週末に紅葉狩りに行くつもりです。

라이슈–마쯔니 모미지가리니 이꾸쯔모리데스

紅葉 단풍

겨울 날씨 ①

드디어 겨울이군.

いよいよ冬(ふゆ)だね。
이요이요 후유다네

겨울이 다가오는 것 같아요.

冬(ふゆ)が近(ちか)づいています。
후유가 치까즈이떼 이마스

점점 추워지고 있어요.

だんだん寒(さむ)くなっています。
단당 사무꾸낫떼 이마스

따뜻한 겨울입니다.

暖冬(だんとう)です。
단또-데스

추위가 많이 누그러졌어요.

寒(さむ)さが大分和(だいぶんやわ)らぎました。
사무사가 다이붕 야와라기마시따

올 겨울은 이상하게 포근하네요.

今年(ことし)の冬(ふゆ)はめずらしく暖(あたた)かいですね。
코또시노 후유와 메즈라시꾸 아따따까이데스네

동장군이 기승을 부리고 있네요.

冬将軍(ふゆしょうぐん)まっさかりですね。
후유쇼-궁 맛사까리데스네

いよいよ 마침내, 드디어

겨울 날씨 ②

지구온난화 때문에 겨울 기온이 점점 올라가고 있어요.

地球温暖化(ちきゅうおんだんか)のため冬(ふゆ)の気温(きおん)がだんだん上(あ)がっています。
치뀨-온당까노 타메 후유노 키옹가 단당 아갓떼 이마스

추워서 덜덜 떨려요.

寒(さむ)くてぶるぶる震(ふる)えます。
사무꾸떼 부루부루 후루에마스

뼛속까지 추워요.

骨(ほね)の髄(ずい)まで寒(さむ)いです。
호네노 즈이마데 사무이데스

저는 추워서 죽겠습니다.

私(わたし)は寒(さむ)くてたまりません。
와따시와 사무꾸떼 타마리마셍

저는 겨울에 추위를 많이 타요.

私(わたし)は寒(さむ)がりです。
와따시와 사무가리데스

저는 겨울에, 감기에 잘 걸려요.

私(わたし)は冬(ふゆ)、風邪(かぜ)をよく引(ひ)きます。
와따시와 후유, 카제오 요꾸 히끼마스

~たまりません ~해서 죽겠습니다,
~ 참을 수 없습니다

눈

\# 함박눈이 내려요.

牡丹雪(ぼたんゆき)が降(ふ)ります。

보땅유끼가 후리마스

\# 이것이 첫눈이군요.

これは初雪(はつゆき)ですね。

코레와 하쯔유끼데스네

\# 눈이 펑펑 내리고 있어요.

雪(ゆき)がこんこんと降(ふ)っています。

유끼가 콩꼰또 훗떼 이마스

\# 눈보라가 치네요.

吹雪(ふぶき)が来(き)てますね。

후부끼가 키떼마스네

\# 눈이 드문드문 내리기 시작했어요.

雪(ゆき)がぽつりぽつりと降(ふ)り始(はじ)めました。

유끼가 포쯔리뽀쯔리또 후리하지메마시따

\# 어제부터 내린 대설로 꼼짝달싹 못 하고 있다.

昨日(きのう)からの大雪(おおゆき)で身動(みうご)きがとれなくなっている。

키노–까라노 오–유끼데 미우고끼가 토레나꾸낫떼이루

身動き 몸의 움직임, 자유로이 행동함

꼭! 짚고 가기

일본인의 개인주의

개인주의 성향이 강한 일본인들은 혼자 식사하는 것도 아무렇지도 않게 생각합니다. 그래서 음식점에 가면 혼자 식사할 수 있도록 마련된 식탁도 많이 있고, 혼자 먹고 있는 사람들도 흔히 볼 수 있습니다. 이런 문화가 보편화되어 있다 보니 일인용 메뉴도 흔히 볼 수 있습니다.

우리나라에선 여전히 혼자서 먹기에 적합하지 않은 메뉴(예를 들면 삼겹살)가 있지만, 일본에서는 이런 스타일의 음식(예를 들면, 오코노미야키 お好み焼き)도 일인용으로 먹을 수 있다고 하니, 혼자 먹는 사람들이 점점 많아질 수밖에 없을 것 같네요.

설날

새해를 맞이하다.

年(とし)を越(こ)す。

토시오 코스

迎春(げいしゅん)。

게-슌

新年(しんねん)を迎(むか)える。

신넹오 무까에루

새해 복 많이 받으세요.

新年(しんねん)おめでとうございます。

신넹 오메데또-고자이마스

新年明(しんねんあ)けましておめでとうございます。

신넹 아께마시떼 오메데또-고자이마스

새해가 다가온다.

新年(しんねん)が近(ちか)づいて来(く)る。

신넹가 치까즈이떼 쿠루

새해에도 평안하고 행복하기 바랍니다.

新年(しんねん)にも平安(へいあん)で幸(しあわ)せになるように願(ねが)います。

신넨니모 헤-안데 시아와세니 나루요-니 네가이마스

새해 결심

신년 결심으로 뭐 세웠어?

何(なに)か新年(しんねん)の決心(けっしん)をした?

나니까 신넨노 켓싱오 시따?

제 새해 결심은 금주예요.

私(わたし)の新年(しんねん)の決心(けっしん)は禁酒(きんしゅ)です。

와따시노 신넨노 켓싱와 킨슈데스

난 새해 결심을 지킬 거야.

私(わたし)は新年(しんねん)の決心(けっしん)を守(まも)るつもりだ。

와따시와 신넨노 켓싱오 마모루 츠모리다

↳ ～だ는 남자가 사용하는 어미입니다. 여성은 문장 끝에 ～よ라고 합니다.

저는 지금까지 새해 결심을 실천한 적이 한 번도 없어요.

私(わたし)は今(いま)まで新年(しんねん)の決心(けっしん)を守(まも)ったことが一度(いちど)もありません。

와따시와 이마마데 신넨노 켓싱오 마못따 코또가 이찌도모 아리마셍

이번에야말로 작심삼일이 되지 않도록 해야지.

今度(こんど)こそ三日坊主(みっかぼうず)にならないようにしないと。

콘도꼬소 믹까보-즈니 나라나이요-니 시나이또

크리스마스 ①

\# 크리스마스에 보통 뭐 해요?

クリスマスに普通(ふつう)何(なに)をしますか。

크리스마스니 후쯔– 나니오 시마스까

\# 올해 크리스마스는 목요일이네.

今年(ことし)のクリスマスは木曜日(もくようび)だね。

코또시노 크리스마스와 모꾸요–비다네

\# 어린이들은 크리스마스이브에 양말을 걸어 둡니다.

子供(こども)たちはクリスマスイブに靴下(くつした)を掛(か)けて置(お)きます。

코도모따찌와 크리스마스 이브니 쿠쯔시따오 카께떼 오끼마스

\# 기독교인은 크리스마스 예배를 드리러 교회에 간다.

クリスチャンはクリスマスの礼拝(れいはい)をするために教会(きょうかい)へ行(い)く。

크리스챵와 크리스마스노 레–하이오 스루 타메니 쿄–까이에 이꾸

여기서 잠깐!

+ 일본은 크리스마스가 쉬는 날이 아니에요!

일본의 달력을 보면 12월 25일 크리스마스가 빨간 날, 즉 쉬는 날이 아닙니다. 대신 12월 23일이 천황탄생일이라 하여, 공휴일인데, 만약 23일이 일요일이면 대체 휴일로 24일이 쉬는 날이 됩니다.

꼭! 짚고 가기

일본의 휴일과 명절

우리나라나 중국은 음력 명절을 지내지만, 일본은 음력 명절을 지내지 않는 것이 우리와 가장 큰 차이점이라고 할 수 있습니다.
그리고 만약 명절이나 국경일이 휴일이면, 그다음 날을 휴일로 하는 대체 휴일이 있습니다.
우리나라는 설이나 추석이 가장 큰 명절인데, 일본에서는 어떤 날이 큰 명절이나 국경일일까요?
바로 새해(元旦 がんたん)인데요, 우리의 설날처럼 1월 1~3일까지 쉽니다. 그전 해의 마지막 날인 12월 31일에 가족 모두 대청소를 하고, 밤에는 소바를 먹습니다. 이때 소바는 긴 국수가락처럼 무병장수를 기원하는 의미가 담겨 있습니다.
새해가 되면 '새해 복 많이 받으세요(あけましておめでとうございます)'라고 인사를 하고 절에 가서 참배를 합니다. 절에 가는 것은 종교적 의미는 아니고 일종의 연례 행사입니다.
이외에 우리의 추석에 해당하는 오봉(양력 8월 13~16일경), 천왕탄생일(12월 23일) 등이 있습니다.

크리스마스 ②

\# 크리스마스트리를 만들자.

クリスマスツリーを作(つく)りましょう。

크리스마스츠리–오 츠꾸리마쇼–

\# 크리스마스카드를 쓰고 있어요.

クリスマスカードを書(か)いています。

크리스마스카–도오 카이떼 이마스

\# 크리스마스 선물은 꼭 사야 한다고 생각해요.

クリスマスプレゼントは必(かなら)ず買(か)わなければならないと思(おも)います。

크리스마스 프레젠토와 카나라즈 카와나께레바 나라나이또 오모이마스

\# 크리스마스 선물이 뭔지 말해 줘.

クリスマスプレゼントが何(なん)なのか言(い)ってくれる。

크리스마스 프레젠토가 난나노까 잇떼 쿠레루

\# 난 크리스마스 선물로 새 구두를 받고 싶다.

私(わたし)はクリスマスプレゼントに新(あたら)しい靴(くつ)が欲(ほ)しい。

와따시와 크리스마스 프레젠토니 아따라시–쿠쯔가 호시–

생일 ①

\# 오늘이 바로 내 생일이야.

今日(きょう)がまさに私(わたし)の誕生日(たんじょうび)だ。

쿄–가 마사니 와따시노 탄죠–비다

\# 내일이 아키야마 씨 생일인 것 알고 있어요?

明日(あした)が秋山(あきやま)さんの誕生日(たんじょうび)であること知(し)ってますか。

아시따가 아끼야마산노 탄죠–비데아루 코또 싯떼마스까

\# 오늘이 내 생일인 것 어떻게 알았어?

今日(きょう)が私(わたし)の誕生日(たんじょうび)であることどうして分(わ)かったの?

쿄–가 와따시노 탄죠–비데 아루 코또 도–시떼 와깟따노?

\# 하마터면, 여자 친구의 생일을 잊어버릴 뻔했다.

もうすこしで、彼女(かのじょ)[ガールフレンド]の誕生日(たんじょうび)を忘(わす)れるところだった。

모–스꼬시데, 카노죠[가–루후렌도]노 탄죠–비오 와스레루 토꼬로닷따

\# 네 생일을 잊어버려서 미안해.

あなたの誕生日(たんじょうび)を忘(わす)れてごめんね。

아나따노 탄죠–비오 와스레떼 고멘네

생일 ②

우리는 생일 케이크에 초를 꽂았다.

私(わたし)たちは誕生日(たんじょうび)のケーキにろうそくを挿(さ)した。

와따시따찌와 탄죠–비노 케–키니 로–소꾸오 사시따

이번 생일로 난 25살이 된다.

今度(こんど)の誕生日(たんじょうび)で私(わたし)は25歳(さい)になる。

콘도노 탄죠–비데 와따시와 니쥬–고사이니 나루

생일 파티를 위해 예약하려고 하는데요.

誕生日(たんじょうび)のパーティーのために予約(よやく)しようと思(おも)いますが。

탄죠–비노 파–티–노 타메니 요야꾸시요–또 오모이마스가

사토시 씨를 위해 생일 축하 노래를 불러요.

聡(さとし)さんのためにハッピーバースデーを歌(うた)いましょう。

사또시산노 타메니 핫피–바–스데–오 우따이마쇼–

그가 오기 전에 생일 선물을 포장해 둬.

彼(かれ)が来(く)る前(まえ)に誕生日(たんじょうび)プレゼントを包装(ほうそう)しておいて。

카레가 쿠루 마에니 탄죠–비 프레젠토오 호–소–시떼 오이떼

축하 ①

축하해!

おめでとう！

오메데또–!

축하합니다!

おめでとうございます！

오메데또–고자이마스!

생일 축하합니다!

お誕生日(たんじょうび)おめでとうございます！

오딴죠–비 오메데또–고자이마스!

생일 축하해!

お誕生日(たんじょうび)おめでとう！

오딴죠–비 오메데또!

ハッピーバースデー！

합삐–바–스데–!

결혼 축하해.

ご結婚(けっこん)おめでとう。

고껙꽁 오메데또–

↳ '결혼' 대신 다른 단어를 넣어 표현해 보세요.
合格、入学、入社、卒業、出産…

신의 축복이 있기를!

神様(かみさま)の祝福(しゅくふく)がありますように!

카미사마노 슈꾸후꾸가 아리마스요–니!

祝福(しゅくふく)します！

슈꾸후꾸시마스!

축하 ②

성공을 빌어요.

成功(せいこう)を祈(いの)ります。

세-꼬-오 이노리마스

행운을 빌어요.

幸運(こううん)を祈(いの)ります。

코-웅오 이노리마스

분명히 잘될 거예요.

きっとうまくいきますよ。

킷또 우마꾸 이끼마스요

정말 잘됐어요.

本当(ほんとう)によかったです。

혼또-니 요깟따데스

힘내세요.

頑張(がんば)って。

감밧떼

고맙습니다. 당신도요.

ありがとうございます。あなたもよ。

아리가또-고자이마스. 아나따모요

고맙습니다. 운이 좋았어요.

ありがとうございます。運(うん)がよかったです。

아리가또-고자이마스. 웅가 요깟따데스

うまくいく 잘되다

Unit 3 음주 MP3. C03_U03

주량 ①

어느 정도 술을 마십니까?

どのぐらいお酒(さけ)飲(の)みますか。

도노구라이 오사께 노미마스까

넌 술고래야.

あなたはのんべえだ。

아나따와 놈베-다

전 술이 세서 거의 취하지 않아요.

私(わたし)は酒(さけ)が強(つよ)くてあまり酔(よ)わないです。

와따시와 사께가 츠요꾸떼 아마리 요와나이데스

저 녀석은 술꾼이야.

あいつは大酒(おおざけ)飲(の)みだ。

아이쯔와 오-자께노미다

난 한번 마셨다 하면 끝장을 보는 쪽이다.

一度(いちど)飲(の)み始(はじ)めたら死(し)ぬまで飲(の)む方(ほう)だ。

이찌도 노미하지메따라 시누마데 노무호-다

최근 주량이 늘었어요.

最近(さいきん)お酒(さけ)の量(りょう)が増(ふ)えました。

사이낑 오사께노 료-가 후에마시따

酒に酔う 술에 취하다
* 酔っぱらう 만취하다

주량 ②

\# 전 맥주에는 잘 안 취해요.

私(わたし)はビールではあまり酔(よ)わないです。

와따시와 비–루데와 아마리 요와나이데스

\# 그는 과음하는 버릇이 있어요.

彼(かれ)は飲(の)み過(す)ぎる癖(くせ)があります。

카레와 노미스기루 쿠세가 아리마스

\# 전 술이 약해요.

私(わたし)は酒(さけ)が弱(よわ)いです。

와따시와 사께가 요와이데스

\# 전 어느 쪽인지 말하자면 '못 한다'입니다.

私(わたし)はどちらかと言(い)うと「下戸(げこ)」です。

와따시와 도찌라까또 이우또 「게꼬」데스

↳ 下戸≠上戸

\# 술을 조금 마셔도 얼굴이 빨갛게 돼요.

お酒(さけ)を少(すこ)し飲(の)んでも顔(かお)が赤(あか)くなります。

오사께오 스꼬시 논데모 카오가 아까꾸 나리마스

\# 한 잔만 마셔도 바로 취해요.

一杯(いっぱい)だけ飲(の)んでもすぐ酔(よ)います。

입빠이다께 논데모 스구 요이마스

과음

\# 그는 술 때문에 엉망이 됐어요.

彼(かれ)は酒(さけ)で潰(つぶ)れました。

카레와 사께데 츠부레마시따

\# 그는 술로 건강을 해쳤어요.

彼(かれ)は酒(さけ)で健康(けんこう)をくずしました。

카레와 사께데 켕꼬–오 쿠즈시마시따

\# 그는 괴로움을 술로 달래려고 했어요.

彼(かれ)はつらさを酒(さけ)でなぐさめようと思(おも)いました。

카레와 츠라사오 사께데 나구사메요–또 오모이마시따

\# 술을 안 마시고 지나간 날이 하루도 없어요.

酒(さけ)を飲(の)まない日(ひ)が一日(いちにち)もありません。

사께오 노마나이 히가 이찌니찌모 아리마셍

\# 술을 지나치게 마셔 곤드레만드레 취했어요.

酒(さけ)を飲(の)みすぎて酔(よ)い潰(つぶ)れました。

사께오 노미스기떼 요이쯔부레마시따

潰れる 엉망이 되다
つらさ 괴로움

술버릇

\# 넌 술버릇 같은 것 있어?

あなた酒癖(さけぐせ)とかある?

아나따 사께구세또까 아루?

\# 그는 술버릇이 나빠요.

彼(かれ)は酒癖(さけぐせ)が悪(わる)いです。

카레와 사께구세가 와루이데스

\# 술을 마시면 자꾸 웃어.

酒(さけ)を飲(の)むとよく笑(わら)う。

사께오 노무또 요꾸 와라우

\# 난 술을 마실 때마다 울어.

私(わたし)は酒(さけ)を飲(の)むたびに泣(な)く。

와따시와 사께오 노무 타비니 나꾸

\# 술을 마시고 우는 게 제일 안 좋은 버릇이야.

酒(さけ)を飲(の)んで泣(な)くのは一番悪(いちばんわる)い癖(くせ)だ。

사께오 논데 나꾸노와 이찌방 와루이 쿠세다

\# 술 취해서, 했던 말 또 하고 있잖아.

酔(よ)っ払(ぱら)って、また同(おな)じことを言(い)っているよ。

욥빠랏떼, 마따 오나지 코또오 잇떼 이루요

술에 취함 ①

\# 벌써 꽤 취했어.

かなり[すごく]酔(よ)った。

카나리[스고꾸]욧따

\# 술기운이 도는데.

酒(さけ)が回(まわ)ってきた。

사께가 마왓떼 키따

\# 그는 술 한 병을 완전히 비웠다.

彼(かれ)は酒一本(さけいっぽん)を完全(かんぜん)にあけた。

카레와 사께 입뽕오 칸젠니 아께따

\# 그는 맥주를 마시고 취해 버렸다.

彼(かれ)はビールを飲(の)んで酔(よ)ってしまった。

카레와 비-루오 논데 욧떼 시맛따

\# 도대체 얼마나 마신 거야?

一体(いったい)どれほど飲(の)んだの?

잇따이 도레호도 논다노?

\# 난 그렇게 안 취했어.

私(わたし)はそんなに酔(よ)っていない。

와따시와 손나니 욧떼 이나이

\# 어젯밤 술에 곤드레만드레 취했다.

夕(ゆう)べはお酒(さけ)でべろんべろんに酔(よ)った。

유-베와 오사께데 베롬베론니 욧따

술에 취함 ②

어젯밤, 밤새도록 술 마시고 놀았어요.

昨晩(さくばん)、一晩中(ひとばんじゅう)酒(さけ)を飲(の)んで遊(あそ)びました。

사꾸방, 히또반쥬- 사께오 논데 아소비마시따

(술을) 많이 마셔서 정신없이 해롱거렸다.

飲(の)んだくれた。

논다꾸레따

앞뒤도 분간할 수 없이 술에 취했어요.

前後(ぜんご)の見境(みさかい)なく酔(よ)いつぶれました。

젱고노 미사까이나꾸 요이쯔부레마시따

공복에 술을 마셔서 몹시 취했다.

空(す)きっ腹(ぱら)に酒(さけ)を飲(の)んでひどくよった。

스낍빠라니 사께오 논데 히도꾸 욧따

그는 혀가 꼬부라지도록 술을 마셨어요.

彼(かれ)はろれつが回(まわ)らないほど酒(さけ)を飲(の)みました。

카레와 로레쯔가 마와라나이호도 사께오 노미마시따

彼(かれ)は泥酔(でいすい)するまで酒(さけ)を飲(の)みました。

카레와 데-스이스루마데 사께오 노미마시따

꼭! 짚고 가기

일본 친구 사귀기

친구 사귀는 데 나이는 상관없어요!
우리는 처음 만나면, 어색하기도 하고 딱히 화젯거리가 떠오르지 않을 때 꺼내는 질문이 나이가 어떻게 되느냐는 것입니다. 그렇게 서로의 공통 화젯거리를 만들어 보는데요. 이 질문은 실제 외국인에게 상당히 개인적인 것이라 삼가야 합니다. 일본인에게도 마찬가지입니다.

처음 만나는 사이에서 대뜸 나이를 묻는다면, 이상하게 생각할 수도 있습니다. 물론 우리말에는 존댓말이 발달되어 나이를 알아야 상대방에게 말을 높여야 할지, 편하게 할지 판단할 수 있기 때문에 중요한 질문 요소가 되긴 합니다만, 일본어의 존댓말은 나이보다는 관계로 판단하여 사용하므로 굳이 나이를 몰라도 존경을 표해야 한다면 예의를 갖춰 존댓말을 써야겠죠. 정중한 표현으로 좋은 첫인상을 남기면서 일본인 친구를 사귀어 보세요.

일본인의 특징상, 처음부터 속내를 드러내는 사이가 되기는 어렵기 때문에, 조급하게 생각하면 안 됩니다.

술에 대한 충고

그녀에게 술을 마시지 말라고 충고했다.

彼女(かのじょ)に酒(さけ)を飲(の)むなと忠告(ちゅうこく)した。

카노죠니 사께오 노무나또 츄-꼬꾸시따

취하도록 마시지 마.

酔(よ)うほど飲(の)むな。

요우호도 노무나

인생을 술로 허송세월하지 마.

人生(じんせい)を酒(さけ)で無駄(むだ)にするな。

진세-오 사께데 무다니 스루나

홧김에 술 마시지 마세요.

腹(はら)いせでお酒(さけ)を飲(の)まないでください。

하라이세데 오사께오 노마나이데 쿠다사이

술 마시고 운전하는 것은 위험해.

酒(さけ)を飲(の)んで運転(うんてん)するのは危険(きけん)だ。

사께오 논데 운뗀스루노와 키껜다

술을 마시는 건 좋지만 정도가 문제지.

酒(さけ)を飲むのはいいけど量(りょう)が問題(もんだい)だ。

사께오 노무노와 이-께도 료-가 몬다이다

술에 대한 기호

한국인은 소주를 무척 즐겨 마십니다.

韓国人(かんこくじん)は焼酎(しょうちゅう)をとても好(この)んで飲(の)みます。

캉꼬꾸징와 쇼-쮸-오 토떼모 코논데 노미마스

한국인들은 술 마실 때 술잔을 돌립니다.

韓国人(かんこくじん)たちは酒(さけ)を飲(の)む時(とき)杯(はい)を回(まわ)します。

캉꼬꾸진따찌와 사께오 노무 또끼 하이오 마와시마스

전 맥주를 그다지 좋아하지 않아요.

私(わたし)はビールがあまり好(す)きじゃないです。

와따시와 비-루가 아마리 스끼쟈나이데스

그는 스카치 위스키라면 사족을 못 쓰죠.

彼(かれ)はスコッチとなると目(め)がないです。

카레와 스콧치토나루또 메가 나이데스

김빠진 맥주는 마시고 싶지 않아.

気(き)の抜(ぬ)けたビールは飲(の)みたくない。

키노 누께따 비-루와 노미따꾸나이

금주

난 이제 술 끊을 거야.

私(わたし)はもう酒(さけ)をやめるつもりだ。

와따시와 모– 사께오 야메루 츠모리다

그는 더 이상 술을 마시지 않아.

彼(かれ)はもうこれ以上(いじょう)酒(さけ)を飲(の)まない。

카레와 모– 코레 이죠– 사께오 노마나이

전 금주 중입니다.

私(わたし)は禁酒中(きんしゅちゅう)です。

와따시와 킨슈쮸–데스

私(わたし)は断酒中(だんしゅちゅう)です。

와따시와 단슈쮸–데스

전 술을 끊어서 더 이상 마시지 않습니다.

私(わたし)は酒(さけ)をやめたので二度(にど)と飲(の)みません。

와따시와 사께오 야메따노데 니도또 노미마셍

다음 주부터 술을 끊기로 했습니다.

来週(らいしゅう)からお酒(さけ)をやめることにしました。

라이슈–까라 오사께오 야메루 코또니 시마시따

술 관련 기타 ①

술은 입에도 대지 않아요.

酒(さけ)は一切(いっさい)飲(の)んでいません。

사께와 잇사이 논데 이마셍

입만 댈게요.

飲(の)むふりだけするよ。

노무후리다께스루요

숙취는 없나요?

二日酔(ふつかよ)いはありませんか。

후쯔까요이와 아리마셍까

숙취로 머리가 아파요.

二日酔(ふつかよ)いで頭痛(ずつう)がします。

후쯔까요이데 즈쯔–가 시마스

숙취에서 깨어났어요.

二日酔(ふつかよ)いが覚(さ)めました。

후쯔까요이가 사메마시따

술을 마시니 정신이 자유로워지네요.

酒(さけ)を飲(の)んで気(き)が楽(らく)になりました。

사께오 논데 키가 라꾸니 나리마시따

酒をやめる 술을 끊다

술 관련 기타 ②

빈속에 술을 마셨어요.

空腹(くうふく)に酒(さけ)を飲(の)みました。

쿠–후꾸니 사께오 노미마시따

空(す)きっ腹(ぱら)に酒(さけ)を飲(の)みました。

스낍빠라니 사께오 노미마시따

넌 분위기 망치는 데 뭐 있어.

お前(まえ)は雰囲気(ふんいき)を台無(だいな)しにする。

오마에와 훙이끼오 다이나시니 스루

술 마시고 싶은 것을 꾹 참았어요.

酒(さけ)を飲(の)みたいのをぐっとこらえました。

사께오 노미따이노오 굿또 코라에마시따

이번엔 빼 줘. 더 이상은 못 마시겠어.

今度(こんど)はかんべんしてくれ。これ以上(いじょう)は飲(の)めないよ。

콘도와 캄벤시떼 쿠레. 코레이죠–와 노메나이요

술김에 한 소리예요.

よった勢(いきお)いでした話(はなし)です。

욧따 이끼오이데 시따 하나시데스

내가 술상을 차릴게요.

私(わたし)が酒(さけ)を準備(じゅんび)します。

와따시가 사께오 쥼비시마스

술 관련 기타 ③

마지막으로 술 마시러 간 것이 언제야?

最後(さいご)に飲(の)みに行(い)ったのはいつ?

사이고니 노미니 잇따노와 이쯔?

그것은 술이 없는 파티야.

それは酒(さけ)のないパーティーだ。

소레와 사께노 나이 파–티–다

자기 전에 한 잔 마시면 푹 잘 수 있을 거예요.

寝(ね)る前(まえ)に1杯(ぱい)飲(の)めばぐっすり寝(ね)られると思(おも)います。

네루 마에니 입빠이 노메바 굿스리 네라레루또 오모이마스

위스키 몇 잔[조금] 마시면 괜찮아질 거야.

ウィスキーを何杯(なんばい)か[少(すこ)し]飲(の)めばよくなると思(おも)うよ。

위스키–오 남바이까[스꼬시] 노메바 요꾸 나루또 오모우요

소량의 술은 오히려 약이 돼요.

少量(しょうりょう)の酒(さけ)はむしろ薬(くすり)になります。

쇼–료–노 사께와 무시로 쿠스리니 나리마스

Unit 4 흡연 MP3. C03_U04

흡연 ①

담배 한 대 피우시겠어요?

タバコ一本(いっぽん)いかがですか。

타바코 입뽕 이까가데스까

하루에 어느 정도 피웁니까?

一日(いちにち)どのくらい吸(す)いますか。

이찌니찌 도노꾸라이 스이마스까

여기에서 담배 피워도 될까요?

ここでタバコを吸(す)ってもいいですか。

코꼬데 타바코오 슷떼모 이–데스까

습관적으로 담배를 피워요.

彼(かれ)は習慣的(しゅうかんてき)にタバコを吸(す)います。

카레와 슈–깐떼끼니 타바코오 스이마스

그는 골초예요.

彼(かれ)はタバコ好(ず)きです。

카레와 타바코즈끼데스

彼(かれ)はヘビースモーカーです。

카레와 헤비–스모–카–데스

난 담배를 그다지 많이 피우지 않아요.

私(わたし)はタバコをあまり多(おお)くは吸(す)いません。

와따시와 타바코오 아마리 오–꾸와 스이마셍

タバコを吸う 담배를 피우다

꼭! 짚고 가기

조수사 ①

本은 길고 가는 것을 세는 말로, '자루, 개비, 병'이라는 뜻입니다. 연필, 성냥, 병 등을 세는 단위로 쓰입니다. 앞의 숫자에 따라 발음이 달라짐에 주의해야 합니다.

- 一本(いっぽん)
- 二本(にほん)
- 三本(さんぼん)
- 四本(よんほん)
- 五本(ごほん)
- 六本(ろっぽん)
- 七本(ななほん)
- 八本(はちほん/はっぽん)
- 九本(きゅうほん)
- 十本(じ(ゅ)っぽん)
- 何本(なんぼん)

흡연 ②

한 대 태우자.

一服(いっぷく)しよう。

입뿌꾸 시요–

담배 생각이 간절한데요.

タバコが無性(むしょう)に吸(す)いたいです。

타바코가 무쇼–니 스이따이데스

난 담배를 피울 때 연기를 들이마시지 않아요.

私(わたし)はタバコを吸(す)うとき煙(けむり)を吸(す)いません。

와따시와 타바코오 스우 토끼 케무리오 스이마셍

담배는 일종의 마약입니다.

タバコは一種(いっしゅ)の麻薬(まやく)です。

타바코와 잇슈노 마야꾸데스

흡연은 건강에 해로워요.

喫煙(きつえん)は健康(けんこう)に悪(わる)いです。

키쯔엥와 켕꼬–니 와루이데스

나는 주로 전자 담배를 피워요.

私(わたし)はおもにでんしタバコを吸(す)います。

와따시와 오모니 덴시 타바코오 스이마스

담배 ①

담배 좀 빌려도 될까요?

タバコちょっともらってもいいですか。

타바코 춋또 모랏떼모 이–데스까

담뱃불, 좀 빌려도 될까요?

タバコの火(ひ)、ちょっと貸(か)していただけますか。

타바코노 히, 춋또 카시떼 이따다께마스까

담배 좀 꺼 주시겠어요?

タバコちょっと消(け)してくださいませんか。

타바코 춋또 케시떼 쿠다사이마셍까

그는 내게 담배를 권했다.

彼(かれ)は私(わたし)にタバコを勧(すす)めた。

카레와 와따시니 타바코오 스스메따

담배의 유혹을 이기지 못했어요.

タバコの誘惑(ゆうわく)に勝(か)てませんでした。

타바코노 유–와꾸니 카떼마센데시따

난, 담배 피우는 사람 옆에 앉고 싶지 않아요.

私(わたし)は、タバコを吸(す)う人(ひと)の隣(となり)に座(すわ)りたくありません。

와따시와, 타바코오 스– 히또노 토나리니 스와리따꾸 아리마셍

담배 ②

\# 담배 한 갑에는 20개비 들어 있어요.

ひとはこにじゅうぽん い
タバコ一箱二十本入りです。

타바코 히또하꼬 니쥽뽕 이리데스

\# 식사 중에 담배는 실례예요.

しょくじちゅう しつれい
食事中のタバコは失礼です。

쇼꾸지쮸-노 타바코와 시쯔레-데스

\# 담배꽁초를 함부로 버리지 마세요.

すいがら す
吸殻をむやみに捨てないでください。

스이가라오 무야미니 스떼나이데 쿠다사이

\# 담배꽁초는 반드시 재떨이에 버리세요.

すいがら かなら はいざら す
吸殻は必ず灰皿に捨ててください。

스이가라와 카나라즈 하이자라니 스떼떼 쿠다사이

\# 담배를 끄지 않은 채로 재떨이에 두지 마세요.

け はいざら お
タバコを消さないまま灰皿に置かないでください。

타바코오 케사나이마마 하이자라니 오까나이데 쿠다사이

금연 ①

\# 금연구역.

きんえん
禁煙エリア。

킹엔 에리아

\# 이곳은 금연이에요.

きんえん
ここは禁煙です。

코꼬와 킹엔데스

きんえん
ここは禁煙になっています。

코꼬와 킹엔니 낫떼 이마스

\# 이곳은 금연 빌딩이에요.

きんえん
ここは禁煙のビルです。

코꼬와 킹엔노 비루데스

\# 그는 담배를 피우지 않아요.

す
彼はタバコを吸いません。

카레와 타바코오 스이마셍

\# 난 담배를 끊기로 결심했어.

わたし けっしん
私はタバコをやめると決心した。

와따시와 타바코오 야메루또 켓신시따

\# 난 담배를 끊을 거야.

わたし
私はタバコをやめるつもりだ。

와따시와 타바코오 야메루 츠모리다

금연 ②

난 담배를 줄이려고 노력하는데 잘 안 되네요.

私(わたし)はタバコを減(へ)らそうとしてもうまくいきません。

와따시와 타바코오 헤라소-또시떼모 우마꾸 이끼마셍

담배를 끊기는 어려워요.

タバコをやめるのは難(むずか)しいです。

타바코오 야메루노와 무즈카시-데스

난 담배를 하루 한 개비로 줄였어요.

私(わたし)はタバコを一日一本(いちにちいっぽん)に減(へ)らしました。

와따시와 타바코오 이찌니찌 입뽄니 헤라시마시따

그를 설득해서 담배를 끊게 했어요.

彼(かれ)を説得(せっとく)してタバコをやめさせました。

카레오 셋또꾸시떼 타바코오 야메사세마시따

그는 담배를 완전히 끊어야 해.

彼(かれ)はタバコを完全(かんぜん)にやめるべきです。

카레와 타바코오 칸젠니 야메루베끼데스

취미 묻기

취미가 뭐예요?

趣味(しゅみ)は何(なん)ですか。

슈미와 난데스까

↳ 정중하게 물을 때는 **ご趣味**라고 합니다.

특별한 취미가 있습니까?

特別(とくべつ)な趣味(しゅみ)はありますか。

토꾸베쯔나 슈미와 아리마스까

소일거리로 뭘 하세요?

暇(ひま)つぶしに何(なに)をしますか。

히마쯔부시니 나니오 시마스까

한가할 때는 뭘 하세요?

暇(ひま)な時(とき)は何(なに)をしますか。

히마나 토끼와 나니오 시마스까

기분전환으로 뭘 하세요?

気分転換(きぶんてんかん)に何(なに)をしますか。

키분뗑깐니 나니오 시마스까

気晴(きば)らしにどんなことをなさいますか。

키바라시니 돈나 코또오 나사이마스까

어떤 것에 흥미를 갖고 있어요?

どんな事(こと)に興味(きょうみ)を持(も)っていますか。

돈나 코또니 쿄-미오 못떼 이마스까

취미 대답하기 ①

저는 취미가 다양해요.

私(わたし)はいろいろな趣味(しゅみ)を持(も)っています。

와따시와 이로이로나 슈미오 못떼 이마스

특별한 취미는 없어요.

特別(とくべつ)な趣味(しゅみ)はありません。

토꾸베쯔나 슈미와 아리마셍

그는 재미있는 취미가 있어요.

彼(かれ)はおもしろい趣味(しゅみ)を持(も)っています。

카레와 오모시로이 슈미오 못떼 이마스

난 그런 일에는 취미가 없어.

私(わたし)はそんな事(こと)に興味(きょうみ)がない。

와따시와 손나 코또니 쿄-미가 나이

그냥 집에 있어요.

ただ家(いえ)にいます。

타다 이에니 이마스

꼭! 짚고 가기

취미 관련 어휘

좋아하는 것이 비슷하면 쉽게 친구가 될 수 있습니다. 나랑 같은 취미를 가지고 있는지 한번 질문해 보세요.

- 音楽(おんがく) 음악
- 読書(どくしょ) 독서
- 歌(うた) 노래
- 編み物(あみもの) 뜨개질
- 登山(とざん) 등산
  = 山登(やまのぼ)り
- 旅行(りょこう) 여행
- 買い物(かいもの) 쇼핑
- 鑑賞(かんしょう) 감상
- スポーツ 스포츠
- 書道(しょどう) 서예
- 絵(え) 그림
- 切手(きって) 우표
- 楽器(がっき) 악기
- 映画(えいが) 영화
- 収集(しゅうしゅう) 수집

취미 대답하기 ②

우리는 취미에 공통점이 많네요.

私たちは趣味に共通点が多いですね。

와따시따찌와 슈미니 쿄−쯔−뗑가 오−이데스네

같은 취미를 갖고 있는 사람들과 동아리를 만들었다.

同じ趣味を持った人たちとサークルを作った。

오나지 슈미오 못따 히또따찌또 사−쿠루오 츠꿋따

왠지 뭘 해도 오래 지속하지 못해요.

私は何をするにも長く続きません。

와따시와 나니오 스루니모 나가꾸 츠즈끼마셍

취미는 있지만, 일이 바빠서 여유가 없어.

趣味はあるけど、仕事が忙しくてそれどころじゃないよ。

슈미와 아루께도, 시고또가 이소가시꾸떼 소레도꼬로쟈나이요

사진

사진 촬영은 제 취미 중 하나예요.

写真撮影は私の趣味の一つです。

샤신사쯔에−와 와따시노 슈미노 히또쯔데스

최근, 인물사진 찍기에 흥미를 가지기 시작했다.

最近、人物写真を撮ることに興味を持ち始めた。

사이낑, 짐부쯔 샤징오 토루 코또니 쿄−미오 모찌하지메따

집에 암실이 있어요.

家に暗室があります。

이에니 안시쯔가 아리마스

밤하늘에 떠 있는 별을 찍는 것은 재미있습니다.

夜空の星を撮るのはおもしろいです。

요조라노 호시오 토루노와 오모시로이데스

어떤 종류의 카메라를 갖고 있어요?

どんな種類のカメラを持っていますか。

돈나 슈루이노 카메라오 못떼 이마스까

사진 찍기 ①

\# 이 셔터를 눌러서 사진을 찍어 주세요.

このシャッターを押(お)して写真(しゃしん)を撮(と)ってください。

코노 샷타–오 오시떼 샤싱오 톳떼 쿠다사이

\# 예쁘게 찍어 주세요.

きれいに撮(と)ってください。

키레–니 톳떼 쿠다사이

\# 같이 사진 찍으시겠어요?

一緒(いっしょ)に写真(しゃしん)を撮(と)ってくれませんか。

잇쇼니 샤싱오 톳떼 쿠레마셍까

\# 카메라를 보고 웃으세요.

カメラを見(み)て笑(わら)ってください。

카메라오 미떼 와랏떼 쿠다사이

\# 얼굴을 중심으로 찍어 주세요.

顔(かお)を中心(ちゅうしん)に撮(と)ってください。

카오오 츄–신니 톳떼 쿠다사이

\# 카메라가 흔들리지 않도록 잡고, 초점은 그렇게 해서 찍어 주세요.

カメラがぶれないように持(も)って、ピントはこのままで撮(と)ってください。

카메라가 부레나이요–니 못떼, 핀토와 코노마마데 톳떼 쿠다사이

사진 찍기 ②

\# 확대해서 찍어.

ズームで撮(と)って。

즈–므데 톳떼

\# 사진이 역광이야.

写真(しゃしん)が逆光(ぎゃっこう)だ。

샤싱가 갸꼬–다

\# 그 사진 당장 지워.

その写真(しゃしん)すぐ消(け)して。

소노 샤싱 스구 케시떼

\# 사진이 흔들렸잖아.

写真(しゃしん)がぶれてるじゃない。

샤싱가 부레떼루쟈나이

\# 난 사진발이 안 받아.

私(わたし)は写真写(しゃしんうつ)りのがよくない。

와따시와 샤싱 우쯔리노가 요꾸나이

\# 난 사진 찍는 거 안 좋아해.

私(わたし)は写真(しゃしん)に撮(と)られるのが好(す)きじゃない。

와따시와 샤신니 토라레루노가 스끼쟈나이

\# 이 사진은 노출 부족이다.

この写真(しゃしん)は露出不足(ろしゅつぶそく)だ。

코노 샤싱와 로슈쯔 부소꾸다

스포츠 ①

무슨 스포츠를 좋아하세요?

どんなスポーツが好(す)きですか。

돈나 스포–츠가 스끼데스까

스포츠라면 어떤 종류든 좋아해요.

スポーツならどんな種類(しゅるい)でも好(す)きです。

스포–츠나라 돈나 슈루이데모 스끼데스

스포츠는 무엇이든 해요.

運動(うんどう)なら何(なん)でもできます。

운도–나라 난데모 데끼마스

저는 스포츠광이에요.

私(わたし)はスポーツマニアです。

와따시와 스포–츠마니아데스

그는 만능 스포츠맨이에요.

彼(かれ)はスポーツ万能(ばんのう)です。

카레와 스포–츠반노–데스

어떤 스포츠라도 서툴러요.

どんな運動(うんどう)も下手(へた)です。

돈나 운도–모 헤따데스

運動(うんどう)は全(すべ)て苦手(にがて)です。

운도–와 스베떼 니가떼데스

스포츠 ②

운동 신경이 굉장히 좋아 보이네요.

すごく運動神経(うんどうしんけい)が良(よ)さそうに見(み)えますね。

스고꾸 운도– 싱께가 요사소–니 미에마스네

운동 신경이 둔해요.

運動神経(うんどうしんけい)が鈍(にぶ)いです。

운도– 싱께가 니부이데스

이제부터 운동할 거예요.

これから運動(うんどう)をしようと思(おも)います。

코레까라 운도–오 시요–또 오모이마스

요즘 운동 부족이에요.

このところ運動不足(うんどうぶそく)です。

코노또꼬로 운도– 부소꾸데스

건강을 위해 매일 걷고 있어요.

健康(けんこう)のために毎日歩(まいにちある)いています。

켕꼬–노 타메니 마이니찌 아루이떼 이마스

최근 조깅을 시작했어요.

最近(さいきん)ジョギングを始(はじ)めました。

사이낑 죠깅그오 하지메마시따

鈍い 둔하다

스포츠 ③

\# 강변을 따라 인라인 스케이트를 타요.

川沿(かわぞ)いでインラインスケートをします。

카와조이데 인라인스케−토오 시마스

\# 요가를 계속할 생각이에요.

ヨガを続(つづ)けるつもりです。

요가오 츠즈께루 츠모리데스

\# 저는 태권도 3단이에요.

私(わたし)はテコンドー三段(さんだん)です。

와따시와 테콘도− 산단데스

↳ テコンドー=テクォンドー

\# 여름 스포츠 중에서는 수영을 제일 좋아해요.

夏(なつ)のスポーツでは、水泳(すいえい)が一番(いちばん)好(す)きです。

나쯔노 스포−츠데와, 스이에−가 이찌방 스끼데스

\# 특기는 배영이에요.

特技(とくぎ)は背泳(せおよ)ぎです。

토꾸기와 세오요기데스

↳ 背泳=バックストローク

\# 저는 맥주병이에요.

私(わたし)はカナヅチです。

와따시와 카나즈치데스

カナヅチ 쇠망치(우리말의 '맥주병'에 해당)

꼭! 짚고 가기

조수사 ②

番은 순서나 차례, 등급을 나타내는 조수사입니다. '한 번'이라는 一番은 '가장, 제일'이라는 뜻으로도 쓰입니다.

- 一番(いちばん)
- 二番(にばん)
- 三番(さんばん)
- 四番(よんばん)
- 五番(ごばん)
- 六番(ろくばん)
- 七番(ななばん)
- 八番(はちばん)
- 九番(きゅうばん)
- 十番(じゅうばん)
- 何番(なんばん)

스포츠 ④

\# 저는 수영을 전혀 못 해요.

わたし すいえい ぜんぜん
私は水泳が全然できません。
와따시와 스이에–가 젠젱 데끼마셍

わたし すいえい
私は水泳がまったくできません。
와따시와 스이에–가 맛따꾸 데끼마셍

\# 우리 가족은 매년 여름에 래프팅하러 가요.

わたし かぞく まいとしなつ い
私の家族は毎年夏にラフティングをしに行きます。
와따시노 카조꾸와 마이또시 나쯔니
라후팅구오 시니 이끼마스

\# 겨울이 되면 매주 스키를 타러 가요.

ふゆ まいしゅう い
冬になると毎週スキーに行きます。
후유니 나루또 마이슈– 스키–니 이끼마스

\# 전 스노보드 광이에요.

わたし
私はスノーボードマニアです。
와따시와 스노–보–도마니아데스

\# 스포츠는 하는 것보다 보는 것을 좋아해요.

み ほう す
スポーツはするより見る方が好きです。
스포–츠와 스루요리 미루 호–가 스끼데스

구기 스포츠 ①

\# 요즘 테니스에 빠져 있습니다.

さいきん
最近テニスにはまってます。
사이낑 테니스니 하맛떼마스

\# 언젠가 같이 치러 가죠.

いっしょ
いつか一緒にやりましょう。
이쯔까 잇쇼니 야리마쇼–

\# TV 야구 중계를 자주 봐요.

やきゅうちゅうけい み
テレビの野球中継をたびたび見ます。
테레비노 야뀨–쮸–께–오 타비따비 미마스

\# 야구팀에서 3루수를 맡고 있어요.

やきゅう しゅび
野球チームでの守備はサードです。
야뀨– 치무데노 슈비와 사–도데스

\# 그 선수 타율은?

せんしゅ だりつ
その選手の打率は?
소노 센슈노 다리쯔와?

\# 지금 몇 회예요?

いまなんかい
今何回ですか。
이마 낭까이데스까

はまる 빠지다

구기 스포츠 ②

만루예요.

満塁(まんるい)です。

만루이데스

지금 어느 쪽이 이기고 있어?

今(いま)どっちが勝(か)ってるの？

이마 돗찌가 캇떼루노?

어제 우리 팀이 2:0으로 이겼어요.

昨日(きのう)私(わたし)のチームが二対(にたい)ゼロで勝(か)ちました。

키노- 와따시노 치-무가 니 타이 제로데 카찌마시따

야구는 어느 팀 팬이에요?

野球(やきゅう)はどこのチームのファンですか。

야뀨-와 도코노 치-무노 환데스까

요즘 골프에 빠져 있어요.

最近(さいきん)ゴルフにはまっています。

사이낑 고루흐니 하맛떼이마스

골프가 왜 즐거운지 모르겠어요.

ゴルフの何(なに)が楽(たの)しいのか、分(わ)かりません。

고루흐노 나니가 타노시-노까, 와까리마셍

구기 스포츠 ③

전 축구팀의 후보선수예요.

私(わたし)はサッカーチームのほけつです。

와따시와 삭카-치-무노 호께쯔데스

私(わたし)はサッカーチームのベンチウォーマーです。

와따시와 삭카-치-무노 벤치워-마-데스

어제 축구 경기는 상당히 접전이었어요.

昨日(きのう)のサッカーゲームはものすごい接戦(せっせん)でした。

키노-노 삭카-게-무와 모노스고이 셋센데시따

경기는 무승부로 끝났어요.

競技(きょうぎ)は引(ひ)き分(わ)けで終(お)わりました。

쿄-기와 히끼와께데 오와리마시따

어느 축구팀을 응원하세요?

どのサッカーチームを応援(おうえん)しますか。

도노 삭카-치-무오 오-엔시마스까

축구는 내 관심에 없어요.

私(わたし)はサッカーに興味(きょうみ)がありません。

와따시와 삭카-니 쿄-미가 아리마셍

음악 감상

\# 어떤 음악을 좋아하세요?

どんな音楽(おんがく)が好(す)きですか。

돈나 옹가꾸가 스끼데스까

\# 음악이라면 어떤 것이든 즐겨 들어요.

音楽(おんがく)なら何(なん)でもよく聞(き)きます。

옹가꾸나라 난데모 요꾸 키끼마스

\# 특히 클래식을 좋아합니다.

特(とく)にクラシックが好(す)きです。

토꾸니 쿠라식쿠가 스끼데스

\# 시간이 날 때는 팝 음악을 들어요.

時間(じかん)がある時(とき)はポップミュージックを聴(き)きます。

지깡가 아루 토끼와 폽푸뮤–직쿠오 키끼마스

\# 좋아하는 가수는 누구예요?

好(す)きな歌手(かしゅ)は誰(だれ)ですか。

스끼나 카슈와 다레데스까

\# 아라시의 콘서트를 빠지지 않고 갔었어요.

嵐(あらし)のコンサートはもれなく行(い)きました。

아라시노 콘사–토와 모레나꾸 이끼마시따

↳ 嵐는 일본의 유명한 인기 남성 아이돌 그룹으로, 일본은 물론 우리나라에도 많은 팬을 두고 있습니다.

악기 연주

\# 악기를 다룰 줄 아세요?

楽器(がっき)を弾(ひ)けますか。

각끼오 히께마스까

何(なに)か楽器(がっき)を演奏(えんそう)できますか。

나니까 각끼오 엔소–데끼마스까

\# 피아노를 조금 칩니다.

ピアノを少(すこ)し弾(ひ)きます。

피아노오 스꼬시 히끼마스

\# 열 살 때부터 바이올린을 켜고 있어요.

10歳(さい)の時(とき)からバイオリンを弾(ひ)いています。

쥿사이노 토끼까라 바이오링오 히–떼 이마스

\# 어렸을 때 10년간 피아노를 배웠어요.

小(ちい)さい時(とき)10年間(ねんかん)ピアノを習(なら)いました。

치–사이 토끼 쥬–넹깡 피아노오 나라이마시따

\# 취미로 기타를 배우고 있어요.

趣味(しゅみ)でギターを習(なら)っています。

슈미데 기타–오 나랏떼 이마스

\# 기타를 독학으로 배웠습니다.

ギターを独学(どくがく)で学(まな)びました。

기타–오 도꾸가꾸데 마나비마시따

学ぶ 배우다

영화 감상 ①

\# 영화 보기를 좋아합니다.

映画(えいが)観(み)ることが好(す)きです。

에–가 미루 코또가 스끼데스

\# 난 영화광입니다.

私(わたし)は映画(えいが)マニアです。

와따시와 에–가 마니아데스

\# 어떤 영화를 좋아하세요?

どんな映画(えいが)が好(す)きですか。

돈나 에–가가 스끼데스까

\# 저는 미스터리 영화, 특히 탐정물을 좋아해요.

私(わたし)はミステリー映画(えいが)、特(とく)に探偵(たんてい)ものが好(す)きです。

와따시와 미스테리–에–가, 토꾸니 탄떼–모노가 스끼데스

\# 공포 영화를 자주 봅니다.

ホラー映画(えいが)をたびたび観(み)ます。

호라– 에–가오 타비따비 미마스

\# 슬픈 영화를 가장 좋아해요.

悲(かな)しい映画(えいが)が一番(いちばん)好(す)きです。

카나시– 에–가가 이찌방 스끼데스

영화 감상 ②

\# 굉장히 무서운 영화라서 그날 밤에는 잠을 잘 수 없었어요.

とても怖(こわ)い映画(えいが)だったのでその夜(よる)はよく眠(ねむ)れませんでした。

토떼모 코와이 에–가닷따노데 소노 요루와 요꾸 네무레마센데시따

\# 지금까지 가장 좋았던 영화는 '반지의 제왕'입니다.

今(いま)まで一番(いちばん)好(す)きだった映画(えいが)は「ロードオブザリング」です。

이마마데 이찌방 스끼닷따 에–가와 「로–도오부자링구」데스

\# 그 영화의 주연은 누구인가요?

あの映画(えいが)の主演(しゅえん)は誰(だれ)ですか。

아노 에–가노 슈엥와 다레데스까

\# 그녀가 주연한 영화는 모두 봤어요.

彼女(かのじょ)が主演(しゅえん)の映画(えいが)は全部(ぜんぶ)観(み)ました。

카노죠가 슈엔노 에–가와 젬부 미마시따

\# 좋아하는 남자 배우, 여자 배우는 누구입니까?

好(す)きな男優(だんゆう)、女優(じょゆう)は誰(だれ)ですか。

스끼나 당유–, 죠유–와 다레데스까

극장 가기

영화 보러 자주 가세요?

よく、映画(えいが)を観(み)に行(い)きますか。

요꾸, 에–가오 미니 이끼마스까

한 달에 두세 편은 봐요.

一ヶ月(いっかげつ)に二(ふた)つか三(みっ)つは観(み)ます。

익까게쯔니 후따쯔까 밋쯔와 미마스

저는 좀처럼 극장에 가지 않아요.

私(わたし)はめったに映画館(えいがかん)に行(い)けません。

와따시와 멧따니 에–가깐니 이께마셍

극장에 가기보다 TV 영화 보는 것을 좋아합니다.

映画館(えいがかん)に行(い)くよりテレビの映画(えいが)を観(み)る方(ほう)が好(す)きです。

에–가깐니 이꾸요리 테레비노 에–가오 미루 호–가 스끼데스

오늘 밤에 영화 보러 가자.

今夜(こんや)、映画(えいが)観(み)に行(い)こうよ。

콩야, 에–가 미니 이꼬–요

지금 극장에서 뭐 하지?

今(いま)映画館(えいがかん)で何(なに)をやってる？

이마 에–가깐데 나니오 얏떼루?

독서 ①

제 취미는 소설 읽기예요.

私(わたし)の趣味(しゅみ)は小説(しょうせつ)を読(よ)むことです。

와따시노 슈미와 쇼–세쯔오 요무 코또데스

저는 책벌레예요.

私(わたし)は本(ほん)の虫(むし)です。

와따시와 혼노 무시데스

한가할 땐 독서로 시간을 보내요.

暇(ひま)な時(とき)読書(どくしょ)で時間(じかん)をつぶします。

히마나 토끼 도꾸쇼데 지깡오 츠부시마스

한 달에 몇 권 정도 읽으세요?

一ヶ月(いっかげつ)に何冊(なんさつ)ぐらい読(よ)みますか。

익까게쯔니 난사쯔구라이 요미마스까

최근 바빠서 책을 읽을 시간이 없습니다.

最近(さいきん)忙(いそが)しくて本(ほん)を読(よ)む時間(じかん)がありません。

사이낑 이소가시꾸떼 홍오 요무 지깡가 아리마셍

어떤 책을 즐겨 읽으세요?

どんな本(ほん)をよく読(よ)みますか。

돈나 홍오 요꾸 요미마스까

독서 ②

\# 책을 많이 읽으세요?

本(ほん)をたくさん読(よ)みますか。

홍오 탁상 요미마스까

\# 가장 좋아하는 장르는 무엇입니까?

一番(いちばん)好(す)きなジャンルは何(なん)ですか。

이찌방 스끼나 쟌루와 난데스까

\# 저는 손에 잡히는 대로 읽는 편이에요.

私(わたし)は手当(てあ)たり次第(しだい)に読(よ)む方(ほう)です。

와따시와 테아따리시다이니 요무 호-데스

\# 일 년에 50권 이상 읽어요.

一年(いちねん)に50冊以上(さついじょう)読(よ)みます。

이찌넨니 고쥿사쯔 이죠- 요미마스

\# 탐정 소설을 아주 좋아해요.

探偵小説(たんていしょうせつ)がとても好(す)きです。

탄떼- 쇼-세쯔가 토떼모 스끼데스

\# 요즘은 로맨스 소설에 빠져 있어요.

最近(さいきん)は恋愛小説(れんあいしょうせつ)にはまっています。

사이낑와 렝아이 쇼-세쯔니 하맛떼 이마스

\# 소설보다는 시를 좋아해요.

小説(しょうせつ)よりも詩(し)が好(す)きです。

쇼-세쯔요리모 시가 스끼데스

독서 ③

\# 좋아하는 작가는 누구인가요?

好(す)きな作家(さっか)は誰(だれ)ですか。

스끼나 삭까와 다레데스까

\# 무라카미 하루키를 가장 좋아해요.

村上春樹(むらかみはるき)が一番(いちばん)好(す)きです。

무라까미하루끼가 이찌방 스끼데스

↳ **村上春樹**는 일본의 유명 현대 소설가로, 대표작은 〈상실의 시대〉, 〈노르웨이의 숲〉 등이 있습니다.

\# 그의 작품은 모두 읽었습니다.

彼(かれ)の作品(さくひん)は全部(ぜんぶ)読(よ)みました。

카레노 사꾸힝와 젬부 요미마시따

\# 'Casa'를 정기구독하고 있어요.

「Casa」を定期購読(ていきこうどく)しています。

「카사」오 테이끼 코-도꾸시떼 이마스

\# 이 책을 읽고 큰 감동을 받았어요.

この本(ほん)を読(よ)んでとても感動(かんどう)しました。

코노 홍오 욘데 토떼모 칸도-시마시따

\# 독서할 기분이 나지 않아요.

読書(どくしょ)するきぶんにならないです。

도꾸쇼스루 키분니 나라나이데스

수집

무엇을 수집하고 있습니까?

何(なに)を集(あつ)めていますか。

나니오 아쯔메떼 이마스까

우표수집을 시작한 지 얼마나 되었나요?

切手(きって)収集(しゅうしゅう)を始(はじ)めて、どれぐらいになりますか。

킷떼슈-슈-오 하지메떼, 도레구라이니 나리마스까

세계의 동전을 모으고 있어요.

世界中(せかいじゅう)のコインを集(あつ)めています。

세까이쥬-노 코잉오 아쯔메떼 이마스

제 동전 컬렉션은 아직 조금밖에 안 돼요.

私(わたし)のコインコレクションはまだほんのわずかです。

와따시노 코잉코레쿠숑와 마다 혼노와즈까데스

골동품을 모으기 시작한 것은 작년부터예요.

骨董品(こっとうひん)を集(あつ)め始(はじ)めたのは去年(きょねん)からです。

콧또-힝오 아쯔메하지메따노와 쿄넹까라데스

Unit 6 반려동물 MP3. C03_U06

반려동물 ①

동물 기르는 것을 좋아해요.

動物(どうぶつ)を飼(か)うのが好(す)きです。

도-부쯔오 카우노가 스끼데스

어떤 반려동물을 기르고 있습니까?

どんなペットを飼(か)っていますか。

돈나 펫토오 캇떼 이마스까

어렸을 때 반려동물 길러 봤어요?

小(ちい)さい時(とき)ペット飼(か)ったことがありますか。

치-사이 토끼 펫토 캇따 코또가 아리마스까

어떤 종류의 반려동물을 기르고 싶어요?

どんな種類(しゅるい)のペットを飼(か)いたいですか。

돈나 슈루이노 펫토오 카이따이데스까

반려동물로 뭐가 좋을까, 강아지? 아니면 새끼 고양이?

ペットで何(なに)がいいかな、子犬(こいぬ)? それとも子猫(こねこ)?

펫토데 나니가 이-까나, 코이누? 소레또모 코네꼬?

반려동물 ②

\# 부모님은 개 키우는 것을 허락하지 않아요.

両親(りょうしん)は犬(いぬ)を飼(か)うことをゆるしません。

료-싱와 이누오 카우 코또오 유루시마셍

\# 개를 키우고 싶지만, 아파트에 살고 있어서 키울 수 없어요.

犬(いぬ)を育(そだ)てたいのですけど、アパートに住(す)んでいるので飼(か)ってられません。

이누오 소다떼따이노데스께도, 아파-토니 슨데 이루노데 캇떼라레마셍

\# 죄송합니다만, 반려동물은 출입금지입니다.

すみませんが、ペットは出入(でい)り禁止(きんし)です。

스미마셍가, 펫토와 데이리낀시데스

\# 이곳은 반려동물 데려와도 되나요?

ここはペットをつれて来(き)てもいいですか。

코꼬와 펫토와 츠레떼 키떼모 이-데스까

\# 반려동물 기르기는 아이들에게 책임감을 가르쳐 줍니다.

ペットを飼(か)うことは子供(こども)たちに責任感(せきにんかん)を教(おし)えてくれます。

펫토오 카우 코또와 코도모따찌니 세끼닝깡오 오시에떼 쿠레마스

꼭! 짚고 가기

동물 관련 어휘

우리 주변에서 흔히 키우는 반려동물과 동물원이나 동물농장에 가면 볼 수 있는 다양한 동물들의 명칭에 대해 알아보아요.

- 豚(ぶた) 돼지
- 牛(うし) 소
- 馬(うま) 말
- 羊(ひつじ) 양
- 蛇(へび) 뱀
- ネズミ 쥐
- 虎(とら) 호랑이
- 象(ぞう) 코끼리
- 兎(うさぎ) 토끼
- 猿(さる) 원숭이
- ライオン 사자
- ワニ 악어
- カバ 하마
- かめ 거북
- キリン 기린
- パンダ 판다
- しか 사슴
- タヌキ 너구리
- 熊(くま) 곰
- オランウータン 오랑우탄
- チンパンジー 침팬지
- しまうま(=ジブラ) 얼룩말

개 ①

\# 매일 저녁, 개를 데리고 산책하러 가요.

毎日夕方(まいにちゆうがた)、犬(いぬ)を連(つ)れて散歩(さんぽ)に行(い)きます。

마이니찌 유–가따, 이누오 츠레떼 삼뽀니 이끼마스

\# 난 강아지를 쓰다듬고 있었어요.

私(わたし)は子犬(こいぬ)を撫(な)でていました。

와따시와 코이누오 나데떼 이마시따

\# 난 강아지에게 먹이를 주고 있었어요.

私(わたし)は子犬(こいぬ)に餌(えさ)をあげていました。

와따시와 코이누니 에사오 아게떼 이마시따

\# 그 강아지, 제가 길러도 돼요?

その子犬(こいぬ)、私(わたし)が飼(か)ってもいいですか。

소노 코이누, 와따시가 캇떼모 이–데스까

\# 난 강아지에게 '케니'라고 이름을 지었습니다.

私(わたし)は子犬(こいぬ)に「ケニー」と名前(なまえ)をつけました。

와따시와 코이누니 「케니–」또 나마에오 츠게마시따

개 ②

\# 다섯 살 난 잡종개를 키우고 있어요.

5歳(さい)の雑種犬(ざっしゅけん)を飼(か)っています。

고사이노 잣슈껭오 캇떼 이마스

\# 우리 개는 온순해요.

私(わたし)の犬(いぬ)はおとなしいです。

와따시노 이누와 오또나시–데스

\# 우리 강아지는 낯선 사람에게 달려들어 물어요.

私(わたし)の子犬(こいぬ)はしらない人(ひと)に噛(か)み付(つ)きます。

와따시노 코이누와 시라나이 히또니 카미쯔끼마스

\# 그의 개는 아무 데나 대소변을 본다.

彼(かれ)の犬(いぬ)はどこでも大小便(だいしょうべん)をする。

카레노 이누와 도꼬데모 다이쇼–벵오 스루

\# 이 강아지는 잘 길들여져 있어요.

この子犬(こいぬ)はよくてなずけられています。

코노 코이누와 요꾸 테나즈께라레떼 이마스

てなずける 길들이다

개 ③

개는 낯선 사람을 잘 따르지 않는다.

犬(いぬ)は見知(みし)らぬの人(ひと)にはあまり懐(なつ)かない。

이누와 미시라누 히또니와 아마리 나쯔까나이

개가 아이들과 잔디밭에서 뛰어다녔다.

犬(いぬ)が子供(こども)たちと芝生(しばふ)で遊(あそ)び回(まわ)った。

이누가 코도모따찌또 시바후데 아소비마왓따

개는 주인에게 충실하다.

犬(いぬ)は主人(しゅじん)に忠実(ちゅうじつ)だ。

이누와 슈진니 츄–지쯔다

우리 집 개가 임신했어.

私(わたし)の家(いえ)の犬(いぬ)が妊娠(にんしん)した。

와따시노 이에노 이누가 닌신시따

강아지들이 배가 고파서 낑낑거렸다.

子犬(こいぬ)たちがお腹(なか)がすいてだだをこねた。

코이누따찌가 오나까가 스이떼 다다오 코네따

강아지가 깽깽거렸다.

子犬(こいぬ)がきゃんきゃんないた。

코이누가 캬꺙 나이따

개 ④

네 강아지, 수의사한테 데리고 가 봤니?

あなたの子犬(こいぬ)、獣医(じゅうい)に連(つ)れて行(い)ったの?

아나따노 코이누, 쥬–이니 츠레떼 잇따노?

우리 강아지가 아픈 것 같아요.

私(わたし)の犬(いぬ)が病気(びょうき)のようです。

와따시노 이누가 뵤–끼노 요–데스

우리는 그 강아지를 찾아다녔지만, 아무 데도 없었다.

私(わたし)たちはその子犬(こいぬ)を探(さが)し回(まわ)ったが、どこにもいなかった。

와따시따찌와 소노 코이누오 사가시마왓따가, 도꼬니모 이나깟따

강아지가 죽어서, 난 너무 슬펐어요.

子犬(こいぬ)が死(し)んで、私(わたし)はとても悲(かな)しかったです。

코이누가 신데, 와따시와 토떼모 카나시깟따데스

강아지 중성화 수술을 하려고요.

子犬(こいぬ)の中性化手術(ちゅうせいかしゅじゅつ)をすると思(おも)います。

코이누노 츄–세–까 슈쥬쯔오 스루또 오모이마스

고양이

\# 고양이가 매트 위에서 기지개를 켰다.

猫(ねこ)がマットの上(うえ)で伸(の)びをした。

네꼬가 맛토노 우에데 노비오 시따

\# 고양이가 발톱으로 날 할퀴었다.

猫(ねこ)が爪(つめ)で私(わたし)を引(ひ)っ掻(か)いた。

네꼬가 츠메데 와따시오 힉까이따

\# 고양이 꼬리를 갖고 장난치지 마세요.

猫(ねこ)のしっぽを持(も)っていたずらをしないでください。

네꼬노 십뽀오 못떼 이따즈라오 시나이데 쿠다사이

\# 새끼 고양이가 슬리퍼를 물어뜯었다.

子猫(こねこ)がスリッパをかみちぎった。

코네꼬가 스립빠오 카미찌깃따

\# 우리 집 고양이가 새끼 세 마리를 낳았다.

私(わたし)の家(いえ)の猫(ねこ)が子猫(こねこ)3匹(びき)を産(う)んだ。

와따시노 이에노 네꼬가 코네꼬 삼비끼오 운다

\# 고양이가 목을 그르렁거린다.

猫(ねこ)がごろごろなく。

네꼬가 고로고로 나꾸

반려동물 - 기타

\# 내 햄스터는 양배추를 즐겨 먹는다.

私(わたし)のハムスターはキャベツをよく食(た)べます。

와따시노 하무스타–와 캬베츠오 요꾸 타베마스

\# 햄스터를 우리에 넣어 기르세요.

ハムスターを檻(おり)に入(い)れて飼(か)ってください。

하무스타–오 오리니 이레떼 캇떼 쿠다사이

\# 그는 반려동물용 뱀을 키워요.

彼(かれ)は蛇(へび)のペットを飼(か)います。

카레와 헤비노 펫토오 카이마스

彼(かれ)のペットは蛇(へび)です。

카레노 펫토와 헤비데스

\# 반려동물로 딱정벌레를 키우는 사람도 있어.

ペットでカブトムシを飼(か)う人(ひと)もいる。

펫토데 카부토무시오 카우 히또모 이루

\# 그는 금붕어에게 먹이를 너무 많이 줘서 죽이고 말았어.

彼(かれ)は金魚(きんぎょ)に餌(えさ)を多(おお)くやりすぎて殺(ころ)してしまった。

카레와 킹교니 에사오 오–꾸 야리스기떼 코로시떼 시맛따

식물 ①

\# 우리는 세 개의 화분에 콩을 심었다.

私たちは三つの植木鉢に豆を植えた。

와따시따찌와 밋쯔노 우에끼바찌니 마메오 우에따

\# 어제 식물을 정원에 옮겨 심었어요.

昨日植物を庭にうえました。

키노- 쇼꾸부쯔오 니와니 우에마시따

↘ 외부에서 사온 식물을 정원에 옮길 때

昨日植物を庭にうえかえました。

키노- 쇼꾸부쯔오 니와니 우에까에마시따

↘ 원래 있던 식물의 자리를 옮길 때

\# 저 화분은 일주일에 한 번 이상 물을 주면 안 돼요.

あの植木鉢は一週間に一度以上水をやるとだめです。

아노 우에끼바찌와 잇슈-깐니 이찌도 이죠-미즈오 야루또 다메데스

\# 네 화분은 잘 자라는데, 왜 내 것은 시드는 거지?

あなたの植木鉢はよく育つのに、どうして私のは枯れるの?

아나따노 우에끼바찌와 요꾸 소다쯔노니, 도-시떼 와따시노와 카레루노?

식물 ②

\# 최근 정원 가꾸기에 몰두하고 있어요.

最近庭いじりに夢中になっています。

사이낑 니와이지리니 무쮸-니 낫떼 이마스

最近ガーデニングに夢中になっています。

사이낑 가-데닝구니 무쮸-니 낫떼 이마스

\# 가족을 위해 마당에 채소를 기르고 있어요.

家族のために庭に野菜を作っています。

카조꾸노 타메니 니와니 야사이오 츠꿋떼 이마스

\# 장미는 특별히 보살펴 줘야 해요.

バラは特別な世話をしなければなりません。

바라와 토꾸베쯔나 세와오 시나께레바 나리마셍

\# 튤립 뿌리를 정원에 심었어요.

チューリップの根を庭に植えました。

츄-립푸노 네오 니와니 우에마시따

\# 틈틈이 정원의 잡초를 뽑아요.

時々庭のざっそうを抜きます。

토끼도끼 니와노 잣소-오 누끼마스

枯れる 초목이 마르다, 시들다

Chapter 04

Chapter 04.

Unit 1 신체

Unit 2 얼굴&피부

Unit 3 이목구비

Unit 4 헤어&수염

Unit 5 스타일

Unit 6 옷

Unit 7 화장&성형

身体しんたい 신따이 신체

MP3. Word_C04_01

体からだ 카라다
n. 몸, 신체

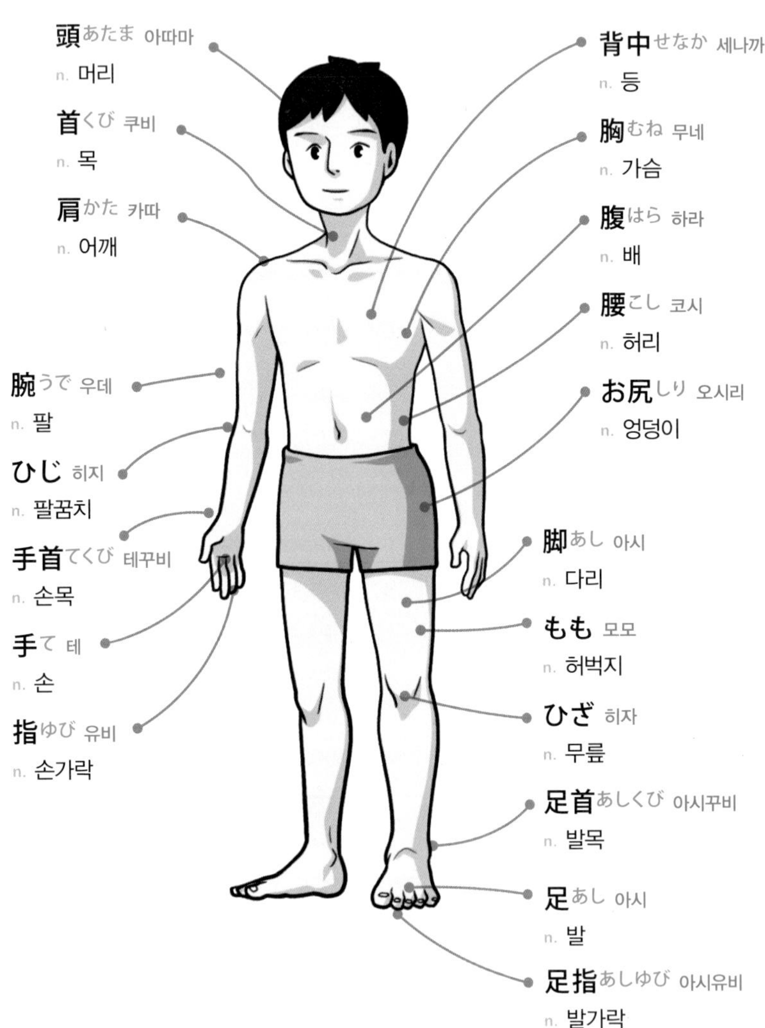

顔かお 카오
n. 얼굴

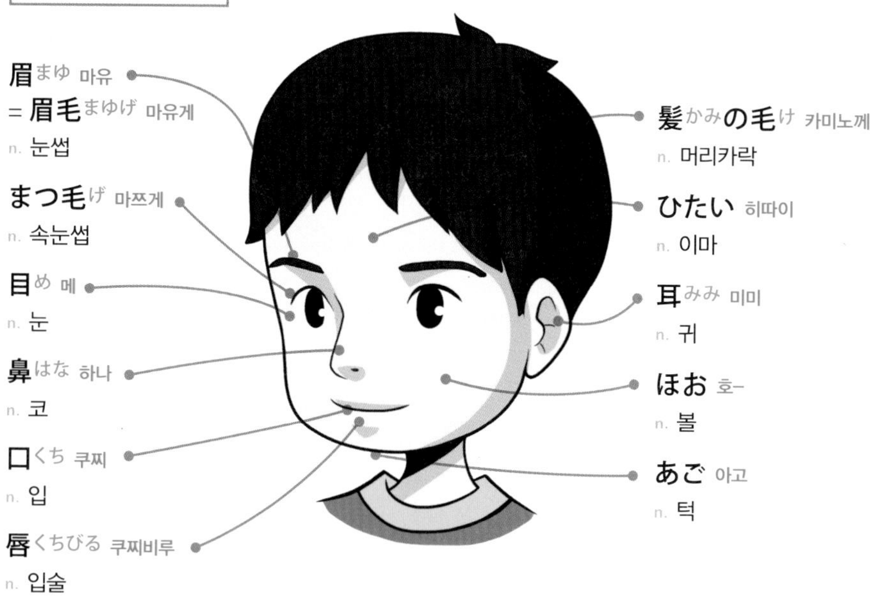

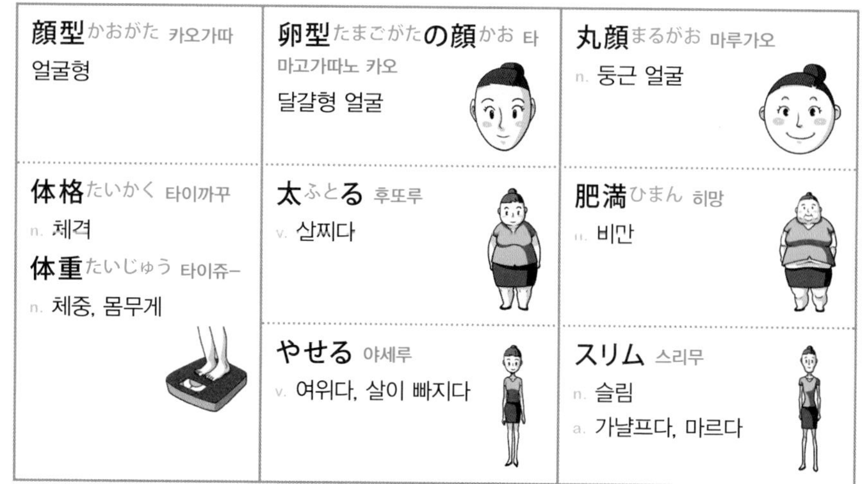

顔型かおがた 카오가따 얼굴형	卵型たまごがたの顔かお 타마고가따노 카오 달걀형 얼굴	丸顔まるがお 마루가오 n. 둥근 얼굴
体格たいかく 타이까꾸 n. 체격 体重たいじゅう 타이쥬– n. 체중, 몸무게	太ふとる 후또루 v. 살찌다	肥満ひまん 히망 n. 비만
	やせる 야세루 v. 여위다, 살이 빠지다	スリム 스리무 n. 슬림 a. 가냘프다, 마르다

服ふく 후꾸 옷

MP3. Word_C04_03

服ふく 후꾸 n. 옷	**洋服**ようふく 요-후꾸 n. 옷, 양복	**上着**うわぎ 우와기 n. 윗옷, 겉옷
着物きもの 키모노 n. 옷, 일본 전통옷 **和服**わふく 와후꾸 n. 일본옷	**下着**したぎ 시따기 = **肌着**はだぎ 하다기 n. 속옷, 내의	**ランジェリー** 란제리- n. 란제리, 여성 속옷 **インナー** 인나- = **インナーウエア** 인나-웨아 n. 이너웨어, 내복
ユニセックスファッション 유니섹쿠스 홧숀 n. 유니섹스 패션	**シャツ** 샤츠 n. 셔츠	**T**ティー**シャツ** 티-샤츠 n. 티셔츠
ジャケット 쟈켓토 n. 재킷	**ズボン** 즈봉 = **パンツ** 판츠 n. 바지	**ジーンズ** 지-ㄴ즈 = **ジーパン** 지-팡 n. 청바지
メンズウェア 멘즈웨아 남성복, 신사복	**スーツ** 스-츠 n. 슈트, 양복	**Y**ワイ**シャツ** 와이샤츠 n. 와이셔츠
	ベスト 베스토 = **チョッキ** 촉키 n. 조끼	**ネクタイ** 네쿠타이 n. 넥타이
レディース 레디-스 n. 여성복	**ブラウス** 브라우스 n. 블라우스	**ワンピース** 왐피-스 n. 원피스
スカート 스카-토 n. 치마	**ミニスカート** 미니스카-토 n. 미니스커트	**ドレス** 도레스 n. 드레스

夏着 なつぎ 나쯔기
n. 여름옷

半袖 はんそで 한소데
n. 반팔

袖なし そでなし 소데나시
= ノースリーブ
노-스리-브
n. 민소매

半ズボン はんズボン 한즈봉
= 短パン たんパン 탐판
n. 반바지

水着 みずぎ 미즈기
n. 수영복
ビキニ 비키니
n. 비키니 수영복

サンダル 산다루
n. 샌들

ぞうり 조-리
n. 쪼리 샌들

下駄 げた 게따
n. (일본) 나막신

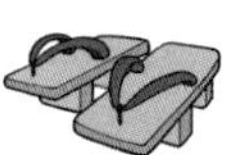

冬着 ふゆぎ 후유기
n. 겨울옷

セーター 세-타-
n. 스웨터

カーディガン
카-디강
n. 카디건

コート 코-토
n. 코트

ダウンジャケット
다운쟈켓토
n. 패딩 점퍼

マフラー
마후라-
n. 목도리

手袋 てぶくろ 테부꾸로
n. 장갑

ブーツ 부-츠
n. 부츠

ファッション小物 こもの 화숑 코모노
패션 소품

靴 くつ 쿠쯔
n. 신발

靴下 くつした
쿠쯔시따
n. 양말

ベルト 베루토
n. 허리띠

帽子 ぼうし 보-시
n. 모자
キャップ 캽푸
n. 야구모자

オーバーオール
오-바-오-루
n. 멜빵

スカーフ
스카-후
n. 스카프

サングラス
상그라스
n. 선글라스

かばん 카방
n. 가방

신체 특징 ①

그는 체격이 좋다.

彼(かれ)は体格(たいかく)がいい。

카레와 타이까꾸가 이–

그는 늠름한 체격입니다.

彼(かれ)はたくましい体(からだ)です。

카레와 타꾸마시– 카라다데스

건강해 보이네요.

元気(げんき)みたいです。

겡끼미따이데스

그는 살이 쪄서 포근한 느낌이야.

彼(かれ)は太(ふと)っていてやわらかな感(かん)じだ。

카레와 후똣떼 이떼 야와라까나 칸지다

그의 어깨는 딱 벌어졌다.

彼(かれ)は肩幅(かたはば)が広(ひろ)い。

카레와 카따하바가 히로이

彼(かれ)はがっしりした肩(かた)を持(も)っている。

카레와 갓시리시따 카따오 못떼 이루

넌 롱다리구나.

あなたの足(あし)が長(なが)いね。

아나따노 아시가 나가이네

やわらかい 부드럽다, 폭신하다

신체 특징 ②

내 무다리가 싫어.

私(わたし)の大根足(だいこんあし)が嫌(きら)い。

와따시노 다이꽁아시가 키라이

그는 평발이다.

彼(かれ)は偏平足(へんぺいそく)だ。

카레와 헴뻬–소꾸다

그녀는 손발이 작은 편입니다.

彼女(かのじょ)は手足(てあし)が小(ち)さい方(ほう)です。

카노죠와 테아시가 치–사이 호–데스

저는 왼손잡이예요.

私(わたし)は左利(ひだりき)きです。

와따시와 히다리끼끼데스

그녀는 풍만한 가슴을 가지고 있다.

彼女(かのじょ)は豊満(ほうまん)な胸(むね)を持(も)っている。

카노죠와 호–만나 무네오 못떼 이루

左利き 왼손잡이
右利き 오른손잡이

키

\# 키가 얼마입니까?

背がどのくらいありますか。

세가 도노꾸라이 아리마스까

\# 170cm예요.

170センチです。

햐꾸나나쥬–센치데스

\# 키가 큰 편이네요.

背が高い方ですね。

세가 타까이 호–데스네

\# 그는 키가 좀 작아요.

彼は背がちょっと低いです。

카레와 세가 춋또 히꾸이데스

\# 그녀는 키가 크고 날씬합니다.

彼女は背が高くてすらっとしています。

카노죠와 세가 타까꾸떼 스랏또시떼 이마스

\# 저는 키가 크고 마른 편이에요.

私は背が高くて痩せている方です。

와따시와 세가 타까꾸떼 야세떼 이루 호–데스

\# 그는 키가 작고 뚱뚱해요.

彼は背が低くて太っている。

카레와 세가 히꾸꾸떼 후똣떼 이루

꼭! 짚고 가기

스모(相撲)

스모는 일본 전통의 격투기 스포츠로 두 명의 선수가 아무런 도구 없이 육체만으로 맞붙어 싸우는 형태의 경기입니다.
스모는 '신토'라는 제사 의식 중 하나로 치러져 온 고유의 행사로, 지금까지 많은 일본인들에게 사랑받는 스포츠입니다.
스모와 비슷한 격투기 스포츠로 우리나라의 씨름, 몽골의 브흐, 중국의 솨이쟈오, 러시아의 삼보 등이 있습니다.

- **스모 용어**

도리쿠미(取組) 스모 경기의 시합
도효(土俵) 스모 경기장
리키시(力士=相撲取組) 스모 선수
마와시(回し=廻し) 일본 전통 샅바
시로보시(白星) 스모 경기의 승리
쿠로보시(黒星) 스모 경기의 패배
헤야(部屋) 스모 선수들의 합숙 훈련장

- **스모 경기 방식**

스모는 도효 안에서 마와시를 찬 두 선수가 대결(도리쿠미)을 하여 승부를 겨루는 방식입니다. 도효 밖으로 나가거나 지면에 발바닥 외의 신체가 닿거나 반칙을 하면 패하게 됩니다.

체중 ①

체중이 얼마입니까?

たいじゅう
体重はどのくらいですか。

타이쥬–와 도노꾸라이데스까

요즘 체중이 늘었어요.

さいきんたいじゅう　ふ
最近体重が増えました。

사이낑 타이쥬–가 후에마시따

살이 좀 찐 것 같아요.

ふと
ちょっと太ったようです。

춋또 후뚯따요–데스

너무 살이 찐 것 같습니다.

ふと
ちょっと太りすぎてるようです。

춋또 후또리스기떼루요–데스

살이 좀 빠졌네요.

や
ちょっと痩せましたね。

춋또 야세마시따네

조금 야위신 것 같군요.

すこ　や
少し痩せになりましたね。

스꼬시 야세니 나리마시따네

그는 체중이 적당합니다.

かれ　たいじゅう
彼はちょうどよい体重です。

카레와 쵸–도 요이 타이쥬–데스

체중 ②

그녀는 너무 말랐어요.

かのじょ　や
彼女は痩せすぎだ。

카노죠와 야세스기다

그는 키에 비해 몸무게가 많이 나가요.

かれ　しんちょう　くら　たいじゅう　おも
彼は身長に比べて体重がすごく重いです。

카레와 신쬬–니 쿠라베떼 타이쥬–가 스고꾸 오모이데스

↳ すごく=より

날씬해지려고 다이어트 중이에요.

スマートになるためにダイエットをしています。

스마–토니 나루 타메니 다이엣토– 시떼 이마스

허릿살 좀 빼는 게 좋겠는데.

こし　にく
腰の肉がとれたらいいのに。

코시노 니꾸가 토레따라 이–노니

그는 배에 군살이 있어요.

かれ　はら　ぜいにく
彼は腹に贅肉があります。

카레와 하라니 제이니꾸가 아리마스

그는 배가 나와 있다.

かれ　はら　で
彼は腹が出ている。

카레와 하라가 데떼 이루

Unit 2 얼굴&피부 MP3. C04_U02

얼굴 ①

\# 내 얼굴은 동그랗다.

私(わたし)の顔(かお)はまるい。

와따시노 카오와 마루이

\# 그녀의 얼굴은 좀 둥근 편이야.

彼女(かのじょ)の顔(かお)はちょっとまるい方(ほう)だ。

카노죠노 카오와 춋또 마루이 호-다

\# 난 달걀형 얼굴이야.

私(わたし)の顔(かお)は卵形(たまごがた)だ。

와따시노 카오와 타마고가따다

\# 그는 얼굴이 길어.

彼(かれ)の顔(かお)は長(なが)い。

카레노 카오와 나가이

\# 그녀는 사각턱이야.

彼女(かのじょ)はえらがはってる。

카노죠와 에라가 핫떼루

\# 난 얼굴이 좀 통통하다.

私(わたし)は顔(かお)がちょっとぽっちゃりしている。

와따시와 카오가 춋또 폿짜리시떼 이루

\# 난 얼굴이 여윈 편이다.

私(わたし)は顔(かお)が痩(や)せた方(ほう)だ。

와따시와 카오가 야세따 호-다

ぽっちゃり 포동포동, 오동통하게 살찌고 애교가 있는 모양

얼굴 ②

\# 얼굴이 늘 부어 있어.

顔(かお)がいつもむくんでいる。

카오가 이쯔모 무꾼데 이루

\# 그녀는 애교 있는 얼굴이다.

彼女(かのじょ)は愛嬌(あいきょう)のある顔(かお)だ。

카노죠와 아이꾜-노 아루 카오다

\# 그는 개성 있는 얼굴이다.

彼(かれ)は個性(こせい)のある顔(かお)だ。

카레와 코세-노 아루 카오다

\# 그녀는 동안이야.

彼女(かのじょ)は童顔(どうがん)だ。

카노죠와 도-간다

\# 그녀는 나이가 들어 보여.

彼女(かのじょ)はかなり老(ふ)けて見(み)える。

카노죠와 카나리 후께떼 미에루

彼女(かのじょ)はかなり年(とし)をとって見(み)える。

카노죠와 카나리 토시오 톳떼 미에루

\# 난 양쪽 볼에 보조개가 있다.

私(わたし)は両方(りょうほう)の頬(ほお)に笑窪(えくぼ)がある。

와따시와 료-호-노 호-니 에꾸보가 아루

피부 ①

\# 그녀는 피부색이 희다.

彼女(かのじょ)は肌(はだ)が白(しろ)い[肌(はだ)の色(いろ)が白(しろ)い]。

카노죠와 하다가 시로이[하다노 이로가 시로이]

\# 당신의 투명감 있는 피부가 부러워요.

あなたの透明感(とうめいかん)のある肌(はだ)がうらやましいです。

아나따노 토-메-깐노 아루 하다가 우라야마시-데스

\# 그녀의 피부는 삶은 계란 같다.

彼女(かのじょ)の肌(はだ)はゆで卵(たまご)のようだ。

카노죠노 하다와 유데따마고노요-다

\# 네 피부가 곱다.

あなたは肌(はだ)が美(うつく)しい。

아나따와 하다가 우쯔꾸시-

あなたは肌(はだ)がきれいだ。

아나따와 하다가 키레-다

\# 그녀의 피부는 탄력이 있다.

彼女(かのじょ)の皮膚(ひふ)は弾力(だんりょく)がある。

카노죠노 히흐와 단료꾸가 아루

ゆで卵 삶은 달걀
(일본에서 아름다운 피부를 나타낼 때 쓰는 표현)

피부 ②

\# 피부가 지성이군요.

あなたはオイルスキンですね。

아나따와 오이루스킨데스네

\# 그는 구릿빛 나는 피부예요.

彼(かれ)は小麦色(こむぎいろ)の肌(はだ)です。

카레와 코무기이로노 하다데스

\# 그녀는 피부색이 검다.

彼女(かのじょ)は肌(はだ)が黒(くろ)い。

카노죠와 하다가 쿠로이

\# 피부가 텄어.

肌(はだ)があかぎれした。

하다가 아까기레시따

\# 피부가 거칠어졌어.

肌(はだ)が荒(あ)れた。

하다가 아레따

皮膚(ひふ)ががさがさになった。

히흐가 가사가사니 낫따

\# 요즘 피부색이 칙칙해졌어.

最近(さいきん)肌(はだ)の色(いろ)がくすんでいる。

사이낑 하다노 이로가 쿠슨데 이루

オイルスキン 지성 피부
= **オイリー肌**
荒れる 거칠어지다

피부 트러블 ①

얼굴에 뭐가 났네.

顔(かお)に何(なに)かできちゃった。

카오니 나니까 데끼쨨따

얼굴에 각질이 생겼어.

顔(かお)に角質(かくしつ)ができた。

카오니 카꾸시쯔가 데끼따

모공 때문에 고민이야.

毛穴(けあな)が悩(なや)みだ。

케아나가 나야미다

얼굴에 여드름이 도톨도톨 났어.

顔(かお)ににきびがぶつぶつできた。

카오니 니끼비가 부쯔부쯔 데끼따

얼굴에 점이 너무 많아.

顔(かお)にほくろが多(おお)すぎる。

카오니 호꾸로가 오-스기루

난 주근깨가 좀 있어.

私(わたし)はそばかすがちょっとあるの。

와따시와 소바까스가 춋또 아루노

피부가 너무 예민해

肌(はだ)が敏感(びんかん)だね。

하다가 빙깐다네

꼭! 짚고 가기

피부 관련 어휘

피부 타입과 피부 상태에 대해 말하는 관련 표현을 알아봅시다.

- 荒(あ)れ肌(はだ) 건성 피부
  = ドライスキン
  = 乾燥肌(かんそうはだ)
  = 乾生皮膚(かんせいひふ)
- 敏感肌(びんかんはだ) 민감성 피부
- オイルスキン 지성 피부
  = オイル肌(はだ)
- 混合肌(こんごうはだ) 복합성 피부
- もちもち 탱탱
- つるつる 매끈매끈, 반들반들
- カサカサ 푸석푸석
- すべすべ 매끈매끈
- ざらざら 까칠까칠
- ぴかぴか 반짝반짝
- しか 주름
- 美肌(びはだ) 미백
- かくしつ 각질

피부 트러블 ②

\# 네 얼굴에 주름이 많은데.

あなたの顔(かお)にしわが多(おお)いね。

아나따노 카오니 시와가 오-이네

\# 눈 가장자리에 주름이 생기기 시작했어요.

目(め)の周(まわ)りにしわができ始(はじ)めました。

메노 마와리니 시와가 데끼하지메마시따

\# 얼굴에 뭐가 났어.

顔(かお)に何(なに)かできているの。

카오니 나니까 데끼떼 이루노

\# 얼굴에 온통 두드러기가 났어.

顔一面(かおいちめん)に蕁麻疹(じんましん)ができた。

카오이찌멘니 짐마싱가 데끼따

\# 햇빛에 그을려 가무잡잡하다.

日焼(ひや)けして浅黒(あさぐろ)い。

히야께시떼 아사구로이

\# 머드팩이 당신의 피부에 변화를 줄 거예요.

泥(どろ)パックがあなたの肌(はだ)に変化(へんか)を与(あた)えるんです。

도로팍쿠가 아나따노 하다니 헹까오 아따에룬데스

浅黒い 가무잡잡하다

눈에 대해 ①

\# 난 쌍꺼풀이 있어.

私(わたし)は二重瞼(ふたえまぶた)だ。

와따시와 후따에마부따다

\# 난 속쌍꺼풀이 있어.

私(わたし)は奥二重(おくぶたえ)だ。

와따시와 오꾸부따에다

\# 쌍꺼풀이 지면 눈이 커 보여요.

二重瞼(ふたえまぶた)になれば目(め)が大(おお)きく見(み)えます。

후따에마부따니 나레바 메가 오-끼꾸 미에마스

\# 난 긴 속눈썹을 가졌지.

私(わたし)は長(なが)い睫(まつげ)があるの。

와따시와 나가이 마쯔게가 아루노

\# 그녀는 크고 아름다운 눈을 가졌지.

彼女(かのじょ)の目(め)は大(おお)きくてきれいです。

카노죠노 메와 오-끼꾸떼 키레-데스

\# 눈매가 시원스러운 미녀이다.

目(め)もとのすっきりした美女(びじょ)だ。

메모또노 슥끼리시따 비죠다

二重瞼 쌍꺼풀
= 二かわめ

눈에 대해 ②

눈이 퀭하다.

目(め)がくぼんでいる。

메가 쿠본데 이루

그는 움푹 들어간 눈이다.

彼(かれ)はおちくぼんだ目(め)です。

카레와 오찌꾸본다 메데스

彼(かれ)はひっこんだ目(め)です。

카레와 힉꼰다 메데스

그 꼬마는 왕방울눈을 가지고 있다.

その子(こ)はどんぐり眼(まなこ)です。

소노 코와 동구리마나꼬데스

네 눈은 동글동글하고 귀엽구나.

あなたの目(め)はくりくりしてかわいいです。

아나따노 메와 쿠리꾸리시떼 카와이-데스

그는 사팔뜨기이다.

彼(かれ)は斜視(しゃし)だ。

카레와 샤시다

네 눈이 좀 충혈됐는데.

あんたの目(め)、ちょっと赤(あか)いよ。

안따노 메, 춋또 아까이요

시력 관련

그는 색맹이다.

彼(かれ)は色盲(しきもう)です。

카레와 시끼모-데스

시력은 어떻게 돼요?

視力(しりょく)はどうですか。

시료쿠와 도-데스까

나는 시력이 아주 좋아요.

私(わたし)は視力(しりょく)がとてもいいです。

와따시와 시료꾸가 토떼모 이-데스

나는 근시라서, 안경을 쓰고 있어요.

私(わたし)は近視(きんし)ですから、眼鏡(めがね)をかけています。

와따시와 킨시데스까라, 메가네오 카께떼 이마스

나는 심한 근시이다.

私(わたし)は強(つよ)い近視(きんし)だ。

와따시와 츠요이 킨시다

시력이 약해진 거 같아.

視力(しりょく)が衰(おとろ)えたようだ。

시료꾸가 오또로에따요-다

近視 근시
遠視 원시
乱視 난시

코의 생김새

\# 난 코가 높다.

私(わたし)は鼻(はな)が高(たか)い。

와따시와 하나가 타까이

↳ 이 말은 '우쭐해하다'라는 뜻도 됩니다.

\# 그는 주먹코이다.

彼(かれ)は団子鼻(だんごばな)だ。

카레와 당고바나다

\# 넌 들창코구나.

あなたは獅子鼻(ししばな)だね。

아나따와 시시바나다네

\# 그는 납작코이다.

彼(かれ)は鼻(はな)が胡坐(あぐら)をかいている。

카레와 하나가 아구라오 카이떼 이루

彼(かれ)は鼻(はな)ぺちゃの人(ひと)だ。

카레와 하나페쨔노 히또다

\# 그녀는 매부리코예요.

彼女(かのじょ)は鷲鼻(わしばな)です。

카노죠와 와시바나데스

\# 그녀는 콧날이 오뚝해요.

彼女(かのじょ)ははなすじが通(とお)っています。

카노죠와 하나스지가 토-ㅅ떼 이마스

코 관련 증상

\# 그는 자주 코를 후빕니다.

彼(かれ)はよく鼻(はな)をほじくります。

카레와 요꾸 하나오 호지꾸리마스

\# 코 훌쩍이지 마.

啜(すす)るな。

스스루나

\# 코감기에 걸렸어.

鼻(はな)かぜを引(ひ)いたの。

하나까제오 히-따노

\# 감기가 들어서 콧물이 연방 나온다.

風邪(かぜ)を引(ひ)いて鼻水(はなみず)がひっきりなしに出(で)る。

카제오 히-떼 하나미즈가 힉끼리나시니 데루

\# 코피가 나네.

鼻血(はなぢ)が出(で)るのね。

하나지가 데루노네

\# 코가 막혔다.

鼻(はな)がつまった。

하나가 츠맛따

\# 코를 풀어라.

鼻(はな)をかみなさい。

하나오 카미나사이

귀에 대해

\# 귀 좀 빌려줘.

ちょっと耳(みみ)を貸(か)してくれる。

춋또 미미오 카시떼 쿠레루

\# 그는 보청기를 끼고 있다.

彼(かれ)は補聴器(ほちょうき)をつけている。

카레와 호쬬-끼오 츠께떼 이루

\# 귀지가 가득 찼다.

耳(みみ)あかがいっぱいになった。

미미아까가 입빠이니 낫따

\# 귀가 어둡다.

耳(みみ)が遠(とお)い。

미미가 토-이

\# 우리는 열심히 귀를 기울이고 있다.

私(わたし)たちは熱心(ねっしん)に耳(みみ)を傾(かたむ)けている。

와따시따찌와 넷신니 미미오 카따무께떼 이루

私(わたし)たちは一生懸命(いっしょうけんめい)に耳(みみ)を澄(す)ましている。

와따시따찌와 잇쇼-껨메-니 미미오 스마시떼 이루

\# (뚫은 귀에 거는) 귀걸이를 했다.

ピアスをした。

피아스오 시따

耳を傾ける 귀를 기울이다, 경청하다
ピアス 뚫은 귀에 거는 귀걸이
* **イアリング** 뚫지 않은 귀에 거는 귀걸이

꼭! 짚고 가기

일본 3대 축제(祭)

일본 각지에서 다양하게 열리는 축제들이 볼거리입니다. 그중 3대 축제로 꼽히는 기온마츠리, 텐진마츠리, 간다마츠리를 소개할게요. 매년 열리는 날짜가 조금씩 다르기 때문에, 방문할 계획이라면 축제 일정을 미리 확인하는 것이 좋습니다.

- **교토**(京都) **기온마츠리**(祇園祭)
  898년부터 전염병 퇴치를 목적으로 시작된 축제로, 매년 7월 한 달 내내 교토에서 열립니다. 山鉾巡行(やまぼこじゅうこう)는 기온마츠리의 하이라이트로, 거리 퍼레이드입니다.
- **오사카**(大阪) **텐진마츠리**(天神祭)
  오사카에서 열리는 여름 축제로 하늘에 제사를 지내는 것에서 비롯되었습니다. 텐진마츠리의 하이라이트는 불꽃놀이 대회인데, 이것을 구경하려는 많은 인파들이 모입니다. 7월에 오사카를 방문한다면, 꼭 챙겨야 할 이벤트입니다.
- **도쿄**(東京) **간다마츠리**(神田祭)
  에도 막부 시대 전쟁의 승리를 기념하는 축제에서 유래된 간다마츠리는 매년 열리는 다른 축제와 달리 홀수 해 5월에 열립니다. 간다신사에서 시작하는 퍼레이드는 하루 종일 이어지는 행사입니다.

입&입술

\# 그는 입이 커.

かれ　くち　おお
彼の口は大きい。

카레노 쿠찌와 오-끼-

\# 그녀의 입술이 촉촉해 보인다.

かのじょ　くちびる　み
彼女の唇はしっとりしてるように見える。

카노죠노 쿠찌비루와 싯또리시떼루요-니 미에루

\# 그의 입술은 두껍다.

かれ　くちびる　あつ
彼の唇は厚い。

카레노 쿠찌비루와 아쯔이

\# 내 입술은 얇다.

わたし くちびる　うす
私の唇は薄い。

와따시노 쿠찌비루와 우스이

\# 내 입술은 잘 튼다.

わたし くちびる　あ
私の唇はよく荒れる。

와따시노 쿠찌비루와 요꾸 아레루

\# 그녀는 입매가 예쁘다.

かのじょ　くちもと
彼女は口元がきれい。

카노죠와 쿠찌모또가 키레-

\# 저는 엄마를 꼭 닮은 입매입니다.

わたし　はは　くちもと
私は母そっくりの口元です。

와따시와 하하 속꾸리노 쿠찌모또데스

입 관련 동작

\# 입을 크게 벌려요.

くち　おお　あ
口を大きく開けてください。

쿠찌오 오-끼꾸 아께떼 쿠다사이

\# 혀를 내밀어 보세요.

した　だ　み
舌を出して見てください。

시따오 다시떼 미떼 쿠다사이

\# 혀를 깨물었어.

した
舌をかんだ。

시따오 칸다

\# 그 꼬마는 언 손에 입김을 불었다.

こ　て　いき　ふ
その子はかじかんだ手にはあっと息を吹きかけた。

소노 코와 카지깐다 테니 하-ㅅ또 이끼오 후끼까께따

\# 그녀가 입가에 미소를 띠며 앉아 있었다.

かのじょ　くちもと　びしょう　すわ
彼女が口元に微笑をうかべて座っていた。

카노죠가 쿠찌모또니 비쇼-오 우까베떼 스왓떼 이따

口元 입매, 입가

구강

네 잇몸이 보이는데.

あなたは歯茎(はぐき)が見(み)えるよ[ね]。

아나따와 하구끼가 미에루요[네]

내 잇몸이 안 좋아.

私(わたし)の歯茎(はぐき)がよくない。

와따시노 하구끼가 요꾸나이

네 입냄새가 지독해.

あなたの口臭(こうしゅう)がひどい。

아나따노 코–슈–가 히도이

양치질하러 가라.

歯(は)を磨(みが)きに行(い)きなさい。

하오 미가끼니 이끼나사이

치실 사용해요?

フロス使(つか)いますか。

흐로스 츠까이마스까

녹차로 입가심해요.

緑茶(りょくちゃ)で口直(くちなお)ししましょう。

료꾸쨔데 쿠찌나오시시마쇼–

치아 관련

이가 고르게 났다.

歯(は)の並(なら)びがきれいだ。

하노 나라비가 키레–다

덧니가 있다.

八重歯(やえば)がある。

야에바가 아루

이에 금을 씌웠어요.

歯(は)に金(きん)をかぶせました。

하니 킹오 카부세마시따

그녀는 이가 하얗다.

彼女(かのじょ)は歯(は)が白(しろ)い。

카노죠와 하가 시로이

사랑니가 나고 있어.

親知(おやし)らずが生(は)えている。

오야시라즈가 하에떼 이루

사랑니를 뽑았어.

親知(おやし)らずを抜(ぬ)いたの。

오야시라즈오 누이따노

충치가 있어요.

虫歯(むしば)があります。

무시바가 아리마스

헤어스타일

\# 언니는 머리를 땋았어요.

姉(あね)は髪(かみ)を編(あ)みました。

아네와 카미오 아미마시따

\# 그녀는 포니테일 스타일을 좋아한다.

彼女(かのじょ)はポニーテールスタイルが好(す)きだ。

카노죠와 포니-테-루스타이루가 스끼다

\# 저는 단발머리예요.

私(わたし)は短髪(たんぱつ)です。

와따시와 탐빠쯔데스

短(みじか)いヘアスタイルです。

미지까이 헤아스타이루데스

\# 난 짧은 머리이다.

私(わたし)はショートヘアです。

와따시와 쇼-토헤아데스

\# 내 남자 친구는 스포츠형을 하고 있습니다.

私(わたし)の彼氏(かれし)[ボーイフレンド]はスポーツ刈(が)りにしています。

와따시노 카레시[보-이후렌도]와
스포-츠가리니 시떼 이마스

\# 그녀의 머리는 완전한 스트레이트예요.

彼女(かのじょ)の髪(かみ)は完全(かんぜん)なストレートです。

카노죠노 카미와 칸젠나 스토레-토데스

헤어

\# 당신의 머리는 무슨 색깔이에요?

あなたのヘアは何色(なにいろ)ですか。

아나따노 헤아와 나니이로데스까

\# 그는 머리가 갈색이에요.

彼(かれ)は髪(かみ)が褐色(かっしょく)[茶色(ちゃいろ)]です。

카레와 카미가 캇쇼꾸[챠이로]데스

\# 난 헤어스타일을 바꿨어요.

私(わたし)はヘアスタイルを変(か)えました。

와따시와 헤아스타이루오 카에마시따

\# 그녀는 곱슬머리에 짧은 금발이야.

彼女(かのじょ)は天然(てんねん)パーマの短(みじか)い金髪(きんぱつ)だ。

카노죠와 텐넨파-마노 미지까이 킴빠쯔다

\# 그는 대머리이다.

彼(かれ)ははげ頭(あたま)だ。

카레와 하게아따마다

\# 저 아저씨는 머리숱이 별로 없는 머리입니다.

あのおじさんはバーコードヘアです。

아노 오지상와 바-코-도헤아데스

バーコードヘア 바코드 헤어(머리숱이 없는 모양을 비유한 젊은이들의 표현)

헤어&수염

\# 최근 흰머리가 나기 시작했어.

最近(さいきん)白髪(しらが)が出(で)始(はじ)めた。

사이낑 시라가가 데하지메따

\# 제 머리가 다 상했어요.

私(わたし)の髪(かみ)は全部(ぜんぶ)いたみました。

와따시노 카미와 젬부 이따미마시따

\# 머리 끝이 갈라졌어.

えだ毛(げ)になった。

에다게니 낫따

\# 할아버지는 새하얀 수염의 노인이세요.

おじいさんは真(ま)っ白(しろ)いひげの老人(ろうじん)です。

오지-상와 맛시로이 히게노 로-진데스

\# 그는 구레나룻이 있다.

彼(かれ)は頬髯(ほおひげ)がある。

카레와 호-히게가 아루

\# 언제 면도했어요?

いつひげそりしたんですか。

이쯔 히게소리시딴데스까

스타일 ①

\# 그녀는 귀엽게 생겼어.

彼女(かのじょ)は可愛(かわい)い。

카노죠와 카와이-

\# 저 아이는 사랑스럽군요.

あの子(こ)は可愛(かわい)らしいですね。

아노 코와 카와이라시-데스네

\# 그녀는 굉장한 미인이다.

彼女(かのじょ)はすごい美人(びじん)だ。

카노죠와 스고이 비진다

\# 그녀는 매력적인 여성입니다.

彼女(かのじょ)はとても魅力的(みりょくてき)な女性(じょせい)です。

카노죠와 토떼모 미료꾸떼끼나 죠세-데스

\# 전 말괄량이였어요.

私(わたし)はおてんばだった。

와따시와 오뗌바닷따

\# 그녀는 수수한 외모이다.

彼女(かのじょ)は地味(じみ)な外見(がいけん)だ。

카노죠와 지미나 가이껜다

\# 오늘 멋져 보이는데요.

今日(きょう)素敵(すてき)に見(み)えますね。

쿄- 스떼끼니 미에마스네

스타일 ②

\# 그는 잘생겼어.

彼(かれ)はハンサムだ。

카레와 한사무다

\# 저 남자 섹시한데.

あの男(おとこ)、セクシーだ。

아노 오또꼬, 세쿠시–다

\# 그는 여자 같은 남자인데.

彼(かれ)は女(おんな)みたいな男(おとこ)だね。

카레와 온나미따이나 오또꼬다네

\# 그는 꽃미남이다.

彼(かれ)はイケメンだ。

카레와 이케멘다

\# 난 그의 외모가 마음에 들어요.

私(わたし)は彼(かれ)の外見(がいけん)が気(き)に入(い)ります。

와따시와 카레노 가이껭가 키니 이리마스

\# 그는 멋을 아는 남자이다.

彼(かれ)は趣(おもむき)が分(わ)かる男(おとこ)だ。

카레와 오모무끼가 와까루 오또꼬다

彼(かれ)は粋(いき)な男(おとこ)だ。

카레와 이끼나 오또꼬다

닮았다고 말할 때

\# 제가 아는 사람이랑 닮았네요.

私(わたし)の知(し)り合(あ)いの人(ひと)と似(に)ていますね。

와따시노 시리아이노 히또또 니떼 이마스네

\# 난 외할머니를 닮았어요.

私(わたし)は母(はは)がたの祖母(そぼ)に似(に)ています。

와따시와 하하가따노 소보니 니떼 이마스

\# 여동생은 눈 주위가 아버지를 닮았어요.

妹(いもうと)は目(め)の周(まわ)りが父(ちち)に似(に)ています。

이모–또와 메노 마와리가 치찌니 니떼 이마스

\# 당신은 아버지를 닮았어요, 어머니를 닮았어요?

あなたはお父(とう)さんに似(に)てますか、お母(かあ)さんに似(に)てますか。

아나따와 오또–산니 니떼마스까, 오까–산니 니떼마스까

\# 아무도 닮지 않았습니다.

誰(だれ)にも似(に)ていません。

다레니모 니떼 이마셍

イケメン 미남, 잘생긴 사람, 꽃미남
(**イケてる＋面子**의 약어로, 핸섬한 얼굴의 남자를 가리킬 때 쓰이는 말)

못생긴 외모

엄청 못생겼다.

すごく醜(みにく)い。

스고꾸 미니꾸이

못생겼네요.

ブスですね。

부스데스네

그녀는 성격만 좋아.

彼女(かのじょ)、性格(せいかく)はいいんだけど。

카노죠, 세-까꾸와 이-ㄴ다께도

그의 외모는 그저 그래.

彼(かれ)はスタイルがよくない。

카레와 스타이루와 요꾸나이

아주 끝내준다고 하기는 힘들지만, 그래도 그 정도면 예쁘다.

ものすごい美人(びじん)とは言(い)わないが、そこそこきれいな女性(じょせい)だ。

모노스고이 비진또와 이와나이가, 소꼬소꼬 키레-나 죠세-다

꼭! 짚고 가기

일본어 속담 ①

- ほとけも昔(むかし)は凡夫(ぼんぷ)なり
  부처도 예전에는 중생(평범한 사람)이었다
  – 사람은 누구나 수행을 쌓으면 훌륭한 사람이 될 수 있다는 의미입니다.

- 壁(かべ)に耳(みみ)ありしょうじに目(め)あり
  벽에 귀가 있고 장지에 눈이 있다
  – 낮말은 새가 듣고 밤말은 쥐가 듣는다는 우리 속담과 같은 의미입니다.

- 知(し)らぬが仏(ほとけ)
  모르는 게 약
  – 당사자만 모르고 태평함을 조롱하여 빗대어 하는 말입니다.

- 衣食(いしょく)足(た)りて礼節(れいせつ)を知(し)る
  옷과 음식이 족해야 예절을 안다
  – 금강산도 식후경이라는 우리 속담과 같은 의미입니다.

- といごえよけばいらえこえよい
  물어보는 말이 좋아야 대답하는 말도 좋다
  – 가는 말이 고와야 오는 말이 곱다는 우리 속담과 같은 의미입니다.

- 奥歯(おくば)に物(もの)が挟(はさ)まる
  어금니에 무엇이 끼이다
  – 생각하는 바를 분명히 말하지 않고 어물거리는 상황을 비유하여, 솔직하지 못하다는 의미입니다.

Unit 6 옷 MP3. C04_U06

옷 취향 ①

\# 난 원피스를 즐겨 입어.

私(わたし)はワンピースをよく着(き)る。

와따시와 왐피-스오 요꾸 키루

\# 그는 검은색 옷만 입는다.

彼(かれ)は黒(くろ)い服(ふく)ばっかり着(き)る。

카레와 쿠로이 후꾸 박까리 키루

\# 그는 항상 줄무늬 옷을 입고 있던데.

彼(かれ)はいつもストライプの服(ふく)を着(き)ているよね[けど]。

카레와 이쯔모 스토라이프노 후꾸오 키떼 이루요네[께도]

\# 그녀는 늘 바지만 입어.

彼女(かのじょ)はいつもズボンをはいている。

카노죠와 이쯔모 즈봉오 하이떼 이루

\# 그는 항상 양복을 입어.

彼(かれ)はいつもスーツを着(き)る。

카레와 이쯔모 스-츠오 키루

\# 그녀는 민소매를 즐겨 입어요.

彼女(かのじょ)はノースリーブをよく着(き)ます。

카노죠와 노-스리-브오 요꾸 키마스

옷 취향 ②

\# 그녀는 옷을 야하게 입어.

彼女(かのじょ)は服(ふく)をなまめかしく着(き)る。

카노죠와 후꾸오 나마메까시꾸 키루

\# 저 사람은 정말 패션 감각 제로야.

あの人(ひと)は本当(ほんとう)にファッション感覚(かんかく)ゼロだよね。

아노 히또와 혼또-니 홧숑 캉까꾸 제로다요네

\# 그녀는 촌스러운 사람이야.

彼女(かのじょ)はダサい。

카노죠와 다사이

彼女(かのじょ)は田舎臭(いなかくさ)い。

카노죠와 이나까꾸사이

田舎臭(いなかくさ)い女(おんな)だ。

이나까꾸사이 온나다

\# 이것, 최신 스타일이야.

これ、最新(さいしん)スタイルだ。

코레, 사이싱 스타이루다

\# 그녀는 옷을 잘 차려입었다.

彼女(かのじょ)はおしゃれをした。

카노죠와 오샤레오 시따

ダサい 유행에 뒤떨어져 있다, 촌스럽다(젊은이 표현)
田舎臭い 촌스럽다, 세련되지 않다

옷차림 ①

\# 그녀는 최신 유행 옷만 입어요.

彼女はいつも最新流行服を着ます。

카노조와 이쯔모 사이싱 류-꼬- 후꾸오 키마스

\# 이것, 지금 유행 중이야.

これ、今流行中だ。

코레, 이마 류-꼬-쮸-다

\# 요즘 스키니진이 유행이야.

最近スキニージーンズが流行だ。

사이낑 스키니-지-ㄴ즈가 류-꼬-다

\# 올해는 체크무늬가 유행하나 봐.

今年はチェックが流行するらしい。

코또시와 첵쿠가 류-꼬-스루라시-

↳ 물방울 무늬는 **水玉**라고 합니다.

\# 이런 청바지를 안 입으면 유행에 뒤떨어져.

こんなジーパンを着ないと流行に取り残される。

콘나 지-팡오 키나이또 류-꼬-니 토리노꼬시레루

こんなジーパンを着ないと流行に乗り遅れる。

콘나 지-팡오 키나이또 류-꼬-니 노리오꾸레루

乗り遅れる 남보다 늦게 타다

옷차림 ②

\# 난 유행하는 옷이 별로야.

私は流行している服には興味がない。

와따시와 류-꼬-시떼 이루 후꾸니와 쿄-미가 나이

今流行ってる服は私好きじゃない。

이마 하얏떼루 후꾸와 와따시 스끼쟈나이

\# 그는 옷차림에 별로 신경을 쓰지 않아.

彼は服装にあまり気を使わなくて。

카레와 후꾸소-니 아마리 키오 츠까와나꾸떼

\# 너는 아무거나 잘 어울려.

あなたは何でもよく似合う。

아나따와 난데모 요꾸 니아우

\# 네 스타일 멋있는데.

あなたのスタイル素敵だ。

아나따노 스타이루 스떼끼다

\# 세련되어 보이는데.

洗練されて見えるよね。

센렌사레떼 미에루요네

\# 이 바지 나한테 너무 꽉 끼어.

このズボン私に小さすぎだ。

코노 즈봉 와따시니 치-사스기다

옷차림 ③

\# 왜 그렇게 차려입었어?

どうして、そんなにおしゃれしたの？

도-시떼, 손나니 오샤레시따노?

\# 이번 모임 때는 잘 입어야겠어.

今度の集まりの時には、オシャレしよう。

콘도노 아쯔마리노 토끼니와, 오샤레시요-

\# 그의 생일 파티 때 입을 드레스 좀 골라 줄래?

彼のバースデーパーティーの時着るドレス、ちょっと選んでくれる？

카레노 바-스데-파-티-노 토끼 키루 도레스, 춋또 에란데 쿠레루?

\# 이번 파티의 드레스 코드가 뭐예요?

今度のパーティーのドレスコードは何ですか。

콘도노 파-티-노 도레스코-도와 난데스까

\# 드레스 코드는 칵테일 드레스입니다.

ドレスコードはカクテルドレスです。

도레스코-도와 카쿠테루도레스데스

オシャレ 멋부림, 멋쟁이

화장 ①

\# 화장이 잘 먹었다.

化粧ののりがよかった。

케쇼-노 노리가 요깟따

\# 오늘 화장이 떴는데.

今日化粧ののりがよくなかったのよ。

쿄- 케쇼-노 노리가 요꾸나깟따노요

\# 화장 거의 다 끝났어.

化粧もうすぐ終わるわ。

케쇼- 모-스구 오와루와

\# 넌 화장을 자주 고친다.

あなたは化粧をしょっちゅう直すね。

아나따와 케쇼-오 숏쮸- 나오스네

あなたは化粧を頻繁に直すね。

아나따와 케쇼-오 힘빤니 나오스네

\# 그녀는 너무 화장이 짙다.

彼女は厚化粧だ。

카노죠와 아쯔게쇼-다

しょっちゅう 끊임없이
頻繁 빈번
厚化粧 짙은 화장
* **薄化粧** 옅은 화장

화장 ②

그녀는 민낯 메이크업을 한다.

彼女(かのじょ)は素顔(すがお)っぽい化粧(けしょう)をする。

카노죠와 스가옵뽀이 케쇼–오 스루

화장하는 데 얼마나 시간이 걸려요?

お化粧(けしょう)にはどのぐらいの時間(じかん)をかけますか。

오께쇼–니와 도노구라이노 지깡오 카께마스까

눈썹을 그리는 것이 어렵습니다.

眉毛(まゆげ)を描(か)くのは難(むずか)しいです。

마유게오 카꾸노와 무즈까시–데스

그녀는 화장을 안 해도 예뻐.

彼女(かのじょ)は化粧(けしょう)をしなくてもきれい。

카노죠와 케쇼–오 시나꾸떼모 키레–

화장 지웠니?

化粧(けしょう)おとしたの?

케쇼– 오또시따노?

어제 화장도 안 지우고 자 버렸어.

昨日(きのう)化粧(けしょう)もおとさないで[おとさずに]寝(ね)ちゃった。

키노– 케쇼–모 오또사나이데 [오또사즈니] 네짯따

화장품 ①

화장품은 어떤 것을 쓰고 있습니까?

化粧品(けしょうひん)はどんなものを使(つか)っていますか。

케쇼–힝와 돈나 모노오 츠깟떼 이마스까

どの化粧品(けしょうひん)を使(つか)っていますか。

도노 케쇼–힝오 츠깟데 이마스까

何(なん)の化粧品(けしょうひん)使(つか)いますか。

난노 케쇼–힝 츠까이마스까

기초화장품은 저렴한 것을 쓰는 일이 많아요.

基礎(きそ)化粧品(けしょうひん)は安(やす)いものを使(つか)うことが多(おお)いんです。

키소 케쇼–힝와 야스이 모노오 츠까우 코또가 오–인데스

세수한 후 곧 화장수와 크림을 발라요.

洗顔(せんがん)した後(あと)すぐに化粧水(けしょうすい)とクリームを塗(ぬ)ります。

셍간시따 아또 스구니 케쇼–스이또 쿠리–무오 누리마스

피부가 거칠면 파운데이션이 잘 안 받아.

肌(はだ)が荒(あ)れてるとファンデーションのノリがとても悪(わる)いのよ。

하다가 아레떼루또 환데–숀노 노리가 토떼모 와루이노요

화장품 ②

\# 그 립스틱 어디 브랜드예요?

そのリップはどこのブランドですか。

소노 립푸와 도꼬노 브란도데스까

\# 립스틱 바르는 것 잊지 마.

口紅(くちべに)をぬること忘(わす)れないで。

쿠찌베니오 누르 코또 와스레나이데

\# 립스틱이 너무 진한데.

口紅(くちべに)が濃(こ)すぎだ。

쿠찌베니가 코스기다

\# 립스틱을 안 바르면 얼굴색이 안 좋아 보입니다.

口紅(くちべに)をつけないと顔色(かおいろ)が悪(わる)く見(み)えます。

쿠찌베니오 츠께나이또 카오이로가 와루꾸 미에마스

\# 마스카라를 하고 울어서 눈 주위가 새까맣게 됐어요.

マスカラをして泣(な)いて目(め)の周(まわ)りが真(ま)っ黒(くろ)になりました。

마스카라오 시떼 나이떼 메노 마와리가 막꾸로니 나리마시따

화장품 ③

\# 눈 화장이 다 번졌어.

目(め)のメーキャップが全部(ぜんぶ)にじんだ。

메노 메-캽푸가 젬부 니진다

\# 어떤 색의 매니큐어를 쓰고 있습니까?

どんな色(いろ)のマニキュアを使(つか)っているのですか。

돈나 이로노 마니큐아오 츠깟떼 이루노데스까

\# 무슨 향수를 뿌렸어요?

何(なん)の香水(こうすい)をつけましたか。

난노 코-스이오 츠께마시따까

\# 클렌징 하는 것이 중요하지.

クレンジングすることが大事(だいじ)だ。

크렌징그스루 코또가 다이지다

\# 난 콜드 크림으로 화장을 지웠다.

私(わたし)はコールドクリームで化粧(けしょう)をおとした。

와따시와 코-르도크리-므데 케쇼-오 오또시따

\# 물 없이도 화장 지우는 데 사용할 수 있습니다.

水(みず)なしでも化粧(けしょう)おとしに使(つか)えます。

미즈나시데모 케쇼-오또시니 츠까에마스

성형 ①

\# 성형수술을 하고 싶다.

せいけいしゅじゅつ
整形手術をしたい。
세-께-슈쥬쯔오 시따이

\# 성형수술을 하고 싶지 않아.

せいけいしゅじゅつ
整形手術をしたくない。
세-께-슈쥬쯔오 시따꾸 나이

\# 쌍꺼풀 수술을 했다.

ふたえ　しゅじゅつ
二重まぶた手術をした。
후따에마부따 슈쮸쯔오 시따

\# 코 성형수술이 잘못되었다.

りゅうびじゅつ　しっぱい
隆鼻術を失敗した。
류-비쥬쯔오 십빠이시따

\# 그녀는 가슴을 크게 하는 성형수술을 했다.

かのじょ　ほうきょうしゅじゅつ
彼女は豊胸手術をした。
카노죠와 호-꾜-슈쥬쯔오 시따

\# 얼굴의 주름을 펴는 성형수술은 어때?

フェースリフティングはどう?
훼-스리흐팅그구와 도-?

성형 ②

\# 성형수술 한 티가 안 난대.

せいけいしゅじゅつ
整形手術したけどきずかれない。
세-께-슈쥬쯔시따께도 키즈까레나이

\# 코를 조금 높이고 싶어요.

はな　すこ　たか
鼻を少し高くしたい。
하나오 스꼬시 타까꾸 시따이

\# 성형수술한 얼굴은 모두 똑같은 얼굴로 보인다.

せいけいしゅじゅつ　かお
整形手術をした顔は、みんな
おな　かお　み
同じような顔に見える。
세-께-슈쥬쯔오 시따 카오와,
민나 오나지요-나 카오니 미에루

\# 어디 건드렸어?

いじ
どこか弄った?
도꼬까 이짓따?

↳ **弄る**는 원래 '만지작거리다'라는 뜻인데, '성형하다'라는 의미로도 쓰입니다.

여기서 잠깐!

+ SKY

SKY는 최고로 분위기 파악을 못하는 사람을 말하는 신조어입니다. S는 スーパー(수퍼, 극도의), K는 空気(くうき, 분위기), Y는 読(よ)めない(읽지 못하다)를 의미합니다.

Chapter 05

어디에서든 문제없어!

Chapter 05.

Unit 1 음식점

Unit 2 쇼핑

Unit 3 병원&약국

Unit 4 은행&우체국

Unit 5 미용실

Unit 6 세탁소

Unit 7 렌터카&주유소

Unit 8 서점

Unit 9 도서관

Unit 10 기타 장소

Unit 11 영화관&기타 공연장

Unit 12 술집

レストランで 레스토란데 레스토랑에서

MP3. Word_C05_01

レストラン 레스토랑 n. 음식점, 식당 	メニュ 메뉴- n. 메뉴, 식단  店員てんいん 텐잉 n. 점원 	調理人ちょうりにん 쵸-리닝 n. 요리사  ウエーター 우에-타- n. 웨이터 ウエートレス 우에-토레스 n. 웨이트리스 
飲のみ物もの 노미모노 n. 음료, 마실 것 	前菜料理ぜんさいりょうり 젠사이료-리 n. 전채요리, 애피타이저	汁物しるもの 시루모노 n. 국 スープ 스-프 n. 수프 
メーイン料理りょうり 메-인료-리 n. 메인 요리 	ステーキ 스테-키 n. 스테이크 	ロース 로-스 n. 등심 ヒレ肉にく 히레니꾸 n. 안심
付け合せ料理 つけあわせりょうり 츠께아와세료-리 n. 곁들이는 요리 	サラダ 사라다 n. 샐러드 	フライドポテト 후라이도포테토 n. 감자튀김 
和食料理わしょくりょうり 와쇼꾸료-리 일식 	洋食料理ようしょくりょうり 요-쇼꾸료-리 양식	寿司すし 스시 n. 초밥 刺身さしみ 사시미 n. 회
ラーメン 라-멩 n. 라면 	お弁当べんとう 오벤또- n. 도시락 	すきやき 스끼야끼 n. 전골 요리 

デザート 데자–토 n. 디저트 	パン 팡 n. 빵 	クッキー 쿡키– n. 쿠키 
アイスクリーム 아이스크리–므 n. 아이스크림 	ナプキン 나프킹 n. 냅킨 おしぼり 오시보리 n. 물수건	勘定かんじょう 칸죠– n. 계산 計算書けいさんしょ 케–산쇼 n. 계산서 

カフェで 카훼데 카페에서

MP3. Word_C05_02

カフェ 카훼 n. 카페, 찻집 	コーヒー 코–히– n. 커피 	クリーム 크리–므 n. 크림 
水みず 미즈 n. 물 	砂糖さとう 사또– n. 설탕 	お茶ちゃ 오짜 n. 차 
ジュース 쥬–스 n. 주스 	炭酸水たんさんすい 탄산스이 n. 탄산수 	紅茶こうちゃ 코–짜 n. 홍차 緑茶りょくちゃ 료꾸짜 n. 녹차
グラス 그라스 = コップ 콥프 n. (유리)컵 	湯ゆのみ 유노미 = ティーカップ 티–캅프 n. 찻잔 	ティースプーン 티–스푸–ㅇ n. 찻숟가락, 티스푼 

病院びょういんで 뵤–인데 병원에서

MP3. Word_C05_03

病院びょういん 뵤–잉
n. 병원

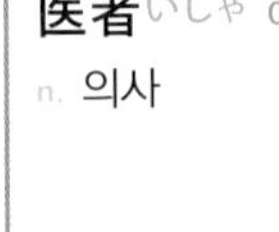

医者いしゃ 이샤
n. 의사

看護師かんごし 캉고시
n. 간호사

患者かんじゃ 칸쟈
= **病人**びょうにん 뵤–닝
n. 환자

病やまい 야마이
n. 병
患わずら**う**
와즈라우
v. 병을 앓다

診察しんさつ 신사쯔
n. 진찰
診察しんさつ**を受**う**ける**
신사쯔오 우께루
v. 진찰을 받다

治療ちりょう 치료–
n. 치료
治療ちりょう**する**
치료–스루
= **治**おさま**る** 오사마루
v. 치료하다, 낫다

手術しゅじゅつ 슈쥬쯔
n. 수술

入院にゅういん 뉴–잉
n. 입원
入院にゅういん**する**
뉴–인스루
v. 입원하다

退院たいいん 타이잉
n. 퇴원
退院たいいん**する**
타이인스루
v. 퇴원하다

緊急きんきゅう 킨뀨–
n. 긴급
応急おうきゅう 오–뀨–
n. 응급

救急室きゅうきゅうしつ
큐–뀨–시쯔
n. 응급실

救急きゅうきゅう 큐–뀨–
n. 구급
救助きゅうじょ 큐–죠
n. 구조

骨ほね 호네
n. 뼈

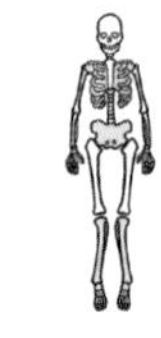

骨折こっせつ 콕세쯔
n. 골절
折お**れる** 오레루
v. 부러지다

血ち 치
n. 피

血ち**がでる** 치가 데루
피가 나다
出血しゅっけつ**する**
슉께쯔스루
v. 출혈하다

銀行ぎんこうで 깅꼬–데 은행에서

MP3. Word_C05_04

銀行ぎんこう 깅꼬– n. 은행 	**お金**かね 오까네 n. 돈 	**現金**げんきん 겡낑 = **キャッシュ** 캿슈 n. 현금
札さつ 사쯔 n. 지폐 	**コイン** 코잉 n. 동전 	**小切手**こぎって 코깃떼 n. 수표
口座こうざ 코–자 n. 계좌 	**通帳**つうちょう 츠–쬬– n. 통장 	**残高**ざんだか 잔다까 n. 잔고
入金にゅうきん 뉴–낑 n. 입금 **入金**にゅうきん**する** 뉴–낀스루 v. 입금하다 	**預金**よきん**する** 요낀스루 v. 예금하다 **貯金**ちょきん**する** 쵸낀스루 = **貯蓄**ちょちく**する** 쵸찌꾸스루 v. 저축하다	**出金**しゅっきん 슉낑 n. 출금 **引**ひ**き落**お**とし** 히끼오또시 n. 인출 **お金**かね**を下**お**ろす** 오까네오 오로스 = **引**ひ**き落**お**とす** 히끼오또스 v. 인출하다, 출금하다
送金そうきん 소–낑 n. 송금 **送金**そうきん**する** 소–낀스루 v. 송금하다 	**両替**りょうがえ 료–가에 n. 환전 **両替**りょうがえ**する** 료–가에스루 v. 환전하다 	**クレジットカード** 쿠레짓토카–도 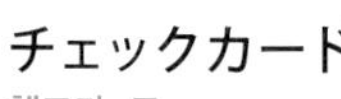 n. 신용카드 **チェックカード** 첵크카–도 n. 체크카드
エーティーエム(ATM) 에–티–에무 = **現金自動支払機** げんきんじどうしはらいき 겡낀지도–시하라이끼 n. 현금 자동 인출기	**インターネットバンキング** 인타–넷토 방킹그 n. 인터넷 뱅킹 	**暗証番号**あんしょうばんごう 안쇼–방고– n. 비밀번호 

Unit 1 음식점 MP3. C05_U01

음식점 추천

\# 이 근처에 맛있는 음식점 있나요?

この近(ちか)くにおいしいお店(みせ)ありますか。

코노 치까꾸니 오이시– 오미세 아리마스까

↳ お店＝レストラン

\# 근처의 괜찮은 식당을 좀 추천해 주시겠어요?

このへんでいいお店(みせ)をちょっとお勧(すす)めしてくださいませんか。

코노 헨데 이– 오미세오 춋또 오스스메시떼 쿠다사이마셍까

\# 이 시간에 문을 연 가게가 있습니까?

この時間(じかん)に開(あ)いた店(みせ)がありますか。

코노 지깐니 아이따 미세가 아리마스까

\# 식당이 많은 곳은 어디인가요?

お店(みせ)がたくさんある所(ところ)はどこですか。

오미세가 탁상 아루 토꼬로와 도꼬데스까

\# 특별히 가고 싶은 식당 있나요?

特(とく)に行(い)きたいお店(みせ)ありますか。

토꾸니 이끼따이 오미세 아리마스까

식당 예약

\# 그 레스토랑으로 예약해 주세요.

そのレストランで予約(よやく)してください。

소노 레스토랑데 요야꾸시떼 쿠다사이

\# 오늘 밤, 예약하고 싶은데요.

今晩(こんばん)、席(せき)を予約(よやく)したいのです。

콤방, 세끼오 요야꾸시따이노데스

\# 예약이 필요한가요?

予約(よやく)が必要(ひつよう)でしょうか。

요야꾸가 히쯔요–데쇼–까

\# 7시에 3인용 테이블을 예약하고 싶은데요.

7時(じ)に三人用(さんにんよう)テーブルを予約(よやく)したいのですが。

시찌지니 산닝요– 테–브르오 요야꾸시따이노데스가

\# 예약을 변경하고 싶습니다만.

予約(よやく)を変更(へんこう)したいのですが。

요야꾸오 벵꼬–시따이노데스가

\# 예약을 취소해 주세요.

予約(よやく)をキャンセルしてください。

요야꾸오 캰세루시떼 쿠다사이

予約(よやく)を取(と)り消(け)ししてください。

요야꾸오 토리께시시떼 쿠다사이

식당 안내 ①

몇 분이신가요?

何名様(なんめいさま)ですか。

남메-사마데스까

お客様(きゃくさま)は何人(なんにん)ですか。

오꺄꾸사마와 난닌데스까

다섯 명입니다.

五人(ごにん)です。

고닌데스

안내해 드릴 때까지 기다려 주세요.

ご案内(あんない)するまでお待(ま)ちください。

고안나이스루마데 오마찌 쿠다사이

창가쪽 테이블로 해 주세요.

窓際(まどぎわ)のテーブルにしてください。

마도기와노 테-부루니 시떼 쿠다사이

흡연석과 금연석 중, 어디로 드릴까요?

喫煙席(きつえんせき)と禁煙席(きんえんせき)、どちらに、いたしましょうか。

키쯔엔세끼또 킹엔세끼, 도찌라니, 이따시마쇼 끼

금연석으로 부탁합니다.

禁煙席(きんえんせき)でお願(ねが)いします。

킹엔세끼데 오네가이시마스

際 ~가, ~옆

꼭! 짚고 가기

토마토는 채소

トマト(토마토)가 정확한 분류로는 채소인지 알지만, 우리는 과일 가게에서 사기 때문에 보통 과일로 여깁니다.

어느 날, 일본 친구가 우리나라에 놀러 와서 식사 후에 디저트를 먹으려고 맛있는 디저트 카페를 찾았습니다. 예쁜 것에 관심이 많은 일본인 취향대로 역시 예쁜 케이크들을 구경하고 있었는데, 그러던 중, 방울토마토가 케이크 장식으로 올려져 있는 것을 보고 친구는 기겁을 했습니다. 아무리 생각해도 채소인 토마토가 케이크와 어울리지 않기 때문에 먹을 수 없다고 하더라고요. 우리는 아무렇지도 않게 생각했던 부분이라서 저도 신선한 충격이었습니다.

그리고 우리는 토마토에 흔히 설탕을 뿌려서 먹는데 일본에서는 소금을 뿌려서 먹는다고 합니다. 소금을 뿌려 먹으면 토마토의 단맛을 더욱 돋보이게 할 수 있다는데, 한번 시도해 볼까요?

식당 안내 ②

\# 조용한 안쪽 자리로 부탁합니다.

静(しず)かな奥(おく)の席(せき)でお願(ねが)いします。

시즈까나 오꾸노 세끼데 오네가이시마스

\# 죄송합니다만, 지금 만석입니다.

すみませんが、ただいま満席(まんせき)です。

스미마셍가, 타다이마 만세끼데스

\# 어느 정도 기다려야 하나요?

どのぐらい待(ま)たなければならないんですか。

도노구라이 마따나께레바 나라나인데스까

どのぐらい待(ま)たなければなりませんか。

도노구라이 마따나께레바 나리마셍까

どれくらい待(ま)ちますか。

도레꾸라이 마찌마스까

\# 20분 정도 기다려야 하는데요.

20分(ぷん)ぐらい待(ま)たなければならないんです。

니쥽뿡구라이 마따나께레바 나라나인데스

메뉴 보기

\# 메뉴 좀 볼 수 있을까요?

メニューを見(み)せてくれませんか。

메뉴–오 미세떼 쿠레마셍까

メニューをいただけますか。

메뉴–오 이따다께마스까

\# 오늘의 추천 메뉴는 무엇인가요?

今日(きょう)のお勧(すす)めのメニューは何(なん)ですか。

쿄–노 오스스메노 메뉴–와 난데스까

\# 아직 메뉴를 못 정했는데,
조금 더 있다가 주문하겠습니다.

まだメニューを決(き)めてないんだけど、もう少(すこ)ししてから注文(ちゅうもん)します。

마다 메뉴–오 키메떼 나인다께도,
모– 스꼬시시떼까라 츄–몬시마스

\# 이곳의 추천(메뉴)은 무엇인가요?

ここのお勧(すす)めは何(なん)ですか。

코꼬노 오스스메와 난데스까

\# 저희는 전골 요리가 전문입니다.

うちはすきやきが専門(せんもん)です。

우찌와 스끼야끼가 셈몬데스

うちはすきやきを専門(せんもん)にやっています。

우찌와 스끼야끼오 셈몬니 얏떼 이마스

どれく[ぐ]らい 어느 정도

주문 ①

\# 주문하시겠습니까?

ご注文(ちゅうもん)をおうかがいいたしますか。

고쮸–몽오 오우까가이이따시마스까

\# 주문하셨습니까?

ご注文(ちゅうもん)なさいましたか。

고쮸–몬나사이마시따까

\# 주문을 받아도 될까요?

ご注文(ちゅうもん)はよろしいでしょうか。

고쮸–몽와 요로시–데쇼–까

\# 무엇으로 하시겠습니까?

何(なに)にいたしますか。

나니니 이따시마스까

何(なに)になさいますか。

나니니 나사이마스까

\# 주문하고 싶은데요.

注文(ちゅうもん)したいのですが。

츄–몬시따이노데스가

\# 주문은 잠시 후에 할게요.

注文(ちゅうもん)はちょっと後(あと)でします。

츄–몽와 쵸또 아또데 시마스

주문 ②

\# 주문을 바꿔도 되겠습니까?

注文(ちゅうもん)を変(か)えてもいいですか。

츄–몽오 카에떼모 이–데스까

\# 나중에 다시 오실래요?

また後(あと)で来(き)てもらいますか。

마따 아또데 키떼 모라이마스까

\# 먼저 음료부터 주문할게요.

まず飲(の)み物(もの)から注文(ちゅうもん)します。

마즈 노미모노까라 츄–몬시마스

\# 빨리 되는 것은 어떤 건가요?

早(はや)くできるものは何(なん)ですか。

하야꾸 데끼루 모노와 난데스까

\# 빨리 됩니까?

早(はや)くできますか。

하야꾸 데끼마스까

\# 요리 재료는 뭡니까?

食材(しょくざい)は何(なん)ですか。

쇼꾸자이와 난데스까

\# 키오스크에서 주문해 주세요.

キオスクで注文(ちゅうもん)してください。

키오스크데 츄–몬시떼 쿠다사이

↳ キオスク=キヨスク

주문 결정

\# 좋아요, 그것으로 할게요.

いいですね、それにします。
이-데스네, 소레니 시마스

\# 이걸로 주세요.

これでお願(ねが)いします。
코레데 오네가이시마스

\# 저 사람이 먹고 있는 것은 무엇입니까?

あの人(ひと)が召(め)し上(あ)がっているものは何(なん)ですか。
아노 히또가 메시아갓떼 이루 모노와 난데스까

\# 저도 같은 것으로 하겠습니다.

私(わたし)も同(おな)じものにします。
와따시모 오나지 모노니 시마스

私(わたし)も同(おな)じものでお願(ねが)いします。
와따시모 오나지 모노데 오네가이시마스

\# 주문 확인하겠습니다.

ご注文確認(ちゅうもんかくにん)いたします。
고쮸-몽 카꾸닝이따시마스

\# 더 필요하신 것은, 없습니까?

他(ほか)のものは、よろしいでしょうか。
호까노 모노와, 요로시-데쇼-까

주문 – 메인 요리

\# 스테이크는 어떻게 해 드릴까요?

ステーキの焼(や)き方(かた)はいかがいたしましょうか。
스테-키노 야끼까따와 이까가이따시마쇼-까

\# 중간 정도로 익혀 주세요.

ミディアムでお願(ねが)いします。
미디아무데 오네가이시마스

\# 완전히 익혀 주세요.

ウェルダンお願(ねが)いします。
웨루당 오네가이시마스

\# 달걀은 어떻게 해 드릴까요?

玉子(たまご)はどのように調理(ちょうり)いたしましょうか。
타마고와 도노요-니 쵸-리이따시마쇼-까

\# 스크램블로 해 주세요.

スクランブルエッグでお願(ねが)いします。
스쿠람브르엑그데 오네가이시마스

\# 곁들임은 으깬 감자로 해 주세요.

付(つ)け合(あ)わせはマッシュドポテトにしてください。
츠께아와세와 맛슈도포테토니 시떼 쿠다사이

ウェルーダン 웰던
* **レア** 레어
付け合せ 다른 것에 곁들이는 것

주문 - 요청 사항 ①

밥과 빵 중 어느 것으로 하시겠어요?

ご飯(はん)とパンどちらになさいますか。

고한또 팡 도찌라니 나사이마스까

수프나 샐러드가 나옵니다만, 어느 것으로 드릴까요?

スープとサラダがございますが、どちらになさいますか。

스–프또 사라다가 고자이마스가, 도찌라니 나사이마스까

드레싱은 어느 걸로 하시겠어요?

ドレッシングは何(なに)になさいますか。

도렛싱그와 나니니 나사이마스까

드레싱에는 어떤 게 있나요?

ドレッシングには何(なに)がありますか。

도렛싱구니와 나니가 아리마스까

소금을 넣지 않고 요리해 주세요.

塩(しお)を入(い)れないで料理(りょうり)してください。

시오오 이레나이네 료–리시떼 쿠다사이

주문 - 요청 사항 ②

너무 맵지 않게 해 주세요.

辛(から)すぎないようにしてください。

카라스기나이요–니 시떼 쿠다사이

소금 좀 갖다주시겠어요?

塩(しお)ちょっといただけますか。

시오 춋또 이따다께마스까

물 좀 더 주시겠어요?

お水(みず)もうちょっといただけますか。

오미즈 모– 춋또 이따다께마스까

물수건 가져다주시겠어요?

おしぼりを持(も)ってきてもらえますか。

오시보리오 못떼 키떼 모라에마스까

바로 갖다드리겠습니다.

すぐお持(も)ちいたします。

스구 오모찌이따시마스

이것, 하나 더 주세요.

これ、おかわりお願(ねが)いします。

코레, 오까와리 오네가이시마스

おかわり 동일한 것을 추가로 부탁할 때

주문 - 음료 및 디저트

음료는 무엇으로 하시겠습니까?

飲み物は何になさいますか。
노미모노와 나니니 나사이마스까

물이면 됩니다.

水をください。
미즈오 쿠다사이

커피만 주세요.

コーヒーだけお願いします。
코–히–다께 오네가이시마스

커피는 식사 후에 갖다 주세요.

コーヒーは食事の後で持ってきてください。
코–히–와 쇼꾸지노 아또데 못떼 키떼 쿠다사이

디저트를 주문하시겠습니까?

デザートを注文なさいますか。
데자–토오 츄–몬나사이마스까

디저트는 무엇이 있습니까?

デザートは何がありますか。
데자–토와 나니가 아리마스까

디저트는 아이스크림으로 할게요.

デザートはアイスクリームにします。
데자–토와 아이스크리–므니 시마스

웨이터와 대화

오늘 이 테이블의 담당인 타나카입니다.

今日このテーブルの担当の田中です。
쿄– 코노 테–브르노 탄또–노 타나까데스

이 음식은 무엇을 사용한 것입니까?

この料理は何を使ったものですか。
코노 료–리와 나니오 츠깟따 모노데스까

어떻게 요리한 것입니까?

どのように料理したものですか。
도노요–니 료–리시따 모노데스까

포크를 떨어뜨렸습니다.

フォ—クを落としました。
호–크오 오또시마시따

젓가락을 떨어뜨렸습니다.

箸を落としてしまいました。
하시오 오또시떼 시마이마시따

테이블 위에 물 좀 닦아 주세요.

テーブルの上の水、ちょっと拭いてください。
테–브르노 우에노 미즈, 춋또 후이떼 쿠다사이

서비스 불만 ①

주문한 음식이 아직 안 나왔는데요.

注文(ちゅうもん)したものがまだ来(こ)ないんですけど。

츄–몬시따 모노가 마다 코나인데스께도

이것은 제가 주문한 게 아니에요.

これは私(わたし)が注文(ちゅうもん)したものじゃありません。

코레와 와따시가 츄–몬시따 모노쟈 아리마셍

이것은 주문하지 않았는데요.

これは注文(ちゅうもん)していませんが。

코레와 츄–몬시떼 이마센가

これ、頼(たの)んでないんですけど。

코레, 타논데 나인데스께도

고기가 충분히 익지 않았는데요.

お肉(にく)が十分(じゅうぶん)焼(や)けてないんですが。

오니꾸가 쥬–붕 야께떼 나인데스가

お肉(にく)が十分(じゅうぶん)火(ひ)が通(とお)ってないんですが。

오니꾸가 쥬–붕 히가 토–ㅅ떼 나인데스가

좀 더 구워 주시겠어요?

もうちょっと焼(や)いてくれませんか。

모– 춋또 야이떼 쿠레마셍까

서비스 불만 ②

이것은 상한 것 같은데요.

これはいたんでいるようですが。

코레와 이딴데 이루요–데스가

수프에 뭔가 들어 있어요.

スープに何(なに)か入(はい)っています。

스–프니 나니까 하잇떼 이마스

컵이 더러운데, 새 컵 주세요.

コップが汚(きたな)いので、新(あたら)しいコップください。

콥프가 키따나이노데, 아따라시– 콥프 쿠다사이

새 것으로 바꿔 주세요.

新(あたら)しいのと取(と)り替(か)えてください。

아따라시–노또 토리까에떼 쿠다사이

좀 치워 주시겠어요?

ちょっと片付(かたづ)けてくれませんか。

춋또 카따즈께떼 쿠레마셍까

접시, 좀 치워 주시겠어요?

お皿(さら)、ちょっと片付(かたづ)けてくれませんか。

오사라, 춋또 카따즈께떼 쿠레마셍까

음식 맛 평가

\# 오늘 음식 맛은 어떠셨나요?

今日(きょう)料理(りょうり)の味(あじ)はどうでしたか。

쿄– 료–리노 아지와 도–데시따까

\# 이렇게 맛있는 음식은 처음 먹었어요.

こんなおいしい料理(りょうり)は初(はじ)めて食(た)べました。

콘나 오이시– 료–리와 하지메떼 타베마시따

\# 좀 단 것 같아요.

ちょっと甘(あま)いような感(かん)じです。

춋또 아마이요–나 칸지데스

\# 담백한 맛이에요.

淡白(たんぱく)な味(あじ)です。

탐빠꾸나 아지데스

さっぱりした味(あじ)です。

삽빠리시따 아지데스

\# 좀 기름진 것 같아요.

ちょっと脂(あぶら)っこい感(かん)じです。

춋또 아부락꼬이 칸지데스

\# 미안하지만, 제 입맛에 맞지 않네요.

すみませんが、私(わたし)の口(くち)には合(あ)わないです。

스미마셍가, 와따시노 쿠찌니와 아와나이데스

계산 ①

\# 계산 부탁합니다.

計算(けいさん)お願(ねが)いします。

케–상 오네가이시마스

この勘定(かんじょう)お願(ねが)いします。

코노 칸죠– 오네가이시마스

\# 계산해 주세요.

お勘定(かんじょう)をお願(ねが)いします。

오깐죠–오 오네가이시마스

\# 쿠폰을 갖고 계시니, 10% 할인해 드리겠습니다.

クーポンをお持(も)ちいただいたので、10%割引(わりびき)させていただきます。

쿠–퐁오 오모찌이따다이따노데, 쥽파–센토 와리비끼사세떼 이따다끼마스

\# 계산은 어디에서 하나요?

計算(けいさん)はどこでしますか。

케–상와 도꼬데 시마스까

\# 각각 따로 지불하고 싶은데요.

別々(べつべつ)に払(はら)いたいんですが。

베쯔베쯔니 하라이따인데스가

割(わ)り勘(かん)にしたいのですが。

와리깐니 시따이노데스가

계산 ②

\# 오늘은 제가 살게요.

今日(きょう)は私(わたし)が奢(おご)ります。

쿄–와 와따시가 오고리마스

\# 내가 다 낼 테니까, 나중에 줘.

私(わたし)がまとめて出(だ)しておくから、後(あと)でちょうだい。

와따시가 마또메떼 다시떼 오꾸까라, 아또데 쵸–다이

↳ ~ちょうだい는 ください의 반말로 '~줘'라고 해석합니다.

\# 그가 이미 돈을 냈어요.

彼(かれ)がもうお金(かね)を出(だ)しました。

카레가 모– 오까네오 다시마시따

\# 오늘은 각자 내자고.

今日(きょう)はわりかんだからね。

쿄–와 와리깐다까라네

\# 항상 얻어먹기만 했으니까, 오늘은 제가 낼게요.

いつも奢(おご)ってもらってばかりだから、今日(きょう)は私(わたし)に払(はら)わせてください。

이쯔모 오곳떼 모랏떼바까리다까라, 쿄–와 와따시니 하라와세떼 쿠다사이

\# 제 몫은 얼마인가요?

私(わたし)の分(ぶん)はいくらですか。

와따시노 붕와 이꾸라데스까

계산 ③

\# 만 엔짜리인데, 잔돈 있으세요?

一万円札(いちまんえんさつ)ですけど、小銭(こぜに)ありますか。

이찌망엔사쯔데스께도, 코제니 아리마스까

\# 네, 거스름돈입니다.

はい、おつりです。

하이, 오쯔리데스

\# 거스름돈이 모자라는데요.

おつりがたりないんですが。

오쯔리가 타리나인데스가

\# 영수증이요.

レシートです。

레시–토데스

\# 영수증, 좀 주시겠어요?

レシート、ちょっとくださいませんか。

레시–토, 춋또 쿠다사이마셍까

\# 계산이 틀린 것 같습니다.

勘定(かんじょう)が間違(まちが)っているようです。

칸죠–가 마찌갓떼 이루요–데스

計算(けいさん)ミスになっているようです。

케–산 미스니 낫떼 이루요–데스

커피숍에서

커피 한잔 할래요?

コーヒー飲(の)みますか。

코–히– 노미마스까

커피 마시면서 얘기합시다.

コーヒー飲(の)みながら話(はな)しましょう。

코–히– 노미나가라 하나시마쇼–

제가 커피 살게요.

私(わたし)がコーヒー奢(おご)ります。

와따시가 코–히– 오고리마스

커피를 진하게 주세요.

コーヒーを濃(こ)くしてください。

코–히–오 코꾸시떼 쿠다사이

커피에 설탕이나 크림을 넣을까요?

コーヒーに砂糖(さとう)やクリームを入(い)れましょうか。

코–히–니 사또–야 크리–므오 이레마쇼–까

커피에 설탕을 몇 스푼 넣습니까?

コーヒーにお砂糖(さとう)はいくつお付(つ)けしますか。

코–히–니 오사또–와 이꾸쯔 오쯔께시마스까

패스트푸드 ①

다음 분, 주문하세요.

次(つぎ)のお客様(きゃくさま)、ご注文(ちゅうもん)してください。

츠기노 오캬꾸사마, 고쮸–몬시떼 쿠다사이

햄버거 하나랑 콜라 주세요.

ハンバーガー一(ひと)つとコーラお願(ねが)いします。

함바–가– 히또쯔또 코–라 오네가이시마스

콜라 대신, 아이스커피도 가능합니까?

コーラのかわりに、アイスコーヒーでもできますか。

코–라노 카와리니, 아이스코–히–데모 데끼마스까

여기서 드실 건가요, 아니면 포장인가요?

こちらでお召(め)し上(あ)がりますか、お持(も)ち帰(かえ)りですか。

코찌라데 오메시아가리마스까, 오모찌까에리데스까

こちらでお召(め)し上(あ)がりですか、テークアウトですか。

코찌라데 오메시아가리데스까, 테–크아우토데스까

여기에서 먹겠습니다.

ここで食(た)べます。

코꼬데 타베마스

패스트푸드 ②

콜라에 얼음을 넣지 말아 주세요.

コーラに氷(こおり)を入(い)れないでください。

코–라니 코–리오 이레나이데 쿠다사이

마요네즈는 빼 주세요.

マヨネーズぬきでください。

마요네–즈 누끼데 쿠다사이

피클을 넣지 말아 주세요.

ピクルスを入(い)れないでください。

피크르스오 이레나이데 쿠다사이

버거에 치즈가 들어 있나요?

バーガーの中(なか)にチーズが入(はい)っていますか。

바–가–노 나까니 치–즈가 하잇떼 이마스까

토핑은, 어떤 것을 드릴까요?

トッピングは、何(なに)にいたしますか。

톱핑그와, 나니니 이따시마스까

감자도 함께 하시겠습니까?

ご一緒(いっしょ)にポテトはいかがですか。

고잇쇼니 포테토와 이까가데스까

꼭! 짚고 가기!

패스트푸드&커피 관련 어휘

- サンドイッチ 샌드위치
- ハンバーガー 햄버거
- チーズバーガー 치즈버거
- チキンナゲット 치킨 너겟
- フライドポテト 감자튀김
- ピザ 피자
- コーラ 콜라
- オレンジジュース 오렌지주스
- コーヒー 커피
- エスプレッソ 에스프레소
- カフェオレ 카페오레
- カフェラテ 카페라떼
- カプチーノ 카푸치노
- カフェモカ 카페모카
- キャラメルマキアート 카라멜 마키아토
- お茶(ちゃ) 녹차
- 紅茶(こうちゃ) 홍차
- ハーブティ 허브티
- ウーロン茶(ちゃ) 우롱차
- ココア 코코아
- レモンエイド 레모네이드

배달

\# 피자 시켜 먹자!

ピザ注文(ちゅうもん)しよう!

피자 츄-몬시요-!

> 좋다고 맞장구 칠 때는 **そうしよう / いいね**로 하면 됩니다.

\# 파티용 요리를 배달해 줬으면 좋겠습니다만.

パーティー用(よう)の料理(りょうり)をデリバリーして欲(ほ)しいんですが。

파-티-요-노 료-리오 데리바리-시떼 호시-ㄴ데스가

\# 전부 2,000엔입니다.

全部(ぜんぶ)で2000円(えん)です。

젬부데 니셍엔데스

\# 배달되는 데 얼마나 걸릴까요?

配達(はいたつ)するのにどのぐらいかかりますか。

하이따쯔스루노니 도노구라이 카까리마스까

\# 30분 이내에 배달되도록 해 주세요.

30分(ぷん)以内(いない)に配達(はいたつ)してください。

산쥽뿡 이나이니 하이따쯔시떼 쿠다사이

여기서 잠깐!

+ 일본 배달앱

우버이츠(ウーバーイーツ), 데마에칸(出前館), 메뉴(メニュー), 푸드판다(フードパンダ), 디디(ディディ) 등 많이 이용하는데, 배달 가능 지역이나 지불 수단의 제한 등 조건이 다르니 알맞은 앱을 찾아 이용하세요.

쇼핑 ①

\# 오늘 저녁 쇼핑하러 가지 않을래?

今晩(こんばん)買(か)い物(もの)に行(い)かない?

콤방 카이모노니 이까나이?

今日(きょう)の夕方(ゆうがた)ショッピングしに行(い)かない?

쿄-노 유-가따 숍핑그시니 이까나이?

\# 나는 쇼핑 중독이야.

私(わたし)は買(か)い物依存症(ものいぞんしょう)だ。

와따시와 카이모노이존쇼-다

\# 넌 명품만 밝히는구나.

あなたは目(め)が高(たか)いね。

아나따와 메가 타까이네

あなたは目(め)が肥(こ)えているね。

아나따와 메가 코에떼 이루네

\# 한 시간밖에 없어서 백화점을 바쁘게 돌아다녔어요.

一時間(いちじかん)しかないから、デパートを忙(いそが)しく回(まわ)りました。

이찌지깐시까나이까라, 데파-토오 이소가시꾸 마와리마시따

\# 저는 친구들과 쇼핑센터에 가는 것을 좋아해요.

私(わたし)は友達(ともだち)とショッピングセンターに行(い)くことが好(す)きです。

와따시와 토모다찌또 숍핑그센타-니 이꾸코또가 스끼데스

쇼핑 ②

충동구매를 하지 않으려면 쇼핑리스트를 만들어야 해.

衝動買いしないためにはショッピングリストを作るべきだ。

쇼–도–가이시나이타메니와 쇼핑그리스토오 츠꾸루베끼다

쇼핑센터는 어디에 있습니까?

ショッピングセンターはどこにありますか。

쇼핑그센타–와 도꼬니 아리마스까

쇼핑센터에서 쇼핑하면 시간을 절약할 수 있어.

ショッピングセンターでショッピングすれば時間を節約することができる。

쇼핑그센타–데 쇼핑그스레바 지깡오 세쯔야꾸스루 코또가 데끼루

그냥 쇼핑센터에서 시간을 보냈어요.

ショッピングセンターでぶらぶらと時間を過ごしました。

쇼핑그센타–데 부라브라또 지깡오 스고시마시따

옷 가게 ①

뭔가 찾으십니까?

何かお探しですか。

나니까 오사가시데스까

그냥 보고 있어요.

見ているだけです。

미떼 이루다께데스

좀 더 보고 나서 정할게요.

もうちょっと見てから決めます。

모– 춋또 미떼까라 키메마스

요즘에는 어떤 것이 잘 팔립니까?

最近はどんなものがよく売れていますか。

사이낑와 돈나 모노가 요꾸 우레떼 이마스까

지금 유행하는 스타일은 어떤 건가요?

今の流行はどんなスタイルですか。

이마노 류–꼬–와 돈나 스타이루데스까

다음에 올게요.

また来ます。

마따 키마스

옷 가게 ②

저것을 보여 주세요.

あれを見(み)せてください。

아레오 미세떼 쿠다사이

몇 가지 보여 주세요.

いくつか見(み)せてください。

이꾸쯔까 미세떼 쿠다사이

이것과 같은 것은 있습니까?

これと同(おな)じものはありますか。

코레또 오나지모노와 아리마스까

다른 것을 보여 주시겠습니까?

他(ほか)のものを見(み)せていただけますか。

호까노 모노오 미세떼 이따다께마스까

좀 입어 봐도 될까요?

ちょっと着(き)てみてもいいでしょうか。

춋또 키떼 미떼모 이–데쇼–까

한번 입어 보세요.

一度(いちど)試着(しちゃく)してみてください。

이찌도 시짜꾸시떼 미떼 쿠다사이

탈의실은 어디인가요?

更衣室(こういしつ)[試着室(しちゃくしつ)]はどこですか。

코–이시쯔[시짜꾸시쯔]와 도꼬데스까

옷 – 사이즈

사이즈를 재 주시겠어요?

サイズを測(はか)っていただけますか。

사이즈오 하깟떼 이따다께마스까

어떤 사이즈입니까?

どのサイズでしょうか。

도노 사이즈데쇼–까

M 사이즈는 저한테 안 맞아요.
L 사이즈가 맞을 것 같아요.

Mサイズは私(わたし)に合(あ)わないです。
Lサイズが合(あ)うと思(おも)います。

에므사이즈와 와따시니 아와나이데스.
에르사이즈가 아우또 오모이마스

더 큰 사이즈로 있나요?

もっと大(おお)きいサイズはありますか。

못또 오–끼– 사이즈와 아리마스까

허리는 딱 맞는데, 엉덩이는 좀 끼어요.

ウェストはぴったりなんだけど、ヒップが少(すこ)しきついです。

웨스토와 핏따리난다께도, 힙프가 스꼬시 키쯔이데스

옷 - 컬러&디자인

무슨 색이 있습니까?

何色(なにいろ)がありますか。
나니이로가 아리마스까

どんな色(いろ)がありますか。
돈나 이로가 아리마스까

빨간 것은 있습니까?

赤(あか)はありますか。
아까와 아리마스까

이 셔츠, 다른 색상은 있나요?

このシャツ、他(ほか)の色(いろ)はありますか。
코노 샤츠, 호까노 이로와 아리마스까

이 셔츠는 노출이 너무 심한데요.

このシャツは露出(ろしゅつ)すぎるんですが。
코노 샤츠와 로슈쯔스기룬데스가

디자인이 비슷한 것은 있습니까?

デザインがにているものはありますか。
데자잉가 니떼 이루 모노와 아리마스까

더 질이 좋은 것은 없습니까?

もっと質(しつ)のいいのはありませんか。
못또 시쯔노 이-노와 아리마셍까

옷 - 기타

비싼 것이 좋은 것이라고는 말 못 하죠.

高(たか)いものがいいものとは限(かぎ)らないよね。
타까이모노가 이-모노또와 카기라나이요네

가격이 적당하네요. 그걸로 할게요.

値段(ねだん)もいいですね。それにします。
네담모 이-데스네. 소레니 시마스

잘 어울려. 너한테 딱인데.

よく似合(にあ)ってる。お前(まえ)にぴったりだよ。
요꾸 니앗떼루. 오마에니 핏따리다요

이게 바로 내가 찾던 거야.

これがちょうど私(わたし)が探(さが)していたものだ。
코레가 쵸-도 와따시가 사가시떼 이따모노다

これがちょうど私(わたし)がほしかったものだ。
코레가 쵸-도 와따시가 호시깟따모노다

그걸 사는 게 좋겠어.

それを買(か)う方(ほう)がいい。
소레오 카우 호-가 이-

대형 마트 – 슈퍼마켓 ①

에스컬레이터로 지하에 내려가시면, 식품 매장이 있습니다.

エスカレーターで地下に降りられますと、食品売り場がございます。

에스카레–타–데 치까니 오리라레마스또, 쇼꾸힝우리바가 고자이마스

쇼핑 카트를 가져오는 것이 좋겠네요.

ショッピングカートを持ってくる方がいいですね。

숍핑그카–토오 못떼 쿠루 호–가 이–데스네

낱개 판매도 하나요?

ばら売りもしてますか。

바라우리모 시떼마스까

죄송합니다만, 지금은 재고가 없군요.

申し訳ございませんが、今は在庫がありませんよ。

모–시와께고자이마셍가, 이마와 자이꼬가 아리마셍요

대형 마트 – 슈퍼마켓 ②

죄송하지만, 그 물건은 팔지 않습니다.

すみませんが、その品物は売りません。

스미마셍가, 소노 시나모노와 우리마셍

죄송하지만, 벌써 문 닫을 시간입니다.

すみませんが、もう店を閉めます。

스미마셍가, 모– 미세오 시메마스

영업 시간이 몇 시까지입니까?

営業時間は何時までですか。

에–교–지깡와 난지마데데스까

계산대는 어디에 있어요?

カウンターはどこにありますか。

카운타–와 도꼬니 아리마스까

봉투에 넣어 드릴까요?

封筒に入れて上げましょうか。

후–또–니 이레떼 아게마쇼–까

서명해 주세요.

署名してください。

쇼메–시떼 쿠다사이

サインしてください。

사인시떼 쿠다사이

할인 행사 - 일정

지금 세일 중입니까?

今(いま)セール中(ちゅう)ですか。

이마 세-루쮸-데스까

今割引(いまわりびき)してますか。

이마 와리비끼시떼마스까

세일은 언제인가요?

セールはいつですか。

세-루와 이쯔데스까

세일은 언제 끝나나요?

セールはいつ終(お)わりますか。

세-루와 이쯔 오와리마스까

세일 기간은 얼마나 되나요?

セール期間(きかん)はどのぐらいですか。

세-루 키깡와 도노구라이데스까

세일은 어제 끝났습니다.

セールは昨日(きのう)終(お)わりました。

세-루와 키노- 오와리마시따

이 물건은 언제 다시 한번 세일하나요?

この物(もの)はいつもう一度(いちど)セールしますか。

코노 모노와 이쯔 모- 이찌도 세-루시마스까

꼭! 짚고 가기

편의점 천국

편의점은 コンビに라고 하는데요, 일본에는 '편의점 천국'이라는 별명처럼 정말 많은 편의점이 있습니다. 길 건너편에 바로 같은 편의점이 있거나, 몇 미터만 가도 또 만날 수 있답니다. 그만큼 이용하는 사람들도 많고요.

편의점에서는 식품과 잡화는 물론, 공공요금과 통신판매 등 각종 대금 지불, 사진인화, 복사기, 팩스 서비스도 제공하고 있습니다. 다양한 상품들을 한자리에서 쉽게 구입할 수 있는 편리한 점이 있지만, 역시 할인마트 등보다 가격이 싸지 않다는 단점이 있습니다.

그렇지만 편의점에서 싸게 이용하기 좋은 아이템 하나 소개할게요. 계산대 옆에 있는 작은 미니카페를 놓치지 마세요. 이곳에서는 여느 커피전문점처럼 폼나게 테이크아웃할 수 있는 도구들이 세심하게 챙겨져 있어서 편리한 점은 두말할 것도 없고요. 원두커피가 한 잔(스몰 사이즈 기준)에 100엔(세금 제외)밖에 안 해서 많은 출근족들이 애용하는 아이템입니다.

또, 편의점마다 인기 아이템들이 다르기 때문에 각각 편의점을 돌면서 다양한 상품들을 접해 보세요.

특정 할인 기간

여름 바겐세일 중입니다.

夏のバゲンセール中です。

나쯔노 바겐세-루쮸-데스

겨울 세일은 일주일 동안 계속됩니다.

冬のセールは一週間続いてます。

후유노 세-루와 잇슈-깡 츠즈이떼마스

봄 세일은 이번 주 금요일부터 시작됩니다.

春のセールは今週の金曜日から始まります。

하루노 세-루와 콘슈-노 킹요-비까라 하지마리마스

연말 세일은 12월 20일부터 31일까지입니다.

年末のセールは12月20日から31日まででです。

넴마쯔노 세-루와 쥬-니가쯔 하쯔까까라 산쥬-이찌니찌마데데스

지금은 특별 세일 기간 중입니다.

今は特別セール期間中です。

이마와 토꾸베쯔 세-루 키깐쮸-데스

점포정리 세일 중입니다.

店舗整理のセール中です。

템포 세-리노 세-루쮸-데스

할인 내역

전 제품을 20% 할인하고 있습니다.

全品を20パーセント割引しています。

젬핑오 니쥽파-센토 와리비끼시떼 이마스

오늘 25% 할인 행사가 있어요.

今日25パーセント割引のイベントがあります。

쿄- 니쥬-고파-센토 와리비끼노 이벤토가 아리마스

정가는 5,000엔이지만, 세일해서 3,500엔이에요.

定価は5000円ですが、セールして3500円です。

테-까와 고셍엔데스가, 세-루시떼 산젱고햐꾸엔데스

쿠폰을 사용하면, 300엔 할인됩니다.

クーポンをお使いになれば、300円割引になります。

쿠-퐁오 오쯔까이니나레바, 삼뱌꾸엥 와리비끼니 나리마스

이 모자는 세일해서 겨우 2,700엔이었어.

この帽子はセールしてやっと2700円だった。

코노 보-시와 세-루시떼 얏또 니센나나햐꾸엔닷따

할인 행사 기타

\# 그것은 할인 제품이 아닙니다.

それは割引(わりびき)の製品(せいひん)じゃありません。

소레와 와리비끼노 세–힌쟈아리마셍

\# 어떤 품목들을 세일하고 있나요?

どんなアイテムをセールしてますか。

돈나 아이테무오 세–루시떼마스까

\# 이 컴퓨터는 세일합니까?

このコンピューターはセールしてますか。

코노 콤퓨–타–와 세–루시떼마스까

\# 그 가게는 세일 기간에만 가.

その店(みせ)はセール期間(きかん)だけ行(い)く。

소노 미세와 세–루 키깐다께 이꾸

\# 난 세일 때까지 기다릴래.

私(わたし)はセールまで待(ま)つよ。

와따시와 세–루마데 마쯔요

\# 세일 기간 중에는 좋은 물건을 찾기 힘들어.

セール期間中(きかんちゅう)にはいい物(もの)を探(さが)しにくいです。

세–루 키깡쮸–니와 이– 모노오 사가시니꾸이데스

할부 구매

\# 할부로 구입이 가능한가요?

分割払(ぶんかつばら)いで購入(こうにゅう)ができますか。

붕까쯔바라이데 코–뉴–가 데끼마스까

↳ 차나 집 같은 경우에는 **分割払い**가 아니라 **ローン**이라고 합니다.

\# 일시불입니까, 할부입니까?

一回(いっかい)ですか、分割払(ぶんかつばら)いですか。

익까이데스까, 붕까쯔바라이데스까

\# 일시불로 할게요.

一回(いっかい)でお願(ねが)いします。

익까이데 오네가이시마스

↳ 일시불은 **一括払い**이라고도 합니다.

\# 할부로 하면, 이자를 내야 합니까?

分割払(ぶんかつばら)いすれば、利子(りし)がつきますか。

붕까쯔바라이스레바, 리시가 츠끼마스까

\# 몇 개월 할부로 하시겠어요?

何ヶ月(なんかげつ)の分割払(ぶんかつばら)いでしましょうか。

낭까게쯔노 붕까쯔바라이데 시마쇼–까

\# 3개월 할부로 해 주세요.

三ヶ月(さんかげつ)の分割払(ぶんかつばら)いでしてください。

상까게쯔노 붕까쯔바라이데 시떼 쿠다사이

배송

\# 배송료는 얼마입니까?

送料はいくらですか。

소–료–와 이꾸라데스까

\# 이 상품의 가격에는 배송료가 포함되어 있지 않습니다.

この商品の値段には配送料が含まれていないです。

코노 쇼–힌노 네단니와 하이소–료–가 후꾸마레떼 이나이데스

\# 배송료는 따로 청구하나요?

配送料は別に請求されますか。

하이소–료–와 베쯔니 세–뀨–사레마스까

\# 언제 배송되나요?

いつ配送してもらえるのですか。

이쯔 하이소–시떼 모라에루노데스까

\# 구입 다음 날까지 배송됩니다.

購入の次の日までに配送します。

코–뉴–노 츠기노 히마데니 하이소–시마스

\# 이 주소로 보내 주세요.

この住所に送ってください。

코노 쥬–쇼니 오꿋떼 쿠다사이

교환&환불

\# 이것을 환불해 주시겠어요?

これ払い戻してくださいますか。

코레 하라이모도시떼 쿠다사이마스까

\# 환불 규정이 어떻게 되나요?

払い戻し規定はどうなっていますか。

하라이모도시 키떼–와 도– 낫떼 이마스까

\# 세일 품목이라서, 환불은 안 됩니다.

セール品なので、払い戻しはできません。

세–루힌나노데, 하라이모도시와 데끼마셍

\# 세일 때 산 물건은 교환이나 환불이 안 됩니다.

セールの時買った物は交換とか払い戻しができません。

세–루노 토끼 캇따 모노와 코–깐또까 하라이모도시가 데끼마셍

\# 환불이 아니라, 새 것으로 바꿔 주시겠어요?

払い戻しじゃなくて、新しいものと取り替えてもらえますか。

하라이모도시쟈나꾸떼, 아따라시– 모노또 토리까에떼 모라에마스까

반품

반품 가능 기간은 언제까지인가요?

返品(へんぴん)可能(かのう)期間(きかん)はいつまでですか。

헴핑 카노– 키깡와 이쯔마데데스까

구입일로부터 2주 이내입니다.

購入(こうにゅう)の日(ひ)から二週間(にしゅうかん)以内(いない)です。

코–뉴–노 히까라 니슈–깡 이나이데스

영수증이 없으면 반품할 수 없습니다.

レシートがなければ返品(へんぴん)することができません。

레시–토가 나께레바 헴핀스루 코또가 데끼마셍

환불 및 반품 불가.

払(はら)い戻(もど)し及(およ)び返品(へんぴん)不可(ふか)。

하라이모도시 오요비 헴핑 후까

불량품은 언제든지 바꿔 드립니다.

不良品(ふりょうひん)は、いつでもお取(と)り替(か)えいたします。

후료–힝와, 이쯔데모 오또리까에이따시마스

Unit 3 병원&약국 MP3. C05_U03

병원 예약

진찰 예약을 하고 싶습니다.

診察(しんさつ)予約(よやく)をしようと思(おも)います。

신사쯔 요야꾸오 시요–또 오모이마스

1시에 스즈키 선생님께 진료 예약을 했는데요.

1時(じ)に鈴木(すずき)先生(せんせい)の診療(しんりょう)予約(よやく)をしたのですが。

이찌지니 스즈끼 센세–노 신료– 요야꾸오 시따노데스가

진찰 시간을 예약하려고 전화했습니다.

診察(しんさつ)時間(じかん)の予約(よやく)をしようと思(おも)って電話(でんわ)したんです。

신사쯔 지깐노 요야꾸오 시요–또 오못떼 뎅와시딴데스

이번 주 오전 중으로 예약 가능한 날은 언제인가요?

今週(こんしゅう)の午前中(ごぜんちゅう)に予約(よやく)できる日(ひ)はいつですか。

콘슈–노 고젠쮸–니 요야꾸데끼루 히와 이쯔데스까

예약을 하지 않았습니다만, 지금 진찰받을 수 있을까요?

予約(よやく)はしてないんですが、今(いま)診察(しんさつ)してもらいたいんですが。

요야꾸와 시떼나인데스가, 이마 신사쯔시데 모라이따인데스가

병원 수속

접수 창구는 어디입니까?

受付窓口(うけつけまどぐち)はどこですか。

우께쯔께 마도구찌와 도꼬데스까

이 병원은 처음이신가요?

この病院(びょういん)は初(はじ)めてでしょうか。

코노 뵤–잉와 하지메떼데쇼–까

초진이세요?

初診(しょしん)ですか。

쇼신데스까

오늘이 처음입니다.

今日(きょう)が初(はじ)めてです。

쿄–가 하지메떼데스

건강 검진을 받고 싶습니다만.

健康診断(けんこうしんだん)を受(う)けたいのですが。

켕꼬–신당오 우께따이노데스가

진료 시간이 어떻게 됩니까?

診療(しんりょう) 時間(じかん)はどうなりますか。

신료– 지깡와 도–나리마스까

무슨 과 진료를 원하세요?

何科(なにか)の受診(じゅしん)をご希望(きぼう)ですか。

나니까노 쥬싱오 고끼보–데스까

진찰실 ①

어디가 안 좋으신가요?

どこが悪(わる)いですか。

도꼬가 와루이데스까

증세가 어떻습니까?

症 状(しょうじょう)はどうですか。

쇼–죠–와 도–데스까

체온을 재겠습니다.

体温(たいおん)を測(はか)ります。

타이옹오 하까리마스

청진기를 댈 테니, 웃옷을 벗으세요.

聴診器(ちょうしんき)を当(あ)てますので、上着(うわぎ)を脱(ぬ)いでください。

쵸–싱끼오 아떼마스노데, 우와기오 누이데 쿠다사이

숨을 깊이 들이쉬세요.

息(いき)を深(ふか)く吸(す)い込(こ)んでください。

이끼오 후까꾸 스이꼰데 쿠다사이

크게 입을 벌리고, '아' 해 보세요.

大(おお)きく口(くち)を開(あ)けて、「あー」と言(い)ってください。

오–끼꾸 쿠찌오 아께떼, 「아–」또 잇떼 쿠다사이

진찰실 ②

\# 여기를 누르면 아픕니까?

ここを押(お)すと痛(いた)いですか。

코꼬오 오스또 이따이데스까

\# 전에도 이런 증상이 있었던 적 있어요?

前(まえ)にもこういう症状(しょうじょう)になったことはありますか。

마에니모 코–이우 쇼–죠–니 낫따 코또와 아리마스까

\# 전에 병을 앓으신 적 있나요?

前(まえ)に病気(びょうき)になったことがありましたか。

마에니 뵤–끼니 낫따 코또가 아리마시따까

\# 빈혈이 있어요.

貧血(ひんけつ)があります。

힝께쯔가 아리마스

\# 식욕이 없습니다.

食欲(しょくよく)がありません。

쇼꾸요꾸가 아리마셍

\# 왕진도 가능한가요?

往診(おうしん)も可能(かのう)でしょうか。

오–심모 카노–데쇼–까

貧血 빈혈
* **血圧** 혈압
* **高血圧** 고혈압
* **糖尿** 당뇨

외과 ①

\# 다리가 부었어요.

足(あし)が腫(は)れました。

아시가 하레마시따

\# 교통사고로 다리가 부러졌어요.

交通事故(こうつうじこ)で足(あし)が折(お)れました。

코–쯔–지꼬데 아시가 오레마시따

\# 넘어져서 무릎이 쓸렸어요.

転(ころ)んで膝(ひざ)を擦(こす)り剥(む)けました。

코론데 히자오 코스리무께마시따

\# 허리가 아파요.

腰(こし)が痛(いた)いです。

코시가 이따이데스

\# 허리를 삐끗했어요.

ぎっくり腰(ごし)です。

긱꾸리고시데스

\# 등이 아파요.

背中(せなか)が痛(いた)いです。

세나까가 이따이데스

\# 발목을 삐었어요.

足首(あしくび)を挫(くじ)きました。

아시꾸비오 쿠지끼마시따

외과 ②

어깨가 결려요.

肩(かた)が凝(こ)ります。
카따가 코리마스

깁스는 언제 풀 수 있어요?

ギブスはいつ取(と)れますか。
기브스와 이쯔 토레마스까

칼에 손가락을 깊이 베었어요.

刀(かたな)で指(ゆび)を深(ふか)く切(き)ってしまったんです。
카따나데 유비오 후까꾸 킷떼 시맛딴데스

발가락이 동상에 걸렸어요.

足(あし)の指(ゆび)が凍傷(とうしょう)にかかりました。
아시노 유비가 토-쇼-니 카까리마시따

온몸에 멍이 들었어요.

全身(ぜんしん)にあざができました。
젠신니 아자가 데끼마시따

내과 - 감기

감기에 걸린 것 같아요.

風邪(かぜ)を引(ひ)いたようです。
카제오 히-따요-데스

風邪(かぜ)を引(ひ)いたみたいなんです。
카제오 히-따미따이난데스

코가 막혔어요.

鼻(はな)が詰(つ)まりました。
하나가 츠마리마시따

콧물이 나요.

鼻水(はなみず)が出(で)ます。
하나미즈가 데마스

침을 삼킬 때, 목이 아파요.

唾(つば)を飲(の)む時(とき)、喉(のど)が痛(いた)いです。
츠바오 노무 토끼, 노도가 이따이데스

기침이 멈추지 않아요.

咳(せき)が止(と)まらないんです。
세끼가 토마라나인데스

독감이 유행하고 있어요.

インフルエンザが流行(はや)っています。
인후루엔자가 하얏떼 이마스

내과 - 열 ①

\# 열이 있어요.

熱(ねつ)があります。

네쯔가 아리마스

\# 열이 38도예요.

熱(ねつ)が38度(ど)です。

네쯔가 산쥬-하찌도데스

\# 머리가 지끈지끈 아파요.

頭(あたま)がズキズキと痛(いた)いです。

아따마가 즈키즈키또 이따이데스

\# 현기증이 나요.

めまいがします。

메마이가 시마스

\# 현기증이 나서, 눈앞이 어질어질해요.

めまいがして、目(め)の前(まえ)がくらくらするんです。

메마이가 시떼, 메노 마에가 쿠라꾸라스룬데스

\# 갑자기 현기증이 나서, 일어날 수 없는 상태가 요 며칠 계속돼요.

急(きゅう)にめまいがして、起(お)きられなくなることがここ何日(なんにち)続(つづ)くんです。

큐-니 메마이가 시떼, 오끼라레나꾸 나루 코또가 코꼬난니찌 츠즈꾼데스

ズキズキ 지끈지끈, 욱신욱신
くらくら 어질어질

꼭! 짚고 가기

병원 과목 관련 어휘

일본 드라마 중에 유난히 메디컬 드라마가 많기도 합니다. 종합병원 내에 바쁘게 움직이는 의사들의 삶을 그린 드라마를 보면 최신식 시설의 병원이 나오지만, 실제 일본의 동네의 작은 병원은 여전히 구식 인테리어의 소박한 모습이기도 합니다.
일본어로 병원의 진료 과목은 뭐라고 하는지 알아볼까요.

- 内科(ないか) 내과
- 外科(げか) 외과
- 精神科(せいしんか) 정신과
- 歯科(しか) 치과
- 眼科(がんか) 안과
- 皮膚科(ひふか) 피부과
- 小児科(しょうにか) 소아과
- 神経外科(しんけいげか) 신경외과
- 耳鼻咽喉科(じびいんこうか)
  = 耳鼻科(じびか) 이비인후과
- 産婦人科(さんふじんか) 산부인과
- 成形外科(せいけいげか) 성형외과
- 整形外科(せいけいげか) 정형외과
- 泌尿器科(ひにょうきか) 비뇨기과

내과 - 열 ②

열이 안 내려가서, 아무것도 못 먹었어요.

熱(ねつ)が下(さ)がらなくて、何(なに)も食(た)べられないんです。

네쯔가 사가라나꾸떼, 나니모 타베라레나인데스

열이 내려가지 않아요.

熱(ねつ)が下(さ)がらないんです。

네쯔가 사가라나인데스

머리가 깨질 듯이 아파요.

頭(あたま)が割(わ)れそうに痛(いた)みます。

아따마가 와레소-니 이따미마스

두통과 발열이 있고, 목도 아파요.

頭痛(ずつう)と発熱(はつねつ)があって、喉(のど)も痛(いた)いんです。

즈쯔-또 하쯔네쯔가 앗떼, 노도모 이따인데스

코피가 나요.

鼻血(はなぢ)が出(で)ます。

하나지가 데마스

목이 쉬었어요.

喉(のど)がかれました。

노도가 카레마시따

喉(のど)がしゃがれました。

노도가 샤가레마시따

내과 - 소화기 ①

배가 아파요.

腹(はら)が痛(いた)みます。

하라가 이따미마스

배가 콕콕 쑤시듯 아파요.

お中(なか)がちくちく刺(さ)すように痛(いた)いです。

오나까가 치꾸찌꾸 사스요-니 이따이데스

아랫배에 통증이 있어요.

下腹(したはら)に痛(いた)みがあります。

시따하라니 이따미가 아리마스

배탈이 났어요.

腹(はら)をこわしました。

하라오 코와시마시따

구역질이 나요.

吐(は)き気(け)を催(もよお)します。

하끼께오 모요-시마스

吐(は)き気(け)がします。

하끼께가 시마스

먹으면, 바로 토해 버려요.

食(た)べると、すぐ吐(は)いてしまう。

타베루또, 스구 하이떼 시마우

속이 거북해요.

腹(はら)の具合(ぐあい)がちょっと悪(わる)いです。

하라노 구아이가 춋또 와루이데스

내과 – 소화기 ②

신트림이 나요.

すっぱい液(えき)のでるげっぷがでる。

습빠이 에끼노 데루 겝뿌가 데루

설사를 합니다.

下痢(げり)をします。

게리오 시마스

위가 쑤시듯이 아파요.

胃(い)がキリキリ痛(いた)むんです。

이가 키리키리 이따문데스

소화불량인지, 구역질이 멈추지 않아요.

消化不良(しょうかふりょう)なのか、吐(は)き気(け)が止(と)まらないんです。

쇼–까후료–나노까, 하끼께가 토마라나인데스

배가 불룩해져서, 가스가 차요.

お腹(はら)がふくれて、ガスがたまってるんです。

오하라가 후꾸레떼, 가스가 타맛떼룬데스

변비가 좀처럼 낫지 않아요.

便秘(べんぴ)がなかなか治(なお)りません。

벰삐가 나까나까 나오리마셍

치과 상담 ①

이가 몹시 아파요.

歯(は)がとても痛(いた)いです。

하가 토떼모 이따이데스

이가 쿡쿡 쑤셔요.

歯(は)がずきずき痛(いた)みます。

하가 즈끼즈끼 이따미마스

먹을 때마다 이가 아파서 아무것도 먹을 수 없습니다.

食(た)べると歯(は)が痛(いた)いので何(なに)も食(た)べられません。

타베루또 하가 이따이노데 나니모 타베라레마셍

이가 아파서 음식을 잘 씹을 수 없습니다.

歯(は)が痛(いた)いので食(た)べ物(もの)をうまく噛(か)むことができません。

하가 이따이노데 타베모노오 우마꾸 카무 코또가 데끼마셍

이를 때운 것이 빠져 버렸습니다.

歯(は)の詰(つ)め物(もの)がとれてしまいました。

하노 츠메모노가 토레떼 시마이마시따

치과 상담 ②

\# 찬 음식을 먹으면, 이가 시려요.

冷(つめ)たい食(た)べ物(もの)を食(た)べると、歯(は)が凍(し)みます。

츠메따이 타베모노오 타베루또, 하가 시미마스

\# 양치할 때, 잇몸에서 피가 나요.

歯(は)を磨(みが)く時(とき)、歯茎(はぐき)から血(ち)が出(で)ます。

하오 미가꾸 토끼, 하구끼까라 치가 데마스

\# 잇몸이 부어, 잠을 잘 수 없어요.

歯茎(はぐき)が腫(は)れすぎて、眠(ねむ)れません。

하구끼가 하레스기떼, 네무레마셍

\# 잇몸 염증이 생긴 것 같아, 구취가 걱정돼요.

歯肉炎(しにくえん)になったらしくって、口臭(こうしゅう)が気(き)になるんです。

시니꾸엔니 낫따라시꿋떼, 코–슈–가 키니 나룬데스

\# 축구를 하다가 이가 부러졌어요.

サッカーしてたら歯(は)が折(お)れました。

삭카–시떼따라 하가 오레마시따

치과 – 발치&사랑니

\# 이 하나가 흔들립니다.

歯(は)の一(ひと)つがぐらつきます。

하노 히또쯔가 구라쯔끼마스

\# 이를 빼야 할 것 같아요.

歯(は)を抜(ぬ)かないといけないかと思(おも)いますが。

하오 누까나이또 이께나이까또 오모이마스가

\# 사랑니가 났어요.

親知(おやし)らずが生(は)えます。

오야시라즈가 하에마스

\# 사랑니가 욱신거린다.

親知(おやし)らずが痛(いた)む。

오야시라즈가 이따무

\# 사랑니를 뽑는 게 좋겠어요.

親知(おやし)らずを抜(ぬ)く方(ほう)がいいです。

오야시라즈오 누꾸 호–가 이–데스

\# 사랑니는 아직 뽑지 않는 게 좋겠어요.

親知(おやし)らずはまだ抜(ぬ)かない方(ほう)がいいです。

오야시라즈와 마다 누까나이 호–가 이–데스

치과 – 충치

충치가 있는 것 같습니다.

虫歯(むしば)があると思(おも)います。

무시바가 아루또 오모이마스

아래 어금니에 충치가 생겼어요.

下(した)の奥歯(おくば)が虫歯(むしば)になりました。

시따노 오꾸바가 무시바니 나리마시따

충치가 쉽게 뽑혔어요.

虫歯(むしば)がたやすく抜(ぬ)けました。

무시바가 타야스꾸 누께마시따

충치가 밤새 들이쑤셨어요.

虫歯(むしば)が夜通(よどお)しうずきました。

무시바가 요도–시 우즈끼마시따

충치에 아말감을 충전합니다.

虫歯(むしば)にアマルガムを充填(じゅうてん)します。

무시바니 아마루가무오 쥬–뗀시마스

충치가 근뎅근뎅 흔들린다.

虫歯(むしば)がぐらぐらします。

무시바가 구라구라시마스

꼭! 짚고 가기

치아 관련 어휘

치아는 위치에 따라 각각의 명칭이 있습니다. 일본어로 뭐라고 하는지 알아볼까요? 그리고 이와 관련된 표현도 알아두세요.

- 門歯(もんし) 앞니
- 糸切(いとき)り歯(ば) 송곳니
- 奥歯(おくば) 어금니
- 上歯(うわば) 윗니
- 下歯(したば) 아랫니
- 親知(おやし)らず 사랑니
- 歯(は)が生(は)える 이가 나다
- 歯(は)が痛(いた)い 이가 아프다
- 歯(は)をむき出(だ)して笑(あら)う 이를 드러내고 웃다

치과 - 기타

\# 스케일링해 주세요.

歯石(しせき)取(と)ってください。

시세끼 톳떼 쿠다사이

スケーリングしてください。

스케-링그시떼 쿠다사이

\# 치실을 사용하시는 게 좋겠어요.

フロスを使(つか)う方(ほう)がいいでしょ。

후로스오 츠까우 호-가 이-데쇼

\# 치아 미백은 금방 되나요?

歯(は)のホワイトニングって、すぐできますか。

하노 호와이토닝굿떼, 스구 데끼마스까

\# 교정하고 싶은데, 눈에 안 띄는 것은 없나요?

矯正(きょうせい)したいんですけど、目立(めだ)たないものはないですか。

쿄-세-시따인데스께도, 메다따나이 모노와 나이데스까

\# 치석을 제거해 주세요.

歯(は)のやにを取(と)ってください。

하노 야니오 톳떼 쿠다사이

\# 치주염이네요.

歯周病(ししゅうびょう)ですね。

시슈-뵤-데스네

피부과&안과

\# 온몸에 온통 두드러기가 났어요.

全身一面(ぜんしんいちめん)にぶつぶつができました。

젠싱 이찌멘니 부쯔부쯔가 데끼마시따

\# 물집이 생겼어요.

まめができました。

마메가 데끼마시따

水(みず)ぶくれができました。

미즈부꾸레가 데끼마시따

\# 발진이 심해요.

発疹(はっしん)がすごいです。

핫싱가 스고이데스

\# 무좀이 심합니다.

水虫(みずむし)がひどいです。

미즈무시가 히도이데스

\# 눈에 뭔가 들어갔어요.

目(め)に何(なに)か入(はい)りました。

메니 나니까 하이리마시따

\# 눈이 충혈되어 있어요.

目(め)が充血(じゅうけつ)してます。

메가 쥬-께쯔시떼마스

\# 시력 검사를 해 봅시다.

視力検査(しりょくけんさ)をしてみましょう。

시료꾸껜사오 시떼 미마쇼-

입원

\# 입원 수속을 하려고 하는데요.

入院(にゅういん)手続(てつづ)きをしたいんですけど。

뉴-잉 테쯔즈끼오 시따인데스께도

\# 입원해야 합니까?

入院(にゅういん)しなければなりませんか。

뉴-인시나께레바 나리마셍까

\# 즉시 입원 수속을 해야 합니다.

すぐ入院(にゅういん)手続(てつづ)きをしなければなりません。

스구 뉴-잉 테쯔즈끼오 시나께레바 나리마셍

\# 얼마나 입원해야 합니까?

どのくらい入院(にゅういん)しなければなりませんか。

도노꾸라이 뉴-인시나께레바 나리마셍까

\# 입원에도 건강보험이 적용됩니까?

入院(にゅういん)でも医療(いりょう)保険(ほけん)がききますか。

뉴-인데모 이료-호껭가 키끼마스까

입원&퇴원

\# 아직 안정을 취하는 게 좋아.

まだ安静(あんせい)にしてた方(ほう)がいいわよ。

마다 안세-니 시떼따 호-가 이-와요

\# 입원해 있는 환자에게는 화분은 금물이에요. 뿌리가 붙는다고 해서 '잠이 붙는다'라는 의미가 있어요.

入院(にゅういん)してる患者(かんじゃ)に鉢植(はちう)えは禁物(きんもつ)だよ。「寝(ね)が付(つ)く」で寝付(ねつ)くと言(い)う意味(いみ)があるからね。

뉴-인시떼루 칸쟈니 하찌우에와 킴모쯔다요. 「네가 츠꾸」데 네쯔꾸또 이우 이미가 아루까라네

\# 빨리 퇴원하고 싶어.

早(はや)く退院(たいいん)したいな。

하야꾸 타이인시따이나

\# 곧 퇴원할 수 있나 봐요. 걱정 끼쳤습니다.

すぐ退院(たいいん)できるらしいです。ご心配(しんぱい)お掛(か)けしました。

스구 타이인 데끼루라시-데스. 고심빠이 오까께시마시따

\# 내일 퇴원한대.

明日(あした)退院(たいいん)するんだってね。

아시따 타이인스룬닷떼네

중환자&수술

\# 그는 위독한 상태입니다.

かれ　びょうき　おも　じょうたい
彼は病気が重い状態です。

카레와 뵤-끼가 오모이 죠-따이데스

\# 이 달을 넘기기 힘들 것 같습니다.

こんげつ　こ
今月をのり越えることはきびしいと思います。
おも

콩게쯔오 노리꼬에루 코또와 키비시-또 오모이마스

\# 수술을 받아야 하나요?

しゅじゅつ　う
手術を受けなければなりませんか。

슈쥬쯔오 우께나께레바 나리마셍까

\# 제왕절개 수술을 했습니다.

ていおうせっかい　う
帝王切開を受けました。

테-오-셋까이오 우께마시따

\# 맹장수술을 했습니다.

もうちょう　しゅじゅつ
盲腸を手術しました。

모-쬬-오 슈쥬쯔시마시따

\# 라식 수술에 드는 비용은 얼마입니까?

しゅじゅつ
ラーシック手術にかかる
ひよう
費用はいくらですか。

라-시크 슈쥬쯔니 카까루 히요-와 이꾸라데스까

병원비&보험

\# 진찰료는 얼마입니까?

しんさつりょう
診察料はいくらですか。

신사쯔료-와 이꾸라데스까

\# 건강보험이 있나요?

いりょう　ほけん
医療保険がありますか。

이료-호껭가 아리마스까

\# 저는 보험이 없어요.

わたし　ほけん
私は保険がありません。

와따시와 호껭가 아리마셍

\# 모든 비용이 보험 적용이 되나요?

ひよう　ほけん
すべての費用は保険がききますか。

스베떼노 히요-와 호껭가 키끼마스까

\# 반액만 보험 적용이 됩니다.

はんがく　ほけん　てきよう
半額だけ保険適用になります。

항가꾸다께 호껭 테끼요-니 나리마스

\# 일부 의약은 보험 적용이 안 됩니다.

いちぶ　いやく　ほけん　てきよう
一部医薬は保険適用がききません。

이찌부 이야꾸와 호껭 테끼요-가 키끼마셍

문병 ①

\# 병원에 문병을 갔어.

病院にお見舞いに行った。

뵤–인니 오미마이니 잇따

\# 빨리, 좋아지세요.

早く、元気になってね。

하야꾸, 겡끼니 낫떼네

\# 요시다 씨 병실은 어디입니까?

吉田さんの病室はどこですか。

요시다산노 뵤–시쯔와 도꼬데스까

\# 생각보다 훨씬 건강해 보이네요.

思ったよりずっと元気そうですね。

오못따요리 즛또 겡끼소–데스네

\# 다 나았어.

全快したよ。

젠까이시따요

\# 꼭 건강해질 겁니다.

きっと元気になりますよ。

킷또 겡끼니 나리마스요

\# 아무쪼록 몸조리 잘하세요.

くれぐれもお大事に。

쿠레구레모 오다이지니

문병 ②

\# 빨리 회복되기를 바랍니다.

早く回復するように願います。

하야꾸 카이후꾸스루요–니 네가이마스

\# 건강하십시오.

お元気になってください。

오겡끼니 낫떼 쿠다사이

\# 심각한 병이 아니길 바랍니다.

重い病気ではないことを祈ります。

오모이 뵤–끼데와 나이 코또오 이노리마스

\# 편찮으시다니 유감입니다.

体が悪いなんて残念です。

카라다가 와루이난떼 잔넨데스

\# 면회 시간은 몇 시까지예요?

面会時間は何時までですか。

멩까이 지깡와 난지마데데스까

\# 문병 가는데, 무엇을 들고 가면 좋을까?

お見舞いに、何を持っていけばいいかな。

오미마이니, 나니오 못떼 이께바 이–까나

처방전

처방전을 써 드리겠습니다.

処方箋(しょほうせん)を書(か)いて渡(わた)します。

쇼호–셍오 카이떼 와따시마스

사흘치 약을 처방해 드리겠습니다.

三日分(みっかぶん)の薬(くすり)を処方(しょほう)いたします。

믹까분노 쿠스리오 쇼호–이따시마스

처방전 없이는 약을 살 수 없습니다.

処方箋(しょほうせん)がなければ薬(くすり)を買(か)うことができません。

쇼호–셍가 나께레바 쿠스리오 카우 코또가 데끼마셍

약에 알레르기가 있습니까?

薬(くすり)にアレルギーがありますか。

쿠스리니 아레루기–가 아리마스까

현재, 복용하는 약이 있나요?

今(いま)、服用(ふくよう)している薬(くすり)はありますか。

이마, 후꾸요–시떼 이루 쿠스리와 아리마스까

이 약에 부작용은 없나요?

この薬(くすり)に副作用(ふくさよう)はありませんか。

코노 쿠스리니 후꾸사요–와 아리마셍까

약국 – 복용 방법

이 처방전대로 조제해 주세요.

この処方箋(しょほうせん)で調剤(ちょうざい)してください。

코노 쇼호–센데 쵸–자이시떼 쿠다사이

이 약은 어떻게 먹으면 됩니까?

この薬(くすり)はどうやって飲(の)めばいいですか。

코노 쿠스리와 도–얏떼 노메바 이–데스까

몇 알씩 먹어야 하나요?

何錠(なんじょう)ずつ飲(の)まなければならないですか。

난죠–즈쯔 노마나께레바 나라나이데스까

다섯 시간마다 한 알씩 복용하세요.

5時間(じかん)ごとに一錠(いちじょう)ずつ服用(ふくよう)してください。

고지깡고또니 이찌죠–즈쯔 후꾸요–시떼 쿠다사이

이 약을 1일 3회 한 알씩 식전에 복용하세요.

この薬(くすり)を一日(いちにち)3回一錠(かいいちじょう)ずつ食前(しょくぜん)に服用(ふくよう)してください。

코노 쿠스리오 이찌니찌 상까이 이찌죠–즈쯔 쇼꾸젠니 후꾸요–시떼 쿠다사이

약국 – 약 구입

\# 감기약 좀 주세요.

かぜぐすり　ねが
風邪薬お願いします。

카제구스리 오네가이시마스

\# 반창고 한 통 주세요.

ばんそうこうひとはこ　ねが
絆創膏一箱お願いします。

반소–꼬– 히또하꼬 오네가이시마스

\# 붕대랑 탈지면 주세요.

ほうたい　だっしめん
包帯と脱紙面をください。

호–따이또 닷시멩오 쿠다사이

\# 진통제, 있나요?

ちんつうざい
鎮痛剤、ありますか。

친쯔–자이, 아리마스까

\# 가루약은 못 먹으니까, 알약으로 주세요.

こなぐすり　の　じょうざい
粉薬は飲めないんで、錠剤でください。

코나구스리와 노메나인데, 죠–자이데 쿠다사이

\# 두통에 잘 듣는 약 있나요?

ずつう　くすり
頭痛にきくお薬もらえますか。

즈쯔–니 키꾸 오꾸스리 모라에마스까

꼭! 짚고 가기

약국 관련 어휘

- 錠剤(じょうざい) 알약
- カプセル 캡슐
- 粉薬(こなぐすり) 가루약
- 水薬(すいやく) 물약
- 目薬(めぐすり) 안약
- 丸薬(がんやく) 환약
- 漢方薬(かんぽうやく) 한약
- 消化剤(しょうかざい) 소화제
- 鎮痛剤(ちんつうざい) 진통제
- 下痢止(げりど)め薬(やく) 설사약
- 便秘薬(べんぴやく) 변비약
- 睡眠薬(すいみんやく) 수면제
- 軟膏(なんこう) 연고
- バンドエイド 반창고
- 包帯(ほうたい) 붕대
- 食前(しょくぜん) 식전
- 食後(しょくご) 식후

은행 - 계좌 ①

저축 계좌를 개설하고 싶습니다.

貯蓄(ちょちく)口座(こうざ)を設(もう)けたいです。

쵸찌꾸 코–자오 모–께따이데스

어떤 종류의 예금을 원하십니까?

どんな種類(しゅるい)の預金(よきん)がよろしいですか。

돈나 슈루이노 요낑가 요로시–데스까

저축예금인가요, 아니면 당좌예금인가요?

貯蓄(ちょちく)預金(よきん)ですか、当座(とうざ)預金(よきん)ですか。

쵸찌꾸 요낀데스까, 토–자 요낀데스까

정기예금이 만기가 되었어요.

定期(ていき)預金(よきん)が満期(まんき)になりました。

테–끼 요낑가 망끼니 나리마시따

이자는 어떻게 됩니까?

利息(りそく)はどうなりますか。

리소꾸와 도–나리마스까

은행 계좌를 해지하고 싶습니다.

銀行(ぎんこう)の口座(こうざ)を解約(かいやく)したいです。

깅꼬–노 코–자오 카이야꾸시따이데스

은행 - 계좌 ②

새로 통장을 만들고 싶은데요.

新(あたら)しい通帳(つうちょう)を作(つく)りたいんですが。

아따라시– 츠–쬬–오 츠꾸리따인데스가

전화랑 인터넷으로도 잔고 조회 가능합니다.

電話(でんわ)やインターネットでも残高照会(ざんだかしょうかい)可能(かのう)です。

뎅와야 인타–넷토데모 잔다까 쇼–까이 카노–데스

제 계좌 잔고를 알고 싶은데요.

私(わたし)の口座(こうざ)残高(ざんだか)を知(し)りたいのですが。

와따시노 코–자 잔다까오 시리따이노데스가

인터넷 뱅킹을 신청하고 싶은데요.

インターネットバンキングを申(もう)し込(こ)みたいのですが。

인타–넷토 방킹그오 모–시꼬미따이노데스가

스마트 뱅킹으로 은행앱을 이용하고 있어요.

スマートバンキングで銀行(ぎんこう)アプリを利用(りよう)しています。

스마–토 방킹그데 깅꼬아프리오 리요–시떼이마스

입출금

입금하고 싶은데요.

入金(にゅうきん)して欲(ほ)しいんですが。

뉴–낀시떼 호시–ㄴ데스가

지금부터 예금과 출금을 하셔도 됩니다.

今(いま)から預金(よきん)と出金(しゅっきん)をしてもいいです。

이마까라 요낀또 슉낑오 시떼모 이–데스

오늘, 얼마를 예금하시겠습니까?

今日(きょう)、いくらを預(あず)け入(い)れますか。

쿄–, 이꾸라오 아즈께이레마스까

2만 엔을 예금하려 합니다만.

2万円(まんえん)を入金(にゅうきん)したいんですが[けど]。

니망엥오 뉴–낀시따인데스가[께도]

얼마를 인출하려 하십니까?

いくらを下(お)ろしますか。

이꾸라오 오로시마스까

만 엔을 인출하려 합니다.

1万円(まんえん)を下(お)ろします。

이찌망엥오 오로시마스

송금

이 계좌로 송금해 주세요.

この口座(こうざ)に送金(そうきん)してください。

코노 코–자니 소–낀시떼 쿠다사이

국내 송금인가요, 해외 송금인가요?

国内送金(こくないそうきん)ですか、海外送金(かいがいそうきん)ですか。

코꾸나이 소–낀데스까, 카이가이 소–낀데스까

캐나다로 송금하고 싶습니다.

カナダに送金(そうきん)したいです。

카나다니 소–낀시따이데스

이체 수수료가 있습니까?

引(ひ)き落(お)としの手数料(てすうりょう)はありますか。

히끼오또시노 테스–료–와 아리마스까

수수료는 150엔입니다.

手数料(てすうりょう)は150円(えん)です。

테스–료–와 햐꾸고쥬–엔데스

↳ 보통 일본 은행의 수수료는 110~660엔 정도 수준입니다.

おろす 꺼내다, 찾다

ATM ①

현금지급기는 어디에 있나요?

ATMはどこにありますか。
에-티-에므와 도꼬니 아리마스까

어떻게 돈을 입금하나요?

どうやってお金(かね)を入金(にゅうきん)しますか。
도-얏떼 오까네오 뉴-낀시마스까

여기에 카드를 넣어 주세요.

ここにカードをお入(い)れください。
코꼬니 카-도오 오이레 쿠다사이

계좌 잔고가 부족합니다.

口座(こうざ)の残高(ざんだか)が不足(ふそく)です。
코-자노 잔다까가 후소꾸데스

잔액조회 버튼을 누르세요.

残高(ざんだか)の問(と)い合(あ)わせのボタンをおしてください。
잔다까노 토이아와세노 보탕오 오시떼 쿠다사이

현금지급기는 몇 시까지 사용 가능한가요?

ATMは何時(なんじ)まで利用(りよう)できますか。
에-티-에므와 난지마데 리요-데끼마스까

ATM ②

입금하시려면, 2층 현금지급기를 이용해 주세요.

ご入金(にゅうきん)される場合(ばあい)は、2階(かい)のATMをご利用(りよう)ください。
고뉴-낀사레루 바-이와, 니까이노 에-티-에므오 고리요-쿠다사이

현금지급기에 문제가 생겼어요.

ATMに問題(もんだい)が起(お)こりました。
에-티-에므니 몬다이가 오꼬리마시따

기계가 카드를 먹어 버렸어요.

ATMからカードが出(で)て来(こ)ないんです。
에-티-에므까라 카-도가 데떼 코나인데스

현금카드가 손상됐어요.

キャッシュカードが損傷(そんしょう)しました。
캬슈카-도가 손쇼-시마시따

현금카드를 재발급 받고 싶은데요.

キャッシュカード再発行(さいはっこう)したいです。
캬슈카-도 사이학꼬-시따이데스

신용카드

\# 신용카드를 신청하고 싶은데요.

クレジットカードを申請(しんせい)したいですが。

쿠레짓토카–도오 신세–시따이데스가

\# 신용카드가 언제 발급되나요?

クレジットカードいつ発行(はっこう)されますか。

쿠레짓토카–도 이쯔 학꼬–사레마스까

\# 사용한도액이 어떻게 되나요?

使用(しよう)限度額(げんどがく)がいくらですか。

시요–겐도가꾸가 이꾸라데스까

\# 최근의 신용카드 사용 내역을 확인하고 싶은데요.

最近(さいきん)のクレジットカードの使用(しよう)明細(めいさい)を確認(かくにん)したいですが。

사이낀노 쿠레짓토카–도노 시요–메–사이오 카꾸닌시따이데스가

\# 신용카드를 도난당했어요. 해지해 주세요.

クレジットカードを盗難(とうなん)されました。解約(かいやく)してください。

쿠레짓토카–도오 토–난사레마시따. 카이야꾸시떼 쿠다사이

꼭! 짚고 가기

은행&주식 관련 어휘

- 通帳(つうちょう) 통장
- 印鑑(いんかん) 도장
- 口座(こうざ) 계좌
- 貯金(ちょきん) 저축
- 残高(ざんだか) 잔고
- 暗証番号(あんしょうばんごう) 비밀번호
- 預(あず)ける 예금하다
- 振(ふ)り込(こ)む 이체하다
- ボタンを押(お)す 버튼을 누르다
- カードを入(い)れる 카드를 넣다
- お金(かね)を引(ひ)き出(だ)す 돈을 인출하다
- 現金(げんきん) 현금
- お札(さつ) 지폐
- 小切手(こぎって) 수표
- 利子(りし) 이자
- 利率(りりつ) 이율
- ドル 달러
- ウォン 원
- ユーロ 유로
- ユアン 위안(중국의 화폐 단위)
- 株(かぶ) 주식
- 株価(かぶか) 주가
- 優良株(ゆうりょうかぶ) 우량주
- 投資(とうし) 투자
- 証券(しょうけん) 증권

환전

\# 환전할 수 있습니까?

両替(りょうがえ)できますか。

료–가에데끼마스까

\# 원화를 엔화로 환전하고 싶습니다.

韓国(かんこく)のウォンを円(えん)で両替(りょうがえ)したいです。

캉꼬꾸노 웡오 엔데 료–가에시따이데스

\# 여행자 수표를 엔화로 환전하고 싶은데요.

トラベラーズチェックを円(えん)で両替(りょうがえ)したいのですが。

토라베라–즈첵크오 엔데
료–가에시따이노데스가

\# 환전한 금액의 10%를 수수료로 받고 있습니다.

両替(りょうがえ)した金額(きんがく)の10パーセントを手数料(てすうりょう)でいただいております。

료–가에시따 킨가꾸노 쥽파–센토오
테스–료–데 이따다이떼 오리마스

\# 길 건너편에 환전소가 있습니다.

道(みち)の向(む)こう側(がわ)に両替所(りょうがえじょ)があります。

미찌노 무꼬–가와니 료–가에죠가 아리마스

환율

\# 오늘 환율이 어떻게 됩니까?

今日(きょう)のレートがどうですか。

쿄–노 레–토가 도–데스까

今日(きょう)のレートがいくらですか。

쿄–노 레–토가 이꾸라데스까

\# 오늘 엔화 환율이 어떻게 되나요?

今日(きょう)円(えん)のレートがどうですか。

쿄– 엔노 레–토가 도–데스까

\# 원화를 엔화로 바꿀 때 환율이 어떻게 되나요?

ウォンを円(えん)に換(か)える時(とき)、レートがどうなりますか。

웡오 엔니 카에루 토끼, 레–토가
도–나리마스까

\# 오늘 환율은 100엔에 1,300원입니다.

今日(きょう)レートは百円(ひゃくえん)が1300ウォンです。

쿄– 레–토와 햐꾸엥가 센삼뱌꾸원데스

\# 100엔에 1,300원의 환율로 환전했어요.

百円(ひゃくえん)を1300ウォンのレートで両替(りょうがえ)しました。

햐꾸엥오 센삼뱌꾸원노 레–토데
료–가에시마시따

대출 ①

\# 대출을 받고 싶습니다.

借り入れをしたいのですが。

카리이레오 시따이노데스가

\# 대출에 대해 상담하고 싶습니다.

借り入れについて相談したいです。

카리이레니 츠이떼 소–단시따이데스

\# 대출을 받을 때, 필요한 사항을 알고 싶습니다.

借り入れをする時、必要の事項を知りたいです。

카리이레오 스루 토끼, 히쯔요–노 지꼬–오 시리따이데스

\# 제가 대출 받을 자격이 되나요?

私は借り入れする資格になりますか。

와따시와 카리이레스루 시까꾸니 나리마스까

\# 학자금 대출을 받으려고 해요.

学資金の貸し出しをもらいたいです。

가꾸시낀노 카시다시오 모라이따이데스

대출 ②

\# 주택 융자를 받을 수 있을까요?

住宅融資をもらうことはできますか。

쥬–따꾸유–시오 모라우 코또와 데끼마스까

\# 이자가 얼마입니까?

利息[利子]がいくらですか。

리소꾸[리시]가 이꾸라데스까

\# 그 대출에는 15%의 이자가 붙습니다.

その貸し出しには15パーセントの利息[利子]が付きます。

소노 카시다시니와 쥬–고파–센토노 리소꾸[리시]가 츠끼마스

\# 6부 이자로 대출을 받았어요.

6パーセントの利息[利子]で貸し出しを受けました。

로꾸파–센토노 리소꾸[리시]데 카시다시오 우께마시따

\# 대출 한도액이 어떻게 되나요?

貸し出しの限度額がいくらですか。

카시다시노 겐도가꾸가 이꾸라데스까

\# 저는 이미 융자금을 갚았어요.

私はもう融資金を返しました。

와따시와 모– 유–시낑오 카에시마시따

대출 보증

보증인 없이도 대출이 가능한가요?

保証人(ほしょうにん)なしでも貸(か)し出(だ)しができますか。

호쇼–닌나시데모 카시다시가 데끼마스까

담보 없이는 은행 대출을 받을 수가 없습니다.

担保(たんぽ)なしでは銀行(ぎんこう)の貸(か)し出(だ)しはできません。

탐뽀나시데와 깅꼬–노 카시다시와 데끼마셍

저는 집을 담보로 대출을 받았어요.

私(わたし)は家(いえ)を担保(たんぽ)に金(かね)を借(か)りました。

와따시와 이에오 탐뽀니 카네오 카리마시따

제 보증 좀 서 주시겠어요?

私(わたし)のために保証人(ほしょうにん)になってくれませんか。

와따시노 타메니 호쇼–닌니 낫떼 쿠레마셍까

내가 보증을 서 주겠어.

私(わたし)が保証(ほしょう)をしてあげるよ。

와따시가 호쇼–오 시떼 아게루요

편지 발송 ①

80엔짜리 우표 세 장 주세요.

80円(えん)の切手(きって)三枚(さんまい)お願(ねが)いします。

하찌쥬–엔노 킷떼 삼마이 오네가이시마스

이 편지 요금이 얼마입니까?

この手紙(てがみ)の料金(りょうきん)がいくらですか。

코노 테가미노 료–낑가 이꾸라데스까

우편 요금은 착불입니다.

郵便料金(ゆうびんりょうきん)は着払(ちゃくばら)いです。

유–빈료–낑와 챠꾸바라이데스

빠른우편으로 보내는 비용은 얼마인가요?

速達(そくたつ)で送(おく)る料金(りょうきん)はいくらですか。

소꾸따쯔데 오꾸루 료–낑와 이꾸라데스까

보통우편인가요, 빠른우편인가요?

普通郵便(ふつうゆうびん)ですか、速達郵便(そくたつゆうびん)ですか。

후쯔–유빈데스까, 소꾸따쯔유–빈데스까

발신인의 이름과 주소를 어디에 쓰면 됩니까?

発信人(はっしんにん)の名前(なまえ)と住所(じゅうしょ)はどこに書(か)いたらいいですか。

핫신닌노 나마에또 쥬–쇼와 도꼬니 카이따라 이–데스까

편지 발송 ②

\# 등기 우편으로 보내고 싶은데요.

書留郵便(かきとめゆうびん)で送(おく)りたいのですが。

카끼또메유–빈데 오꾸리따이노데스가

\# 우편번호는 몇 번입니까?

郵便番号(ゆうびんばんごう)は何番(なんばん)ですか。

유–빔방고–와 남반데스까

\# 이 편지를 도쿄로 부치고 싶은데요.

この手紙(てがみ)を東京(とうきょう)に出(だ)したいんですが。

코노 테가미오 토–꾜–니 다시따인데스가

\# 서울까지 도착하는 데 어느 정도 걸립니까?

ソウルまで着(つ)くのにどのくらいかかりますか。

소우루마데 츠꾸노니 도노꾸라이 카까리마스까

\# 도착하려면 얼마나 걸리나요?

到着(とうちゃく)するまでどのぐらいかかりますか。

토–짜꾸스루마데 도노구라이 카까리마스까

\# 이틀 후에 도착할 겁니다.

二日(ふつか)後(ご)に到着(とうちゃく)します。

후쯔까고니 토–짜꾸시마스

소포 발송

\# 이 소포를 속달로 보내 줬으면 좋겠는데, 내일은 도착합니까?

この小包(こづつみ)を速達(そくたつ)で送(おく)って欲(ほ)しいんですけど、明日(あした)には着(つ)きますか。

코노 코즈쯔미오 소꾸따쯔데 오꿋데 호시–ㄴ데스께도, 아시따니와 츠끼마스까

\# 소포의 무게, 좀 달아 주시겠어요?

小包(こづつみ)の重(おも)さ、ちょっと計(はか)ってください。

코즈쯔미노 오모사, 춋또 하깟떼 쿠다사이

\# 소포의 내용물은 무엇입니까?

小包(こづつみ)の中身(なかみ)は何(なん)ですか。

코즈쯔미노 나까미와 난데스까

\# 소포의 내용물은 책이에요.

小包(こづつみ)の中身(なかみ)は本(ほん)です。

코즈쯔미노 나까미와 혼데스

\# 조심해 주세요. 깨지기 쉬운 물건입니다.

ご注意(ちゅうい)ください。
割(わ)れ物(もの)です。

고쮸–이 구다사이. 와레모노데스

국제우편

항공편인가요, 배편인가요?

航空便(こうくうびん)ですか、船便(ふなびん)ですか。

코–꾸–빈데스까, 후나빈데스까

미국까지 항공우편 요금이 얼마입니까?

アメリカへのエアメール料金(りょうきん)はいくらですか。

아메리카에노 에아메–루 료–낑와 이꾸라데스까

안에 금지품목이 있나요?

中(なか)に禁止品目(きんしひんもく)がないですか。

나까니 킨시힘모꾸가 나이데스까

시간이 부족하다면, EMS를 이용하세요.

時間(じかん)が足(た)りなければEMSを利用(りよう)してください。

지깡가 타리나께레바 이–에므에스오 리요–시떼 쿠다사이

만약 반송될 때는, 이쪽 집으로 반송해 주세요.

もし返送(へんそう)される時(とき)は、こちらの自宅(じたく)の方(ほう)に送(おく)り返(かえ)してください。

모시 헨소–사레루 토끼와, 코찌라노 지따꾸노 호–니 오꾸리까에시떼 쿠다사이

미용실 상담

헤어스타일을 새롭게 바꾸고 싶어요.

ヘアスタイルを新(あたら)しく変(か)えたいです。

헤아스타이루오 아따라시꾸 카에따이데스

어떤 스타일로 해 드릴까요?

どのスタイルにしましょうか。

도노 스타이루니 시마쇼–까

생각하신 스타일이 있으세요?

思(おも)っているスタイルがありますか。

오못떼 이루 스타이루가 아리마스까

헤어스타일 책을 보여 드릴까요?

ヘアスタイルの本(ほん)を見(み)せて上(あ)げましょうか。

헤아스타이루노 홍오 미세떼 아게마쇼–까

알아서 어울리게 해 주세요.

私(わたし)に似合(にあ)う髪形(かみがた)にしてください。

와따시니 니아우 카미가따니 시떼 쿠다사이

이 사진 속의 모델처럼 하고 싶어요.

この写真(しゃしん)の中(なか)のモデルのようにしたいです。

코노 샤신노 나까노 모데루노 요–니 시따이데스

커트 ①

\# 커트만 하면 얼마예요?

カットだけならいくらですか。

캇토다께나라 이꾸라데스까

\# 어떻게 잘라 드릴까요?

どんなふうに切(き)りましょうか。

돈나 후–니 키리마쇼–까

\# 얼마나 자를까요?

どれぐらいカットしますか。

도레구라이 캇토시마스까

\# 이 정도 길이로 해 주세요.

このぐらいの長(なが)さでしてください。

코노 구라이노 나가사데 시떼 쿠다사이

\# 어깨까지 오는 길이로 잘라 주시겠어요?

肩(かた)までの長(なが)さで切(き)ってくれませんか。

카따마데노 나가사데 킷떼 쿠레마셍까

\# 머리를 짧게 자르고 싶어요.

髪(かみ)を短(みじか)く切(き)りたいです。

카미오 미지까꾸 키리따이데스

꼭! 짚고 가기

우체국 관련 어휘

- 郵便料金(ゆうびんりょうきん) 우편요금
- 速達(そくたつ) 속달
- 書留(かきとめ) 등기
- 普通郵便(ふつうゆうびん) 보통우편
- 宅配便(たくはいびん) 택배
- 小包(こづつみ) 소포
- 航空便(こうくうびん) 항공편
- 船便(ふなびん) 배편
- 定型封筒(ていけいふうとう) 규격봉투
- 切手(きって) 우표
- 記念切手(きねんきって) 기념우표
- ハガキ 엽서
- 郵便番号(ゆうびんばんごう) 우편번호
- 郵便配達人(ゆうびんはいたつじん) 우편배달부
- ポスト 우체통

커트 ②

머리 끝 약간만 잘라 주세요.

毛先(けさき)をちょっとだけ切(き)ってください。

케사끼오 춋또다께 킷떼 쿠다사이

끝만 살짝 다듬어 주세요.

先(さき)だけさっと整(ととの)えてください。

사끼다께 삿또 토또노에떼 쿠다사이

스포츠형으로 짧게 잘라 주세요.

刈(か)り上(あ)げにしてください。

카리아게니 시떼 쿠다사이

앞머리도 잘라 주세요.

前髪(まえがみ)も切(き)ってください。

마에가미모 킷떼 쿠다사이

앞머리는 그대로 두세요.

前髪(まえがみ)はそのままにしておいてください。

마에가미와 소노마마니 시떼 오이떼 쿠다사이

귀를 보이도록 해 주세요.

耳(みみ)は見(み)えるようにしてください。

미미와 미에루요–니 시떼 쿠다사이

파마

파마해 주세요.

パーマしてください。

파–마시떼 쿠다사이

어떤 파마를 원하세요?

どんなパーマをしたいですか。

돈나 파–마오 시따이데스까

스트레이트 파마로 해 주세요.

ストレートパーマをしてください。

스토레–토파–마오 시떼 쿠다사이

웨이브 파마로 해 주세요.

ウエーブパーマをしてください。

웨–브파–마오 시떼 쿠다사이

파마를 하고 싶은데, 시간은 어느 정도 걸려요?

パーマをかけたいんですけど、時間(じかん)はどれくらいかかりますか。

파–마오 카께따인데스께도, 지깡와 도레꾸라이 카까리마스까

염색

머리를 염색해 주세요.

髪(かみ)を染(そ)めてください。

카미오 소메떼 쿠다사이

어떤 색으로 하시겠어요?

どんな色(いろ)で染(そ)めますか。

돈나 이로데 소메마스까

지금 유행하는 컬러는 무슨 색이에요?

最近流行(さいきんりゅうこう)のカラーはどんな色(いろ)ですか。

사이낑 류-꼬-노 카라-와 돈나 이로데스까

갈색으로 염색해 주실래요?

茶色(ちゃいろ)で染(そ)めてください。

챠이로데 소메떼 쿠다사이

밝은색으로 염색하면 어려 보일 거예요.

明(あか)るい色(いろ)で染(そ)めれば若(わか)く見(み)えるでしょう。

아까루이 이로데 소메레바 와까꾸 미에루데쇼-

탈색하는 건 좀 싫은데요.

ブリーチはちょっとすきじゃないです。

부리-치와 춋또 스끼쟈나이데스

미용실 기타

저는 머리숱이 무척 많아요.

私(わたし)は髪(かみ)の毛(け)がとても多(おお)いです。

와따시와 카미노께가 토떼모 오-이데스

제 가르마는 왼쪽이에요.

私(わたし)の分(わ)け目(め)は左側(ひだりがわ)です。

와따시노 와께메와 히다리가와데스

손상된 모발에 좋은 샴푸 있어요?

傷(いた)んだ髪(かみ)に優(やさ)しいシャンプーってありますか。

이딴다 카미니 야사시- 샴푸-ㅅ떼 아리마스까

머릿결이 손상됐네요.

髪(かみ)が傷(いた)んでいます。

카미가 이딴데 이마스

머리카락 끝이 다 갈라졌다.

毛先(けさき)が全部(ぜんぶ)枝毛(えだげ)になった。

케사끼가 젬부 에다게니 낫따

그냥 드라이만 해 주세요.

そのままドライだけしてください。

소노마마 도라이다께 시떼 쿠다사이

染める 물들이다

네일

손톱 손질을 받고 싶은데요.

ネールケアをしたいですけど。

네-루케아오 시따이데스께도

매니큐어는 어떤 색이 있나요?

マニキュアはどんな色(いろ)がありますか。

마니큐아와 돈나 이로가 아리마스까

이 색은 마음에 안 들어요.

この色(いろ)は気(き)に入(い)らないです。

코노 이로와 키니 이라나이데스

손톱을 다듬어 주세요.

つめを整(ととの)えてください。

츠메오 토또노에떼 쿠다사이

저는 손톱이 잘 부러지는 편이에요.

私(わたし)はつめがよく割(わ)れる方(ほう)です。

와따시와 츠메가 요꾸 와레루 호-데스

Unit 6 세탁소 MP3. C05_U06

세탁물 맡기기

세탁해 주세요.

クリーニングをお願(ねが)いします。

크리-닝그오 오네가이시마스

이 양복을 세탁해 주세요.

このスーツを洗濯(せんたく)してください。

코노 스-츠오 센따꾸시떼 쿠다사이

이 바지를 좀 다려 주세요.

このズボンをちょっとアイロンかけてください。

코노 즈봉오 춋또 아이롱까께떼 쿠다사이

이 코트를 드라이클리닝 해 주세요.

このコートをドライクリーニングしてください。

코노 코-토오 도라이크리-닝그시떼 쿠다사이

모피도 함께 세탁해 주실 수 있나요?

ファーも、一緒(いっしょ)にクリーニングしてもらえるんですか。

화-모, 잇쇼니 크리-닝그시떼 모라에룬데스까

세탁물 찾기

언제 됩니까?

いつ仕上(しあ)がりますか。

이쯔 시아가리마스까

세탁물을 찾고 싶은데요.

洗濯物(せんたくもの)を受(う)け取(と)りたいんですが。

센따꾸모노오 우께또리따인데스가

제 세탁물은 다 됐나요?

私(わたし)の洗濯物(せんたくもの)は仕上(しあ)がっていますか。

와따시노 센따꾸모노와 시아갓떼 이마스까

다음 주 월요일까지는 세탁해 주셨으면 해요.

来週(らいしゅう)月曜日(げつようび)までには洗濯(せんたく)して欲(ほ)しいです。

라이슈- 게쯔요-비마데니와
센따꾸시떼호시-데스

세탁비는 얼마인가요?

洗濯料金(せんたくりょうきん)はいくらですか。

센따꾸 료-낑와 이꾸라데스까

얼룩 제거

이 얼룩이 빠질까요?

この染(し)みは取(と)れるでしょうか。

코노 시미와 토레루데쇼-까

얼룩 좀 제거해 주시겠어요?

染(し)み抜(ぬ)きをしてもらえますか。

시미누끼오 시떼 모라에마스까

이 얼룩은 빨아도 지워지지 않아요.

この染(し)みは洗濯(せんたく)しても落(お)ちないです。

코노 시미와 센따꾸시떼모 오찌나이데스

드라이클리닝을 하면 얼룩을 지울 수 있어요.

ドライクリーニングすれば、染(し)みが抜(ぬ)けます。

도라이크리-닝그스레바, 시미가 누께마스

ドライクリーニングすれば、染(し)みが取(と)れます。

도라이크리-닝그스레바, 시미가 토레마스

얼룩이 깨끗이 지워졌어요.

染(し)みがきれいに抜(ぬ)けました。

시미가 키레-니 누께마시따

렌터카 이용 ①

\# 이번 주 토요일에 차를 한 대 빌리고 싶습니다만.

今週(こんしゅう)の土曜日(どようび)に車(くるま)を一台(いちだい)借(か)りたいのですが。

콘슈–노 도요–비니 쿠루마오 이찌다이 카리따이노데스가

\# 어떤 차를 원하십니까?

どんな車(くるま)をご希望(きぼう)ですか。

돈나 쿠루마오 고끼보–데스까

\# 어떤 타입의 차가 좋으시겠습니까?

どのタイプの車(くるま)がよろしいですか。

도노 타이프노 쿠루마가 요로시–데스까

\# 렌터카 목록을 보여 주시겠어요?

レンタカーリストを見(み)せてもらえますか。

렌타카–리스토오 미세떼 모라에마스까

\# 밴을 빌리고 싶어요.

バンを借(か)りたいのですが。

방오 카리따이노데스가

\# 소형차를 빌리고 싶어요.

小型車(こがたしゃ)を借(か)りたいのですが。

코가따샤오 카리따이노데스가

렌터카 이용 ②

\# 어느 정도 운전할 예정입니까?

どのぐらい運転(うんてん)する予定(よてい)ですか。

도노구라이 운뗀스루 요떼–데스까

\# 닷새간 빌리고 싶습니다만.

5日間(いつかかん)借(か)りたいのですが。

이쯔까깐 카리따이노데스가

\# 가능하면, 지금 바로 빌리고 싶습니다.

できれば、今(いま)すぐ借(か)りたいのですが。

데끼레바, 이마 스구 카리따이노데스가

\# 렌탈료는 어떻게 됩니까?

レンタルの料金(りょうきん)はいくらですか。

렌타루노 료–낑와 이꾸라데스까

\# 하루에 만 엔입니다.

一日(いちにち)で一万円(いちまんえん)です。

이찌니찌데 이찌망엔데스

\# 한 단계 업그레이드 하면, 요금은 얼마 정도 차이가 생기나요?

ワンランクアップグレードすると、料金(りょうきん)はいくらくらい差(さ)が出(で)ますか。

완랑크 압프구레–도스루또, 료–낑와 이꾸라꾸라이 사가 데마스까

렌터카 이용 ③

보험을 드시겠어요?

保険(ほけん)をかけますか。

호껭오 카께마스까

종합보험을 들어 주세요.

総合(そうごう)保険(ほけん)をかけてください。

소-고-호껭오 카께떼 쿠다사이

어디로 반납해야 하나요?

どこに返(かえ)さなければならないですか。

도꼬니 카에사나께레바 나라나이데스까

전국 지점 어느 곳으로나 반납이 가능합니다.

全国(ぜんこく)の支店(してん)のどこにでも返却(へんきゃく)ができます。

젱꼬꾸노 시뗀노 도꼬니데모 벵꺄꾸가 데끼마스

외국인도 일본에서 렌터카를 빌릴 수 있습니까?

外国人(がいこくじん)でも日本(にほん)でレンタカーを借(か)りられますか。

가이꼬꾸진데모 니혼데 렌타카-오 카리라레마스까

返却 빌린 물건을 소유주에게 반납함

* **乗り捨て料金** 노리스테 요금
(렌터카를 빌린 가게와 다른 가게로 차를 반환할 경우 발생하는 요금)

주유소 ①

이 근처에 주유소가 있나요?

この辺(へん)でガソリンスタンドはありますか。

코노 헨데 가소린스탄도와 아리마스까

주유소에 들러요.

ガソリンスタンドに寄(よ)りましょう。

가소린스탄도니 요리마쇼-

가장 가까운 주유소가 어디에 있나요?

一番近(いちばんちか)いガソリンスタンドはどこにありますか。

이찌방 치까이 가소린스탄도와 도꼬니 아리마스까

기름은 충분해?

ガソリンは十分(じゅうぶん)か?

가소링와 쥬-붕까?

기름이 다 떨어졌어. 주유소가 어디에 있지?

ガソリンが無(な)くなった。ガソリンスタンドはどこにある?

가소링가 나꾸낫따. 가소린스탄도와 도꼬니 아루?

주유소 ②

저 주유소에 잠시 들렀다 가자, 기름을 넣어야 해.

あのガソリンスタンドにちょっとよって行(い)こう、ガソリンを入(い)れなきゃ。

아노 가소린스탄도니 춋또 욧떼 이꼬-, 가소링오 이레나꺄

그는 주유소에서 차에 기름을 넣고 있어요.

彼(かれ)はガソリンスタンドで車(くるま)にガソリンを入(い)れています。

카레와 가소린스탄도데 쿠루마니 가소링오 이레떼 이마스

가득 채워 주세요.

満(まん)タンにしてください。

만탄니 시떼 쿠다사이

5,000엔어치 넣어 주세요.

5000円分(えんぶん)入(い)れてください。

고셍엠분 이레떼 쿠다사이

요즘은 셀프 주유소도 늘어났어.

最近(さいきん)はセルフのガソリンスタンドも増(ふ)えてきたよね。

사이낑와 세루후노 가소린스탄도모 후에떼 키따요네

세차&정비

세차해 주세요.

洗車(せんしゃ)してください。

센샤시떼 쿠다사이

세차하고 왁스를 발라 주세요.

洗車(せんしゃ)してワックスをかけてください。

센샤시떼 왁크스오 카께떼 쿠다사이

세차 요금은 얼마인가요?

洗車(せんしゃ)の料金(りょうきん)はいくらですか。

센샤노 료-낑와 이꾸라데스까

배터리가 떨어졌어요. 충전해 주세요.

バッテリーがあがりました。充電(じゅうでん)してください。

밧테리-가 아가리마시따. 쥬-덴시떼 쿠다사이

타이어, 점검해 주세요.

タイヤ、チェックしてください。

타이야, 첵크시떼 쿠다사이

엔진오일, 좀 봐 주시겠어요?

エンジンオイル、ちょっと見(み)てくれませんか。

엔징오이루, 춋또 미떼 쿠레마셍까

ガソリンスタンド 주유소

서점&헌책방

책은 통틀어 다섯 권입니다.

本(ほん)は全部(ぜんぶ)で5冊(さつ)です。

홍와 젬부데 고사쯔데스

이것은 상하 두 권으로 된 책입니다.

これは上下二巻(じょうげにかん)の本(ほん)です。

코레와 죠-게 니깐노 혼데스

나는 헌책방에서 보기 드문 책을 우연히 발견했다.

私(わたし)は古本屋(ふるほんや)でめずらしい本(ほん)を偶然発見(ぐうぜんはっけん)した。

와따시와 후루홍야데 메즈라시- 홍오 구-젱 학껜시따

이 헌책방에서는 새 책과 중고 책을 모두 판매해요.

この古本屋(ふるほんや)では新(あたら)しい本(ほん)と中古本(ちゅうこぼん)といずれも販売(はんばい)します。

코노 후루홍야데와 아따라시- 혼또 츄-꼬본또 이즈레모 함바이시마스

이 책은 저자 불명의 책인데요.

この本(ほん)は著者不明(ちょしゃふめい)の本(ほん)です。

코노 홍와 쵸샤 후메-노 혼데스

책 찾기 ①

실례지만, 무라카미 하루키의 새 책 있어요?

すみませんが、村上春樹(むらかみはるき)の新(あたら)しい本(ほん)はありますか。

스미마셍가, 무라까미하루끼노 아따라시- 홍와 아리마스까

실례지만, 역사에 관한 책은 어디에 있죠?

すみませんが、歴史(れきし)に関(かん)する本(ほん)はどこにありますか。

스미마셍가, 레끼시니 칸스루 홍와 도꼬니 아리마스까

책은 히라가나 순으로 책꽂이에 꽂혀 있습니다.

本(ほん)はひらがなの順番(じゅんばん)どおりに本棚(ほんだな)に並(なら)んでいます。

홍와 히라가나노 쥼반도-리니 혼다나니 나란데 이마스

그 책 출판사가 어디인지 아세요?

その本(ほん)の出版社(しゅっぱんしゃ)がどこか知(し)っていますか。

소노 혼노 슙빤샤가 도꼬까 싯떼 이마스까

원하시는 책 제목을 알려 주시겠어요?

欲(ほ)しい本(ほん)の題名(だいめい)を教(おし)えてくれませんか。

호시- 혼노 다이메-오 오시에떼 쿠레마셍까

책 찾기 ②

그 책은 언제 나옵니까?

その本(ほん)はいつ出(で)ますか。

소노 홍와 이쯔 데마스까

그 책은 곧 발매됩니다.

その本(ほん)はもうすぐ発売(はつばい)されます。

소노 홍와 모- 스구 하쯔바이사레마스

이 소설은 막 나온 신간입니다.

この小説(しょうせつ)は出(で)たばかりの新刊(しんかん)です。

코노 쇼-세쯔와 데따바까리노 신깐데스

이 책은 9월에 출간되었어요.

この本(ほん)は9月(がつ)に出版(しゅっぱん)されました。

코노 홍와 쿠가쯔니 슙빤사레마시따

이 책은 절판되었습니다.

この本(ほん)は廃刊(はいかん)になりました。

코노 홍와 하이깐니 나리마시따

이 책은 전면 개정된 것입니다.

この本(ほん)は全面改訂(ぜんめんかいてい)されたものです。

코노 홍와 젬멩 카이떼-사레따 모노데스

책 호응 수준

이 책이 가장 잘 팔렸어요.

この本(ほん)は一番(いちばん)よく売(う)れました。

코노 홍와 이찌방 요꾸 우레마시따

이 책의 독자는 주로 주부이다.

この本(ほん)の読者(どくしゃ)は主(おも)に主婦(しゅふ)だ。

코노 혼노 독샤와 오모니 슈후다

그 책은 다수의 독자를 얻었다.

その本(ほん)は多数(たすう)の読者(どくしゃ)の支持(しじ)を得(え)た。

소노 홍와 타스-노 독샤노 시지오 에따

지금, 이런 책이 인기예요.

今(いま)、こんな本(ほん)が人気(にんき)です。

이마, 콘나 홍가 닝끼데스

이 책은 최근 인기가 많아졌어요.

この本(ほん)は最近(さいきん)人気(にんき)が出(で)ました。

코노 홍와 사이낑 닝끼가 데마시따

도서 구입

\# 그 책은 1,050엔쯤 할걸요.

その本は1050円ぐらいでしょう。

소노 홍와 센고쥬–엥구라이데쇼–

\# 책이 뭐가 그리 비싸요?

本がなんでそんなに高いんですか。

홍가 난데 손나니 타까인데스까

\# 30%나 할인한다길래 책을 충동구매 해 버렸죠.

30パーセント割引きすると聞いて、本を衝動買いしてしまいました。

산쥽파–센토 와리비끼스루또 키–떼, 홍오 쇼–도–가이시떼 시마이마시따

\# 원래 2,600엔인데, 책 한 권당 20% 할인해 드립니다.

もともと2600円ですけど、本一冊当たり20パーセント割引してさしあげます。

모또모또 니센롭빠쿠엔데스께도, 혼 잇사쯔아따리 니쥽파–센토 와리비끼시데 사시아게마스

\# 파본은 교환해 드립니다.

落丁本は交換致します。

라꾸쬬–봉와 코–깡이따시마스

꼭! 짚고 가기

조수사 ③

책을 셀 때 쓰는 말은 冊입니다. 앞에 숫자를 붙여 한번 읽어 보세요.

- 一冊(いっさつ)
- 二冊(にさつ)
- 三冊(さんさつ)
- 四冊(よんさつ)
- 五冊(ごさつ)
- 六冊(ろくさつ)
- 七冊(しちさつ)
- 八冊(はちさつ)
- 九冊(きゅうさつ)
- 十冊(じゅうさつ)
- 何冊(なんさつ)

도서관 ①

도서카드 없이 도서관에 들어갈 수 없습니다.

図書(としょ)カードなしに図書館(としょかん)に入館(にゅうかん)することはできません。

토쇼카-도나시니 토쇼깐니 뉴-깐스루 코또와 데끼마셍

도서카드를 만들고 싶은데요.

図書(としょ)カードを作(つく)りたいのですが。

토쇼카-도오 츠꾸리따이노데스가

도서관은 30분 후에 문을 닫습니다.

図書館(としょかん)は30分後(ぷんご)に閉(し)まります。

토쇼깡와 산쥽뿡고니 시마리마스

도서관의 책을 예약했다.

図書館(としょかん)の本(ほん)を予約(よやく)した。

토쇼깐노 홍오 요야꾸시따

네가 찾는 책은 도서관에 있지.

あなたが捜(さが)している本(ほん)は図書館(としょかん)にあるよ。

아나따가 사가시떼 이루 홍와 토쇼깐니 아루요

그는 도서관에 책을 기증했습니다.

彼(かれ)は図書館(としょかん)に本(ほん)を寄贈(きぞう)しました。

카레와 토쇼깐니 홍오 키조-시마시따

도서관 ②

그는 도서관에서 책을 빌리고 있어요.

彼(かれ)は図書館(としょかん)で本(ほん)を借(か)りています。

카레와 토쇼깐데 홍오 카리떼 이마스

우리는 도서관에서 책을 읽고 있었어.

私(わたし)たちは図書館(としょかん)で本(ほん)を読(よ)んでいたよ。

와따시따찌와 토쇼깐데 홍오 욘데 이따요

도서관의 책이 정리되어, 책을 찾기가 쉬워졌습니다.

図書館(としょかん)の本(ほん)が整理(せいり)され、本(ほん)を探(さが)しやすくなりました。

토쇼깐노 홍가 세-리사레, 홍오 사가시야스꾸 나리마시따

그 책은 5층 뒤 서가에 있습니다.

その本(ほん)は5階(かい)の裏(うら)の本棚(ほんだな)にあります。

소노 홍와 고까이노 우라노 혼다나니 아리마스

도서관 책은 복사할 수 있습니까?

図書館(としょかん)の本(ほん)はコピーできますか。

토쇼깐노 홍와 코피-데끼마스까

도서 대출

대출할 책은 대출계로 가져오세요.

借りたい本は貸し出しカウンターへお持ちください。

카리따이 홍와 카시다시 카운타–에 오모찌 쿠다사이

책은 다섯 권까지 대출할 수 있습니다.

本は5冊まで借りられます。

홍와 고사쯔마데 카리라레마스

책을 대출하려면 어떻게 해야 되죠?

本を借りるにはどうしたらよいですか。

홍오 카리루니와 도–시따라 요이데스까

책을 빌리려면 도서카드가 필요합니다.

本を借りるには図書カードが必要です。

홍오 카리루니와 토쇼카–도가 히쯔요–데스

도서관 사전은 대출이 안 됩니다. 열람용입니다.

図書館の辞書は貸し出しをしていません。閲覧のみです。

토쇼깐노 지쇼와 카시다시오 시떼 이마셍 에쯔란노미데스

도서 반납

오늘까지 반납해야 할 책이 있어서 도서관에 가야 해.

今日までに返却しないといけない本があるから、図書館に行かなきゃ。

쿄–마데니 헹꺄꾸시나이또 이께나이 홍가 아루까라, 토쇼깐니 이까나꺄

책을 반납하려고 왔는데요.

本を返却しに来たんですが。

홍오 헹꺄꾸시니 키딴데스가

책은 열흘 안에 반납해야 합니다.

本は10日以内に返却しなければなりません。

홍와 토–까 이나이니 헹꺄꾸시나께레바 나리마셍

그 책은 대출되었습니다. 다음 주 월요일에 반납됩니다.

その本は貸出中です。来週月曜日には戻ります。

소노 홍와 카시다시쮸–데스. 라이슈– 게쯔요–비니와 모도리마스

기한이 지난 책을 반납하려고요.

期限が過ぎた本を返却したいのですが。

키겡가 스기따 홍오 헹꺄꾸시따이노데스가

Unit 10 기타 장소 MP3. C05_U10

미술관

이번 주말에 저랑 미술관에 갈래요?

今度(こんど)の週末(しゅうまつ)に私(わたし)と美術館(びじゅつかん)に行(い)きますか。

콘도노 슈-마쯔니 와따시또 비쥬쯔깐니 이끼마스까

ㄴ 미술관은 무슨 요일에 문을 닫나요?

L美術館(びじゅつかん)は何曜日(なんようび)に休(やす)みますか。

에루비쥬쯔깡와 낭요-비니 야스미마스까

개관 시간은 몇 시입니까?

開館(かいかん)時間(じかん)は何時(なんじ)ですか。

카이깡 지깡와 난지데스까

오전 9시 반부터 오후 5시까지입니다.

午前(ごぜん)9時半(じはん)から午後(ごご)5時(じ)までです。

고젱 쿠지한까라 고고 고지마데데스

휴관일은 언제입니까?

休館日(きゅうかんび)はいつですか。

큐-깜비와 이쯔데스까

국립미술관에서는 지금 인상파 전시회가 열리고 있어요.

国立美術館(こくりつびじゅつかん)では今(いま)、印象派(いんしょうは)の展示会(てんじかい)が開(ひら)かれています。

코꾸리쯔비쥬쯔깐데와 이마, 인쇼-하노 텐지까이가 히라까레떼 이마스

박물관

박물관 입장권을 사고 싶은데요.

博物館(はくぶつかん)の入場券(にゅうじょうけん)を買(か)いたいのですが。

하꾸부쯔깐노 뉴-죠-껭오 카이따이노데스가

모처럼 왔는데, 박물관이 휴관이라 매우 실망했어.

せっかく来(き)たのに、博物館(はくぶつかん)が休館(きゅうかん)で、とてもがっかりした。

섹까꾸 키따노니, 하꾸부쯔깡가 큐-깐데, 토떼모 각까리시따

도록을 사 올게.

図録(ずろく)を買(か)ってくるね。

즈로꾸오 캇떼 쿠루네

이곳은 어린이들에게 인기 있는 박물관입니다.

ここは子供(こども)たちに人気(にんき)のある博物館(はくぶつかん)です。

코꼬와 코도모따찌니 닝끼노 아루 하꾸부쯔깐데스

이곳은 체험 학습을 할 수 있는 과학박물관입니다.

ここは体験学習(たいけんがくしゅう)のできる科学(かがく)博物館(はくぶつかん)です。

코꼬와 타이껭 각슈-노 데끼루 카가꾸 하꾸부쯔깐데스

놀이동산

놀이동산에 가는 거 좋아하세요?

テーマパーク[遊園地]に行くのは好きですか。

테–마파–크[유–엔찌]니 이꾸노와 스끼데스까

놀이동산에서 어떤 놀이기구를 좋아해?

テーマパーク[遊園地]では何の乗り物が好き?

테–마파–크[유–엔찌]데와 난노 노리모노가 스끼?

난 놀이기구가 겁이 나서.

私は乗り物が怖いから。

와따시와 노리모노가 코와이까라

롤러코스터 타는 거 무섭지 않아?

ジェットコースターに乗るのは怖くない?

젯토코–스타–니 노루노와 코와꾸 나이?

이 티켓을 가지면, 놀이동산의 모든 곳을 입장할 수 있다.

このチケットがあれば、テーマパーク[遊園地]の中ならどこでも入場できる。

코노 치켓토가 아레바, 테–마파–크[유–엔찌]노 나까나라 도꼬데모 뉴–죠–데끼루

헬스클럽 등록

헬스클럽에 가입했다면서요?

スポーツジムに入ったんだって?

스포–츠지므니 하잇딴닷떼?

スポーツジムに入会したんだって?

스포–츠지므니 뉴–까이시딴닷떼?

다음 달에는 헬스클럽에 등록해야지.

来月にはスポーツジムに登録しなきゃ。

라이게쯔니와 스포–츠지므니 토–로꾸시나꺄

새로 가입한 헬스클럽은 어때요?

新しく入ったスポーツジムはどうですか。

아따라시꾸 하잇따 스포–츠지므와 도–데스까

新しく入会したスポーツジムはどうですか。

아따라시꾸 뉴–까이시따 스포–츠지므와 도–데스까

헬스클럽의 회원 자격 기한이 다음 달에 종료된다.

スポーツジムの会員の資格期限が来月で終わる。

스포–츠지므노 카이인노 시까꾸 키겡가 라이게쯔데 오와루

헬스클럽 이용

헬스클럽에 가자.

スポーツジムに行(い)こう。

스포–츠지므니 이꼬–

헬스클럽에 일주일에 몇 번 가세요?

スポーツジムには一週間(いっしゅうかん)にどのくらい通(かよ)っていますか。

스포–츠지므니와 잇슈–깐니 도노꾸라이 카욧떼 이마스까

요즘 헬스클럽에서 통 안 보이던데요.

最近(さいきん)スポーツジムで全然(ぜんぜん)見(み)かけない[見(み)えない]ですね。

사이낑 스포–츠지므데 젠젱 미까께나이 [미에나이]데스네

에미코는 헬스클럽에서 운동하며, 땀을 흘렸다.

恵美子(えみこ)はスポーツジムで運動(うんどう)し、汗(あせ)をかきました。

에미꼬와 스포–츠지므데 운도–시, 아세오 카끼마시따

근육 멋있네요. 운동하세요?

すごい筋肉(きんにく)ですね。鍛(きた)えていますか。

스고이 킨니꾸데스네. 키따에떼 이마스까

鍛える 단련하다, 훈련하다

Unit 11 영화관&기타 공연장 MP3. C05_U11

영화관 ①

기분 전환하러 영화 보러 가자.

気分(きぶん)転換(てんかん)するために映画(えいが)観(み)に行(い)こうよ。

키분뗑깐스루타메니 에–가 미니 이꼬–요

좋은 좌석을 맡기 위해 일찍 영화관에 갈 거야.

いい席(せき)を取(と)るために早(はや)く映画館(えいがかん)に行(い)くよ。

이– 세끼오 토루따메니 하야꾸 에–가깐니 이꾸요

영화관 앞에서 6시 30분에 만나요.

映画館(えいがかん)の前(まえ)で6時(じ)30分(ぷん)に会(あ)いましょう。

에–가깐노 마에데 로꾸지 산쥽뿐니 아이마쇼–

이것은 영화관으로 들어가는 줄이에요.

これは映画館(えいがかん)に入(はい)るために並(なら)んでいる列(れつ)です。

코레와 에–가깐니 하이루따메니 나란데 이루 레쯔데스

우리는 조금 늦게 영화관에 입장했다.

私(わたし)たちは少(すこ)し遅(おく)れて映画館(えいがかん)に入場(にゅうじょう)した。

와따시따찌와 스꼬시 오꾸레떼 에–가깐니 뉴–죠–시따

영화관 ②

\# 영화관이 초만원이라서 답답했다.

映画館(えいがかん)が超満員(ちょうまんいん)だから気(き)がかりだった。

에–가깡가 쵸–망인다까라 키가 까리닷따

\# 가장 가까운 영화관이 어디에 있습니까?

一番近(いちばんちか)い映画館(えいがかん)はどこですか。

이찌방 치까이 에–가깡와 도꼬데스까

\# 어느 영화관으로 갈 거예요?

どちらの映画館(えいがかん)に行(い)くんですか。

도찌라노 에–가깐니 이꾼데스까

\# 그 영화는 이케부쿠로 영화관에서 상영하고 있어요.

その映画(えいが)は池袋(いけぶくろ)映画館(えいがかん)で上映(じょうえい)してます。

소노 에–가와 이께부꾸로 에–가깐데 죠–에–시떼마스

\# 영화관에 너무 늦게 도착해서 영화를 처음부터 못 봤어요.

映画館(えいがかん)にずいぶん遅(おそ)く到着(とうちゃく)したので、映画(えいが)を最初(さいしょ)から観(み)れませんでした。

에–가깐니 즈이붕 오소꾸 토–쨔꾸시따노데, 에–가오 사이쇼까라 미레마센데시따

영화표

\# 아직 그 영화표 구입이 가능한가요?

まだその映画(えいが)のチケットの購入(こうにゅう)ができますか。

마다 소노 에–가노 치켓토노 코–뉴–가 데끼마스까

\# 그는 영화표를 사려고 줄을 서서 기다렸습니다.

彼(かれ)は映画(えいが)のチケットを買(か)うために並(なら)んで待(ま)ちました。

카레와 에–가노 치켓토오 카우따메니 나란데 마찌마시따

\# 7시 영화표 두 장 주세요.

7時(じ)の映画(えいが)のチケット2枚(まい)お願(ねが)いします。

시찌지노 에–가노 치켓토 니마이 오네가이시마스

\# 영화표 샀니?

映画(えいが)のチケット買(か)ったの?

에–가노 치켓토 캇따노?

\# 죄송하지만, 매진입니다.

すみませんが、売(う)り切(き)れです。

스미마센가, 우리끼레데스

영화관 에티켓

영화관에서는 음식을 먹을 수 없습니다.

映画館(えいがかん)では食(た)べ物(もの)を食(た)べられません。

에–가깐데와 타베모노오 타베라레마셍

영화 시작 전에 휴대전화를 꺼 두세요.

映画(えいが)の始(はじ)まる前(まえ)にケータイを切(き)って置(お)いてください。

에–가노 하지마루 마에니 케–타이오 킷떼 오이떼 쿠다사이

앞 좌석을 발로 차지 마세요.

前(まえ)の席(せき)の椅子(いす)を足(あし)で蹴(け)らないでください。

마에노 세끼노 이스오 아시데 케라나이데 쿠다사이

상영 중 촬영은 금물입니다.

上映中(じょうえいちゅう)の撮影(さつえい)は禁止(きんし)です。

죠–에–쮸–노 사쯔에–와 킨시데스

옆 사람한테 조용히 하라고, 말 좀 해.

横(よこ)の人(ひと)に静(しず)かにしてくれと、言(い)って。

요꼬노 히또니 시즈까니 시떼 쿠레또, 잇떼

기타 공연

그 연극은 지금 국립극장에서 공연 중이에요.

その演劇(えんげき)は、今国立劇場(いまこくりつげきじょう)で公演中(こうえんちゅう)です。

소노 엥게끼와, 이마 코꾸리쯔 게끼죠–데 코–엔쮸–데스

이 극장에서 자선공연이 있을 것입니다.

この劇場(げきじょう)では慈善(じぜん)公演(こうえん)があるようです。

코노 게끼죠–데와 지젱 코–엥가 아루요–데스

저녁에, 외식하고 뮤지컬이나 봐요.

夕方(ゆうがた)、外食(がいしょく)してミュージカルでも見(み)よう。

유–가따, 가이쇼꾸시떼 뮤–지카루데모 미요–

뮤지컬이 20분 후에 시작해요.

ミュージカルは、20分後(ぷんご)に始(はじ)まります。

뮤–지카루와, 니즙뿡고니 하지마리마스

시민회관에서 정기연주회가 있어요.

市民(しみん)ホールで定期演奏会(ていきえんそうかい)があります。

시밍호–루데 테–끼 엔소–까이가 아리마스

Unit 12 술집 MP3. C05_U12

술집 ①

\# 나는 퇴근 후에 종종 술집에 들른다.

私は仕事帰りに時々居酒屋に立ち寄る。

와따시와 시고또가에리니 토끼도끼 이자까야니 타찌요루

\# 이 술집은 제 단골집이에요.

この居酒屋は私の行き付けの店です。

코노 이자까야와 와따시노 이끼쯔께노 미세데스

\# 우리 단골 술집에서 한잔할까?

俺たちの行き付けの飲み屋で一杯飲もうか？

오레따찌노 이끼쯔께노 노미야데 입빠이 노모-까?

\# 맥주 맛도 기가 막히고, 라이브 뮤직도 있는데.

ビールの味もいいし、ライブもあるし。

비-루노 아지모 이-시, 라이브모 아루시

\# 이 술집 괜찮은데.

この居酒屋いいね。

코노 이자까야 이-네

\# 우선 맥주 주세요!

とりあえずビール！

토리아에즈 비-루!

술집 ②

\# 일 끝나면, 맥주 한잔 살게요.

仕事が終わった後で、ビール一杯お奢ります。

시고또가 오왓따 아또데, 비-루 입빠이 오고리마스

\# 이 술집에서는 일요일마다 라이브 재즈 공연이 있다.

この飲み屋は日曜日ごとにライブのジャズ公演がある。

코노 노미야데와 니찌요-비고또니 라이브노 쟈즈 코-엥가 아루

\# 저 술집에 가서 맥주 한잔합시다.

あの居酒屋に行ってビール一杯飲みましょう。

아노 이자까야니 잇떼 비-루 입빠이 노미마쇼-

\# 오늘 밤 술집 갈래요?

今夜、居酒屋に行きますか。

콩야, 이자까야니 이끼마스까

\# 집에 가는 길에 술 한잔하자.

家に帰る途中で一杯飲もうよ。

이에니 카에루 토쮸-데 입빠이 노모-요

술 권하기 ①

건배!

乾杯(かんぱい)!

캄빠이!

건배할까요?

乾杯(かんぱい)しようか。

캄빠이시요-까

뭘 위해 건배할까요?

何(なに)に乾杯(かんぱい)しますか。

나니니 캄빠이시마스까

두 분의 결혼을 축하하며, 건배!

二人(ふたり)の結婚(けっこん)を祝(いわ)って、乾杯(かんぱい)!

후따리노 켁꽁오 이왓떼, 캄빠이!

한 잔 더 주세요.

もう一杯(いっぱい)ください。

모- 입빠이 쿠다사이

한 잔 더 할래?

もう一杯(いっぱい)飲(の)みましょうか。

모- 입빠이 노미마쇼-까

제가 한 잔 따라 드릴까요?

私(わたし)が一杯(いっぱい)つぎましょうか。

와따시가 입빠이 츠기마쇼-까

술 권하기 ②

오늘, 실컷 마시자고!

今日(きょう)、思(おも)いきり飲(の)みましょう!

쿄-, 오모이끼리 노미마쇼-!

쭉 마셔요!

どんどん飲(の)んじゃってよ!

돈동 논쟛떼요!

원샷은 내 전공이지.

私(わたし)はいつも一気(いっき)飲(の)みだ。

와따시와 이쯔모 익끼노미다

술은 뭘로 할래요?

何(なん)の酒(さけ)を飲(の)みたいですか。

난노 사께오 노미따이데스까

우선 맥주부터 드실래요?

まず、ビールから飲(の)みますか。

마즈, 비-루까라 노미마스까

맥주를 더 할래요, 아니면 위스키를 할래요?

ビールをもっと飲(の)みますか、
ウイスキーを飲(の)みますか。

비-루오 못또 노미마스까, 우이스키-오 노미마스까

술 권하기 ③

아, 역시 맥주가 좋겠네요.

いや、やっぱりビールの方(ほう)がいいです。

이야, 압빠리 비-루노 호-가 이-데스

생맥주 중간 사이즈로 두 잔 주세요.

生(なま) 中(ちゅう) 二(ふた)つください。

나마쮸- 후따쯔 쿠다사이

맥주로 건배합시다.

ビールで乾杯(かんぱい)しましょう。

비-루데 캄빠이시마쇼-

스카치 위스키를 얼음에 타 주세요.

スコッチウイスキーをロックでください。

스콧치우이스키-오 록크데 쿠다사이

위스키에 물을 타 줄래요?

ウイスキーを水割(みずわ)りにしてくれませんか。

우이스키-오 미즈와리니 시떼 쿠레마셍까

와인은 레드랑 화이트, 어느 쪽을 좋아해?

ワインは赤(あか)と白(しろ)、どっちが好(す)き?

와잉와 아까또 시로, 돗찌가 스끼?

生中 생맥주 중간 사이즈 = **中ジョッキのビール**
* **生小** 생맥주 작은 사이즈
* **大ジョッキ** 생맥주 큰 사이즈
* **ジョッキ** 생맥주 마시는 손잡이 있는 컵

안주 고르기

안주로는 뭐가 있나요?

どんなおつまみがありますか。

돈나 오쯔마미가 아리마스까

술안주는 뭘 좋아해요?

お酒(さけ)のおつまみは何(なに)が好(す)きですか。

오사께노 오쯔마미와 나니가 스끼데스까

술 마시면서 안주를 뭔가 시켜요.

酒(さけ)を飲(の)みながらおつまみを何(なに)か注文(ちゅうもん)しましょう。

사께오 노미나가라 오쯔마미오 나니까 츄-몬시마쇼-

이것은 와인에 어울리는 안주예요.

これはワインに合(あ)うおつまみです。

코레와 와인니 아우 오쯔마미데스

맥주랑 뭘 드실래요?

ビールと何(なに)を召(め)し上(あ)がりますか。

비-루또 나니오 메시아가리마스까

술안주로는 이것이 최고죠.

お酒(さけ)のおつまみにはこれが一番(いちばん)です。

오사께노 오쯔마미니와 코레가 이찌반데스

Chapter 06

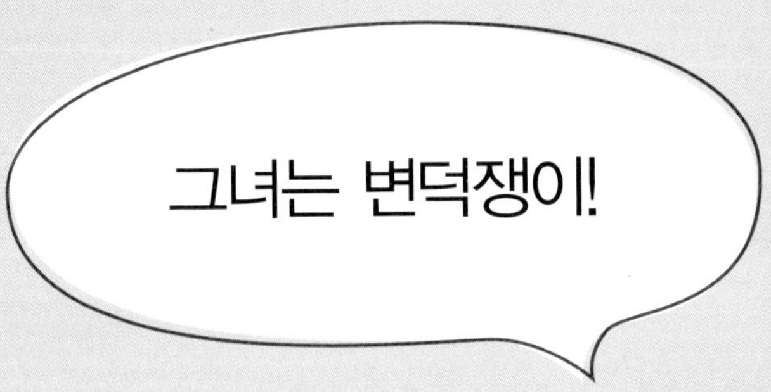

Chapter 06.

Unit 1 좋은 감정

Unit 2 좋지 않은 감정

Unit 3 성격

Unit 4 기호&기타

気分きぶん 키붕 기분

MP3. Word_C06_01

肯定的こうていてきな気分きぶん 코-떼-떼끼나 키붕 긍정적인 기분	楽たのしい 타노시- a. 즐겁다 	楽たのしみ 타노시미 n. 즐거움, 낙 
	嬉うれしい 우레시- a. 기쁘다 	喜よろこび 요로꼬비 n. 기쁨
	面白おもしろい 오모시로이 a. 재미있다 	面白おもしろみ 오모시로미 = 面白おもしろさ 오모시로사 n. 재미, 흥미
	興奮こうふんする 코-훈스루 v. 흥분하다 	浮うき浮うき 우끼우끼 adv. 신이 나서 들뜬 모양
	幸しあわせだ 시아와세다 a. 행복하다 	幸しあわせ 시아와세 n. 행복 
	笑わらう 와라우 v. 웃다 	笑わらい 와라이 n. 웃음
	ほほ笑えむ 호호에무 v. 미소 짓다 	ほほ笑えみ 호호에미 n. 미소
気きに入いる 키니 이루 마음에 들다 	満足まんぞくだ 만조꾸다 a. 만족하다 	満足まんぞく 만조꾸 n. 만족

<table>
<tr>
<td rowspan="8">否定的ひていてきな気分きぶん
히떼–떼끼나 키붕
부정적인 기분</td>
<td>悲かなしい 카나시–
a. 슬프다
</td>
<td>悲かなしみ 카나시미
n. 슬픔, 비애
</td>
</tr>
<tr>
<td>苦くるしい 쿠루시–
a. 괴롭다,
고통스럽다
</td>
<td>憂鬱ゆううつ 유–우쯔
n. 우울
</td>
</tr>
<tr>
<td>悔くやしい 쿠야시–
a. 분하다, 억울하다
</td>
<td>恥はずかしい 하즈까시–
a. 부끄럽다, 창피하다
</td>
</tr>
<tr>
<td>不安ふあんだ 후안다
a. 불안하다
</td>
<td>不便ふべんだ 후벤다
a. 불편하다
</td>
</tr>
<tr>
<td>寂さびしい 사비시–
a. 쓸쓸하다, 외롭다
</td>
<td>むなしい 무나시–
a. 허무하다, 덧없다
</td>
</tr>
<tr>
<td>めいる 메이루
v. 기가[풀이] 죽다,
우울해지다
</td>
<td>傷きずつく 키즈쯔꾸
v. 상처를 입다,
다치다
</td>
</tr>
<tr>
<td>怖こわい 코와이
= 恐おそろしい
오소로시–
a. 무섭다, 두렵다
</td>
<td>恐怖きょうふ 쿄–후
n. 공포
</td>
</tr>
<tr>
<td>失望しつぼう 시쯔보–
n. 실망
</td>
<td>怒おこる 오꼬루
v. 화내다, 노하다
</td>
</tr>
</table>

性格せいかく 세-까꾸 성격

MP3. Word_C06_02

いい性格せいかく 이- 세-까꾸 좋은 성격	やさしい 야사시- = おとなしい 오또나시- a. 온순하다, 암전하다	親切しんせつだ 신세쯔다 a. 친절하다
	正直しょうじきだ 쇼-지끼다 a. 정직하다	まじめだ 마지메다 a. 착실하다, 성실하다
	几帳面きちょうめんだ 키쪼-멘다 a. 꼼꼼하다	気きさくだ 키사꾸다 a. 싹싹하다
	素直すなおだ 스나오다 a. 고분고분하다, 순수하다	情なさけ深ぶかい 나사께브까이 a. 인정이 많다
明あかるい性格 せいかく 아까루이 세-까꾸 밝은 성격	朗ほがらかだ 호가라까다 a. 명랑하다	のんきだ 농끼다 a. 낙천적이다, 무사태평이다
	おおらかだ 오-라까다 a. 태평하다	楽天的らくてんてきだ 라꾸뗀떼끼다 a. 낙천적이다
	友好的ゆうこうてきだ 유-꼬-떼끼다 a. 우호적이다	活動的かつどうてきだ 카쯔도-떼끼다 a. 활동적이다
	意欲的いよくてきだ 이요꾸떼끼다 a. 의욕적이다	社交的しゃこうてきだ 샤꼬-떼끼다 a. 사교적이다

悪わるい性格せいかく
와루이 세–까꾸
나쁜 성격

悪わるい 와루이
a. 나쁘다, 못되다

神経質しんけいしつだ
신께–시쯔다
a. 신경질적이다

気難きむずかしい 키무즈까시–
a. 성미가 까다롭다

そそっかしい 소속까시–
a. 경솔하다, 덜렁대다

暗くらい性格せいかく
쿠라이 세–까꾸
어두운 성격

絶望的ぜつぼうてきだ
제쯔보–떼끼다
a. 절망적이다

悲観的ひかんてきだ 히깐떼끼다
a. 비관적이다

否定的ひていてきだ
히떼–떼끼다
a. 부정적이다

好すき嫌きらい 스끼끼라이 호불호

MP3. Word_C06_03

好すきだ 스끼다
a. 좋아하다

好すき 스끼
n. 좋아함

大好だいすきだ 다이스끼다
a. 매우 좋아하다

心こころに留とめる
코꼬로니 토메루
마음에 두다

愛あいする 아이스루
v. 사랑하다

誘さそう 사소–
v. 꾀다, 유혹하다

欲ほしい 호시–
a. ~하고 싶다, 바라다

願ねがう 네가우
v. 원하다, 바라다

嫌きらいだ 키라이다
a. 싫어하다

嫌いやだ 이야다
a. 싫다

嫌きらい 키라이
= **嫌いや** 이야
n. 싫음

大嫌だいきらいだ 다이끼라이다
a. 매우 싫어하다

憎にくい 니꾸이
a. 밉다

不愉快ふゆかい 후유까이
n. 불쾌

苦苦にがにがしい
니가니가시–
a. 대단히 불쾌하다

Unit 1 좋은 감정 MP3. C06_U01

기쁘다 ①

\# 몹시 기뻐요.

とても嬉(うれ)しいです。

토떼모 우레시–데스

\# 와, 기뻐요!

わあ、嬉(うれ)しい！

와–, 우레시–!

\# 기뻐 죽겠어.

嬉(うれ)しくてたまらない。

우레시꾸떼 타마라나이

\# 이처럼 기쁜 일은 없습니다.

これほど嬉(うれ)しいことはありません。

코레호도 우레시– 코또와 아리마셍

\# 이보다 더 기쁠 수는 없습니다.

これにまさる喜(よろこ)びはありません。

코레니 마사루 요로꼬비와 아리마셍

\# 그 말을 들으니 기뻐요.

その話(はなし)を聞(き)いて嬉(うれ)しいです。

소노 하나시오 키–떼 우레시–데스

\# 당신을 만나서, 정말 기뻐요.

あなたに会(あ)えて、嬉(うれ)しいです。

아나따니 아에떼, 우레시–데스

기쁘다 ②

\# 그건, 기쁜 일이네요.

それは、嬉(うれ)しいことですね。

소레와, 우레시– 코또데스네

\# 너무 기뻐서 말이 안 나와요.

嬉(うれ)しすぎて声(こえ)も出(で)ません。

우레시스기떼 코에모 데마셍

嬉(うれ)しすぎて言葉(ことば)になりません。

우레시스기떼 코또바니 나리마셍

\# 너무 기뻐서 울었습니다.

あまりに嬉(うれ)しくて泣(な)いてしまいました。

아마리니 우레시꾸떼 나이떼 시마이마시따

\# 너무 기뻐서 눈물이 나와요.

嬉(うれ)しすぎて涙(なみだ)が出(で)ます。

우레시스기떼 나미다가 데마스

\# 정말로 기뻐서 어떻게 하면 좋을지 모르겠어요.

本当(ほんとう)に嬉(うれ)しくってどうしていいか分(わ)からないよ。

혼또–니 우레시꿋떼 도–시떼 이–까 와까라나이요

기분이 좋다 ①

기분이 좋아.

いい気分(きぶん)だ。

이– 키분다

정말로, 기분이 좋아요!

本当(ほんとう)に、いい気持(きも)ちです！

혼또–니, 이– 키모찌데스!

기분 최고예요.

気分(きぶん)最高(さいこう)です。

키붕 사이꼬–데스

콧노래라도 부르고 싶은 기분이에요.

鼻歌(はなうた)を歌(うた)いたい気分(きぶん)です。

하나우따오 우따이따이 키붕데스

기분이 너무 좋아 죽을지도 몰라.

あまりにも気分(きぶん)が良(よ)すぎて死(し)にそうだ。

아마리니모 키붕가 요스기떼 시니소–다

그들은 들떠 있어요.

彼(かれ)らは浮(う)き浮(う)きしています。

카레라와 우끼우끼시떼 이마스

鼻歌 콧노래

기분이 좋다 ②

당신과 함께해서 즐거웠어요.

ご一緒(いっしょ)できて嬉(うれ)しかったです。

고잇쇼데 키떼 우레시깟따데스

아주 재미있어요!

とても楽(たの)しいです！

토떼모 타노시–데스!

とても面白(おもしろ)いです！

토떼모 오모시로이데스!

멋진 생각이에요!

素敵(すてき)なアイディアです！

스떼끼나 아이디아데스!

즐거워요.

楽(たの)しいです。

타노시–데스

즐거운 시간을 보냈어요.

楽(たの)しい時間(じかん)を過(す)ごしました。

타노시– 지깡오 스고시마시따

너무 재미있어서, 웃음이 멈추질 않아요.

面白(おもしろ)すぎて、笑(わら)いが止(と)まらないです。

오모시로스기떼, 와라이가 토마라나이데스

浮き浮き (신이 나서) 들뜬 모양

기분이 좋다 ③

대성공이에요!

大成功(だいせいこう)です！

다이세-꼬-데스!

됐다!

やったあ！

얏따-!

↳ 목표를 달성했거나 성공을 거둔 일에 대한 감동

다행이야.

よかったね。

요깟따네

하나님, 감사합니다!

神様(かみさま)、ありがとうございます!

카미사마, 아리가또-고자이마스!

꿈을 꾸고 있는 것 같아요.

夢見(ゆめみ)てるみたいです。

유메미떼루미따이데스

夢見(ゆめみ)てるようです。

유메미떼루요-데스

꿈이 이루어졌어요!

夢(ゆめ)が実現(じつげん)しました！

유메가 지쯔겐시마시따!

감동했습니다.

感動(かんどう)しました。

칸도-시마시따

안심하다 ①

안심해.

安心(あんしん)しなさい。

안신시나사이

안심하지 마.

安心(あんしん)するな。

안신스루나

정말 안심했어요!

本当(ほんとう)に安心(あんしん)しました！

혼또-니 안신시마시따!

그 소식을 들으니 안심이 돼요.

それを聞(き)いて安心(あんしん)しました。

소레오 키-떼 안신시마시따

마음이 편해요.

気持(きも)ちが落(お)ち着(つ)きました。

키모찌가 오찌쯔끼마시따

그 문제는 안심하셔도 돼요.

その問題(もんだい)はご安心(あんしん)ください。

소노 몬다이와 고안싱 쿠다사이

안심하다 ②

그거 다행이군요.

それはよかったですね。

소레와 요깟따데스네

아이고, 이제야 한시름 놓겠군.

やれやれ、これで一安心(ひとあんしん)だ。

야레야레, 코레데 히또안신다

얼마나 다행스러운 이야기야.

なんて幸運(こううん)な話(はなし)だろう。

난떼 코–운나 하나시다로–

아, 한숨 돌렸어!

ああ、ほっとした！

아–, 홋또시따!

그것을 듣고 가슴이 시원했어.

それを聞(き)いて胸(むね)がすっきりした。

소레오 키–떼 무네가 슷끼리시따

좋은 액땜이야.

いい厄介払(やっかいばら)いだ。

이– 약까이바라이다

やれやれ 안도의 숨을 내쉬거나 실망했을 때 내는 소리
ほっと 한숨짓는 모양
厄介払い 귀찮은 사람이나 일을 떨쳐버림

꼭! 짚고 가기

일본에서 선물의 의미

선물은 주는 사람도 받는 사람도 즐겁게 합니다. 그런데 나라마다 문화의 차이가 있어 주의해야 할 점이 있습니다. 일본에서는 어떤 점을 삼가야 할까요?

- **칼**
  칼은 자살을 상징한다고 생각하기 때문에 선물하지 않습니다.
- **4개**
  일본인은 짝수를 좋아해서 짝을 이룬 세트 선물을 좋아합니다. 하지만 '숫자 4 し(四)'는 '죽을 사 し(死)'를 연상시키므로 4개로 된 물건은 피해야 합니다.
- **빗 くし**
  빗은 괴롭게 죽는다는 의미의 쿠시く し(苦死)와 발음이 같기 때문에 선물로 기피합니다.
- **흰색 물건**
  흰색은 죽음의 색이라고 여기므로 흰 종이에 포장하거나 흰 꽃은 선물하지 않습니다.
- **화분**
  병문안을 간다면 화분은 안 됩니다. 뿌리를 내린다는 네즈쿠 ねづく(根付く)와 병으로 몸져눕다는 네쯔쿠 ねつく(寝付く)의 발음이 비슷하기 때문이랍니다.

행복하다

난 행복해요.

私(わたし)は幸(しあわ)せです。

와따시와 시아와세데스

더 이상 행복할 수 없어요.

これ以上(いじょう)の幸(しあわ)せはありません。

코레 이죠-노 시아와세와 아리마셍

이보다 더 행복했던 적은 없어요.

これより幸(しあわ)せだったことはありません。

코레요리 시아와세닷따 코또와 아리마셍

나처럼 행복한 사람이 또 있을까?

私(わたし)みたいな幸(しあわ)せ者(もの)が他(ほか)にいるのかしら。

와따시미따이나 시아와세모노가 호까니 아루노까시라

네 덕분에 아주 행복해.

あなたのおかげでとても幸(しあわ)せだ。

아나따노 오까게데 토떼모 시아와세다

그는 행복에 넘쳐 있어.

彼(かれ)は幸(しあわ)せすぎだ。

카레와 시아와세스기다

만족하다

정말로 만족스러워요.

本当(ほんとう)に満足(まんぞく)です。

혼또-니 만조꾸데스

현재, 대만족이에요.

もう、大満足(だいまんぞく)です。

모-, 다이만조꾸데스

난 그것에 만족해요.

私(わたし)はそれで満足(まんぞく)です。

와따시와 소레데 만조꾸데스

만족스러운 결과였어요.

満足(まんぞく)な結果(けっか)でした。

만조꾸나 켁까데시따

그는 그 생각에 매우 만족하고 있어요.

彼(かれ)はその考(かんが)えにとても満足(まんぞく)しています。

카레와 소노 캉가에니 토떼모 만조꾸시떼 이마스

그는 스스로 만족하고 있어요.

彼(かれ)は自分(じぶん)なりに満足(まんぞく)しています。

카레와 지분나리니 만조꾸시떼 이마스

기분이 좋지 않다 ①

\# 기분이 좀 그래요.

気分(きぶん)があまりよくないです。

키붕가 아마리 요꾸나이데스

\# 세상이 끝난 것 같아요.

この世(よ)の終(お)わりみたいです。

코노 요노 오와리미따이데스

\# 더 이상 아무 희망도 없어요.

これ以上何(いじょうなん)の希望(きぼう)もありません。

코레 이죠- 난노 키보-모 아리마셍

\# 아무것도 하고 싶지 않아요.

何(なに)もしたくないです。

나니모 시따꾸 나이데스

\# 절망적이에요.

絶望的(ぜつぼうてき)です。

제쯔보-떼끼데스

\# 오늘은 기분이 안 좋아 보이는데.

今日(きょう)は機嫌(きげん)が悪(わる)そうだね。

쿄-와 키겡가 와루소-다네

기분이 좋지 않다 ②

\# 닥쳐!

黙(だま)れ！

다마레!

\# 구역질 나!

へどがでる！

헤도가 데루!

\# 끔찍해!

ひどい！

히도이!

\# 정말로 불쾌해요.

本当(ほんとう)に不愉快(ふゆかい)です。

혼또-니 후유까이데스

\# 그건, 너무해.

それって、あんまりだよ。

소렛떼, 암마리다요

\# 도대체 뭐 하자는 거야?

一体何(いったいなに)をしようというんだ。

잇따이 나니오 시요-또이운다

\# 말이 지나치군요.

言葉(ことば)が過(す)ぎますよ。

코또바가 스기마스요

機嫌 기분, 심기, 의향

슬프다 ①

슬퍼요.

悲(かな)しいです。

카나시–데스

왠지 슬퍼.

何(なん)だか悲(かな)しい。

난다까 카나시–

너무 괴로워요.

とても辛(つら)いです。

토떼모 츠라이데스

とてもなやましいです。

토떼모 나야마시–데스

마음이 아파요.

胸(むね)が痛(いた)いです。

무네가 이따이데스

우울해요.

寂(さび)しいです。

사비시–데스

気持(きも)ちが憂鬱(ゆううつ)です。

키모찌가 유–우쯔데스

↳ 우울증은 鬱病라고 합니다.

마음이 우울해.

気(き)がめいる。

키가 메–루

슬프다 ②

슬퍼서 견딜 수 없어요.

悲(かな)しくてたまらないんです。

카나시꾸떼 타마라나인데스

난 쭉 슬픔에 잠겨 있어.

私(わたし)はずっと悲(かな)しみにくれている。

와따시와 즛또 카나시미니 쿠레떼 이루

슬퍼서 울음이 나올 것 같아요.

悲(かな)しくて涙(なみだ)が出(で)そうです。

카나시꾸떼 나미다가 데소–데스

마음이 공허해요.

心(こころ)がむなしいです。

코꼬로가 무나시–데스

가슴이 찢어지는 것 같았어요.

胸(むね)が張(は)り裂(さ)けそうでした。

무네가 하리사께소–데시따

정말로 상처 받았어.

本当(ほんとう)に傷(きず)ついたよ。

혼또–니 키즈쯔이따요

지금은 농담할 기분이 아니에요.

今(いま)は冗談(じょうだん)を言(い)う気分(きぶん)ではありません。

이마와 죠–당오 이우 키분데와 아리마셍

실망하다 ①

실망이야!

がっかりだよ!

각까리다요!

↳ **がっかり**와 **失望** 둘 다 우리말로 '실망하다'라는 뜻이지만, 쓰임에는 차이가 있습니다.
보통 **がっかり**를 많이 쓰지만, 상대방에게 직접 말할 때는 **失望**도 가능합니다.

그거 실망인데.

それはがっかりだ。

소레와 각까리다

그거 실망스러운 일인데요.

それはがっかりしますね。

소레와 각까리시마스네

노력이 허사가 되어 버렸어.

努力(どりょく)が台無(だいな)しになった。

도료꾸가 다이나시니 낫따

유감이야.

残念(ざんねん)だよ。

잔넨다요

희망을 가질 수 없어.

希望(きぼう)が持(も)てないよ。

키보–가 모떼나이요

실망하지 마.

がっかりしないでよ。

각까리시나이데요

실망하다 ②

나를 실망시키지 마.

私(わたし)をがっかり[失望(しつぼう)]させないで。

와따시오 각까리[시쯔보–]사세나이데

너한테 실망했어.

お前(まえ)には失望(しつぼう)した。

오마에니와 시쯔보–시따

너 때문에 실망이야.

君(きみ)にはがっかりだ。

키미니와 각까리다

당신한테 실망했어요.

あなたにはがっかり[失望(しつぼう)]しました。

아나따니와 각까리[시쯔보–]시마시따

당신이 한 일에 실망했어요.

あなたがしたことにはがっかり[失望(しつぼう)]しました。

아나따가 시따 코또니와
각까리[시쯔보–]시마시따

난 이제 망했어.

私(わたし)はもうだめだ。

와따시와 모– 다메다

화내다 ①

\# 화가 납니다.

怒(おこ)っています。

오꼿떼 이마스

\# 화가 나.

腹(はら)が立(た)つ。

하라가 타쯔

\# 너무 화가 나요.

とても腹(はら)が立(た)ちます。

토떼모 하라가 타찌마스

\# 너 때문에, 화가 나 미치겠어.

お前(まえ)のせいで、怒(いか)りで気(き)が狂(くる)いそうだ。

오마에노 세-데, 이까리데 키가 쿠루이소-다

\# 열 받았네.

頭(あたま)にきたよ。

아따마니 키따요

\# 폭발할 것 같아.

キレそうだよ。

키레소-다요

\# 이젠 못 참겠어요.

もうやってられません。

모- 야떼라레마셍

腹が立つ 화가 나다
* 腹を立てる 화를 내다

화내다 ②

\# 더 이상, 못 참겠어.

これ以上(いじょう)、我慢(がまん)できない。

코레 이죠-, 가만데키나이

\# 이제 한계야.

もう限界(げんかい)だ。

모- 겡까이다

\# 너, 날 뭘로 보는 거야!

お前(まえ)、俺(おれ)を何(なん)だと思(おも)ってるんだ!

오마에, 오레오 난다또 오못떼룬다!

\# 너무나 어처구니없어서 화낼 마음도 안 들어요.

あまりに馬鹿馬鹿(ばかばか)しくて怒(おこ)る気(き)にもなれないわ。

아마리니 바까바까시꾸떼 오꼬루 키니모 나레나이와

\# 그녀는 정말로 히스테리예요.

彼女(かのじょ)は本当(ほんとう)にヒステリックです。

카노죠와 혼또-니 히스테릭크데스

我慢 참음, 인내, 견딤
馬鹿馬鹿しい 어처구니없다, 시시하다

밉다

\# 왜 그렇게 그를 미워하니?

どうしてそんなに彼(かれ)が憎(にく)いんだ?

도-시떼 손나니 카레가 니꾸인다?

\# 난, 그의 미움을 샀어요.

私(わたし)は、彼(かれ)の怒(いか)りを買(か)いました。

와따시와, 카레노 이까리오 카이마시따

\# 증오심이 치밀어 올라요.

憎(にく)しみが激(はげ)しく込(こ)みあげます。

니꾸시미가 하게시꾸 코미아게마스

\# 그는 증오의 눈으로 나를 보았어요.

彼(かれ)は憎(にく)しみの眼差(まなざ)しで私(わたし)を見(み)ました。

카레와 니꾸시미노 마나자시데 와따시오 미마시따

\# 그는 아무것도 없이 마음에 안 들어.

彼(かれ)は何(なん)となく気(き)に入(い)らない。

카레와 난또나꾸 키니 이라나이

\# 죄는 미워하되 사람은 미워하지 마라.

罪(つみ)を憎(にく)んでも人(ひと)を憎(にく)むな。

츠미오 니꾼데모 히또오 니꾸무나

꼭! 짚고 가기

일본 유명 온천

- **노보리베츠 온천**(홋카이도)

에도 시대에 문을 연 노보리베츠 온천은 해발 200m 원시림에 둘러싸인 온천 리조트입니다. 유황, 식염, 명반, 철 등 다양한 효능의 온천이 있습니다.

- **아리마 온천**(고베)

일본에서 가장 오래된 온천으로 추정되는 곳입니다. 철분, 나트륨을 함유한 적갈색의 킨노유, 탄산을 함유한 투명한 긴노유가 대표적입니다.

- **쿠사츠 온천**(군마)

군마현에 위치한 쿠사츠 온천은 강력한 살균력과 깨끗하기로 유명합니다. 온천 마을 특유의 고즈넉한 분위기를 즐기며 유카타 차림으로 온천 순례를 할 수 있습니다.

- **유후인 온천**(오이타)

규수 지역의 온천 마을인 유후인은 아기자기한 카페와 미술관 등으로 젊은 여성들에게 인기가 많은 곳입니다. 아름다운 유후다케산과 어우러지는 노천온천에서 즐기는 온천욕은 마치 신선놀음을 하는 듯한 기분을 느낄 수 있습니다.

- **이부스키 온천**(가고시마)

해변가의 검은 모래 찜질로 유명한 이부스키 온천은 신경통과 근육통에 효과가 좋기로 유명합니다.

- **하코네 온천**(도쿄)

도쿄 근교로 접근성이 좋은 하코네에는 멀리 보이는 후지산과 울창한 숲으로 둘러싸인 자연적인 환경의 다양한 형태의 온천들이 있습니다.

억울하다

\# 그것이 억울합니다.

それが悔(くや)しいです。

소레가 쿠야시-데스

\# 난 억울함에 눈물을 흘렸다.

私(わたし)は悔(くや)しくて涙(なみだ)を流(なが)した。

와따시와 쿠야시꾸떼 나미다오 나가시따

\# 난 그 소식을 듣고 억울해서 어쩔 줄 몰랐다.

私(わたし)はその噂(うわさ)[事(こと)/音沙汰(おとさた)]を聞(き)き悔(くや)しくてどうしようもなかった。

와따시와 소노 우와사[코또/오또사따]오 키끼 쿠야시꾸떼 도-시요-모 나깟따

\# 그는 억울하게 체포됐다.

彼(かれ)は無理(むり)やり逮捕(たいほ)された。

카레와 무리야리 타이호사레따

\# 그는 나에게 억울함을 호소했다.

彼(かれ)は私(わたし)に悔(くや)しさを訴(うった)えた。

카레와 와따시니 쿠야시사오 웃따에따

\# 억울하면 출세해.

悔(くや)しかったら出世(しゅっせ)しろ。

쿠야시깟따라 슛세시로

후회하다 ①

\# 후회하고 있어.

後悔(こうかい)している。

코-까이시떼 이루

\# 나중에 후회하게 될 거야.

後(あと)で後悔(こうかい)するぞ。

아또데 코-까이스루조

\# 내가 한 일을 후회하고 있어.

自分(じぶん)のしたことを後悔(こうかい)している。

지분노 시따 코또오 코-까이시떼 이루

\# 후회하지 말아요.

後悔(こうかい)しないでください。

코-까이시나이데 쿠다사이

\# 난 후회하지 않아.

私(わたし)は後悔(こうかい)しない。

와따시와 코-까이시나이

\# 난 후회해 본 적 없어.

私(わたし)は後悔(こうかい)したことがない。

와따시와 코-까이시따 코또가 나이

\# 언젠가는 후회할 것이다.

いつかは後悔(こうかい)するだろう。

이쯔까와 코-까이스루다로-

후회하다 ②

아무리 후회해도 소용없다.

いくら後悔(こうかい)してもむだだ。

이꾸라 코-까이시떼모 무다다

후회막급이다.

後悔先(こうかいさき)に立(た)たず。

코-까이 사끼니 타따즈

後悔(こうかい)しても及(およ)ばないことです。

코-까이시떼모 오요바나이 코또데스

그런 짓을 하는 게 아니었어.

あんなことをするんじゃなかった。

안나 코또오 스룬쟈나깟따

그에게 사과했어야 하는 건데.

彼(かれ)に謝罪(しゃざい)しなくてはいけないのだが。

카레니 샤자이시나꾸떼와 이께나이노다가

그런 말을 하지 않았으면 좋았을걸.

あんなこと言(い)わなければよかった。

안나 코또 이와나께레바 요깟따

바보 같은 짓을 하고 말았어.

ばかなことをしてしまった。

바까나 코또오 시떼 시맛따

부끄럽다 ①

부끄럽습니다.

恥(は)ずかしいです。

하즈까시-데스

그런 짓을 하다니 창피해요.

そんなことをするなんて恥(は)ずかしいです。

손나 코또오 스루 난떼 하즈까시-데스

그녀는 부끄러워 얼굴이 빨개졌다.

彼女(かのじょ)は恥(は)ずかしくて顔(かお)は赤(あか)くした。

카노죠와 하즈까시꾸떼 카오와 아까꾸 시따

부끄러움으로 얼굴이 달아올랐다.

恥(は)ずかしさで顔(かお)がほてった。

하즈까시사데 카오가 호뗏따

부끄러움을 무릅쓰고 간청했다.

恥(はじ)を忍(しの)んで頼(たの)みました。

하지오 시논데 타노미마시따

천지에 부끄러움이 없다.

天地(てんち)に恥(は)じない。

텐찌니 하지나이

忍ぶ 참다, 견디다
ほてる 뜨거워지다, 달아오르다

부끄럽다 ②

너도 사람이거든 부끄러움을 알아라.

お前も人間なら恥を知れ。

오마에모 닝겐나라 하지오 시레

창피하게 그러지 마!

恥をかかせるな！

하지오 카까세루나!

나로서도 부끄럽구나.

われながら恥ずかしい。

와레나가라 하즈까시–

그렇게 부끄러워하지 말아요.

そんなに恥ずかしがらないでください。

손나니 하즈까시가라나이데 쿠다사이

이렇게 부끄러운 적은 태어나서 처음입니다.

こんなに恥ずかしいことは生まれて始めてです。

콘나니 하즈까시– 코또와 우마레떼 하지메떼데스

수치심에 참을 수 없어.

羞恥心に耐えられないよ。

슈–찌신니 타에라레나이요

걱정하다

무슨 일 있어요?

何かありましたか。

나니까 아리마시따까

どうかしましたか。

도–까시마시따까

걱정거리가 있어요?

心配ごとがありますか。

심빠이고또가 아리마스까

정말로 걱정돼요.

本当に心配です。

혼또–니 심빠이데스

이제 어떡하지?

もうどうしよう？

모– 도–시요–?

걱정하지 마.

くよくよするなよ。

쿠요꾸요스루나요

걱정할 것 없어.

心配することはないさ。

심빠이스루 코또와 나이사

くよくよ 끙끙(사소한 일로 걱정하여 고민하는 모양)

긴장하다 ①

\# 좀 긴장되는데.

ちょっと緊張(きんちょう)してきた。

춋또 킨쬬-시떼 키따

\# 긴장하고 있어요.

緊張(きんちょう)してます。

킨쬬-시떼마스

\# 지금 너무 초조해요.

今(いま)とてもいら立(た)っています。

이마 토떼모 이라땃떼 이마스

\# 왜 그렇게 초조해하고 있어?

どうしてそんなにいらいらしているの?

도-시떼 손나니 이라이라시떼 이루노?

\# 안절부절이에요.

落(お)ち着(つ)きません。

오찌쯔끼마셍

\# 안절부절못하고 있잖아.

ずいぶんと落(お)ち着(つ)かないね。

즈이분또 오찌쯔까나이네

\# 왜 이렇게 안절부절이야?

なんでこんなにいらいらしているの?

난데 콘나니 이라이라시떼 이루노?

긴장하다 ②

\# 마음이 조마조마해.

気持(きも)ちが焦(あせ)る。

키모찌가 아세루

\# 그렇게 긴장하지 마.

そんなに緊張(きんちょう)しないで。

손나니 킨쬬-시나이데

\# 무릎이 덜덜 떨려요.

膝(ひざ)ががくがくと震(ふる)えます。

히자가 가꾸가꾸또 후루에마스

\# 손이 땀으로 흠뻑 젖었어.

手(て)が汗(あせ)でびっしょりだよ。

테가 아세데 빗쇼리다요

\# 심장이 몹시 두근거려요.

どうきが激(はげ)しいです。

도-끼가 하게시-데스

\# 한숨도 못 잤어.

一睡(いっすい)もできなかった。

잇스이모 데끼나깟따

\# 보고만 있어도 조마조마해요.

見(み)ていてもはらはらします。

미떼이떼모 하라하라시마스

がくがく 부들부들(떨리는 모양)
どうき 동계(평상시보다 심한 심장의 고동)

무섭다

\# 무서워요.

怖(こわ)いです。
코와이데스

恐(おそ)ろしいです。
오소로시-데스

\# 무서워 죽는 줄 알았어.

怖(こわ)くて死(し)ぬかと思(おも)った。
코와꾸떼 시누까또 오못따

\# 소름 끼쳐.

鳥肌(とりはだ)が立(た)つ。
토리하다가 타쯔

\# 생각만 하면 무서워요.

思(おも)い出(だ)すたびに怖(こわ)いです。
오모이다스 타비니 코와이데스

\# 무서워서 아무것도 할 수 없었어요.

怖(こわ)くて何(なに)もできませんでした。
코와꾸떼 나니모 데끼마센데시따

\# 무서워하지 마.

怖(こわ)がらないで。
코와가라나이데

놀라다 ①

\# 맙소사!

なんてこった！
난떼꼿따!

\# 어?

ええっ？
에-ㅅ?

\# 믿을 수 없어!

信(しん)じられない！
신지라레나이!

\# 믿기 어려워!

信(しん)じがたい！
신지가따이!

↳ **ます**형+**がたい**: ~하기 어렵다, 힘들다

\# 말도 안 돼!

話(はなし)にならない！
하나시니 나라나이!

とんでもない！
톤데모나이!

\# 마른하늘에 날벼락이야!

晴天(せいてん)の霹靂(へきれき)だ！
세-뗀노 헤끼레끼다!

鳥肌 소름, 닭살

놀라다 ②

설마.

まさか。
마사까

いくらなんでも。
이꾸라난데모

진심이에요?

本気(ほんき)ですか。
홍끼데스까

그럴 리 없어!

そんなわけない！
손나와께나이!

そんなはずはない！
손나하즈와나이!

내 눈을 믿을 수 없어.

この目(め)で見(み)ても信(しん)じられない。
코노 메데 미떼모 신지라레나이

전혀 예상 밖인데.

まったくの予想外(よそうがい)だよ。
맛따꾸노 요소–가이다요

생각도 못했어.

思(おも)いもよらない。
오모이모 요라나이

꼭! 짚고 가기

생선초밥의 본고장

일본 음식 하면 떠오르는 것 중 대표적인 것이 '생선초밥 寿司(すし)'입니다.
일본에 가면 저렴하게 먹을 수 있는 회전 초밥 가게도 있지만, 정말 맛있게 먹으려면 수산시장에 직접 가 보세요. 도쿄에 간다고 하면, '쯔끼지시장 築地市場'을 추천합니다.
시장에 가면 우리의 수산시장처럼 싱싱한 수산물을 파는 곳도 있지만, 다른 한편으로는 유명한 생선초밥 전문점들이 자리하고 있습니다. 이곳의 특징은 앉은 자리에서 나를 위한 전담 요리사가 배정되고, 먹고 싶은 초밥을 주문하면 즉석에서 만들어줘 더욱 신선한 맛을 즐길 수 있습니다.
초밥 이름을 일본어로 몰라서 어떡하냐고요? 걱정 마세요! 친절하게 안내된 그림 메뉴판도 있답니다.
하지만 즐겨 먹는 생선초밥을 일본어로 주문해 보는 건 어떨까요.

- 鮭(さけ) 연어
  = サーモン
- マグロ 다랑어
- おおと 참치뱃살
- うなぎ 장어
- えび 새우
- にしん 청어
- たこ 문어
- とびこ 날치알
- ウニ 성게알
- たまご 달걀

놀라다 ③

\# 금시초문이야!

はつみみ
初耳だ！
하쯔미미다!

\# 정말 뜻밖이야.

ねみみ　みず
寝耳に水だね。
네미미니 미즈다네

\# 놀랐어.

おどろ
驚いたよ。
오도로이따요

\# 깜짝 놀랐어.

びっくりした。
빅꾸리시따

\# 놀라게 하지 말아요.

びっくりさせないでよ。
빅꾸리사세나이데요

\# 쇼크야.

ショックだよ。
쇽쿠다요

\# 그 소식을 듣고 너무 놀랐어요.

し　き
その知らせを聞いてとてもびっくりしました。
소노 시라세오 키–떼 토떼모 빅꾸리시마시따

지겹다 ①

\# 정말로 지루했어.

ほんとう　たいくつ
本当に退屈だった。
혼또–니 타이꾸쯔닷따

\# 아, 지긋지긋해.

もう、うんざりだよ。
모–, 운자리다요

\# 지루해서 죽을 뻔했어.

たいくつ　し
退屈で死にそうだった。
타이꾸쯔데 시니소–닷따

\# 그런 말은 이제 듣기에도 지겨워.

はなし　き
その話はもう聞くのもうんざりだ。
소노 하나시와 모– 키꾸노모 운자리다

\# 생각만 해도 지긋지긋해.

かんが
考えるだけでもうんざりだ。
캉가에루다께데모 운자리다

\# 네 변명은 이제 지긋지긋해.

あなたのいいわけはもううんざりだ。
아나따노 이–와께와 모– 운자리다

退屈 지루함, 따분함

지겹다 ②

\# 오늘 하루는 지겹게도 길었어.

今日(きょう)一日(いちにち)はうんざりするくらい長(なが)かった。

쿄– 이찌니찌와 운자리스루꾸라이 나가깟따

\# 너무 따분해서 죽을 것 같아.

退屈(たいくつ)すぎて死(し)にそう。

타이꾸쯔스기떼 시니소–

\# 이젠 질렸어.

もう飽(あ)き飽(あ)きです。

모– 아끼아끼데스

\# 더 이상은 하고 싶지 않아.

これ以上(いじょう)やりたくない。

코레 이죠– 야리따꾸나이

\# 뻔한 일이야.

たかが知(し)れてるよ。

타까가시레떼루요

\# 들으면 들을수록 진절머리가 난다.

聞(き)けば聞(き)くほどうんざりだ。

키께바 키꾸호도 운자리다

귀찮다

\# 아, 정말로 귀찮아!

ああ、本当(ほんとう)にめんどうくさい!

아–, 혼또–니 멘도–꾸사이!

\# 좀 내버려 둬.

かまわないでくれ。

카마와나이데 쿠레

\# 귀찮아 죽을 것 같아.

死(し)ぬほどめんどうくさい。

시누호도 멘도–꾸사이

\# 또 시작이야.

また始(はじ)まった。

마따 하지맛따

\# 누가 상관하나?

誰(だれ)がかまうものか。

다레가 카마우모노까

\# 전혀 관심 없어.

どうでもいい。

도–데모 이–

飽き飽き 몹시 싫증 남, 진절머리 남

아쉽다

아쉽네요.

残念(ざんねん)ですね。

잔넨데스네

그렇게 노력했는데 허사가 됐구나.

あの努力(どりょく)が台無(だいな)しになった。

아노 도료꾸가 다이나시니 낫따

그것은 꼭 봤어야 했는데.

それは絶対(ぜったい)見(み)るべきだったのに。

소레와 젯따이 미루베끼닷따노니

그것은 피할 수 있었을 텐데.

それは避(さ)ける事(こと)ができたでしょうに。

소레와 사께루 코또가 데끼따데쇼-니

아쉽지만, 이만 가야겠어요.

残念(ざんねん)だけど、もう行(い)かなければなりません。

잔넨다께도, 모- 이까나께레바 나리마셍

모두 허사라니!

すべてが無駄(むだ)になって！

스베떼가 무다니낫떼!

불평하다

불평 그만해.

不満(ふまん)を言(い)うのはやめなさい。

후망오 이우노와 야메나사이

또 불평이야.

また文句(もんく)を言(い)ってる。

마따 몽꾸오 잇떼루

그렇게 투덜거리지 마!

そんなに不満(ふまん)を言(い)わないで！

손나니 후망오 이와나이데!

나한테 불만 있어?

私(わたし)に文句(もんく)ある？

와따시니 몽꾸아루?

뭐가 그렇게 불만이야?

何(なに)がそんなに不満(ふまん)なの？

나니가 손나니 후만나노?

우리에게는 아무 불만도 없어요.

私(わたし)たちには何(なん)の不満(ふまん)もありません。

와따시따찌니와 난노 후맘모 아리마셍

無駄 보람이 없음, 쓸데없음

Unit 3 성격 MP3. C06_U03

낙천적이다

\# 그는 낙천적이에요.

彼(かれ)は楽天的(らくてんてき)です。

카레와 라꾸뗀떼끼데스

彼(かれ)は前向(まえむ)きです。

카레와 마에무끼데스

\# 저는 언제든 낙천적입니다.

私(わたし)はいつでも楽天的(らくてんてき)です。

와따시와 이쯔데모 라꾸뗀떼끼데스

\# 저는 낙천적인 인생 철학을 가지고 있어요.

私(わたし)は楽天的(らくてんてき)な人生哲学(じんせいてつがく)を持(も)っています。

와따시와 라꾸뗀떼끼나 진세– 테쯔가꾸오 못떼 이마스

\# 그는 지나치게 낙천적이에요.

彼(かれ)は楽天的過(らくてんてきす)ぎです。

카레와 라꾸뗀떼끼스기데스

\# 그는 근심하지 않아요.

彼(かれ)は何(なに)を心配(しんぱい)しません。

카레와 나니오 심빠이시마셍

착하다&순진하다

\# 그는 마음이 착해요.

彼(かれ)は心根(こころね)が良(よ)いです。

카레와 코꼬로네가 요이데스

\# 그녀는 인정 많은 사람이에요.

彼女(かのじょ)は情(なさ)け深(ぶか)い人(ひと)です。

카노죠와 나사께부까이 히또데스

\# 그는 태도가 거칠지만, 착한 성격이에요.

彼(かれ)は態度(たいど)はがさつですけど、おとなしい性格(せいかく)です。

카레와 타이도와 가사쯔데스께도, 오또나시– 세까꾸데스

\# 그녀는 정말 순진해요.

彼女(かのじょ)は本当(ほんとう)に純真(じゅんしん)です。

카노죠와 혼또–니 쥰신데스

\# 그를 믿다니, 너도 참 순진하구나!

彼(かれ)を信(しん)じるなんて、あなたも本当(ほんとう)に純真(じゅんしん)だな!

카레오 신지루난떼, 아나따모 혼또–니 쥰신다나!

情け深い 인정이 많다, 정이 깊다

진취적이다

그는 외향적이에요.

彼(かれ)は外向的(がいこうてき)です。

카레와 가이꼬-떼끼데스

저는 외향적인 성격이에요.

私(わたし)は外向的(がいこうてき)な性格(せいかく)です。

와따시와 가이꼬-떼끼나 세-까꾸데스

그녀는 매사에 적극적이에요.

彼女(かのじょ)は何(なん)でも積極的(せっきょくてき)です。

카노죠와 난데모 섹꾜꾸떼끼데스

저는 쾌활하고 사교적이에요.

私(わたし)は明(あか)るくて社交的(しゃこうてき)です。

와따시와 아까루꾸떼 샤꼬-떼끼데스

그는 의욕적이에요.

彼(かれ)は意欲的(いよくてき)です。

카레와 이요꾸떼끼데스

그는 좀 지나치게 활동적이야.

彼(かれ)はちょっと活動的過(かつどうてきす)ぎる。

카레와 춋또 카쯔도-떼끼스기루

내성적이다

제 성격은 좀 내성적이에요.

私(わたし)の性格(せいかく)はやや内向的(ないこうてき)です。

와따시노 세-까꾸와 야야 나이꼬-떼끼데스

전 소극적인 편입니다.

私(わたし)は消極的(しょうきょくてき)な方(ほう)です。

와따시와 쇼-꾜꾸떼끼나 호-데스

그녀는 과묵해.

彼女(かのじょ)は口(くち)が重(おも)い。

카노죠와 쿠찌가 오모이

천성적으로 수줍음을 잘 탄다.

生(う)まれつきはにかみ屋(や)だ。

우마레쯔끼 하니까미야다

낯을 가리는 편이에요.

人見知(ひとみし)りな方(ほう)です。

히또미시리나 호-데스

그다지 사교적이지는 않아요.

それほど社交的(しゃこうてき)ではないです。

소레호도 샤꼬-떼끼데와 나이데스

やや 약간, 조금

우유부단하다

\# 그는 우유부단한 사람이야.

彼(かれ)は煮(に)え切(き)らない人(ひと)だ。

카레와 니에끼라나이 히또다

\# 난 정말로 우유부단한 성격이야.

私(わたし)は本当(ほんとう)に優柔不断(ゆうじゅうふだん)な性格(せいかく)だ。

와따시와 혼또–니 유–쥬–후단나 세–까꾸다

\# 그는 의지가 약한 사람이야.

彼(かれ)は意思(いし)が弱(よわ)い人(ひと)だ。

카레와 이시가 요와이 히또다

\# 넌 그 문제에 대해 너무 우유부단해.

あなたはその問題(もんだい)に対(たい)してはとても煮(に)え切(き)らない。

아나따와 소노 몬다이니 타이시떼와 토떼모 니에끼라나이

\# 그는 항상 결정을 내리는 데 주저한다.

彼(かれ)はいつも決定(けってい)を躊躇(ためら)う。

카레와 이쯔모 켓떼–오 타메라우

\# 우유부단한 태도를 버리고 결정해라.

優柔不断(ゆうじゅうふだん)な態度(たいど)を捨(す)てて決定(けってい)しろ。

유–쥬–후단나 타이노– 스떼떼 켓떼–시로

비관적이다

\# 넌 너무 비관적이야.

あなたはとても悲観的(ひかんてき)だ。

아나따와 토떼모 히깐떼끼다

\# 그는 매사를 비관적으로 생각한다.

彼(かれ)はすべてのことを悲観的(ひかんてき)に考(かんが)える。

카레와 스베떼노 코또오 히깐떼끼니 캉가에루

\# 저는 좀 비관적인 성격이에요.

私(わたし)はちょっと悲観的(ひかんてき)な性格(せいかく)です。

와따시와 촛또 히깐떼끼나 세–까꾸데스

\# 저는 비관적인 인생관을 가지고 있어요.

私(わたし)は悲観的(ひかんてき)な人生観(じんせいかん)を持(も)っています。

와따시와 히깐떼끼나 진세–깡오 못떼 이마스

\# 그렇게 너무 비관적으로만 보지 마.

そんなに悲観的(ひかんてき)なことばかり考(かんが)えるな。

손나니 히깐떼끼나 코또바까리 캉가에루나

意思 의사, (뭔가를 하고자 하는) 생각

이기적이다

그는 너무 이기적이에요.

彼(かれ)はとても自分勝手(じぶんかって)な性格(せいかく)です。

카레와 토떼모 지붕깟떼나 세–까꾸데스

彼(かれ)はとてもわがままです。

카레와 토떼모 와가마마데스

彼(かれ)はエゴイスト(な性格(せいかく))です。

카레와 에고이스토(나 세–까꾸)데스

넌 너밖에 모르는 사람이야.

あなたは自分(じぶん)のことしか考(かんが)えない人(ひと)だ。

아나따와 지분노 코또시까 캉가에나이 히또다

그렇게 이기적으로 굴지 마.

そんなに自分勝手(じぶんかって)にするな。

손나니 지붕깟떼니 스루나

그는 이기적인 경향이 있다.

彼(かれ)は自分勝手(じぶんかって)な傾向(けいこう)がある。

카레와 지붕깟떼나 케–꼬–가 아루

그는 남의 감정을 고려하지 않아.

彼(かれ)は人(ひと)の気持(きも)ちを考(かんが)えない。

카레와 히또노 키모찌오 캉까에나이

신경질적이다

그는 신경질적인 성격이다.

彼(かれ)は気難(きむずか)しい性格(せいかく)だ。

카레와 키무즈까시– 세–까꾸다

彼(かれ)は気難(きむずか)しい気質(きしつ)を持(も)っている。

카레와 키무즈까시– 키시쯔오 못떼 이루

그녀는 다혈질이다.

彼女(かのじょ)は熱血漢(ねっけつかん)だ。

카노죠와 넥께쯔깐다

난 사소한 일에 때때로 흥분해요.

私(わたし)は時々(ときどき)ささいなことで気持(きも)ちが高(たか)ぶります。

와따시와 토끼도끼 사사이나 코또데 키모찌가 타까브리마스

그녀는 아주 신경질적인 사람이에요.

彼女(かのじょ)はとても神経質(しんけいしつ)な人(ひと)です。

카노죠와 토떼모 싱께–시쯔나 히또데스

임산부는 신경이 예민해져요.

妊婦(にんぷ)は神経過敏(しんけいかびん)になります。

님뿌와 싱께까빈니 나리마스

熱血漢 열혈한

Unit 4 기호&기타 MP3. C06_U04

좋아하다

난 음악을 좋아해요.

私(わたし)は音楽(おんがく)が好(す)きです。

와따시와 옹가꾸가 스끼데스

난 운동을 무척 좋아해요.

私(わたし)は運動(うんどう)が大好(だいす)きです。

와따시와 운도-가 다이스끼데스

그가 좋아 미칠 지경이야.

彼(かれ)が好(す)きでたまらない。

카레가 스끼데 타마라나이

그는 내가 좋아하는 사람이에요.

彼(かれ)は私(わたし)が好(す)きな人(ひと)です。

카레와 와따시가 스끼나 히또데스

커피보다는 차를 좋아해요.

コーヒーよりお茶(ちゃ)の方(ほう)が好(す)きです。

코-히-요리 오쨔노 호-가 스끼데스

마음에 들어.

気(き)に入(い)っている。

키니 잇떼 이루

싫어하다

이제 싫어!

もういや！

모- 이야!

너무 싫어!

大嫌(だいきら)い！

다이끼라이!

난 그것이 제일 싫어요.

私(わたし)はそれが一番嫌(いちばんきら)いです。

와따시와 소레가 이찌방 키라이데스

난 이런 종류의 음식을 싫어해요.

私(わたし)はこんな種類(しゅるい)の食(た)べ物(もの)が嫌(きら)いです。

와따시와 콘나 슈루이노 타베모노가 키라이데스

그는 내 친구를 별로 좋아하지 않아요.

彼(かれ)は私(わたし)の友達(ともだち)があまり好(す)きじゃありません。

카레와 와따시노 토모다찌가 아마리 스끼쟈아리마셍

이건, 마음에 들지 않아.

これ、気(き)に入(い)らないなあ。

코레, 키니 이라나이나-

大好きだ 아주 좋아하다

칭찬하다 ①

훌륭해요!

すごいです！
스고이데스!

素晴(すば)らしいです！
스바라시-데스!

立派(りっぱ)です！
립빠데스!

えらいです！
에라이데스!

멋져요.

素敵(すてき)です。
스떼끼데스

↳ '(외모, 모양이) 멋지다, 근사하다'라고 할 때는 かっこいい라고 합니다.

대단해.

大(たい)したもんだね。
타이시따몬다네

대단하네요.

大(たい)したものですね。
타이시따모노데스네

なかなかですね。
나까나까데스네

칭찬하다 ②

잘했어.

よくやった。
요꾸얏따

잘했어요.

よくできました。
요꾸데끼마시따

능력이 대단하신데요.

すごい実力(じつりょく)ですね。
스고이 지쯔료꾸데스네

넌 정말로 못 하는 것이 없구나.

お前(まえ)は本当(ほんとう)に何(なん)でもできるね。
오마에와 혼또-니 난데모 데끼루네

과연.

さすがだね。
사스가다네

훌륭합니다.

お見事(みごと)です。
오미고또데스

격려하다 ①

기운 내!

ファイト！

화이토!

다 잘될 거야.

すべてうまくいくよ。

스베떼 우마꾸 이꾸요

힘내. 너라면 할 수 있어.

頑張(がんば)って。あなたならできるよ。

감밧떼. 아나따나라 데끼루요

좀 더 힘을 내 봐!

もう少(すこ)し頑張(がんば)れ！

모– 스꼬시 감바레!

행운을 빌어!

幸運(こううん)を祈(いの)る！

코–웅오 이노루!

포기하지 마!

あきらめるな！

아끼라메루나!

자신감을 가져.

自信(じしん)を持(も)ちなさい。

지싱오 모찌나사이

격려하다 ②

난 네 편이야.

私(わたし)はあなたの味方(みかた)だ。

와따시와 아나따노 미까따다

내가 옆에 있지 않니.

私(わたし)がついてるじゃないか。

와따시가 츠이떼루쟈나이까

진정해!

落(お)ち着(つ)いて！

오찌쯔이떼!

낙담하지 마요.

気(き)を落(お)とさないで。

키오 오또사나이데

그렇게 침울해 하지 말아요.

そんなに落(お)ち込(こ)まないでよ。

손나니 오찌꼬마나이데요

인생 그렇게 나쁜 것만 있지 않아.

人生(じんせい)そんなに悪(わる)いことばかりじゃないよ。

진세– 손나니 와루이 코또바까리쟈나이요

너무 심각하게 받아들이지 마.

あんまり深刻(しんこく)に受(う)け止(と)めるな。

암마리 싱꼬꾸니 우께또메루나

Chapter 07

지금은 사랑 중!

Chapter 07.

恋こい 코이 사랑

MP3. Word_C07_01

合ごうコン 고-꽁
n. (단체) 미팅

お見合みあい 오미아이
n. 맞선

デート 데-토
n. 데이트

会あう 아우
v. 만나다

付き合つきあう 츠끼아우
v. 사귀다

恋こい 코이
n. (남녀 간의) 사랑, 연애

初恋はつこい 하쯔꼬이
n. 첫사랑

理想りそうのタイプ
리소-노 타이프
n. 이상형

カップル 캅프르
n. 커플

恋人こいびと 코이비또
n. 연인, 애인

彼氏かれし 카레시
n. 그이, (여자의) 애인

ボーイフレンド 보-이후렌도
n. 남자 친구

彼女かのじょ 카노죠
n. (남자의) 애인

ガールフレンド 가-루후렌도
n. 여자 친구

愛あい 아이
n. 사랑

キス 키스
n. 키스, 입맞춤

口付くちづけ 쿠찌즈께
n. 입맞춤

チューをする
츄-오 스루
v. 뽀뽀를 하다

抱だく 다꾸
v. 안다; (이성과) 동침하다

スキンシップ 스킨십프
n. 스킨십

ウィンク 윙크
n. 윙크

恋こいに落おちる
코이니 오찌루
사랑에 빠지다

恋煩こいわずらい
코이와즈라이
n. 상사병

結婚けっこん 켁꽁 결혼

MP3. Word_C07_02

求婚きゅうこん
큐–꽁
n. 구혼, 청혼
プロポーズ
프로포–즈
n. 프러포즈, 구혼

婚約こんやく 콩야꾸
n. 약혼

婚約者こんやくしゃ
콩야꾸샤
n. 약혼자
フィアンセ 휘앙세
n. 피앙세

結婚式けっこんしき 켁꼰시끼
n. 결혼식
挙式きょしき 쿄시끼
n. 거식, 결혼식

恋愛結婚れんあいけっこん
렝아이 켁꽁
n. 연애 결혼
見合い結婚みあいけっこん
미아이 켁꽁
n. 중매 결혼

できちゃった結婚けっこん
데끼쨔따 켁꽁
n. 속도 위반 결혼

ウェディングドレス
웨딩구도레스
n. 웨딩드레스

ベール 베–루
n. 베일, 면사포
ブーケ 부–케
n. 부케

タキシード 타키시–도
n. 턱시도

披露宴ひろうえん
히로–엥
n. 피로연

花婿はなむこ 하나무꼬
= **新郎**しんろう 신로–
n. 신랑

花嫁はなよめ 하나요메
= **新婦**しんぷ 심뿌
n. 신부

夫婦ふうふ 후−후
n. 부부

夫おっと 옷또
= **旦那**だんな 단나
n. 남편

主人しゅじん 슈징
n. 남편, 가장

妻つま 츠마
= **家内**かない 카나이
n. 아내, 처, 마누라(자신의 아내를 낮춰 말하는 표현)

奥おく**さん** 옥상
n. 부인(남의 아내를 높여서 말하는 표현)

縺もつれと別わかれ 모쯔레또 와까레 갈등과 이별

MP3. Word_C07_03

嫉妬しっと 싯또
n. 질투

嘘うそ 우소
n. 거짓말

ごまかす 고마까스
v. 속이다; 얼버무리다

浮気うわき**(を)する**
우와끼(오) 스루
v. 바람(을) 피우다

浮気者うわきもの
우와끼모노
n. 바람둥이

二股ふたまた**をかける**
후따마따오 카께루
양다리를 걸치다

トラブル 토라브르
n. 트러블, 말썽

裏切うらぎ**る** 우라기루
v. 배신하다

振ふ**る** 후루
v. 퇴짜 놓다, 차다

振ふ**られる** 후라레루
v. 차이다, 버림 받다

別わか**れる** 와까레루
v. 헤어지다, 이별하다

別わか**れ** 와까레
n. 이별

別居べっきょ 벡꾜
n. 별거

育児いくじ 이꾸지 육아

MP3. Word_C07_04

赤あかちゃん 아까쨩 n. 아기	妊娠にんしん 닌싱 n. 임신	妊産婦にんさんぷ 닌삼뿌 n. 임산부
つわり 츠와리 n. 입덧	出産しゅっさん 슛상 n. 출산	出産予定日しゅっさんよていび 슛상요떼-비 n. 출산예정일
授乳じゅにゅう 쥬뉴- n. 수유	母乳ぼにゅう 보뉴- n. 모유	粉こなミルク 코나미르크 n. 분유
哺乳瓶ぼにゅうびん 보뉴-빙 n. 젖병	離乳食りにゅうしょく 리뉴-쇼꾸 n. 이유식	おむつ 오무쯔 n. 기저귀
保母ほぼ 호보 n. 보모 乳母うば 우바 n. 유모	ベビーシッター 베비-싯타- n. 베이비시터	あやす 아야스 v. 어르다, 달래다
ベビーカー 베비-카- n. 유모차	ベビーベッド 베비-벳도 n. 아기 침대	ベビーシート 베비-시-토 n. 아기용 카시트 チャイルドシート 챠이루도시-토 n. 유아용 카시트

Unit 1 소개팅 MP3. C07_U01

소개팅 ①

누구 만나는 사람 있니?

誰か付き合ってる人いる?

다레까 츠끼앗떼루 히또 이루?

마음에 둔 사람이라도 있니?

心に留めている人でもいるの?

코꼬로니 토메떼 이루 히또데모 이루노?

특별히 교제하고 있는 여자는 없습니다.

特に交際している女性はいません。

토꾸니 코–사이시떼 이루 죠세–와 이마셍

난 여자 친구가 없어.

私にはガールフレンドがいない。

와따시니와 가–루후렌도가 이나이

↘ '여자 친구'는 彼女라고도 합니다.

난 혼자야.

私はシングルだ。

와따시와 싱구루다

그녀는 그냥 친구일 뿐이야.

彼女はただの友達だ。

카노죠와 타다노 토모다찌다

소개팅 ②

소개팅 시켜 줘.

合コンを企画してよ。

고–콩오 키까꾸시떼요

좋은 남자를 소개시켜 줄게.

いい男を紹介してあげる。

이– 오또꼬오 쇼–까이시떼 아게루

어떤 스타일의 사람이 좋아?

どんなタイプの人がいい?

돈나 타이프노 히또가 이–?

아무나 상관없어.

どんな人でもいいよ。

돈나 히또데모 이–요

그녀에게 남자 친구 있어?

彼女は彼氏いる?

카노죠와 카레시 이루?

그 사람 좀 소개해 줄래?

その人ちょっと紹介してくれる?

소노 히또 촛또 쇼–까이시떼 쿠레루?

저기 저 여자 좀 봐, 정말로 예쁘지.

あの彼女見るよ、本当にきれいだ。

아노 카노죠 미루요, 혼또–니 키레–다

心に留める 마음에 두다

소개팅 후 평가 ①

\# 이런 기분은 처음이에요.

こんな気持(きも)ちは初(はじ)めてですよ。

콘나 키모찌와 하지메떼데스요

\# 마음에 드는 사람이 있어요.

お気(き)に入(い)りの人(ひと)がいるんです。

오끼니 이리노 히또가 이룬데스

\# 만나면 만날수록 더 보고 싶어요.

合(あ)えば合(あ)うほどもっと合(あ)いたいです。

아에바 아우호도 못또 아이따이데스

\# 그녀는 내 이상형이야.

彼女(かのじょ)は私(わたし)の理想(りそう)のタイプだ。

카노죠와 와따시노 리소–노 타이프다

\# 그는 동화 속 왕자님이야.

彼(かれ)は私(わたし)の中(なか)の王子様(おうじさま)だ。

카레와 와따시노 나까노 오–지사마다

\# 그는 믿을 만한 남자이다.

彼(かれ)は信(しん)じられる男(おとこ)だ。

카레와 신지라레루 오또꼬다

꼭! 짚고 가기

별자리

우리나라에서도 젊은이들 사이에 흔히 별자리 운세를 보기도 하는데요. 운세 보기를 즐기는 일본에서는 TV 프로그램에 나올 정도랍니다.

별자리는 일본어로 星座(せいざ)라고 합니다. 각 별자리를 일본어로 뭐라고 하는지 알아볼게요.

- おひつじ座(ざ) 양자리
- おうし座(ざ) 황소자리
- ふたご座(ざ) 쌍둥이자리
- かに座(ざ) 게자리
- しし座(ざ) 사자자리
- おとめ座(ざ) 처녀자리
- てんびん座(ざ) 천칭자리
- さそり座(ざ) 전갈자리
- いて座(ざ) 사수자리
- やぎ座(ざ) 염소자리
- みずがめ座(ざ) 물병자리
- うお座(ざ) 물고기자리

소개팅 후 평가 ②

그녀에게 푹 빠졌어.

彼女(かのじょ)に夢中(むちゅう)なんだ。

카노죠니 무쮸–난다

내 눈에는 너밖에 안 보여.

僕(ぼく)の目(め)には、君(きみ)しか映(うつ)ってないよ。

보꾸노 메니와, 키미시까 우쯧떼나이요

콩깍지가 씌었어.

あばたもえくぼ。

아바따모 에꾸보

첫눈에 반했어요.

一目(ひとめ)惚(ぼ)れしました。

히또메보레시마시따

옆집 아가씨에 홀딱 반했다.

隣(となり)の家(いえ)の娘(むすめ)にぞっこんだ。

토나리노 이에노 무스메니 족꼰다

상사병에 걸렸어.

恋煩(こいわずら)いにかかった。

코이와즈라이니 카깟따

↳ **恋煩い**는 상사병이라는 뜻입니다.
의미를 확실히 전달하기 위해
앞에 **好きになった**라고 덧붙일 수 있습니다.

소개팅 후 평가 ③

넌 그녀를 좋아하는구나.

あなたは彼女(かのじょ)が好(す)きなんですね。

아나따와 카노죠가 스끼난데스네

그것은 그녀가 널 좋아한다는 신호야.

それは彼女(かのじょ)があなたを好(す)きだというサインだ。

소레와 카노죠가 아나따오 스끼다또이우 사인다

새 남자 친구는 계속 사귀고 싶은 사람이다.

新(あたら)しい彼氏(かれし)はずっと付(つ)き合(あ)いたい人(ひと)だ。

아따라시– 카레시와 즛또 츠끼아이따이 히또다

어울리는 커플이야.

お似合(にあ)いのカップルだ。

오니아이노 캅프르다

그는 내 타입이 아니다.

彼(かれ)は私(わたし)のタイプじゃない。

카레와 와따시노 타이프쟈나이

난 사귀고 싶은 마음이 없다.

私(わたし)には付(つ)き合(あ)う気(き)がない。

와따시니와 츠끼아우 키가 나이

Unit 2 데이트&연애 MP3. C07_U02

데이트 ①

데이트 상대를 구했어.

デートの相手(あいて)を探(さが)した。

데-토노 아이떼오 사가시따

데이트 어땠어요?

デートどうでしたか。

데-토 도-데시따까

이거 데이트라고 치죠.

これをデートとしましょう。

코레오 데-토또 시마쇼-

그녀와 나는 세 번 데이트했어.

彼女(かのじょ)と私(わたし)は3回(かい)デートした。

카노죠또 와따시와 상까이 데-토시따

데이트, 바람맞았어.

デート、すっぽかされたよ。

데-토. 습뽀까사레따요

최근 우리는 자주 만났어.

最近(さいきん)私(わたし)たちはたびたび会(あ)った。

사이낑 와따시따찌와 타비따비 앗따

우린 사이 좋게 지내고 있어.

私(わたし)たちはうまくいってるね。

와따시따찌와 우마꾸 잇떼루네

데이트 ②

회사 동료와 사귀고 있어.

会社(かいしゃ)の同僚(どうりょう)と付(つ)き合(あ)っている。

카이샤노 도-료-또 츠끼앗떼 이루

데이트 비용은 전부 남자가 내야 한다고 생각합니까?

デートの費用(ひよう)は全部(ぜんぶ)男(おとこ)がもつべきだと思(おも)いますか。

데-토노 히요-와 젬부 오또꼬가 모쯔베끼다또 오모이마스까

히로시 씨는 키스했다.

広(ひろし)さんはキスをした。

히로시상와 키스오 시따

広(ひろし)さんは口付(くちづ)けをした。

히로시상와 쿠찌즈께오 시따

우리는 키스하고 각자 집에 돌아갔다.

私(わたし)たちはキスをしてそれぞれの家(いえ)に帰(かえ)った。

와따시따찌와 키스오 시떼 소레조레노 이에니 카엣따

연애

\# 신체적 접촉을 시도해 봐.

スキンシップしてみなよ。

스킨십프시떼 미나요

\# 아야 씨는 남자 친구를 꽉 쥐고 살아.

あやさんは彼氏(かれし)を尻(しり)に敷(し)いている。

아야상와 카레시오 시리니 시–떼 이루

\# 키스가 없으면 사귀는 커플이라고 할 수 없지.

キスがなければ付(つ)き合(あ)っているカップルとは言(い)えない。

키스가 나께레바 츠끼앗떼 이루 캅프르또와 이에나이

\# 나는 유코 씨를 짝사랑하고 있어요.

私(わたし)は裕子(ゆうこ)さんに片思(かたおも)いしています。

와따시와 유–꼬산니 카따오모이시떼 이마스

\# 첫눈에 반하는 건 사랑이 아니야.

一目(ひとめ)惚(ぼ)れは愛(あい)ではない。

히또메보레와 아이데와 나이

\# 그녀에게 매달리지 마라.

彼女(かのじょ)にすがるな。

카노죠니 스가루나

Unit 3 사랑 MP3. C07_U03

사랑

\# 사랑해.

愛(あい)してる。

아이시떼루

\# 아주 좋아해.

大好(だいす)き。

다이스끼

\# 처음 본 순간부터 난 그녀를 사랑했다.

初(はじ)めて見(み)た時(とき)から私(わたし)は彼女(かのじょ)に恋(こい)をした。

하지메떼 미따 토끼까라 와따시와 카노죠니 코이오 시따

\# 그녀가 계속 보고 싶어.

彼女(かのじょ)にずっと会(あ)いたい。

카노죠니 즛또 아이따이

\# 너 없이 못 살아.

あなたなしで生(い)きられない。

아나따나시데 이끼라레나이

\# 남은 생, 너와 함께하고 싶어.

残(のこ)りの人生(じんせい)、あなたと一緒(いっしょ)に過(す)ごしたい。

노꼬리노 진세–, 아나따또 잇쇼니 스고시따이

Unit 4 갈등&이별 MP3. C07_U04

질투&배신

\# 그녀의 이성 관계가 잘 안되기를 바라고 있어.

彼女(かのじょ)の異性(いせい)関係(かんけい)が落(お)ち着(つ)くことを願(ねが)うよ。

카노죠노 이세– 캉께–가 오찌쯔꾸 코또오 네가우요

\# 그들의 관계는 3개월이면 끝날 거야.

彼(かれ)らの関係(かんけい)は三(さん)ヶ(か)月(げつ)で終(お)わるよ。

카레라노 캉께–와 상까게쯔데 오와루요

\# 넌 내게 상처를 입혔어.

お前(まえ)は私(わたし)を傷(きず)つけた。

오마에와 와따시오 키즈쯔께따

\# 그녀는 여러 번 바람을 피웠어.

彼女(かのじょ)は何度(なんど)も浮気(うわき)した。

카노죠와 난도모 우와끼시따

\# 그녀는 양다리를 걸치고 있다.

彼女(かのじょ)は二股(ふたまた)をかけている。

카노죠와 후따마따오 카께떼 이루

갈등 ①

\# 그는 항상 처음 만난 사람에게 마음을 여는 데 시간이 좀 걸린다.

彼(かれ)はいつも初(はじ)めて会(あ)った人(ひと)には心(こころ)を開(ひら)くのに時間(じかん)がちょっとかかる。

카레와 이쯔모 하지메떼 앗따 히또니와 코꼬로오 히라꾸노니 지깡가 촛또 카까루

\# 솔직히 마음속으로 넌 아직 날 사랑하고 있어, 그렇지?

本当(ほんとう)は心(こころ)の中(なか)であなたはまだ私(わたし)を愛(あい)している、そうでしょう?

혼또–와 코꼬로노 나까데 아나따와 마다 와따시오 아이시떼 이루, 소–데쇼–?

\# 결혼하는 것에 대해 다시 한번 생각해 보는 건 어때?

結婚(けっこん)についてもう一度(いちど)考(かんが)えてみたらどう?

켁꼰니 츠이떼 모– 이찌도 캉가에떼 미따라 도–?

\# 다시 시작할 수 없겠니?

やり直(なお)せないのか?

야리나오세나이노까?

\# 다시 한번 기회를 주지 않을래?

もう一度(いちど)だけチャンスをくれないか。

모– 이찌도다께 챤스오 쿠레나이까

갈등 ②

\# 어떻게 그런 말을 할 수 있니?

なぜそんなことが言(い)えるんだ?

나제 손나 코또가 이에룬다?

\# 이제 뭐라고 말해도 소용이 없을 것 같아.

もう何(なに)を言(い)っても無駄(むだ)なようだね。

모– 나니오 잇떼모 무다나요–다네

\# 짝사랑이에요.

片思(かたおも)いですよ。

카따오모이데스요

\# 사랑이 식어가는구나.

愛情(あいじょう)が冷(さ)めていくよ。

아이죠–가 사메떼 이꾸요

\# 너한테 질렸어.

君(きみ)にはうんざりだ。

키미니와 운자리다

\# 우리의 관계는 위기에 처해 있다.

私(わたし)たちの関係(かんけい)は危機(きき)に直面(ちょくめん)している。

와따시따찌노 캉께–와 키끼니 쵸꾸멘시떼 이루

갈등 ③

\# 나한테 치근덕거리는 거야?

私(わたし)にまとわりつくつもりなの?

와따시니 마또와리쯔꾸 츠모리나노?

\# 죄송합니다. 당신의 마음은 받아들일 수 없습니다.

ごめんなさい。あなたの気持(きも)ちは受(う)け取(と)れません。

고멘나사이. 아나따노 키모찌와 우께또레마셍

\# 난 그녀와 다시 사귀고 싶다.

僕(ぼく)は彼女(かのじょ)とまた付(つ)き合(あ)いたい。

보꾸와 카노죠또 마따 츠끼아이따이

\# 이것은, 네게 어울리지 않는 관계인 것 같아.

これは、釣(つ)り合(あ)わない関係(かんけい)のようだ。

코레와, 츠리아와나이 캉께–노요–다

\# 넌 너무 적극적으로 대시한다.

あなたはとても積極的(せっきょくてき)にアタックする。

아나따와 토떼모 섹꾜꾸떼끼니 아탁끄스루

〜ても無駄だ 〜해도 소용없다

이별 ①

우리는 헤어졌다.

わたし　　　　わか
私たちは別れた。
와따시따찌와 와까레따

그들은 2주 전에 헤어졌다.

かれ　　しゅうかんまえ　わか
彼らは2週間前に別れた。
카레와 니슈–깜마에니 와까레따

두 사람은 최근에 헤어진 것 같아.

ふたり　　さいきんわか
二人は最近別れたらしいよ。
후따리와 사이낑 와까레따라시–요

그만 헤어집시다.

わか
もう別れましょう。
모– 와까레마쇼–

난 그와 헤어졌어.

わたし　かれ　わか
私は彼と別れた。
와따시와 카레또 와까레따

내가 그를 찼지.

わたし　かれ　ふ
私が彼を振った。
와따시가 카레오 훗따

우리는 사귀지 않는다.

わたし　　　つ　あ
私たちは付き合っていない。
와따시따찌와 츠끼앗떼 이나이

꼭! 짚고 가기

일본어로 사랑 고백하기

우리는 '사랑해'라는 말을 흔히 사용하는 편이지만, 일본에서는 의외로 '사랑해'에 해당하는 愛(あい)している를 잘 쓰지 않습니다. 그래서 일본 드라마나 영화를 봐도 연인들 사이의 사랑 고백 장면에서 이 말보다는 好(す)き 또는 大好(だいす)き라는 말이 자주 나오는 것이 바로 그 때문입니다.
그리고 우리가 사랑한다는 하트를 표현하기 위해 머리 위에 손을 올리는 자세는 일본에서는 뭔가 그 상황을 잘 몰라서 적당히 넘어가려고 할 때 취하는 포즈라고 합니다.
바디랭귀지가 만국에서 똑같이 통하지 않는 경우도 있으니, 잘 알아봐야 할 필요는 있을 거 같아요.

이별 ②

우리는 그냥 친구로 있는 게 더 좋을 거 같아.

私(わたし)たちはただの友達(ともだち)の方(ほう)がいいと思(おも)う。

와따시따찌와 타다노 토모다찌노 호-가 이-또 오모-

우리는 헤어진 후에도 계속 친구로 지낼 수 있다.

私(わたし)たちは別(わか)れた後(あと)もずっと友達(ともだち)でいられる。

와따시따찌와 와까레따 아또모 즛또 토모다찌데 이라레루

그는 잠깐 만났던 사람이에요.

彼(かれ)はちょっと会(あ)っただけの人(ひと)です。

카레와 춋또 앗따다께노 히또데스

그 사람과 만나는 것은 시간 낭비야.

あの人(ひと)に会(あ)うのは時間(じかん)のムダだ。

아노 히또니 아우노와 지깐노 무다다

난, 당신같은 스타일, 아주 싫어해요.

私(わたし)、あなたみたいなタイプ、大嫌(だいきら)いなんです。

와따시, 아나따미따이나 타이프, 다이끼라이난데스

청혼 ①

멋진 프러포즈를 하고 싶은데.

かっこいいプロポーズをしたいな。

칵꼬이- 프로포-즈오 시따이나

그는 발렌타인데이에 청혼할 거예요.

彼(かれ)はバレンタインデーに求婚(きゅうこん)するんです。

카레와 바렌타인데-니 큐-꼰스룬데스

정식으로는, 난 그녀에게 프러포즈하지 않았다.

正式(せいしき)には、私(わたし)は彼女(かのじょ)にプロポーズしなかった。

세-시끼니와, 와따시와 카노죠니 프로포-즈시나깟다

타마키 씨가 나한테 청혼했어요.

玉木(たまき)さんが私(わたし)にプロポーズしました。

타마끼상가 와따시니 프로포-즈시마시따

나는 청혼을 받아들였다.

私(わたし)はプロポーズを受(う)け入(い)れた。

와따시와 프로포-즈오 우께이레따

나는 청혼을 거절했다.

私(わたし)はプロポーズを断(こと)わった。

와따시와 프로포-즈오 코또왓따

청혼 ②

\# 저와 결혼해 주시겠어요?

僕(ぼく)と結婚(けっこん)してくれませんか。

보꾸또 켁꼰시떼 쿠레마셍까

\# 죽을 때까지 함께하자.

死(し)ぬまで一緒(いっしょ)にいよう。

시누마데 잇쇼니 이요-

\# 당신이 제 백마 탄 왕자님이셨군요!

あなたが私(わたし)の白馬(はくば)の王子(おうじ)様(さま)だったんですね！

아나따가 와따시노 하꾸바노
오-지사마닷딴데스네!

\# 그녀가 저를 받아 준다면, 전 그녀와 결혼하겠어요.

彼女(かのじょ)が僕(ぼく)を受(う)け入(い)れれば、僕(ぼく)は彼女(かのじょ)と結婚(けっこん)します。

카노죠가 보꾸오 우께이레레바, 보꾸와
카노죠또 켁꼰시마스

\# 나는 결혼하고 싶어 죽겠어요.

私(わたし)はとても結婚(けっこん)したいです。

와따시와 토떼모 켁꼰시따이데스

결혼 준비 ①

\# 결혼 축하해, 그런데 상대는 (누구야)?

ご結婚(けっこん)おめでとう、でもお相手(あいて)は？

고켁꽁 오메데또-, 데모 오아이떼와?

\# 결혼 전에 준비할 게 아주 많아.

結婚(けっこん)の前(まえ)に準備(じゅんび)することがたくさんある。

켁꼰노 마에니 쥰비스루 코또가 탁상 아루

\# 언제 결혼할 거예요?

いつ結婚(けっこん)するんですか。

이쯔 켁꼰스룬데스까

\# 결혼식은 언제로 하지?

結婚式(けっこんしき)はいつにする？

켁꼰시끼와 이쯔니 스루?

\# 결혼 반지는 부부 결합의 상징입니다.

結婚(けっこん)指輪(ゆびわ)は夫婦(ふうふ)の絆(きずな)の象徴(しょうちょう)です。

켁꽁 유비와와 후-후노 키즈나노 쇼-쬬-데스

결혼 준비 ②

\# 일본에서는 중매 결혼이 아직 일반적입니까?

日本(にほん)ではお見合(みあ)い結婚(けっこん)がまだ一般的(いっぱんてき)ですか。

니혼데와 오미아이 켁꽁가 마다 입빤떼끼데스까

\# 신혼여행은 어디로 가나요?

新婚旅行(しんこんりょこう)はどこに行(い)きますか。

싱꼰료꼬-와 도꼬니 이끼마스까

ハネムーンはどこに行(い)きますか。

하네무-ㅇ와 도꼬니 이끼마스까

\# 신혼여행은 오키나와로 가요.

新婚旅行(しんこんりょこう)は沖縄(おきなわ)に行(い)きます。

싱꼰료꼬-와 오끼나와니 이끼마스

\# 예식장은 어디가 좋을까나.

式場(しきじょう)はどこがいいかしら。

시끼죠-와 도꼬가 이-까시라

\# 피로연은 호텔에서 합니다.

結婚披露宴(けっこんひろうえん)はホテルでします。

켁꽁 히로-엥와 호테루데 시마스

\# 결혼 선물은 무엇이 좋을까나.

結婚(けっこん)のお祝(いわ)いは何(なに)がいいかしら。

켁꼰노 오이와이와 나니가 이-까시라

결혼식 초대

\# 결혼식에 꼭 참석해 줘.

結婚式(けっこんしき)に絶対(ぜったい)参加(さんか)してね。

켁꼰시끼니 젯따이 상까시떼네

\# 이것은 청첩장이야.

これは結婚(けっこん)の招待状(しょうたいじょう)だよ。

코레와 켁꼰노 쇼-따이죠-다요

\# 우리는 결혼식에 친척과 친구들을 초대했어요.

私(わたし)たちは結婚式(けっこんしき)で親戚(しんせき)と友達(ともだち)を招待(しょうたい)しました。

와따시따찌와 켁꼰시끼데 신세끼또 토모다찌오 쇼-따이시마시따

\# 우리는 1,000장의 청첩장을 보냈습니다.

私(わたし)たちは1000枚(まい)の結婚(けっこん)の招待状(しょうたいじょう)を送(おく)りました。

와따시따찌와 셈마이노 켁꼰노 쇼-따이죠-오 오꾸리마시따

\# 청첩장을 보낼 테니, 답장을 주세요.

招待状(しょうたいじょう)を送(おく)りますから、返事(へんじ)をください。

쇼-따이죠-오 오꾸리마스까라, 헨지오 쿠다사이

결혼식 ①

\# 결혼 축하합니다.

ご結婚(けっこん)おめでとうございます。

고켁꽁 오메데또-고자이마스

\# 두 분 행복하시길 바랍니다.

お二人(ふたり)が幸(しあわ)せになることを願(ねが)います。

오후따리가 시아와세니 나루 코또오 네가이마스

\# 정말로 어울리는 한 쌍이군요!

本当(ほんとう)にお似合(にあ)いのカップルですね！

혼또-니 오니아이노 캅프르데스네!

\# 신부가 참 아름다워요!

花嫁(はなよめ)さんがとてもきれいですね！

하나요메상가 토떼모 키레-데스네!

\# 그 커플은 결혼 서약을 하고 있어.

そのカップルは結婚(けっこん)を誓(ちか)っている。

소노 캅프르와 켁꽁오 치깟떼 이루

花嫁 신부, 색시
* **花婿** 신랑
誓う 맹세하다, 서약하다

꼭! 짚고 가기

일본의 결혼식 ①

우리나라의 친지 친구들을 많이 부르는 결혼식과는 달리 일본의 결혼식은 정말 친한 사람만 부릅니다. 만약 당신이 일본 친구에게 결혼식을 초대받았다면 상대방이 당신을 정말 친한 친구라고 생각하는 것이랍니다.

일본에서는 우선 결혼식에 초대할 사람들의 리스트를 만들어 편지를 보냅니다. 초대편지를 받은 사람은 참석 여부를 반드시 알려야 합니다.

그렇게 하객이 정해지면 비싼 코스 요리를 준비하고, 결혼식장에는 음식 테이블에 하객의 이름을 표시해 둡니다.

결혼식의 식사는 비싼 코스 요리이기 때문에 인원수에 맞게 준비되고, 지정 좌석이 있으므로 결혼식에 초대받지 않은 사람은 참석할 수 없습니다.

결혼식 ②

결혼식장에서 누구 손을 잡고 입장해요?

結婚式場(けっこんしきじょう)で誰(だれ)の手(て)をつないで入(はい)りますか。

켁꼰시끼죠–데 다레노 테오 츠나이데 하이리마스까

신랑 신부가 함께 입장합니다.

新郎(しんろう)と新婦(しんぷ)が一緒(いっしょ)に入(はい)ります。

신로–또 심뿌가 잇쇼니 하이리마스

신부의 얼굴은 면사포에 가려져 있다.

新婦(しんぷ)の顔(かお)はベールで覆(おお)われている。

심뿌노 카오와 베–루데 오–와레떼 이루

부케는 누가 받아요?

ブーケは誰(だれ)が受(う)けますか。

부–케와 다레가 우께마스까

신부 들러리가 예쁜데요.

花嫁(はなよめ)の付(つ)き添(そ)い役(やく)がきれいですね。

하나요메노 츠끼소이야꾸가 키레–데스네

결혼식에 하객이 많이 왔어요.

結婚式(けっこんしき)に祝(いわ)い客(きゃく)がたくさん来(き)ました。

켁꼰시끼니 이와이꺄꾸가 탁상 키마시따

결혼 생활

결혼 생활이 행복해요?

結婚生活(けっこんせいかつ)が幸(しあわ)せですか。

켁꽁 세–까쯔가 시아와세데스까

그들은 결혼해서 무척 행복하다.

彼(かれ)らは結婚(けっこん)してとても幸(しあわ)せだ。

카레라와 켁꼰시떼 토떼모 시아와세다

이 결혼은 행복하지 못하다.

この結婚(けっこん)は幸(しあわ)せじゃない。

코노 켁꽁와 시아와세쟈나이

저는 결혼한 지 8년 되었습니다.

私(わたし)は結婚(けっこん)してから8年(ねん)になりました。

와따시와 켁꼰시떼까라 하찌넨니 나리마시따

저는 배우자와 결혼한 지 5년 지났습니다.

私(わたし)は連(つ)れ合(あ)いと結婚(けっこん)してから5年(ねん)経(た)ちます。

와따시와 츠레아이또 켁꼰시떼까라 고넹 타찌마스

그녀는 결혼해서 아이가 둘 있습니다.

彼女(かのじょ)は結婚(けっこん)して子供(こども)が二人(ふたり)います。

카노죠와 켁꼰시떼 코도모가 후따리 이마스

별거&이혼 ①

별거 중입니다.

べっきょちゅう
別居中です。

벡꾜쮸-데스

잘 생각해 보면, 그들은 이혼이 아니라, 별거 중이다.

かんが　かれ
よく考えてみたら、彼らは
りこん　べっきょちゅう
離婚じゃなくて、別居中だ。

요꾸 캉가에떼 미따라, 카레라와 리꼰쟈나꾸떼, 벡꾜쮸-다

우리는 곧 이혼할 작정입니다.

わたし　りこん
私たちはすぐ離婚するつもりです。

와따시따찌와 스구 리꼰스루 츠모리데스

이혼신청서에 사인해 줘.

りこん とど
離婚届けにサインしてちょうだい。

리꼰또도께니 사인시떼 쵸-다이

성격이 맞지 않아 이혼했습니다.

せいかく　あ　りこん
性格が合わなくて離婚しました。

세-까꾸가 아와나꾸떼 리꼰시마시따

꼭! 짚고 가기

일본의 결혼식 ②

일본의 결혼식에 참석하면 답례품을 받게 되는데, 이 금액이 대략 5천~만 엔 정도 합니다. 그래서 하객도 그만큼 많은 축의금을 준비해야 합니다. 축의금은 일반적으로 3만 엔, 친하거나 가까운 친구면 5만 엔 정도 합니다.

결혼식을 많이 다니는 20대 후반에서 30대 초반의 젊은이들은 축의금 지출도 상당한 비중을 차지해서 '결혼식 빈곤 結婚式貧乏(けっこんしきびんぼう)'이라는 말이 생겨날 정도라고 하는군요.

물론 결혼 당사자가 더 힘듭니다. 결혼 비용이 신혼여행을 포함하여 3~4백만 엔 정도 든다고 하니, 보통 그냥 혼인신고만 하거나 간단하게 레스토랑 등에서 파티만 하는 등의 수수한 결혼이 보편적입니다.

또 일본에서 많이 볼 수 있는 것이 예쁜 교회 건물입니다. 이는 일본에 기독교인이 많은 것이 아니라, 예쁜 결혼식을 올리려는 일본인들이 많아서 그렇답니다.

별거&이혼 ②

그들은 결국 이혼했습니다.

彼(かれ)らは結局(けっきょく)離婚(りこん)しました。

카레라와 켁꾜꾸 리콘시마시따

그 여자 사실은 돌싱이래.

彼女(かのじょ)って実(じつ)はバツイチなんだって。

카노죳떼 지쯔와 바츠이치난닷떼

↳ **バツイチ**는 남녀 구별 없이 한 번 결혼했었지만 이혼하고 현재 독신인 상태의 사람을 가리키는 젊은 층에서 사용하는 속어로, 이혼하면 호적에 X표(**ばってん**)가 표시되는 것에서 연유한 말입니다.

요즘은 황혼 이혼이 늘고 있다.

最近(さいきん)は熟年(じゅくねん)離婚(りこん)が増(ふ)えている。

사이낑와 쥬꾸넹 리꽁가 후에떼 이루

그는 지난달에 재혼했습니다.

彼(かれ)は先月(せんげつ)再婚(さいこん)しました。

카레와 셍게쯔 사이꼰시마시따

그는 세 번 재혼했다.

彼(かれ)は三度(さんど)再婚(さいこん)した。

카레와 산도 사이꼰시따

Unit 6 임신&육아 MP3. C07_U06

임신

저 말이야, 나, 임신했어.

あのね、私(わたし)、妊娠(にんしん)しているの。

아노네, 와따시, 닌신시떼 이루노

임신하셨다고 들었습니다.

妊娠(にんしん)したと聞(き)きました。

닌신시따또 키끼마시따

아내가 임신했어.

私(わたし)の妻(つま)が妊娠(にんしん)した。

와따시노 츠마가 닌신시따

그녀는 임신 8개월이다.

彼女(かのじょ)は妊娠(にんしん)八(はち)ヶ(か)月(げつ)だ。

카노죠와 닌싱 하찌까게쯔다

출산일이 언제예요?

出産(しゅっさん)の日(ひ)がいつですか。

슛산노 히가 이쯔데스까

임신 3개월에 유산했다.

妊娠(にんしん)三(さん)ヶ(か)月(げつ)で流産(りゅうざん)した。

닌싱 상까게쯔데 류-산시따

아기 먹이기

\# 젖 먹일 시간이에요.

おっぱいの時間(じかん)です。

옵빠이노 지깐데스

\# 아이 우유 먹였어요?

子供(こども)に牛乳(ぎゅうにゅう)を飲(の)ませましたか。

코도모니 규–뉴–오 노마세마시따까

\# 아기에게 모유를 먹이려면, 매일 아침 6시에 일어나야 해요.

赤(あか)ちゃんに母乳(ぼにゅう)を飲(の)ませようとしたら、毎朝(まいあさ)6時(じ)におきなければならないです。

아까짠니 보뉴–오 노마세요–또 시따라, 마이아사 로꾸지니 오끼나께레바 나라나이데스

\# 그녀는 우유로 아기를 키우고 있어요.

彼女(かのじょ)は牛乳(ぎゅうにゅう)で赤(あか)ちゃんを育(そだ)てています。

카노죠와 규–뉴–데 아까짱오 소다떼떼 이마스

\# 아기가 5개월이 되면 이유식을 시작해야 해요.

赤(あか)ちゃんが五(ご)ヶ(か)月(げつ)になると離乳食(りにゅうしょく)を始(はじ)めなければならないです。

아까짱가 고까게쯔니 나루또 리뉴–쇼꾸오 하지메나께레바 나라나이데스

아기 돌보기

\# 아기 돌볼 사람을 찾았어요.

赤(あか)ちゃんの面倒(めんどう)を見(み)る人(ひと)を探(さが)しました。

아까짠노 멘도–오 미루 히또오 사가시마시따

\# 기저귀 좀 갈아 줄래요?

おむつを取(と)り替(か)えてくれませんか。

오무쯔오 토리까에떼 쿠레마셍까

\# 아기에게 기저귀를 채워 주세요.

赤(あか)ちゃんにおむつを当(あ)ててください。

아까짠니 오무쯔오 아떼떼 쿠다사이

\# 아기 목욕을 좀 도와줄래요?

赤(あか)ちゃんのお風呂(ふろ)[入浴(にゅうよく)]をちょっと助(たす)けてくれませんか。

아까짠노 오후로[뉴–요꾸]오 촛또 타스께떼 쿠레마셍까

\# 아기가 우는데, 좀 달래 주세요.

赤(あか)ちゃんが泣(な)いてるので、ちょっとあやしてください。

아까짱가 나이떼루노데, 촛또 아야시떼 쿠다사이

Chapter 08

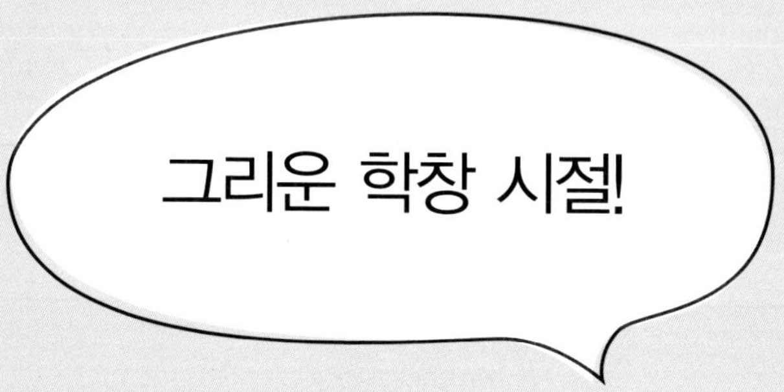

Chapter 08.

学校がっこうで 각꼬–데 학교에서

MP3. Word_C08_01

学校がっこう 각꼬– n. 학교 	**教師**きょうし 쿄–시 = **先生**せんせい 센세– n. 교사, 선생 	**教**おし**える** 오시에루 v. 가르치다 
学生がくせい 각세– n. 학생 	**小学校**しょうがっこう 쇼–각꼬– n. 초등학교 	**小学生**しょうがくせい 쇼–각세– n. 초등학생 
中学校ちゅうがっこう 츄–각꼬– n. 중학교 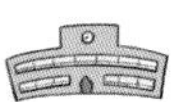	**中学生**ちゅうがくせい 츄–각세– n. 중학생 	**小中学校**しょうちゅうがっこう 쇼–츄–각꼬– n. 초·중학교 (초등학교와 중학교의 총칭)
高校こうこう 코–꼬– = **高等学校**こうとうがっこう 코–또–각꼬– n. 고등학교 	**高校生**こうこうせい 코–꼬–세– n. 고등학생 	**大学**だいがく 다이가꾸 n. 대학 
大学生だいがくせい 다이각세– n. 대학생 	**学**まな**ぶ** 마나부 v. 배우다 	**出席**しゅっせき 슛세끼 n. 출석 **出席**しゅっせき**する** 슛세끼스루 v. 출석하다
遅刻ちこく 치꼬꾸 n. 지각 **遅刻**ちこく**する** 치꼬꾸스루 = **遅**おく**れる** 오꾸레루 v. 지각하다, 늦다 	**早**はや**びき** 하야비끼 = **早退**そうたい 소–따이 n. 조퇴 **早**はや**びきする** 하야비끼스루 = **早退**そうたい**する** 소–따이스루 v. 조퇴하다 	**欠席**けっせき 켓세끼 n. 결석 **欠席**けっせき**する** 켓세끼스루 v. 결석하다 

教室きょうしつで 쿄–시쯔데 교실에서

MP3. Word_C08_02

教室きょうしつ 쿄–시쯔
n. 교실

黒板こくばん 코꾸반
n. 칠판
(분필을 사용하는 녹색 칠판)

文筆ぶんぴつ 붐삐쯔
= **チョーク** 쵸–크
n. 분필, 백묵

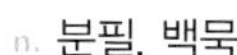

黒板こくばん**ふき** 코꾸반후끼
n. 칠판지우개

鉛筆えんぴつ 엠삐쯔
n. 연필

ボールペン 보–루펭
n. 볼펜

消け**しゴム** 케시고무
n. 지우개

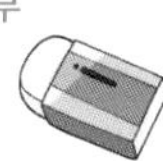

教科書きょうかしょ 쿄–까쇼
n. 교과서

ノート 노–토
n. 공책

筆記ひっき 힉끼
n. 필기

筆記ひっき**する** 힉끼스루
n. 필기하다

かばん 카방
n. 가방

ランドセル 란도세루
n. 란도셀(초등학생용 가방)

学期がっき 각끼 학기

MP3. Word_C08_03

宿題しゅくだい 슈꾸다이
n. 숙제

テスト 테스토
= **試験**しけん 시껭
n. 테스트, 시험

点数てんすう 텐수–
n. 점수

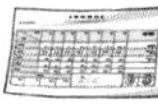

平均へいきん 헤–낑
n. 평균

遠足えんそく 엔소꾸
= **ピクニック** 피쿠닉크
n. 소풍

夏休みなつやすみ 나쯔야스미
n. 여름 방학

冬休みふゆやすみ 후유야스미
n. 겨울 방학

등교 ①

\# 도시락은 가방에 넣었니?

お弁当(べんとう)はカバンに入(い)れた?

오벤또-와 카반니 이레따?

\# 서두르지 않으면, 지각해.

急(いそ)がないと、遅刻(ちこく)するよ。

이소가나이또, 치꼬꾸스루요

\# 매일 아침 친구랑 같이 학교에 가요.

毎朝友達(まいあさともだち)と一緒(いっしょ)に学校(がっこう)へ行(い)きます。

마이아사 토모다찌또 잇쇼니 각꼬-에 이끼마스

\# 마츠모토는 친구 셋과 카풀을 해서 학교에 간다.

松本(まつもと)は友達三人(ともだちさんにん)と相乗(あいの)りして学校(がっこう)へ行(い)く。

마쯔모또와 토모다찌 산닌또 아이노리시떼 각꼬-에 이꾸

\# 항상 걸어서 학교에 가요.

いつも歩(ある)いて学校(がっこう)へ行(い)きます。

이쯔모 아루이떼 각꼬-에 이끼마스

\# 걸어서 학교까지 얼마나 걸려?

歩(ある)いて学校(がっこう)までどのぐらいかかる?

아루이떼 각꼬-마데 도노구라이 카까루?

등교 ②

\# 매일 버스를 타고 학교에 가요.

毎日(まいにち)バスに乗(の)って学校(がっこう)へ行(い)きます。

마이니찌 바스니 놋떼 각꼬-에 이끼마스

\# 이제 곧 스쿨버스가 올 거야.

もうすぐスクールバスが来(く)るよ。

모- 스구 스크-루바스가 쿠루요

\# 학교에 갈 때는 교복을 입어야 합니다.

学校(がっこう)へ行(い)く時(とき)には制服(せいふく)を着(き)なければなりません。

각꼬-에 이꾸 토끼니와 세-후꾸오 키나께레바 나리마셍

\# 그는 지각하지 않으려고, 서둘렀어요.

彼(かれ)は遅刻(ちこく)しないよう、急(いそ)ぎました。

카레와 치꼬꾸시나이요-, 이소기마시따

\# 학교 가는 길에 문방구에 들를 거예요.

学校(がっこう)へ行(い)く途中(とちゅう)で文房具屋(ぶんぼうぐや)に寄(よ)るつもりです。

각꼬-에 이꾸 토쮸-데 붐보-구야니 요루 츠모리데스

하교

\# 엄마가 학교로 나를 데리러 왔어요.

母(はは)が学校(がっこう)まで私(わたし)を迎(むか)えに来(き)ました。

하하가 각꼬-마데 와따시오 무까에니 키마시따

\# 남자 친구가 학교 앞에서 기다리고 있어.

彼氏(かれし)が学校(がっこう)の前(まえ)で待(ま)っている。

카레시가 각꼬-노 마에데 맛떼 이루

\# 방과후 뭐 해?

放課後(ほうかご)何(なに)をする?

호-까고 나니오 스루?

\# 방과후, 같이 돌아가자.

放課後(ほうかご)、一緒(いっしょ)に帰(かえ)ろう。

호-까고, 잇쇼니 카에로-

\# 방과후에 좀 놀다 가자.

放課後(ほうかご)にちょっと遊(あそ)んで行(い)こう。

호-까고니 춋또 아손데 이꼬-

\# 평소보다 좀 늦게 돌아갈 거야.

普段(ふだん)よりちょっと遅(おそ)く帰(かえ)るよ。

후당요리 춋또 오소꾸 카에루요

꼭! 짚고 가기

일본의 교육 제도

일본의 학제는 우리나라처럼 초등학교 小学校(しょうがっこう) 6년, 중학교 中学校(ちゅうがっこう) 3년, 고등학교 高校(こうこう) 3년, 대학교 大学校(だいがっこう) 4년, 그리고 대학원 大学院(だいがくいん)으로 되어 있습니다.

고등학교를 졸업하고 나면, 4년제 대학교에 가기보다는 2년제인 전문대학 短期大学(たんきだいがく)이나 전문학교 専門学校(せんもんがっこう)로 진학하여 전문 기능을 배우는 사람들도 많이 있습니다.

일본도 우리나라처럼 초등학교와 중학교까지 의무교육입니다. 우리는 새 학년이 3월에 시작하지만, 일본은 4월에 시작합니다. 따라서 졸업 시즌도 2월이 아닌 3월입니다.

일본에서도 우리처럼 치열한 입시 전쟁이 있습니다. 사립학교의 경우에는 유치원부터 시작한다고 하니 대단하죠. 유명한 사립학교는 유치원이나 초등학교부터 대학교까지 계열화된 형태로 학교가 설립되어 있어, 유치원이나 초등학교에 입학하면 대학까지 진학이 사실상 보장된 것으로 보기 때문에 그 처음 시작이 치열하지 않을 수가 없습니다.

또 중학교와 고등학교가 한 과정으로 붙어 있는 일관교 一貫校(いっかんこう)라는 학교가 있는데, 이곳에 입학하면 고등학교 입시를 준비하지 않아도 됩니다.

Unit 2 입학&졸업 MP3. C08_U02

입학 ①

\# 미카코는 지난 봄에 대학에 입학했다.

みかこ きょねん はる だいがく はい
美香子は去年の春に大学に入った。

미까꼬와 쿄넨노 하루니 다이가꾸니 하잇따

\# 딸을 초등학교에 입학시켰다.

むすめ しょうがっこう い
娘を小学校に入れた。

무스메오 쇼–각꼬–니 이레따

\# 나는 장학금을 받아, 자랑스럽게 학교에 입학했다.

わたし しょうがくきん ほこ おも にゅうがく
私は奨学金をもらい、誇らしい思いで入学した。

와따시와 쇼–가꾸낑오 모라이, 호꼬라시– 오모이데 뉴–가꾸시따

\# 이 학교에 입학하기 위해서는, 어떻게 하면 됩니까?

がっこう にゅうがく
この学校に入学するためには、どうすればいいんですか。

코노 각꼬–니 뉴–가꾸스루 타메니와, 도–스레바 이–ㄴ데스까

\# 입학에 필요한 서류가 무엇입니까?

にゅうがく ひつよう しょるい なん
入学に必要な書類は何ですか。

뉴–가꾸니 히쯔요–나 쇼루이와 난데스까

입학 ②

\# 입학 원서를 웹사이트에서 다운로드 할 수 있다는 걸 알고 있었어요?

にゅうがくがんしょ し
入学願書をウェブサイトでダウンロードできることを知っていましたか。

뉴–가꾸 간쇼오 웨브사이토데 다운로–도데끼루 코또오 싯떼 이마시따까

\# 아들을 이 학교에 입학시키고 싶은데요.

むすこ がっこう にゅうがく
息子をこの学校に入学させたいんですけど。

무스꼬오 코노 각꼬–니 뉴–가꾸사세따인데스께도

\# 대학 입학을 위해 경쟁이 치열하다.

だいがくにゅうがく きょうそう はげ
大学入学のため競争が激しい。

다이가꾸 뉴–가꾸노 타메 쿄–소–가 하게시–

\# 지원자의 증가로 그 학교의 입학은 어렵게 되었다.

しがんしゃ ぞうか がっこう にゅうがく むずか
志願者の増加でその学校の入学は難しくなった。

시간샤노 조–까데 소노 각꼬–노 뉴–가꾸와 무즈까시꾸낫따

\# 그는 침착하게 입학 시험을 치렀다.

かれ にゅうがく しけん う
彼はおちついて入学試験を受けた。

카레와 오찌쯔이떼 뉴–가꾸시껭오 우께따

진학

\# 학교는 뭘 기준으로 선택하는 거야?

学校(がっこう)は何(なに)を基準(きじゅん)に選(えら)ぶ?

각꼬-와 나니오 키쥰니 에라부?

\# 가고 싶은 학교와 갈 수 있는 학교는 다른 거죠.

行(い)きたい学校(がっこう)と、行(い)ける学校(がっこう)は違(ちが)うよね。

이끼따이 각꼬-또, 이께루 각꼬-와 치가우요네

\# 그는 축구 장학생으로 대학에 진학했다.

彼(かれ)はサッカー奨学生(しょうがくせい)として大学(だいがく)に進学(しんがく)した。

카레와 삭카- 쇼-각세-또 시떼 다이가꾸니 싱가꾸시따

\# 도쿄대학에 진학할 거야.

東京大学(とうきょうだいがく)に進学(しんがく)するつもりだ。

토-꾜-다이가꾸니 싱가꾸스루쯔모리다

\# 그는 대학 진학을 포기했습니다.

彼(かれ)は大学進学(だいがくしんがく)をあきらめました。

카레와 다이가꾸 싱가꾸오 아끼라메마시따

졸업

\# 졸업이 한 학기밖에 남지 않았다.

卒業(そつぎょう)まで一学期(いちがっき)しか残(のこ)っていなかった。

소쯔교-마데 이찌각끼시까 노꼿떼 이나깟따

\# 졸업 후에 뭐 할 거예요?

卒業後(そつぎょうご)は何(なに)をするつもりですか。

소쯔교-고와 나니오 스루쯔모리데스까

\# 졸업 후에 무엇을 해야 좋을지 모르겠어.

卒業後(そつぎょうご)は何(なに)をしたらよいか分(わ)からない。

소쯔교-고와 나니오 시따라 요이까 와까라나이

\# 언제 대학을 졸업했어요?

いつ大学(だいがく)を卒業(そつぎょう)しましたか。

이쯔 다이가꾸오 소쯔교-시마시따까

\# 내년에 졸업하세요?

来年卒業(らいねんそつぎょう)しますか。

라이넹 소쯔교-시마스까

\# 어느 학교를 졸업했어요?

どちらの学校(がっこう)を卒業(そつぎょう)しましたか。

도찌라노 각꼬-오 소쯔교-시마시따까

졸업 성적

\# 졸업하려면 영어 2학점이 필요해.

卒業(そつぎょう)するには英語(えいご)2単位(たんい)が必要(ひつよう)だ。

소쯔교–스루니와 에–고 니땅이가 히쯔요–다

\# 수석 졸업을 축하합니다.

首席(しゅせき)(の)卒業(そつぎょう)おめでとうございます。

슈세끼(노) 소쯔교– 오메데또–고자이마스

\# 켄스케는 우수한 성적으로 대학을 졸업했다.

健介(けんすけ)は優秀(ゆうしゅう)な成績(せいせき)で大学(だいがく)を卒業(そつぎょう)した。

켄스께와 유–슈–나 세–세끼데 다이가꾸오 소쯔교–시따

\# 후지와라는 꼴찌로 졸업했다.

藤原(ふじわら)は末席(まっせき)で卒業(そつぎょう)した。

후지와라와 맛세끼데 소쯔교–시따

\# 그는 나보다 1년 빨리 졸업했다.

彼(かれ)は私(わたし)より一年早(いちねんはや)く卒業(そつぎょう)した。

카레와 와따시요리 이찌넹 하야꾸 소쯔교–시따

졸업 기타

\# 에리는 졸업 파티에 참석하고 있었다.

恵理(えり)は卒業(そつぎょう)パーティーに参加(さんか)していた。

에리와 소쯔교– 파–티–니 상까시떼 이따

\# 졸업 후의 포부에 대해 말해 줘.

卒業後(そつぎょうご)の抱負(ほうふ)について話(はな)してくれ。

소쯔교–고노 호–후니 츠이떼 하나시떼 쿠레

\# 졸업 선물로 뭘 받았어?

卒業(そつぎょう)プレゼントに何(なに)をもらった？

소쯔교– 프레젠토니 나니오 모랏따?

\# 졸업한 이상, 부모님에게 폐를 끼쳐서는 안 되겠다.

卒業(そつぎょう)した以上(いじょう)、両親(りょうしん)に迷惑(めいわく)をかけたらだめだ。

소쯔교–시따 이죠–, 료–신니 메이와꾸오 카께따라 다메다

\# 졸업 후에는 네 길을 스스로 나아가야 한다.

卒業後(そつぎょうご)は自(みずか)らの道(みち)を探(さが)さなければいきゃない。

소쯔교–고와 미즈까라노 미찌오 사가사나께레바 이꺄나이

自ら 스스로, 몸소

Unit 3 수업 MP3. C08_U03

수업 전후 ①

\# 자, 수업을 시작합니다.

さあ、授業(じゅぎょう)を始(はじ)めます。

사-, 쥬교-오 하지메마스

\# 교과서를 펴세요.

教科書(きょうかしょ)を開(あ)けて。

쿄-까쇼오 아께떼

\# 지난 시간에 어디까지 했었죠?

前(まえ)の時間(じかん)はどこまでしましたか。

마에노 지깡와 도꼬마데 시마시따까

\# 수업에 늦어서 죄송합니다.

授業(じゅぎょう)に遅(おく)れてごめんなさい。

쥬교-니 오꾸레떼 고멘나사이

\# 이 수업에는 모두 일본어로 말해야 합니다.

この授業(じゅぎょう)ではみんな日本語(にほんご)で話(はな)さなければなりません。

코노 쥬교-데와 민나 니홍고데 하나사나께레바 나리마셍

\# 수업 중에 떠들지 마라.

授業中(じゅぎょうちゅう)に騒(さわ)ぐな。

쥬교-쮸-니 사와구나

수업 전후 ②

\# 선생님이 출석 체크를 하셨어?

先生(せんせい)は出席(しゅっせき)のチェックをしたか。

센세-와 슛세끼노 첵크오 시따까

\# 수업은 9시에 시작해요.

授業(じゅぎょう)は9時(じ)に始(はじ)まります。

쥬교-와 쿠지니 하지마리마스

\# 수업은 5시에 끝나요.

授業(じゅぎょう)は5時(じ)に終(お)わります。

쥬교-와 고지니 오와리마스

\# 쉬는 시간은 10분입니다.

休(やす)み時間(じかん)は10分(ぷん)です。

야스미지깡와 쥬-뿐데스

\# 수업이 취소되어, 2시까지 시간을 때워야 해요.

授業(じゅぎょう)が中止(ちゅうし)になって、2時(じ)まで時間(じかん)をつぶさなければなりません。

쥬교-가 츄-시니 낫떼, 니지마데 지깡오 츠부사나께레바 나리마셍

\# 오늘은 이것으로 수업을 마치겠습니다.

今日(きょう)はこれで授業(じゅぎょう)を終(お)わります。

쿄-와 코레데 쥬교-오 오와리마스

기타 ①

그와 같은 학교에 다니고 싶어서, 지금 열심히 공부 중입니다.

彼(かれ)と同(おな)じ学校(がっこう)に通(かよ)いたくて、今猛勉強中(いまもうべんきょうちゅう)なんです。

카레또 오나지 각꼬–니 카요이따꾸떼, 이마 모–벵꾜–쮸–난데스

신입생 환영 파티가 학생회관에서 열렸다.

新入生(しんにゅうせい)の歓迎(かんげい)パーティーが学生会館(がくせいかいかん)で開(ひら)かれた。

신뉴–세–노 캉게– 파–티–가 각세–까이깐데 히라까레따

세츠코는 신입생들이 대학 생활에 적응할 수 있도록 도와줬다.

節子(せつこ)は新入生(しんにゅうせい)が大学生活(だいがくせいかつ)に馴染(なじ)めるよう、サポートした。

세쯔꼬와 신뉴–세–가 다이가꾸 세–까쯔니 나지메루요–, 사포–토시따

신입생들을 못살게 굴지 마라.

新入生(しんにゅうせい)をあんまりいじめるな。

신뉴–세–오 암마리 이지메루나

기타 ②

무슨 동아리에 들었어요?

何(なん)のクラブに入(はい)っているんですか。

난노 크라브니 하잇떼 이룬데스까

이제 곧 대학 축제구나.

もうすぐ大学祭(だいがくさい)だね。

모– 스구 다이가꾸사이다네

기숙사 생활은 즐거워요.

寮生活(りょうせいかつ)は楽(たの)しいです。

료– 세–까쯔와 타노시–데스

아르바이트 하고 있니?

アルバイトはしているの？

아르바이토와 시떼 이루노?

파트 타임으로 일하고 있습니까?

パートで働(はたら)いているんですか。

파–토데 하따라이떼 이룬데스까

학비를 벌기 위해, 매일 늦게까지 아르바이트를 하고 있어요.

学費(がくひ)を稼(かせ)ぐために、毎日遅(まいにちおそ)くまでアルバイトをしています。

가꾸히오 카세구 타메니, 마이니찌 오소꾸마데 아르바이토오 시떼 이마스

수업 시간표 ①

\# 다음 수업은 무슨 과목이지?

つぎ　じゅぎょう　なん　かもく
次の授業は何の科目？

츠기노 쥬교-와 난노 카모꾸?

\# 오늘은 수업이 꽉 찼습니다.

きょう　じゅぎょう　いっぱい
今日は授業が一杯です。

쿄-와 쥬교-가 입빠이데스

\# 야간 수업을 들으세요?

やかん じゅぎょう　と
夜間授業を取ってますか。

야깐쥬교-오 톳떼마스까

\# 중국어 수업은 잘 돼 가나요?

ちゅうごくご　じゅぎょう
中国語の授業はうまくいっていますか。

츄-고꾸고노 쥬교-와 우마꾸 잇떼 이마스까

\# 오늘, 교외 수업을 했다.

きょう　こうがいじゅぎょう
今日、校外授業をした。

쿄-, 코-가이 쥬교-오 시따

\# 오늘은 부모님들이 수업을 참관하신다.

きょう　りょうしん　じゅぎょう　さんかん
今日は両親が授業を参観する。

쿄-와 료-싱가 쥬교-오 상깐스루

\# 좋아하는 과목이 뭐예요?

す　かもく　なん
好きな科目は何ですか。

스끼나 카모꾸와 난데스까

꼭! 짚고 가기

색깔

일본어로 색깔은 色(いろ)라고 하는데, 기본적인 색은 色를 안 붙이고 말하는 경우가 보편적입니다.

- 白(しろ) 하양, 흰색
- 黒(くろ) 검정, 검은색
- 灰色(はいいろ) 회색
  = グレー
- 赤(あか) 빨강, 빨간색
- オレンジ色(いろ) 주황색
- 黄色(きいろ) 노랑, 노란색
- うす緑(みどり) 연두색
- 緑(みどり) 초록, 초록색
- 水色(みずいろ) 하늘색
- 青(あお) 파랑, 파란색
- 紺色(こんいろ) 남색
- 紫色(むらさきいろ) 보라색
  = パープル
- ピンク色(いろ) 분홍색
  = 桜色(さくらいろ)
  = 桃色(ももいろ)
- 茶色(ちゃいろ) 갈색
- カーキ色(いろ) 카키색
- 金色(きんいろ) 금색
- 銀色(ぎんいろ) 은색
- うすだいだい色(いろ) 살색
  = ペールオレンジ

수업 시간표 ②

이번 학기에 몇 과목 들어?

今学期は何科目を取るの?

콩각끼와 낭까모꾸오 토루노?

벌써 수강 신청했어?

もう受講申請した?

모– 쥬꼬– 신세–시따?

수업이 무슨 요일이에요?

授業は何曜日ですか。

쥬교–와 난요–비데스까

어떤 강의를 받을지 정했니?

どの講義を受けるか決めた?

도노 코–기오 우께루까 키메따?

어떤 수업을 선택해야 할지 모르겠어.

どの授業を選んだらいいか分からない。

도노 쥬교–오 에란다라 이–까 와까라나이

일본어 수업은 주 4시간이다.

日本語の授業は週4時間だ。

니홍고노 쥬교–와 슈– 요지깐다

수업 난이도&기타

수업이 이해되지 않았다.

授業が分からなかった。

쥬교–가 와까라나깟따

그 수업이 너무 어려웠어.

あの授業はとても難しかったな。

아노 쥬교–와 토떼모 무즈까시깟따나

수학 수업은 지겨웠어요.

数学の授業はたいくつでした。

스–가꾸노 쥬교–와 타이꾸쯔데시따

가야겠어, 곧 수업이 시작하거든.

行かなきゃ、授業が始まるから。

이까나꺄, 쥬교–가 하지마루까라

行かないといけない、授業が始まるから。

이까나이또 이께나이, 쥬교–가 하지마루까라

걔는 필기를 정말 잘해.

彼は筆記がとてもうまい。

카레와 힉끼가 토떼모 우마이

불량한 수업 태도

수업 시간에 또 휴대전화 사용하는 것이 발각되면 혼날 거야.

授業時間にまたケータイを使うのが見つかると怒られるよ。

쥬교– 지깐니 마따 케–타이오 츠까우노가 미쯔까루또 오꼬라레루요

선생님은 불성실한 수업 태도를 허용하지 않는다.

先生は不真面目な授業態度を許さない。

센세–와 후마지메나 쥬교– 타이도오 유루사나이

그녀는 수업 중에 잠만 잔다.

彼女は授業中に眠ってばかりいる。

카노죠와 쥬교–쮸–니 네뭇떼바까리 이루

1교시, 빼먹었어.

1時間目、サボっちゃった。

이찌지깜메, 사봇쨧따

어제 수업에 왜 안 왔어?

昨日の授業になぜ来なかった?

키노–노 쥬교–니 나제 코나깟따?

サボる 게을리하다

Unit 4 숙제 MP3. C08_U04

숙제 끝내기

숙제 끝내려면 얼마나 걸리니?

宿題を終えるのにどのくらいかかる?

슈꾸다이오 오에루노니 도노꾸라이 카까루?

그녀는 숙제를 마치는 데 두 시간 걸렸다.

彼女は宿題を終えるのに2時間かかった。

카노죠와 슈꾸다이오 오에루노니 니지깡 카깟따

난 숙제를 끝내야 해.

私は宿題を終えなければ。

와따시와 슈꾸다이오 오에나께레바

6시까지 숙제를 끝내야 해.

6時までに宿題を終えなければならない。

로꾸지마데니 슈꾸다이오 오에나께레바 나라나이

숙제가 밀려 있어.

宿題がたまっている。

슈꾸다이가 타맛떼 이루

이렇게 된 바에 난 집에서 숙제나 할래.

こうなれば私は家で宿題をする。

코– 나레바 와따시와 이에데 슈꾸다이오 스루

숙제 평가

그는 숙제를 대충대충 한다.

彼は宿題を適当にする。

카레와 슈꾸다이오 테끼또-니 스루

선생님은 하나코가 숙제를 잘했다고 칭찬했다.

先生は花子が宿題をよくやったと誉めた。

센세-와 하나꼬가 슈꾸다이오 요꾸 얏따또 호메따

우리 선생님은 숙제를 많이 내 주신다.

私の先生は宿題をたくさん出す。

와따시노 센세-와 슈꾸다이오 탁상 다스

선생님은 항상 학생이 숙제를 안 하면 야단치신다.

先生はいつも学生が宿題をしないと怒る。

센세-와 이쯔모 각세-가 슈꾸다이오 시나이또 오꼬루

난 숙제를 완전히 망쳤어.

私は宿題がさっぱりできなかった。

와따시와 슈꾸다이가 삽빠리 데끼나깟따

숙제를 마친 후

그는 숙제를 쉽게 끝냈다.

彼は宿題を簡単に終えた。

카레와 슈꾸다이오 칸딴니 오에따

와타나베는 가까스로 숙제를 끝냈다.

渡辺はどうにかこうにか宿題を終えた。

와따나베와 도-니까꼬-니까 슈꾸다이오 오에따

어제는 숙제하느라고 바빴어.

昨日は宿題で忙しかった。

키노-와 슈꾸다이데 이소가시깟따

어제 수학 숙제를 하느라 밤늦게까지 있었어.

昨日数学の宿題をするのに夜遅くまでかかった。

키노- 스-가꾸노 슈꾸다이오 스루노니 요루오소꾸마데 카깟따

그는 숙제에 대해 투덜댔다.

彼は宿題について不平を言った。

카레와 슈꾸다이니 츠이떼 후헤-오 잇따

이메일 제출인가요?

メール提出ですか。

메-루 테-슈쯔데스까

숙제 기타 ①

숙제는 꼭 해라.

宿題は必ずしなさい。

슈꾸다이와 카나라즈 시나사이

네가 숙제할 시간이야.

君は宿題の時間だ。

키미와 슈꾸다이노 지깐다

숙제하고 자렴.

宿題をして寝なさい。

슈꾸다이오 시떼 네나사이

왜 그렇게 빈둥대고 있니? 오늘 숙제 없어?

どうしてそんなにごろごろしているの？今日は宿題がないの？

도-시떼 손나니 고로고로시떼 이루노?
쿄-와 슈꾸다이가 나이노?

다음 주까지 숙제를 제출하겠습니다.

来週までに宿題を提出します。

라이슈-마데니 슈꾸다이오 테-슈쯔시마스

과제 제출일을 잊어버렸어.

課題の提出日を忘れちゃった。

카다이노 테-슈쯔비오 와스레쨔따

숙제 기타 ②

이번 주는 숙제를 면해 줄게.

今週は宿題をださないからね。

콘슈-와 슈꾸다이오 다사나이까라네

네 숙제는 틀린 것을 다시 쓰는 것이다.

あなたの宿題は間違いを直す事だ。

아나따노 슈꾸다이와 마찌가이오 나오스코또다

숙제 때문에 도서관에서 책을 빌려야 해.

宿題のために図書館で本を借りないといけない。

슈꾸다이노 타메니 토쇼깐데 홍오 카리나이또 이께나이

그녀는 열심히 숙제를 하고 있다.

彼女は一生懸命に宿題をしている。

카노죠와 잇쇼-껨메-니 슈꾸다이오 시떼 이루

큰일이다! 리포트, 집에 놓고 왔어!

やばい！レポート、家に忘れてきた！

야바이! 레포-토, 이에니 와스레떼 키따!

Unit 5 시험 MP3. C08_U05

시험 전 ①

\# 기말고사가 2주 후에 있어.

期末試験が2週間後にある。

키마쯔 시껭가 니슈–깡고니 아루

\# 시험 날짜가 일주일 후로 다가왔다.

試験日が一週間後に近付いて来た。

시껨비가 잇슈–깡고니 치까즈이떼 키따

\# 시험이 닥쳐오고 있다.

試験が迫ってきている。

시껭가 세맛떼 키떼 이루

\# 시험에 나오는 범위는 어디입니까?

試験に出る範囲はどこですか。

시껜니 데루 항이와 도꼬데스까

\# 문법은 시험에서 제외됩니다.

文法は試験から除外されます。

붐뽀–와 시껭까라 죠가이사레마스

\# 시험을 면제해 주겠다.

試験を免除してあげる。

시껭오 멘죠시떼 아게루

시험 전 ②

\# 그들은 시험 준비로 바쁘다.

彼らは試験の準備で忙しい。

카레라와 시껜노 줌비데 이소가시–

\# 시험이 임박했는데도 하나코는 놀고만 있네.

試験が目前なのに花子は遊んでばかりいる。

시껭가 모꾸젠나노니 하나꼬와 아손데 바까리이루

\# 카나는 시험 볼 생각에 떨렸다.

香奈は試験を受けると思うと緊張した。

카나와 시껭오 우께루또 오모우또 킨쬬–시따

\# 벼락치기로 공부할 수밖에 없어요.

一夜漬けしかありませんよ。

이찌야즈께시까 아리마셍요

\# 미끄러진다는 단어는 금지야. 재수 없으니까.

滑るとかっていう言葉は禁句だよ。縁起が悪いからね。

스베루또깟떼이우 코또바와 킹꾸다요. 엥기가 와루이까라네

一夜漬 본래 하룻밤에 익힌 절임을 말하지만, 그 뜻이 변해 '벼락치기'라는 의미가 되었습니다.

시험 후 ①

시험이 끝났다.

試験(しけん)が終(お)わった。

시껭가 오왓따

시험이 끝나서 긴장이 풀렸다.

試験(しけん)が終(お)わって緊張(きんちょう)が解(と)けた。

시껭가 오왓떼 킨쬬–가 토께따

그 시험은 아주 쉬웠다.

その試験(しけん)はとても易(やさ)しかった。

소노 시껭와 토떼모 야사시깟따

상당히 어려웠어요.

なかなか難(むずか)しかったですよ。

나까나까 무즈까시깟따데스요

전혀 모르겠던데.

全然(ぜんぜん)分(わ)からなかった。

젠젱 와까라나깟따

문제가 이해 안 됐어.

問題(もんだい)が理解(りかい)できなかったよ。

몬다이가 리까이데끼나깟따요

꼭! 짚고 가기

캐릭터 도시락

일본인들은 도시락을 아주 좋아하죠. 편의점이나 백화점 식품 코너에 가면 다양한 도시락이 판매되는 것을 쉽게 볼 수 있습니다. 바쁜 일상 때문에 도시락으로 한 끼를 해결하는 일본인들도 많아요.

그런데 엄마가 유치원에 다니는 자녀에게 싸 주는 도시락을 살펴보면 만화 캐릭터 모양으로 꾸며진 것을 볼 수 있습니다. 바로 꾸미는 것을 좋아하는 일본인들의 특성을 볼 수 있는 캐릭터 도시락이랍니다. 캐릭터 도시락은 キャラ弁(べん) 또는 キャラクター弁当(べんとう)이라고 합니다. 또, 도시락을 이렇게 꾸밀 수 있도록 다양한 도구들도 많이 팔고 있습니다. 기회가 있다면, 한번 사서 도전해 보세요!

시험 후 ②

끝난 일은 잊어버리자.

終(お)わったことは、忘(わす)れてしまおう。

오왓따 코또와, 와스레떼 시마오–

시험은 언제나 마음에 걸린다.

試験(しけん)はいつも気(き)になる。

시껭와 이쯔모 키니 나루

그 시험을 보느라 진땀을 뺐다.

その試験(しけん)のせいで冷(ひ)や汗(あせ)をかいた。

소노 시껜노 세–데 히야아세오 카이따

시험에서 실력을 충분히 발휘했다고 생각해.

試験(しけん)で実力(じつりょく)を十分(じゅうぶん)に発揮(はっき)したと思(おも)う。

시껜데 지쯔료꾸오 쥬–분니 학끼시따또 오모우

그 문제가 시험에 나왔다.

その問題(もんだい)が試験(しけん)に出(で)た。

소노 몬다이가 시껜니 데따

시험을 몽땅 망쳤어.

試験(しけん)が全部(ぜんぶ)できなかった。

시껭가 젬부 데끼나깟따

시험 결과

그녀는 시험 결과를 초조하게 기다리고 있다.

彼女(かのじょ)は試験(しけん)の結果(けっか)をどきどきしながら待(ま)っている。

카노죠와 시껜노 켁까오 도끼도끼시나가라 맛떼 이루

그는 시험 결과에 대해 마음을 졸이고 있다.

彼(かれ)は試験(しけん)の結果(けっか)が気(き)になって落(お)ち着(つ)かない。

카레와 시껜노 켁까가 키니 낫떼 오찌쯔까나이

시험 결과는 어땠어요?

試験(しけん)の結果(けっか)はどうでしたか。

시껜노 켁까와 도–데시따까

그는 시험 결과가 좋아서 기운이 났다.

彼(かれ)は試験(しけん)の結果(けっか)がよかったので元気(げんき)いっぱいだ。

카레와 시껜노 켁까가 요깟따노데 겡끼 입빠이다

시험 결과를 보고 맥이 빠졌다.

試験(しけん)の結果(けっか)を見(み)て気(き)が抜(ぬ)けた。

시껜노 켁까오 미떼 키가 누께따

시험 합격

그는 겨우 시험에 합격했다.

彼はぎりぎり試験に合格した。

카레와 기리기리 시껜니 고–까꾸시따

그는 가볍게 시험에 합격했다.

彼はたやすく試験に合格した。

카레와 타야스꾸 시껜니 고–까꾸시따

그는 아마 시험에 합격할 거야.

彼はきっと試験に通るよ。

카레와 킷또 시껜니 토–루요

그는 1차 시험에 합격했다.

彼は一次試験に合格した。

카레와 이찌지 시껜니 고–까꾸시따

키타는 운 좋게 시험에 합격했다.

喜田は運よく試験に合格した。

키다와 웅요꾸 시껜니 고–까꾸시따

요행으로 붙었어.

まぐれで当たったよ。

마구레데 아땃따요

시험 불합격&부정 행위

시험에 떨어지자 그녀는 풀이 죽었다.

試験に落ちて彼女はがっかりした。

시껜니 오찌떼 카노죠와 각까리시따

노다는 시험에 떨어져서 창피했다.

野田は試験に落ちてはずかしかった。

노다와 시껜니 오찌떼 하즈까시깟따

그는 합격할 가망이 없다.

彼は合格の見込みがない。

카레와 고–까꾸노 미꼬미가 나이

그녀는 남에게 대리 시험을 치르게 했다.

彼女は他人に替玉受験をさせた。

카노죠와 타닌니 카에다마쥬껭오 사세따

자백에 의하면 그는 시험에서 커닝했다.

試験でカンニングをしたと彼は打ち明けた。

시껜데 칸닝그오 시따또 카레와 우찌아께따

커닝이 발각됐어.

カンニングがばれた。

칸닝그가 바레따

Unit 6 성적 MP3. C08_U06

우수한 성적 ①

\# 그는 학교 성적이 훌륭하다.

彼は学校の成績がすばらしい。

카레와 각꼬-노 세-세끼가 스바라시-

\# 대체적으로, 마사코는 올해 학교 성적이 좋았다.

大部分、正子は今年の学校の成績がよかった。

다이부붕, 마사꼬와 코또시노 각꼬노 세-세끼가 요깟따

\# 그의 성적은 늘 반에서 다섯손가락 안에 듭니다.

彼の成績はいつもクラスで五本の指に入ります。

카레노 세-세끼와 이쯔모 크라스데 고혼노 유비니 하이리마스

\# 내 성적은 평균 이상이다.

私の成績は平均以上だ。

와따시노 세-세끼와 헤-낑 이죠-다

\# 기말고사에서 성적이 좋았다.

期末試験の成績がよかった。

키마쯔시껜노 세-세끼가 요깟따

\# 그는 시험에서 최고점을 얻었다.

彼は試験で最高点を取った。

카레와 시껜데 사이꼬-뗑오 톳따

우수한 성적 ②

\# 성적이 좋아서, 장학금을 받을 수 있다고 합니다.

成績がよかったので、奨学金がもらえるそうです。

세-세끼가 요깟따노데, 쇼-가꾸낑가 모라에루소-데스

\# 노력한 보람이 있어서, 성적이 올랐어.

頑張った甲斐があって、成績が上がった。

감밧따 카이가 앗떼, 세-세끼가 아갓따

\# 스즈키는 역사 시험에서 가장 높은 성적을 받았다.

鈴木は歴史の試験で一番いい成績をもらった。

스즈끼와 레끼시노 시껜데 이찌방 이- 세-세끼오 모랏따

\# 이번 학기에는 수학 성적이 올랐다.

今学期では数学の成績が上がった。

콩각끼데와 스-가꾸노 세-세끼가 아갓따

\# 영어 성적에서 그들은 어깨를 나란히 한다.

英語の成績で彼らは肩を並べている。

에-고노 세-세끼데 카레라와 카따오 나라베떼이루

나쁜 성적 ①

\# 시험에서 0점 받았어.

しけん　てん　と
試験で0点を取った。

시껜데 레–뗑오 톳따

\# 시험 점수가 나빠 부모님한테 야단맞을 게 걱정이다.

しけん　てんすう　わる　おや　おこ　しんぱい
試験の点数が悪くて親に怒られるかと心配だ。

시껜노 텐스–가 와루꾸떼 오야니 오꼬라레루까또 심빠이다

\# 그는 물리가 낙제였다.

かれ　ぶつり　らくだい
彼は物理を落第した。

카레와 부쯔리오 라꾸다이시따

\# 수학 시험은 망쳤어, 잘해야 C일 거야.

すうがく　しけん
数学の試験はダメだった、せいぜいCだろう。

스–가꾸노 시껭와 다메닷따, 세–제– 씨–다로–

\# 과학을 제외하면, 그의 성적은 그다지 좋지 않아.

かがく　いがい　かれ　せいせき
科学以外は、彼の成績はあまりよくない。

카가꾸 이가이와, 카레노 세–세끼와 아마리 요꾸나이

\# 예상 외로 성적이 나빴다.

いがい　せいせき　わる
意外と成績が悪かった。

이가이또 세–세끼가 와루깟따

나쁜 성적 ②

\# 요즘 학교 성적이 떨어지고 있어요.

さいきんがっこう　せいせき　お
最近学校の成績が落ちています。

사이낑 각꼬–노 세–세끼가 오찌떼 이마스

\# 시험 성적은 나빴지만, 그럭저럭 통과했어요.

しけん　せいせき　わる　とお
試験の成績は悪かったけど、なんとか通りました。

시껜노 세–세끼와 와루깟따께도, 난또까 토–리마시따

\# 그녀는 이번 학기에도 성적이 안 좋았다.

かのじょ　こんがっき　せいせき　わる
彼女は今学期も成績が悪かった。

카노죠와 콩각끼모 세–세끼가 와루깟따

\# 그는 그의 성적을 비밀로 했다.

かれ　じぶん　せいせき　ひみつ
彼は自分の成績を秘密にした。

카레와 지분노 세–세끼오 히미쯔니 시따

\# 아, 낙제했다.

らくだい
あー、落第したっ。

아–, 라꾸다이시땃

성적 기타

\# 성적증명서 사본을 신청해야 해요.

せいせきしょうめいしょ しんせい
成績証明書のコピーを申請しなければなりません。

세-세끼 쇼-메-쇼노 코피-오
신세-시나께레바 나리마셍

\# 이번 필기 시험은 최종 성적에 10% 반영된다.

こんど ひっき しけん さいしゅうせいせき はんえい
今度の筆記試験は最終成績の10パーセントに反映します。

콘도노 힉끼시껭와 사이슈- 세-세끼노
쥽파-센토니 항에-시마스

\# 이번 기말고사는 총 성적의 60%를 차지합니다.

こんど きまつ しけん せいせきぜんたい し
今度の期末試験は成績全体の60パーセントを占めます。

콘도노 키마쯔시껭와 세-세끼 젠따이노
로꾸쥬-파-센토- 시메마스

\# 성적이 상대평가입니까?

せいせき そうたいひょうか
成績は相対評価ですか。

세-세끼와 소-따이 효-까데스까

\# 좋은 성적 받길 바라.

せいせき いの
いい成績であることを祈る。

이- 세-세끼데아루 코또오 이노루

Unit 7 방학 MP3. C08_U07

방학 전

\# 방학이 언제 시작해요?

やす はじ
休みはいつ始まりますか。

야스미와 이쯔 하지마리마스까

\# 그들은 방학을 기다리고 있다.

かれ やす こころ ま
彼らは休みを心待ちしている。

카레라와 야스미오 코꼬로마찌시떼 이루

\# 여름 방학 때는 시골의 할머니 집에 간다.

なつやす いなか そぼ いえ い
夏休みには田舎の祖母の家に行く。

나쯔야스미니와 이나까노 소보노 이에니 이꾸

\# 방학이라 해서, 불규칙한 생활을 해서는 안 돼.

やす ふきそく せいかつ
休みだからって、不規則な生活をしちゃだめだよ。

야스미다까랏떼, 후끼소꾸나 세-까쯔오 시쨔다메다요

\# 겨울 방학이 끝나자마자 숙제를 제출해야 한다.

ふゆやす お しゅくだい ていしゅつ
冬休みが終わったら宿題を提出しないといけない。

후유야스미가 오왓따라 슈꾸다이오
테-슈쯔시나이또 이께나이

방학 기대&계획

방학 동안, 학교에 남아 있으려고 한다.

私(わたし)は休(やす)みの間(あいだ)、学校(がっこう)に残(のこ)るつもりだ。

와따시와 야스미노 아이다, 각꼬–니 노꼬루 츠모리다

시험이 끝나고 방학이다.

試験(しけん)が終(お)わって休(やす)みだ。

시껭가 오왓떼 야스미다

방학이니까, 어딘가로 가자.

休(やす)みだから、どこかに行(い)こうよ。

야스미다까라, 도꼬까니 이꼬–요

여름 방학에 뭐 할 거야?

夏休(なつやす)みには何(なに)をするの?

나쯔야스미니와 나니오 스루노?

그들은 방학에 유럽여행을 할 거야.

彼(かれ)らは休(やす)みにヨーロッパ旅行(りょこう)をする。

카레라와 야스미니 요–롭파 료꼬–오 스루

난 겨울 방학 동안에 스키 타러 간다.

私(わたし)は冬休(ふゆやす)みの間(あいだ)にスキーに行(い)く。

와따시와 후유야스미노 아이다니 스키–니 이꾸

방학 후

겨울 방학도 어느덧 지나가 버렸다.

冬休(ふゆやす)みもいつのまにか過(す)ぎた。

후유야스미모 이쯔노마니까 스기따

우리는 방학을 정말로 즐겁게 보냈다.

私(わたし)たちは休(やす)みを本当(ほんとう)に楽(たの)しく過(す)ごした。

와따시따찌와 야스미오 혼또–니 타노시꾸 스고시따

여름 방학의 가장 좋은 추억은 뭐니?

夏休(なつやす)みの一番(いちばん)の思(おも)い出(で)は何(なに)?

나쯔야스미노 이찌반노 오모이데와 나니?

나는 텔레비전 앞에서 빈둥거리며 방학을 헛되게 보냈다.

私(わたし)はテレビの前(まえ)でごろごろしながら休(やす)みを無駄(むだ)に過(す)ごした。

와따시와 테레비노 마에데 고로고로시나가라 야스미오 무다니 스고시따

그녀는 여름 방학에 까맣게 탔다.

彼女(かのじょ)は夏休(なつやす)みの間(あいだ)に真(ま)っ黒(くろ)に日焼(ひや)けした。

카노죠와 나쯔야스미노 아이다니 막꾸로니 히야께시따

소풍 ①

\# 소풍은 어디로 가니?

ピクニックはどこに行(い)くの？

피크닉크와 도꼬니 이꾸노?

\# 우리는 산으로 소풍을 갔다.

私(わたし)たちは山(やま)へピクニックに行(い)った。

와따시따찌와 야마에 피크닉크니 잇따

\# 내일, 소풍 간다.

明日(あした)、ピクニックに行(い)く。

아시따, 피크닉크니 이꾸

\# 소풍이 재미있겠는데.

ピクニックは楽(たの)しいのに。

피크닉크와 타노시–노니

\# 그들은 소풍을 계획했다.

彼(かれ)らはピクニックを計画(けいかく)した。

카레라와 피크닉크오 케–까꾸시따

\# 야마다는 소풍을 기대하고 있어.

山田(やまだ)はピクニックを楽(たの)しみにしている。

야마다와 피크닉크오 타노시미니 시떼 이루

소풍 ②

\# 다음 주에 학교 소풍이 있다.

来週(らいしゅう)に学校(がっこう)の遠足(えんそく)がある。

라이슈–니 각꼬–노 엔소꾸가 아루

\# 소풍 날에 날씨가 좋으면 좋겠다.

ピクニックの日(ひ)はいい天気(てんき)だったらいいな。

피크닉크노 히와 이– 텡끼닷따라 이–나

\# 그런 날은 소풍 가기에 더할 나위 없이 좋다.

そんな日(ひ)は絶好(ぜっこう)のピクニック日和(びより)だ。

손나 히와 젝꼬–노 피크닉크비요리다

\# 비 때문에 소풍을 망쳤다.

雨(あめ)のせいでピクニックが台無(だいな)しになった。

아메노 세–데 피크닉크가 다이나시니 낫따

\# 악천후 때문에 소풍이 취소되었다.

悪天候(あくてんこう)のためピクニックが中止(ちゅうし)になった。

아꾸뗑꼬–노 타메 피크닉크가 츄–시니 낫따

\# 소풍이 끝나면, 쓰레기를 치워 주세요.

ピクニックが終(お)わったら、ごみを捨(す)ててください。

피크닉크가 오왓따라, 고미오 스떼떼 쿠다사이

운동회 ①

\# 우리 반 학생들은 운동회에서 승리하기 위해 단결했다.

うちのクラスの学生(がくせい)たちは運動会(うんどうかい)で勝(か)つために団結(だんけつ)した。

우찌노 크라스노 각세–따찌와 운도–까이데 카쯔따메니 당께쯔시따

\# 우리는 운동회 날, 노란색 셔츠를 입기로 했다.

私(わたし)たちは運動会(うんどうかい)の日(ひ)、黄色(きいろ)いシャツを着(き)ることにした。

와따시따찌와 운도–까이노 히, 키–로이 샤츠오 키루 코또니 시따

\# 내일, 운동회 연습이야.

明日(あした)、運動会(うんどうかい)の練習(れんしゅう)だよ。

아시따, 운도–까이노 렌슈–다요

\# 기다리고 기다리던 운동회가 내일이다.

待(ま)ちに待(ま)った運動会(うんどうかい)は明日(あした)だ。

마찌니맛따 운도–까이와 아시따다

\# 다음 주에 학교 운동회가 있다.

来週(らいしゅう)に学校(がっこう)の運動会(うんどうかい)がある。

라이슈–니 각꼬–노 운도–까이가 아루

운동회 ②

\# 비 때문에 운동회가 엉망이 되었다.

雨(あめ)のため運動会(うんどうかい)が台無(だいな)しになった。

아메노따메 운도–까이가 다이나시니 낫따

\# 비가 와서 운동회를 연기했다.

雨(あめ)が降(ふ)ったので運動会(うんどうかい)を延期(えんき)した。

아메가 훗따노데 운도–까이오 엥끼시따

\# 운동회에는 최고인 날씨이다.

運動会(うんどうかい)には最高(さいこう)の天気(てんき)だ。

운도–까이니와 사이꼬–노 텡끼다

\# 운동회의 인기 종목은 학급 대항 릴레이이다.

運動会(うんどうかい)のメインイベントはクラス対抗(たいこう)リレーだ。

운도–까이노 메잉 이벤토와 크라스 타이꼬–리레–다

\# 운동회는 그의 독무대였다.

運動会(うんどうかい)は彼(かれ)の独壇場(どくせんじょう)であった。

운도–까이와 카레노 도꾸센죠–데앗따

\# 운동회는 성황리에 막을 내렸다.

運動会(うんどうかい)は盛況(せいきょう)の中幕(なかまく)をとじた。

운도–까이와 세–꾜–노 나까 마꾸오 토지따

Chapter 09

직장인이 봉이냐!

Chapter 09.

会社かいしゃで 카이샤데 회사에서

MP3. Word_C09_01

会社かいしゃ 카이샤 n. 회사	仕事しごと 시고또 = ワーク 와-쿠 n. 일	仕事しごとをする 시고또오 스루 = 働はたらく 하따라꾸 v. 일하다
	事務所じむしょ 지무쇼 n. 사무실	業務ぎょうむ 교-무 n. 업무
	出勤しゅっきん 슉낑 n. 출근	出勤しゅっきんする 슉낀스루 v. 출근하다
	帰かえる 카에루 = 上あがる 아가루 v. 퇴근하다, 돌아가다	残業ざんぎょう 잔교- n. 잔업
	夜勤やきん 야낑 n. 야근	出張しゅっちょう 슛쬬- n. 출장
	部署ぶしょ 부쇼 = 持場もちば 모치바 n. 부서	総務部そうむぶ 소-무부 총무부
	人事部じんじぶ 진지부 인사부	営業部えいぎょうぶ 에-교-부 영업부

給料きゅうりょうと休暇きゅうか 큐–료–또 큐–까 급여와 휴가

MP3. Word_C09_02

月給げっきゅう 겍뀨– n. 월급	**給料**きゅうりょう 큐–료– n. 봉급, 급여	**給料**きゅうりょう**をもらう** 큐–료–오 모라우 급여를 받다
年俸ねんぽう 넴뽀– n. 연봉	**サラリーマン** 사라리–망 n. 샐러리맨, 봉급 생활자	**OL** オーエル 오–에루 n. 직장 여성
手当てあて 테아떼 n. 수당 **ボーナス** 보–나스 n. 상여금, 보너스	**休暇**きゅうか 큐–까 = **休**やす**み** 야스미 n. 휴가	**休職**きゅうしょく 큐–쇼꾸 n. 휴직

求職きゅうしょく 큐–쇼꾸 구직

MP3. Word_C09_03

求職きゅうしょく 큐–쇼꾸 n. 구직	**志願**しがん**する** 시간스루 = **志望**しぼう**する** 시보–스루 v. 지원하다, 지망하다	**面接**めんせつ 멘세쯔 n. 면접 **面接**めんせつ**する** 멘세쯔스루 v. 면접하다
履歴書りれきしょ 리레끼쇼 n. 이력서	**自己紹介**じこしょうかい 지꼬쇼–까이 n. 자기 소개	**プロフィール** 프–로휘–루 n. 프로필
	経歴けいれき 케이레끼 n. 경력	**学歴**がくれき 가꾸레끼 n. 학력

Unit 1 출·퇴근 MP3. C09_U01

출근 – 일반

8시까지 출근합니다.

8時(じ)まで出勤(しゅっきん)します。

하찌지마데 슉낀시마스

그는 정각에 출근했어요.

彼(かれ)は定時(ていじ)に出勤(しゅっきん)しました。

카레와 테–지니 슉낀시마시따

내일은 평소보다 30분 일찍 출근하는 편이 좋겠어.

明日(あした)は普通(ふつう)より30分(ぷん)早(はや)く出勤(しゅっきん)する方(ほう)がいい。

아시따와 후쯔–요리 산쥽뿡 하야꾸 슉낀스루 호–가 이–

출근하는 길이에요?

出勤中(しゅっきんちゅう)ですか。

슉낀쮸–데스까

회사까지 얼마나 걸려요?

会社(かいしゃ)までどのくらいかかりますか。

카이샤마데 도노꾸라이 카까리마스까

출근하는 데 보통 40분 걸린다.

出勤(しゅっきん)に普通(ふつう)40分(ぷん)かかる。

슉낀니 후쯔– 욘쥽뿡 카까루

정시 출근이 힘들 때

오늘 출근 못 할 거 같은데.

今日(きょう)出勤(しゅっきん)できないと思(おも)う。

쿄– 슉낀데끼나이또 오모우

마케팅팀은 전날 밤늦도록 일해서, 제시간에 출근하지 못했어요.

マーケティングチームは前日(ぜんじつ)夜遅(よるおそ)くまで仕事(しごと)をしたので、定時(ていじ)に出勤(しゅっきん)できませんでした。

마–케팅구 치–무와 젠지쯔 요루오소꾸마데 시고또오 시따노데, 테–지니 슉낀데끼마센데시따

제가 내일 한 시간 늦게 출근해도 될까요?

私(わたし)は明日(あした)1時間(じかん)遅(おそ)く出勤(しゅっきん)してもいいですか。

와따시와 아시따 이찌지깡 오소꾸 슉낀시떼모 이–데스까

늦어서 죄송합니다. 출근길에 버스가 고장 났어요.

遅(おく)れてすみません。出勤(しゅっきん)途中(とちゅう)でバスが故障(こしょう)しました。

오꾸레떼 스미마셍. 슉낑 토쮸–데 바스가 코쇼–시마시따

전철이 늦어서 지각했어.

電車(でんしゃ)が遅(おく)れて遅刻(ちこく)した。

덴샤가 오꾸레떼 치꼬꾸시따

출근 - 기타

\# 어떻게 출근하세요?

どうやって出勤しますか。

도-얏떼 슉낀시마스까

\# 출근 시간에 교통량이 급증한다.

出勤時間に交通量が急増する。

슉낀지깐니 코-쯔-료-가 큐-조-스루

\# 저는 정장 차림으로 출근합니다.

私はスーツで出勤します。

와따시와 스-츠데 슉낀시마스

\# 취직 축하해요. 언제부터 출근해요?

就職おめでとう。いつから出勤ですか。

슈-쇼꾸 오메데또-. 이쯔까라 슉낀데스까

\# 통근 전철은 콩나물시루야.

通勤電車はぎゅうぎゅう詰めだ。

츠-낀덴샤와 규-규-즈메다

\# 스즈키 씨가 언제 출근하는지 알려 주세요.

鈴木さんがいつ出勤するのか教えてください。

스즈끼상가 이쯔 슉낀스루노까 오시에떼 쿠다사이

ぎゅうぎゅう 꽉꽉, 꾹꾹
(세게 죄거나 누르거나 꽉 채우는 모양)

퇴근 - 일반

\# 몇 시쯤 퇴근할 것 같니?

何時頃帰るの?

난지고로 카에루노?

↳ '퇴근하다'는 보통 **帰る**, **仕事を終わる**로 표현합니다.

\# 언제 퇴근해요?

いつ帰りますか。

이쯔 카에리마스까

\# 난 7시에 칼퇴근이야.

私は7時ちょうどに帰る[仕事を終わる]。

와따시와 시찌지 쵸-도니 카에루
[시고또오 오와루]

\# 그는 10시가 넘어야 퇴근해.

彼は10時をすぎれば帰る。

카레와 쥬-지오 스기레바 카에루

\# 그는 방금 퇴근했어요.

彼はたった今帰りました。

카레와 탓따이마 카에리마시따

\# 오늘 7시까지 퇴근하지 못하는데.

今日は7時まで帰ることができない。

쿄-와 시찌지마데 카에루 코또가 데끼나이

퇴근 시간 ①

수고하셨습니다.

お疲れさまでした。

오쯔까레사마데시따

먼저 가겠습니다.

お先に失礼します。

오사끼니 시쯔레–시마스

별일 없으면 퇴근하겠습니다.

特に仕事がなければ帰ります。

토꾸니 시고또가 나께레바 카에리마스

퇴근할 때 네 책상 위에 메시지를 남겨 놓을게요.

帰る時にあなたの机の上にメッセージを残しておきますね。

카에루 토끼니 아나따노 츠꾸에노 우에니 멧세–지오 노꼬시떼 오끼마스네

퇴근까지 이것을 끝낼 수 있을까요?

帰るまでにこれを終わらせられますか。

카에루마데니 코레오 오와라세라레마스까

좋아. 퇴근 후에 보자.

いいよ。仕事の終わった後会おう。

이–요. 시고또노 오왓따 아또 아오–

퇴근 시간 ②

퇴근하고 한잔할래?

仕事の終わった後お酒を一杯飲もうか。

시고또노 오왓따 아또 오사께오 입빠이 노모–까

퇴근 후에 술 마시러 자주 가세요?

仕事の終わった後お酒を飲みによく行きますか。

시고또노 오왓따 아또 오사께오 노미니 요꾸 이끼마스까

배고프다. 퇴근하고 간단하게 뭐 좀 먹자.

お腹がすいた。仕事の終わった後簡単に何か食べよう。

오나까가 스이따. 시고또노 오왓따 아또 칸딴니 나니까 타베요–

퇴근하고 슈퍼마켓에 들러서 뭐 살 건데, 필요한 거 있니?

仕事の終わった後スーパーマーケットに寄って何か買うけど、必要なものある?

시고또노 오왓따 아또 스–파–마–켓토니 욧떼 나니까 카우께도, 히쯔요–나 모노 아루?

퇴근하기 전에 다른 일 있나요?

帰る前に他に仕事がありますか。

카에루 마에니 호까니 시고또가 아리마스까

퇴근 시간 ③

\# 상사가 오늘 퇴근 전까지 보고서를 끝내라고 했어.

上司(じょうし)が今日(きょう)帰(かえ)るまでに報告書(ほうこくしょ)を終(お)わらせなさいと言(い)った。

죠–시가 쿄– 카에루마데니 호–꼬꾸쇼오 오와라세나사이또 잇따

\# 당신이 마지막 퇴근자이니까, 나가기 전에 불을 다 끄는 거 잊지 마세요.

あなたが最後(さいご)に帰(かえ)るから、出(で)る前(まえ)に電気(でんき)をすべて消(け)すことを忘(わす)れないでください。

아나따가 사이고니 카에루까라, 데루 마에니 뎅끼오 스베떼 케스 코또오 와스레나이데 쿠다사이

\# 금요일 퇴근 시간까지 업무를 확실히 마치세요.

金曜日(きんようび)の帰(かえ)る時間(じかん)までに業務(ぎょうむ)を確実(かくじつ)に終(お)わらせてください。

킹요–비노 카에루 지깜마데니 교–무오 카꾸지쯔니 오와라세떼 쿠다사이

\# 오늘은 잔업으로 귀가가 늦어질 거야.

今日(きょう)は残業(ざんぎょう)で帰(かえ)りが遅(おそ)くなるよ。

쿄–와 장교–데 카에리가 오소꾸나루요

꼭! 짚고 가기

사무용품

우리가 사무실에서 흔히 쓰는 사무용품들을 일본어로 뭐라고 할까요?

- 鉛筆(えんぴつ) 연필
- シャープペンシル 샤프펜슬
- 万年筆(まんねんひつ) 만년필
- 蛍光(けいこう)ペン 형광펜
  = マーカー
- ボールペン 볼펜
- 消(け)しゴム 지우개
- 修正(しゅうせい)テープ 수정테이프
- 付箋(ふせん) 접착식 메모지
- クリップ 클립
- 押(お)しピン 압정
- ホチキス 스테이플러

조퇴 관련

오늘 일찍 퇴근해도 괜찮을까요?

今日(きょう)は早(はや)く帰(かえ)っても大丈夫(だいじょうぶ)ですか。

쿄–와 하야꾸 카엣떼모 다이죠–부데스까

타카하시 씨는 일찍 퇴근했습니다.

高橋(たかはし)さんは早(はや)く帰(かえ)りました。

타까하시상와 하야꾸 카에리마시따

어제 아사코 씨는 한 시간 일찍 퇴근했어요.

昨日(きのう)朝子(あさこ)さんは1時間(じかん)早(はや)く帰(かえ)りました。

키노– 아사꼬상와 이찌지깡 하야꾸 카에리마시따

어제 몸이 안 좋아서 조퇴했어.

昨日(きのう)体(からだ)の調子(ちょうし)が良(よ)くなくて早退(そうたい)したよ。

키노– 카라다노 쵸–시가 요꾸나꾸떼 소–따이시따요

사무실로 전화했더니, 일찍 퇴근하셨다고 하더라고요.

事務所(じむしょ)に電話(でんわ)したら、早(はや)く帰(かえ)らされたそうですよ。

지무쇼니 뎅와시따라, 하야꾸 카에라사레따소–데스요

Unit 2 업무 MP3. C09_U02

담당 업무 ①

저는 마리코 씨와 일합니다.

私(わたし)は真理子(まりこ)さんと仕事(しごと)をしています。

와따시와 마리꼬산또 시고또오 시떼 이마스

어떠한 업무 경험을 갖고 계십니까?

どのような業務経験(ぎょうむけいけん)をされてきましたか。

도노요–나 교–무 케–껭오 사레떼 키마시따까

그는 업무 능력도 뛰어나고, 발도 넓다.

彼(かれ)は業務能力(ぎょうむのうりょく)も優(すぐ)れていて、顔(かお)が広(ひろ)い。

카레와 교–무 노–료꾸모 스구레떼 이떼, 카오가 히로이

그 업무는 그의 능력 밖이다.

その業務(ぎょうむ)は彼(かれ)の能力(のうりょく)を超(こ)えている。

소노 교–무와 카레노 노–료꾸오 코에떼 이루

제가 이 프로젝트를 담당하고 있습니다.

私(わたし)がこのプロジェクトを担当(たんとう)しています。

와따시가 코노 프로제크토오 탄또–시떼 이마스

담당 업무 ②

\# 전 마케팅 담당이에요.

私(わたし)はマーケティングの担当(たんとう)です。

와따시와 마-케팅구노 탄또-데스

\# 누가 물류 업무를 담당하고 있나요?

誰(だれ)が物流業務(ぶつりゅうぎょうむ)を担当(たんとう)してるんですか。

다레가 부쯔류- 교-무오 탄또-시떼룬데스까

\# 영업 분야에서 일을 합니다.

営業(えいぎょう)分野(ぶんや)で仕事(しごと)をしています。

에-교-붕야데 시고또오 시떼 이마스

\# 그는 회사의 마케팅 업무를 전산화했다.

彼(かれ)は会社(かいしゃ)のマーケティング業務(ぎょうむ)を電算化(でんさんか)した。

카레와 카이샤노 마-케팅구 교-무오 덴산카시따

\# 편집은 제 분야가 아닙니다. 전 디자인을 담당하고 있어요.

編集(へんしゅう)は私(わたし)の分野(ぶんや)ではありません。私(わたし)はデザインを担当(たんとう)しています。

헨슈-와 와따시노 붕야데와 아리마셍.
와따시와 데자잉오 탄또-시떼 이마스

너무 바쁜 업무 ①

\# 죽도록 일을 했다.

死(し)ぬほど仕事(しごと)をした。

시누호도 시고또오 시따

\# 요즘에는 일하고 잘 시간뿐이다.

最近(さいきん)は仕事(しごと)と寝(ね)るだけだ。

사이낑와 시고또또 네루다께다

\# 일 때문에 너무 바쁘다.

仕事(しごと)でとても忙(いそが)しい。

시고또데 토떼모 이소가시-

\# 오늘은 스케줄이 좀 빡빡해요.

今日(きょう)はスケジュールがちょっとタイトです。

쿄-와 스케쥬-루가 춋또 타이토데스

\# 숨 쉴 틈도 없어.

息(いき)をつく暇(ひま)もないんだ。

이끼오 츠꾸 히마모 나인다

\# 철야할 거예요.

徹夜(てつや)するつもりです。

테쯔야스루 츠모리데스

\# 후지 씨는 과도한 업무로 지쳐 있다.

富士(ふじ)さんは仕事(しごと)のしすぎで疲(つか)れている。

후지상와 시고또노 시스기데 츠까레데 이루

너무 바쁜 업무 ②

\# 그녀는 산더미 같은 서류 업무를 겨우 마쳤다.

彼女(かのじょ)は山積(やまづ)みの書類業務(しょるいぎょうむ)をやっと片付(かたづ)けた。

카노죠와 야마즈미노 쇼루이교–무오 얏또 카따즈께따

\# 일손이 부족해요.

人手(ひとで)不足(ぶそく)です。

히또데부소꾸데스

\# 오늘 끝내야 할 일이 아주 많아요.

今日(きょう)中(じゅう)に終(お)えなければならない仕事(しごと)がたくさんあります。

쿄–쥬–니 오에나께레바 나라나이 시고또가 탁상 아리마스

\# 마감일까지 끝낼 수 없을 것 같은데요.

締(し)め切(き)りまでに終(お)わらないと思(おも)います。

시메끼리마데니 오와라나이또 오모이마스

\# 주문 받은 것을 모두 납품하기 위해 직원들은 야근해야 한다.

受注(じゅちゅう)を全部(ぜんぶ)納品(のうひん)するために職員(しょくいん)たちは残業(ざんぎょう)しなければならない。

쥬쮸–오 젬부 노–힌스루따메니 쇼꾸인따찌와 장교–시나께레바 나라나이

업무 지시&체크 ①

\# 오늘 프레젠테이션 준비되었나요?

今日(きょう)のプレゼンテーション準備(じゅんび)できましたか。

쿄–노 프레젠테–숑 쥼비데끼마시따까

\# 새 프로젝트는 어떻게 진행되고 있습니까?

新(あたら)しいプロジェクトはどんな状況(じょうきょう)ですか。

아따라시– 프로제크토와 돈나 죠–꾜–데스까

\# 프로젝트는 잘 되어 가나요?

プロジェクトはうまくいっていますか。

프로제크토와 우마꾸 잇떼 이마스까

\# 기한 내에 끝낼 수 있나요?

期限内(きげんない)に終(お)わせられますか。

키겐나이니 오와세라레마스까

\# 이 보고서를 오늘 중으로 마무리하게!

このレポートを今日(きょう)中(じゅう)に仕上(しあ)げてくれ!

코노 레포–토오 쿄–쥬–니 시아게떼 쿠레!

\# 다섯 부 복사해 줄래요?

5部(ぶ)コピーしてくれませんか。

고부 콥피–시떼 쿠레마셍까

업무 지시&체크 ②

서류를 내게 제출해 주게.

しょるい　わたし　ていしゅつ
書類を私に提出してくれ。
쇼루이오 와따시니 테-슈쯔시떼 쿠레

이 서류들을 분쇄하세요.

しょるい
この書類をシュレッダーしてください。
코노 쇼루이오 슈렛다-시떼 쿠다사이

시장조사 결과를 5시까지 내 책상 위에 두세요.

しじょうちょうさ　けっか　じ　わたし　も
市場調査の結果を5時までに私のデスクに持ってきなさい。
시죠-쪼-사노 켁까오 고지마데니 와따시노 데스크니 못떼 키나사이

이 서류철들을 정리해 줄래요?

しょるい　せいり
この書類とじを整理してくれませんか。
코노 쇼루이또지오 세-리시떼 쿠레마셍까

이것을 스테이플러로 박아 주세요.

これをホッチキスでとめてください。
코레오 홋치키스데 토메떼 쿠다사이

업무 지시에 대한 대답

언제까지 필요하신 건가요?

ひつよう
いつまで必要ですか。
이쯔마데 히쯔요-데스까

바로 하겠습니다.

すぐします。
스구 시마스

문제 없습니다.

だいじょうぶ
大丈夫です。
다이죠-부데스

もんだい
問題ないです。
몬다이나이데스

잘 되어 가고 있습니다.

うまくいっています。
우마꾸 잇떼 이마스

じゅんちょう
順調です。
쥰쪼-데스

최선을 다할게요.

さいぜん　つ
最善を尽くします。
사이젱오 츠꾸시마스

がんば
頑張ります。
감바리마스

업무 기타

이 분은 저희 마케팅 과장님이세요.

こちらはわが社(しゃ)のマーケティング課長(かちょう)です。

코찌라와 와가샤노 마-케팅구 카쬬-데스

나중에 전화할게, 지금 업무 중이야.

後(あと)で電話(でんわ)するよ、今(いま)仕事(しごと)中(ちゅう)だから。

아또데 뎅와스루요, 이마 시고또쮸-다까라

조속히 업무를 파악하도록 노력하겠습니다.

速(すみ)やかに業務(ぎょうむ)を把握(はあく)するため努力(どりょく)します。

스미야까니 교-무오 하아꾸스루따메 도료꾸시마스

우리는 부장님의 결정을 기다리고 있습니다.

私(わたし)たちは部長(ぶちょう)の決定(けってい)を待(ま)っています。

와따시따찌와 부쬬-노 켓떼-오 맛떼 이마스

다른 부서로 옮겨도 되겠습니까?

他(た)の部署(ぶしょ)に異動(いどう)してもいいですか。

타노 부쇼니 이도-시떼모 이-데스까

근무 조건

토요일은 근무하지 않습니다.

土曜日(どようび)は勤務(きんむ)しません。

도요-비와 킴무시마셍

주 5일 근무합니다.

一週(いっしゅう)五日(いつか)勤務(きんむ)します。

잇슈- 이쯔까 킴무시마스

토요일은 격주로 근무합니다.

土曜日(どようび)は一週間(いっしゅうかん)おきに勤務(きんむ)します。

도요-비와 잇슈-깡오끼니 킴무시마스

사무실에서는 정장을 입어야 합니다.

事務室(じむしつ)ではスーツを着(き)なければならない。

지무시쯔데와 스-츠오 키나께레바 나라나이

업무 시간이 자유로워요.

業務時間(ぎょうむじかん)がフレックスです。

교-무지깡가 후렉크스데스

おき 간격(수량·시간·거리 등을 나타내는 말에 붙어 일정한 간격으로 거듭됨을 나타냄)

회식

\# 지난주에 그들하고 회식했어요?

せんしゅう かれ かいしょく かい
先週彼らと会食[のみ会]しましたか。

센슈- 카레라또
카이쇼꾸[노미까이]시마시따까

\# 우리는 회식하러 간다.

わたし かいしょく かい い
私たちは会食[のみ会]しに行く。

와따시따찌와 카이쇼꾸[노미까이]시니 이꾸

\# 오늘 저녁에 회식이 있어요.

こんばん かいしょく
今晩会食があります。

콤방 카이쇼꾸가 아리마스

\# 이번 주에 점심 회식 쏠게요.

こんしゅうちゅう ひる かいしょく ご
今週中に昼の会食をお奢ります。

콘슈-쮸-니 히루노 카이쇼꾸오 오고리마스

\# 다같이 건배하죠.

いっしょ かんぱい
一緒に乾杯しましょう。

잇쇼니 캄빠이시마쇼-

\# 뭘 위해 건배할까요?

なに かんぱい
何に乾杯しますか。

나니니 캄빠이시마스까

꼭! 짚고 가기

직급

김과장~, 이부장~, 회사에는 각각 직급이 있습니다. 일본어로 뭐라고 할까요? 참고로 일본에는 '대리'라는 직급이 없습니다.

- 会長(かいちょう) 회장
- 社長(しゃちょう) 사장
- 副社長(ふくしゃちょう) 부사장
- 取締役(とりしまりやく) 이사
- 常務(じょうむ) 상무
- 専務(せんむ) 전무
- 部長(ぶちょう) 부장
- 局長(きょくちょう) 국장
- 次長(じちょう) 차장
- 課長(かちょう) 과장
- 係長(かかりちょう) 계장
- 主任(しゅにん) 주임
- 社員(しゃいん) 사원
- 本官(ほんかん) 정식직원
- 雇員(こいん) 임시직원
  = やとい

급여 ①

월급날이 언제예요?

きゅうりょうび
給料日はいつですか。

큐-료-비와 이쯔데스까

월급날은 매달 25일이야.

きゅうりょうび　まいつき にじゅうごにち
給料日は毎月二十五日だ。

큐-료-비와 마이쯔끼 니쥬-고니찌다

월급날이 다가온다.

きゅうりょうび　ちか
給料日が近づく。

큐-료-비가 치까즈꾸

제 월급이 쥐꼬리만 해요.

わたし げっきゅう　すずめ　なみだ
私の月給は雀の涙ほどです。

와따시노 겍뀨-와 스즈메노 나미다호도데스

내 월급으로 생활하기 빠듯하다.

わたし げっきゅう　せいかつ
私の月給では生活がぎりぎりだ。

와따시노 겍뀨-데와 세-까쯔가 기리기리다

어제 월급을 타서 주머니 사정이 좋아.

きのう げっきゅう　で
昨日月給が出たのでふところぐあいがいい。

키노- 겍뀨-가 데따노데 후또꼬로 구아이가 이-

급여 ②

세금은 매달 내 월급에서 공제됩니다.

ぜいきん　まいつきわたし げっきゅう
税金は毎月私の月給からてんびきされます。

제-낑와 마이쯔끼 와따시노 겍뀨-까라 템비끼사레마스

월급을 올려 달라고 하고 싶어.

げっきゅう　あ　ほ　い
月給を上げて欲しいと言いたい。

겍뀨-오 아게떼호시-또 이-따이

급여를 인상해 달라고 말해 본 적 있어요?

きゅうりょう　ひ　あ　い
給料の引き上げについて言ったことがありますか。

큐-료-노 히끼아게니 츠이떼 잇따 코또가 아리마스까

오늘 월급이 올랐어요.

きょう げっきゅう　あ
今日月給が上がりました。

쿄- 겍뀨-가 아가리마시따

그의 월급이 삭감됐다.

かれ　げっきゅう　けず
彼の月給が削られた。

카레노 겍뀨-가 케즈라레따

급여 ③

그는 급여의 일부를 받지 못했다.

かれ きゅうりょう いちぶ
彼は給料の一部をもらえなかった。

카레와 큐-료-노 이찌부오 모라에나깟따

かれ きゅうりょう いちぶ う と
彼は給料の一部を受け取れなかった。

카레와 큐-료-노 이찌부오 우께또레나깟따

규정대로 급여를 드리겠습니다.

きてい どお きゅうりょう だ
規定通り給料を出します。

키떼-도-리 큐-료-오 다시마스

급여 및 복리 혜택은 조정 가능합니다.

きゅうりょう ふくり こうせい ちょうせい
給料と福利厚生は調整ができます。

큐-료-또 후꾸리꼬-세-와 쵸-세-가 데끼마스

급여는 많은데, 일은 따분해요.

きゅうりょう おお しごと あじけな
給料は多いですが、仕事は味気無いです。

큐-료-와 오-이데스가, 시고또와 아지께나이데스

급여가 곧 나온다니 무척 기쁘군요.

きゅうりょう で うれ
給料がすぐ出るようで、とても嬉しいです。

큐-료-가 스구 데루요-데, 토떼모 우레시-데스

수당

잔업 수당 있어요?

ざんぎょう てあて
残業の手当ありますか。

장교-노 테아떼 아리마스까

잔업 수당이 나오지 않았어요.

ざんぎょう てあて で
残業手当が出ませんでした。

장교-떼아떼가 데마센데시따

초과 근무에 대해 수당을 받았어요.

ちょうか きんむ てあて
超過勤務の手当をもらいました。

쵸-까낌무노 테아떼오 모라이마시따

수당도 못 받고 초과 근무했다고!

てあて ちょうか きんむ
手当ももらえないで超過勤務したって!

테아떼모 모라에나이데 쵸-까 낌무시땃데!

그는 실업 수당을 받고 있다.

かれ しつぎょう てあて
彼は失業手当をもらっている。

카레와 시쯔교- 테아떼오 모랏떼 이루

나는 실업 수당을 청구했다.

わたし しつぎょう てあて せいきゅう
私は失業手当を請求した。

와따시와 시쯔교- 테아떼오 세-뀨-시따

상여금

\# 나는 1년에 두 번 상여금을 받아요.

わたし いちねん にかい
私は一年で二回ボーナスをもらいます。

와따시와 이찌넨데 니까이 보–나스오 모라이마스

\# 상여금을 뭐에 쓸 거야?

なに つか
ボーナスを何に使うの?

보–나스오 나니니 츠까우노?

\# 수익이 좋아야 상여금이 나온다.

りえき あ で
利益が上がればボーナスが出ます。

리에끼가 아가레바 보–나스가 데마스

\# 그는 특별 상여금을 받았다.

かれ とくべつ
彼は特別ボーナスをもらった。

카레와 토꾸베쯔 보–나스오 모랏따

\# 특별 상여금이 지급될 거 같은데.

とくべつ しきゅう おも
特別ボーナスが支給されると思うんだけど。

토꾸베쯔 보–나스가 시뀨–사레루또 오모운다께도

\# 우리 사장님은 인색해서, 상여금을 절대 안 줘.

わたし しゃちょう ぜったい
私の社長はけちだから、ボーナスを絶対くれない。

와따시노 샤쬬–와 케찌다까라, 보–나스오 젯따이 꾸레나이

출장 ①

\# 다음 주 출장 갑니다.

らいしゅうしゅっちょう
来週出張します。

라이슈– 슛쬬–시마스

\# 교토로 당일치기 출장을 다녀왔습니다.

きょうと ひがえ しゅっちょう い
京都に日帰り出張に行ってきました。

쿄–또니 히가에리 슛쬬–니 잇떼 키마시따

\# 한 달간 해외 출장을 가게 되었습니다.

いっかげつかんかいがいしゅっちょう い
一ヶ月間海外出張に行くことになりました。

익까게쯔깡 카이가이 슛쬬–니 이꾸 코또니 나리마시따

\# 지난주에 사장님을 수행하여 출장을 갔습니다.

せんしゅうしゃちょう しゅっちょう い
先週社長について出張に行きました。

센슈– 샤쬬–니 츠이떼 슛쬬–니 이끼마시따

\# 그것도 출장 경비로 처리할 수 있나요?

しゅっちょうけいひ しょり
それも出張経費で処理ができますか。

소레모 슛쬬– 케–히데 쇼리가 데끼마스까

출장 ②

\# 유럽 출장은 어땠어요?

ヨーロッパの出張(しゅっちょう)はどうでしたか。

요-롭파노 슛쬬-와 도-데시따까

\# 성과 있는 출장이 되길 바랍니다.

成果(せいか)のある出張(しゅっちょう)になるよう祈(いの)ります。

세-까노 아루 슛쬬-니 나루요- 이노리마스

\# 그는 업무차 출장 중이어서, 제가 그의 업무를 대신하고 있습니다.

彼(かれ)は仕事(しごと)で出張中(しゅっちょうちゅう)ですから、私(わたし)が彼(かれ)の仕事(しごと)を代行(だいこう)しています。

카레와 시고또데 슛쬬-쮸-데스까라, 와따시가 카레노 시고또오 다이꼬-시떼 이마스

\# 그는 업무차 고베에 가 있다.

彼(かれ)は仕事(しごと)で神戸(こうべ)に行(い)っている。

카레와 시고또데 코-베니 잇떼 이루

\# 업무차 시외로 나갈 거예요.

仕事(しごと)で市外(しがい)[県(けん)]に行(い)きます。

시고또데 시가이[켄]니 이끼마스

스트레스&불만

\# 제일 많이 스트레스 받는 사람은 나야.

一番(いちばん)たくさんストレスを受(う)けるのは私(わたし)だ。

이찌방 탁상 스토레스오 우께루노와 와따시다

\# 이 모든 스트레스가 내 건강을 해치고 있다.

このすべてのストレスが私(わたし)の健康(けんこう)を害(がい)している。

코노 스베떼노 스토레스가 와따시노 켕꼬-오 가이시떼 이루

\# 스트레스가 많아서.

ストレスが多(おお)いから。

스토레스가 오-이까라

\# 이런 식으로 일할 수 없어요.

こんなやり方(かた)では働(はたら)くことができません。

콘나 야리까따데와 하따라꾸 코또가 데끼마셍

\# 더 못 참겠어요.

もう耐(た)えられないです。

모- 타에라레나이데스

회사 동료에 대해 말할 때 ①

저 사람 낙하산으로 입사했대요.

あの人天下り(ひとあまくだり)で入社(にゅうしゃ)したんだそうです。

아노 히또 아마꾸다리데 뉴–샤시딴다 소–데스

그랑 일하는 거 어때?

彼(かれ)と働(はたら)くの、どう?

카레또 하따라꾸노, 도–?

그는 한물갔지.

彼(かれ)は落(お)ち目(め)だ。

카레와 오찌메다

그는 승부욕이 강해.

彼(かれ)は負(ま)けずきらいだ。

카레와 마께즈끼라이다

그녀는 일중독자야.

彼女(かのじょ)は仕事(しごと)中毒(ちゅうどく)だ。

카노죠와 시고또 츄–도꾸다

여기서 잠깐!

+ アンマリッチ族

지나친 자존심 때문에 결혼을 체념하고, 그 자금으로 세계 여행을 즐기거나 고급 스포츠 클럽에 다니는 20대 후반의 직업 여성층을 가리키는 말입니다.

회사 동료에 대해 말할 때 ②

그는 계획적이지만, 너무 꼼꼼해요.

彼(かれ)は計画的(けいかくてき)ですけど、とてもこまかいです。

카레와 케–까꾸떼끼데스께도, 토떼모 코마까이데스

그녀는 남들과 함께 일할 타입이 아니야.

彼女(かのじょ)は他(ほか)の人(ひと)と一緒(いっしょ)に働(はたら)くタイプじゃない。

카노죠와 호까노 히또또 잇쇼니 하따라꾸 타이프쟈나이

그는 항상 나를 눈엣가시처럼 여겨.

彼(かれ)はいつも僕(ぼく)を目(め)のかたきにする。

카레와 이쯔모 보꾸오 메노까따끼니 스루

그는 매우 엄격해.

彼(かれ)は本当(ほんとう)に厳(きび)しい。

카레와 혼또–니 키비시–

그에게 많은 신세를 지고 있습니다.

彼(かれ)にはたいへんお世話(せわ)になっています。

카레니와 타이헹 오세와니 낫떼 이마스

かたき 원수, 적수

승진 ①

\# 당신은 승진할 만하죠.

あなたは昇進(しょうしん)するに値(あたい)します。

아나따와 쇼–신스루니 아따이시마스

\# 그녀는 사실 진작에 승진했어야 할 사람이었어.

彼女(かのじょ)は本当(ほんとう)はとっくに昇進(しょうしん)すべきだった。

카노죠와 혼또–와 톡꾸니 쇼–신스베끼닷따

\# 타카코 씨는 열심히 일해서 승진했다.

貴子(たかこ)さんは一生懸命(いっしょうけんめい)仕事(しごと)をして昇進(しょうしん)しました。

타까꼬상와 잇쇼–껨메– 시고또오 시떼 쇼–신시마시따

\# 요스케 씨가 승진했다는 거 들었어요?

洋介(ようすけ)さんが昇進(しょうしん)したことを聞(き)きましたか。

요–스께상가 쇼–신시따 코또오 키끼마시따까

\# 영업 부장으로 승진했다면서요.

営業部長(えいぎょうぶちょう)に昇進(しょうしん)したと聞(き)きました。

에–교– 부쨔–니 쇼–신니따또 키끼마시따

꼭! 짚고 가기

부서명

일본 회사에도 부서별로 업무를 분담해서 일합니다.

각 부서 명칭은 일본어로 어떻게 말할까요?

- 総務部(そうむぶ) 총무부
- 経理部(けいりぶ) 경리부
- 人事部(じんじぶ) 인사부
- 営業部(えいぎょうぶ) 영업부
- マーケティング部(ぶ) 마케팅부
- 広報部(こうほうぶ) 홍보부
- 企画部(きかくぶ) 기획부
- 研究開発部(けんきゅうかいはつぶ) 연구개발부
- 生産部(せいさんぶ) 생산부
- 購買部(こうばいぶ) 구매부
- 配送部(はいそうぶ) 물류부
- お客様(きゃくさま)センター 고객 서비스부
- 編集部(へんしゅうぶ) 편집부
- デザイン部(ぶ) 디자인부

승진 ②

\# 내년에는 승진하길 바랍니다.

来年(らいねん)は昇進(しょうしん)するように願(ねが)います。

라이넹와 쇼–신스루요–니 네가이마스

\# 그는 승진하기 위해 상사에게 아부한다.

彼(かれ)は昇進(しょうしん)するために上司(じょうし)にごまをする。

카레와 쇼–신스루따메니 죠–시니 고마오 스루

\# 그는 이번 승진에서 나를 제외시켰다.

彼(かれ)は今度(こんど)の昇進(しょうしん)で私(わたし)を除外(じょがい)しました。

카레와 콘도노 쇼–신데 와따시오 죠가이시마시따

\# 그는 승진한 지 1년도 안 되었는데.

彼(かれ)は昇進(しょうしん)して一年(いちねん)も経(た)たないけど。

카레와 쇼–신시떼 이찌넴모 타따나이께도

\# 그는 승진하더니 잘난 척한다.

彼(かれ)は昇進(しょうしん)して以来(いらい)偉(えら)そうな顔(かお)をする。

카레와 쇼–신시떼이라이 에라소–나 카오오 스루

휴가 ①

\# 하나코 씨는 휴가 중이다.

花子(はなこ)さんは休暇中(きゅうかちゅう)だ。

하나꼬상와 큐–까쮸–다

\# 네 휴가는 언제 끝나?

あなたの休暇(きゅうか)はいつ終(お)わるの?

아나따노 큐–까와 이쯔 오와루노?

\# 내일 휴가 내도 될까요?

明日(あした)休(やす)みを取(と)ってもいいですか。

아시따 야스미오 톳떼모 이–데스까

\# 휴가를 달라고 상사를 설득하려고 합니다.

休暇(きゅうか)をもらえるように上司(じょうし)を説得(せっとく)します。

큐–까오 모라에루요–니 죠–시오 셋또꾸시마스

\# 그는 날 돕기 위해 자신의 휴가를 반납했다.

彼(かれ)は私(わたし)を手伝(てつだ)うために自分(じぶん)の休(やす)みを取(と)り消(け)した。

카레와 와따시오 테쯔다우따메니 지분노 야스미오 토리께시따

휴가 ②

\# 후지타 씨는 휴가를 잘 보내고 직장에 복귀했다.

藤田(ふじた)さんは休暇(きゅうか)をゆっくり過(す)ごして会社(かいしゃ)に復帰(ふっき)した。

후지따상와 큐–까오 육꾸리 스고시떼 카이샤니 훅끼시따

\# 걱정 말고 푹 쉬면서 휴가 잘 보내요.

気(き)にせずゆっくり休(やす)んで休暇(きゅうか)を楽(たの)しく過(す)ごしてね。

키니 세즈 육꾸리 야슨데 큐–까오 타노시꾸 스고시떼네

\# 그녀는 휴가를 다음 달까지 미뤄야 한다.

彼女(かのじょ)は休(やす)みを来月(らいげつ)まで延期(えんき)しなければならない。

카노죠와 야스미오 라이게쯔마데 엥끼시나께레바 나라나이

\# 난 휴가 때 쓰려고, 돈을 모아 뒀다.

私(わたし)は休(やす)みの時(とき)に使(つか)おうと、お金(かね)をためた。

와따시와 야스미노 토끼니 츠까오–또, 오까네오 타메따

휴가 기타

\# 오늘 병가를 냈다.

今日(きょう)病欠(びょうけつ)をとった。

쿄– 뵤–께쯔오 톳따

\# 유타카 씨는 병가를 냈어요.

豊(ゆたか)さんは病欠(びょうけつ)をとりました。

유따까상와 뵤–께쯔오 토리마시따

\# 우에노 씨는 출산 휴가 중이에요.

上野(うえの)さんは産休中(さんきゅうちゅう)です。

우에노상와 상뀨–쮸–데스

\# 그들은 유급 휴가를 받을 자격이 있다.

彼(かれ)らは有給休暇(ゆうきゅうきゅうか)をもらう権利(けんり)がある。

카레라와 유–뀨–뀨–까오 모라우 켄리가 아루

\# 전 지금 휴직 상태예요.

私(わたし)は今(いま)休職(きゅうしょく)の状態(じょうたい)です。

와따시와 이마 큐–쇼꾸노 죠–따이데스

\# 여행을 가기 위해 휴직할 거야.

旅行(りょこう)に行(い)くために休職(きゅうしょく)する。

료꼬–니 이꾸따메니 큐–쇼꾸스루

Unit 4 회의 MP3. C09_U04

회의 시작

이제 회의를 시작합시다.

いま　かいぎ　はじ
今から会議を始めましょう。
이마까라 카이기오 하지메마쇼–

오늘 의제부터 이야기합시다.

ほんじつ　ぎだい　はな
本日の議題から話しましょう。
혼지쯔노 기다이까라 하나시마쇼–

회의의 주요 의제부터 시작할까요?

かいぎ　しゅよう　ぎだい　はじ
会議の主要議題から始めましょうか。
카이기노 슈요– 기다이까라 하지메마쇼–까

두 가지 항목이 안건으로 있습니다.

ふた　こうもく　あんけん
二つの項目が案件です。
후따쯔노 코–모꾸가 앙껜데스

각각의 안건에 대해 25분간 논의할 것입니다.

かくあんけん　たい　ふん　ろんぎ
各案件に対して25分論議します。
카꾸앙껜니 타이시떼 니쥬–고훈깡 롱기시마스

주목해 주세요.

ちゅうもく
注目してください。
츄–모꾸시떼 쿠다사이

회의 진행 ①

다음.

つぎ
次。
츠기

다음 안건이 뭔지 봅시다.

つぎ　あんけん　なに　み
次の案件が何か見ましょう。
츠기노 앙껜가 나니까 미마쇼–

오늘 회의 목적은 신제품 가격에 대해 협상하는 것입니다.

ほんじつ　かいぎ　もくてき　しんせいひん
かかく　たい　きょうぎ
本日の会議目的は新製品の価格に対して協議することです。
혼지쯔노 카이기 모꾸떼끼와 신세–힌노
카까꾸니 타이시떼 쿄–기스루 코또데스

이제 본론으로 들어가죠.

いま　ほんろん　はい
今から本論に入りましょう。
이마까라 혼론니 하이리마쇼–

계속하죠.

つづ
続けましょう。
츠즈께마쇼–

미우라 씨가 발언권을 얻었어요.

みうら　はつげんけん　え
三浦さんが発言権を得ました。
미우라상가 하쯔겡껭오 에마시따

회의 진행 ②

질문 있으신 분 계십니까?

ご質問(しつもん)のある方(かた)いらっしゃいますか。

코시쯔몬노 아루 카따 이랏샤이마스까

이에 대한 의견 있습니까?

これに対(たい)してご意見(いけん)ありますか。

코레니 타이시떼 고이껭 아리마스까

이 의견에 얼마나 찬성하시나요?

この意見(いけん)にどのくらい賛成(さんせい)しますか。

코노 이껜니 도노꾸라이 산세–시마스까

이 계획에 반대하시는 분 계십니까?

この計画(けいかく)に反対(はんたい)する方(かた)いらっしゃいますか。

코노 케–까꾸니 한따이스루 카따 이랏샤이마스까

한 가지 더 확인하겠습니다.

もう一(ひと)つチェックします。

모– 히또쯔 첵크시마스

요점이 뭐죠?

ポイントが何(なん)ですか。

포인토가 난데스까

꼭! 짚고 가기

쿠션 언어

일본어는 언어적인 특징상, 본론을 꺼내기 전 부드러운 분위기를 만들기 위해 쓰는 쿠션 언어라는 것이 있습니다. 보통 많이 쓰는 쿠션 언어로 다음의 표현들이 있습니다.

- 실례입니다만
  失礼(しつれい)ですが
- 죄송합니다만
  恐(おそ)れ入(い)りますが
  恐縮(きょうしゅく)でございますが
- 괜찮으시다면
  よろしければ
  差(さ)し支(か)えなければ
- 번거로우시겠지만
  お手数(てすう)をおかけしますが
- 공교롭게도
  おいにくですが

회의 마무리

질문은 마지막에 해 주십시오.

質問は最後にしてください。

시쯔몽와 사이고니 시떼 쿠다사이

나중에 답변해 드려도 될까요?

あとで返答してもいいですか。

아또데 헨또-시떼모 이-데스까

그건 다음으로 보류하겠습니다.

それは次に見合わせます。

소레와 츠기니 미아와세마스

그러니까 제 말씀은 이겁니다.

だから私の言いたいことはこれです。

다까라 와따시노 이-따이 코또와 코레데스

오늘의 주제는 모두 다루었습니다.

今日の主題は全部しました。

쿄-노 슈다이와 젬부 시마시따

이상으로 회의를 마칩니다.

以上で会議を終わります。

이죠-데 카이기오 오와리마스

회의를 연기하겠습니다.

会議を延期します。

카이기오 엥끼시마스

거래처 방문 ①

제 명함입니다.

わたくしの名刺です。

와따꾸시노 메-시데스

무슨 용건이십니까?

ご用件は何でしょうか。

고요-껭와 난데쇼-까

이토 씨를 만나러 왔습니다.

伊藤さんに会うために来ました。

이또-산니 아우따메니 키마시따

담당하시는 분과 만날 수 있을까요?

係りの方とお会いできますか。

카까리노 카따또 오아이데끼마스까

약속하고 오셨어요?

予約してからいらっしゃいましたか。

요야꾸시떼까라 이랏샤이마시따까

이토 씨와 만날 약속이 됐습니다.

伊藤さんに会う約束が取れました。

이또-산니 아우 약소꾸가 토레마시따

거래처 방문 ②

그가 기다리고 계십니다.

彼がお待ちになっています。

카레가 오마찌니 낫떼 이마스

기다리고 있었습니다.

お待ちしておりました。

오마찌시떼 오리마시따

내일 찾아뵙고 싶은데요.

明日お伺いしたいのですが。

아시따 오우까가이시따이노데스가

지금 찾아뵈어도 되겠습니까?

これからお伺いしてもいいですか。

코레까라 오우까가이시떼모 이–데스까

언제든지 좋습니다.

いつでも結構です。

이쯔데모 켁꼬–데스

가까운 시일에 찾아뵙겠습니다.

近いうちにお伺いします。

치까이우찌니 오우까가이시마스

그럼, 3시에 뵙죠.

では、3時にお会いしましょう。

데와, 산지니 오아이시마쇼–

홍보

자세한 내용은 저희 회사 웹사이트를 참조하세요.

詳しい内容は弊社ウェブサイトを参考にしてください。

쿠와시– 나이요–와 헤–샤 웨브사이토오 상꼬–니 시떼 쿠다사이

저희 회사의 홈페이지를 보신 적 있으세요?

弊社のホームページをご覧になったことがありますか。

헤–샤노 호–므페–지오 고란니 낫따 코또가 아리마스까

이것은 최신 팸플릿입니다.

これは最新のパンフレットです。

코레와 사이신노 팡흐렛토데스

카탈로그 좀 보여 주세요.

カタログをちょっと拝見させてください。

카타로그오 춋또 하이껜사세떼 쿠다사이

괜찮으시면, 먼저 카탈로그를 보내 드리겠습니다.

よければ、先にカタログをお送りします。

요께레바, 사끼니 카타로그오 오–꾸리시마스

상품 소개 ①

주요 기능에 대해 설명해 드리겠습니다.

主要(しゅよう)技能(ぎのう)について説明(せつめい)いたします。

슈요– 기노–니 츠이떼 세쯔메–이따시마스

제품의 세부적인 내용에 대해 설명해 드리겠습니다.

製品(せいひん)の詳(くわ)しい内容(ないよう)について説明(せつめい)いたします。

세–힌노 쿠와시– 나이요–니 츠이떼 세쯔메–이따시마스

이것은 저희 회사의 최고 인기 모델 중 하나입니다.

これは弊社(へいしゃ)のトップの人気(にんき)モデルの一(ひと)つです。

코레와 헤–샤노 톱프노 닝끼 모데루노 히또쯔데스

문의 사항이 있으면, 알려 주십시오.

問(と)い合(あ)わせ事項(じこう)があれば、お知(し)らせください。

토이아와세 지꼬–가 아레바, 오시라세 쿠다사이

샘플로 자세히 설명해 드리겠습니다.

サンプルで詳(くわ)しく説明(せつめい)いたします。

삼프루데 쿠와시꾸 세쯔메–이따시마스

상품 소개 ②

이 신상품은 최첨단입니다.

この新製品(しんせいひん)は最先端(さいせんたん)です。

코노 신세–힝와 사이센딴데스

최고의 명품입니다.

最高(さいこう)の名品(めいひん)です。

사이꼬–노 메–힌데스

마음에 안 드시면, 환불하실 수 있습니다.

お気(き)に召(め)さなければ、払(はら)い戻(もど)すことができます。

오끼니 메사나께레바, 하라이모도스 코또가 데끼마스

품질을 보장합니다.

品質(ひんしつ)を保障(ほしょう)します。

힌시쯔오 호쇼–시마스

정말 튼튼한 제품입니다.

本当(ほんとう)に丈夫(じょうぶ)な製品(せいひん)です。

혼또–니 죠–부나 세–힌데스

조작이 보다 간단합니다.

操作(そうさ)がより簡単(かんたん)です。

소–사가 요리 칸딴데스

상담

\# 가격이 가장 중요해요.

価格(かかく)がもっとも重要(じゅうよう)です。

카까꾸가 못또모 쥬-요-데스

\# 시장 점유율이 어느 정도인가요?

マーケットシェアがどのぐらいですか。

마-켓토세아가 도노구라이데스까

\# 얼마 동안 품질보증이 되나요?

いつまで品質保障(ひんしつほしょう)ができますか。

이쯔마데 힌시쯔호쇼-가 데끼마스까

\# 이 계약은 언제까지 유효합니까?

この契約(けいやく)はいつまで有効(ゆうこう)ですか。

코노 케-야꾸와 이쯔마데 유-꼬-데스까

\# 신제품의 장점이 무엇인가요?

新製品(しんせいひん)の長所(ちょうしょ)は何(なん)ですか。

신세-힌노 쵸-쇼와 난데스까

\# 단가가 얼마입니까?

単価(たんか)はいくらですか。

탄까와 이꾸라데스끼

주문

\# 2,000개를 주문하고 싶습니다만.

2000個(こ)を注文(ちゅうもん)したいのですが。

니센꼬오 츄-몬시따이노데스가

\# 얼마나 주문하기로 했습니까?

どれだけ注文(ちゅうもん)しようと思(おも)いますか。

도레다께 츄-몬시요-또 오모이마스까

\# 이 상품의 최소 주문량은 얼마입니까?

この商品(しょうひん)の最小注文量(さいしょうちゅうもんりょう)はいくらですか。

코노 쇼-힌노 사이쇼- 츄-몬료-와 이꾸라데스까

\# 주문을 변경하고 싶습니다.

注文(ちゅうもん)を変更(へんこう)したいです。

츄-몽오 헹꼬-시따이데스

\# 재주문 하면 가격을 얼마나 싸게 할 수 있습니까?

再注文(さいちゅうもん)したら価格(かかく)をどのくらい安(やす)くしていただけますか。

사이쮸- 몬시따라 가까꾸오 도노꾸라이 야스꾸시떼 이따다께마스까

협상 ①

\# 가격을 그렇게 싸게 하는 것은 곤란합니다.

価格(かかく)がそんなに安(やす)くては困(こま)ります。

카까꾸가 손나니 야스꾸떼와 코마리마스

\# 가격은 수량에 따라 달라집니다.

価格(かかく)は数量(すうりょう)によって違(ちが)ってきます。

카까꾸와 스–료–니 욧떼 치갓떼 키마스

\# 2,000개 이상 주문하시면, 10% 할인해 드립니다.

2000個(こ)以上(いじょう)注文(ちゅうもん)すれば、10%割引(わりびき)をします。

니셍꼬 이죠– 츄–몬스레바, 쥽파–센토 와리비끼오 시마스

\# 그건 좀 어렵겠는데요.

それはちょっと難(むずか)しいですね。

소레와 춋또 무즈까시–데스네

\# 이것이 저희 쪽 최저 가격입니다.

これは弊社(へいしゃ)の最低(さいてい)価格(かかく)です。

코레와 헤–샤노 사이떼– 카까꾸데스

\# 협상의 여지가 없습니다.

協議(きょうぎ)する余地(よち)がありません。

쿄–기스루 요찌가 아리마셍

협상 ②

\# 더 싸게 주실 수 없습니까?

もう少(すこ)し安(やす)くできませんか。

모– 스꼬시 야스꾸 데끼마셍까

\# 이것이 저희가 제시할 수 있는 최선의 조건입니다.

これは弊社(へいしゃ)が提示(ていじ)できる最善(さいぜん)の条件(じょうけん)です。

코레와 헤–샤가 테–지데끼루 사이젠노 죠–껜데스

\# 귀사의 최저 가격을 제시해 주세요.

貴社(きしゃ)の最低(さいてい)価格(かかく)を提示(ていじ)してください。

키샤노 사이떼– 카가꾸오 테–지시떼 쿠다사이

\# 이번 주중으로 답변드리겠습니다.

今週中(こんしゅうちゅう)に返答(へんとう)させていただきます。

콘슈–쮸–니 헨또–사세떼 이따다끼마스

\# 거래를 수락하겠습니다.

取(と)り引(ひ)きを受諾(じゅだく)します。

토리히끼오 쥬다꾸시마스

\# 조만간 연락 주시길 기대하고 있습니다.

近(ちか)い内(うち)にご連絡(れんらく)をいただけることを期待(きたい)しています。

치까이 우찌니 고렌라꾸오 이따다께루 코또오 키따이시떼 이마스

납품

수요일까지 5대 납품해 주실 수 있습니까?

水曜日(すいようび)まで5台納品(だいのうひん)できますか。

스이요-비마데 고다이 노-힌데끼마스까

언제 납품 받을 수 있나요?

いつ納品(のうひん)を受(う)け取(と)ることができますか。

이쯔 노-힝오 우께또루 코또가 데끼마스까

내일 정오까지 납품을 보증합니다.

明日(あした)の正午(しょうご)までの納品(のうひん)を保証(ほしょう)します。

아시따노 쇼-고마데노 노-힝오 호쇼-시마스

빨라도 일주일 후에 납품할 수 있겠는데요.

早(はや)くて一週間後(いっしゅうかんご)に納品(のうひん)できると思(おも)いますので。

하야꾸떼 잇슈-깡고니 노-힌데끼루또 오모이마스노데

다음 주에는 입하할 예정입니다.

来週(らいしゅう)には入荷(にゅうか)する予定(よてい)です。

라이슈-니와 뉴-까스루 요떼-데스

클레임

귀사의 제품에 문제가 있습니다.

貴社(きしゃ)の製品(せいひん)には問題(もんだい)があります。

키샤노 세-힌니와 몬다이가 아리마스

클레임이 있습니다.

クレームがあります。

크레-므가 아리마스

유감스럽게도, 상품의 일부가 운송 도중 파손되었어요.

残念(ざんねん)ですが、商品(しょうひん)の一部(いちぶ)が運送中(うんそうちゅう)に破損(はそん)しました。

잔넨데스가, 쇼-힌노 이찌부가 운소-쮸-니 하손시마시따

파손 상품에 대해 변상을 청구하려고 합니다만.

破損(はそん)商品(しょうひん)に対(たい)して弁償(べんしょう)を請求(せいきゅう)しようと思(おも)いますが。

하손쇼-힌니 타이시떼 벤쇼-오 세-뀨-시요-또 오모이마스가

주문한 상품이 도착하지 않았습니다.

注文(ちゅうもん)した商品(しょうひん)が到着(とうちゃく)しませんでした。

츄-몬시따 쇼-힝가 토-짜꾸시마센데시따

클레임에 대한 처리 ①

당장 조치하겠습니다.

すぐ対処(たいしょ)します。

스구 타이쇼시마스

조사하고 즉시 연락드리겠습니다.

調(しら)べてすぐ連絡(れんらく)します。

시라베떼 스구 렌라꾸시마스

가능한 빨리 고치겠습니다.

できるだけ早(はや)く修理(しゅうり)します。

데끼루다께 하야꾸 슈-리시마스

다시는 이런 일이 없을 겁니다.

こんなことは二度(にど)とないようにします。

콘나 코또와 니도또 나이요-니 시마스

저희 회사가 끼친 불편한 점에 대해 사과드립니다.

弊社(へいしゃ)が与(あた)えたご不便(ふべん)に対(たい)しておわび申(もう)し上(あ)げます。

헤-샤가 아따에따 고후벤니 타이시떼 오와비모-시아게마스

이번 분쟁에 대해 죄송합니다.

この度(たび)のトラブルについては申(もう)し訳(わけ)ありません。

코노 타비노 토라브르니 츠이떼와 모-시와께아리마셍

클레임에 대한 처리 ②

선적이 지연된 점을 진심으로 사과드립니다.

船積(ふなづ)みが遅(おそ)くなったことを心(こころ)から謝罪(しゃざい)申(もう)し上(あ)げます。

후나즈미가 오소꾸 낫따 코또오 코꼬로까라 샤자이 모-시아게마스

이 지역 트럭 회사의 파업으로 운송이 지연되고 있습니다.

この地域(ちいき)のトラック会社(がいしゃ)のストライキのため運送(うんそう)が遅(おく)れています。

코노 치-끼노 토락크 가이샤노 스토라이키노 타메 운소-가 오꾸레떼 이마스

납품 업체는 물품이 발송될 때, 분명히 아무 이상이 없었다고 합니다.

納品会社(のうひんがいしゃ)によれば物品(ぶっぴん)を発送(はっそう)した時(とき)、確(たし)かに何(なん)の問題(もんだい)もなかったそうです。

노-힝 가이샤니 요레바 붑삥오 핫소-시따 토끼, 타시까니 난노 몬다이모 나깟다소-데스

곧바로 부족분을 보내 드리겠습니다.

すぐ不足分(ふそくぶん)をお送(おく)りいたします。

스구 후소꾸붕오 오-꾸리이따시마스

Unit 6 사직&구직 MP3. C09_U06

해고

\# 후지타 씨가 해고됐어.

藤田さんが解雇された。

후지따상가 카이꼬사레따

\# 그들은 해고될 것입니다.

彼らは解雇されます。

카레라와 카이꼬사레마스

\# 그는 타당한 이유도 없이 나를 해고했다.

彼は正当な理由もなく私を解雇した。

카레와 세-또나 리유-모 나꾸 와따시오 카이꼬시따

\# 그는 업무 태만으로 해고되었다.

彼は仕事を怠けたため解雇された。

카레와 시고또오 나마께따따메 카이꼬사레따

\# 한 번 더 실수하면 해고야.

もう一度失敗したら解雇だ。

모- 이찌도 십빠이시따라 카이꼬다

\# 그는 실수해서 해고되었다.

彼は失敗して解雇された。

카레와 십빠이시떼 카이꼬사레따

퇴직

\# 그는 무능하다는 이유로 강제로 퇴직되었다.

彼は無能だという理由で無理やり退職させられた。

카레와 무노-다또이우 리유-데 무리야리 타이쇼꾸사세라레따

\# 미우라 씨가 퇴직할 거라는 소식 들었어요?

三浦さんが退職するということを聞きましたか。

미우라상가 타이쇼꾸스루또이우 코또오 키끼마시따까

\# 우리는 퇴직을 대비해서 저축해야 한다.

私たちは退職に備えてお金をためなければならない。

와따시따찌와 타이쇼꾸니 소나에떼 오까네오 타메나께레바 나라나이

\# 퇴직금을 얼마나 받나요?

退職金をいくらもらえますか。

타이쇼꾸낑오 이꾸라 모라에마스까

구직

\# 그는 요즘 일자리를 구하는 중이야.

彼(かれ)は最近(さいきん)就職(しゅうしょく)さきを探(さが)している。

카레와 사이낑 슈-쇼꾸사끼오 사가시떼 이루

\# 실례지만, 사원을 채용하나요?

すみませんが、社員(しゃいん)を募集(ぼしゅう)していますか。

스미마셍가, 샤잉오 보슈-시떼 이마스까

\# 웹사이트의 구인광고를 보고 전화했어요.

ウェブサイトの求人広告(きゅうじんこうこく)を見(み)て電話(でんわ)を掛(か)けました。

웨브사이토노 큐-징꼬-꼬꾸오 미떼 뎅와오 카께마시따

\# 이 자리에 지원하고 싶습니다만.

このポジションに志願(しがん)したいのですが。

코노 포지숀니 시간시따이노데스가

\# 그 일에는 경력이 필요합니까?

その仕事(しごと)には経歴(けいれき)が必要(ひつよう)ですか。

소노 시고또니와 케-레끼가 히쯔요-데스까

이력서

\# 이력서를 엄청 보냈는데.

履歴書(りれきしょ)をたくさん送(おく)ったんだけど。

리레끼쇼오 탁상 오꿋딴다께도

\# 이력서는 이메일로 보내 주세요.

履歴書(りれきしょ)はイーメールで送(おく)ってください。

리레끼쇼와 이-메-루데 오꿋떼 쿠다사이

\# 이력서는 최대한 간단 명료하게 써 주세요.

履歴書(りれきしょ)はできるだけ簡単(かんたん)明瞭(めいりょう)に書(か)いてください。

리레끼쇼와 데끼루다께 칸땀메-료-니 카이떼 쿠다사이

\# 이력서를 직접 제출해야 하나요?

履歴書(りれきしょ)を直接提出(ちょくせつていしゅつ)しなければならないですか。

리레끼쇼오 쵸꾸세쯔 테-슈쯔시나께레바 나라나이데스까

\# 이력서와 함께 제출해야 할 서류는 무엇이 있나요?

履歴書(りれきしょ)と一緒(いっしょ)に提出(ていしゅつ)しなければならない書類(しょるい)は何(なに)かありますか。

리레끼쇼또 잇쇼니 테슈쯔시나께레바 나라나이 쇼루이와 나니까 아리마스까

면접 예상 질문 ①

자기소개를 해 보세요.

自己紹介(じこしょうかい)をしてください。

지꼬쇼-까이오 시떼 쿠다사이

좀 더 구체적으로 말해 보세요.

もうちょっと具体的(ぐたいてき)に話(はな)してください。

모- 춋또 구따이떼끼니 하나시떼 쿠다사이

당신의 장점은 무엇입니까?

あなたの長所(ちょうしょ)は何(なん)ですか。

아나따노 쵸-쇼와 난데스까

어떤 외국어가 가능합니까?

どんな外国語(がいこくご)ができますか。

돈나 가이꼬꾸고가 데끼마스까

본인의 성격에 대해 말해 보세요.

自分(じぶん)の性格(せいかく)について話(はな)してください。

지분노 세-까꾸니 츠이떼 하나시떼 쿠다사이

전 직장을 왜 그만뒀습니까?

前(まえ)の職場(しょくば)はなぜやめましたか。

마에노 쇼꾸바와 나제 야메마시따까

면접 예상 질문 ②

우리 회사에 대해 아는 것을 말해 보세요.

この会社(かいしゃ)について知(し)っていることを話(はな)してください。

코노 카이샤니 츠이떼 싯떼 이루 코또오 하나시떼 쿠다사이

연봉은 어느 정도 원하십니까?

年収(ねんしゅう)はどのぐらいを希望(きぼう)していますか。

넨슈-와 도노구라이오 키보-시떼 이마스까

언제부터 일할 수 있습니까?

いつから仕事(しごと)ができますか。

이쯔까라 시고또가 데끼마스까

우리 회사에 지원한 이유가 무엇입니까?

この会社(かいしゃ)に志願(しがん)した理由(りゆう)は何(なん)ですか。

코노 카이샤니 시간시따 리유-와 난데스까

5년 후에 어떤 사람이 되고 싶습니까?

5年後(ねんご)にどのような人(ひと)になりたいですか。

고넨고니 도노요-나 히또니 나리따이데스까

Chapter 10

여행 가서도 척척!

Chapter 10.

Unit 1 출발 전

Unit 2 공항

Unit 3 기내

Unit 4 숙박

Unit 5 관광

Unit 6 교통

空港くうこうと機内きないで 쿠-꼬-또 키나이데 공항과 기내에서 MP3. Word_C10_01

空港くうこう 쿠-꼬- = エアポート 에아포-토 n. 공항 	航空券こうくうけん 코-꾸-껭 = 航空こうくうチケット 코-꾸-치켓토 n. 항공권	搭乗券とうじょうけん 토-죠-껭 n. (비행기의) 탑승권 
パスポート 파스포-토 = 旅券りょけん 료껭 n. 여권 ビザ 비자 n. 비자 	ターミナル 타-미나루 n. 터미널 	免税店めんぜいてん 멘제-뗑 n. 면세점 
搭乗口とうじょうぐち 토-죠-꾸찌 = ゲート 게-토 n. 탑승구, 게이트 	出発しゅっぱつ 슙파쯔 n. 출발 発たつ 타쯔 v. 떠나다 	到着とうちゃく 토-챠꾸 n. 도착 到着とうちゃくする 토-챠꾸스루 v. 도착하다 
片道かたみちチケット 카따미치 치켓토 편도표 往復おうふくチケット 오-후꾸 치켓토 왕복표	離陸りりく 리리꾸 n. 이륙 離陸りりくする 리리꾸스루 v. 이륙하다 	着陸ちゃくりく 챠꾸리꾸 n. 착륙 着陸ちゃくりくする 챠꾸리꾸스루 v. 착륙하다 
座席ざせき 자세끼 = 席せき 세끼 n. 좌석 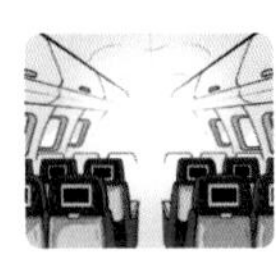	窓側まどがわ 마도가와 n. 창가쪽 通路側つうろがわ 츠-로가와 n. 통로쪽	機内食きないしょく 키나이쇼꾸 n. 기내식 

駅えきで 에끼데 역에서

MP3. Word_C10_02

汽車きしゃ 키샤 = 列車れっしゃ 렛샤 n. 기차, 열차 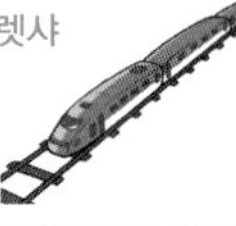	電車でんしゃ 덴샤 n. 전차, 전철 	新幹線しんかんせん 신깐센 n. 신간선
乗り場のりば 노리바 = プラットフォーム 프랏토훠-므 n. 승강장, 플랫폼 	料金りょうきん 료-낑 n. 요금	切符きっぷ 킷푸 = チケット 치켓토 n. 표, 티켓 
切符売り場きっぷうりば 킷푸-우리바 n. 매표소 	乗のり換かえ 노리까에 n. 환승 乗のり換かえる 노리까에루 v. 환승하다	改札口かいさつぐち 카이사쯔구찌 n. 개찰구 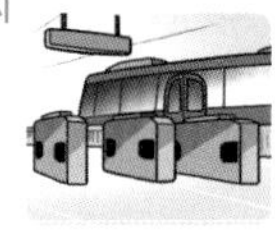

ホテルで 호테루데 호텔에서

MP3. Word_C10_03

ホテル 호테루 n. 호텔 	ロビー 로비- n. (호텔) 로비  フロント 후론토 = 受付うけつけ 우께쯔께 n. (호텔의) 프런트	シングルルーム 싱그루루-므 n. 싱글룸 
ダブルルーム 다부루루-므 n. 더블룸 	ツインルーム 츠잉루-므 n. 트윈룸 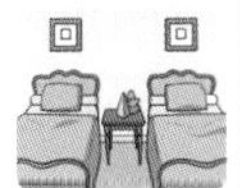	スイートルーム 스이-토루-므 n. 스위트룸
チェックイン 첵크잉 n. 체크인 チェックインする 첵크인스루 v. 체크인 하다 	チェックアウト 첵크아우토 n. 체크아웃 チェックアウトする 첵크아우토스루 v. 체크아웃 하다	ルームサービス 루-므사-비스 n. 룸서비스 

Unit 1 출발 전 MP3. C10_U01

항공권 예약 ①

\# 목적지가 어디입니까?

行(い)き先(さき)はどこですか。

이끼사끼와 도꼬데스까

↳ 行(い)=行(ゆ)き先(さき)

\# 언제 출발할 예정인가요?

いつ出発(しゅっぱつ)する予定(よてい)ですか。

이쯔 슙빠쯔스루 요떼–데스까

\# 왕복 티켓인가요, 편도 티켓인가요?

往復(おうふく)チケットですか、片道(かたみち)チケットですか。

오–후꾸 치켓토데스까, 카따미찌 치켓토데스까

\# 편도 요금은 3,000엔이고,
왕복 요금은 4,000엔입니다.

**片道料金(かたみちりょうきん)は3000円(えん)で、
往復料金(おうふくりょうきん)だと4000円(えん)です。**

카따미찌 료–낑와 산젱엔데,
오–후꾸 료–낀다또 욘셍엔데스

\# 도쿄행 이코노미석 티켓 요금은
얼마인가요?

東京(とうきょう)行(ゆ)きエコノミー席(せき)のチケット料金(りょうきん)はいくらですか。

토–꾜–유끼 에코노미–세끼노 치켓토 료–낑와
이꾸라데스까

항공권 예약 ②

\# 그럼, 왕복표로 주세요.

じゃ、往復(おうふく)チケットでお願(ねが)いします。

쟈, 오–후꾸 치켓토데 오네가이시마스

\# 교토행 편도 한 장 부탁드립니다.

京都(きょうと)行(ゆ)き片道一枚(かたみちいちまい)お願(ねが)いします。

쿄–토유끼 카따미찌 이찌마이 오네가이시마스

\# 후쿠오카에서 서울로 가는 비행기를
예약하고 싶은데요.

福岡(ふくおか)からソウル行(ゆ)き飛行機(ひこうき)を予約(よやく)したいのですが。

후꾸오까까라 소우루유끼 히꼬–끼오
요야꾸시따이노데스가

\# 그날 좌석은 지금 만석이어서,
대기자로 됩니다.

その日(ひ)の席(せき)はただいま満席(まんせき)でございまして、キャンセル待(ま)ちとなります。

소노 히노 세끼와 타다이마 만세끼데
고자이마시떼, 세루마찌또 나리마스

예약 확인 및 변경

예약 재확인을 하고 싶습니다만.

リコンファームしたいんですが。

리콩화-므시따인데스가

성함과 비행편을 말씀해 주시겠어요?

お名前(なまえ)と便名(びんめい)をおっしゃってくださいませんか。

오나마에또 빔메-오 옷샤떼 쿠다사이마셍까

예약 번호를 가르쳐 주시겠습니까?

予約(よやく)番号(ばんごう)を教(おし)えていただけますか。

요야꾸 방고-오 오시에떼 이따다께마스까

12월 1일 서울행 704편입니다.
제 예약번호는 123456입니다.

12月1日(がつついたち)ソウル行(ゆ)き704便(びん)です。私(わたし)の予約(よやく)番号(ばんごう)は123456です。

쥬-니가쯔 츠이따찌 소우루유끼
나나마루욤빙데스. 와따시노 요야꾸 방고-와
이찌니상용고로꾸데스

4월 1일의 예약을 취소하고,
4월 10일로 예약해 주세요.

4月1日(がつついたち)の予約(よやく)を取(と)り消(け)して、4月10日(がつとおか)で予約(よやく)してください。

시가쯔 츠이따찌노 요야꾸오 토리께시떼,
시가쯔 토-까데 요야꾸시떼 쿠다사이

꼭! 짚고 가기

날짜 읽기

일본도 우리나라처럼 날짜는 ○年○月○日로 표기합니다. 연도는 서기보다 원호를 쓰는 경우가 많아요. (75쪽 참고)

- 一日(ついたち)
- 二日(ふつか)
- 三日(みっか)
- 四日(よっか)
- 五日(いつか)
- 六日(むいか)
- 七日(なのか)
- 八日(ようか)
- 九日(ここのか)
- 十日(とおか)
- 十一日(じゅういちにち)
- 十二日(じゅうににち)
- 十三日(じゅうさんにち)
- 十四日(じゅうよっか)
- 十五日(じゅうごにち)
- 十六日(じゅうろくにち)
- 十七日(じゅうしちにち)
- 十八日(じゅうはちにち)
- 十九日(じゅうくにち)
- 二十日(はつか)
- 二十一日(にじゅういちにち)
- 二十二日(にじゅうににち)
- 二十三日(にじゅうさんにち)
- 二十四日(にじゅうよっか)
- 二十五日(にじゅうごにち)
- 二十六日(にじゅうろくにち)
- 二十七日(にじゅうしちにち)
- 二十八日(にじゅうはちにち)
- 二十九日(にじゅうくにち)
- 三十日(さんじゅうにち)
- 三十一日(さんじゅういちにち)

여권

여권을 신청하려 합니다만.

パスポートを申請(しんせい)しようと思(おも)うのですが。

파스포–토오 신세–시요–또 오모우노데스가

여권을 발급하려면 어디로 가야 하나요?

パスポートを発給(はっきゅう)するにはどこに行(い)けばいいんですか。

파스포–토오 학뀨–스루니와 도꼬니 이께바 이–ㄴ데스까

여권을 만드는 데 얼마나 걸리나요?

パスポートを作(つく)るのにどのぐらいかかりますか。

파스포–토오 츠꾸루노니 도노구라이 카까리마스까

여권을 발급하려면 무엇을 준비해야 하나요?

パスポートを発給(はっきゅう)するには何(なに)を準備(じゅんび)すればいいんですか。

파스포–토오 학뀨–스루니와 나니오 쥼비스레바 이–ㄴ데스까

제 여권이 금년 말로 만기가 됩니다.

私(わたし)のパスポートが今年(ことし)末(まつ)で満期(まんき)になります。

와따시노 파스포–토가 코또시마쯔데 망끼니 나리마스

비자 ①

비자를 받기 위해 필요한 서류로 무엇이 있습니까?

ビザを取(と)るのに必要(ひつよう)な書類(しょるい)って何(なに)がありますか。

비자오 토루노니 히쯔요–나 쇼루잇떼 나니가 아리마스까

비자를 받는 데 얼마나 걸리죠?

ビザをもらうのに、いくらかかりますか。

비자오 모라우노니, 이꾸라 카까리마스까

이 비자의 유효 기간은 30일입니다.

このビザの有効(ゆうこう)期間(きかん)は30日(にち)です。

코노 비자노 유–꼬–키깡와 산쥬–니찌데스

비자 발급이 허가되었는지 알고 싶은데요.

ビザの発給(はっきゅう)が許可(きょか)されてるかどうか知(し)りたいのですが。

비자노 학뀨–가 쿄까사레떼루까도–까 시리따이노데스가

비자 신청은 이번이 두 번째입니다.

ビザの申請(しんせい)は今度(こんど)が二回(にかい)目(め)です。

비자노 신세–와 콘도가 니까이메데스

비자 ②

비자 연장을 신청하고 싶은데요.

ビザの延長(えんちょう)を申請(しんせい)したいのですが。

비자노 엔쬬–오 신세–시따이노데스가

여권이 한 달 뒤에 만료되어서 새 여권이 생기기 전에는 비자 발급이 안 됩니다.

パスポートが一ヶ月後(いっかげつご)に満了(まんりょう)になるので新(あたら)しいパスポートができる前(まえ)はビザの発給(はっきゅう)ができません。

파스포–토가 익까게쯔고니 만료–니 나루노데 아따라시– 파스포–토가 데끼루 마에와 비자노 학뀨–가 데끼마셍

만기 전에 비자를 갱신하세요.

満期(まんき)になる前(まえ)にビザを更新(こうしん)してください。

망끼니 나루 마에니 비자오 코–신시떼 쿠다사이

무슨 비자를 갖고 계십니까?

どんなビザを持(も)っていますか。

돈나 비자오 못떼 이마스까

학생 비사로 방문하셨군요.

学生(がくせい)ビザで訪問(ほうもん)されたんですね。

각세– 비자데 호–몬사레딴데스네

Unit 2 공항 MP3. C10_U02

공항 이용

늦어도 출발 시간 한 시간 전에는 탑승 수속을 해 주세요.

遅(おそ)くても出発時間(しゅっぱつじかん)の一時間(いちじかん)前(まえ)には搭乗手続(とうじょうてつづき)をしてください。

오소꾸떼모 슙빠쯔 지간노 이찌지간 마에니와 토–죠–테쯔즈끼오 시떼 쿠다사이

부치실 짐이 있습니까?

お預(あず)けの荷物(にもつ)はありますか。

오아즈께노 니모쯔와 아리마스까

고베로 가는 연결편을 타야 하는데요.

神戸(こうべ)行(ゆ)きの乗(の)り継(つ)ぎ便(びん)に乗(の)らないといけないんですが。

코–베유끼노 노리쯔기빈니 노라나이또 이께나인데스가

국제선 터미널은 어디인가요?

国際線(こくさいせん)ターミナルはどこですか。

콕사이셍 타–미나루와 도꼬데스까

티켓팅

대한항공 카운터는 어디입니까?

KALのカウンターはどこですか。

카르노 카운타–와 도꼬데스까

다음 창구로 가십시오.

隣(となり)の窓口(まどぐち)に行(い)ってください。

토나리노 마도구찌니 잇떼 쿠다사이

창가 쪽 좌석을 부탁합니다.

窓側(まどがわ)の席(せき)をお願(ねが)いします。

마도가와노 세끼오 오네가이시마스

체크인은 몇 시입니까?

チェックインは何時(なんじ)ですか。

첵크잉와 난지데스까

서울행 일본항공은 몇 번 게이트입니까?

ソウル行(ゆ)きの日本航空(にほんこうくう)は何番(なんばん)ゲートですか。

소우루유끼노 니홍쿠꼬–와 남방 게–토데스까

보딩

탑승 수속은 언제부터 합니까?

搭乗手続(とうじょうてつづき)はいつからですか。

토–쟈–테쯔즈끼와 이쯔까라데스까

어느 출구로 가면 됩니까?

どの出口(でぐち)に行(い)けばいいですか。

도노 데구찌니 이께바 이–데스까

탑승은 출발 30분 전에 시작됩니다.

搭乗(とうじょう)は出発(しゅっぱつ)30分前(ぷんまえ)に始(はじ)まります。

토–쟈–와 슙빠쯔 산쥽뿡 마에니 하지마리마스

곧 탑승을 시작하겠습니다.

すぐに搭乗(とうじょう)を始(はじ)めます。

스구니 토–쟈–오 하지메마스

대한항공 702편을 이용하시는 승객께서는 12번 출구에서 탑승 수속을 하시기 바랍니다.

KAL702便(びん)に乗(の)るお客様(きゃくさま)は12番(ばん)出口(でぐち)で搭乗手続(とうじょうてつづき)をしてください。

카르 나나제로니빈니 노루 오꺄꾸사마와 쥬–니방 데구찌데 토–쟈–테쯔즈끼오 시떼 쿠다사이

세관

\# 세관신고서를 작성해 주세요.

税関申告書を書いてください。

제–깐싱꼬꾸쇼– 카이떼 쿠다사이

\# 세관신고서를 보여 주시겠어요?

税関申告書を見せていただけますか。

제–깐싱꼬꾸쇼오 미세떼 이따다께마스까

\# 신고하실 물품이 있습니까?

申告するものはありますか。

싱꼬꾸스루 모노와 아리마스까

\# 신고할 것은 없습니다.

申告するものはありません。

싱꼬꾸스루 모노와 아리마셍

\# 가방을 테이블 위에 놔 주세요.

かばんをテーブルの上に載せてください。

카방오 테–브르노 우에니 노세떼 쿠다사이

\# 이것은 제가 사용하는 거예요.

これは私が使うものです。

고레와 와따시가 츠까우모노데스

\# 액체류는 반입할 수 없습니다.

液体類は持ち込めません。

에끼따이루이와 모찌꼬메마셍

면세점 이용

\# 면세점은 어디에 있나요?

免税店はどこにありますか。

멘제–뗑와 도꼬니 아리마스까

\# 면세점에서 쇼핑할 시간이 있을까요?

免税店で買い物する時間がありますか。

멘제–뗀데 카이모노스루 지깡가 아리마스까

\# 면세점에서는 훨씬 싸요.

免税店ははるかに安いです。

멘제–뗑와 하루까니 야스이데스

\# 여행자 수표도 받습니까?

トラベラーズチェックも使えますか。

토라베라–즈첵크모 츠까에마스까

\# 네, 받습니다.
신분증을 갖고 계신가요?

はい、使えます。
身分証を持っていますか。

하이, 츠까에마스. 미분쇼–오 못떼 이마스까

はるかに 월등히

출국 심사

여권을 보여 주시겠어요?

パスポートを見(み)せてくれませんか。

파스포–토오 미세떼 쿠레마셍까

출국신고서 작성법을 알려 주시겠어요?

出国申告書(しゅっこくしんこくしょ)の書(か)き方(かた)を教(おし)えてくれませんか。

슉꼬꾸싱꼬꾸쇼노 카끼까따오 오시에떼 쿠레마셍까

어디까지 가십니까?

どちらまで行(い)かれるんですか。

도찌라마데 이까레룬데스까

도쿄에 가는 중입니다.

東京(とうきょう)に行(い)くところです。

토–꾜–니 이꾸 토꼬로데스

언제 돌아오십니까?

いつお帰(かえ)りですか。

이쯔 오까에리데스까

일행이 있습니까?

同行(どうこう)の方(かた)がいますか。

토–꼬–노 카따가 이마스까

입국 심사 ①

여권과 입국신고서를 보여 주시겠어요?

パスポートと入国申告書(にゅうこくしんこくしょ)を見(み)せていただけますか。

파스포–토또 뉴–꼬꾸싱꼬꾸쇼오 미세떼 이따다께마스까

일본에서 목적지는 어디입니까?

日本(にほん)での目的地(もくてきち)はどこですか。

니혼데노 모꾸떼끼찌와 도꼬데스까

방문 목적은 무엇입니까?

訪問目的(ほうもんもくてき)は何(なん)ですか。

호–몽 모꾸떼끼와 난데스까

관광으로 왔습니다.

観光(かんこう)で来(き)ました。

캉꼬–데 키마시따

일 때문에 왔습니다.

仕事(しごと)で来(き)ました。

시고또데 키마시따

친척을 만나러 왔어요.

親戚(しんせき)に会(あ)うために来(き)ました。

신세끼니 아우따메니 키마시따

입국 심사 ②

\# 여기에 언제까지 머물 예정입니까?

ここにいつまで滞在(たいざい)する予定(よてい)ですか。

코꼬니 이쯔마데 타이자이스루 요떼–데스까

\# 일주일간 머물 예정입니다.

一週間(いっしゅうかん)滞在(たいざい)する予定(よてい)です。

잇슈–깡 타이자이스루 요떼–데스

\# 돌아갈 항공권을 갖고 있습니까?

お帰(かえ)りの航空券(こうくうけん)をお持(も)ちですか。

오까에리노 코–꾸–껭오 오모찌데스까

\# 직업은 무엇입니까?

お仕事(しごと)は何(なん)ですか。

오시고또와 난데스까

\# 첫 방문입니까?

初(はじ)めての訪問(ほうもん)ですか。

하지메떼노 호–몬데스까

\# 네, 처음입니다.

はい、初(はじ)めてです。

하이, 하지메떼데스

꼭! 짚고 가기

일본의 라멘

우리의 인스턴트 라면과 이름은 비슷하지만 완전히 다른 맛으로, 일본에서 먹는 대표적인 음식입니다.

일본의 라멘에는 인스턴트 라멘과 생라멘이 있습니다. 생라멘은 국물맛과 면 종류 및 지역에 따라 다양한 종류가 있습니다. 종류를 알고 입맛에 맞는 것으로 주문해 보세요.

(1) **시오라멘** 塩(しお)ラーメン

소금으로 간을 한 라멘으로, 우리가 가장 보편적으로 알고 있는 일본 라멘입니다.

(2) **쇼유라멘** しょうゆラーメン

간장으로 맛을 낸 라멘으로, 후쿠시마현 지방에 있는 기타카타의 쇼유라멘이 유명합니다.

(3) **미소라멘** 味噌(みそ)ラーメン

여러 가지 채소와 돼지뼈, 닭뼈를 우려낸 국물에 미소(일본 된장)를 풀고 따로 삶은 생면을 넣습니다. 삿포로에 있는 요코초의 미소라멘이 유명합니다.

(4) **돈코츠라멘** とんこつラーメン

돼지뼈를 끓여 국물을 우려낸 라멘으로, 다소 느끼한 맛이 매력입니다. 후쿠오카의 중심 도시 하카타의 돈코츠라멘이 인기가 많습니다.

입국 심사 ③

\# 단체 여행입니까?

団体旅行(だんたいりょこう)ですか。

단따이 료꼬–데스까

\# 어디에 머무르세요?

どこに滞在(たいざい)されますか。

도꼬니 타이자이사레마스까

\# 친구네 집에 머물 거예요.

友達(ともだち)の家(いえ)に滞在(たいざい)するつもりです。

토모다찌노 이에니 타이자이스루 츠모리데스

\# 신주쿠의 호텔에 머물 겁니다.

新宿(しんじゅく)のホテルに滞在(たいざい)するつもりです。

신쥬꾸노 호테루니 타이자이스루 츠모리데스

\# 얼마를 소지하고 계십니까?

いくら所持(しょじ)されていますか。

이꾸라 쇼지사레떼 이마스까

\# 6만 엔 갖고 있습니다.

6万円(まんえん)持(も)っています。

로꾸망엥 못떼 이마스

짐을 찾을 때

\# 수하물 찾는 곳이 어디 있습니까?

バゲージクレームがどこですか。

바게–지크레–므가 도꼬데스까

\# 제 짐을 찾으려면 어디로 가야 하나요?

私(わたし)の荷物(にもつ)を探(さが)すためにはどこに行(い)けばいいんですか。

와따시노 니모쯔오 사가스따메니와 도꼬니 이께바 이인데스까

\# 수하물계로 가세요.

バゲージカウンターに行(い)ってください。

바게–지카운타–니 잇떼 쿠다사이

\# 제 짐이 여기에 없어요.

私(わたし)の荷物(にもつ)はここにありません。

와따시노 니모쯔와 코꼬니 아리마셍

\# 제 짐이 파손됐어요.

私(わたし)の荷物(にもつ)が破損(はそん)しました。

와따시노 니모쯔가 하손시마시따

\# 제 짐이 아직 도착하지 않았어요.

私(わたし)の荷物(にもつ)がまだ到着(とうちゃく)しません。

와따시노 니모쯔가 마다 토–짜구시마셍

마중

\# 공항에 누가 마중 나와 있습니까?

空港(くうこう)に誰(だれ)が出迎(でむか)えにきていますか。

쿠-꼬-니 다레가 데무까에니 키떼 이마스까

\# 공항에 마중 나와 주시겠습니까?

空港(くうこう)に出迎(でむか)えにきてくれませんか。

쿠-꼬-니 데무까에니 키떼 쿠레마셍까

\# 우리를 마중 나와 줘서 감사합니다.

私(わたし)たちを出迎(でむか)えにきてくださって、ありがとうございます。

와따시따찌오 데무까에니 키떼 쿠다삿떼, 아리가또-고자이마스

\# 당신을 마중하도록 차를 예약해 놓을게요.

あなたを出迎(でむか)えるために車(くるま)を予約(よやく)しておきます。

아나따오 데무까에루따메니 쿠루마오 요야꾸시떼 오끼마스

\# 내가 공항에 마중하러 갈게요.

私(わたし)が空港(くうこう)に出迎(でむか)えにいきます。

와따시가 쿠-꼬-니 데무까에니 이끼마스

기내에서 ①

\# 탑승권을 보여 주시겠습니까?

搭乗券(とうじょうけん)を見(み)せていただけますか。

토-죠-껭오 미세떼 이따다께마스까

\# 좌석을 안내해 드릴까요?

お席(せき)を案内(あんない)してあげましょうか。

오세끼오 안나이시떼 아게마쇼-까

\# 이쪽입니다. 손님 좌석은 바로 저쪽입니다.

こちらです。お客様(きゃくさま)の席(せき)はちょうどあちらです。

코찌라데스. 오꺄꾸사마노 세끼와 쵸-도 아찌라데스

\# 소지품을 기내에 둬도 됩니까?

持(も)ち物(もの)を機内(きない)に置(お)いてもいいですか。

모찌모노오 키나이니 오이떼모 이-데스까

\# 이 가방을 선반 위에 놓는 것을 도와주시겠습니까?

このかばんを棚(たな)の上(うえ)に置(お)くことを手伝(てつだ)ってくれませんか。

코노 카방오 타나노 우에니 오꾸 코또오 테쯔닷떼 쿠레마셍까

기내에서 ②

\# 안전벨트를 매 주십시오.

シートベルトをしめてください。

시–토베르토오 시메떼 쿠다사이

\# 잠시 후에 이륙합니다.

しばらくして離陸(りりく)します。

시바라꾸시떼 리리꾸시마스

\# 잡지나 읽을거리를 좀 주시겠어요?

雑誌(ざっし)とか読(よ)み物(もの)をちょっとくれませんか。

잣시또까 요미모노오 춋또 쿠레마셍까

\# 담요와 베개를 주시겠습니까?

毛布(もうふ)と枕(まくら)をお願(ねが)いします。

모–후또 마꾸라오 오네가이시마스

\# 실례합니다. 저랑 자리를 바꿔 주실 수 있습니까?

すみません。私(わたし)と席(せき)を換(か)わってくれませんか。

스미마셍. 와따시또 세끼오 카왓떼 쿠레마셍까

\# 실례합니다. 잠시 지나가겠습니다.

すみません。ちょっと通(とお)してください。

스미마셍. 춋또 토–시떼 쿠다사이

기내에서 ③

\# 멀미 봉투 좀 부탁합니다.

シックネスバッグちょっとお願(ねが)いします。

식쿠네스박그 춋또 오네가이시마스

\# 비행시간은 얼마나 걸립니까?

飛行(ひこう)時間(じかん)はどのぐらいかかりますか。

히꼬– 지깡와 도노구라이 카까리마스까

\# 도쿄까지 예정된 비행시간은 두 시간 10분입니다.

東京(とうきょう)までの飛行(ひこう)時間(じかん)は2時間(じかん)10分(ぷん)を予定(よてい)しております。

토–꾜–마데노 히꼬– 지깡와 니지깡 쥽뿡오 요떼–시떼 오리마스

\# 도쿄와 뉴욕의 시차는 얼마입니까?

東京(とうきょう)とニューヨークの時差(じさ)はいくらですか。

토–꾜–또 뉴–요–크노 지사와 이꾸라데스까

\# 비행기가 완전히 멈출 때까지 자리에서 기다려 주세요.

飛行機(ひこうき)が完全(かんぜん)に止(と)まるまで席(せき)でお待(ま)ちください。

히꼬–끼가 칸젠니 토마루마데 세끼데 오마찌 쿠다사이

기내식

음료수는 뭘로 하시겠습니까?

飲(の)み物(もの)は何(なに)がいいですか。

노미모노와 나니가 이-데스까

어떤 음료가 있습니까?

どんな飲(の)み物(もの)がありますか。

돈나 노미모노가 아리마스까

음료수를 좀 주세요.

飲(の)み物(もの)をお願(ねが)いします。

노미모노오 오네가이시마스

콜라를 주시겠습니까?

コーラをいただけますか。

코-라오 이따다께마스까

식사는 소고기와 생선 중, 뭘로 하시겠습니까?

お食事(しょくじ)はビーフと魚(さかな)、どちらの方(ほう)がいいですか。

오쇼꾸지와 비-흐또 사까나, 도찌라노 호-가 이-데스까

스테이크로 할게요.

ステーキお願(ねが)いします。

스테-키 오네가이시마스

물 한 컵 주세요.

お水一杯(みずいっぱい)お願(ねが)いします。

오미즈 입빠이 오네가이시마스

Unit 4 숙박 MP3. C10_U04

숙박 시설 예약 ①

예약을 하고 싶습니다만.

予約(よやく)をしたいのですが。

요야꾸오 시따이노데스가

오늘 밤 묵을 방이 있습니까?

今晩(こんばん)泊(と)まる部屋(へや)がありますか。

콤방 토마루 헤야가 아리마스까

죄송합니다. 방이 만실입니다.

申(もう)し訳(わけ)ございません。部屋(へや)が満室(まんしつ)です。

모-시와께고자이마셍. 헤야가 만시쯔데스

어떤 방을 원하십니까?

どんな部屋(へや)がご希望(きぼう)ですか。

돈나 헤야가 고끼보-데스까

싱글룸이 있습니까?

シングルルームはありますか。

싱그루루-므와 아리마스까

욕실이 있는 싱글룸으로 부탁합니다.

風呂場(ふろば)があるシングルルームをお願(ねが)いします。

후로바가 아루 싱구루루-무오 오네가이시마스

숙박 시설 예약 ②

\# 바다가 보이는 방으로 부탁합니다.

海(うみ)が見(み)える部屋(へや)をお願(ねが)いします。

우미가 미에루 헤야오 오네가이시마스

\# 인터넷 이용 가능한 방을 부탁합니다.

インターネットの利用(りよう)できる部屋(へや)をお願(ねが)いします。

인타–넷토노 리요–데끼루 헤야오 오네가이시마스

\# 이 방으로 하겠습니다.

この部屋(へや)にします。

코노 헤야니 시마스

\# 방을 바꾸고 싶은데요.

部屋(へや)を換(か)えたいですが。

헤야오 카에따이데스가

\# 좀 더 싼 방이 있나요?

もうちょっと安(やす)い部屋(へや)はありますか。

모– 춋또 야스이 헤야와 아리마스까

\# 좀 더 좋은 방이 있습니까?

もうちょっといい部屋(へや)がありますか。

모– 춋또 이– 헤야가 아리마스까

숙박 시설 예약 ③

\# 아침 식사가 포함되었나요?

朝(あさ)ごはんは含(ふく)まれていますか。

아사고항와 후꾸마레떼 이마스까

\# 몇 박 묵으실 겁니까?

何泊(なんぱく)なさいますか。

남빠꾸나사이마스까

\# 사흘 묵고 일요일 오전에 체크아웃 하고 싶은데요.

三日(みっか)泊(と)まって日曜日(にちようび)午前(ごぜん)にチェックアウトしたいです。

믹까 토맛떼 니찌요–비 고젠니 첵크아우토시따이데스

\# 숙박 요금은 얼마입니까?

宿泊料金(しゅくはくりょうきん)はいくらですか。

슈꾸하꾸 료–낑와 이꾸라데스까

\# 1박에 얼마입니까?

一泊(いっぱく)いくらですか。

입빠꾸 이꾸라데스까

\# 다음 주에 2박을 예약하고 싶습니다.

来週(らいしゅう)二泊(にはく)の予約(よやく)をしたいです。

라이슈– 니하꾸노 요야꾸오 시따이데스

체크인 ①

체크인을 부탁합니다.

チェックインをお願(ねが)いします。

체크잉오 오네가이시마스

지금 체크인 할 수 있습니까?

今(いま)チェックインできますか。

이마 첵크인데끼마스까

체크인까지 시간이 조금 있습니다만, 짐을 좀 맡길 수 있을까요?

チェックインまで少(すこ)し時間(じかん)があるんですけど、ちょっと荷物(にもつ)を預(あず)かってもらえますか。

첵크임마데 스꼬시 지깡가 아룬데스께도,
촛또 니모쯔오 아즈깟떼 모라에마스까

체크인은 몇 시부터입니까?

チェックインは何時(なんじ)からですか。

첵크잉와 난지까라데스까

예약은 하셨습니까?

予約(よやく)はされましたか。

요야꾸와 사레마시따까

꼭! 짚고 가기

조수사 ④

泊는 숙박 일수를 세는 말로, 앞의 숫자에 따라 발음이 달라지니 잘 익혀 두세요.

- 一泊(いっぱく)
- 二泊(にはく)
- 三泊(さんぱく)
- 四泊(よんはく)
- 五泊(ごはく)
- 六泊(ろっぱく)
- 七泊(しちはく)
- 八白(はっぱく)
- 九泊(きゅうはく)
- 十泊(じゅっぱく、じっぱく)
- 何泊(なんぱく)

체크인 ②

\# 싱글룸을 예약한 후지와라입니다.

シングルルームを予約(よやく)した藤原(ふじわら)です。

싱그구루루-므오 요야꾸시따 후지와라데스

\# 예약은 한국에서 했습니다.

予約(よやく)は韓国(かんこく)でしました。

요야꾸와 캉꼬꾸데 시마시따

\# 숙박료는 미리 지불했습니다.

宿泊料(しゅくはくりょう)は前払(まえばら)いしてあります。

슈꾸하꾸료-와 마에바라이시떼 아리마스

\# 다시 한번 제 예약을 확인해 주세요.

もう一度(いちど)私(わたし)の予約(よやく)を調(しら)べてください。

모- 이찌도 와따시노 요야꾸오 시라베떼 쿠다사이

\# 숙박 카드에 기입해 주십시오.

宿泊(しゅくはく)カードにご記入(きにゅう)ください。

슈꾸하꾸 카-도니 고끼뉴-쿠다사이

\# 짐을 부탁합니다.

荷物(にもつ)をお願(ねが)いします。

니모쯔오 오네가이시마스

체크아웃

\# 체크아웃 부탁합니다.

チェックアウトお願(ねが)いします。

첵크아우토 오네가이시마스

\# 몇 시에 체크아웃 하시겠습니까?

何時(なんじ)にチェックアウトしますか。

난지니 첵크아우토시마스까

\# 10시에 체크아웃 하려고 합니다.

10時(じ)にチェックアウトします。

쥬-지니 첵크아우토시마스

\# 이 항목은 무슨 요금입니까?

この項目(こうもく)は何(なん)の料金(りょうきん)ですか。

코노 코-모꾸와 난노 료-낀데스까

\# 저는 룸서비스를 시키지 않았는데요.

私(わたし)はルームサービスを頼(たの)みませんでした。

와따시와 루-무사-비스오 타노미마센데시따

\# 잘못된 것 같은데요.

間違(まちが)っていると思(おも)うんですが。

마찌갓떼 이루또 오모운데스가

\# 짐을 로비로 내려다 주세요.

荷物(にもつ)をロビーに下(お)ろしてください。

니모쯔오 로비-니 오로시떼 쿠다사이

숙박 시설 이용 ①

룸서비스를 부탁해도 될까요?

ルームサービスをお願(ねが)いしてもいいですか。

루–므사–비스오 오네가이시떼모 이–데스까

세탁을 부탁합니다.

洗濯(せんたく)をお願(ねが)いします。

센따꾸오 오네가이시마스

귀중품을 보관하고 싶은데요.

貴重品(きちょうひん)を保管(ほかん)したいのですが。

키쬬–힝오 호깐시따이노데스가

6시에 모닝콜을 해 줄 수 있습니까?

6時(じ)にモーニングコールをしてもらえますか。

로꾸지니 모–닝그코–루오 시떼 모라에마스까

열쇠를 보관해 주시겠어요?

鍵(かぎ)を保管(ほかん)してくれませんか。

카기오 호깐시떼 쿠레마셍까

카드키는 어떻게 사용하죠?

カードキーはどうやって使(つか)うのでしょう?

카–도키–와 도–얏떼 츠까우노데쇼–?

숙박 시설 이용 ②

저한테 메시지 온 것이 있습니까?

私宛(わたしあて)のメッセージは来(き)てませんか。

와따시아떼노 멧세–지와 키떼마셍까

이 짐을 비행기 시간까지 맡아 주시면 좋겠습니다만.

この荷物(にもつ)を飛行機(ひこうき)時間(じかん)まで預(あず)かって欲(ほ)しいんですが。

코노 니모쯔오 히꼬–끼 지깜마데 아즈깟떼호시–ㄴ데스가

이 짐을 한국으로 보내 주시겠어요?

この荷物(にもつ)を韓国(かんこく)に送(おく)ってくれませんか。

코노 니모쯔오 캉꼬꾸니 오꿋떼 쿠레마셍까

하루 더 연장하고 싶습니다만.

もう一日延長(いちにちえんちょう)したいんですが。

모– 이찌니찌 엔쬬–시따인데스가

수건을 바꿔 주세요.

タオルを取(と)り替(か)えてください。

타오루오 토리까에떼 쿠다사이

숙박 시설 트러블

\# 열쇠를 방에 두고 왔습니다.

鍵(かぎ)を部屋(へや)に置(お)いて来(き)ました。

카기오 헤야니 오이떼 키마시따

\# 뜨거운 물이 나오지 않는데요.

温水(おんすい)が出(で)ないんですが。

온스이가 데나인데스가

\# 화장실이 막혔어요.

トイレが詰(つ)まりました。

토이레가 츠마리마시따

\# 방이 청소되어 있지 않은데요.

部屋(へや)が掃除(そうじ)されていないんですが。

헤야가 소–지사레떼 이나인데스가

\# 옆방이 너무 시끄러운데요.

隣(となり)の部屋(へや)がとてもうるさいです。

토나리노 헤야가 토떼모 우루사이데스

\# 방이 엘리베이터에 너무 가까이 있는데, 바꿀 수 있을까요?

部屋(へや)がエレベーターと近(ちか)すぎますが、換(か)えられますか。

헤야가 에레베–타–또 치까스기마스가,
카에라레마스까

관광안내소

\# 관광안내소는 어디에 있나요?

観光案内所(かんこうあんないじょ)はどこにありますか。

캉꼬–안나이죠와 도꼬니 아리마스까

\# 이 도시의 지도를 한 장 부탁합니다.

この都市(とし)の地図(ちず)を1枚(まい)お願(ねが)いします。

코노 토시노 치즈오 이찌마이 오네가이시마스

\# 무료 시내 지도는 있습니까?

無料(むりょう)の市街(しがい)地図(ちず)はありますか。

무료–노 시가이 치즈와 아리마스까

\# 지도를 좀 그려 주시겠습니까?

地図(ちず)をちょっと書(か)いてくれませんか。

치즈오 춋또 카이떼 쿠레마셍까

\# 이 근처에 명소를 추천해 주시겠어요?

この付近(ふきん)にお勧(すす)めの見所(みどころ)はありますか。

코노 후낀니 오스스메노 미도꼬로와
아리마스까

투어를 이용할 때 ①

여행에 예정된 것은 어떤 것이 있나요?

旅行(りょこう)の予定(よてい)はどんなものですか。

료꼬–노 요떼–와 돈나 모노데스까

하루짜리 투어가 있습니까?

一日(いちにち)ツアーがありますか。

이찌니찌 츠아–가 아리마스까

몇 시에 어디에서 출발합니까?

何時(なんじ)にどこから出発(しゅっぱつ)しますか。

난지니 도꼬까라 슙빠쯔시마스까

몇 시간 걸리나요?

何時間(なんじかん)かかりますか。

난지깡 카까리마스까

몇 시에 돌아올 수 있나요?

帰(かえ)りは何時(なんじ)ですか。

카에리와 난지데스까

투어를 이용할 때 ②

요금은 1인당 얼마인가요?

料金(りょうきん)は一人(ひとり)あたりいくらですか。

료–낑와 히또리 아따리 이꾸라데스까

가이드 포함입니까?

ガイド付(つ)きですか。

가이도쯔끼데스까

야경을 볼 수 있습니까?

夜景(やけい)を見(み)れますか。

야께–오 미레마스까

식사는 포함되어 있습니까?

食事(しょくじ)は付(つ)いていますか。

쇼꾸지와 츠이떼 이마스까

어떤 투어가 있습니까?

どんなツアーがあるんですか。

돈나 츠아–가 아룬데스까

오전 코스가 있습니까?

午前(ごぜん)のコースはありますか。

고젠노 코–스와 아리마스까

입장권을 살 때

\# 티켓은 어디서 살 수 있나요?

か
チケットはどこで買えますか。

치켓토와 도꼬데 카에마스까

\# 입장료는 얼마인가요?

にゅうじょうりょう
入場料はいくらですか。

뉴-죠-료-와 이꾸라데스까

\# 어른 두 장이랑 어린이 한 장 주세요.

おとな まい こども まい
大人2枚と子供1枚ください。

오또나 니마이또 코도모 이찌마이 쿠다사이

\# 1시 공연의 좌석은 있습니까?

じ こうえん
1時の公演のチケットはありますか。

이찌지노 코-엔노 치켓토와 아리마스까

\# 단체 할인이 되나요?

だんたいわりびき
団体割引はありますか。

단따이 와리비끼와 아리마스까

\# 20명 이상의 단체는 20%의 할인이 됩니다.

にんいじょう だんたい わりびき
20人以上の団体は20%の割引になります。

니쥬-닝 이죠-노 단따이와 니쥽파-센토노 와리비끼니 나리마스

관람

\# 관람 시간은 몇 시까지인가요?

かんらん じかん なんじ
観覧時間は何時までですか。

칸랑 지깡와 난지마데데스까

\# 전망이 환상적이에요.

なが げんそうてき
眺めが幻想的です。

나가메가 겐소-떼끼데스

\# 이 시설은 7세 미만의 어린이만 이용 가능합니다.

しせつ さい みまん こども りよう かのう
この施設は7歳未満の子供のみ利用が可能です。

코노 시세쯔와 나나사이 미만노 코도모노미 리요-가 카노-데스

\# 내부를 둘러봐도 될까요?

ないぶ み
内部を見てもいいですか。

나이부오 미떼모 이-데스까

\# 출구는 어디인가요?

でぐち
出口はどこですか。

데구찌와 도꼬데스까

\# 퍼레이드는 언제 있습니까?

パレードはいつありますか。

파레-도와 이쯔 아리마스까

眺め 조망, 전망

길 묻기 ①

\# 국립미술관으로 가려면, 어느 쪽으로 가야 하나요?

国立美術館(こくりつびじゅつかん)へ行(い)くには、どの方向(ほうこう)へ行(い)けばいいですか。

코꾸리쯔 비쥬쯔깡에 이꾸니와, 도노 호-꼬-에 이께바 이-데스까

\# 도쿄타워로 가려면, 이 길이 맞습니까?

東京(とうきょう)タワーへ行(い)くのは、この道(みち)で合(あ)ってますか。

토-꾜-타와-에 이꾸노와 코노 미찌데 앗떼마스까

\# 역까지 가는 길을 가르쳐 주세요.

駅(えき)まで行(い)く道(みち)を教(おし)えてください。

에끼마데 이꾸 미찌오 오시에떼 쿠다사이

\# 곧장 가셔서 두 번째 모퉁이에서 우회전하세요.

まっすぐ行(い)って2番目(ばんめ)の角(かど)で右折(うせつ)してください。

맛스구 잇떼 니밤메노 카도데 우세쯔시떼 쿠다사이

\# 여기에서 박물관까지는 얼마나 멉니까?

ここから博物館(はくぶつかん)まではどのくらい遠(とお)いですか。

코꼬까라 하꾸부쯔깜마데와 도노쿠라이 토-이데스까

꼭! 짚고 가기

우동과 소바

우동과 소바는 일본의 대표적인 면 요리입니다.

(1) **우동**(うどん)

국물맛의 차이로 간토 지방과 간사이 지방의 우동이 다릅니다. 간토 지방은 진한 간장색을 띠고 있는 반면, 간사이 지방은 국물색이 진하지 않습니다.

우동의 종류는 조리법에 따라 가마아게 우동 かまあげうどん, 니코미 우동 にこみうどん, 히야시 우동 ひやしうどん, 야키우동 やきうどん으로 나뉩니다. 그리고 우동 위에 놓는 고명에 따라 이름이 기쓰네 우동 きつねうどん, 다누키 우동 たぬきうどん, 츠키미 우동 つきみうどん이라 부릅니다.

(2) **소바**(そば)

차게 먹는 소바와 따뜻한 국물에 넣어 먹는 소바가 있습니다. 우리의 냉모밀에 해당하는 것은 자루소바 ざるそば라고 합니다. 따뜻하게 먹는 것은 가케소바 かけそば가 있습니다.

소바를 먹을 때는 '후루룩' 소리를 내면서 먹어야 한다고 합니다.

소바를 먹는 풍습으로 이사를 했을 때 우리가 떡을 돌리듯 나눠주는 소바는 힛코시소바 ひっこしそば, 12월 31일에 소바면처럼 가늘고 길게 오래 살기를 기원하는 의미로 먹는 도시코시소바 としこしそば가 있습니다.

길 묻기 ②

여기에서 먼가요?

ここから遠いですか。

코코까라 토-이데스까

걸어갈 수 있나요?

歩いて行けますか。

아루이떼 이께마스까

걸어서 몇 분이나 걸리나요?

歩いて何分くらいかかりますか。

아루이떼 남뿡쿠라이 카까리마스까

걸어서 5분이면 됩니다.

5分も歩けば着きます。

고훙모 아루께바 츠끼마스

좀 먼데요. 버스를 타는 것이 낫겠네요.

ちょっと遠いです。バスで行った方がいいですよ。

춋또 토-이데스. 바스데 잇따 호-가 이-데스요

이 지도에서 제가 있는 곳은 어디인가요?

この地図で私がいる場所はどこですか。

코노 치즈데 와따시가 이루 바쇼와 도꼬데스까

Unit 6 교통 MP3. C10_U06

기차

하카다행 왕복 기차표 한 장 부탁합니다.

博多行きの往復の切符を1枚ください。

하까따유끼노 오-후꾸노 킵뿌오 이찌마이 쿠다사이

나라로 가는 침대칸 한 장 주세요. 위층으로 부탁합니다.

奈良へ行く寝台車を1枚ください。上階をお願いします。

나라에 이꾸 신다이샤오 이찌마이 쿠다사이. 죠-까이오 오네가이시마스

열차의 배차 간격은 어떻게 되나요?

列車は何分おきですか。

렛샤와 남뿡 오끼데스까

30분 간격으로 다닙니다.

30分おきで走っています。

산쥽뿡 오끼데 하싯떼 이마스

히메지행 열차는 몇 시에 출발합니까?

姫路行きの列車は何時出発しますか。

히메지유끼노 렛샤와 난지 슙빠쯔시마스까

열차가 30분 연착됐습니다.

列車が30分延着になりました。

렛샤가 산쥽뿡 엔짜꾸니 나리마시따

지하철

\# 이 근처에 지하철역이 있어요?

この近(ちか)くに地下鉄(ちかてつ)の駅(えき)がありますか。

코노 치까꾸니 치까떼쯔노 에끼가 아리마스까

\# 매표소는 어디입니까?

切符(きっぷ)売(う)り場(ば)はどこですか。

킵뿌우리바와 도꼬데스까

\# 지하철 노선도를 부탁합니다.

地下鉄(ちかてつ)の路線図(ろせんず)をください。

치까떼쯔노 로센즈오 쿠다사이

\# 어디에서 갈아타야 하나요?

どこで乗(の)り換(か)えないといけないんですか。

도꼬데 노리까에나이또 이께나인데스까

\# 요금은 얼마입니까?

料金(りょうきん)はいくらですか。

료–낑와 이꾸라데스까

\# 도쿄도청으로 나가는 출구가 어디인가요?

東京都庁(とうきょうとちょう)に出(で)る出口(でぐち)はどこですか。

토–꾜–또쬬–니 데루 데구찌와 도꼬데스까

버스 ①

\# 가까운 버스정류장은 어디인가요?

最寄(もよ)りのバス停(てい)はどこですか。

모요리노 바스떼–와 도꼬데스까

\# 이 버스가 공항으로 가나요?

このバスは空港(くうこう)行(ゆ)きですか。

코노 바스와 쿠–꼬–유끼데스까

\# 어디에서 내리는지 알려 주시겠어요?

どこで下(お)りるのか教(おし)えてくれませんか。

도꼬데 오리루노까 오시에떼 쿠레마셍까

\# 마지막 버스를 놓쳤어요.

終(しゅう)バスに乗(の)り遅(おく)れました。

슈–바스니 노리오꾸레마시따

\# 도중에 내릴 수 있나요?

途中(とちゅう)で下(お)りることはできますか。

토쮸–데 오리루 코또와 데끼마스까

\# 이 자리는 비어 있습니까?

この席(せき)は空(あ)いていますか。

코노 세끼와 아이떼 이마스까

버스 ②

여기에서 내리겠습니다.

ここで下(お)ります。

코꼬데 오리마스

버스는 몇 분 간격으로 와요?

バスは何分間隔(なんぷんかんかく)で来(き)ますか。

바스와 남뿡 칸까꾸데 키마스까

15분마다 버스가 옵니다.

15分(ふん)ごとにバスが来(き)ます。

쥬-고훈고또니 바스가 키마스

버스 운임은 얼마예요?

バスの運賃(うんちん)はおいくらですか。

바스노 운찡와 오이꾸라데스까

신주쿠행 버스를 타세요.

新宿(しんじゅく)行(ゆ)きのバスに乗(の)ってください。

신쥬꾸유끼노 바스니 놋떼 쿠다사이

이 버스는 에비스까지 갑니까?

このバスは恵比寿(えびす)まで行(い)きますか。

코노 바스와 에비스마데 이끼마스까

택시 ①

택시를 불러 주시겠어요?

タクシーを呼(よ)んでもらえますか。

타크시-오 욘데 모라에마스까

택시 승강장은 어디에 있어요?

タクシーの乗(の)り場(ば)はどこですか。

타크시-노 노리바와 도꼬데스까

택시를 못 잡겠어요.

タクシーが拾(ひろ)えません。

타크시-가 히로에마셍

좀처럼 택시가 안 잡히네.

なかなかタクシーつかまらないな。

나까나까 타크시- 츠까마라나이나

이 주소로 가 주세요.

この住所(じゅうしょ)へ行(い)ってください。

코노 쥬-쇼에 잇떼 쿠다사이

도쿄역까지 부탁합니다.

東京駅(とうきょうえき)までお願(ねが)いします。

토-꾜-에끼마데 오네가이시마스

ごとに ~마다

택시 ②

급하니까, 지름길로 가 주세요.

急(いそ)いでいるので、近道(ちかみち)で行(い)ってください。

이소이데 이루노데, 치까미찌데 잇떼 쿠다사이

빨리 가 주세요.

早(はや)く行(い)ってください。

하야꾸 잇떼 쿠다사이

저 모퉁이에 세워 주세요.

あの角(かど)に止(と)めてください。

아노 카도니 토메떼 쿠다사이

트렁크를 열어 주세요.

トランクを開(あ)けてください。

토랑크오 아께떼 쿠다사이

제 가방을 꺼내 주시겠어요?

私(わたし)のかばんを取(と)り出(だ)してもらえますか。

와따시노 카방오 토리다시떼 모라에마스까

좀 더 천천히 가 주세요.

もっとゆっくり走(はし)ってください。

못또 육꾸리 하싯떼 쿠다사이

선박

1등칸으로 한 장 주세요.

1等船室(とうせんしつ)を1枚(まい)ください。

잇또–센시쯔오 이찌마이 쿠다사이

제 선실은 어디입니까?

私(わたし)の船室(せんしつ)はどこですか。

와따시노 센시쯔와 도꼬데스까

저는 배멀미를 합니다.

私(わたし)は船酔(ふなよ)いをします。

와따시와 후나요이오 시마스

승선 시간은 몇 시입니까?

乗船(じょうせん)時間(じかん)は何時(なんじ)ですか。

죠–셍 지깡와 난지데스까

배를 타고 후쿠오카로 가고 있습니다.

船(ふね)で福岡(ふくおか)へ行(い)っています。

후네데 후꾸오까에 잇떼 이마스

악천후로 배는 출항할 수 없습니다.

悪天候(あくてんこう)のため船(ふね)が出港(しゅっこう)できません。

아꾸뗑꼬–노 타메 후네가 슉꼬–데끼마셍

이 배의 행선지는 고베입니다.

この船(ふね)の行(ゆ)き先(さき)は神戸(こうべ)です。

코노 후네노 유끼사끼와 코–베데스

船酔い 배멀미

Chapter 11

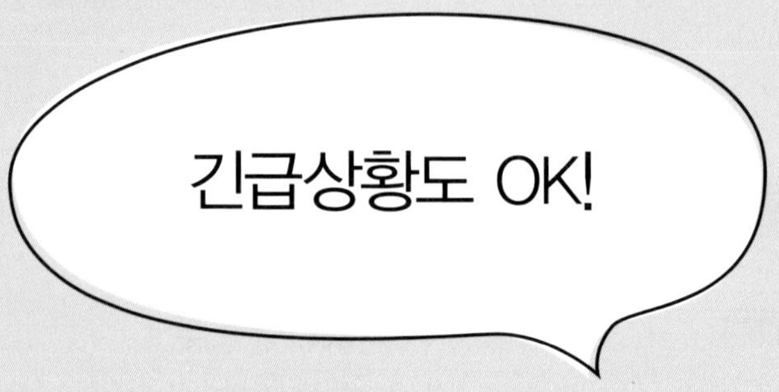

Chapter 11.

乗のり物もの 노리모노 탈것

MP3. Word_C11_01

飛行機 ひこうき 히꼬–끼

n. 비행기

汽車 きしゃ 키샤

= **列車** れっしゃ 렛샤

n. 기차, 열차

地下鉄 ちかてつ 치까떼쯔

n. 지하철

電車 でんしゃ 덴샤

n. 전차, 전철

バス 바스

n. 버스

タクシー 타크시–

n. 택시

自転車 じてんしゃ 지텐샤

n. 자전거

バイク 바이크

n. 오토바이

ヘルメット 헤르멧토

n. 헬멧

交通 こうつう 코–쯔–

n. 교통

シートベルト 시–토베르토

n. 안전벨트

クラクション 쿠락쿠숀

n. 경적, 클랙슨

バックミラー 바크미라–

n. 백미러, 룸미러

交通信号機

こうつうしんごうき

코–쯔–신고–끼

n. 교통 신호등

ユーターン 유–타–ㅇ

유(U)턴

左折 させつ 사세쯔

n. 좌회전

右折 うせつ 우세쯔

n. 우회전

ガソリンスタンド

가소린스탄도

n. 주유소

駐車場 ちゅうしゃじょう

츄–샤죠

n. 주차장

洗車場 せんしゃじょう

센샤죠

n. 세차장

事故じこ 지꼬 사고

MP3. Word_C11_02

交通事故こうつうじこ
코-쯔-지꼬
n. 교통사고

衝突しょうとつ 쇼-또쯔
n. 충돌
滑すべ**る** 스베루
= **スリップする** 스립프스루
v. 미끄러지다

レッカー車しゃ
렉카-샤
n. 견인차

救急車きゅうきゅうしゃ
큐-뀨-샤
n. 구급차

消防署しょうぼうしょ 쇼-보-쇼
n. 소방서
消防車しょうぼうしゃ 쇼-보-샤
n. 소방차

火事かじ 카지
= **火災**かさい 카사이
n. 불, 화재

警察けいさつ 케-사쯔
n. 경찰
警察署けいさつしょ
케-사쯔쇼
n. 경찰서

迷子まいご 마이고
n. 미아

紛失ふんしつ 훈시쯔
n. 분실
紛失物ふんしつぶつ
훈시쯔부쯔
n. 분실물

泥棒どろぼう 도로보-
n. 도둑, 도둑질
強盗ごうとう 고-또-
n. 강도, 도둑

すり 스리
n. 소매치기

自然災害しぜんさいがい 시젠사이가이 자연재해

MP3. Word_C11_03

地震じしん 지싱
n. 지진

台風たいふう 타이후-
n. 태풍

津波つなみ 츠나미
n. 해일, 쓰나미

山崩やまくず**れ** 야마꾸즈레
n. 산사태

雪崩なだれ 나다레
n. 눈사태

洪水こうずい 코-즈이
n. 홍수
大洪水だいこうずい
다이꼬-즈이
대홍수

Unit 1 응급상황 MP3. C11_U01

응급상황

\# 응급상황이에요.

きんきゅうじょうきょう
緊急の状況です。

킹뀨-노 죠-꾜-데스

\# 병원까지 저를 데려다주시겠어요?

びょういん わたし つ い
病院まで私を連れて行ってもらえますか。

뵤-임마데 와따시오 츠레떼 잇떼 모라에마스까

\# 친구가 쓰러져서 의식불명입니다.

ともだち たお いしき ふめい
友達が倒れて意識不明です。

토모다찌가 타오레떼 이시끼후메-데스

\# 다리를 심하게 다쳤어요.

あし けが
足をひどく怪我しました。

아시오 히도꾸 케가시마시따

\# 정확한 상태를 말씀해 주세요.

せいかく じょうきょう い
正確な状況を言ってください。

세-까꾸나 죠-꾜-오 잇떼 쿠다사이

\# 응급실이 어디죠?

きゅうきゅう
救急センターはどこですか。

큐-뀨-센타-와 도꼬데스까

\# 당장 그에게 응급 처치를 해야 해.

かれ おうきゅう てあて
すぐ彼に応急手当をしなければ。

스구 카레니 오-뀨-떼아떼오 시나께레바

구급차

\# 구급차를 보내 주세요.

きゅうきゅうしゃ ねが
救急車をお願いします。

큐-뀨-샤오 오네가이시마스

\# 움직이지 못하게 하고, 구급차가 도착할 때까지 기다려 주세요.

うご
動かないようにして、
きゅうきゅうしゃ とうちゃく ま
救急車が到着するまでお待ちください。

우고까나이요-니 시떼, 큐-뀨-샤가
토-짜꾸스루마데 오마찌 쿠다사이

\# 구급차가 바로 갑니다.

きゅうきゅうしゃ い
救急車がすぐ行きます。

큐-뀨-샤가 스구 이끼마스

\# 구급차가 올 때까지, 제가 할 수 있는 것이 있나요?

きゅうきゅうしゃ く わたし
救急車が来るまで、私にできることはありますか。

큐-뀨-샤가 쿠루마데, 와따시니 데끼루
코또와 아리마스까

\# 미우라 씨는 구급차의 들것에 눕혀졌다.

みうら きゅうきゅうしゃ たんか の
三浦さんは救急車の担架に乗せられた。

미우라상와 큐-뀨-샤노 탕까니 노세라레따

Unit 2 길을 잃음 MP3. C11_U02

길을 잃음

\# 길을 잃었어요.

道(みち)に迷(まよ)いました。

미찌니 마요이마시따

\# 지금 있는 곳은 어디인가요?

今(いま)いる所(ところ)はどこですか。

이마 이루 토꼬로와 도꼬데스까

\# 여기가 어디인지 모르겠어요.

ここがどこか分(わ)かりません。

코꼬가 도꼬까 와까리마셍

\# 주변에 보이는 것을 말씀해 주시겠어요?

周(まわ)りに見(み)えるものをおっしゃってもらえますか。

마와리니 미에루 모노오 옷샤떼 모라에마스까

여기서 잠깐!

+ 화투

화투는 花札(はなふだ)로, 원래 일본의 전통적인 카드놀이의 한 종류입니다.
花(はな)かるた라고도 하는데, 가루타에서 숫자를 없애고 나무와 꽃, 새, 바람, 달 등 자연을 묘사하여 1월부터 12월을 나타내는 그림으로 바꾸어 만든 48장의 카드입니다. 화투의 그림은 우리나라의 것과 거의 비슷하지만, 게임 방법은 다릅니다.

꼭! 짚고 가기

조수사 ⑤

사람을 세는 '~명'은 人(ひと)인데, 발음이 쉽지 않으니, 잘 익혀 두세요.

- 一人(ひとり)
- 二人(ふたり)
- 三人(さんにん)
- 四人(よにん)
- 五人(ごにん)
- 六人(ろくにん)
- 七人(しちにん)
- 八人(はちにん)
- 九人(きゅうにん、くにん)
- 十人(じゅうにん)
- 何人(なんにん)

미아

딸을 잃어버렸어요.

娘とはぐれてしまいました。

무스메또 하구레떼 시마이마시따

어디에서 잃어버리셨나요?

どこではぐれてしまいましたか。

도꼬데 하구레떼 시마이마시따까

생김새랑 옷의 특징을 알려 주세요.

顔や服の特徴を教えてください。

카오야 후꾸노 토꾸쬬–오 오시에떼 쿠다사이

미아 방송을 해 주시겠어요?

迷子の放送をしてもらえますか。

마이고노 호–소–오 시떼 모라에마스까

미아보호소가 어디예요?

迷子の保護センターはどこですか。

마이고노 호고센타–와 도꼬데스까

미아 광고를 냅시다.

迷子の広告を出しましょう。

마이고노 코–꼬꾸오 다시마쇼–

Unit 3 사건&사고 MP3. C11_U03

분실사고

분실물 보관소는 어디인가요?

落し物保管所はどこですか。

오또시모노 호깐죠와 도꼬데스까

언제 어디에서 분실하셨나요?

いつどこで落としましたか。

이쯔 도꼬데 오또시마시따까

신용카드를 잃어버렸습니다.

クレジットカードを落としました。

크레짓토카–도오 오또시마시따

クレジットカードをなくしました。

크레짓토카–도오 나꾸시마시따

택시 안에 지갑을 두고 내렸어요.

タクシーの中に財布を置き忘れました。

타크시–노 나까니 사이후오 오끼와스레마시따

어디에서 잃어버렸는지 기억나지 않아요.

どこで落としたのか覚えがありません。

도꼬데 오또시따노까 오보에가 아리마셍

분실신고&분실물 센터

분실물은 저희가 책임질 수 없습니다.

落し物は私どもが責任を取ることはできません。

오또시모노와 와따시도모가 세끼닝오 토루 코또와 데끼마셍

분실물 신청서를 작성해 주세요.

落し物申請用紙を書いてください。

오또시모노 신세– 요–시오 카이떼 쿠다사이

분실한 짐을 찾으러 왔습니다.

落とした物を探しにきました。

오또시따 모노오 사가시니 키마시따

분실한 카드를 신고하려고 합니다.

カードの紛失届けを出します。

카–도노 훈시쯔또도께오 다시마스

분실물 센터에 가 보는 게 좋겠다.

落し物センターへ行ってみるといい。

오또시모노 센타–에 잇떼 미루또 이–

도난 ①

도둑이야!

泥棒ッ！

도로보–ㅅ!

저놈을 잡아 주세요.

そいつを捕まえてください。

소이쯔오 츠까마에떼 쿠다사이

제 지갑을 도난당했습니다.

私の財布が盗まれました。

와따시노 사이후가 누스마레마시따

그가 제 지갑을 훔쳤습니다.

彼が私の財布を盗みました。

카레가 와따시노 사이후오 누스미마시따

누가 제 가방을 가져갔어요.

誰かに私のかばんを持って行かれました。

다레까니 와따시노 카방오 못떼 이까레마시따

경비원을 불러 주세요.

警備員を呼んでください。

케–비잉오 욘데 쿠다사이

경찰을 부르겠어요.

警察を呼びますよ。

케–사쯔오 요비마스요

도난 ②

강도를 당했어요.

強盗にあいました。

고–또–니 아이마시따

이웃집에서 도난 사건이 몇 건 일어났다.

近所で盗難事件が数件起きた。

킨죠데 토–난 지껭가 스–껭 오끼따

도난 신고는 했어요?

盗難届けは出しましたか。

토–난 토도께와 다시마시따까

그는 가게에서 물건 훔치는 것을 들켰다.

店で彼の万引きが見つかった。

미세데 카레노 맘삐끼가 미쯔깟따

어젯밤에 우리 집에 도둑이 들었다.

夕べ私の家に泥棒が入った。

유–베 와따시노 이에니 도로보–가 하잇따

외출한 사이에 누군가가 방에 침입했습니다.

外出している間に誰かが部屋に押し入りました。

가이슈쯔시떼 이루 아이다니 다레까가 헤야니 오시이리마시따

소매치기

소매치기야!

すりッだ！

스릿다!

소매치기 주의!

すりご用心！

스리 고요–징!

소매치기를 조심하세요!

すりにご注意ください！

스리니 고쮸–이 쿠다사이!

소매치기가 내 지갑을 훔쳤어요.

すりが私の財布をすりました。

스리가 와따시노 사이후오 스리마시따

여기에서는 지갑을 조심하세요. 소매치기가 많이 일어나고 있습니다.

ここでは財布にご注意ください。すりが多発しています。

코꼬데와 사이후니 고쮸–이 쿠다사이.
스리가 타하쯔시떼 이마스

오늘 아침, 지하철에서 소매치기를 당했다.

今朝、地下鉄ですられました。

케사, 치까떼쯔데 스라레마시따

사기 ①

\# 그는 사기꾼이에요.

彼(かれ)は詐欺師(さぎし)です。

카레와 사기시데스

彼(かれ)はいかさましです。

카레와 이까사마시데스

\# 사기치지 마!

だますな！

다마스나!

\# 그는 내게 사기를 쳐서 돈을 빼앗았다.

彼(かれ)は私(わたし)をだまして金(かね)を奪(うば)った。

카레와 와따시오 다마시떼 카네오 우밧따

\# 사기를 당했습니다.

詐欺(さぎ)にあいました。

사기니 아이마시따

\# 택시 운전기사한테 사기당했어.

タクシーの運転手(うんてんしゅ)にだまされた。

타크시–노 운뗀슈니 다마사레따

タクシーの運転手(うんてんしゅ)にぼったくられた。

타크시–노 운뗀슈니 봇따꾸라레따

꼭! 짚고 가기

일본의 식사 예절

일본에서는 식사할 때 주로 젓가락만 사용하여 먹습니다. 그래서 밥그릇을 한 손으로 들고 먹거나 밥그릇에 입을 대고 먹는 것이 보편적입니다. 이 점은 우리의 식사 예절과 차이가 있는 부분이죠.

또 국에 밥을 말아 먹지 않으며, 밥을 눌러 담지 않고 고슬고슬하게 담습니다.

식사는 개인 상차림이며, 한 그릇에 담긴 음식을 여럿이 함께 먹을 때는 개인용 접시에 덜어 먹습니다. 우리처럼 가운데 담아놓고 다 같이 먹지 않으니 일본인 손님을 대접할 때 주의해야겠죠.

가운데 놓인 음식을 자기 접시에 덜어올 때는 젓가락을 먹던 쪽이 아닌 반대쪽을 사용해서 덜어옵니다.

사기 ②

\# 그건 진짜 사기야.

それは本当(ほんとう)に詐欺(さぎ)だ。

소레와 혼또-니 사기다

\# 그는 사기를 당해서, 모든 것을 잃었다.

彼(かれ)は詐欺(さぎ)にあって、全(すべ)てを失(うしな)った。

카레와 사기니 앗떼, 스베떼오 우시낫따

\# 그는 사기죄로 체포됐다.

彼(かれ)は詐欺罪(さぎざい)で逮捕(たいほ)された。

카레와 사기자이데 타이호사레따

\# 그는 날 협박해서 돈을 사기쳤어요.

彼(かれ)は私(わたし)を脅迫(きょうはく)してお金(かね)を騙(だま)し取(と)った。

카레와 와따시오 쿄-하꾸시떼 오까네오 다마시똣따

\# 나는 그 사기꾼의 말을 다 믿었다.

私(わたし)はその詐欺師(さぎし)の話(はなし)を全部(ぜんぶ)信(しん)じた。

와따시와 소노 사기시노 하나시오 젬부 신지따

\# 그는 완벽한 사기꾼이야.

彼(かれ)は完璧(かんぺき)な詐欺師(さぎし)だ。

카레와 캄뻬끼나 사기시다

경찰 신고

\# 여기에서 가장 가까운 경찰서가 어디인가요?

ここから一番近(いちばんちか)い警察署(けいさつしょ)はどこですか。

코꼬까라 이찌방 치까이 케-사쯔쇼와 도꼬데스까

\# 경찰을 불러 주세요.

警察(けいさつ)を呼(よ)んでください。

케-사쯔오 욘데 쿠다사이

\# 도난신고를 하려고 합니다만.

盗難届(とうなんとど)けを出(だ)したいんですけど。

토-난 토도께오 다시따인데스께도

\# 어디에 신고해야 합니까?

どこに通報(つうほう)すればいいですか。

도꼬니 츠-호-스레바 이-데스까

\# 가까운 경찰서에 가서 신고하는 게 좋겠어요.

最寄(もより)の警察署(けいさつしょ)に通報(つうほう)すればいいと思(おも)います。

모요리노 케-사쯔쇼니 츠-호스레바 이-또 오모이마스

最寄 가장 가까움, 근처

교통사고 ①

\# 교통사고 신고를 하려고 합니다.

こうつうじこ　つうほう
交通事故の通報をしたいです。

코-쯔-지꼬노 츠-호-오 시따이데스

\# 교통사고를 목격했습니다.

こうつうじこ　もくげき
交通事故を目撃しました。

코-쯔-지꼬오 모꾸게끼시마시따

\# 교통사고를 당했어요.

こうつうじこ
交通事故にあいました。

코-쯔-지꼬니 아이마시따

\# 그 차가 내 차의 측면을 들이받았어요.

くるま　わたし　くるま　そくめん
その車が私の車の側面に
しょうとつ
衝突しました。

소노 쿠루마가 와따시노 쿠루마노 소꾸멘니 쇼-또쯔시마시따

\# 정면충돌이었어요.

しょうめんしょうとつ
正面衝突でした。

쇼-멩 쇼-또쯔데시따

\# 그 교통사고는 언제 일어났죠?

こうつうじこ　お
その交通事故はいつ起こりましたか。

소노 코-쯔-지꼬와 이쯔 오꼬리마시따까

꼭! 짚고 가기

일본의 교통수단

(1) **버스**

도쿄에서는 탈 때는 앞문으로 타고 내릴 때는 뒷문으로 내립니다. 다른 지역에서는 반대로 뒷문으로 타고 앞문으로 내리기도 합니다. 버스에는 노약자 우대석이 앞쪽에 있습니다.

(2) **지하철**

일본의 철도는 신칸센, 전철과 지하철, 사철과 지방선 등 노선이 상당히 복잡합니다. 그래서 외국인은 물론, 일본인조차도 어려워하지만, 역무원에게 물어보면 친절하게 알려 줍니다. 그리고 각 역마다 열차의 도착 시간이 정확하기 때문에 시간을 미리 알고 있으면 편리하게 이용할 수 있습니다.

(3) **택시**

일본의 택시는 자동문이므로 손님을 위해 문이 자동으로 열리고 닫힙니다. 요금이 비싼 편이기는 하지만, 택시 기사가 매우 친절하고 쾌적하며, 이용하기 편리합니다.

(4) **노면전차**

히로시마, 나가사키, 센다이, 고치, 하코다테 등에는 도로 위를 달리는 노면전차가 있습니다. 정거장 간의 거리가 짧고 요금이 싼 편입니다.

교통사고 ②

\# 운전면허증을 보여 주세요.

うんてんめんきょしょう　み
運転免許証を見せてください。

운뗌멩꾜쇼-오 미세떼 쿠다사이

\# 보험은 가입되어 있나요?

ほけん　かにゅう
保険に加入していますか。

호껜니 카뉴-시떼 이마스까

\# 이곳은 교통사고 다발지점이에요.

こうつうじこ　たはつ　ちてん
ここは交通事故多発地点です。

코꼬와 코-쯔-지꼬 타하쯔 치뗀데스

\# 음주 측정기를 불어 주십시오.

いんしゅ そくていき　いき　ふ
飲酒測定器に息を吹きかけてください。

인슈 소꾸떼-끼니 이끼오 후끼까께떼 쿠다사이

\# 정지 신호에서 멈추지 않았어요.

ていし しんごう　と
停止信号で止まりませんでした。

테-시 싱고-데 토마리마센데시따

\# 하마터면 사고를 당할 뻔했어요.

あや　じこ
危うく事故にあうところでした。

아야우꾸 지꼬니 아우 토꼬로데시따

화재 ①

\# 불이야!

かじ
火事だ!

카지다!

\# 산불이야!

やま かじ
山火事だ!

야마카지다!

\# 소방서에 연락해 주세요.

しょうぼうしょ　れんらく
消防署に連絡してください。

쇼-보-쇼니 렌라꾸시떼 쿠다사이

\# 어젯밤에 화재가 났어요.

ゆう　かさい
夕べ火災がありました。

유-베 카사이가 아리마시따

\# 그는 지난달에 화재를 당했어요.

かれ　せんげつ かさい
彼は先月火災にあいました。

카레와 셍게쯔 카사이니 아이마시따

\# 어젯밤 화재로 그 빌딩이 전소됐습니다.

さくや　かさい　ぜんしょう
昨夜火災でそのビルが全焼しました。

사꾸야 카사이데 소노 비루가 젠쇼-시마시따

화재 ②

화재의 연기 때문에 목과 눈이 화끈거린다.

火災の煙のために喉と目がひりひり痛む。

카사이노 케무리노 타메니 노도또 메가 히리히리 이따무

우리는 화재 현장에서 대피했다.

私たちは火災現場から避難した。

와따시따찌와 카사이 겜바까라 히난시따

불이 빨리 번졌어.

火のまわりが早かった。

히노 마와리가 하야깟따

연기가 순식간에 퍼졌어.

煙がみるみる広がった。

케무리가 미루미루 히로갓따

곧 불이 꺼졌어.

すぐ火が消えたよ。

스구 히가 키에따요

작은 불로 끝나서 다행이구나.

ぼやで済んでよかったね。

보야데 슨데 요캇따네

화재 ③

화재 경보기가 울리면, 즉시 여기에서 나가세요.

火災報知器の音がしたら、すぐここから出てください。

카사이 호–찌끼노 오또가 시따라, 스구 코꼬까라 데떼 쿠다사이

그 화재의 원인이 뭐예요?

その火災の原因は何ですか。

소노 카사이노 겡잉와 난데스까

그 화재는 누전으로 인해 일어났다.

その火災は漏電によって起こった。

소노 카사이와 로–덴니 욧떼 오꼿따

원인 모를 화재입니다.

不審火です。

후심비데스

그 화재 원인은 확실하지 않아요.

その火災の原因ははっきりしません。

소노 카사이노 겡잉와 학끼리시마셍

매년 이맘때면 화재가 잘 발생한다.

毎年今頃火災が起きやすい。

마이또시 이마고로 카사이가 오끼야스이

ひりひり 따끔따끔 (피부·점막 등에 날카로운 통증이나 매운 맛이 느껴지는 모양)

みるみる 순식간에

지진 ①

간밤에, 지진이 일어났어요.

夕(ゆう)べ、地震(じしん)がありました。

유–베, 지싱가 아리마시따

지진으로 땅이 갈라졌다.

地震(じしん)で地面(じめん)がひび割(わ)れた。

지신데 지멩가 히비와레따

그 마을은 지진으로 파괴되었다.

その村(むら)は地震(じしん)で破壊(はかい)された。

소노 무라와 지신데 하까이사레따

도쿄에 진도 8.2의 지진이 발생했다.

東京(とうきょう)で震度(しんど)8.2の地震(じしん)が起(お)こった。

토–꾜–데 신도 하찌뗀니노 지싱가 오꼿따

지진으로 집이 움직였다.

地震(じしん)で家(いえ)がゆれた。

지신데 이에가 유레따

이처럼 큰 지진은 처음이다.

こんなに大(おお)きな地震(じしん)は初(はじ)めてだ。

콘나니 오–끼나 지싱와 하지메떼다

지진 ②

이번 지진 피해는 큰 것이 아니었다.

今度(こんど)の地震(じしん)の被害(ひがい)は大(たい)したものではなかった。

콘도노 지신노 히가이와 타이시따
모노데와나깟따

이번 지진으로 많은 집이 허물어졌다.

地震(じしん)で多(おお)くの家(いえ)が壊(こわ)れた。

지신데 오–꾸노 이에가 코와레따

지진이 발생하면 책상 아래로 들어가세요.

地震(じしん)が起(お)きたら机(つくえ)の下(した)に入(はい)ってください。

지신가 오끼따라 츠꾸에노 시따니 하잇떼
쿠다사이

지진이 무섭지 않은 사람은 없다.

地震(じしん)が怖(こわ)くない人(ひと)はいない。

지싱가 코와꾸나이 히또와 이나이

이 건물이라면 어떤 지진에도 끄떡없다.

この建物(たてもの)ならどんな地震(じしん)でも大丈夫(だいじょうぶ)だ。

코노 타떼모노나라 돈나 지신데모 다이죠–부다

여진이 있을지도 몰라.

余震(よしん)があるかもしれないよ。

요싱가 아루까모시레나이요

안전사고 ①

\# 그는 수영 중 익사할 뻔했다.

かれ　すいえいちゅう　し　か
彼は水泳中おぼれて死に掛けた。

카레와 스이에-쮸- 오보레떼 시니까께따

\# 바다에 빠진 소년은 익사했다.

うみ　しょうねん　できし
海で少年は溺死した。

우미데 쇼-넹와 데끼시시따

\# 그는 감전되어 죽을 뻔했다.

かれ　かんでん　し
彼は感電して死ぬところだった。

카레와 칸덴시떼 시누또꼬로닷따

\# 계단에서 미끄러졌어.

かいだん　すべ
階段から滑った。

카이당까라 스벳따

\# 그는 미끄러지기 전에 재빨리 난간을 잡았다.

かれ　すべ　まえ　て　にぎ
彼は滑る前にすばやく手すりを握った。

카레와 스베루 마에니 스바야꾸 테스리오 니깃따

\# 미끄러지지 않도록 조심하세요.

すべ　ちゅうい
滑らないように注意してください。

스베라나이요-니 츄-이시떼 쿠다사이

꼭! 짚고 가기

일본의 마네키네코

일본에서 흔히 볼 수 있는 고양이상이 있습니다. 앞발 하나를 들고 있는데, 이것은 행운을 상징하는 마네키네코입니다. 오른발을 들고 있으면 돈을 부르고, 왼발을 들고 있으면 손님을 부른다고 해서 장사하는 가게에 많이 놓여 있습니다.

여러 가지 색깔별로 상징하는 의미도 다양합니다.

- **삼색 마네키네코**
  가장 인기 있는 마네키네코로, 수컷 삼색 마네키네코는 선원들에게 행운을 주는 고양이로 여겨지고 있습니다.
- **흰색 마네키네코**
  두 번째로 인기가 있는 것으로, 복을 부른다고 합니다.
- **검은색 마네키네코**
  악을 물리치는 부적으로 사용되고 있습니다.
- **붉은색 마네키네코**
  악과 병마를 내쫓는다고 합니다.
- **금색 마네키네코**
  돈을 부른다고 합니다.
- **분홍색 마네키네코**
  사랑을 부른다고 합니다.

안전사고 ②

\# 돌에 걸려 넘어졌어요.

石につまずいて転びました。

이시니 츠마즈이떼 코로비마시따

\# 돌에 걸려 발목을 삐었다.

石につまずいて足首をくじいた。

이시니 츠마즈이떼 아시꾸비오 쿠지-따

\# 그녀는 중심을 잃고 넘어졌다.

彼女はバランスをくずして倒れた。

카노죠와 바란스오 쿠즈시떼 타오레따

\# 그녀는 발을 헛디뎌 넘어졌다.

彼女は足がもつれて転んだ。

카노죠와 아시가 모쯔레떼 코론다

\# 자전거를 타다가 넘어졌어요.

自転車に乗っていて、転びました。

지뗀샤니 놋떼이떼, 코로비마시따

\# 할머니는 넘어져서 무릎을 다치셨어.

おばあさんは転んで膝を怪我した。

오바-상와 코론데 히자오 케가시따

Unit 4 장례 MP3. C11_U04

장례

\# 할아버지께서 오늘 아침 돌아가셨어.

祖父は今朝亡くなった。

소후와 케사 나꾸낫따

\# 장례식에서는 언제나 눈물이 난다.

葬式ではいつも涙が出る。

소-시끼데와 이쯔모 나미다가 데루

\# 전 장례식에 참석할 수 없을 것 같네요.

私は葬式に出られないと思います。

와따시와 소-시끼니 데라레나이또 오모이마스

\# 그의 장례식장에는 많은 조화가 있었어요.

彼の葬式では弔花がたくさんありました。

카레노 소-시끼데와 쵸-까가 탁상 아리마시따

\# 유족들의 오열 속에 장례를 치렀다.

遺族の嗚咽の中で葬儀が行われた。

이조꾸노 오에쯔노 나까데 소-기가 오꼬나와레따

\# 성대한 장례식을 거행했다.

盛大な葬儀を執り行った。

세-다이나 소-기오 토리오꼬낫따

조문 인사 ①

조의를 표합니다.

弔意(ちょうい)を表(ひょう)します。

쵸–이오 효–시마스

삼가 애도의 뜻을 표합니다.

謹(つつし)んで哀悼(あいとう)の意(い)を表(ひょう)します。

츠쯔신데 아이또–노 이오 효–시마스

아버님의 갑작스러운 부고에 애도의 뜻을 표합니다.

お父(とう)さんの急(きゅう)な訃報(ふほう)に哀悼(あいとう)の意(い)を表(ひょう)します。

오또–산노 큐–나 후호–니 아이또–노 이오 효–시마스

우리는 그녀의 죽음을 애도합니다.

私(わたし)たちは彼女(かのじょ)の冥福(めいふく)を祈(いの)ります。

와따시따찌와 카노죠노 메–후꾸오 이노리마스

이렇게 와서 조의를 표해 주셔서 감사합니다.

このように弔慰(ちょうい)を表(ひょう)していただき、ありがとうございます。

코노요–니 쵸–이오 효–시떼 이따다끼, 아리가또–고자이마스

힘든 시간이시겠어요.

大変(たいへん)ですね。

타이헨데스네

조문 인사 ②

정말 안됐습니다.

本当(ほんとう)に残念(ざんねん)です。

혼또–니 잔넨데스

어떻게 위로의 말을 전해야 할지 모르겠네요.

なんと慰(なぐさ)めの言葉(ことば)を伝(つた)えたらいいのか分(わ)かりません。

난또 나구사메노 코또바오 츠따에따라 이–노까 와까리마셍

고인을 잊지 못할 겁니다.

故人(こじん)を忘(わす)れません。

코징오 와스레마셍

고인을 알게 되어 영광이었습니다.

故人(こじん)を知(し)って光栄(こうえい)でした。

코징오 싯떼 코–에–데시따

고인은 우리 마음 속에 영원히 살아있을 것입니다.

故人(こじん)は私(わたし)たちの心(こころ)の中(なか)で永遠(えいえん)に生(い)きています。

코징와 와따시따찌노 코꼬로노 나까데 에–엔니 이끼떼 이마스

우리 모두 가슴 아파하고 있습니다.

私(わたし)たちみんな心(こころ)を痛(いた)めています。

와따시따지 민나 코꼬로오 이따메떼 이마스

Chapter 12

너희들 덕에 편하구나!

Chapter 12.

Unit 1 컴퓨터

Unit 2 인터넷

Unit 3 휴대전화

コンピューターとインターネット 컴퓨터와 인터넷

콤퓨-타-또 인타-넷토

MP3. Word_C12_01

コンピューター 콤퓨-타- = **パソコン** 파소콩 n. 컴퓨터	**デスクトップコンピューター** 데스쿠톱프 콤퓨-타- n. 데스크톱 컴퓨터	**ノートパソコン** 노-토 파소콩 n. 노트북 컴퓨터
	タブレット 타부렛토 n. 태블릿 컴퓨터	**モニター** 모니타- n. 모니터
	キーボード 키-보-도 n. 키보드	**マウス** 마우스 n. 마우스
	電源でんげん**を入**い**れる** 뎅겡오 이레루 v. 전원을 켜다	**電源**でんげん**を切**き**る** 뎅겡오 키루 v. 전원을 끄다
プログラム 프로그라므 n. 프로그램	**インストールする** 인스토-루스루 = **セットアップする** 셋토압프스루 v. 설치하다	**クリックする** 크릭크스루 v. 클릭하다
	フォルダ 호르다 n. 폴더	**ファイル** 화이루 n. 파일
	セーブ 세-브 = **保存**ほぞん 호존 n. 저장 **セーブする** 세-브스루 v. 저장하다	**削除**さくじょ 사꾸죠 n. 삭제 **消**け**す** 케스 = **削除**さくじょ**する** 사꾸죠스루 v. 지우다, 삭제하다
プリンター 프린타- n. 프린터	**スキャナー** 스캬나- n. 스캐너	**ウェブカメラ** 웨브카메라 n. 웹캠

インターネット
인타-넷토
n. 인터넷

ワイファイ 와이화이
= **無線**むせん**インターネット** 무셍 인타-넷토
n. 와이파이, 무선 인터넷

イーメール 이-메-루
n. 이메일

イーメールアドレス
이-메-루 아도레스
이메일 주소

添付てんぷ**ファイル**
템뿌 화이루
첨부 파일

ウェブサイト 웨브사이토
n. 웹사이트

ホームページ 호-무페-지
n. 홈페이지

検索けんさく**する**
켄사꾸스루
v. 검색하다

携帯電話けいたいでんわ 케-따이뎅와 휴대전화

MP3. Word_C12_02

携帯電話けいたいでんわ
케-따이뎅와
n. 휴대전화

スマートホン 스마-토홍
n. 스마트폰

アプリ 아프리
n. 애플리케이션, 앱

電話番号でんわばんごう
뎅와반고-
n. 전화번호

メール 메-루
n. 문자메시지

ビデオ電話でんわ
비디오뎅와
n. 영상통화

着信ちゃくしん**メロディ**
챠꾸신메로디
= **着信音**ちゃくしんおん
챠꾸싱옹
n. 벨 소리

マナーモード
마나-모-도
n. 진동

マナーモードにする
마나-모-도니 스루
진동모드로 하다

ローミングサービス
로-밍그사-비스
로밍서비스

Unit 1 컴퓨터 MP3. C12_U01

컴퓨터 ①

\# 컴퓨터를 켜고 끄는 법을 아세요?

コンピューターのつけ方(かた)と消(け)し方(かた)を知(し)っていますか。

콤퓨–타–노 츠께까따또 케시까따오 싯떼 이마스까

\# 그는 컴퓨터에 대해서 잘 알고 있다.

彼(かれ)はコンピューターを熟知(じゅくち)している。

카레와 콤퓨–타–오 쥬꾸찌시떼 이루

\# 저는 컴맹이에요.

私(わたし)はコンピューター音痴(おんち)です。

와따시와 콤퓨–타– 온찌데스

\# 요즘 노트북 컴퓨터는 필수품이 되어 버렸어.

最近(さいきん)ノートパソコンは必需品(ひつじゅひん)になった。

사이낑 노–토파소콩와 히쯔쥬힌니 낫따

\# 전 컴퓨터를 어떻게 작동시키는지 모르는데요.

私(わたし)はコンピューターの使(つか)い方(かた)を知(し)りません。

와따시와 콤퓨–타–노 츠까이까따오 시리마셍

컴퓨터 ②

\# 컴퓨터가 느려서 파일이 안 열려.

コンピューターが遅(おそ)くてファイルが開(ひら)かない。

콤퓨–타–가 오소꾸떼 화이루가 이라까나이

\# 설치를 끝내려면 컴퓨터를 다시 시작해야 합니다.

インストールを完了(かんりょう)するにはコンピューターを再起動(さいきどう)しなければなりません。

인스토–루오 칸료–스루니와 콤퓨–타–오 사이끼도–시나께레바 나리마셍

\# 컴퓨터가 고장 났어요.

コンピューターが壊(こわ)れました。

콤퓨–타–가 코와레마시따

\# 바이러스 치료 프로그램을 실행시키세요.

ウイルスソフトを機動(きどう)してください。

우이루스소후토오 키도–시떼 쿠다사이

\# 그는 타자가 느리잖아, 독수리 타법이니까.

彼(かれ)はタイピングが遅(おそ)いよ、人差(ひとさ)し指(ゆび)タイピングだから。

카레와 타이핑구가 오소이요, 히또사시유비 타이핑그다까라

컴퓨터 모니터

모니터가 켜지지 않아요.

モニターがつきません。
모니타–가 츠끼마셍

모니터가 어떻게 된 거예요?

モニターがどうなりましたか。
모니타–가 도–나리마시따까

넌 Full HD 모니터가 있잖아.

あなたはFull HDモニターがあるじゃない。
아나따와 흐루 엣치–디– 모니타–가 아루쟈나이

모니터가 망가졌다.

モニターが壊(こわ)れた。
모니타–가 코와레따

모니터 화면이 흔들려요.

モニターの画面(がめん)がゆれます。
모니타–노 가멩가 유레마스

듀얼 모니터 덕분에 업무 효율이 오른다.

デュアルモニターのおかげで業務(ぎょうむ)こうりつがあがる。
듀아르모니타–노 오까게데 교–무꼬–리쯔가 아가루

꼭! 짚고 가기

컴퓨터 관련 어휘

현대 생활에서 없어서는 안 되는 필수품이 되어버린 컴퓨터, 관련된 어휘에 대해 알아볼까요.

- コンピューター 컴퓨터 = パソコン
- デスクトップコンピューター 데스크톱 컴퓨터
- ノートパソコン 노트북 컴퓨터
- プログラム 프로그램
- モニター 모니터
- キーボード 키보드
- マウス 마우스
- プリンター 프린터
- インクカートリッジ 잉크 카트리지
- スキャナー 스캐너
- ウェブカメラ 웹캠
- フリーズする (컴퓨터가) 멈추다
- パソコンの電源(でんげん)を切(き)る 컴퓨터의 전원을 끄다
- パソコンがいかれる 컴퓨터가 망가지다

컴퓨터 키보드&마우스

그는 키보드로 입력하고 있어요.

彼(かれ)はキーボードでタイプしています。

카레와 키–보–도데 타이프시데 이마스

메뉴의 밑줄친 문자는 키보드 단축키로 항목을 선택할 수 있습니다.

アンダーラインされたメニューはキーボード短縮(たんしゅく)キーで項目(こうもく)を選択(せんたく)できます。

안다–라인사레따 메뉴–와 키–보–도 탄슈꾸키–데 코–모꾸오 센따꾸데끼마스

키보드가 꼼짝도 안 하네요.

キーボードが動(うご)かないんです。

키–보–도가 우고까나인데스

마우스로 아래쪽 화살표 버튼을 클릭하세요.

マウスで矢印(やじるし)ボタンをクリックしなさい。

마우스데 야지루시 보탕오 크릭크시나사이

무선 마우스가 있으면 좋겠는데.

無線(むせん)マウスが欲(ほ)しいなあ。

무셍 마우스가 호시–나–

컴퓨터 프린터

테스트 페이지를 프린터로 보내고 있어요.

テストページをプリンターに送(おく)っています。

테스토 페–지오 프린타–니 오꿋떼 이마스

프린터기의 토너가 떨어졌어요.

プリンターのトナーがきれました。

프린타–노 토나–가 키레마시따

이 새 프린터 카트리지는 얼마나 하나요?

この新(あたら)しいプリンターカートリッジはいくらですか。

코노 아따라시– 프린타– 카–토릿지와 이꾸라데스까

프린터기에 종이가 걸렸어요.

プリンターに紙(かみ)がひっかかりました。

프린타–니 카미가 힉까까리마시따

프린터 용지가 다 떨어졌네요.

プリンターの紙(かみ)が全部(ぜんぶ)なくなりましたね。

프린타–노 카미가 젬부 나꾸나리마시따네

복사기

\# 새 복사기 사용법 가르쳐 줄래요?

新しいコピー機の使い方を教えてくれますか。

아따라시– 코피–끼노 츠까이까따오 오시에떼 쿠레마스까

\# 복사기에 걸린 종이 빼는 것 좀 도와줄래요?

コピー機にひっかかった紙を抜くのをちょっと手伝ってくれますか。

코피–끼니 힉까깟따 카미오 누꾸노오 춋또 테쯔닷떼 쿠레마스까

\# 복사기에 문제가 있어요.

コピー機に問題があります。

코피–끼니 몬다이가 아리마스

\# 이거, 컬러 복사로 20부 부탁해요.

これ、カラーコピーで20部お願いします。

코레, 카라– 코피–데 니쥬–부 오네가이시마스

\# 확대 복사는 어떻게 하는 거지?

拡大コピーってどうやるんだろう?

카꾸다이 코피–ㅅ떼 도– 야룬다로–?

문서 작업 ①

\# 워드프로세서 정도 사용할 줄 알아요.

ワードプロセッサ程度ならできます[やれます]。

와–도프로셋사떼–도나라 데끼마스[야레마스]

\# 저는 주로 한글 프로그램을 사용합니다.

私は主にハングルプログラムを使います。

와따시와 오모니 항그르 프로그라므오 츠까이마스

\# 엑셀 프로그램을 잘 다루니?

エクセルを使いこなせる?

에크세루오 츠까이꼬나세루?

\# 버튼을 클릭해 봐.

ボタンをクリックしてみて。

보탕오 크릭크시떼 미떼

\# 글꼴을 고딕체로 바꿔라.

書体をゴシック体に換えなさい。

쇼따이오 고식크따이니 카에나사이

\# 글자 크기를 크게 하면 어때?

字の大きさを大きくしたらどう?

지노 오–끼사오 오–끼꾸 시따라 도–?

문서 작업 ②

\# 인용문은 파란색으로 표시해라.

引用文(いんようぶん)は青(あお)で表示(ひょうじ)しなさい。

잉요-붕와 아오데 효-지시나사이

\# 제목을 굵게 표시하는 게 낫다.

題名(だいめい)を太(ふと)く表(あらわ)すのがいい。

다이메-오 후또꾸 아라와스노가 이-

\# 이 단락을 복사해서 네 파일에 붙여라.

この段落(だんらく)をコピーしてあなたのファイルに貼(は)り付(つ)けなさい。

코노 단라꾸오 코피-시떼 아나따노 화이루니 하리쯔께나사이

\# 표와 그래프를 넣어 줄래요?

表(ひょう)とグラフを入(い)れてくれますか。

효-또 그라흐오 이레떼 쿠레마스까

\# 이 문서를 txt 형식으로 저장해 주세요.

この文書(ぶんしょ)をtxt形式(けいしき)で保存(ほぞん)してください。

코노 분쇼오 테키스토 케-시끼데 호존시떼 쿠다사이

\# 문서에 페이지 번호를 표시해 주세요.

文書(ぶんしょ)にページ番号(ばんごう)を付(つ)けてください。

분쇼니 페-지 방고-오 츠께떼 쿠다사이

파일 저장&관리 ①

\# 실수로 파일을 지웠어요.

うっかりしてファイルを消(け)してしまいました。

욱까리시떼 화이루오 케시떼 시마이마시따

\# 원본 파일은 갖고 있죠?

原本(げんぽん)ファイルは持(も)っていますよね?

겜뽕 화이루와 못떼 이마스요네?

\# 아, 파일을 덮어써 버렸네.

ああ、ファイルに上書(うわが)きしてしまいました。

아-, 화이루니 우와가끼시떼 시마이마시따

\# 어느 파일에 저장했습니까?

どのファイルに保存(ほぞん)しましたか。

도노 화이루니 호존시마시따까

\# 파일을 저장할 다른 이름을 고르세요.

ファイルを保存(ほぞん)する時(とき)は他(ほか)の名前(なまえ)を選(えら)んでください。

화이루오 호존스루 토끼와 호까노 나마에오 에란데 쿠다사이

\# 이 파일에 비밀번호를 설정했어.

このファイルに暗証番号(あんしょうばんごう)を設定(せってい)した。

코노 화이루니 안쇼-방고-오 셋떼-시따

파일 저장&관리 ②

자료는 외장하드에 백업했습니다.

資料(しりょう)は外付(そとづ)けハードディスクでバックアップしました。

시료–와 소또즈께 하–도디스크데 박크압프시마시따

손상된 파일을 복구할 수 있어?

壊(こわ)れたファイルを復旧(ふっきゅう)できるの?

코와레따 화이루오 훅뀨–데끼루노?

정기적으로 바이러스 체크하는 것 잊지 마.

定期的(ていきてき)にウイルスチェックを忘(わす)れるな。

테–끼떼끼니 우이루스첵크오 와스레루나

10분마다 자동저장 되도록 설정했다.

10分毎(ぷんごと)に自動(じどう)バックアップするよう設定(せってい)した。

쥽뿡고또니 지도– 박크압프스루요– 셋떼–시따

그 파일을 복사해서 내 USB에 저장해 줘.

このファイルをコピーして私(わたし)のUSBに保存(ほぞん)してくれ。

코노 화이루오 코피–시떼 와따시노 유–에스비–니 호존시떼 쿠레

Unit 2 인터넷 MP3. C12_U02

인터넷 ①

웹서핑 하면서 시간을 때워.

ネットサーフィンして時間(じかん)を潰(つぶ)す。

넷토사–휭시떼 지깡오 츠부스

그냥 인터넷을 훑어보는 중이야.

ただインターネットをしてるだけ。

타다 인타–넷토오 시떼루다께

인터넷을 하다 보면 시간 가는 줄 모르겠어.

インターネットをしていて時間(じかん)がたつのを忘(わす)れていた。

인타–넷토오 시떼 이떼 지깡가 타쯔노오 와스레떼 이따

어떻게 인터넷에 접속하죠?

どうやってインターネットに繋(つな)ぎますか。

도–얏떼 인타–넷토니 츠나기마스까

인터넷에 접속되어 있어요?

インターネットに繋(つな)がっていますか。

인타–넷토니 츠나갓네 이마스까

인터넷 ②

\# 요즘 인터넷으로 못하는 게 없잖아.

最近(さいきん)はインターネットでできないことがない。

사이낑와 인타–넷토데 데끼나이 코또가 나이

\# 인터넷이 안 되는데.

インターネットができないんですが。

인타–넷토가 데끼나인데스가

\# 검색창에 'STAR'를 입력해 보세요.

検索(けんさく)でstarを探(さが)してみてください。

켄사꾸데 스타–오 사가시떼 미떼 쿠다사이

\# 저희 웹사이트를 '즐겨찾기'에 추가해 주세요.

私(わたし)のウェブサイトを「お気(き)に入(い)り」に加(くわ)えてください。

와따시노 웨브사이토오 「오끼니 이리」니 쿠와에떼 쿠다사이

\# 인터넷 뱅킹은 정말 편리하잖아.

インターネットバンキングは本当(ほんとう)に便利(べんり)だ。

인타–넷토방킹그와 혼또–니 벤리다

이메일 ①

\# 이메일 보내 줘.

イーメールを送(おく)ってくれ。

이–메–루오 오꿋떼 쿠레

\# 이메일 주소 좀 알려 줘.

イーメールアドレス教(おし)えて。

이–메–루 아도레스 오시에떼

\# 무료 이메일 계정이니까 신청해.

無料(むりょう)メールだから申(もう)し込(こ)みなさい。

무료– 메–루다까라 모–시꼬미나사이

\# 제 이메일에 답장해 주세요.

私(わたし)のイーメールに返信(へんしん)してください。

와따시노 이–메–루니 헨신시떼 쿠다사이

\# 네게 보낸 이메일이 반송되었는데.

あなたに送(おく)ったイーメールが返(かえ)ってきたけど。

아나따니 오꿋따 이–메–루가 카엣떼 키따께도

\# 난 연하장을 벌써 이메일로 보냈어.

私(わたし)は年賀状(ねんがじょう)をすでにイーメールで送(おく)った。

와따시와 넹가죠–오 스데니 이–메–루데 오꿋따

이메일 ②

\# 네 이메일에 첨부 파일이 없어.

あなたのイーメールに添付ファイルがない。

아나따노 이–메–루니 템뿌 화이루가 나이

\# 첨부 파일이 열리지 않아요.

添付ファイルが開けません。

템뿌 화이루가 히라께마셍

\# 에리코의 이메일을 알려 줄게.

恵理子のイーメールを教えてあげる。

에리꼬노 이–메–루오 오시에떼 아게루

\# 그에게 이메일을 발송할 때 나도 참조로 넣어 주세요.

彼にイーメールを送る時に私もカーボンコピーで入れてください。

카레니 이–메–루오 오꾸루 토끼니 와따시모 카–봉코피–데 이레떼 쿠다사이

\# 이메일로 더 자세한 정보를 받아볼 수 있을까요?

イーメールでもう少し詳しい情報をもらえますか。

이–메–루데 모– 스꼬시 쿠와시– 죠–호–오 모라에마스까

메신저

\# 메신저로 대화하자.

メッセンジャーで話しましょう。

멧센쟈–데 하나시마쇼–

\# 메신저에 접속했어?

メッセンジャー繋いだ?

멧센쟈– 츠나이다?

\# 그가 날 메신저에서 차단한 거 같은데.

私は彼にメッセンジャーで拒否された。

와따시와 카레니 멧센쟈–데 쿄히사레따

\# 넌 메신저에서 줄곧 자리비움이니?

あなたはずっとメッセンジャーが退席中なの?

아나따와 즛또 멧센쟈–가 타이세끼쮸–나노?

\# 업무 시간에 메신저를 켤 수 없어요.

仕事中にメッセンジャーを使えません。

시고또쮸–니 멧센쟈–오 츠까에마셍

소셜 네트워크 ①

\# 나는 SNS를 통해 친구의 근황을 확인하거나 사진을 업로드 하거나 링크나 동영상을 남기면서, 아는 사람과 연락을 합니다.

私はソーシャルネットワークを通じて、友達の様子をチェックしたり、写真をアップロードしたり、リンクや動画を投稿したり、知り合いと連絡を取り合えます。

와따시와 소–샤루넷토와–크오 츠–지떼, 토모다찌노 요–스오 첵크시따리, 샤싱오 압프로–도시따리, 링크야 도–가오 토–꼬–시따리, 시리아이또 렌라꾸오 토리아에마스

\# 요즘에도 SNS 모르는 사람이 있어?

最近でもソーシャルネットワークを知らない人がいる?

사이낀데모 소–샤루넷토와–크오 시라나이 히또가 이루?

\# SNS는 비즈니스에도 큰 도움이 되기 때문에 애용하고 있다.

ソーシャルネットワークはビジネスにも大きな助けになるから愛用している。

소–샤루넷토와–크와 비지네스니모 오–끼나 타스께니 나루까라 아이요–시떼 이루

소셜 네트워크 ②

\# 페이스북 프로필 사진을 바꿨어요.

フェースブックのプロフィル写真を変更しました。

훼–스북크노 프로휘루 샤싱오 헹꼬–시마시따

\# 페이스북에서 친구 삭제하는 방법, 알아요?

フェースブックでブロックする方法、知ってますか。

훼–스북크데 브록크스루 호–호–, 싯떼마스까

\# 인스타그램 팔로워는 몇 명이에요?

インスタグラムのフォロワーは何人ですか。

인스타그라므노 훠로와–와 난닌데스까

\# 인스타그램에 올릴 사진을 찍기에 딱 좋은 곳인데!

インスタ映えする所だね!

인스타바에스루 토꼬로다네!

\# 내 남자 친구는 X(트위터)를 통해 알게 된 사람이에요.

私の彼氏はエックスを通じて知り合った人です。

와따시노 카레시와 엑크스–오 츠–지떼 시리앗따 히또데스

↳ 2023년 Twitter(ツイッター)의 명칭이 X(エックス)로 변경되었습니다.

블로그

내 블로그에 메시지를 남겨 주세요.

私(わたし)のブログにメッセージを残(のこ)してください。

와따시노 브로그니 멧세-지오 노꼬시떼 쿠다사이

내 블로그에 이번 여행 사진 올렸어.

私(わたし)のブログに今度(こんど)の旅行(りょこう)の写真(しゃしん)をアップした。

와따시노 브로그니 콘도노 료꼬-노 샤싱오 압프시따

그의 블로그는 썰렁한데.

彼(かれ)のブログはたいくつだ。

카레노 브로그와 타이꾸쯔다

그녀의 블로그를 보니, 그녀가 어떤 사람인지 알 것 같아.

彼女(かのじょ)のブログを見(み)て、彼女(かのじょ)がどんな人(ひと)かわかる気(き)がした。

카노죠노 브로그오 미떼, 카노죠가 돈나 히또까 와까루 키가 시따

내 블로그 1일 방문자는 백 명이 넘어.

私(わたし)のブログの一日(いちにち)の訪問者(ほうもんしゃ)は100人(にん)を越(こ)える。

와따시노 브로그노 이찌니찌노 호-몬샤와 하꾸닝오 코에루

꼭! 짚고 가기

소셜 네트워크와 메신저

요즘은 전 세계적으로 소셜 네트워크가 열풍입니다. 페이스북이나 트위터는 물론, 인스타그램 등 글로벌적인 것도 있지만, 각 나라별로 인기 있는 것도 있습니다.
그럼 일본에서 많이 사용되는 소셜 네트워크로는 무엇이 있을까요? 일본 토종 소셜 네트워크로 인기 있는 것은 ミクツー, ツイッター 등이 있습니다.
그리고 스마트폰의 보급으로, 다양해진 메신저 애플리케이션들이 있는데, 우리나라에서 많이 애용되는 카카오톡, 라인 등은 일본에서도 인기가 있습니다. 요즘에는 스마트폰에서 다국어 입력이 가능해지면서, 외국에서도 이 애플리케이션은 많이 사용되고 있는데요. 만약 한국에 관심이 많은 일본 친구라면, 이런 애플리케이션을 이용하여, 일본어와 한국어로 대화해 보세요.

Unit 3 휴대전화 MP3. C12_U03

휴대전화 ①

\# 휴대전화 번호 좀 알려 줘.

ケータイ番号(ばんごう)ちょっと教(おし)えて。

케–타이방고– 춋또 오시에떼

\# 내 번호, 네 휴대전화에 저장해 둬.

私(わたし)の番号(ばんごう)、あなたのケータイに登録(とうろく)しといて。

와따시노 방고–, 아나따노 케–타이니 토–로꾸시또이떼

\# 제 휴대전화 번호가 바뀌었어요.

私(わたし)のケータイ番号(ばんごう)が換(か)わりました。

와따시노 케–타이 방고–가 카와리마시따

\# 이거 최신 모델이지?

これは最新(さいしん)モデルでしょう?

코레와 사이싱 모데루데쇼–?

\# 내 휴대전화는 최신형이다.

私(わたし)のケータイは最新型(さいしんがた)だ。

와따시노 케–타이와 사이싱가따다

ケータイ 휴대전화(**携帯電話**의 속어로, 많이 쓰입니다.)

* 스마트폰은 **スマートフォン**인데, 줄여서 **スマホ**라고 합니다.

* 모바일 애플리케이션은 **モバイルアプリケーション**(=**モバイルアプリ**)입니다.

휴대전화 ②

\# 휴대전화 액정이 큰데.

ケータイの液晶(えきしょう)が大(おお)きい。

케–타이노 에끼쇼–가 오–끼이

\# 부재중 전화가 두 통 왔다.

着信(ちゃくしん)の電話(でんわ)が二回(にかい)あった。

챠꾸신노 뎅와가 니까이 앗따

\# 운전 중 휴대전화를 사용하지 마세요.

運転中(うんてんちゅう)ケータイを使(つか)わないようにしてください。

운뗀쮸– 케–타이오 츠까와나이요–니 시떼 쿠다사이

\# 네 휴대전화가 꺼졌거나 사용 중이던데.

あなたのケータイは電波(でんぱ)が届(とど)かないか使用中(しようちゅう)ですって言(い)われたんだけど。

아나따노 케–타이와 뎀빠가 토도까나이까 시요–쮸–데슷떼 이와레딴다께도

\# 휴대전화의 잠금 화면은 어떻게 열어요?

ケータイのロック画面(がめん)はどうやってかいじょしますか。

케–타이노 롴크가멩와 도– 얏떼 카이죠시마스까

휴대전화 문제

\# 배터리가 얼마 없어.

バッテリーがあんまり残(のこ)ってない。

밧테리-가 암마리 노꼿떼나이

バッテリーが切(き)れかけている。

밧테리-가 키레까께떼 이루

\# 휴대전화가 잘 안 터져요.

ケータイがよく繋(つな)がりません。

케-타이가 요꾸 츠나가리마셍

\# 휴대전화를 변기에 빠뜨렸어.

ケータイを便器(べんき)に落(お)とした。

케-타이오 벵끼니 오또시따

\# 휴대전화 액정이 깨졌어.

ケータイの液晶(えきしょう)が壊(こわ)れた。

케-타이노 에끼쇼-가 코와레따

\# 휴대전화 충전기 가져왔어?

ケータイの充電器(じゅうでんき)持(も)ってきた?

케-타이노 쥬-뎅끼 못떼 키따?

\# 어젯밤에 휴대전화를 충전해 놨었는데.

昨日(きのう)の夜(よる)ケータイを充電(じゅうでん)しておいたんだけど。

키노-노 요루 케-타이오 쥬-덴시떼 오이딴다께도

휴대전화 기능 ①

\# 휴대전화로 아침 6시 모닝콜을 맞춰 놨어.

ケータイで朝(あさ)6時(じ)に目覚(めざ)ましを掛(か)けておいた。

케-타이데 아사 로꾸지니 메자마시오 카께떼 오이따

\# 휴대전화로 계산해 보면 되지.

ケータイで計算(けいさん)してみたらいいでしょう。

케-타이데 케-산시떼 미따라 이-데쇼-

\# 그녀는 휴대전화로 사진 찍기를 즐긴다.

彼女(かのじょ)は写(しゃ)メールを楽(たの)しんでいる。

카노죠와 샤메-루오 타노신데 이루

\# 스마트폰으로 PDF파일을 보려면 앱이 필요해요.

スマホでPDFファイルを見(み)るためには、アプリが必要(ひつよう)です。

스마호데 피-디-에흐화이루오 미루따메니와, 아프리가 히쯔요-데스

\# 스마트폰으로 결제하는 애플페이 덕분에 지갑이 필요 없어.

スマホでけっさいするApple PAYのおかげで財布(さいふ)がいらない。

스마호데 켓사이스루 압프르페이노 오까게데 사이후가 이라나이

휴대전화 기능 ②

\# 여자 친구와 영상 통화를 해.

彼女とビデオ電話をする。

카노죠또 비데오 뎅와오 스루

彼女とテレビ電話する。

카노죠또 테레비 뎅와오 스루

\# 휴대전화에 비밀번호를 걸어놨어.

ケータイをパスワードでロックしておいた。

케–타이오 파스와–도데 록크시떼 오이따

\# 해외에 가기 전에 휴대전화 로밍서비스를 잊지 마.

海外に行く前にケータイのローミングサービスを忘れるな。

카이가이니 이꾸 마에니 케–타이노 로–밍그 사–비스오 와스레루나

\# 내 휴대전화에 최신 게임이 있다.

私のケータイには最新のゲームが入れてある。

와따시노 케–타이니와 사이싱노 게–므가 이레떼 아루

\# 휴대전화로 게임하고 있었지?

ケータイでゲームしていたの?

케–타이데 게–므시떼 이따노?

벨 소리

\# 그 벨 소리 좋은데.

その着信音いいよ。

소노 챠꾸싱옹 이–요

\# 진동모드로 바꾸세요.

マナーモードにしてください。

마나–모–도니 시떼 쿠다사이

\# 인터넷에서 벨 소리를 다운로드 했지.

インターネットで着メロをダウンロードした。

인타–넷토데 챠꾸메로오 다운로–도시따

\# 회의 전에는 휴대전화가 진동모드인지 확인해야 합니다.

会議の前にはケータイがマナーモードかどうか確認しなければなりません。

카이기노 마에니와 케–타이가 마나–모–도까 도–까 카꾸닌시나께레바 나리마셍

\# 영화 볼 때는 벨 소리가 나지 않게 하세요.

映画を見る時は着信音が鳴らないようにしてください。

에–가오 미루 토끼와 챠꾸싱옹가 나라나이요–니 시떼 쿠다사이

着メロ (다운로드 한) 벨 소리

KB035251

제 5 회
문지문학상
수상작품집

제5회 문지문학상 수상작품집

제1판 제1쇄 2015년 5월 28일
제1판 제2쇄 2015년 7월 29일

지은이 윤이형 외
펴낸이 주일우
펴낸곳 ㈜문학과지성사
등록번호 제1993-000098호
주소 121-894 서울 마포구 잔다리로7길 18(서교동 377-20)
전화 02) 338-7224
팩스 02) 323-4180(편집) / 02) 338-7221(영업)
전자우편 moonji@moonji.com
홈페이지 www.moonji.com

ISBN 978-89-320-2756-2

이 도서의 국립중앙도서관 출판예정도서목록(CIP)은 서지정보유통지원시스템 홈페이지(http://seoji.nl.go.kr)와 국가자료공동목록시스템(http://www.nl.go.kr/kolisnet)에서 이용하실 수 있습니다.
(CIP제어번호: CIP2015013937)

제 5 회
문지문학상
수상작품집

윤이형

루카

문학과지성사
2015

제5회 문지문학상 수상작품집

차례

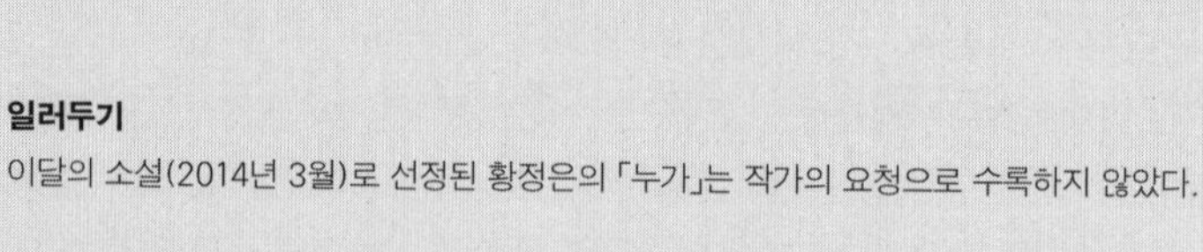

일러두기

이달의 소설(2014년 3월)로 선정된 황정은의 「누가」는 작가의 요청으로 수록하지 않았다.

제5회 문지문학상

—

심사 경위

심사평

수상 소감

문학과지성사가 2010년부터 제정·운영해오고 있는 '문지문학상(구 웹진문지문학상)'이 5회째를 맞이했다. 2011년 제1회 이장욱의 「곡란」, 2012년 제2회 김태용의 「머리 없이 허리 없이」, 2013년 제3회 김솔의 「소설 작법」, 2014년 제4회 박솔뫼의 「겨울의 눈빛」에 이어 올해 제5회 수상의 영예는 윤이형의 「루카」가 차지했다. '문지문학상' 수상 작가에게는 1천만 원의 상금이 주어지며, 시상식은 매년 5월, 문학과사회 신인문학상 시상식과 함께 열린다.

* 2010년 봄, 〈웹진문지〉 오픈과 함께 시작된 '웹진문지문학상'은 2013년 초 문학과지성사 홈페이지의 블로그와 웹진이 통합되면서 2014년 제4회부터 '문지문학상'으로 개칭되어 그 운영을 이어가고 있다.

제 5 회 문 지 문 학 상

심사 경위

—

문지문학상이 올해로 5회째를 맞는다. 등단 10년 이내 작가들의 신작을 대상으로 한다는 규정이 있기는 하지만 이 상은 단순히 문단의 '젊은' 작가들의 새로운 작업을 발굴하고 격려하기 위한 상이라고만 할 수는 없다. 그보다는 우리 시대 문학의 고독한 자기 갱신 작업을 생생히 증언하고 거기에 기꺼이 동참하려는 의지를 확인하는 통로가 되는 상이라 할 수 있다. 이미 문단에는 작가들의 노고에 응답하고자 하는 여러 형태의 상들이 제도적으로 잘 정착되어 있고 문지문학상과 대동소이한 형태를 지닌 상들도 없지 않다. 하지만 문지문학상은 나름의 특별함을 지니고 있다. 한 달에 한 번씩 '이달의 소설'을 통해 후보작이 선정되는 과정에서 작가들의 작업에 거의 동시적으로 반응하게 된다는 점이나, 예심과 본심이 동일한 구성원(우찬제, 이광호, 김형중, 강계숙, 이수형, 조연정, 강동호)에 의해 이루어짐으로써 어떠한 권위와도 무관하게 자유로운 대화를 통한 선정이 가능해진다는 점을 말할 수 있다. 이러한 현장성이 오히려 무책임한 즉흥성으로, 또 내부의 자유로움이 간혹 폐쇄적 판단으로 남게 될 위험이 없지 않다는 점도 잘 알고 있다. 그런 만큼, 1년 내내 즐겁고도 진지한 우리들의 선정 작업이 많은 공감을 얻고 활발한 대화를 촉발할 수 있도록, 책임감 있는 선택에 대해 늘 고민하고 있다.

올해 문지문학상 본심은 1월 16일 '이달의 소설'로 선정된 13편의 작품들을 대상으로 진행되었다. 2014년부터 2015년 1월까지 '이달의 소설'로 선정된 작품들은 윤이형 「루카」, 이장욱 「기린이 아닌 모든 것에 대한 이야기」, 황정은 「누가」, 정지돈 「미래의 책」, 이상우 「888」, 김덕희 「급소」, 정용준 「개들」, 조해진 「번역의 시작」 「사물과의 작별」, 황정은 「웃는 남자」, 정소현 「어제의 일들」, 백수린 「여름의 정오」, 손보미 「임시교사」다. 등단작 이후의 첫 발표작이 '이달의 소설'에 선정된 젊은 작가의 가능성에 애정 어린 관심을 보낸 심사자들도 있었으며, 등단 10년째를 나란히 맞고 있는 동년배 작가들이 증명한 자기 갱신의 노력에서 더 큰 가능성을 본 심사자들도 있었다. 이 중 윤이형과 조해진, 그리고 황정은의 작품에 심사자들은 고른 지지를 보냈다. 이들이 보여준 그간의 성취에 대해서는 별다른 이론의 여지가 없을 것이라고 생각한다. 우리는 특히 윤이형의 「루카」와 조해진의 「번역의 시작」이 보여준 진지한 자기 갱신의 흔적들에 주목했으며, 긴 토론 끝에 「루카」의 문학적 성취에 더 많이 공감할 수 있음을 확인했다.

「루카」는 한 인간의 정체성을 형성하는 다양한 계기들이 극단적으로 충돌하는 모습을 아프게 그려내는 소설이다. 타자적인 것을 바라보고 재현하는 시선의 보편성과 특수성에 대해 치열한 토론을 촉발하는 소설로 읽히기도 한다. 개인과 그 개인을 이루는 중층의 구조 사이의 관계에 색다른 방식으로 문제를 제기하는 윤이형의 근작들을 함께 상기하며 우리는 「루카」의 성취를 기꺼이 신뢰할 수 있다고 결론지었다. 제5회 문지문학상은 올해로 등단 10년째를 맞는 작가 윤이형에게 돌아갔다. 관행적이기는 해도 10년이라는 시간은 여러모로 기념할 만하다. 그런 점에서 수상자에게 남다른 축하의 인사를 건네야겠다. 윤이형을 비롯하여 이 동년배 작가들이 새롭게 맞이할 또 다른 10년의 시간 속에서 우리의 문학이 어떤 모습으로 흥미롭게 진화하게 될지, 끊임없이 새로워지는 이들의 문학과 더불어 우리를 둘러싼 세계 역시 갱신될 수 있을지, 기대를 걸어보도록 하자. **_문지문학상 심사위원 일동**

제 5 회 문 지 문 학 상

심사평

—

지난해에 한국의 젊은 작가들은 저마다의 방식으로 세한(歲寒)의 시절에 상처받은 마음들을 '애도'하는 이야기를 지었다. 어쩌면 소설 그 자체가 견딜 수 없는 존재들에 대한, 혹은 겨우 존재했던 사람들에 대한, 애도의 서사가 아닐까 싶은 느낌이 들 정도로, '애도'는 핵심 정서이자 상상의 틀이기도 했다.

김덕희의 「급소」는 예기치 않은 놀라운 전개, 전복과 재전복으로 탄력적인 서프라이즈 등 여러 면에서 인상적이다. 그런 서프라이즈를 작가는 매우 천연덕스럽게, 건조하다 못해 쿨하기까지 한 문장으로 빚어낸다. 그 결과 놀라운 사건들이 주밀하게 얽히고설키면서 각별한 인지의 충격을 준다. 아울러 지금, 여기서 벌어지는 서늘한 운명의 풍경, 특히 타자성의 변두리로 밀려난 비루한 운명들에 대한 애도의 이야기는 독자들에게 많은 생각거리를 제공한다.

윤이형의 「루카」는 흐름에서 벗어난 흐름에 대한 복합적인 성찰을 보인 소설이다. 밀어낸 흐름과 벗어난 흐름 사이의 갈등뿐만 아니라 벗어난 흐름 사이의 미묘한 갈등까지 다루면서 갈등의 양상을 복합적으로 형상화한다. 동성애적 제재를 다루었지만, 복합적 흐름들의 대화성을 통해, 퀴어와 가족, 신성과 인성, 아버지와 아들 등과 관련된 여러 겹의 탐색을 보인다. 특히 2인칭 시점을 포함한 다각적 시점 설정이나 죽은 '너'를 애도하는 아버지의 형상화 방식 등은 이질적 젠더 문화에서 소통의 가능성을 모색하기 위한 의미 있는 수사학적 기제들로 보인다.

정지돈의 「미래의 책」은 "존재하지 않는 책들의 존재 가능성"에 대한 탐문의 서사이고, 또 그것을 위한 "무한한 대화"의 도정을 카오스처럼 극화한 이야기다. 불확실하거나 불가능한 미궁을 헤매며 역설적 가능성을 모색한다. '미래의 책'은 주체의 바깥, 언어의 바깥에서 가까스로 불가능의 풍경으로 다가오는 듯 멀어진다. '과거의 책'과 '현재의 책' '미래의 책'을 통틀어 문화적 수사학적 싸움을 벌이며, 작금의 책 문화를 애도한다.

조해진의 「번역의 시작」은 우리 시대에도 여전히 진정한 소설의 탄생이 가능함을 보여주는 탁월한 작품이다. 언제나 그랬듯이 작가 조해진은 이 소설에서도 인간 영혼에 대한 진지한 성찰의 길을 낸다. 끊임없이 버려지면서도 오히려 떠나간 사람을 위로할 수 있는 영혼을 지닌 인물의 꿈-사진을 통해, 우리는 포스트-휴먼 시대를 초극할 수 있는 21세기의 고전적 품격을 가늠하게 된다. 비루한 꿈을 곡진하게 번역할 수 있는 감각과 언어를 지닌 작가의 미덕이 돋보인다.

황정은의 「웃는 남자」는 범상치 않은 소설이다. "오랫동안 나는 그 일을 생각해왔다"라는 문장에서 시작해서, "오랫동안 나는 그것을 생각해왔다"라는 문장으로 끝나는 이 소설은 그야말로 오래 생각하고 오래 몰입하여 쓴 소설로 보인다. 서사적 문제의식도 웅숭깊을 뿐만 아니라 잘 짜인 구성이나 빈틈없는 형상화 전략 등 여러 면에서 눈길을 끈다. 나날의 삶에서 저도 모르는 사이에 빠져들게 되는, 타인에 대한 무관심과 배려 없음의 무반성적 매너리즘에 대한, 예리한 성찰을 통해 진실의 애도의 지평을 모색한다.

대부분의 작품들이 다른 스타일로 형상화된 것들이어서 우열을 가리기가 쉽지 않았지만, 그동안 여러 차례 자기 스타일과 문제의식을 스스로 전복하면서 새롭게 실험해온 윤이형의 「루카」가 스타일과 문제의식의 복합성을 가장 정교하게 형상화한 작품이라는 점에서, 제5회 문지문학상의 영예를 헌정하기로 했다. 수상을 축하한다.

_우찬제(문학평론가)

'너무 많은' 문학상 가운데 문지문학상의 특이성을 생각할 필요가 있었다. 문지 홈페이지를 통해 매달 젊은 작가들의 작품을 대상으로 '이달의 소설'을 선정하고 이를 바탕으로 수상작을 결정한다는 과정상의 특별함을 우선 말할 수 있다. 더 중요한 것은 심사 대상 작가들의 '젊음' 못지않은 심사 주체의 '다른 시선'일 것이다. '이달의 소설' 선정 위원들은 '심사'를 한다기보다는 한국 소설의 최전선에 대한 독서와 토론을 해왔다고 할 수 있다. 개인적으로 그 시간은 자기 내부의 미학적 기준을 배반할 수 있는 행복한 긴장을 선사했다. 이미 인준된 문학적 권위에 의존하지 않으려는 것은 이 상의 대상과 주체 모두에게 해당되는 문제의식일 것이다.

올해의 심사 과정도 이런 문지문학상의 특이성 안에서 진행되었다. 우선 황정은의 「웃는 남자」는 고유한 미학적 장점과 동시대의 정치적 · 계급적 감수성에 연결되어 있는 지점이 여전히 훌륭했으며, 그것은 낯선 소설적 인간의 잠재성을 향해 열려 있었다. 조해진의 「번역의 시작」은 고전적인 서사의 품격, 이국적인 분위기가 결합되어 있다. 그 속에서의 '번역'이라는 테마가 감싸 안는 고독의 이미지와 역설적인 소통의 가능성이 매력적으로 그려진다. 손보미의 「임시교사」는 특유의 무감하고 미니멀한 스타일 안에서 '임시'라는 말 속에 숨어 있는 삶의 잔인성과 계급적 뉘앙스를 소설화함으로써 앞으로의 또 다른 '손보미'를 기대하게 한다. 이상우의 「888」은 후보작 가운데서도 가장 독특한 소설로, 이 작가가 보유한 혼종적인 스타일의 또 다른 잠재성을 확인하게 한다. 서사적 질서와 구조는 와해되어 있고 하위 장르의 장면들은 가볍게 떠돈다. 소설 속의 화자와 인물들은 혼란스럽게 부유하며 시적인 문장들이 수시로 틈입한다. 소설적인 것의 완전한 배반에 소설의 마지막 잠재성이 있다면 이상우의 소설 쓰기는 계속 주목받아야 한다.

수상작으로 결정된 윤이형의 「루카」는 소재적으로는 '퀴어서사'의 형태를 보여준다. 한국 소설에서의 동성애적인 이야기와 감성이 처음은 아니지만, 윤이형의 소설은 또 다른 지점을 향해 있다. 그것은 성적 소수자들의 사회 계급적 감수성의 지점을 드러내는 것에 머물지 않고, 가족제도를 둘러싼 또 다른 '아버지의 시선'을 함께 보여준다. 사랑을 둘러싼 가족과 종교사회의 뒤엉킨 문제들이 중층적으로 드러난다. "내가 너를 사랑하는 일에는 그 모든 것들이 관여하고 있었다"는 것이다. 이 소설을 퀴어서사라는 범주를 넘어서 '젠더서사'라고 부를 수 있다면, 보편성을 가장한 이성애서사와의 '차이'의 문제를 무화시키지 않기 때문일 것이다. 또 다른 한편으로 이 소설의 2인칭 '너'를 향한 내밀한 고백적 문체는 사랑이라는 이름 아래 있는 인간의 모든 간절함과 자기기만과 무기력의 지대를 예리하게 파고든다. 이 소설의 깊은 애도의 언어들은 사랑의 근원적인 불가능성을 받아들이는 안에서만 진정한 사랑의 미래와 만난다는 역설을 환기시킨다. "삶이라는 이름의 그 완고한 종교가 주는 믿음 이외에 내가 다른 무언가를 믿는다고 말할 수 있을까"라고 스스로에게 물을 때, 우리가 삶이라는 종교 이외에 사랑이라는 종교를 갖는다는 것은, 삶의 위태로움을 감수하면서 사랑을 둘러싼 그 모든 것과 싸울 수 있는가의 문제다. 그 사랑의 싸움에서 거의 모든 사람들은 실패하겠지만, 그 실패를 깊게 응시하는 어떤 사람들은 사랑에 대해 간신히 쓸 수 있다. 윤이형의 「루카」가 아름다운 것은 그 참담한 실패조차 사랑의 일부일 수 있는 그런 지점, 성(性)정치와 소설미학이 접속되는 그 위험한 지점 때문이다. _이광호(문학평론가)

매년 이맘때면 되풀이하는 말이지만, 이미 최선을 다해 골라낸 11편(올해는 13편)의 작품들 가운데 다시 한 편의 작품을 골라내는 일이 쉬울 리 없다. 몇 차례에 걸쳐 읽고, 그중 두어 편을 추천하고, 추천작에 대한 다른 심사자들의 의견을 듣고, 다른 추천작에 대해 내 의견을 말하고, 그럼으로써 동의를 받거나 동의하게 된 작품들이었으니, 13편 모두 내가 쓰지 않았지만 마치 내 작품처럼 자랑스럽고 아깝고 안쓰러웠다. 그러나 한 편을 골라야 하는 심사가 이미 시작된 마당에 어떻게든 또 한 번의 불편한 선택을 마다할 수만은 없는 형편이었다.

정소현 「어제의 일들」, 백수린 「여름의 정오」, 황정은 「누가」, 조해진 「번역의 시작」, 윤이형 「루카」, 이렇게 다섯 작품들 중 한 편이라면 올해의 문지문학상 수상작으로 손색이 없다는 생각으로 심사에 임했다. 정소현의 「어제의 일들」은 다시 읽고 싶지 않은 작품이다. 형편없는 소설이어서가 아니라 작품 속 주인공의 삶이 돌이켜 상상하고 싶지 않을 만큼 읽는 이를 고통스럽게 하기 때문이다. 나는 이 작품을 일종의 '종교소설'로 읽어도 무방하다고 생각하는데, 읽다 보면 지상에서 '가장' 비참한 인물의 삶이 일순 격앙되고 숭고해지는 순간을 경험하게 되기 때문이다. 그것은 마치 지라르가 『희생양』에서 인급한 파르마코스의 살해의식을 보는 느낌과 유사하다. 아무런 죄가 없다는 바로 그 이유로 가장 심하게 핍박받는 자의 이야기는 종교적이다. 백수린의 「여름의 정오」는 잘 빚어진 소품이다. 짝사랑에 빠진 스무 살 여성의 심리를 서정적이고 차분한 어조의 문장에 담아내는 작가의 솜씨가 일품이다. 그러나 이 작품의 진면모는 전경화된 연애담 후경에, 무슨 원뢰처럼 들려오는 배경 소음들에서 찾아야 한다. 먼 천둥소리처럼 불길한 세계의 비참, 가령 도쿄 지하철 사린가스 테러와 9·11과, 노동자들의 죽음, 이에 항의하는 시위대들과 친구의 자살 같은 사건들이, 여리고 서정적인 사랑 이야기와 교차되고 대조되면서 읽는 이에게 기이한 부채감 같은 것을 요청한다. 작중 보부아르의 기록이 그랬듯이, 아름다운 것들은 항상 비참한 것들과의 대조 속에서만 아름답다는 사실을 이 작품이 우리에게 가르쳐준다. 황정은의 작품 「누가」의 마지막 장면은 참으로 인상적이다. 동시대 작가들 중 도드라지게 '계급적 감수성'이 강한 작가였다는 점에서 최소한의 '고요'도 누리지 못하는 밑바닥 인생들의 삶을 소재로 삼은 것이 그다지 새로울 것은 없다고 하겠다. 그러나 이 작품의 결말이 보여주는 문제의식은 그보다 훨씬 멀리 나아가는데, 계급의 문제를 항상 집단(그리고 경제)의 문제로 사고하던 구태를 고려하면 더 그렇다. 층간 소음을 둘러싼 사소하고 사적인 갈등이 일약 신자유주의 시대 삶의 노하우가 되어버린 어떤 이데올로기를 폭로한다. 그것은 '각자도생(各自圖生)'이다. 조해진은 항상 '정공법'을 취하는 작가다. 기발함이나 재담에 결코 의지하지 않고 삶과 글에 대한 오랜 숙고에서부터 소설의 자양분을 취한다는 의미에서 그렇다. 「번역의 시작」은 그래서 믿음직한 작품이고, 무거운 감동에 빠지게 하는 작품이다. 언어적 소통 불가능성을 인정하면서도 그 몰이해에서부터 타자에 대한 이해의 실마리를 취하려는 작가의 의지는 '번역'이란 말로 요약 가능하다. 그 번역 작업에 우리가 거는 기대는 앞으로도 클 듯하다.

나로서는 몇 작품만을 거론했지만 모두 훌륭한 작품들이었으므로 심사는 다소 길어졌다. 결국 황정은과 조해진, 윤이형의 작품들을 두고 길게 논의한 끝에 올해의 문지문학상은 윤이형의 「루카」로 결정되었다. '성적 소수자' 이야기는 2000년대 이후 한국 문학에서도 그리 낯설지 않다. 그러나 종종 그들의 이야기는 그들 자신에 의해 발화될 때조차 관습적인 연민과 도식적인 서사를 벗어나지 못할 때가 많았다. 그러나 「루카」는 달랐다. 이즈음 윤이형이 써내는 소설들에서 어떤 깊은 변화, 가령 타인의 마음속 깊은 곳을 들여다보려는 섬세하고도 강렬한 의지를 읽어내기는 어렵지 않다. 「루카」는 그 결과물이다. 성적 소수자 문제에 관한 한 당분간 한국 문학이 이룬 최고의 성취가 아닐까 한다. _**김형중(문학평론가)**

니체는 인간의 고통이 비극인 게 아니라 고통의 너무 많은 무의미함들이 비극이라고 말한 바 있다. 왜 겪는지 모르는 고통들, 의미와 가치를 도무지 찾을 수 없는 고통들 속에서 삶을 긍정하고 수용하기란 인간을 넘어서는 일이기에 니체는 '위버멘쉬Übermensch'를 말하였는지 모른다. 괴로움만으로도 몸서리쳐지는데 그러한 괴로움을 겪는다고 해서 더 나은 사람이 된다거나 삶이 행복해진다거나 세상이 살 만해지는 것도 아니라면, 고통의 무가치함 가운데 인간이 어떻게 인간다울 수 있을 것인가라는 물음은 존재를 둘러싼 가장 원초적이고 근본적인 질문이 된다. 그리고 그 질문 앞에 서는 일이 윤리의 출발일 것이다. 그런 점에서 문학은 인간의 고통과 고통의 무가치함에 대한 가장 오래된 애도의 형식이 아닐까? 고통의 의미를 찾기 전에 '누군가' 아파하고 있고, 그것은 낱낱의 '개별적'이고 '고유한' 아픔이며, 아무도 모르는 일로 잊히지 않도록 이야기함으로써 고통을 달래고자 하는 것. 적어도 그것이 그렇게 무용한 것이 되지 않도록 그만의 고통을 비춰주는 것.

문학을 고통에 대한 애도의 형식이라고 새삼 생각한 까닭은 제5회 문지문학상의 후보작들을 일별하면서 지난 한 해 좋은 작품으로 주목되었던 소설들 대부분이 고통의 개별화와 그에 대한 애도를 각자의 방식으로 수행하는 데 바쳐지고 있다는 인상을 받았기 때문이다. 집단적 트라우마로 남을 사건이 유독 많았던 사회적 맥락과도 연관이 있겠지만, 그만큼 지금의 한국 사회가 이유도 의미도 모른 채 겪는 고통의 편재 가운데 있음을 이들 작품이 방증하는 것일 게다. 시대의 행복보다 불행에 더 민감한 것이 문학의 본성이자 역할이지만,

풍자의 여유와 긍정의 웃음, 비극과 희극을 오가는 유머를 전혀 찾아볼 수 없는 작금의 문학적 형상은 현재 우리가 느끼는 절망과 우울과 불안이 이들 작품의 정서적 모태임을 증명한다. 불행의 자각과 인식이 한계점에 달한 사회는 위험사회다. 주목할 군(群)으로 약진 중인 젊은 작가들이 공동체의 이러한 심리적 자기 반영에 몰두하고 있다는 점과 고통의 무의미와 불행의 누적이 영원히 지속될 뿐 결코 극복되지 않을 것이라는 도저한 비관—비관주의는 어느 시대든 사회든 상존하는 정신적 태도지만, 그것의 형태와 구조와 연원은 늘 다른 법이다—으로 향하고 있다는 점은 유사 이래 누려본 적 없는 GDP 3만 불 시대의 경제적 풍요를 목전에 둔 상황과 비교할 때, 면밀한 분석을 요하는 부분이다.

정용준의 「개들」에 오래 눈이 갔던 것은 고통의 감각을 상실한 주인공과 그의 감각 기능이 망가질 수밖에 없었던 사연이 가족 로망스로 현실감 있게 다가왔기 때문이다. 실제 있음 직한 사건으로서의 사실성뿐만 아니라 무소불위의 폭력을 행사하는 원초적 아버지의 권력과 그 아버지를 죽여야 비로소 주인이 될 수 있는 아들의 욕망이 무의식의 사실성에 성큼 다가서 있어 실재를 대면하는 것과 같은 충격을 주었다. 이장욱의 「기린이 아닌 모든 것에 대한 이야기」는 원초적 아버지의 역상(逆像)이 등장한다는 점에서 흥미로웠다. 아버지의 무기력이 폭력과 다를 바 없이 행사되고 아들에게 미치는 무력감의 영향력이 절대적이라는 점에서, 소설 속 아버지는 원초적 아버지를 거꾸로 세워놓은 형상에 해당한다. 그 밑에서 병리적 주체로 성장하는 아들의 정신적 분열은 언어의 효과를 기이한 방식으로 신화화하고

급기야 자신을 지탱해주던 상징세계를 제 손으로 파괴하는 자멸에 이르는데, 그 과정을 전하는 주인공의 고백체가 매력적이었다. 조해진의 「번역의 시작」과 황정은의 「웃는 남자」는 수상작을 결정하는 순간까지 손에서 놓지 못한 작품들인데, 타인의 고통을 온전히 이해하는 일이 과연 가능한지를 묻는 조해진의 소설은 다른 후보작들에서 느끼지 못한 감동과 울림을 선사한다는 점에서 독보적이었고 한 개인의 삶을 결정짓는 숨겨진 아픔에 천착하는 작가 특유의 시선이 돋보였다. 황정은의 소설은 진정한 애도란 불가능한 애도라는 역설적 진실을 마치 이야기 자체가 몸소 수행하고 있다는 착각을 불러일으킬 만큼 애도(하는 자)의 고통을 구현한다는 점에서 공동체 전체의 집단 심성을 날카롭게 묘파한 우리 시대의 문학적 투영으로 읽혔다. 작가의 기왕의 주제 의식이 정수(精髓)에 이르렀다는 인상도 주었다. 이런 좋은 후보작들을 제치고 윤이형의 「루카」를 수상작으로 택하는 데 두말없이 찬성한 것은, 솔직히 말하건대 「루카」의 한 장면이 지난 1년 내내 뇌리를 떠나지 않았기 때문이다. 근래 읽은 어떤 시보다 더 강렬하고 생생한 시적 이미지가 작품 가운데 나온다는 점만으로도 「루카」를 수작(秀作)으로 꼽는 데 주저하지 않겠다. 「루카」는 이성/동성, 부모/자식, 신/인간 간의 사랑과 믿음과 배신을 대위법적으로 연결 지으면서, 동성애를 둘러싼 기왕의 상투적 서사를 뛰어넘어 놀라운 형이상적 깊이에 도달한 소설이다. 사랑의 가능성과 불가능성, 상실의 빼저린 고통과 슬픔, 잃어버린 대상을 애도하는 다양한 인간적 방식들, 그리고 그것의 허위와 거짓을 민얼굴로 대면해야 하는 두려움에 대해 이야기하는 이 소설은 애도의 형식에 필요한 윤리가 무엇인지를 가리키면서 동시에 문학의 윤리란 유일무이한 바로 그 개별적 고통에 대한 성실한 애도임을 말하고 있다. 우리에게 「루카」를 데려온 윤이형 작가에게 수상 축하를, 모두에게 고마움의 박수를 보낸다.

_강계숙(문학평론가)

제5회 문지문학상을 위해 매달 선정된 '이달의 소설'들의 면면은 제가끔 탁월함을 드러내고 있어 그중에서 우열을 가린다는 것은, 공치사가 아니라 진심으로, 이 작품과 저 작품 사이에서 오랜 시간 고민하다 지쳐버리는 일이 아닐 수 없다. 또, 2014년에는 황정은과 조해진의 소설이 각각 두 번씩 '이달의 소설'에 선정되기도 했는데, 현재 우리 소설계에서 이 두 작가의 위치가 어느 정도인지를 여실히 알려주는 사례라고 할 수도 있겠다.

윤이형의 「루카」가 제5회 문지문학상 수상작으로 선정된 이유 가운데는 이 작품이 사랑, 더 좁히면 연애에 관한 이야기라는 점도 적지 않은 영향을 미치지 않았을까 생각해본다. 두 사람이 만나서 사랑에 빠지고, 부모나 가족 아니면 그보다 더 상위의 집합적(민족적, 종교적, 계급적 등) 반대가 두 연인을 괴롭히고, 혹은 거창한 외부의 반대가 아니라 오히려 내부의 작은 오해와 불신에서 둘의 관계에 봉합할 수 없는 균열이 야기되는 그런 이야기야말로 실은 우리에게 익숙한 소설 그 자체가 아니었던가? 현대인은 너무 오래 살았고, 너무 많은 것을 알고 있고, 사랑이나 연애란 대체로 그런 것이려니 하며 무덤덤하고 머쓱하게 지나치지만, 윤이형의 「루카」에서는 바로 그런 사랑이, 그런 연애가 재생되고 갱신된다. 누구나 상상할 수 있을 법한 행복, 반대로 누구나 상상할 수 있을 법한 고통. 그런 사랑의 행복과 고통은 익숙하기 그지없지만, 그런 만큼 거의 모든 사람들에게 진실일 것이다. 주인공의 말처럼 죽어버린 것이 다시 살아날 수 없듯이, 시간을 다시 한 번 되돌리더라도 루카 주위의 사람들이 다르게 행동할 리 없으며, 사랑 역시 성공할 리 없다는 것을 우리는 모두 잘 알고 있지만, 그럼에도 그들이 그리고 우리가 그 사랑의 실패를 슬퍼하지 말아야 할 이유는 어디에도 없다. _이수형(문학평론가)

각 나라와 문화권마다 자신만의 역사 속에서 형성된 독특한 서사 양식을 가지고 있다고 평소 믿는 편인데, 한국 문학의 경우 그 고유성이 가장 특이한 방식으로 발현되는 장르가 다름 아닌 단편소설이라고 생각한다. 한국의 단편소설은 서구의 장르 이론으로 충분히 규정될 수 없는 특이성을 내장하고 있으며 그 특이성을 두터운 서사의 역사를 통해 스스로 증언하고 있다. 물론 그 또한 문학을 아우르는 역사 경험과 당대의 제도가 협업하여 만들어낸 결과이겠으나, 문학은 언제나 역사와 제도의 완강한 압력과 경쟁하고 때로는 그것들과 더부살이하는 내파의 방식으로 그 특이성의 진화를 예비한다. 문지문학상은 단편의 장르적 특이성의 첨예한 변이와 진화를 독려하기 위해 마련된 제도적 장이자, 그러한 제도적 독려마저도 미처 의식 못 했을 관행적 감수성을 쇄신하기 위해 기도된 비평적 자기 성찰의 한 태도다. 개인적으로는 심사를 한다기보다는 자기 감각을 시험해본다는 마음으로 1년간 '이달의 소설'로 선정되었던 13편의 작품들을 다시 읽었다.

정지돈의 「미래의 책」은 텍스트 쓰기와 텍스트 읽기 사이에서 맺어진 관계에 대한 철학적 사색과 지성적 위트로 가득하다. 새롭게 씌어진 텍스트는 과거에 읽었던 텍스트 경험에 대한 실천적 증언이며,

동시에 도래할 미래 텍스트와의 만남과 무한한 대화에 대한 예언적 실천일 수 있음을 작품은 희한한 방식으로 설득하고 있다. 책을 매개로 구성되는 독특한 우정의 공동체가 존재할 수 있다는 사실을 이처럼 세련된 감동으로 자각시키는 작품은 분명 흔치 않다. 이상우의 「888」을 일컬어 전위적이고 실험적인 소설이라고 말할 수는 있겠지만, 이러한 수사에 충분히 만족할 수 없는 까닭은 문학적 자의식으로 범주화할 수 없는 어떤 파괴성을 그의 작품 곳곳에서 느낄 수 있기 때문이다. 세상을, 소설을, 그리고 언어를 때리고 부수고 깨뜨려서 마침내 비트만 남은 음악으로 만들어버릴 것 같은 저 마성적 허무주의의 배후에는 자살에 실패해버린 사람에게만 허락될 법한 짙은 우울과 권태의 정서가 매력적으로 스며들어 있다.

수상작인 윤이형의 「루카」는 같음보다는 차이가 유발할 수 있는 여러 층위에서의 갈등들을 동성애적 사랑에 대한 서사로 압축해 부활시킨 문제적인 작품이다. 동성애 커플 '딸기'와 '루카'의 관계를 통해 윤이형은 성적 취향을 발견하는 과정에서 겪었던 실존적 갈등의 역사를 포함하여, 둘 사이에 존재할 수 있는 계급적 관계, 그리고 삶에 대한 신앙의 차이가 그와 같은 존재론적 다름의 간극을 더욱 벌려놓을 수 있다는 것을 곡진하게 성찰한다. 윤이형의 「루카」는 시대가 제기하는 많은 현안과 문제를 사랑이 섭렵하고 해결할 수 있다는 세간의 어수룩한 낙관주의와 타협하지 않으면서도 진정한 사랑의 구원은 사랑의 실패가 야기할 수 있는 침묵과 고독 그리고 고통까지도 아울러야 함을 정직하게 응시하고 있다. 윤이형이 보여주는 첨예한 문제의식과 성찰적 서사의식이야말로 한국 단편소설의 특이성을 용감하게 증언한다. _강동호(문학평론가)

제 5 회 문 지 문 학 상

수상 소감

—

우선 기쁘고 고맙습니다. 올해는 제가 데뷔한 지 10년이 되는 해입니다. 지난 10년간을 돌아보면 많이 어설펐고 게을렀고 느렸습니다. 아직 한 편의 장편도 발표하지 못했으니 작가로서 변명의 여지가 별로 없습니다. 그런데도 용케, 잘도, 운 좋게도 계속 작가라는 이름으로 불리며 살아왔다고 생각합니다.

10년 동안 글을 쓸 수 없을 때마다 카트를 끌고 밟아본 적 없는 이국 공항에 내리는 상상을 하듯 한 가지 생각을 했습니다. 그건 좋은 글을 쓰려면 우선 좋은 사람이 되어야 한다는 생각이었습니다. 이 부분에 대해선 작가들 사이에서도 의견이 갈리겠지만 저는 그렇게 생각합니다. 좋은 글을 쓰려면 세계의 복잡함과 무서움에 냉정하게 맞서야 하고 무참한 풍경을 정확히 보면서도 아름다움을 찾아내려는 노력을 그만두지 말아야 하고 자신이 타인의 자리에 설 수 있는지 없는지를 깊이, 그리고 충분히 오래 생각해야 하고 무엇보다 자신을 믿어야 합니다. 쓰는 사람의 그런 이상적인 모습은 언제나 저의 현재와는 무척이나 멀어 보였습니다. 먼 만큼 점점 더 분명해지고 또렷해졌고, 그래서 두려워하고 회의

하는 와중에도 계속 꿈을 꿀 수 있었습니다. 내 것이 아니어도 바라볼 대상이 있어 현재를 견딜 수 있다는 것, 그 일을 그만두지 않고 걷는 좋은 사람들이 있어서, 그 사람들을 보면서, 자신의 부족함을 한탄하고 질투와 매혹을 느끼면서 멀찌감치 따라 걸을 수 있다는 건 얼마나 근사한 일인지 모르겠습니다.

「루카」는 두려움을 향해 쓴 이야기입니다. 저는 두려움이 많은 사람이지만, 제가 가진 말들이 저만큼이나 두려움 많은 사람들에게 닿아 잠시나마 어떤 여백이나 소리가 될 수 있었으면 좋겠습니다.

과분한 격려를 해주신 심사위원 선생님들에게 감사합니다. 왜 책이 나오지 않는지 의아하게 생각하고 있을 독자들과, 쓰는 사람으로도 생활인으로도 자꾸 길을 잃는 저를 견뎌준 사랑하는 가족에게, 그리고 아직 태어나지 못한 제 이야기들에게 미안합니다. 그러나 앞으로는 미안하다는 말보다 고맙다는 말을 좀더 자주 건네겠다고 약속합니다. 열심히 빚을 갚겠습니다.

2015년

윤이형

제5회
문지문학상 수상작

2014년 8월
이달의 소설

루카

윤이형

1976년 서울에서 태어나 2005년 중앙신인문학상으로 등단했다. 소설집 『셋을 위한 왈츠』 『큰 늑대 파랑』이 있다.

작 가 노 트

빛을 향해 가고 싶지만 빛을 알아보지도, 똑바로 바라보지도 못하는 어리석은 마음으로 썼다.

그래도 어둠이 조금이나마 덜 어두워 보일 때는 우리가 누군가를 사랑하는 순간이라고 생각하는데, 사랑이 아니라 사랑을 닮은 무언가만 나는 계속하고 있다.

●••

루카

—

너는 루카다. 내가 딸기인 것처럼. 오직 하나뿐인 진짜 이름 같은 건 세상에 없다.

너의 이름을 처음 들었을 때 나는 당연히 수잰 베가의 노래 「Luka」를 떠올렸다. 시간이 지난 다음에는 조금 궁금해졌다. 혹시 복음서를 지은 사람 이름인가. 누가라고도 루가라고도 루크라고도 한다는, 제법 헷갈리는 그 이름 말이다.

너의 아버지는 처음에 당연히 복음서의 지은이를 떠올렸다. 그는 나중에 수잰 베가의 노래에 관해 알게 됐고 그 곡의 가사를 찾아보았다. 나를 만났을 때 그는 물었다. 그거 부모한테 맞는 아이 얘기 아닌가요. 아동학대 얘기 아닌가요. 그건 맞지만 루카가 그 루카인지는 모른다고 나는 대답했다. 네가 죽은 뒤 너의 아버지는 검색창만 보면 무의식적으로 'Luka'라는 이름을 두드려 넣었고 어떤 리스트에서든 L 항목을 먼저 뒤졌고 네가 다시 살아난 뒤에도 그 일을 그만두진 못했다.

부모님이 너에게 지어준 이름은 예성이다. '예수'와 '성령'에서 각각 앞 글자를 땄다고 했다. 너는 3남매의 둘째로, 모태 신앙으로 태어났고 대학을 졸업할 때까지 교회에 다녔다.

나는 네가 다니던 교회에서 아주 가까운 곳에서 일한 적이 있다. 건강 관련 서적을 주로 펴내는 출판사였는데 살인적인 업무량도 그랬지만 아무래도 일의 성격이 나와 맞지 않아 석 달의 인턴 기간이 끝났을 때 그만두었다. 그래서 그 교회 이름을 들었을 때 그 회사에서의 일들이 먼저 떠올랐다. 출퇴근 시간을 찍어야 하는 펀치가 있고 오직 여직원들만 당번을 정해 손님 접대와 컵 설거지와 청소를 하고 점심시간이 끝날 무렵이면 부장들조차 그 위 상사들의 눈치를 보며 부리나케 뛰어 사무실로 돌아와야 하는 회사였다. 지금은 어린이책을 펴내는 그 회사는 10년쯤 지났는데도 별로 변한 게 없는지 웹 여기저기에서 성토의 대상이 되곤 한다. 그런 글들을 읽으면 나는 조금 묘한 기분이 되는데 내가 그 회사를 그만둘 때 제대로 그만둔 게 아니라 도망쳤기 때문이다.

머리숱이 적고 도수가 높은 안경을 쓴 과장님이 퇴사 이유를 물었을 때 나는 엄마가 편찮으시다고 했다. 위에 작은 구멍이 생겨 병원에 입원하셨는데 곁에서 간병을 해야 할 것 같다고 말이다. 과장님은 그러면 당분간 휴직 처리를 할 테니 퇴사는 보류하자고 했다. 휴직이 시작되고 2주일쯤 뒤에 나는 결국 전화를 걸어 아무래도 안 되겠다고 말했다. 빨리 나으실 것 같지가 않다고. 지금이라면 누구의 얼굴색도 모멸감으로 일그러지게 하지 않으면서 그럴듯한 퇴사 이유를 스무 개쯤은 나열할 수 있지만 그때 나는 대학을 졸업하고 갓 사회에 뛰어든 애송이였고 군대라는 악몽이 몸에 새긴 얼얼한 감각을 아직 고스란히 안은 채 비누처럼 굳은 얼굴로 걸어 다니고 있었다. 생존해야 한다는 본능으로 팔다리를 분주히 허우적거렸으나 불에 태우고 싶은 기억들이 트럭을 채우고도 남을 만큼 많았고, 싫은 것을 좋다고 하기는 절대로 싫다는 성난 마음 때문에 눈매가 사나웠으나 남의 기분을 상하게 해서는 안 된다는 생각도 그만큼 강해서 전체적으로 눌리고 주눅 든 표정의 덩어리가 되어 간신히 버티고 있는 상태였다. 일하기 싫은 이유를 솔직히 말하면 박봉에도 성실하게 출근하는 다른 사람들이 상처받을 테고 그냥 다니다간 내가 죽겠고. 길게 말하자면 그렇지만 짧게 말하자면 나는 그저 겁이 많았다. 겁 많은 내가 겨우 붙잡은 게 엄마의 병환이라는 거짓말이었다. 내가 그곳을 그만두고 몇 달 뒤에 엄마는 시장에 가려고 집을 나서다 얼음이 깔린 계단에서 미끄러져 빙판길을 굴렀다. 천만다행으로 엉덩이뼈에 가볍게 금이 간 정도였고 회복도 빨랐으나 그때 나는 엄마의 병실에 앉아 세상에 공짜는 없다는 평범한 진리를 깨달았다. 아무도 다치게 하지 않으면서 세상을 살 수는 없다. 언제나 누군가의 뼈는 상한다. 깨닫기는 했으나 나는 모른 척하고 싶었다.

그 회사에서 길을 건너면 젊은 사람들이 주로 데이트 장소로 드나들던 대형 쇼핑몰이 있었고 그 바로 옆 블록 금융사와 증권사 건물들 뒤편에서 십자가를 빛내고 있는 커다란 회색 건물이 너의 교회였다. 교회 이름이 들어간 버스 정류장이 있었지만 나는 그쪽으로 가본 일이 없었고 그곳이 너의 교회라는 사실도 당연히 알지 못했다. 몇 년만 빠르거나 늦었어도 마주칠 수 있었겠네, 내가 말하자 너는 웃었다. 거기서 나오는 나를 보고도 네가 말을 걸었을까? 중얼거리며. 당근 걸었지. 왜? 그때는 머리 모양이 이상했어? 샌들에 흰 양말 신고 다녔어? 코가 두 개였어? 아니잖아. 그런데 무슨 상관이야? 나는 되물었고 너는 웃었다. 웃으면서 내 배를 주먹으로 툭 쳤다.

우리는 퀴어 커뮤니티의 영화 소모임에서 처음 만났다. 한 달에 한 번씩 모여 영화를 단체 관람하고 홍대나 신촌 같은 장소로 이동해 뒤풀이를 하는 모임이었는데 너와 나는 처음에는 우연히, 나중에는 주로 내 의도에 의해 같은 테이블에 마주 앉을 때가 많았다. 열대여섯 명쯤 되는 멤버 중 너는 언제나 유일하게 술을 한 모금도 마시지 않는 사람이었다. 매번 2만 원쯤 되는 뒤풀이 회비를 내고도 너는 물 두어 잔에 안주 몇 젓가락만 집어 먹고 말았고, 게시판에 올렸다 지우는 글들로 미뤄보면 누구보다 영화를 잘 아는 사람으로 보이는데도 대화에 끼어드는 일 없이 묵묵히 듣기만 하다 돌아가곤 했다.

어느 겨울날 새벽 첫 지하철 안에서 나는 옆자리에 앉은 너에게 물었다. 루카 씨, 혹시 건강이 어디 안 좋은 거예요? 그래서 한 방울도 안 마시는 거예요? 어쩐지 그렇게 묻고 싶은 새벽이긴 했다. 세 시간 반 동안 장르 네 개를 갈아타며 이어진 인도 영화는 느닷없이 심각한 결말의 메시지 때문에 끝나고 나니 허무하기 짝이 없었고 고정 멤버 두 명의 연애가 거의 같은 시점에 깨졌고 석 달간 번역한 시리즈 외화의 번역료를 못 받게 된 사람이 있었고 딱히 구실도 사정도 없었으나 금요일 밤을 혼자 보내고 싶지 않아 첫차 시간까지 남아 있던 나 같은 사람도 있었다. 아니다. 나는 처음부터 기다렸다. 사람들을 다 보내고 같은 방향의 지하철에 우연히 둘만 남아 너에게 말을 걸 수 있었으면 좋겠다고, 그날 너와 멀리 떨어진 자리가 찍힌 영화표를 받았을 때부터 생각했다. 너는 대답하지 않고 조금 놀란 눈으로 나를 보았다. 혹시 실수를 한 것인지도 모른다는 생각이 스쳤다.

무릎에 놓인 가방을 만지작거리다가 나는 더욱 한심한 질문을 했다. 저기, 제일 좋아하는 영화가 뭐예요? 음, 너는 소리를 냈다. 음. 너는 제법 오래 생각했고 나는 몇몇 감독들의 이름을 떠올렸다. 그러나 키에슬로프스키의 「십계」라고 네가 대답했을 때 그 대답은 내가 떠올린 이름들과도 떠올리지 않은 이름들과도 너무 달랐기에 나는 문자 그대로 푸하! 하고 웃어버렸고 그 바람에 내 침이 너의 가방에 튀어버리고 말았다. 무시할 수 없을 만한 크기의 침 방울이었다. 모른척하지도 닦으려고 손을 내밀지도 못한 채 엉거주춤 몸을 앞으로 내밀고 그것을 바라보는 동안 나는 내가 너를 사랑하고 있다는 사실을 깨달았다. 집으로 돌아와 차가운 베개에 머리를 대고 옆으로 누운 채 나는 음, 하고 소리를 내보았다. 음. 음. 음? 음. 몇 번이나 그렇게 계속하는 동안 세상의 다른 모든 음들이 무음으로 변했고 아무것도 모르는 아침이 와서 무슨 일이냐고 물었지만 나는 대답해주지 않고 웃으면서 눈을 감았다.

너의 아버지를 처음 봤을 때 나는 어느 잘생긴 할리우드 배우를 떠올렸다. 중간에 정치에 뛰어들었어도 주지사 정도는 무리 없이 되었겠으나 코미디 배우로 평생을 살았고, 늘 웃음을 주어야 하는 일이 버거웠는지 심각한 영화에 제법 자주 얼굴을 내밀었으나 나이 오십이 넘어 결국 슬랩스틱 코미디로 되돌아간 배우. 얼굴은 그리 닮지 않았으나 쉽게 눈을 돌릴 수 없게 하는 전체적인 분위기가 비슷했다. 직접 보면 너는 좋아하게 될걸. 좋아하게 된다는 쪽에 만 원 걸겠어. 너는 그렇게 말했었다. 그는 단정해 보이는 회색 정장에 붉은색 넥타이를 매고 있었다. 마주 앉은 사람의 피부 한 겹 아래까지 닿을 듯 꼿꼿한 시선이 있었고 말로 사람들을 이끄는 사람답게 동굴 안에서부터 울려 나오는 것 같은 목소리가 있었으며 주목과 주시 속에서 살아온 사람 특유의 피로한 윤기가 지우다 만 분장처럼 얼굴 여기저기에 묻어 있었다.

예성이를 잘 아신다고 들었습니다. 침묵 끝에 그가 입을 열었다. 긴 시간을 들여 가라앉힌 무언가가 그의 목구멍 아래에서 조금씩 움직이며 떠다니고 있었다. 네가 죽은 게 아닐까, 나는 문득 생각했다. 혹시 예성이에 관한 얘기를 좀 들려주실 수 있을까요. 어떤 얘기라도 상관없습니다. 그가 다시 말했다. 나는 무슨 일이냐고, 너에게 무슨 안 좋은 일이라도 생긴 거냐고 물었다. 그는 그런 건 아니라고 했고 내가 너와 1년 반 전에 헤어졌다고 말하자 잠시 동안 멍한 얼굴로 말이 없었다. 헤어졌다면 그 뒤로 만날 방법은 없을까요? 영원히, 다시는……? 만나서 그냥 잠깐 이야기를 나눌 수는 없는 걸까요? 마치 내게 어떤 행동을 촉구하는 것처럼 들리기는 했지만 그의 입에서 나온 말들이 독백임을 나는 알 수 있었다. 나는 조금은 냉정한 마음을 되찾아 물었다. 하실 얘기가 있는 거라면 직접 만나서 하시면 되지 않을까요? 헝클어진 반백의 머리칼 아래 침통한 표정으로 조금씩 마음을 무너뜨리고 있는 너의 가족 앞에서 네가 이제는 타인임을 분명히 밝힐 수 있는 자신이 자랑스러웠다. 그는 테이블의 나뭇결 무늬를 내려다보았다. 다시 약간의 시간이 흘렀을 때 그가 말했다. 제가 그 애를 다시 볼 수 있을지 모르겠습니다. 정말로 모르겠어요.

그날 오후의 너를 기억한다. 우리가 처음으로 사랑을 나누고 서로에게 반말을 쓰기 시작한 지 얼마 되지 않았던 일요일 오후였다. 우동집에 들어가 뜨거운 우동 두 그릇을 시켜놓고 우리는 마주 앉았다. 언제나 입고 다니던 검은 코트 위로 체크무늬 목도리를 두르고 어깨를 웅크린 채 너는 주머니에 노인처럼 손을 넣고 있었다. 추위와 감정 때문에 붉게 물든 너의 볼을 보며 나는 졸린 목소리로 물었다. 어디, 갔다 왔어? 너는 조조로 영화를 보고 왔다고 대답했다. 자기 몸에 물이 채워지는 것을 싫어하는 욕조가 주인공이고 그 친구들인 칫솔과 치약과 샴푸 같은 욕실 용품들이 나오는 아동용 애니메이션이었는데 아침부터 아이들이 극장을 가득 채워 대사의 반쯤밖에 알아들을 수 없었다고. 나는 그 영화를 보지 않았고 앞으로도 아마 보지 않을 테지만 그때 너의 얼굴에 담겨 있던 것들을 떠올리면 여전히 웃음이 난다. 전날 밤부터 시작된 통화가 새벽 2시까지 이어졌고 나는 전화기를 든 채 잠들었다가 정오가 다 되어 간신히 눈을 떴는데 너에겐 피곤한 기색이 없었다. 너의 얼굴은 다음과 같은 사실들을 말하고 있었다: 1) 함께 있지 않을 때에도 나는 내 공간에서 몸을 움직여 네가 모르는 나만의 이야기를 만들고 있고, 2) 내가 이렇듯 매력적인 사람이라는 걸 네가 알아주었으면 하며, 3) 그렇지만 나는 우리가 함께할 이야기에 죽음을 각오하고 폭포 속으로 온몸을 던지는 새들의 절박함과 시리고 날카로운 열정이 아니라 생활이 만들어내는 무해하고 보드라운 거품들과 건강한 웃음이 더 많았으면 해. 네가 말없이 하고 있는 말들이 나를 기쁘게 했고 나는 너의 초대를 받아들였다.

나는 너와 3년 동안 같이 살았다. 네가 저녁 시간대에 주로 일했기 때문에 짧은 하루가 더 짧게 느껴졌고 고만고만하게 고시텔 정도 되는 크기의 원룸에 각자 살고 있긴 했지만 한 명이 상대방의 방에서 거의 살다시피 하는 날들이 많아서 버려지는 월세가 아깝다는 생각도 적지 않았다. 각자의 자취방 보증금을 빼고 싼 동네를 중심으로 발품을 오래 팔아 방 하나에 손바닥만 한 거실이 딸린 집을 구했다. 올수리가 되어 있긴 했으나 지은 지 20년도 넘은 오래된 빌라였고 여름에는 곰팡이가, 겨울에는 결로가 다정한 병(病)처럼 찾아왔다. 먼저 살고 있던 할아버지가 자식들이 새로 사놓아 더 이상 필요 없게 됐다며 넘겨주고 간 낡고 작은 냉장고에 요리책을 보고 만든 형편없는 반찬들을 빼곡히 채워 넣고 집 앞에 버려진 앉은뱅이책상 하나를 주워다 깨끗이 닦아 식탁으로 썼다. 닦고 고치고 손질하고 광을 내는 그 모든 번거로운 노동 하나하나가 우리에겐 은밀한 과시와도 같았고 가난과 아기자기한 비밀로 둘러싸인 생활의 사치가 최초의 빛을 잃을 때쯤 우리는 또 다른 빛 하나를 집에 들였다. 모임 사람들에게 우리의 관계를 밝히고 모두를 초대한 것이다. 루카 너에겐 어땠을까. 축하와 애정 어린 질시와 덕담들로 넘쳤던 두번째 커밍아웃이 내겐 목욕물처럼 따스했다. 구성원 대부분이 분주한 생활이 있는 사회인이라 한 명 한 명이 일대일의 긴밀한 관계로 이어져 있지는 않았으나 꽤 오랜 시간 알아온 사람들이었고 만약의 경우 그 사람들과 한꺼번에 어색해져 버릴 수 있다는 위험까지도 감수한 결정이어서 작지만 엄연한 의미가 있었다. 나는 오랜 백수 생활을 접고 아는 선배가 있던 퀴어예술축제 기획팀에 취직했다. 월급은 거의 없는 것이나 마찬가지였으나 마침내 자격지심을 버리고 너와 평등해졌다는 생각을 할 수 있었고 가끔 너무 행복해서 두렵다는 생각이 들 때면 나는 너를 조금 더 힘껏 끌어

앉았던 것 같다.

너에게 첫번째 커밍아웃이 없었다는 건 나중에 알았다. 청년부에 떠돌던 소문을 듣고 온 너의 누나가 저녁 가족 예배 자리에서 그 사실을 밝혔다. 마음의 준비를 할 여유도 없이 찾아온 아우팅이었으므로 모두가 나름의 크기와 방식으로 상처를 받았다고 너는 담담하게 말했다. 그래서? 내가 묻자 너는 슬프고 재미없는 이야기야, 하고 말하며 웃었다. 너도 알잖아 어떤 건지.

그런가, 나는 생각했다. 그래도 내 경우엔 내 의지로 이루어진 고백이었고, 혼자만의 공간과 직장이라는 최소한의 경제적 여건이 갖춰질 때까지 기다리며 책과 논문과 자료를 모아둘 시간이 있었다. 내색은 하지 않았지만 엄마가 반쯤은 짐작하고 있었던 터라 그나마 회복이 빨랐던 것 같기도 하다. 엄마는 많이 울었고 아버지는 재떨이를 집어던지며 화를 냈다. 나는 이를 악물고 블로그에 매일같이 자료를 올리며 아버지와 맞섰고 내가 아는 모든 언어를 동원해 논리적으로 설득하려 애썼다. 시간이 흘러 간신히 상처는 봉합되었지만 나는 그때 사귀던 사람과 결국 헤어졌고 성소수자 부모 모임이라는 어려운 자리까지 나와준 엄마에게 마음 깊이 고마웠지만 고백을 하던 날 들은 수많은 말들과 그 뒤로도 오랫동안 들어온 말들은 어디로도 가지 않고 내 몸속에 아직 따끔거리며 남아 있었다. 추석이면 아버지는 집에 온 나를 데리고 뒷산으로 나갔다. 휘영청 밝은 보름달 아래를 걸으며 그래서 너는 변하지 않는 거니? 언제 변할 건데? 하고 한 점도 변함없이 기다리는 어조로 묻는 아버지의 지친 목소리를 들으면 당장 늑대로 변해 아버지 앞에서 닭의 목을 물어뜯으며 피를 뿌리고 싶다는 생각이 들기도 했다. 그럼에도 그 모든 시간들을 종합해보면 내게는 모두의 앞에서 나를 분명히 밝힌 경험이 영원한 회한으로 남지는 않았다. 문이 열린다는 것은 소중한 경험이었다. 용기보다는 침묵이, 대담함보다는 소심함이라는 단어가 어울리는 사람이 나였으므로 더욱 그랬다.

너는 어땠을까. 너는 가족과 신앙, 가장 민감한 사춘기의 시간들을 같이 보내준 교회 공동체 사람들도 포기해야 했다. 정체성의 절반이 넘는 것을 버리고 나온 너의 마음이 나는 짐작되지 않았다. 후회할 만큼 근사한 곳은 아니었어, 너는 말했다. 사람들 입에 줄곧 오르내리는 그런 교회야. 돈으로 제단을 쌓아 거기에 경배하고 설교 시간에 북괴의 사주를 받은 불순분자들에게서 자본주의의 미래와 납세자들의 안전을 지켜달라는 내용의 기도를 하는 그런 흔하고 큰 교회. 너랑 나 같은 사람들을 거기서 어떻게 말하냐면…… 대수롭지 않게 말하는 너의 등을 나는 가만히 안았다. 떠올리고 싶지 않은 것들을 네가 떠올리지 않게 해주고 싶었다. 내가 그럴 수 있는 사람이라고 믿었다.

예성이가 말 안 했나요, 제가 목사라고? 너의 아버지는 말했다. 저는 아들이 다녔던 교회의 목사입니다. 그러셨군요, 몰랐습니다, 알고 있었지만 나는 그렇게 대답했다. 믿음을 갖고 산다는 게 어떤 것인지 혹시 알고 계십니까? 그는 물었다. 믿음을 잃는다는 게 어떤 것인지에 대해서는 조금은 알고 있어요. 나는 대답했다.

그는 나를 놀란 눈으로 쳐다보았다. 이 사람은 내게 무슨 얘기를 하려는 것일까. 나는 생각했다. 이 사람과 비슷한 사람들이 모여 차별

금지조항 삭제 같은 구체적인 일을 벌인 것인가. 그랬을 것이다. 이런 눈동자와 이런 목소리를 지닌 사람들이 우리 같은 사람들을 힘으로 들어 올려, 보세요, 똥구멍에서부터 악마 들린 자들입니다, 하고 말하는 것일까. 아마 그럴 것이다. 나는 십수 년 동안 직간접적으로 여러 단체에 몸담으며 일했다. 보통은 영화와 공연과 연극 같은 매체가 끼어 있는 일을 했지만 때로는 수많은 사람들의 이야기를 날것으로 듣고 선언문 초안을 작성하고 거리로 나가 피켓을 들기도 했다. 그렇게 거리로 나갔다 들어온 날이면 어떤 슬픈 일도 없었는데 하루의 끝자락에 슬며시 눈물이 나기도 했다. 동료들에게는 차마 말하지 못했지만 그 오랜 세월이 지나도록 고작, 우리도 사람입니다, 우리는 동물이 아니고 사람입니다, 같은 구호만을 되풀이해야 하는 현실이 못 견딜 만큼 처량해서였다. 이런 얼굴일까. 그렇게 눈물을 참으면서 내가 맞서고 있다고 믿었던 권력에 구체적인 얼굴이 있다면 그게 이 사람의 얼굴일까. 그럴 수도 있다고 나는 생각했다. 그러나 마주 앉은 너의 아버지가 악마처럼 보이지는 않았다. 그는 다만 늙고 지쳐 보일 뿐이었다. 아마 나도 그렇게 보일 거라고 나는 생각했다.

그가 중얼거렸다. 저는…… 예성이를 포기할 수가 없었습니다. 그뿐이에요. 그래서 그렇게 했습니다.

무슨 말씀이신가요, 나는 물었다.

어느 날 아침 일어나보니 예성이가 죽었습니다. 하나님 품으로 갔다고 했습니다. 저는 무슨 일이 일어난 건지 알 수가 없었습니다. 그대로 쓰러져 정신을 잃은 것 같아요. 교통사고였다고 누군가가 나중에 말해주었습니다. 길을 건너다가 달려오는 차를 피하지 못했다고요.

네가 쓰고 있던 시나리오가 기억난다. 만들어지지 않을 단편영화의 시나리오였다. 인류의 절반 이상이 문자나 음성언어를 사용하는 대신 서로의 전자뇌에 직접 정보를 전달해 소통하는 시대가 배경이었는데 전자뇌 수술을 받지 않은 두 고등학생이 주인공이었다. 학교 수업도 아이들끼리의 대화도 모두 전자뇌를 통해 이루어졌기 때문에 같은 반이었던 두 소년은 필연적으로 서로의 존재를 의식할 수밖에 없었는데 그렇다고 해서 흐름에서 벗어난 사람들끼리의 공감으로 곧바로 절친이 되지는 않았다. 루카의 영화는 어느 날 방과 후에 청소를 하다가 한 소년이 다른 소년에게 말을 거는 장면으로 시작한다. 너 혹시, 건강이 어디 안 좋은 거니? 그래서 수술을 안 받은 거야? 질문을 받은 소년은 말하자면 그렇다고 대답한다. 생체이식 가능성 검사에서 심한 거부반응이 나와 드물게도 불가 판정이 내려졌다고. 너는? 그 소년이 묻는다. 집이 가난해서라고 다른 소년이 대답한다. 국가 지원을 받아도 수술에 필요한 최소한의 비용은 개인이 부담해야 했는데 그 소년의 집에는 그럴 만한 여력이 없었다. 두 소년은 그날부터 가까워지기 시작한다. 사람들의 발길이 끊긴 채 방치된 도서관에 함께 들어가 오래된 책들을 함께 읽고 책에 관한 이야기를 나누며 시간을 보낸다. 거대한 침묵이 흐르는 수업 시간에 자신들을 빼놓은 채 전자적 균일체가 되어 웃으며 선생님을 바라보는 아이들을 보아도 더 이상 소외감을 느끼지 않게 된다. 이런 식으로는 입시에서 살아남을 가능성이 없다는 사실을 알지만 그 사실을 담백하게 받아들이고 둘만의 우정을 쌓기 시작한다. 너는 거기까지 썼다. 뒷부분을 쓰려고 했지만 가르치는 아이들의 보충수업 요청이 너무 많아 다음 달에, 다음 달에는 꼭, 하는 식으로 미루다가 결국 쓰지 못했다. 그 부분 밑에는 한

줄의 여백이 있었고 다음 문단에는 괄호 안에 "그리고 시간이 지나면서 둘은 상대방이 수술을 받지 않은 진짜 이유를 알게 된다"라는 문장이 마지막으로 씌어져 있었다. 진짜 이유가 뭔데? 나는 물었다. 글쎄, 너는 어떻게 생각해? 네가 되물었다.

나는 잘 알 수 없었고 그래서 컴퓨터를 켜고 나의 이야기를 쓰는 것으로 대답을 대신했다. 배우가 나체로 나와야 한다는 점 때문에 캐스팅에 제약이 있어서 만약 만들어진다면 애니메이션이 되어야 하겠지만 어쨌거나 만들어지지는 않을 내 영화는 너의 영화보다 짧았다. 영화는 에덴동산에서 선악과를 따 먹은 아담과 이브가 충격과 당혹감에 젖어 서로를 바라보는 장면으로 시작한다. 성경에는 아담이 자신을 찾는 신의 목소리에 내가 벗었으므로 두려워 숨었나이다, 하고 대답했다고 되어 있지만 내 영화에서 아담은 왜 숨었느냐는 신의 목소리에 무서움을 누르며 대답한다. 이브의 몸이 저와 너무도 다르므로 두려워 숨었나이다. 신은 그에게 묻는다. 그러면 너는 어떻게 하고 싶으냐. 아담은 대답한다. 저와 비슷하게 생긴 사람을 제 아내로 맞아 살고 싶습니다. 신은 아담과 이브의 표정을 번갈아 보다가 그들을 에덴동산에서 풀어준다. 가라. 가서 너희 뜻대로 하거라. 아담은 이브에게 그동안 함께 살아준 것이 고맙다고 머쓱한 표정으로 말한다. 이브는 고개를 끄덕이며 같은 말을 되돌려준다. 그리고 그들은 헤어져 각자의 길을 간다. 아담은 에덴동산에서 조금 떨어진 다른 동산을 찾아낸다. 거기에서 자신과 비슷하게 생긴 사람을 만난다. 다른 신이 만든 최초의 남자, 그의 이름은 루카다. 아담과 루카는 남편과 아내가 되어 서로를 사랑하며 행복한 하루하루를 보낸다. 어느 날 그들은 산책을 나갔다가 연못가에서 다정하게 웃으며 목욕을 하는 이브와 또 다른 한 명의 여자를 만난다. 처음에는 멋쩍은 시선을 주고받던 그들 넷은 마지막에는 연못에 들어가 서로의 몸에 물을 끼얹어주며 즐거워한다. 내가 그 시나리오를 보여주었을 때 너는 웃었다. 지금 그 시나리오를 다시 써야 한다면 나는 쓰지 않을 것이다. 그 영화는 어쨌거나 만들어지지 않을 테니까. 끝끝내 만들어져야 한다면 그것은 단편이 아니라 적어도 중편 분량은 되어야 할 것이고 그 영화는 상대방이 자신과 비슷하다는 이유로 사랑에 빠졌던 아담과 루카가 실은 서로가 얼마나 다른지 깨닫는 장면으로 끝나야 할 테니까.

재작년에, 너의 아버지가 말했다. 저는 안식년을 갖기로 했습니다. 주위의 모든 사람이 그렇게 하라고 화를 내다시피 하면서 권했고 저 역시 너무 지쳐서 이제는 그래야겠다는 생각이 들었거든요. 개척교회의 시작부터 함께한 것은 아니지만 짙은 초록으로 무성하게 자라난 잎사귀들이 노란 떡잎일 때부터 저는 제 교회와 한몸이었고 돌아보니 한순간도 쉰 적이 없었습니다. 단 한 순간도요. 아들이 세상을 떠났을 때조차 이를 악물고 더 열심히 사역과 신앙생활을 했었고 그때는 그게 옳다고 믿었지만, 쉬고 싶은 마음도 조금은 들더군요.

크게 마음을 먹고 남미로 갔습니다. 아는 분들이 있었고 오랫동안 교제를 해온 교회들이 있었으나, 모르겠어요, 거기가 지구 반대편, 한국에선 가장 먼 곳이라는 생각이 제게 있어서 그랬는지. 브라질과 우루과이에서 각각 한 달과 2주씩을 보내고 아르헨티나로 들어갔습니다. 교인들을 만나고 예배를 드리고 참으로 오랜만에 사람들과 대화를 하며 웃음이라는 걸 지었어요. 그럴 수 있었던 건 정말 오랜만이었습니다.

제가 『론리플래닛』을 산 건 모든 일정이 끝나고 한국으로 돌아오기 이틀 전이었습니다. 왜 그 책을 산 건지 모르겠어요. 서어를 한마디도 못 했지만 현지 교인들이 일정에 맞게 안내를 해줬고 모든 편의를 알아서 봐줬기 때문에 굳이 배낭여행자들이 보는 가이드북을 살 필요는 없었는데 말입니다. 남미에 있는 내내 저는 아무 관광지에도 가지 않았습니다. 그럴 마음이 들지 않았어요. 예성이가 죽은 뒤로 아무리 치유를 위한 것이라 해도 꽃구경은 하고 싶지 않다는 마음이 있었고 그 마음은 그때 제게는 이미 굳은살 같은 것이 되어 있었어요. 그런데 어느 날 시내 서점에 갔다가 그 책을 봤을 때 저는 어째선지 그걸 곧바로 집어들고 계산을 하고 있었습니다. 호텔로 돌아와서, 책 맨 뒤에 있는 인덱스를 열어 알파벳 순서대로 훑기 시작했지요.

L항목에 루한Luján이라는 지명이 있더군요. 별로 유명한 곳은 아닌 것 같았습니다. 달랑 세 페이지가 전부였으니까요. 그래서 『론리플래닛』을 가지고 호텔 로비에 있는 인터넷 카페로 갔습니다. 거기서 그 지명을 검색해봤지요.

루한이라는 도시에는 동물원이 있었습니다. 부에노스아이레스에서 차로 한 시간쯤 떨어진 거리라 하루 코스로 무리 없이 다녀올 수 있다고 되어 있었어요. 저는 동물원이라는 장소를 그렇게 좋아하는 편은 아닙니다. 거기 가면 인간이라는 존재가 동물과 별다를 것이 없다는 사실을 자꾸 떠올리게 돼서요. 저만 그런 건 아닐 거예요. 그래도 아이들이 있다 보니 가끔은 갔지요. 마지막으로 동물원에 가본 건 막내가 초등학생이었을 때였고 그 뒤로는 그럴 짬이 나지 않았어요. 그런데 그 동물원 사진을 본 순간 이유는 알 수 없지만 거기에 가지 않으면 안 된다는 생각이 들었습니다. 어느 한국인 블로거가 올린 사진이었는데, 커다란 철창 안에 사자 한 마리가 졸린 표정으로 누워 있고 관광객이 우리 안에 들어가 사자의 머리를 쓰다듬고 있었어요. 다른 사진에는 호랑이도 있었습니다. 새끼도 아니고 다 큰 사자와 호랑이를 손으로 만져볼 수 있는, 세계에서 거의 유일한 동물원이라고 하더군요. 물론 인간에게 덤비지 않도록 새끼 때부터 특별한 방식으로 길러내긴 했겠지요. 그런데도 그 사진들이 저는 정말 무서웠습니다.

무서우셨다고요? 나는 물었다.

네. 사진을 보는 것만으로, 몸이 말 그대로 떨릴 만큼요. 너무나 무서운데, 왜 무서운지는 모르겠고, 그래서 거기 가야겠다는 생각이 들었어요. 다음 날 제 아내에게도 말하지 않고 길을 나섰습니다. 57번 버스를 타려고요.

가끔 만나면 모임 사람들은 우리를 하늘이 맺어준 커플이라고 불렀고 그런 말을 들으면 나는 굳이 토를 달지 않았다. 함께 사는 동안 너와 나는 별로 싸우지 않았다. 싸워야 할 것 같은 분위기가 흐르면 심각해지기 전에 어느 한쪽이 먼저 미안하다고 말했다. 어느 영화의 대사에 대놓고 반항하는 십대들처럼, 우리는 사랑하기 때문에 미안하다는 말을 서로에게 아끼지 않았고 그 점을 걱정해본 적은 없었다. 그것이 우리의 방식이었으므로. 나는 너에게 정말로 미안할 때가 많았으므로. 나는 깔끔한 성격이 못 돼서 거실을 매번 어질러놓고 치우기 싫어하는 내가 미안했다. 네가 싫어하는 담배를 끊지 못하는 내가 미안했다. 나중에는 집에 생활비를 조금밖에 가져오지 못해서 미안했다. 무엇보다도, 네가 될 수 없다는 사실이 나는 미안했다.

꼭 한번 크게 싸운 적이 있었다. 아는 사람의 아기 돌잔치에 간다고 토요일 아침에 집을 나선 네가 밤이 되도록 돌아오지 않았고 연락도 되지 않았던 날이었다. 그 전까지는 한 번도 그런 적이 없었기 때문에 나는 불안하고 겁이 났다. 너는 새벽 1시가 다 되어서야 돌아왔고 내 표정을 보고는 바로 자리에 꿇어앉아 사과했다. 아흔여섯 번이나 전화를 걸었다고, 아흔여섯 번까지 세면서 전화를 걸어본 적이 있느냐고 내가 말하자 너는 전화기 배터리가 다 되어 몰랐다고, 정말로 미안하다고 말했다. 어떻게 아는 사람인데? 돌잔치가 있었던 건 맞아? 내가 얼마나 걱정했는지 알아? 그날은 이상하게도 어두운 곳에 혼자 버려진 것처럼 서글프고 끔찍한 기분이 들었다. 내가 계속 다그치자 너는 결국 말했다.

동생이야. 동생의 아이, 그러니까 내 조카. 조카 돌잔치에 다녀왔어.

갑자기 네가 아주 멀고 낯설게 느껴졌다. 동생이랑은 연락을 했었구나. 그래, 네가 대답했다. 가족 중에서 유일하게 자신을 괴물 취급하지 않은 사람이 동생이었다고 너는 말했다.

왜 처음부터 그렇게 말하지 않았느냐고 나는 물었다. 글쎄, 별로 가고 싶지 않은 자리여서 그랬던 모양이지. 가고 싶지 않아서, 거기 간다고 너에게 말을 꺼내고 싶지조차 않았어. 나는 이해할 수가 없어서 더욱 화를 냈다. 말하기조차 싫을 만큼 가고 싶지 않다면 왜 간 건데? 너는 고개를 들고, 처음으로 정말로 상처받은 표정으로 내 두 눈을 마주 보았다. 너는 그런 적이 없니, 너는 물었다. 가고 싶지 않은 곳에 가본 적이, 없어? 이럴 수도 저럴 수도 없을 때가, 너에게는 정말로 한 번도 없었니.

별로 많지는 않았던 것 같은데. 나는 대답했다. 내 목소리가 차갑다고 느꼈지만 미안하다는 생각은 들지 않았다. 다만 좀 부끄러웠는데 내 자신이 의심으로 정신이 나가 남편의 지갑이며 휴대폰을 뒤지는 아내처럼 속 좁고 유치하게 느껴졌기 때문이었다. 내 입장에서는 정당한 의문을 가졌는데도 나는 무심결에 너의 깊은 상처를 건드리고만 것이었다. 네가 지친 목소리로 중얼거렸다. 모든 일이 그렇게 칼로 베어낸 것처럼 분명할 수 있다고 너는 생각하는구나.

나는 억울했고 이해되지 않았고 그래서 심한 말을 해버렸다. 말하기 싫을 만큼 싫어도 가족은 가족이고 나는 아닌 거구나? 너를 아우팅해버린 사람들하고 같이 있느라고 열두 시간도 넘게 내 전화를 받지 않은 기야? 착, 하는 소리와 함께 내 고개가 옆으로 휙 돌아갔다.

미안해.

너는 그렇게 중얼거리며 내 뺨을 때린 손을 거둬들여 다른 손과 함께 얼굴을 감싸버렸고 그래서 나는 네가 내내 얼마나 피곤한 표정을 하고 있었는지 볼 수 없었다.

57번 버스가 서는 정류장을 찾는 데까지는 크게 문제될 것이 없었다. 사람들이 하는 양을 보고 어찌어찌 표를 사서 너의 아버지는 버스에 올라탔다. 문제는 그다음부터였는데, 버스를 타고 보니 노선도가 붙어 있지 않았다. 한국의 버스처럼 친절하게 정류장마다 방송이 나오는 것도 아니었다. 사람들에게 물어보면 되겠지, 그는 그렇게 생각하고 주위를 둘러보았다. 승객들 중에 여행을 온 사람은 그밖에 없는 것 같았다. 나머지 사람들은 스페인어를 유창하게 구사했고 옷차림으로 봐도 현지인들로 보였다. 그는 좀 당황했지만 어떻게 되겠지, 하고 생각했다. 창밖으로 가끔씩 지명이 적힌 표지판이 지나갔는데 그걸 잘 보고 있으면 제대로 내릴 수도 있을 것 같았다.

한 시간 남짓 시간이 흐를 때까지 그는 초조한 표정으로 창밖을 내다보며 앉아 있었다. 표지판은 점점 줄어들었고 결국 그는 옆자리에 앉은 중년 여성에게 루한, 주? 하고 물었다. '동물원'에 해당하는 스페인어를 외워두었지만 그 순간에는 떠오르지 않아서였다. 여자는 느긋한 스페인어로 뭐라고 길게 대답했고 그는 그것을 아직 좀더 있어야 한다는 의미로 받아들였다. 10분쯤이 더 지났을 때 그는 결국 자리에서 일어났다. 비틀거리며 앞쪽으로 걸어가 버스 운전기사에게 같은 질문을 했다. 기사는 다급한 표정으로 바깥을 가리켰고 마침 문이 활짝 열렸다. 그는 열린 문으로 황급히 뛰어내렸다.

덩그러니 버스 정류장 하나가 있을 뿐 그곳은 허허벌판이었다. 주위를 둘러봤지만 동물원으로 보이는 공간은 없었고 건물이나 힌트가 될 만한 어떤 표지도 존재하지 않았으며 지나가는 사람 또한 없었다. 8차선 고속도로 양옆으로 거대한 황무지가 펼쳐져 있었고 제법 알갱이가 굵은 모래가 바람에 섞여 날아와 얼굴을 때렸다. 멀리, 까마득히 먼 거리에 거인의 곱슬머리 같은 검은 숲들이 늘어서 있었다. 그뿐이었다. 그 풍경은 그의 앞뒤로 마치 영원히 계속될 것처럼 이어져 있었다.

지금 생각하면 그 자리에서 가만히 다음 버스를 기다려야 했어요. 하지만 버스 배차 간격이 짧지 않을 것 같았고 해도 이미 중천에 떠 있는 참이라 저는 움직이기로 했습니다. 차를 타고 있던 시간은 대략 맞췄으니 조금만 걸어가면 동물원이 나올 거라 믿었거든요.

그는 앞과 뒤 가운데서 앞을 선택했고 고속도로를 따라 걷기 시작했다. 갓길이라고 하기에도 너무 좁은, 한 사람이 간신히 걸어갈 만한 공간이었다. 가끔씩 집채만 한 트럭들이 가느다란 흰색 선 안쪽을 위태롭게 걸어가는 그의 몸 바로 곁으로 어마어마한 경적을 울리며 지나갔다. 그는 그 도로 위에서 길을 잃었다. 아무리 걸어도 다음 정류장이 보이지 않았고 그가 타고 온 버스도 지나가지 않았으며 마을도, 보행자 도로로 연결되는 길목도 나오지 않았다.

어느 날 나는 책상 앞에 앉아 음악을 들으며 영화 공유 사이트에서 영국 드라마를 다운 받고 있었다. 한 소년의 의문사에 얽힌 비밀을 풀기 위해 폐쇄적인 분위기의 마을에 잠입한 형사의 이야기였는데 스토리만 봐서는 내가 좋아하는 종류의 이야기는 아니었다. 보나마나 아리송하면서 쓸쓸한 분위기로 시작해 비밀들이 하나씩 차례로 폭로되고, 끔찍하고 추한 이야기들이 마구 토해지듯 계속되다가 마지막에는 차갑고 커다란 손으로 뺨을 얻어맞는 것 같은 얼얼함을 남기고 끝나는 이야기일 것이었다. 그건 네가 좋아하는 종류의 이야기도 아니었다. 그런데 나는 왜 그런 걸 다운 받고 있었을까. 사람들이 추천작이라며 별을 여러 개 붙여둔 드라마였고 나는 단지 너와 무언가를 같이 보고 싶었다. 너와 극장에 나란히 앉아 영화를 본 것이 대체 언제였는지 기억나지 않았던 것이다. 그때 네가 등 뒤에서 중얼거렸다.

딸기.

나는 한쪽 귀에서 이어폰을 뺐다.

죽어버린 것이 다시 살아날 수 있을까?

고개를 돌려보니 너는 책상 위로 몸을 수그린 채 연필을 사각사각 움직이고 있었다. 뭐가 죽었는데? 세탁할 때가 지난 것처럼 보이는 너의 낡은 하늘색 수면바지를 쳐다보다가 나는 물었다.

아무것도 아니야, 네가 대답했다. 나는 잠시 그대로 있었고 너는 더 이상 말하지 않았다. 나는 몸을 원래대로 돌리고 한쪽 귀에 이어폰을 도로 꽂았다. 이어폰에서는 내가 좋아하지도 않는 케이팝 최신곡이 쿵쾅쿵쾅 울리고 있었다. 드라마 다운로드 상태를 다시 확인하는데 천천히 코가 매워지기 시작했다. 눈물이 만들어져 모이고 있었다. 그냥 너를 보고 있다가 등을 돌려 하던 일들을 계속한 것뿐인데 방금 전 내가 한 단순한 동작들의 연속이 왜 그렇게 서글픈지 알 수 없었다. 언제부턴가 우리의 대화는 잘못 깎은 연필심처럼 끊겨 나갔다. 그렇지 않던 날들이 생각났다. 아무것도 아니야, 따위의 말이 나오지도 않았고 설령 그런 말이 나온다 한들 거기서 허망하게 대화가 끝나버리는 일도 없었으며 방에서 음악을 들을 때 서로에게 방해가 될까 봐 이어폰을 사용하지도 않았다. 언제나 같이 듣고 같이 느꼈다. 너는 둥근 주걱 모양으로 길어질 때까지 발톱들을 그냥 놔두지 않았고 나는 식탁에 함부로 그릇들을 탁, 탁 내려놓지 않았다. 무엇보다 나는 너에게서 그렇게 빨리 등을 돌려 돌아앉지 않았다. 그 사실을 견딜 수 없어 나는 거실로 나갔다. 욕실에 들어가 옷을 벗고 샤워기를 틀었다. 델 것처럼 뜨거운 물 아래 오래 서 있었다.

샤워를 끝내고 나와보니 방에는 불이 꺼져 있었다. 나는 어둠 속을 더듬어 너의 책상으로 걸어갔다. 불빛이 네 쪽을 향하지 않게 조심하면서 독서등을 켜고 네가 보고 있던 문제집을 펼쳤다.

너는 학원에서 아이들을 가르쳤다. 밤마다 수십 개의 영어 지문을 읽으며 독해 문제를 미리 풀어야 했는데 가끔 수업 준비를 하면서 보기에 나오는 문장들을 혼잣말처럼 되풀이할 때가 있었다. 세계 인구의 과반수가 한 개의 언어만을 사용한다,라거나 지금 사든 나중까지 기다리든 표값은 똑같을 것이다,라거나 이야기를 꾸며내는 인간들의 능력의 풍부함! 같은 말들을 들으면 나는 뭐라고? 하고 되물었고 너는 그 지문 내용을 요약해 들려주다가 더 이상한 문장들이 나오는 다른 지문을 읽어주다가 했다.

어느 순간부터는 그 지문들을 읽는 것이 책을 좋아하던 루카 너의 유일한 독서가 되었다. 예술축제가 끝나고 내 수입이 없어져 네가 수업을 늘려야 하게 되면서부터 너의 자유 시간은 반으로 줄었고 우리가 함께 보내는 시간은 더 많이 줄어들었다. 나는 어떻게든 다시 일을 구할 생각이었지만 다른 축제들에 모집 공고가 뜨려면 몇 달은 더 있어야 했고 예산 부족으로 축제 자체가 취소되는 일도 드물지 않아서 불확실한 나날이 계속되고 있었다. 그리고 언제나 그렇듯, 아무 말도 하지 않고 일을 늘린 것은 너였다. 미안해, 내가 말하자 너는 괜찮아, 뭐가 미안해, 말하며 웃었다. 너는 퀴어고, 퀴어와 관련된 일을 계속하고 싶은 거잖아. 같이 웃고 있었지만 나는 조금 서운했다. 너는 퀴어고, 퀴어와 관련된 일이 아니면 하고 싶지 않은 거잖아. 그 말이 내게는 그렇게 들렸던 것이다.

네가 보고 있던 문제집에 죽음이나 부활에 관한 지문은 없었다. 나는 독서등을 끄고 침대로 갔다. 통조림 속의 정어리들처럼 겹쳐지듯 잠드는 게 좋아서 바꾸지 않고 써온 싱글침대 한쪽에 네가 미동도 없이 잠들어 있었다. 바싹 마른 몸을 노인처럼 둥글게 웅크리고, 벽 쪽에 바짝 붙은 채. 나는 너의 옆에 들어가 누웠다. 깨우지 않으려고 조심한 것도 아닌데 우리의 몸은 서로에게 닿지 않았다.

일요일 아침 눈을 떴을 때 나는 혼자였다. 너는 오후가 지나 집에 돌아왔고 아무런 설명도 하지 않았다. 다음 주에도, 그다음 주에도 같은 일이 반복되었다.

너의 아버지는 계속 걸었다. 남미의 11월은 한국의 7월만큼 뜨거웠고 그는 손목시계를 지니고 있지 않았으므로 머리 위에서 이글거리는 태양의 궤적과 그에 따라 조금씩 변해가는 열기의 강도만이 시간의 흐름을 가늠할 수 있게 해주는 유일한 표지였다. 몇 번인가 갓길에 세워진 대형 가스 트럭들과 마주쳤으나 운전자들은 마치 어딘가로 납치되기라도 한 것처럼 보이지 않았고, SOS라고 표시된 비상전화를 발견한 그가 떠올릴 수 있는 모든 조합으로 버튼을 눌러 통화를 시도했으나 의미를 알 수 없는 스페인어 ARS 음성이 흘러나올 뿐 전화는 어느 곳으로도 연결되지 않았다. 그는 목이 말랐고 다리가 아팠다. 그래도 소금 땀을 흘리며 계속 걷는 수밖에 없었는데, 화살표와 함께 커다란 글씨로 'LUJÁN'이라고 씌어진 도로 표지판이 잊어버릴 만하면 계속 나타났기 때문이었다. 그는 자신이 서 있는 곳이 아직 루한이 아닌 모양이라고 생각했다. 그럴 리가 없는데, 그는 생각했다. 동물원은 잊어버린 지 오래였다. 호텔에서 기다리고 있을 아내가 떠올랐고 한국으로 돌아갈 비행기 표가, 마침내는 아이들의 얼굴까지 떠올랐다. 그는 이렇게 아무도 없는 고속도로 위를 끝없이 걷다가 종내는 사라져버리는 자신을 상상하기 시작했다. 길 위에서 쓰러져 정신을 잃어도 아무도 도와주러 오지 않을 것 같았다.

온몸이 땀범벅이 된 채 그렇게 몇 시간쯤 걸었을까. 그는 갑자기 오래전에 죽은 자신의 아들, 너를 떠올렸다. 아무도 없는 길을 예식이가 이렇게 걷고 있었겠구나, 그는 생각했다. 아는 사람들을 지구 반대편처럼 아득한 곳에 두고, 어디에도 닿을 수 없는 상태로 말이다. 그러자 너에게 소리친 기억이 떠올랐다. 계속 소리를 쳤다고 그는 말했다. 그러지 않으면 입이 없어지고 목소리가 없어지고 몸 전체가 녹아 없어질 것 같았으니까요. 아마도 어떻게 그렇게 모두를 속일 수 있느냐는 말을 했을 겁니다. 가족을 속이고 하나님을 속이고 너 자신을 속이고, 어떻게 그럴 수 있느냐고요.

네가 죽은 뒤로 그는 몇 번이고 너의 기억을 떠올려보려 했지만 잘 되지 않았다. 유일하게 선명한 것은 네가 커밍아웃을 하던 순간의 기억이었다. 맞느냐고 묻는 제 말에 맞다고 고개를 숙인 채 대답하는 그 아이가 있고, 그 대답을 듣고 울며 소리치는 제 자신의 모습이 있어요. 그것밖에 기억나지 않았습니다. 어떻게 계속 교회 일을 보고 예배를 인도한 건지, 알 수가 없었어요. 기도로는 몸이 회복되지 않아 중간에 잠시 약물치료를 받긴 했습니다. 시간이 걸리는 게 당연하다고 사람들이 말했고 저는 그 말을 받아들였습니다. 생각이라는 걸 하지 않으려고 노력했고 그 사고를 떠오르게 하는 일들은 피했어요.

그러나 그의 집에서 가장 멀리 떨어진 지구 반대편, 양옆으로 팜파스가 끝없이 펼쳐진 아르헨티나의 고속도로 위에서 그는 문득 걷잡을 수 없이 슬퍼지기 시작했다. 그때 아들은 어디로 가다가 차에 치인 것일까. 사고를 당하기 전에 무슨 생각을 하고 있었을까. 얼마나 외로웠을까. 그는 울었다. 울면서 신에게 용서를 구하며 걸었다. 아들이 죄를 지은 것은 맞지만 그 죄는 자신에게서 온 것이라고, 제대로 된 아버지 모습을 보여주지 못했고 신의 말씀을 바르게 전하지 못한 자신의 탓이라고. 목회자로도 아버지로도 제대로 길을 걸은 적이 없었고 그것이 자신의 부족함이었다고 그는 신에게 고백했다. 이제 그 아이가 세상을 떠났고 오랜 시간이 지났으니 지상을 슬피 떠돌게 두지

마시고, 이렇듯 아무도 없는 외로운 길을 혼자 걷게 놔두지 마시고 그만 주님의 품에 받아주십시오. 그는 걸으면서 가슴을 치며 빌었다.

당장이라도 쓰러질 것 같다고 느끼며 그가 고개를 들었을 때, 저 멀리에 그때까지는 보이지 않던 표지판 하나가 눈에 들어왔다. 십자가를 단 둥근 지붕의 건물이 그려진 표지판. 대성당이 있었다. 거기서 7킬로미터를 더 걸으면 대성당이 있다고 되어 있었다. 호텔에 두고 온 『론리 플래닛』에 루한이 기도의 도시라고 씌어 있었던 걸 그는 그제야 기억했다. 루한에서 가장 유명한 관광지로 소개된 그 대성당은 개신교가 아니라 가톨릭의 성지였지만 그 순간에는 그런 것이 문제되지 않았다. 그 표지판은 그에게 신이 있어 그의 기도를 들어주신다는 뜻으로 다가왔다. 자식을 데려간 신을 원망하고 믿음을 소홀히 하고 때로는 등을 돌리려 했던 그를 신은 넓은 가슴으로 용서하고 보듬어 품어준 것이었다. 그는 눈물을 흘리며 화살표가 가리키는 방향으로 걸었다.

글쎄, 너는 어떻게 생각해?

두 소년이 전자뇌를 달지 않은 진짜 이유는 무엇이었을까? 서로를 사랑하기 시작했다는 것 외에 다른 이유는 없지 않을까? 자신과 마찬가지로 전자뇌가 없는 다른 소년이 있다는 사실을 알았을 때 그들은 자신마저 수술을 받아 반 아이들의 집단 지성에 합류함으로써 상대방을 혼자 남게 하고 싶지는 않다고 각자 생각했을 것이다. 처음에는 단지 그뿐이었겠지만 서로를 알아보고 이야기를 나누면서 그들은 곧 사랑하는 사이가 되었을 것이다. 설령 다른 이유가 있었다 한들 그 시점에서는 이미 중요하지 않아졌을 것이다. 그때의 나는 그렇게 생각했다.

그런데 그다음에는 무슨 일이 일어난 것일까.

네가 나를 떠나려 하는 거라고 나는 생각했다. 처음에는 나만으로도 충분했다. 그러나 이제 너에게는 나 말고도 신이, 부서진 부분이 많을지언정 가족이, 어떤 공동체가, 다른 삶이 다시 필요해진 것이었다.

나는 그런 것들이 필요하지 않았다. 나는 신을 만나본 적이 있었다. 루카, 내가 너를 만난 것이 그가 존재한다는 증거였다. 내가 그 신에게 경배를 드리고 기도를 바칠 필요는 없었다. 그는 가만히 존재하는 것만으로 스스로를 증명하는 신이었고 나에게도 너를 사랑하는 것 외에 다른 무언가를 요구하지 않았으므로.

내가 연락하고 지내는 사람들은 모두 퀴어였고 어떤 식으로든 나와 닮은 말투와 표정을 지닌 사람들이었다. 비슷비슷한 상처와 흉터, 문화와 예술이라는 취향과 관심사, 세상을 좀더 재미있는 곳으로 만들고 싶다는 마음, 실망스러운 가정환경과 좌절된 꿈이 적힌 소박한 목록을 지닌 사람들. 하지만 루카, 너의 어떤 얼굴은 누구와도 달랐다. 나는 누구에게도 너의 그 얼굴을 보여주고 싶지 않았다.

그리고 그 순간부터 너는 나를 유일한 시민으로 갖는 사회가 되어야 했다. 네가 내 사회의 유일한 시민이었으니까. 너는 나를 온전해지게 하는 가족이었고, 속마음을 털어놓을 단 한 명의 친구였으며, 주기적으로 긴장감을 불어넣어주는 지인이었고, 내가 살아보지 못한 좀더 나은 삶이었다. 나는 너라는 한 사람 속에서 그 모두를 찾고 구했다. 그 일이 잘못이었다고는 생각해보지 않았다.

그리고 어느 날 내가 사랑한 너의 어떤 얼굴은 내게 낯설어졌다.

죽었다고 믿었던 것들이 너의 삶 속에서 다시 살아난 것이다. 그래서 네가 내게 말하지 않은 채 일요일마다 교회에 다녀오는 것이다. 나는 그렇게 생각했다. 네가 가족의 기다림을 이기지 못해 전환치료라는 것을 받고 교회로 돌아가버릴까 봐 두려웠다. 되살아난 것들이 내게서 너를 빼앗아갈까 봐 두려웠다. 그래서 나는 너의 신을 미워하고 너의 가족을 마음속으로 헐뜯었다. 네가 없는 일요일 아침이 새로 돋아난 습진이기라도 한 것처럼 손톱을 세워 긁어대며 부어오르게 했다. 그것은 차별이나 소수자 같은 말들과는 정말 아무 관계도 없는 일이었을까. 그렇지 않다는 걸 나는 안다. 너는 내 세계에서 소수자였고 나는 문을 열어 밖을 내다보고 싶어 하는 너를 받아들일 수 없었다.

영화를 보러 갔었다고 너는 말했다.

나와 사귀고 얼마 되지 않았을 때처럼, 내게 나중에 얘기를 들려주고 싶다고 생각하며 혼자 극장에 가서 조조로 영화를 보고 왔다고. 아주 오래전에 그렇게 했던 기억이 떠올랐고, 이제는 더 이상 그 일을 하지 않는다는 사실이 아쉬웠다고. 그래서 일요일 아침마다 극장에 갔다고. 너는 죽어버린 무언가를 되살리고 싶었고 그건 내가 상상한 것과 아주 다른 것이었다. 그 이야기를 너에게서 들었을 때 옛날처럼 머쓱한 웃음을 짓거나, 그럼 진작 그렇게 말을 하지! 하고 핀잔을 줄 수 있었더라면 얼마나 좋았을까. 그러나 그때는 우리가 길을 잃은 뒤, 이미 모든 것이 너무 늦어버린 뒤였다. 우리는 너무 많이 오해했고 오해를 풀 기회를 너무 많이 놓쳤다. 나는 이유를 알지 못한 채 습관처럼 눈물을 흘리고 있었고 반복되는 내 의심과 추궁 때문에 너의 얼굴은 지칠 대로 지쳐 있었으며 죽은 것들은 되살아나는 대신 예전보다 더 죽은 채 그대로 있었다. 그때쯤에는 나도 알고 있었다. 연인들이 서로에게 하는 어떤 말들, 이를테면 나는 네가 무슨 일을 하든 피부색이 무엇이든 어디서 왔든 관계없이 너를 사랑해, 같은 말들이 얼마나 순진한 것인지 말이다. 내가 너를 사랑하는 일에는 그 모든 것들이 관여하고 있었다. 나와는 달리 네가 신의 말씀을 들으며 자라났고 주일학교에서 아이들을 가르치며 대학 생활을 했다는 사실이 관계되어 있었고 네가 너의 신에 대해 갖고 있던 불편하지만 온전히 떠날 수는 없다는 태도가 관계되어 있었다. 네가 가진 형제들과 내게는 없는 형제들이 관계되어 있었다. 너의 교회 사람들이 우리와 같은 사람들에 대해 했던 말들이 관계되어 있었고 내 동료들이 너의 교회 같은 교회들에 관해 이야기할 때 하는 말들이 관계되어 있었다. 내가 나의 정체성을 지키며 살기 위해 너의 경제적 도움을 얻지 않으면 안 된다는 사실이 관계되어 있었고 그 사실에 대해 내가 품는 감정이 관계되어 있었다. 네가 나를 위해 포기한 것들이 나를 건드리는 방식이 관계되어 있었고 그런 나를 보는 너의 표정이, 무엇보다 어떤 이야기를 하다가 우리 두 사람이 동시에 도달하는 침묵의 농도와 빛깔, 어떻게 해도 건너갈 수 없던 그 여울의 세찬 물살이 관계되어 있었다. 이 모든 것들이 너와 나의 마음에 빼낼 수 없는 철심처럼 박혀 우리를 하나로 연결하고 있었다.

그렇지만 나중에는 교회에도 갔었어.

네가 말했다.

모르겠어. 네가 그렇게 싫어한다는 걸 아니까 화가 나서, 그렇다면 정말 가주지 뭐, 하는 생각이 들었던 걸까. 아무래도 마음이 좋지 않아서 뭔가 기도를 하고 싶다는 마음도 조금은 있었어. 그래, 나중에는 정말로 갔어. 거기선 소돔과 고모라 얘기 같은 건 하지 않아.

너의 아버지가 간신히 대성당에 도착한 것은 출발한 지 여덟 시간이 지나 오후 5시가 다 돼서였다. 7킬로미터를 거의 다 걸었을 때 기적처럼 휴게소가 하나 나왔고 그곳의 직원은 영어를 할 줄 알았다. 그는 신에게 감사하며 택시를 타고 마지막 거리를 이동했다.

그가 도착했을 때 대성당의 출입구는 이미 닫혀 있었다. 자신처럼 너무 늦게 도착한 관광객들이 아쉬운 얼굴로 돌아서는 것을 보다가 그는 버스 정류장 쪽으로 걷기 시작했다. 뾰족한 첨탑 두 개가 쌍둥이처럼 붙은 크림색의 대성당 건물을 멀리서 바라보다가 조금 허탈해진 마음으로 버스에 올랐다.

돌아오는 길은 편했다. 갈 때와는 달리 관광객들이 버스를 가득 채우고 있었고 그가 이해할 수 있는 문장들이 여기저기서 들려왔으며 그는 더 이상 어디서 내려야 할지 신경을 곤두세우지 않아도 됐다. 조금 전까지 그가 걷고 있던 고속도로의 기억이 마치 질 나쁜 농담처럼, 누군가의 페이퍼백 속에서 튀어나온 이야기처럼 느껴졌다. 그는 좌석에 머리를 기대고 눈을 감았다. 그렇게 약간의 시간이 흘렀을 때 그는 자신이 원래 가려고 했던 곳이 동물원이었다는 사실을 떠올렸다. 그러자 머리를 치고 지나가는 생각이 있었다.

그의 아들, 너는 죽은 적이 없었다. 교통사고가 일어난 적도, 장례식이 치러진 적도 없었다.

그는 세상을 떠난 너를 본 적이 있었다. 손자의 돌잔치에서였다. 그날 그는 앞쪽에 앉아 있었고, 막 돌잡이가 시작되려 할 때 우연히 문 쪽으로 시선을 주었다가 검은색 옷을 입은 네가 조용히 문을 열고 들어와 구석에 앉는 것을 지켜보고 그 자리에서 정신을 잃고 말았다.

잔치는 엉망이 되었고, 눈을 떴을 때 그는 병원으로 옮겨져 있었다고 했다. 그날의 기억이 흔들리는 버스에서 떠올랐고 그는 자신이 왜 동물원에 가려고 했는지 깨달았다.

우리 안에 들어가 살아 있는 사자와 호랑이를 손으로 만지면, 그 정도로 무서운 경험을 하면 다른 무서움이 사라질 거라고 그는 생각한 것이었다. 그 다른 무서움은 그때까지는 아무리 발버둥쳐도 잡을 수 없던 그의 어떤 기억과 연결되어 있었다. 사랑하는 아들이 게이라는 사실과 자신이 한평생 속해 살아온 교회라는 두 세계를 그는 동시에 감당할 수 없었다. 그의 머릿속에서 어느 하나는 사라져야 했다. 네가 교통사고로 세상을 떠났다고 믿는 것으로 그의 혼란은 수습되었고 그의 건강을 염려한 주위 사람들은 그것을 문제 삼지 않았다. 그는 진심으로 애도했고 신에게 용서받았다. 그러나 이제 그는 갑자기 알게 된 것이었다. 살아 있는 아들을 죽은 사람이 되게 한 것은, 자신의 이성으로 하여금 받아들이기 더 쉬운 그 선택을 하게 한 것은 다름 아닌 자신이었고, 한평생 그토록 소중하게 지켜온 자신의 믿음이었다.

한국으로 돌아온 뒤 그는 더 이상 예배와 설교와 기도를 계속할 수 없을 것 같다는 생각이 들었다. 그러나 그는 성실하게 그 일들을 계속했다고 했다.

지켜야 할 성경 말씀이 있고 그것이 저에게 의미 있기 때문은 아니었습니다, 그는 말했다. 그건 단지 제가 목사이고 제 아내가 교회 사모이며 제 아이들과 생활과 커리어 전체가 교회와 너무도 긴밀하게 연결되어 있어 도저히 떼어낼 수가 없기 때문이었어요. 주님과도 예성이와도 아무 상관 없는 세속적인 이유였지요. 그런 것이, 고작 그런 것이 저의 믿음이었어요.

그는 자신이 이제 신을 믿지 않는다는 사실을 아무에게도 말하지 못했다. 내가 그 이야기를 들은 유일한 사람이라고 했다.

왜 그런 이야기를 하시는 거냐고 나는 물었다. 그는 대답하지 않고 미안하다고 말했다. 나와 같은 사람들에게 미안하다는 말을 하고 싶었다고. 그러니 부디 너에 대해 이야기해달라고, 어떤 이야기라도 좋다고 그는 부탁했다. 자신은 이제 망가져버린 사람이라고, 여전히 살아 있는 네가 어떤 사람인지 알아내지 않으면 도무지 어떻게 살아가야 할지 알 수 없을 것 같다고.

그 말을 듣는 순간 나는 솟구치는 화를 아무래도 누를 수가 없었다. 타인의 입에서 나오는 말을 듣는 것으로 그렇게 간단하게 침묵의 대가를 치르고 너라는 존재를 복원하려 하는 그가, 그를 그럴 수 있게 하는 힘이, 그 힘을 갖지 못한 내가, 참을 수 없을 정도로 혐오스러웠다.

나는 그에게 너에 관해서는 이야기하지 않았다. 대신 다른 말들을 했다. 그의 입에서 나온 미안하다는 말이 나를 갑자기 멀리 있는 모두의 대변자가 되게 했고 그들의 분노와 상처가 한꺼번에 날아와 내 입술에서 나오는 말들을 물들였다. 그의 긴 고백은 내 안에서 아무것도 상쇄시키거나 흔들거나 곤란하게 하지 않았다. 리필한 커피를 마시는 동안 그의 얼굴은 천천히 내 앞에서 억압하는 자, 편협한 자, 닫혀 있는 자의 그것으로 변해갔고 그는 실제로 그런 사람이었는지도 모른다. 그가 그토록 먼 길을 걷고 오랜 시간을 헤매고 가슴을 치며 괴로워했다는 사실은 내게 어떤 연민도 불러일으키지 않았다. 왜 내가 이해해야 하는가? 나는 그렇게 생각했다. 이해해버리면 끝장이라고 말이다. 그랬다. 끝장이라는 단어가 떠올랐다. 내가 그날 그토록 많은 말들을, 평소의 나와는 그다지 어울리지 않는다고 믿던 말들을 했다면 그래서였을 것이다. 그러나 나는 너와 함께 있을 때 내가 돌보지 않은 우리의 침묵에 대해서는 아무 말도 하지 않았다. 그가 너를 받아들일 수 없어 죽게 했다면 나 역시 내가 사랑하지 않는 너의 어떤 부분을 사랑한다고 말하면서 그저 시들게 놓아두기만 한 사람이라는 것도.

그 교회는 우리가 같이 살던 집에서 그리 멀지 않은 곳에 있었다. 성소수자들을 배척하지 않고 포용해준다는 교회였다. 헤어지기 직전이어서 그랬는지 그 일요일 아침 내 앞에서 걸어가던 루카 너의 굽은 등과, 교회 정원에 깔려 햇빛에 아스라하게 반짝이던 희고 검은 자갈길 같은 것들이 여전히 잊히지 않는다. 그곳에 함께 가보자는 건 내 생각이었다. 예배를 보는 동안 우리는 손을 꼭 잡고 있었다. 예배가 끝나자 사람들이 와서 인사를 했고 이야기를 들려주었고 정식으로 등록을 하지 않겠느냐고, 여기서는 모두 이웃처럼 친하게 지낸다고 우리에게 권했다. 강요로 느껴지지는 않는 부드러운 말들이었다. 다른 부분들도 걱정한 것만큼 이상하게 느껴지지는 않았다. 기도를 하고 노래를 부를 때 자신을 필요 이상으로 열어야 한다는 점이 조금 낯설게 느껴졌을 뿐이다. 그날 그 교회에서 나는 너의 신에게 너와 헤어지지 않게 해달라고 기도했다. 우리가 이미 오래전에 헤어졌다는 사실을 알고 있었기 때문이었다. 그들은 우리에게 부활절 달걀을 주었고 우리는 그것을 함께 먹었다. 오직 헤어진 사람들만이 서로에게 보일 수 있는 다정한 얼굴을 하고.

루카, 나는 너에게 네가 왜 루카인지 묻지 않았다. 예전에도 지금도 나는 그것이 잘못이었다고는 생각하지 않는다. 너 역시 내가 왜 딸기인지는 묻지 않았으니까. 나는 이제 너와 함께가 아니고 여전히 어떤 것들에 대해서는 묻지 않은 채 살아간다. 어떤 일들은 그저 어쩔 수 없고 어떤 일들은 노력해도 나아지지 않으며 함께 살아야 한다고 말하지만 우리는 어떤 사람들과는 함께 살 수 없다. 그저, 그럴 수 없다. 삶이라는 이름의 그 완고한 종교가 주는 믿음 외에 내가 다른 무언가를 믿는다고 말할 수 있을까? 나는 내 믿음을 지켰고 너를 잃었다. 그 사실이 가끔 나를 찌르지만 나는 대체로 평안하다. 그런데 루카, 너는 어떠니. 너는 그곳에서 평안하니. 루카였고 예성이었던 너는.

선 정 의 말

—

한국 사회에서도 동성애적인 코드는 이제 그리 생소한 소재는 아니라서 '성적 소수자'에 대한 관용적 어휘를 우리는 쉽게 남발하곤 하지만, 그러한 태도는 쉽게 해결될 수 없는 갈등의 요소들을 보편적인 이해의 문법으로 용해시켜버린다는 점에서 여전히 문제적이다. 물론 이러한 태도는 보편과 특수의 관계를 서사적으로 설정하는 과정에서 발생할 수 있는 윤리적, 정치적 딜레마와 무관하지 않을 것이다. 특수성을 사수하면서 차이를 정치적으로 드러낼 것인가, 아니면 그 차이를 관음증적인 시선으로 바라보는 것을 피하기 위해 그것을 애써 보편적 문법으로 쿨하게 윤리적으로 다룰 것인가. 어떤 태도가 옳다고 말할 수는 없지만, 윤리적 세련됨을 빙자한 정치적 관용이 우리의 서사적 사유로 하여금 그 차이를 발견하고 서둘러 봉합하는 지점에서 종종 멈추게 만든다는 사실을 덧붙일 필요는 있을 것 같다.

반면 윤이형의 「루카」는 윤리적 키치를 넘어서, 차이가 유발할 수 있는 여러 층위에서의 갈등들을 다시 부활시키는 문제적인 작품이다. 다소 편의적인 방식이지만, 이 소설의 문제의식을 한 문장으로 요약하면 다음과 같을 것이다. "내가 너를 사랑하는 일에는 그 모든 것들이 관여하고 있었다." 그 모든 것의 핵심은 분명 남자인 내가 남자인 너를 사랑한다는 사실일 것이다. 그리고 그 외의 모든 것들이 바로 그 사실에 계속해서 개입하고 있기에 루카와 나는 '사랑'이라는 서사적 환상에 쉽게 안착하지 못한다. 그러므로 루카와 딸기(나) 사이의 사랑과 이별을 이해하기 위해서는 자신의 성적 취향을 발견하는 과정에서 겪었던 개인적 갈등의 역사를 포함하여, 둘 사이에 존재할 수 있는 계급적 관계, 그리고 삶에 대한 신앙의 차이를 살펴보아야 한다. 물론 그 모든 차이를 인지하고 또 인정하는 것은 불가능하다. 마치 '내'가 끝내 '루카'라는 이름의 의미가 무엇인지 이해하지 못했고 또 애써 알아내려고 하지 않은 채 헤어질 수밖에 없었던 것처럼. 우리는 흔히 사랑으로 윤리와 정치 등의 모든 문제를 섭렵할 수 있다고 믿지만 그것은 그저 추상적인 관념에 불과해서, 사랑으로 삶을 영원히 구원하는 것은 요원한 일이기만 하다. 물론 그것이 단순히 무의미한 실패에 그치는 것은 아니다. 윤이형의 작품이 훌륭하게 보여주는 것처럼, 어떤 의미에서 진정한 사랑의 구원은 사랑의 실패가 야기할 수 있는 침묵과 고독 그리고 고통을 정직하게 응시할 수 있는 용기까지도 포함하는 일이기 때문이다. _**강동호**

2014년 3월

이달의 소설

기린이 아닌 모든 것에 대한 이야기

이장욱

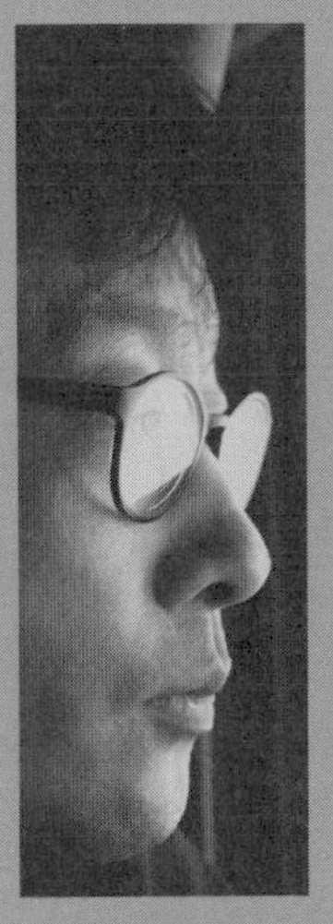

1968년 서울에서 태어나 2005년 문학수첩 작가상으로 등단했다. 소설집 『고백의 제왕』 『기린이 아닌 모든 것』, 장편소설 『칼로의 유쾌한 악마들』 『천국보다 낯선』이 있다.

작 가 노 트

심야 택시가 동부간선도로를 질주할 때, 긴 목을 하늘거리며 한 마리의 우아한 기린은 도로를 횡단하였다. 기린이 잠시 고개를 돌렸다. 나는 그의 무심한 눈망울을 영원히 기억하였다.

●••

기린이 아닌 모든 것에 대한 이야기

—

1

기린이 아닌 모든 것에 대한 이야기를 해드릴까요?

내가 그렇게 말하면, 당신은 어떤 생각을 합니까? 정말 기린이 아닌 모든 것을 생각합니까? 목이 참 길고, 키가 껑충하니 크고, 무중력 공간인 듯 천천히 움직이는 그 동물을 제외한, 모든 것을 생각합니까? 또는 그 동물이 한가로이 거니는 아프리카의 초원이나 동물원이 아니라, 세상의 모든 곳을 생각합니까?

그럴 리가. 기린이 아닌 모든 것에 대한 이야기를 해드리겠습니다,라고 내가 말하면 사람들은 당연하다는 듯 기린에 대한 모든 것을 생각합니다. 마치 내가 이렇게 말한 것처럼 말이죠. 이제부터 기린에 대한 모든 것을 이야기헤드리겠습니디   리고요.

나는 대체로 발음이 정확합니다. 당신의 귀는 정확하게 내 말을 들었습니다. 그런데 지금 당신의 머릿속을 지나가는 것은 무엇입니까? 그건 기린이 아닙니까? 그 기린은 산책 중일지도 모르고, 배가 고파 아까시나무의 잎사귀를 베어 물고 있을지도 모릅니다. 암컷의 등에 올라타고 교미 중일지도 모르지요. 아니면 긴 목을 칼처럼 휘두르며 다른 기린과 싸우고 있을지도.

물론 나는 그 기린에 대해 아무런 권리가 없습니다. 그건 순수하게 당신의 머릿속에서 태어난 당신의 기린이니까요. 이상한 말이지만, 나는 그것이 내 운명이라고 생각합니다.

운명이라고 나는 말했습니다. 우스운가요? 하지만 믿어주십시오. 나는 진실만을 말하고 있으니까요. 그렇다고 느낍니다. 만에 하나 거짓말이라고 해도, 이건 진심을 다한 거짓말입니다. 전력을 나한 서싯말입니다. 내가 이렇게 말하는 순간에도, 아름다운 기린 한 마리가 당신의 머릿속을 지나가고 있지 않습니까? 그 기린은 하늘하늘 걸어가고 있지 않습니까? 그것이 증거입니다. 그 기린은 지금 어디까지 갔습니까? 멀리 사라지고 있습니까? 긴 목을 돌려 당신을 바라보고 있습니까? 거기 황혼이 지고 있나요?

그래요. 그것이 나의 운명입니다.

2

나는 언제부터 그런 이야기에 탐닉한 것일까요? 기린이 아닌 모든 것에 대한 이야기 같은 것에 말입니다. 초등학교 때 파출소에 가서 "저는 담임선생님이 내 짝을 만지고 더듬는 걸 보지 못했어요"라고 말했을 때부터였을까요? 젊은 경찰관 아저씨가 나를 물끄러미 쳐다보던 그날 오후부터?

그래요. 그건 초등학교 시절의 어느 봄날, 방과 후의 일이었습니다. 나는 책가방을 멘 채 학교 앞 파출소의 무거운 유리문을 밀고 들어갔습니다. 부잣집 도련님처럼 얼굴이 희멀겋고 의협심이 넘쳐 보이는 경찰관 아저씨가 앉아 있더군요. 생각해보면 지금의 나보다 한참 어린 의경이었고, 인생의 역경이라는 것은 한 번도 겪어보지 못한 게 틀림없는, 그런 청년이었습니다만.

그는 철제책상에 앉아 물끄러미 나를 바라보다가 학교와 반과 담임선생님의 이름을 물었습니다. 나는 사실대로 말했습니다. 학교와 반과 담임선생님의 이름과…… 모든 것을요. 내 짝은 예쁘고 착한 데다가 장학사님의 딸이라는 이야기도 했습니다. 경찰관 아저씨가 묻는데 감출 게 어디 있겠습니까. 성실하고 모범적인 학생이 말입니다.

아저씨가 내 말을 옮겨 적고 있을 때, 나는 무심코 창밖을 바라보았습니다. 거기 하얀 구름이 떠 있었어요. 다시 보면 전혀 그곳에 있을 것 같지 않은, 아무것도 닮지 않은, 그저 구름일 뿐인, 단순한 구름이었습니다. 이상하게 그 흰빛이 기억에 오래 남더군요.

내가 파출소를 찾아간 뒤 며칠이 지나지 않아서, 담임선생님이 교실에서 보이지 않게 되었습니다. 교장과 싸우고 그만뒀다, 무슨 교내 스캔들이 있었다, 심지어는 자살했다, 그런 소문들이 아이들 사이에서 떠돌았습니다. 하지만 변한 건 아무것도 없었어요. 아이들은 사라진 담임을 여전히 '반(半)대머리'라고 불렀고("반대머리 어디 갔냐?"라는 식으로), 나는 평소처럼 조용하고 성실한 학생이었습니다. 생활기록부에는 언제나 "품행이 방정하여 타의 모범이 됨"이라고 씌어져 있었지요. 품행이 방정하다는 건 어딘지 안 좋은 표현 같았습니다. 방정맞은 아이라는 뜻인가?—생각하곤 했으니까요.

사람들은 정말 그렇게 말하더군요. 엄마가 일찍 죽고 아버지와 둘이서 살아온 탓에 애가 좀 그렇다고 수군거렸습니다. 동네 방앗간 할머니도, 뒷자리 까까머리도, 심지어 오락실 아줌마가 기르는 개새끼까지 말입니다. 그래요. 그거야말로 확실히 방정맞은 말입니다. 품행도 언행도 방정맞은 자들의 수군거림입니다. 왜 남의 집 가정사를 시시콜콜 들먹인단 말입니까? 내가 아버지를 뭘 어떻게 했다는 말입니까?

확실히 말씀드립니다만, 나는 아버지를 사랑했습니다. 누구보다도 사랑했습니다. 아버지에게 맹목적인 증오심을 가진 친구들도 있는 모양이지만, 나는 달랐습니다. 아버지에 대한 증오심이라니, 적의라니, 애들이 아직 어려서 그렇구나. 아버지가 없다면 자기들도 없었을 텐데……

3

그 시절, 아버지는 귀가한 뒤 언제나 구석방에 틀어박혀 시간을 보냈습니다. 저녁 먹을 때 외에는 바깥으로 나오는 일이 드물었습니다. 고독한 남자였어요. 인생에 별다른 욕심이 없어 보였습니다. 말이 없고, 여자도 만나지 않고, 고기도 먹을 줄 모르고, 술도 마시지 않았습니다. 식물성 인간이랄까요. 욕망이라든가 의욕 같은 것과는 무관한 사람처럼 보였습니다. 나에게조차 별 관심이 없었을 정도니까요. 유일한 낙은 담배였습니다. 담배만은 미친 사람처럼 피워댔지요. 세상의 모든 식물들을 다 태워 없앨 것처럼 말이죠. 승려를 그만둔 뒤부터 그랬다고 했습니다.

승려요? 아, 스님, 스님 말입니다. 머리를 빡빡 밀고 회색 두루마기를 걸친, 바로 그 스님이요. 그렇습니다. 아버지는 명문 대학을 중퇴하고 한때 출가를 했던 사람이라고 하더군요. 사실 저로서는 지금도 이해가 잘 안 됩니다. 세상에는 그런 종류의 사람도 있는 모양이지만, 그게 내 아버지라니, 이상한 느낌이 들 정도니까요.

아버지는 이름만 대면 알 만한 사찰의 전도유망한 승려였다고 하더군요. 여자를 만나 나를 낳고 환속할 때까지는 말입니다. 세속을 떠났다가 다시 세속으로 돌아온 것입니다, 여자 때문에 말이죠. 나는 의아했습니다. 아버지는 해탈보다 사랑을 택한 것일까? 온 우주를 깨닫고 자신이라는 지옥에서 자유로워지는 일보다, 겨우 한 여자에 대한 사랑이 중요했던 것일까? 글쎄, 잘 모르겠습니다. 그런 건 물어보지 않았으니까요. 사실 우주니 해탈이니 하는 것에는 별 관심이 없었기 때문에…… 하긴 사랑에도 관심이 없긴 마찬가지였습니다만.

여자에 대한 사랑이라니, 우스꽝스럽지 않습니까? 그 사랑이란 애써서 가보면 감쪽같이 사라지는 게 아닙니까? 무지개나 구름 같은 것처럼 말입니다. 너무나 선명하면서도, 선명하기 때문에 도저히 잡을 수 없는 것…… 심장을 쥐어뜯게 만들다가도, 어느 날 아침에 일어나보면 그게 뭔지 도무지 아리송해지는……

아버지가 사랑한 여자는, 제 어머니 말입니다만, 금방 사라졌습니다. 원래 몸이 약했고, 폐에 심각한 문제가 있어서 절에 온 사람이라고 했습니다. 봄날처럼 밝고 환한 여자였다고 하더군요. 우울해하는 아버지를 오히려 위로해주기까지 했다니까요. 대체 누가 아픈 사람인지 모를 정도였다고 아버지는 회고했습니다. 그런 건 천성이자 일종의 능력이지. 주위의 공기조차 갓 핀 산수유처럼 신선해졌으니까…… 라고도 했습니다. 그토록 화사한 사람이 폐에 구멍이 뚫려 있다니, 호흡곤란을 겪어야 하다니, 맑은 공기를 마시는 것조차 힘들어 해야 하다니…… 아버지는 한탄했습니다.

새빨갛고 조그만 아이를 낳은 뒤, 여자는 거짓말처럼 문득 사라졌다. 나는 가슴이 아프지도 않았다. 그 여자는, 네 어머니 말이다만, 애초에 세상에 존재하지도 않았던 것 같았으니까. 아버지는 그렇게 말했습니다. 하지만 존재하지도 않았던 것 같은 그것이 당신을 지배하고 있다는 건, 어린 나 역시 어렴풋이 느낄 수 있었어요.

아버지는 조용히 저잣거리로 돌아왔습니다. 늙은 어미의 집에, 내 할머니 말입니다만, 나를 맡겨둔 채 일을 나갔습니다. 공사장을 쫓아다니기도 하고, 도배 시다바리를 하기도 했습니다. 하루 벌어 하루 사는 일들이었죠. 아버지는 언젠가 말했습니다. 이 일들이 좋다. 이 일들은 단지 그것 자체일 뿐이다. 거짓말을 할 필요도 없고 진실도 필요 없다. 사랑이니 열정이니 하는 것도 불필요하다. 그것이 좋다……

아버지는 점점 외로운 사내가 되어갔습니다. 친구도 없었고 취미도 없었습니다. 단지 담배만을 피울 뿐이라는 듯이, 담배를 피우기 위해 이 세상에 태어났다는 듯이, 그렇게 담배를 물고 있을 뿐이었습니다. 나를 구석방에 들어오지 못하게 한 것도 방 안에 가득 배어 있는 그 냄새 때문이었죠.

하지만 또 다른 이유가 있는 건 아닐까? 나는 의아했습니다. 담배 연기로 가득한 방에서 밤마다 틱틱, 소리가 났으니까요. 기계를 두드리는 소리 같았어요. 아버지는 무슨 일을 하는 것일까? 무선 신호를 보내는 소리일까? 모스 부호를 밤하늘로 날려 보내는 걸까? 외계인들에게 보내는 신호? 그게 아니라면…… 어린 나는 온갖 상상을 다 했습니다. 「수사반장」 같은 드라마의 영향인지도 모르지만, 내 상상은 점점 한쪽으로 흘러갔습니다. 뇌가 간질간질해지는 느낌이었습니다. 비밀이란 건 이상한 방식으로 인생을 풍요롭게 만들더군요.

그리고 그날이 왔습니다. 모든 게 조금씩 어긋나는 느낌이 드는 날이 있지 않습니까? 멀쩡하던 문이 삐걱거리고, 수도꼭지에서 녹물이 나오고, 유리컵에 실금이 가 있는 그런 날 말입니다. 그런 날에는 반드시 라디오가 고장 나고, 칼에 손을 베고, 고양이가 유독 눈에 자주 뜨이지요.

평소와 달리 아버지는 귀가한 뒤에도 구석방으로 곧장 들어가지 않았습니다. 대신 조용한 목소리로 나를 불렀습니다.

왜 그랬느냐?

아버지는 바닥을 바라보며 그렇게 물었습니다. 무슨 말인지 나는 이해하지 못했어요. 물끄러미 아버지의 얼굴을 바라보고만 있었지요.

왜 보지 않은 것을 보았다고 했느냐?

차분한 목소리였습니다. 궁금해서 묻는 것 같지는 않았습니다. 나는 직감으로 알았습니다. 그게 담임선생님 얘기라는 것을 말이죠. 나는 사실대로 말했습니다. 보지 못한 것을 보지 못했다고 했을 뿐이라고요. 아버지는 짧은 침묵 후에 중얼거리듯 입을 열었습니다.

그게 그거다.

나는 이해할 수 없었습니다. 그게 그거라니요. 어떻게 그게 그것이라는 말입니까? 그게 그것이라면, 대체 우리는 왜 말 같은 것을 해야 한다는 말입니까? 부반장의 지갑을 훔친 건 내가 아니라고 말했는데도 담임은 내 뺨을 때렸습니다. 지갑을 훔치지 않았다고 바락바락 말하면 말할수록, 나는 점점 더 지갑을 훔친 아이가 되었습니다. 벗어날 수 없었습니다. 그래요, 그것이 나의 운명입니다. 나는 그 운명을 따라 파출소로 갔고 사실을 사실대로 말한 것뿐입니다. 담임선생님이 내 짝을 만지고 더듬는 걸 보지 못했다고 말입니다. 그뿐입니다.

아버지는 마당의 사철나무 가지를 꺾어 와 내 종아리를 때렸습니다. 힘이 실리지 않았기 때문에 그리 아프지는 않았습니다. 하지만 나는 아픈 것처럼 소리를 질렀습니다. 그래야 할 것 같았으니까요. 어린 마음에도 그게 때리는 사람에 대한 예의라고 생각했을까요?

그런데 이상한 일이지요. 소리를 지르자 종아리가 정말 아파왔습니다. 불에 덴 것처럼 뜨겁고, 따갑고, 고통스러워졌습니다. 찔끔 눈물까지 흐르더군요. 눈물은 슬픔을 부르는 법이지요. 슬픔은 또 우물처럼 스스로 차오르는 법입니다. 나는 어느 순간 울음을 터뜨렸습니다. 한번 터진 울음은 또 다른 울음을 불러왔어요. 울음은 거의 통곡에 가까워졌습니다. 내 몸에 이토록 많은 물이 저장되어 있다니…… 그런 느낌이 들 정도였으니까요.

아버지는 매질을 멈추고 나를 물끄러미 바라보았습니다. 그리고 떨리는 입술을 열어 말했습니다.

선생님한테 혼이 났다고 해서…… 그런 말을 해서는 안 된다. 비록 사실이라고 해도 말이다.

그게 아버지의 간단명료한 결론이었습니다. 훌쩍이는 나를 좁은 마루에 버려두고 아버지는 담배 연기 가득한 방으로 들어가버렸습니다. 나는 울음을 멈추었습니다. 종아리를 걷은 채 그 자리에 그대로 서 있었어요. 늦저녁의 황혼이 마루로 가만히 스며들더군요. 황혼은 매

맞은 종아리를 타고 올라왔습니다. 맞은 자리가 발갛게 젖어 들었습니다. 그렇게 모든 걸 위로해주는 게 황혼의 임무라는 듯이 말입니다.

다음 날 나는 다시 파출소로 갔습니다. 부잣집 도련님처럼 얼굴이 말간 그 경찰관 아저씨를 찾아간 것이죠. 이번에는 마음을 굳게 먹고 진짜 거짓말을 했습니다. 참말을 하면 아무도 나를 믿어주지 않는다, 그게 어린 나의 깨달음이었으니까요. 나는 아버지가 수상하다고 말했습니다. 숫자가 가득 적힌 종이와 삐라들을 증거물로 건넸습니다. 밤마다 틱틱, 소리를 내며 어디론가 신호를 보낸다는 이야기도 했습니다. 어른 필체를 흉내 내서 종이에 빽빽하게 숫자를 적어 넣은 것은 나였고, 삐라 역시 산에서 주워 온 것이었습니다만, 틱틱거리는 소리만은 아버지의 것이었습니다.

그 후 놀라운 일이 일어났습니다. 아버지가 대규모 지식인 간첩단의 일원으로 체포되었다는 뉴스가 나왔으니까요. 아버지는 대학 때 포섭을 당했고, 불교계에 잠입했으며, 정체가 드러나기 직전 환속했다는 것이었습니다. 환속 뒤 막노동이나 도배 일을 하며 살아온 것도 일종의 위장술이라고 했습니다.

홀연히 사라진 아버지는 보름 뒤 피폐해진 몸으로 돌아왔습니다. 한 달쯤은 자리보전을 해야 할 정도로 망가져 있었어요. 언행이 방정한 자들은 수군거렸지요. 오락실의 개새끼까지 떠드는 것 같았습니다. 전쟁 때 월북했다는 할아버지 이야기…… 간첩으로 의심되지만 증거 불충분으로 풀려났다는 신문 기사…… 대공분실에서 모진 고문을 받고 정신이 이상해졌다는 이야기…… 그동안 필명으로 시를 발표했으며 신문에 무슨 반정부 칼럼 같은 것을 쓰기도 했다는 얘기까지.

아아, 나는 두려워졌습니다. 어떻게 두렵지 않을 수 있겠습니까?

나의 입은 언제나 무서운 진실만을 말했던 것입니다.

4

과묵했던 아버지는 더 말이 없는 사람이 되었습니다. 아버지를 보고 있으면 깊은 물속을 유영하는 심해어가 떠오를 지경이었으니까요. 심해어에게는 눈이 없는지, 아버지는 나를 아예 보지 못하는 것 같았습니다.

그 후 저에게는 이상하다면 이상하고 이상하지 않다면 이상하지 않은 일들이 일어났습니다. 입만 열면 기묘하게도 거짓말이 튀어나왔다는 걸 말하는 게 아닙니다. 아니, 거짓말이 튀어나온 건 사실입니다. 하지만 그건 이미 거짓말이 아니었습니다. 무슨 말이냐구요?

숙제를 하지도 않았는데 숙제를 했다고 말합니다. 그러면 어여쁜 새 담임선생님은 내 공책을 검사하고는 고개를 끄덕이며 지나갑니다. 온화한 미소를 띤 채로 말이죠. 무슨 일이 일어난 걸까요? 선생님이 돌려준 공책에는 '참 잘했어요'라는 푸른색 도장이 찍혀 있습니다. 텅 빈 공책 한가운데 말입니다.

그뿐입니까. 50원짜리 동전을 몇 개 훔쳤다가 오락실 아줌마에게 들킵니다. 아줌마가 등 뒤에서 내 어깨를 잡는 순간, 이건 거스름돈이라고 소리를 지릅니다. 방금 아줌마가 천 원짜리를 받아 동전통에 넣지 않았느냐, 아줌마가 잔돈을 내게 건네주지 않았느냐고 외칩니다. 아줌마의 미간이 일그러집니다. 실랑이 끝에 동전 통을 확인합니다. 그러면 천 원짜리 지폐가 보란 듯이 아줌마의 알루미늄 동전 통 안에서 발견됩니다. 나는 의기양양해집니다. 그때마다 오락실 개새끼가 미친 듯이 짖어대는 바람에 금세 기분이 나빠지긴 했습니다만.

그런 일들은 끊임없이 일어났습니다. 어느 날 내 어여쁜 짝의 고급 펜텔 샤프가 사라졌습니다. 반대머리 담임이 어루만지지 않은, 장학사님의 딸인, 바로 그 짝 말입니다. 나는 그 애의 말이라면 팥으로 메주를 쑨다고 해도 믿었을 겁니다. 거짓말이라고는 한 번도 해본 일이 없는 것 같은 하얀 얼굴의 소녀였으니까요. 동화 속에서 갓 튀어나온 공주 같았어요. 우리 반 아이들은 그 애를 백설공주라고 불렀습니다.

백설공주, 나의 백설공주…… 맹세코 나는 그 애의 펜텔 샤프 같은 것에는 아무런 욕심이 없었습니다. 그저 공주의 희고 부드러운 손가락이 제일 오래 머무는 물건이라고 생각했을 뿐입니다. 공주의 따스한 체온이 가장 깊이 배어 있는 물건, 그게 그 앙증맞은 샤프였을 뿐입니다. 공주는 그 고급 샤프를 잃어버리고 울음을 터뜨렸어요. 참으로 아끼던 물건이었으니까요.

그때 우리 반에는 일곱 난쟁이가 있었습니다. 물론 백설공주의 난쟁이들입니다. 모두들 내 어여쁜 짝을 좋아했기 때문에 붙은 별명이지요. 나는 난쟁이들 가운데 가장 잘생긴 부반장의 이름을 공책에 적어서 조용히 백설공주에게 내밀었습니다. 그러곤 낮게 중얼거렸습니다.

얘가 훔쳐갔어.

울고 있던 공주는 용수철처럼 벌떡 일어났습니다. 그리고 그 잘생긴 부반장 녀석에게로 똑바로 걸어갔습니다. 초등학교 소녀답게 아주 호전적인 눈빛을 띠고 말이죠. 공주는 표독스럽게 소리쳤습니다.

너지!

놀라운 일은 그다음에 일어났습니다. 부반장이 고개를 푹 숙이더니, 예의 그 펜텔 샤프를, 백설공주의 체온이 밴 바로 그 빨간색 샤프를, 슬그머니 책상 위에 올려놓는 게 아니겠습니까. 미안. 난 그냥 네가 오래 쥐고 있던 거라서…… 그렇게 소심하게 중얼거리면서 말입니다. 나의 공주는 경멸을 담은 눈빛으로 그 난쟁이를 쏘아보다가 샤프를 낚아채 자리로 돌아왔습니다. 기어들어 가는 목소리가 난쟁이 쪽에서 들려온 건 물론입니다.

미안해, 정말로……

아아, 정말이지 어리둥절해질 수밖에요. 나는…… 나는…… 내 입을 의심하지 않을 수 없었습니다. 언제나 진실만을 말하는 내 입을 말입니다. 내 무서운 입을 말입니다.

'나는 거짓말쟁이다'라고 선언한 사람의 이야기를 알고 계시겠지요? '나는 거짓말쟁이다'라니. 참 이상한 말입니다. 그 사람이 정말 거짓말쟁이라면, 그는 진실을 말한 것이므로 거짓말쟁이가 아니게 됩니다. 그가 거짓말쟁이가 아니라면, 그는 자신이 거짓말쟁이라고 거짓말을 한 셈이 됩니다. 그는 자신이 거짓말쟁이라고 선언했기 때문에, 더 이상 거짓말쟁이가 될 수도 없고 거짓말쟁이가 안 될 수도 없는 이상한 상황에……

아아, 골치가 아파오는군요. 그만둡시다. 이런 말장난을 하느니 차라리 '죄송합니다. 나는 거짓말쟁이입니다'라고 깨끗이 인정해버리는 쪽이 나을 테니까요. 하지만 그러면 나는 또다시 거짓말쟁이가 될 수도 없고, 되지 않을 수도 없을 테지요. 그런 궁지에 몰리겠지요.

그래요. 그것이 나의 운명입니다.

5

이제 그 운명에 대해 말할 차례군요.

아시다시피 나는 박물관에서 일하는 사람입니다. 동물원도 아니고, 아프리카의 초원도 아니고, 바로 박물관입니다. 시간을 보존하는 공간, 아니 진실을 보존하는 공간 말입니다. 고독하지만 멋진 일이라고 생각합니다. 재산이니 평판이니 출세니 하는 것들과는 아무런 관계가 없는 일이니까요. 진실이 보존되는 곳, 아니 그것 자체가 진실인 공간이 일터니까요.

물론 내가 일하는 박물관은 소규모 대학 박물관이기 때문에 소장품들이 많지는 않습니다. 급여도 형편없습니다. 그래도 나는 불평 없이 관리인 일을 해왔습니다. 벌써 10년이 넘는 세월 동안 말이죠. 다시 말씀드리지만 조용하고 평화로운 곳입니다. 관람객 수를 다 합해봐야 하루 열 명이 안 되니까요. 초등학생들이 단체관람 올 때를 빼면 적막한 공기가 내내 고여 있습니다. 어둡고 은은한 조명, 청결한 실내, 푹신한 소파…… 시간은 그런 곳에 머무는 법입니다. 시간이 거처하는 유일한 곳, 시간이 자기 자신을 대상으로 삼는 유일한 장소, 그게 박물관이니까요.

박물관의 밤을 상상해본 적이 있으십니까? 긴 밤을 고요히 보내는 유물들의 황홀한 풍경을 떠올려본 적이 있으십니까? 기쁜 마음으로 말씀드리지만, 나에게는 그것이 생활입니다. 깊은 어둠 속의 시간과 함께 살아가는 것 말입니다. 박물관의 어둠이라는 건 부드러운 초콜릿에 가깝습니다. 몸을 담그고 있으면 소리 없이 녹아버릴 것 같은 검고 불투명한 용액 말입니다. 모든 것이 그곳에 존재했다가 그곳에서 사라지는 것이지요. 마치 그게 시간의 임무라고 선언하듯이 말입니다. 초콜릿처럼 달콤하냐고요? 글쎄요. 자기 몸이 녹아가는 기분이 달콤하다면 그럴 수도 있겠지요.

박물관 관리인이란 그런 침묵의 용액 속을 말없이 걸어 다니는 사람입니다. 관람객들이 모두 떠난 심야에 마지막으로 순찰을 하는 사람입니다. 시간의 문을 잠그는 사람입니다. 고여 있는 시간이 훼손되지 않도록 관리하고 보호하는 사람이지요.

물론 사소한 문제들이 없지는 않습니다. 대학 박물관은 또 이런 곳이기도 하니까요. 고인 시간과 적막이 주인인 곳이면서, 연인들의 페로몬 향기가 흘러드는 곳 말입니다. 무슨 뜻이냐고요?

젊고 풋내 나는 캠퍼스 커플들이 찾아듭니다. 어린 연인들은 팔짱을 낀 채 인적 없는 박물관 전시실을 천천히 돌아보지요. 유물들에 별 관심이 없다는 건 동선만 봐도 알 수 있습니다. 그들은 곧 어두침침하고 외진 곳의 소파에 앉게 마련이죠. 그러고는 서로 껴안고, 키스를 하고, 가슴을 만지고, 깊은 곳에 손을 넣고…… 별짓을 다 하는 것입니다. 수백 년 된 불상들이 가만히 바라보는 앞에서 말이죠.

우스꽝스러운 일이라고 생각합니다. 천년의 영혼을 담은 유물들 앞에서, 금방 죽어 문드러지고 썩어갈 육신들이 하는 짓을 상상해보십시오. 이미 좀비에 가까운 것들이 말입니다. 잠시 살아 있는 시체들이 말입니다. 서로를 껴안고, 키스를 하고, 가슴을 만지고…… 아아, 혐오스럽고 창피한 일입니다.

그래요. 아버지라면 물론 다르게 말했겠지요. 아버지는 그런 것이 인생이라고 생각할 테니까요. 작은 마당에 황혼이 내리던 어느 저녁, 병치레가 부쩍 잦던 아버지가 불현듯 이렇게 중얼거리는 걸 들은 적이 있습니다. 사라지지 않는다면, 그것은 인생이 아니다. 거짓말처럼 사라지기 때문에, 인생은 아름다운 것이다…… 나에게 얘기하는 것인지 황혼에게 얘기하는 것인지는 알 수 없었습니다. 나는 그 말을 듣고 어쩐지 기분이 나빠졌던 것으로 기억합니다. 뭔가 항의라도 하려고 아버지를 보았는데, 그때 아버지의 얼굴은 발갛게 물들어 있었어요. 때마침 황혼이 제 임무를 다했던 것이지요. 나는 아무 말도 하지 못하고 입을 다물었습니다.

6

아버지가 세상을 뜬 건 내가 대학에 입학한 뒤였습니다. 몸은 거짓말을 하지 않습니다. 하루에 서너 갑씩 태운 담배와 늦게 배운 술이 아버지의 몸을 잠식해 들어갔습니다. 아버지는 침묵 속에서 죽어갔습니다. 병사한 어머니를 반복하려는 것이었을까요? 아버지의 폐는 이미 아무런 기능도 못 한다고 하더군요. 몸이 무섭게 말라갔어요. 그런 와중에도 아버지는 담배를 끊지 않았습니다. 변할 건 아무것도 없다는 식이었어요. 하긴, 뭐가 달라질 수 있었겠습니까? 죽음이 아버지의 고독한 인생을 곧 수납해 갈 텐데 말입니다.

아버지가 세상을 뜬 뒤로 나는 무기력한 생활에 빠져들었습니다. 연명했다고 하는 게 맞겠군요. 청춘의 열정이라든가 의욕 같은 것은 전혀 없었습니다. 동아리 활동 같은 것도 하지 않았고, 친구도 없었으며, 학점은 최악이었습니다. 그때 막 생긴 피시방에서 컵라면으로 끼니를 때우며 지냈습니다. 될 대로 되라는 심정이었달까요.

그런 나를 구원한 것은 뜻밖에도 공주였습니다. 빨간 샤프의 주인이었던 공주, 그 백설공주 말입니다. 초등학교를 졸업하고 한 번도 만나지 못한 우리는 우연찮게, 정말이지 거짓말처럼, 학교 근처의 피시방에서 다시 만난 것입니다. 대한민국의 수많은 대학들 중 수도권 외곽에 위치한 그 소규모 대학에서, 그것도 근처의 피시방에서 재회할 줄 누가 알았겠습니까?

당연히 우리는 사랑에 빠졌습니다. 사랑이라는 무지개, 그 구름바다에 말입니다. 그녀는 변한 것이 없었어요. 장학사였던 아버지가 세상을 뜬 뒤 가세가 기울었지만, 그녀는 여전히 그때 그 시절의 공주였습니다. 표정이나 성격, 말투만 그런 게 아니었어요. 초등학교 때와 키가 똑같았고, 얼굴이나 몸집도 거의 변하지 않았더군요. 남들은 대단한 동안이라고 부러워했지만 실은 좀 기이하게 보일 정도였습니다. 어떤 이는 질병을 의심했을 정도니까요.

공주는 대학생으로 보이기 위해 일부러 화장을 진하게 한다고 했습니다. 나와 여인숙에 갔을 때조차 새벽마다 욕실로 사라질 정도였어요. 옆에 누워 성기를 드러내고 밤을 보냈는데도, 아침이 오기 전에 화장을 하지 않으면 안 되었던 것입니다. 민낯의 공주는 나이와 얼굴이 맞지 않아 어딘지 균형이 어긋난 인상이었습니다. 마치 늙은 초등학생이라든가 나이 어린 노파를 보는 느낌이랄까요. 그녀는 여전히 예전과 같은 공주였지만, 그랬기 때문에 공주의 주위에는 난쟁이들이 없었습니다. 난쟁이들을 잃고 스스로 난쟁이가 된 공주 같았어요. 예전과 똑같기 때문에 달라지다니, 좀 이상한 일이긴 합니다만.

나는 공주를 독차지했습니다. '사랑해'라고, 나는 자주 말했습니다. 눈이 마주칠 때마다 '사랑해'라고 말했고, 잊을 만하면 '사랑해'라고 말했으며, 밤에 통화할 때도 '사랑해'라는 말을 반복했습니다. 왜였을까요? 나는 더 이상 펜텔 샤프 같은 데 관심이 없었고, 잘생긴 부반장에게 질투를 느끼지 않았으며, 공주 앞에서 선생에게 도둑으로 몰려도 치욕이라고 생각하지 않았을 텐데 말이죠.

하지만 어쩌면 그래서 더더욱 '사랑해'라고 외쳤는지도 모릅니다. 나의 입은 언제나 진실만을 말한다고 했었지요. 그렇습니다. '사랑해'라고 말하면 신기하게도 사랑의 마음이 되살아났습니다. 내 심장 어딘가에 숨어 있던 열기가 뜨거운 샘물처럼 솟아났습니다. 그러니 잊을 만하면 '사랑해'라고 말할 수밖에요. 불안을 느끼면 '사랑해'라고 외칠 수밖에요. 아아, 공주에 대한 나의 사랑은 다시 그렇게 깊어갔습니다.

처음에 우리는 주로 교내 음악실에 틀어박혔습니다. 커다란 스피커로 클래식을 틀어주는 곳이었어요. 어두컴컴한 음악실에는 연인들이 많았습니다. 잠을 자러 온 학생들도 있었지만 그건 견딜 수 있었어요. 음악을 듣느냐 마느냐는 취향의 문제니까요.

내가 견디지 못한 건 실은 음악 자체였습니다. 바흐의 「브란덴부르크 협주곡」 같은 것을 생각해보십시오. 형체도 없고 설명할 수도 없습니다. 그저 화려하고 다채로운 음들이 허공에 가득할 뿐입니다. 1번 1악장의 현란한 화사함, 2악장의 깊고 깊은 슬픔, 2번 2악장의 우아함, 그런 것들 말입니다. 그게 다 무어란 말입니까. 허공과 같은 것이…… 허공 자체인 것이…… 왜 그토록 우리의 마음을 울린단 말입니까. 내가 견딜 수 없었던 건 바로 음악 자체였습니다.

그녀와 나는 교내 박물관으로 데이트 장소를 옮겼습니다. 말씀드렸듯이 고요한 곳입니다. 우리는 손을 잡고 천천히 유물들을 구경합니다. 워낙 빈약한 컬렉션이기 때문에 전시물들을 돌아보는 데는 30분도 걸리지 않습니다. 이런 것을 박물관이라고 하다니, 조금은 한심한 기분이 들 수밖에요.

할 수 없이 우리는 구석의 소파에 앉습니다. 인적은 드물고 조명은 적당히 어둡고 주위는 고요합니다. 그 무렵 CCTV라는 게 처음 설치된 모양이지만, 그나마도 입구 쪽만 비추고 있었어요. 그러니 서로를 껴안고, 키스를 하고, 가슴을 만지고, 깊은 곳에 손을 넣고…… 그럴 수밖에요. 수백 년 된 불상들이 시간을 견디고 있는 곳에서 말입니다.

우리의 사랑이 또 다른 운명을 맞게 되리라고는 생각하지 못하던 시절이었습니다. 시절이란 그런 것이지요. 결국 지나가버리는 것 말입니다.

박물관 소파에 앉아 여느 때처럼 공주와 이야기를 나누던 오후였어요. 나는 문득 이상한 느낌을 받게 됩니다. 무언가가 우리를 바라보는 듯했기 때문이었죠. 처음엔 관리인 아저씨인가 싶어 주위를 둘러보기도 했습니다. 아니었어요.

이건 뭐지?

분명 어떤 시선이 우리의 몸을 훑고 있었습니다. 강렬한 시선이었어요. 타는 듯한 시선이었습니다. 나는 공주를 밀어내고 몸을 일으켰습니다. 다시 주위를 둘러보았습니다. 그리고 나는 그 시선이 어디서 오는 것인지 천천히 깨달았습니다.

그것은…… 불상이었습니다. 어린 시절 아버지가 데려가곤 했던 사찰의 불상들과는 비교할 수 없이 강렬한 느낌의…… 불상이었습니다. 종교니 부처니 하는 것에 대해서 나는 개뿔도 모릅니다만, 모르기 때문에 더 깊이 느낄 수 있는 것도 있지 않겠습니까? 솔직히 말해서 사찰의 불상들은 따분했습니다. 이건 대웅전이고 대웅전에는 불상이 있어야 하니까, 하는 식으로 앉아 있으니까요.

하지만 그 불상은 달랐습니다. 지금 이곳에 존재한다는 걸 뜨겁게 주장하는 것 같았습니다. 나는 심장박동이 빨라지는 걸 느꼈어요. 어지러움 같은 것이, 어떤 의식의 혼란 같은 것이, 나를 사로잡았습니다. 체온이 올라갔습니다. 얼굴이 달아올랐습니다. 백설공주를 안고 있었기 때문이 아닙니다. 전적으로 불상의 타는 듯한 시선 때문이었어요. 나는 그 뜨거운 시선에 사로잡혔던 것입니다. 스탕달이라는 작가가 그랬다던가요. 무슨 박물관에서 르네상스 시대의 그림 한 점을 봤을 때라고 했습니다. 정신이 멍해지고 다리가 후들거리고 영혼이 빨려 들어가는 듯한 체험을 겪은 게 말입니다. 「베아트리체 첸치의 초상」이라는 그림 때문이었다고 하더군요. 나는 그런 종류의 무슨 증후군에 걸린 것 같았습니다. 베아트리체에게 홀린 스탕달처럼, 나는 그 불상에 빠져들어 간 것입니다.

7

다시 말합니다만, 독특하고 아름다운 불상이었어요. 아시겠습니까? 독특하고 아름다워서…… 눈을 뗄 수가 없는 불상이었습니다. 백설공주를 소파에 버려둔 채 나는 불상을 향해 다가갔습니다. 부처가 눈을 감고 어떤 짐승 위에 결가부좌로 올라타 있었습니다. 93.5센티

미터 높이의 고려시대 목조 비로자나불이라는 설명이 아크릴 판에 적혀 있었습니다.

하지만 우리를 향하던 그 뜨거운 시선은 부처의 것이 아니었습니다. 부처가 아니라, 부처가 타고 있는 짐승의 것이었습니다. 그래요. 그것은 바로…… 기린이었습니다. 동양의 상서로운 동물 말입니다. 뿔이 하나 달린 영물 말입니다. 사슴의 몸에 말의 발굽과 갈기를 지녔지요. 소의 꼬리를 갖고 있습니다. 온몸이 오색찬란한 비늘로 덮여 있습니다. 화사한 빛깔의 털이 흩날립니다. 기린은…… 기린은 아름다운 동물입니다. 나를 사로잡은 것은 비로자나가 아니라 비로자나가 타고 있는 바로 그 동물이었던 것입니다.

아니나 다를까, 기린불이라는 별명을 가진 그 불상은 박물관의 유일한 국보급 문화재라고 하더군요. 말씀드렸듯 작은 박물관이었고 소장품들은 형편없었습니다. 그 불상이 박물관의 존재 이유였던 셈입니다. 가장 값비싼 유물이자 박물관의 자랑이기도 했지요. 총장이 외부의 귀빈들을 데려와 관람시키곤 할 정도였으니까요. 그때마다 총장의 얼굴에 떠오르던 흐뭇한 표정을 나는 지금도 기억하고 있습니다.

나중에 문헌을 찾아보고 알게 된 것입니다만, 기린을 탄 부처상은 대단히 드물다더군요. 보살이나 동자가 탄 것은 간혹 있습니다만…… 기린을 탄 관음상이 둔황석굴에 있지만 그것 역시 부처는 아니라고 했습니다. 독특한 구도인 셈이지요. 게다가 기린의 모습이 특이했습니다. 부처는 어두운 빛깔에 오래된 목조불상 특유의 은은함을 유지하고 있었어요. 그런데 기린만은 어쩐 일인지 금방 도료를 칠한 듯 화려하고 신선한 느낌이었습니다. 게다가 상서로운 동물답지 않게 매서운 눈과 뾰족하고 강인해 보이는 외뿔, 도드라지게 커다란 성기를 갖고 있었습니다. 당장이라도 수십만 마리의 정자를 허공에 흩뿌릴 기세랄까요.

수많은 학자들이 그 기린불에 대해 논문을 썼다더군요. 대개의 해석은 기린의 상서로운 기운으로 부처의 자비를 세상에 널리 퍼뜨린다는 식이었습니다. 하품이 나오는 얘기지요. 부처가 해탈을, 기린은 세속을 뜻한다고 설명한 사람도 있었다지요. 각각 영원성과 육체성을 상징한다는 헛소리도 있었는데, 어떤 학자는 이 기린이 예수의 발밑에 깔린 뱀처럼 묘사되어 있다고 주장했다가 호된 비난을 들어야 했다더군요. 왜 동양의 영물을 서양의 사악한 상징에 빗대느냐는 얘기였습니다.

아무려나, 그런 것은 나와는 상관이 없었습니다. 그들에게는 그들의 기린불이, 나에게는 나의 기린불이 있는 것이니까요. 하느님의 것은 하느님에게, 가이사의 것은 가이사에게. 내게 황홀경을 안겨준 것은 기린의 의미 따위가 아닙니다. 기린 자체입니다. 거기 그렇게 서서 나를 바라보던, 그 자체로서의 기린 말입니다.

나는 거의 매일 박물관에 나가 그 동물을 바라보았습니다. 그때마다 나는 혼자였습니다. 공주와는 곧 헤어졌으니까요. 사랑이란 바흐의 음악과 비슷하다고 했던가요? 음악이 사라지면, 이 세계는 순식간에 전혀 다른 허공을 가진 세계로 돌변해버립니다. 누가 먼저 이별을 선언했는지는 기억에 없지만, 그녀가 이렇게 말한 것만은 또렷이 생각나는군요. 황혼이 내리던 교정에서였어요. 벤치에 앉은 공주가 먼 곳에 지는 태양을 바라보며 말했습니다. 초등학생 여자애의 목소리로 말이죠.

난 아직도 오리지널 펜텔 샤프만 써. 종류별로 갖춰두고서. 그때도 난 이미 여러 자루를 갖고 있었으니까.

공주는 거기까지 말하고 잠시 숨을 골랐습니다. 다시 입을 열었을 때는 눈가가 촉촉하게 젖어 있었습니다.

그런데 지금은 아주 흔해져버렸어. 누구나 마음만 먹으면 그 샤프를 쓰지. 너조차도. 심지어 그게 펜텔이라는 의식도 없이……

발그레한 황혼이 그녀의 옆모습에 스며들었습니다. 나는 공주가 미친 건 아닌가 생각했어요. 샤프펜슬 같은 것을 아직도 머릿속에 두고 있다니, 오리지널이니 뭐니 하면서 감상에 젖다니 말입니다. 이것은 늙은 초등학생의 세계, 아니 나이 어린 노파의 세계가 아닌가 하는 엉뚱한 생각까지 들더군요. 나는 말없이 황혼을 바라보았습니다. 그게 공주와의 마지막이었어요. 나는 다시 음악이 사라진 허공에 버려진 것입니다.

8

대학을 졸업한 뒤 나는 바로 그 박물관에 취직했습니다. 박물관장이던 교수님을 열심히 쫓아다닌 덕분이었습니다. 임시직이었고 수위 일이었습니다만, 그런 것은 상관없었습니다.

그때가 내 인생에서 가장 행복했던 시절은 아니었을까요? 나는 기린을 매일 볼 수 있다는 기쁨으로 살았습니다. 결혼도 하지 않았고, 취미도 갖지 않았습니다. 술도 마시지 않았고, 육식도 즐기지 않았습니다. 물론 담배만은 예외였습니다만.

나는 늘 정해진 옷을 입었고, 소박한 식사를 했으며, 특별히 만나는 사람도 없었습니다. 사람을 만나서 대화를 나눈다는 것이 부질없게 느껴졌습니다. 옷을 차려입고 외출하는 건 아버지의 기일 때뿐이었습니다. 아버지가 다니던 사찰에 가서 혼자 조용히 불공을 드리고 오는 것이지요. 그렇게 원룸 전셋집과 박물관만을 오가면서 훌쩍 10여 년의 세월이 흘러갔습니다. 그토록 단조로운 생활을 10년이 넘도록 해온 것입니다, 나라는 인간은 말입니다.

엉뚱한 얘기입니다만, 최근 이상한 뉴스들이 눈에 뜨이지 않던가요? 웬 노숙자가 국보급 문화재에 불을 지르지를 않나, 수십 억대 고미술품들이 위작이라지를 않나…… 문화재 가운데 진품이 아닌 것들이 많다는 소문이 신문 방송에 끈질기게 오르내렸습니다. 신라시대 여래입상이 가짜라는 둥, 목조관음불이 중국에서 수입된 모조품이라는 둥, 안견에서 불교미술까지 진위가 의심스러운 유물이 한둘이 아니라는 둥, 그런 소문들 말입니다.

나는 그런 얘기들에 관심이 없었어요. 나의 기린이 논란에 휘말리기 전까지는 말입니다. 누군가 문화재청과 대학 당국에 기린불이 가짜라고 투서를 넣었다고 하더군요. 진짜는 이미 일제 때 반출되었다는 허황된 주장이었습니다. 박물관 측과 사학과 교수들은 그 주장을 무시했습니다. 이미 정밀한 감식을 거쳤기 때문에 위작 논란은 말도 안 된다고 일축했습니다. 기린불이 가짜라면 박물관의 존재 근거가 사라지는 것이니 당연한 일이었지요.

박물관의 존재 근거만 사라지는 게 아닙니다. 그간 그 불상에 대해 논문을 쓴 교수들은 뭐가 되겠습니까? 수백 억의 가치가 있다며 지역신문에 특집 기사가 실린 적도 있는데, 신문사는 또 뭐가 되겠습니까? 기린불을 관람한 관람객들은 뭐가 되고, 내외 귀빈들에게 그 유물을 소개하던 총장의 자랑스러운 미소는 뭐가 된단 말입니까? 무엇보다도…… 무엇보다도…… 그 귀빈들을 안내하고, 기린불의 자리를 세심하게 청소하고, 실내 온도를 신중하게 조절하고, 매일 그것의 안위를 확인해온 사람은 뭐가 된다는 말입니까? 그것에 오랜 세월 몸과 마음을 바쳐온 사람은 대체 뭐라는 말입니까?

아아, 그만둡시다. 흥분해봐야 소용없으니까요. 내가 이해할 수 없었던 건 학교 측의 태도였습니다. 그들은 끝까지 기린을 지켰어야 했습니다. 그런데 신문에 몇 번 기사가 났다는 이유로, 진리의 상아탑인 대학에 위작으로 의심되는 작품이 있어서는 안 된다는 학계의 성명서 한 장 때문에, 그들은 기린불의 진위 조사에 착수하겠다는 기자회견까지 열었던 것입니다. 곧 조사위원회가 꾸려질 것이고, 탄소 측정을 비롯한 각종 첨단 감식기술을 활용해 진품 여부를 가리겠다고 하더군요.

탄소 측정이라니요? 탄소 따위가 기린의 운명을 결정한다니요? 도대체 누가 진짜와 가짜를 나눌 권리를 그들에게 주었습니까? 누가 내 인생을 진짜니 가짜니 하면서 판정한다는 말입니까? 나는 잠을 이루지 못했습니다. 잠을 잘 수 없었습니다. 밤마다 기린의 타는 듯한 아름다움이 떠올랐습니다. 내가 대체 뭘 어떻게 할 수 있었겠습니까?

9

부슬부슬 비가 내리던 일요일 밤이었어요. 거리에는 인적이 드물었습니다. 갑작스레 날이 추워진 탓인지 을씨년스러운 분위기였지요.

나는 보일러도 켜지 않은 방바닥에 누워 원룸 천장을 바라보고 있었습니다.

왜 그런 날이 있지 않습니까? 모든 게 조금씩 어긋나는 느낌이 드는. 멀쩡하던 문이 삐걱거리고, 텔레비전이 고장 나고, 칼에 손을 베고, 길 건너편에서 검은 고양이가 빤히 이쪽을 바라보는 날 말입니다.

다음 날이면 위원회에서 방문 조사를 벌일 예정이라고 하더군요. 하루 종일 아무것도 손에 잡히지 않았습니다. 아무것도 먹지 못했습니다. 나는 몸을 일으켜 주섬주섬 옷을 챙겨 입었습니다. 근무 때 입는 회색 제복이었어요. 가슴에 내 이름과 대학명이 당당하게 적혀 있는 옷입니다.

나는 박물관으로 향했습니다. 휴일 밤이었기 때문에 교정에도 박물관 주변에도 인적은 없었습니다. 나는 열쇠로 박물관 문을 따고 들어갔습니다. CCTV가 나를 찍도록 말입니다. 왜였을까요? CCTV를 노려보며 입꼬리를 올려 미소까지 지었던 것은? 그 검은 어둠 속에서 말입니다.

나는 박물관 내부를 거닐었습니다. 옛 추억이 아련하게 내 영혼에 스며들더군요. 백설공주는 잘 살고 있을까? 아직도 난쟁이를 잃은 공주일까? 그녀는 내가 왜 차갑게 변해버렸는지 이해할 수 있을까? 하긴, 나 자신조차 이해하지 못하는 걸 그녀가 어떻게? 나는 백설공주와 키스하던 소파에 앉았습니다. 따스한 시간이 고여 있는 것 같았습니다. 다정하게 손을 맞잡고, 가만히 어깨를 감싸 안고, 그녀의 희디흰 목과 발간 입술에 키스를 하고……

그리고 기린불이 보이더군요. 나는 기린의 시선을 정면으로 마주보았습니다. 초콜릿처럼 어둡고 짙은 시간이 우리 사이를 흘러갔습니다. 지난 10여 년이 하루하루 떠올랐습니다. 손전등을 들고 타박타박 거닐던, 고요하고 평화롭고 적막한, 그 밤의 순례들이 말입니다. 초콜릿처럼 녹아버린 그 무수한 나날들이 말입니다.

얼마나 시간이 흘렀을까요? 정신을 차리고 보니 모든 것이 명료해져 있었습니다. 그런 순간이 있지 않습니까? 이제 고민할 이유가 없다는 게 확실해지는 순간 말입니다. 그래요. 나는 기린의 말을 들었고 기린은 나의 말을 들었습니다. 우리의 대화에는 막힘이 없었습니다. 나는 확신했습니다. 전문가라는 자들이 탄소연대측정법이니 뭐니 난리를 피운들, 기린의 저 타는 듯한 눈빛을 지울 수는 없다고 말입니다. 저 시선의 진실을 부정할 수는 없다고 말입니다. 진실이란 그렇게 연약한 것이 아니니까요.

나는 담배를 피워 물었습니다. 연기를 들이마셨습니다. 다디달았습니다. 갓 핀 산수유가 된 듯 신선한 느낌이었어요. 건강이 어쩌고저쩌고 떠들어대는 속물들이, 이미 좀비나 다름없는 인간들이 혐오스러웠습니다. 차라리 누가 먼저 연기나 구름이 되는지 내기하는 게 나을 자들이 말입니다.

나는 담배를 입에 문 채 천천히 몸을 일으켰습니다. 기린을 향해 다가갔습니다. 진열창의 실리콘을 제거하고 강화유리를 떼어내는 데 걸린 시간은 겨우 10여 분 정도였습니다. 나는 준비해 간 휘발유 통을 손에 들었습니다. 부처의 머리 위에서 통을 서서히 기울였습니다. 비로자나의 머리부터 기린의 발굽까지, 휘발유가 서서히 흘러내렸습니다. 어떤 기분일까요? 휘발유를 뒤집어쓴 부처의 마음이란?

나는 물끄러미 기린의 눈을 마주 보았습니다. 슬픈 눈빛이었습니다. 기린의 성기는 고요히 쭈그러져 있었습니다. 더 이상 고민할 게 뭐가 있었겠습니까? 나는 물고 있던 담배를 기린불 위에 떨어뜨렸습니다. 담배는 슬로비디오 속에서처럼 천천히 낙하했습니다. 그리고 문득 붉은빛을 발하는가 싶더니, 훅 소리를 내며 순식간에 타오르기 시작했습니다.

목조불상은 잘 탔습니다. 미친 듯이 잘 탔습니다. 마치 이런 순간을 기다리기라도 한 듯 말이죠. 기린의 발끝에 불이 붙고, 발목이 타오르고, 성기가 타오르고, 화사한 느낌의 몸뚱어리가 타오르고, 뜨거운 눈동자와 단 하나뿐인 뿔이 타올랐습니다. 세상에 없는 상상동물의 몸이 타올랐습니다. 하나의 물질인 몸이 타올랐습니다. 불길은 비로자나까지도 순식간에 삼켜버렸습니다……

아아, 나의 기린, 나의 베아트리체, 나의 공주, 나의 아버지, 그리고 어머니, 어머니…… 나는 나도 모르게 중얼거렸습니다. 아마도 외치고 있었는지도 모르겠습니다. 절규라고 해도 좋았겠지요. 무엇이었을까요? 무엇이 나를 그렇게 만든 것일까요? 기린의 뜨겁게 타오르는 눈빛이었을까요? 품행이 방정한 자들에 대한 증오였을까요? 나 자신에 대한 환멸이었을까요?

아닙니다. 그렇지 않습니다. 그게 환멸일 리 없습니다. 증오일 리 없습니다. 그것이 나의 운명이었을 뿐입니다. 진실만을 말하는…… 나의 운명 말입니다.

10

착각하지 마십시오. 나는 지금 당신의 선처를 바라고 이런 얘기를 하는 게 아닙니다. 당신에게는 나를 비난할 자격이 없습니다. 누가 나보다 더 그 기린을 사랑했다는 말입니까? 학자들입니까? 대학 총장입니까? 당신입니까?

그러고 보니 당신은, 내가 어린 시절 만났던 그 경찰관과 비슷하게 생겼군요. 노동이라고는 해본 적이 없는 하얀 손가락에, 얼굴은 희멀겋고, 책임감이 넘쳐 보입니다. 혹시 당신은 그때의 그 경찰관이 아닙니까? 자유와 정의를 지킨다고 착각하는 의경 말입니다.

뭐라구요? 또 얘기해야 합니까? 그건 이미 확실히 말하지 않았나요? CCTV를 확인해보세요. 당신들은 그런 것을 좋아하지 않습니까. 탄소니 CCTV니 하는 것들 말입니다. 화재경보가 미친 듯이 울리는 불구덩이 속에서 천천히 걸어 나오는 사람이 있을 겁니다. 그게 누굽니까? 내가 아닙니까? 기린뿔의 잔해가 발견되지 않았다구요? 그게 내 책임입니까? 내가 기린을 어디에 팔아먹기라도 했다는 말입니까? 겨우 돈 따위를 벌려고?

아아, 당신은 지금까지 내 이야기를 듣지도 않은 모양이군요. 차라리 바흐의 음악이 어디로 사라졌느냐고 물으십시오. 어제의 구름이 어디로 갔느냐고 물으십시오. 밤새 내린 빗방울들은 다 어디로 가버렸느냐고, 백설공주의 아름다움은 어디로 사라졌느냐고, 그렇게 물으십시오.

……그만둡시다. 나는 당신의 머릿속에서 태어난 그 기린에 대해 아무런 권리도 없으니까요. 그래요. 그 기린은 사슴의 몸을 하고 있습니다. 말의 발굽과 갈기를 지녔습니다. 소의 꼬리를 가졌으며, 온몸이 오색찬란한 비늘로 덮여 있습니다. 바로 그 짐승입니다. 외뿔을 곧추세운 동물 말입니다. 슬픈 눈을 가진 동물이지요. 그 동물은 지금

어느 구름 아래를 유유히 달려가고 있습니까? 얼마나 아름답습니까? 지금 막 고개를 돌려 당신을 바라보고 있습니까? 거기 황혼이 지고 있나요? 그런데 그것은……

정말 기린입니까?

이제 당신이 내게 대답할 차례입니다.

선정의 말

—

이장욱의 「기린이 아닌 모든 것에 대한 이야기」는 매력적인 틈을 가진 소설이다. 소설의 도입부에서 이 소설은 마치 언어와 거짓말에 대한 이야기를 하는 것처럼 보인다. 그럴지도 모른다. 피할 수 없는 운명과 삶의 피동성에 관한 이야기일지도 모른다. "그것이 나의 운명입니다"라는 무기력한 진술이 반복되고 있으니 말이다. 어린 시절의 에피소드는 그런 것처럼 보이기도 한다. 진실의 힘보다는 거짓말의 힘을 믿게 되는 시절. 아버지가 어느 날 간첩이 되는 그런 시절. 언어가 실재를 만든다는 명제를 비틀어 거짓말이 실재를 만든다는 명제 같은 것. 박물관에서 벌어지는 일에 관한 소설의 후반부에서는 또다시 다른 층위의 이야기를 시작하는 것이다. 기린 불상의 시선이나 기린 불상의 진위에 관한 이야기는 언어와 거짓말에 관한 이야기와의 분명한 연결점을 찾기 쉽지 않다. 마지막에 기린 불상을 불태우게 되는 장면에 이르면 그 공백은 더 커지는 것처럼 보인다. 단일한 주제와 인상이라는 단편의 미학적인 원칙에서 보면 이 소설이 가진 틈은 허술해 보일지도 모른다. 하지만 이 소설 전체를 관통하는 고백체의 매력적인 문장에 대해 옹호하고 싶은 사람이라면 두 가지 답변을 준비할지도 모른다. 기린불의 진위에 대한 논란, 참과 거짓에 대한 논란, 혹은 참과 거짓을 구분하는 일의 기만성과 무기력은 거짓말의 실재성에 대한 어린 시절의 에피소드와 무관하지 않다고. 탄소 측정이나 CCTV 같은 것으로 참과 거짓을 판명하는 것보다는 시선의 진실이 실제적인 것 아니냐고. 기린 불상을 불태우는 장면은 그 사실에 대한 판명 너머에 있는 진실을 지키려는 것일 수 있다고. 그러니까 다시 "진실만을 말하는" 끔찍한 운명에 관한 이야기. 이런 답변들로도 이 소설의 짜임이 설명되지 않는다고 생각한다면, 이 소설의 고백체 문장들이 불쑥 등장시키는 "수도꼭지에서 녹물이 나오고, 유리컵에 실금이 가 있는 그런 날" "모든 게 조금씩 어긋나는" 그런 날로서의 미지의 시간에 대한 예감만으로, 이 소설의 아름다움을 받아들일 수는 없을까? _이광호

이장욱의 「기린이 아닌 모든 것에 대한 이야기」는 제목 그대로 '기린이 아닌 모든 것에 대한 이야기'지만, 역설적이게도 기린의 모든 것에 대해 이야기하는 것처럼 읽히는 미스테리한 소설이다. 왜 그럴까? 기린이 아닌 것에 대한 모든 이야기는 '기린'을 말 그대로 일종의 공백처럼 남겨 놓기에 결과적으로는 '기린'이라는 의미의 구멍 속으로 모든 주변 이야기들이 빨려 들어가도록 내버려두기 때문이다. 말하자면 이장욱의 소설은 기린이라는 '무'의 기표를 감싸고 있는 현 사실들의 덧없음을 응시하도록 만듦으로써, 어떤 '사라짐'의 정서를 통해서만 간신히 환기될 수밖에 없는 파괴적 진실에 다가선다. 그러므로 그것은 오직 철저한 거짓과 부징문을 통해서만 비로소 증명될 수 있는 진실이며, 더 나아가서는 죽음의 응집된 성운들로만 증언될 수 있는 삶의 기미 같은 것이다. 이장욱 특유의

악마적이면서 시적인 이야기와 문체를 따라가다 보면 독자는 불타는 거짓이 일으키는 진실의 현기증에 문뜩 아연해질 것이다. _**강동호**

2014년 4월
이달의 소설

미래의 책

정지돈

1983년 대구에서 태어나 2013년 문학과사회 신인문학상으로 등단했다.

작 가 노 트

근대 이후, 집을 짓는 사람과 거기에 사는 사람 사이에 괴리가 생겨났다.
하지만 원래 집을 짓는 사람과 사는 사람 사이에 거리는 없었다.

—토요 이토

●••

미래의 책

—

1

알랭은 한국에 온 지 10년쯤 된 프랑스 출신 문학평론가로 한국 문학에 깊은 관심을 보였다. 그는 파리에서 만난 김씨 성의 유학생 덕분에 한국 문학을 접하게 되었다며 모든 일의 시작엔 사랑이 있지, 라는 다소 유치한 말을 서두로 자신의 과거사를 늘어놓았다. 김씨 유학생과의 밋밋한 러브 스토리였는데 B급 퀴어영화 줄거리를 듣는 듯했고 끝은 그렇게 난 한국 문학과 사랑에 빠졌지,라는 낯 뜨거운 말로 마무리되었다. 나는 한국 문학이 아니라 문학을 하는 한국 남자와 사랑에 빠졌겠지,라고 했지만 그는 어느 쪽이든 마찬가지라고 했다. 아랍 남자를 사랑한 장 주네가 팔레스타인 해방 운동에 생의 반을 바쳤듯 자신 역시 그러리라는 게 알랭의 말이었다. 그것은 절대 분리될 수 없는 사랑의 흐름이라고 알랭은 말했다.

그런 알랭이 장의 원고를 받은 것은 지난여름 즈음이었다. 원고에는 알랭이 문예지에 발표한 「존재하지 않는 책들의 존재 가능성」이라는, 내 시각으론 엉성한 평론을 보고 원고를 보낸다는 말이 첨부돼 있었다. 그것은 알랭이 사적으로 받은 첫 소설 원고였다. 그는 흥분에 휩싸여 자신은 이미 원고를 다 읽었다며 내게 원고의 복사본을 주었다. 거기엔 '무한한 대화'라는 제목의 A4 백 장 분량의 장편소설과 열 장이 채 안 되는 단편소설 두 편이 있었다(단편엔 제목이 없었다). 알랭은 소설을 주며 꼭 읽어보라고 말했다. 자신의 한국어 실력으로는 이 소설에 확신이 서지 않는다, 아마 이것들은 많은 부분에서 부족할 것이다, 그러나 여기엔 뭔가 특별한 것이 있다,라는 게 그의 이야기였다.

소설가로서 내 의견을 말하자면 알랭이 넘겨준 원고는 수준 이하였다. 한국에 와서 문단을 기웃거리던 알랭과는 몇몇 작가에 대한 애정을 고리로 친해졌지만, 한국어 문장을 면밀히 살피기에 알랭은 실력이 부족했다. 알랭은 내 말에 동의하면서도 그 때문에 자신이 오히려 한국어 문장을 새로운 시각으로 볼 수 있다고 주장했다. 문학은 고정된 문법의 틀을 벗어나야 한다는 것이었다. 나는 그건 용납하기 힘든 일이며, 설사 새로운 차원의 틀을 가진 작가가 등장하더라도 알랭, 너는 알아볼 수 없을 거라고 했다. 말했듯 알랭의 한국어는 아직 설익었기 때문이었다. 그러나 나 역시 알랭에게 잘난 척하며 문학에 대해 떠들 입장은 아니었다. 나는 이제 겨우 한 권의 단편소설집을 낸 작가에 불과했으며 청탁도 거의 끊어진 상태였다.

그럼에도 나는 프랑스로 떠나기 전날 만난 알랭에게 장의 원고가 결함투성이라는 말을 할 수밖에 없었다. 알랭은 장의 소설을 끝까지 읽기는 했느냐고 되물었다. 나는 사실 장편은 반도 읽지 않았으며 단편은 하나밖에 보지 않았다. 알랭은 다시 장의 작품을 읽어보라고 했다. 그 소설을 꼭 읽어야 해,라고 말하는 알랭의 목소리가 너무 단호해서 나는 그러겠노라고 약속했다.

당시 나는 새벽만 되면 이유도 없이 잠에서 깨곤 했다. 숫자를 세며 잠이 오길 기다렸지만 한번 달아난 잠은 돌아오지 않았다. 잠을 청하기 위한 노력이 허사란 걸 알게 된 뒤에는 책이나 영화를 보려 했지만 잘 되지 않았다. 모든 것이 어두운 바다에 난파된 범선처럼 갈피를 잡지 못했다. 책 속의 활자는 산산조각 난 범선의 잔해처럼 바닷속으로 가라앉았고 영화 속 장면들은 신기루처럼 어릿하기만 했다. 몸속의 장기들이 단단히 매듭지어진 듯 답답했다.

결국 나는 어느 날부터 육지로 향하는 선원처럼 집에서 나와 무작정 걸었다. 그렇게 산책을 시작한 때는 여름이 끝나갈 무렵이어서 적정한 바람과 온도가 나를 도와주었다. 나는 고양이가 거니는 동네의 골목을 벗어나 오르막을 오르고 4차선 도로를 건너 강변을 낀 화력발전소 앞의 길을 따라갔다. 강변의 산책로나 대로를 따라 걷기도 했고 가로등이 드문드문 켜진 음산한 주택가의 골목을 걷기도 했다. 목적지도 없었고, 목적지를 가지고 싶지도 않았다. 내 목적은 오로지 불면의 시간에서부터 벗어나는 거였다.

다행히 산책은 꽤나 효과가 있었다. 나는 산책을 하며 가로등 불빛에 책을 읽기도 했고 동이 트면 아무 데나 앉아 독서에 열중하기도 했다. 그 소설을 꼭 읽어야 해,라는 알랭의 말을 떠올리며 장의 소설을 다시 읽게 된 것도 산책 동안 이루어진 일이었다.

장의 소설을 읽은 날, 계절은 완연한 가을로 접어들었다. 그날은 길고도 지루한 추석 연휴의 마지막 날이었다. 혼잡스러웠던 친척과의 만남이 끝나고 집에 돌아온 그날 밤, 나는 꿈속에서 장의 소설에 쫓겼다. 장의 소설은 벽에 비친 그림자의 형상을 하고 나를 쫓아왔다. 그림자는 촛불에 비친 것처럼 일렁였으며 나는 저항할 생각도 못 하고 번번이 잡혔다. 그럴 때면 깜짝 놀라 꿈에서 깼는데, 그 꿈은 꿈속의 꿈이어서 깨자마자 또다시 그림자에 쫓겨야 했다. 나는 그렇게 쫓기고 잡히길 반복하며 엉뚱하게도 알랭이 장과 잤으니 그의 소설이 나를 쫓는구나,라는 앞뒤가 맞지 않는 추측을 논리적인 추리인 양 생각했다. 전까지는 알랭이 장과 성적인 관계를 맺었을 거라 생각한 적이 없었다. 그런데 꿈에서 깨고 나니 영감이라도 받은 듯 엉뚱한 추리가 그럴듯하게 여겨졌다. 알랭은 장과 섹스를 했을지도 모른다. 그래서 알랭이 장의 소설을 읽으라고 종용했는지 모른다는 생각이 들었다. 그러나 그날 밤, 장의 소설을 다시 읽고 나자 알랭과 그 사이에 관계가 없었더라도 알랭은 내게 그 소설을 꼭 읽어야 해,라고 말했을 거라는 생각이 들었다. 장의 소설엔 알랭이 말한 뭔가가 있었다.

나는 산책을 하며 장의 소설 「무한한 대화」를 읽었다. 주황색의 가로등 불빛과 어둠이 걸음을 따라 흰 A4 용지 위를 번갈아 지나갔다.

소설 속에는 나와 그가 나온다. 그는 나와 오랫동안 연락을 주고받은 사람으로, 어떤 사람인지는 알 수 없다. 더구나 소설에는 그와 내가 어떤 방식으로 연락을 주고받는지도 나오지 않는다. 그 방법이 전화인지, 편지인지, 아니면 메신저인지도 알 수 없다. 정황을 봤을 때 전화일 가능성이 큰데 논리적으로 설명이 되지 않는 부분이 있다. 따져보면 그들은 텔레파시로 연락을 주고받는다고 설명할 수밖에 없다. 장의 소설에는 제대로 된 플롯도 없다. 삼십대 중반의 회사원인 '나'는 평소와 다름없는 출근길 도중 방향을 바꿔 기차를 타고 도시를 떠난다. 그리고 '그들'의 추적으로 인해 떠날 수밖에 없다고 말한다. 그러나 그들의 정체는 알 수 없으며, 나와 그들의 관계 역시 오리무중이다. 주인공이 그들보다는 절망이나 환멸, 지루함, 슬픔 등과 같은 추상적인 요인들에 대한 언급만을 계속함으로써 그들의 정체가 형이상학적인 감정이 아닐까라는 생각이 들게 한다. 주인공의 목적지나 다른 요인들이 추상적인 데 반해 교통수단이나 지나는 곳의 지명, 풍경, 건물들의 명칭—아주 사소한 건물까지도—은 세세히 설명되고 묘사된다. 모든 지명이 실제인지는 알 수 없다.

주인공이 마지막에 도착하는 곳은 낡은 호텔이다. 호텔에는 연락을 주고받았던 그가 있으며 나는 그의 옆방에 머문다. 둘은 서로가 옆방에 묵고 있다는 사실을 알지만 만나는 등의 행위는 하지 않는다. 소설은 주인공이 호텔에 도착한 며칠 후, 그의 죽음을 알게 되고 호텔을 떠나는 것으로 마무리된다.

장의 소설은 독특했지만 납득하기 힘든 내용이었다. 누보로망을 어설프게 베낀 것 같기도 했다. 더구나 빈번히 나오는 서툰 문장은 소설의 가장 큰 결함이었다. 부사나 형용사가 지나치게 많았고 문장 성분의 순서가 도치되어 있었으며 장문과 복문이 빈번해 가독성이 떨어졌다. 예를 들면 "나는 내면에서 일어나는 당혹감에 휩싸여, 그 감정을 동반한 상태의 문장을, 아니면 다른 어떠한 형태와 내용을 가진 문장을 새로이 시작해야 할지 말지 결정하지 못한 채 씌어지길 기다리는 문장의 첫 부분에 위치하고 있었으며, 그것은 곧 간단한 대화나 독서 행위로까지 서서히 옮아가서, 전체를 관망하거나 행위를 유지하는 것조차 불가능할 정도로 나를 혼란 상태에 빠뜨려놓았지요"와 같은 문장들. 그럼에도 그런 단점은 그날 내게 새롭게 다가왔다. 그것은 그의 글이 우리가 쓰는 일상 언어와 다른 곳에 위치한, 말하자면 소설 속의 '나'와 '그'가 나누는 텔레파시 같은 내면의 언어로 느껴졌기 때문이었다. 또한 끊어질 듯 끊어지지 않고 이어지며 예상치 못한 순간에 갑자기 멈추는 그의 문장은 소설의 내러티브를 닮아 있기도 했다.

내가 소설에 몰입한 사이, 날은 밝아 있었다. 어둠은 땅끝 너머로 밀려났고 가로등은 빛을 거두었다. 잊고 있던 새벽 가을바람이 옷 사이를 비집고 들어왔다. 푸른 공기 아래서 장의 소설이 바람에 부딪혀 바스락 소리를 냈다. 나는 한동안 원고를 가만히 들여다보았다. A4용지에 인쇄된 검은 활자들이 나를 향해 천천히 고개를 쳐들었다.

프랑스로 떠나기 전날, 알랭은 내게 장의 주소와 연락처를 전해주었다. 장의 소설을 봤으니 이제 그를 만날 차례였다. 이번에 프랑스에 가면 오래 있을 거야, 그럼 너가 그를 만나도록 해,라고 알랭은 말했다. 그는 이미 장과 여러 번 만난 것 같았다. 나는 내가 왜 장을 만나야 하는지 알 수 없어 이유를 물었지만 알랭은 그건 너가 소설을 읽고 나면 말해줄게,라고 대답을 피했다. 그건 너가 소설을 읽고 나면. 알랭은 니가, 나 네가,라고 말할 줄 몰랐다. 항상 '너'라고 말했다. 알랭의 '너' 발음을 듣고 있자면 내 혀까지 목구멍 뒤로 넘어가는 기묘한 느낌이 들지만, 나는 그가 '너'라고 말할 때의 느낌이 좋았다. 그러나 이제 더 이상 알랭의 '너' 발음을 들을 수 없고 알랭의 대답도 들을 수 없는데, 그건 장의 소설을 읽은 그날 밤, 알랭이 렌트한 자동차를 타고 프랑스 중부의 손에루아르 데파르망으로 가던 도중 교통사고로 죽었기 때문이다. 알랭이 죽은 곳은 A6국도의 어디쯤이었고 나는 그곳이 어디인지 짐작조차 할 수 없었다.

장의 집은 지하철역에서 걸어서 10분 거리인 주택가에 있었다. 역이 있는 사거리에서 강변 방향으로 가다 세번째 골목으로 들어가면 공원이 나왔고, 그 공원을 가로질러 왼쪽으로 가면 바로 그의 집이었다. 그는 붉은색 벽돌로 지어진 연립주택의 2층에 살고 있었다.

내가 장에게 전화를 한 건 그의 소설을 읽은 날로부터 한 주가 지난 뒤였다. 알랭의 소개로 전화했다는 말에 한동안 답이 없던 그는, 내가 여보세요,라고 몇 번이나 말한 뒤에야 자신의 집 근처로 오라고 했다.

우리는 어스름이 깔리기 시작할 무렵 만났다. 장은 갈색 재킷의 주머니에 손을 넣은 채 집 근처의 공원을 거닐고 있었고 나는 한눈에 그를 알아볼 수 있었다. 공원에 있는 사람이 그밖에 없었기 때문이다. 우리는 간단히 통성명을 한 후 멍하니 서서 주위를 둘러보았다. 나는 무슨 말부터 꺼내야 할지 곤혹스러웠고 장은 무뚝뚝한 태도로 그런 나를 더 당혹스럽게 했다. 결국 내가 꺼낸 말은 어디 들어갈까요, 따위였는데 그는 고개를 저으며 여기 있는 게 좋습니다,라고 말해 다시 말문을 막아버렸다.

잠시 정적이 흐른 후, 나는 알랭의 부고를 전하며 입을 떼었다. 장은 알랭이 죽은 건 왜지요?라며 담담한 표정으로 내게 물었다. 나는 교통사고였다고 말했다. 그가 알랭에 대해 더 묻길 바랐지만 그는 더 이상 질문하지 않았고 사람을 불편하게 만드는 특유의 침묵을 꽤 오랫동안 유지했다. 그렇게 그와 나의 첫 만남은 스타카토처럼 툭툭 끊어지는 대화만을 남긴 채 끝났다. 그가 나를 거부하고 있다는 인상 탓에 소설에 대한 이야기는 꺼낼 수 없었다. 게다가 알랭의 죽음을 대하는 그의 무덤덤한 태도가 섭섭하고 괘씸하기까지 했다. 알랭이 보여줬던 관심에 비해 그는 알랭에게 너무 무심했으니 말이다. 그런 내가 장을 다시 찾아가게 된 건 알랭의 원고 때문이었다. 나는 알랭이 죽고 넉 달이 지나서야 그의 원고를 받았다.

사고로 죽은 알랭에게 유서 따위는 남아 있지 않았다. 다만 그의 차가 도로의 난간을 들이받고 언덕 아래로 처박힐 당시 뒷좌석에 있던 가방에는 세 권의 책과 랩톱컴퓨터, 정리가 안 된 원고 더미 등이 있었는데, 거기엔 A4 열 장 분량의 한글로 씌어진 짧은 글이 있었다. 미완성인 글의 여백에는 "진에게 맡길 것" "그의 이야기를 옮길 것" 따위의 메모가 불어로 씌어져 있었고, 그로 인해 그 글은 내게 전해질 수 있었다. 나는 알랭의 체취가 느껴지는 글을 반복해서 읽었다. 형식은 소설인지 에세이인지 비평인지 애매했지만 내용은 장에 관한 것이 분명해 보였다. 그러니까 나는 글에 다른 설명이 없음에도, 글 속에 등장하는 남자가 알랭이 그토록 만나길 요구했던 장임을, 그리고 '그의 이야기를 옮길 것'의 '그'가 장임을 알 수 있었다. 그의 소설을 읽으라고 종용한 것도 부족해 알랭은 장의 이야기까지 글로 남긴 것이다. 이 정체 모를 이야기는 대체 무엇인지, 알랭과 그 사이에 어떤 이야기가 오간 것인지에 대한 호기심이 나를 사로잡았다.

다시 만난 장은 회사로 가기 위해 지하철을 타러 나온 건 평소와 다름없는 그날의 시작이었지요,라는 말로 자신의 이야기를 장황하게 늘어놓기 시작했다. 우리는 공원의 벤치에 앉아 대화를 나누었다. 해 질 무렵의 붉은빛이 나무와 흙 위에 지친 듯 내려앉았다.

장은 여전히 무뚝뚝하고 차가웠지만 자신의 이야기를 말하는 건 열심이었다. 고저가 분명치 않은 그의 말은, 끝날 듯 끝나지 않고 이어져 집중하지 않으면 흐름을 놓치기 십상이었다. 게다가 일반적인 어순에 어긋나게 말하는 경우가 많아 의미나 내용을 파악하는 데도 전력을 기울여야 했다.

장의 이야기는 그가 글을 쓰게 된 계기에 대한 것이었다. 평범한 회사원이던 그에게 어느 날부터 의미를 알 수 없는 문장들이 떠오르기 시작했다고 한다. 그는 문장들을 기록하기 시작했는데 그 양은 날이 갈수록 늘어나 노트를 가득 채웠으며 회사 일에 집중하기 힘들 정도로 시도 때도 없이 쏟아지기 시작했다. 급기야 그는 쏟아지는 문장에 파묻혀 마치 죽은 사람처럼 정신을 잃거나 몽유병자처럼 떠돌기도 했다. 정신을 차려보면 생소한 공원이나 카페, 건물의 계단 위였다. 장은 회사를 그만둘 수밖에 없었다고 했다.

장의 이야기는 알랭이 남긴 글에 있는 것이었다. 그러나 디테일한 부분에서 조금의 차이가 있었다. 나는 그 차이에 대해, 그리고 알랭에게도 똑같은 이야기를 했는지에 대해 묻고 싶었지만 그러지 못했다. 이야기를 끝낸 장이 완전히 진이 빠진 모습으로 낡은 벤치에서 일어났기 때문이다. 벤치 위에 장의 그림자가 드리워졌다. 나는 더듬거리며 다음 만남을 기약하는 말을 던질 수밖에 없었다. 그는 희미한 빛의 가로등이 껌벅이는 골목 안으로 걸어갔다.

나는 그때까지 알랭의 죽음을 실감하지 못하고 있었다. 알랭의 시체도, 무덤도 보지 못한 내게 알랭은 죽은 게 아니었다. 알랭은 바다 위의 외딴 바위처럼 내 기억 속에 우뚝 서 있었고 나는 다가가지도 멀어지지도 못한 채 바라볼 수밖에 없었다. 그런 내게 알랭의 원고와 장의 이야기는 범선 역할을 해주었다. 알랭의 죽음을 마주할 수 있게 된 것이다.

나는 알랭의 글을 다시 읽고 고치기를 거듭했으며 내 식대로 장의 이야기를 써보기도 했다. '진에게 맡길 것' '그의 이야기를 옮길 것'이라는 짧은 메모가 사자의 간곡한 유언처럼 느껴졌다. 알랭이 원한 건 무엇이었을까. 알랭은 단순히 교정을 위해 내게 자신의 글을 맡긴 것일까? 그건 아닐 것이다. 그랬다면 내가 장을 만날 이유가 없었다. 아마도 알랭은 장의 이야기로 소설을 쓰길 원했고, 그걸 내가 해주길 바랐을 것이다. 그것이 내가 할 수 있는 가장 논리적인 추리였다.

그러나 장의 이야기만으로 소설을 쓸 순 없었다. 장의 이야기는 너무 빈약했다. 이야기 속의 행위나 감정, 그에게 떠오른 문장 들은 장의 소설처럼 모호했다. 나는 세 달여의 시간 동안 그 짧은 글과 이야기를 붙들고 씨름했다. 참고가 될지 모른다는 생각에 장의 소설도 반복해서 읽었다. 그러나 진척이 없었다. 나는 논리적 구조 없이 아무것도 할 수 없는 나의 한계를 뼈저리게 절감했다. 장과의 만남을 통해 뭔가를 더 얻고 싶었지만 그는 만남을 피했다. 전화를 받지 않거나 받아도 할 말이 없으니 다음에 연락하겠다는 말밖에 들을 수 없었다. 그러는 동안 여름이 끝나고 가을이 왔다. 알랭이 죽은 지 1년이 흐른 것이다. 나는 알랭의 기일인 그날 밤에도 여전히 책상 위에 알랭의 글과 내가 다시 쓴 장의 이야기, 장의 소설 등을 늘어놓고 있었다.

내게 그날 밤은, 1년 전과 다를 게 없었다. 시간은 글이 만들어낸 공간에 매어져 있었다. 그 글은 알랭의 글이자 장의 글이었고, 공간은 그들과 나 사이에 생겨난 어떤 지점이었다. 나는 그동안 그곳에 살고 있었지 현실세계에 살고 있는 게 아니었다. 왜냐하면 겨울과 봄, 여름과 가을이 어떻게 오갔는지, 무슨 일이 있었는지 떠오르지 않았으며 오직 장과의 단편적인 만남과 알랭에 대한 추억만이 기억에 남아 있기 때문이었다.

나는 책상 위의, 수십 번을 봤기에 보기만 해도 메스꺼운 글들을 보며 생각했다. 모든 기획의 창조자인 알랭은 죽었지만 영감의 근원인 장은 여전히 존재했다. 알랭과 장이 친밀한 사이였다면 그에게서 새로운 소설에 관한 힌트를 얻어낼 수 있지 않을까. 그가 나를 피하더라도 이미 시작된 소설의 끝을 막을 순 없었다. 장은 최초의 독자이자 최초의 작가였다. 이 모든 일이 그의 머릿속에 떠오른 문장들로 시작되었기에 그는 이 일에 책임을 져야 했다. 나는 그렇게 그날 밤을 완전히 지새우고서야 장을 찾아가야 함을 깨달았다.

2

알랭이 이블린에 있는 부모의 집에서 나온 건 이른 새벽이었다. 밤새 잠을 설친 그는 조용히 침대에서 나와 불을 켰다. 그리고 창밖으로 시선을 던졌다. 2층인 그의 방에선 거리의 전경이 훤히 보였다. 어린 시절 그는 방을 서성이며 힐끔힐끔 창밖을 내다보곤 했었다. 누군가 밖에서 지켜볼까 불안한 마음에 창가로 다가가지 못했던 과거가 생각나 실소가 나왔다. 거리에는 그를 지켜보는 이는 고사하고 지나가는 사람 하나 없었다. 주택가에 정적이 떠도는 걸 보는 동안, 그는 더 이상 잠을 이루기 힘들겠다고 느꼈다. 알랭은 침대의 귀퉁이에 앉아 검지로 윗니를 톡톡 쳤다. 작업이나 해볼 요량으로 랩톱을 켜고 책과 원고를 꺼냈지만 집중할 수 없었다. 그는 어느 순간 그것들을 챙겨 가방 안에 쑤셔 넣고 옷을 입었다.

알랭은 발뒤꿈치를 들고 살그머니 계단을 내려왔다. 오랜만에 와서 인사도 못 하고 가는 게 마음에 걸렸지만 어쩔 수 없었다. 그처럼 파리를 떠난 누이 아나이스가 오후에 도착할 예정이었다. 스위스의 뇌샤텔에 살고 있는 그녀의 얼굴을 못 본 지 4년째였다.

알랭은 차에 올라타 시트에 몸을 기댄 채 시간을 보냈다. 거리는 텅 비어 있었다. 정적이 바람을 따라 가로수 주변으로 흩날렸다. 알랭은 차창 밖으로 고개를 내밀어 하늘을 보았다. 달무리에 갇힌 달의 흔적이 보였다. 알랭의 머리칼이 바람에 의해 흐트러졌다. 그는 축축한 바람의 감촉을 느끼며 비가 올지도 모르겠다고 생각했다. 비가 오면 손에루아르까지 족히 서너 시간은 걸릴 터였다.

그럼에도 알랭은 시동을 걸었다. 속도를 더해감에 따라 바람도 강해졌다. 알랭은 숨을 크게 들이마시며 비 오기 직전의 바람을 만끽했다. 아나이스는 언제든 다시 볼 수 있을 것이다. 지금은 할 일이 있다. 항상 그랬듯 알랭은 자신 앞에 놓인 일은 꼭 해야 했다. 그가 뜬금없이 한국에 발을 들여놓게 된 것처럼, 그게 어떤 종류의 일이든 말이다.

진에겐 구체적으로 말하지 않았지만 알랭은 자신의 첫사랑인 한국 유학생과 깊은 관계까지 갔었다. 그 사실을 말하지 못한 건, 그 유학생이 진도 알고 있는 소설가이자 문학평론가이기 때문이었다. 파리에 있을 땐 순조로웠던 둘의 사랑은 서울에 오자마자 산산조각 났다. 유학생은 알랭을 철저히 친구로 대했고, 알랭은 그토록 변한 그를 이해할 수 없었다. 그는 알랭에게 이렇게 말했다. 파리에서의 나와 서울에서의 나는 다르다. 파리에서의 너와 서울에서의 네가 다른 것처럼. 알랭은 그 말을 이해하지 못했다. 유학생은 계속해서 말했다. 인간은 변화하는 존재다. 시간과 공간의 흐름에 따라 달라지는 존재이지 한 곳에 머물지 않는다,고 말이다. 알랭은 유학생의 말이 터무니없는 궤변이라 생각했다. 그러나 받아들이지 않을 수 없었다. 어쨌든 그의 말대로 그는 변했기 때문에 그에겐 그게 진실이었다. 알랭은 자신이 시간과 공간의 파도에서 낙오된 바위같이 느껴졌다. 변하지 않았기에 소외된 존재. 생 말로의 카페테리아에서 읽었던 유학생의 소설은 그때 모습 그대로 출판되었는데, 알랭은 그 소설을 읽고 또 읽었다. 결국 그 소설은 알랭이 한글로 쓴 첫번째 평론의 대상이 되었다. 평론의 제목은「오해와 착오로 쌓아 올린 서사의 벽」이었다.

공원 쪽으로 난 커다란 창 아래에 낡은 고동색 책상이 있었다. 책상 위에는 검은색 스탠드와 랩톱이 놓여 있었다. 책상은 아주 오래돼 보이는 것으로 나는 그가 없는 사이 무심결에 서랍을 열어보았는데, 각종 필기구와 스테이플러, 커터 칼이나 메모지 따위의 사무용품만 있을 뿐 다른 것은 없어 그의 단출한 생활을 짐작할 수 있었다. 의자는 등받이와 시트에 짙은 갈색 쿠션이 붙은 자그마한 것이었다. 나는 의자에 앉아 장과 시시콜콜한 대화를 나누었다.

장은 지금의 집이 외진 곳에 있어 마음에 든다고 했다. 장의 집은 집이 아닌 작업실처럼 보였다. 그는 이사를 하며 쓸모없는 짐들은 모두 팔거나 버렸다고 했다. 냉장고는 싸구려 모텔에나 있을 법한 소형 냉장고였고 싱크대는 깨끗하게 비어 있었다. 방의 구조는 평범했지만 가구의 배치는 특이했다. 가구들은 제각각 떨어져 있었고 기이하게도 침대가 방 중앙에 있었다. 내가 왜 침대를 벽에 붙이지 않았느냐고 묻자 장은 고개를 갸웃하며 자신은 침대를 사방이 비어 있는 곳에 섬처럼 놓아두길 좋아한다며, 이유는 잘 모르겠다고 말했다. 어쩌면 이런 것도 일종의 괴벽이랄 수 있을지도 모르겠네요,라고 그는 말했고 나는 오히려 좋아 보인다고 했다.

장과 일상적인 주제의 대화를 나눈 건 그때가 처음이었다. 밤을 꼬박 새우며 고민한 끝에 그의 집으로 향할 때만 해도 그와의 대화를 기대하지 않았다. 오후 2시쯤 비장한 마음가짐으로 장의 집에 도착했을 때는, 그가 다시 만남을 회피한다면 문 앞에서 밤이라도 새울 작정이었다. 그러나 장은 예상 밖의 친절한 태도로 나를 맞아주었다. 그는 앉으라고 말한 뒤 커피를 타 왔다. 나는 진갈색 의자에 앉은 채 그를 기다렸다. 약간 어리둥절한 기분이었다. 이에 반해 그는 자연스럽게 내게 머그잔을 건넨 후 침대 모서리에 걸터앉았다.

그의 4단짜리 밤색 책장에는 책이 많지 않았다. 나는 책장에서 얇은 문고본 한 권을 꺼내며 나와 겹치는 책이 많다고 했다. 장이 고개를 끄덕였다. 그는 내게 책을 건네받으며 자신은 다양한 종류의 책을 읽지 못한 반면 마음에 드는 책은 수 번을 반복해서 본다고 말했다. 내가 그런 독서 습관이 장의 소설에도 묻어나는 것 같다고 말하자 그는 잠시 머뭇하더니 저는 제가 읽은 것들을 다시 쓴 것뿐입니다, 이런 것도 창작이라고 해야 할지 모르겠군요,라고 말했다. 나는 괜한 염려라고 했지만 왠지 그 이상의 말은 할 수 없어 날씨 얘기로 화제를 돌렸다.

스산한 바람이 여름의 끝을 고하고 있었다. 날씨는 정오를 지나며 점차 흐려졌다. 그의 집으로 오기 전 사소한 점심 약속이 있었다. 식사를 마치고 본 하늘에는 잿빛 먹구름이 깔렸고 건물과 거리에는 그림자가 드리워졌다. 바람에서 물에 젖은 천에서 나는 향이 감돌았다. 대화가 꽤나 오간 뒤 나는 장에게 오늘이 알랭의 기일이라고 말했다. 그는 천천히 고개를 끄덕였다. 나는 장의 행동이 무슨 뜻인지 몰라 혼란스러웠다. 그러니까 그 끄덕임이 알랭의 기일을 알고 있었다는 뜻인지, 아니면 이제야 알게 됐다는 뜻인지 말이다. 그가 말할 기색이 없기에 나는 다시 말했다. 오늘 온 것도 알랭과 연관된 일이라고. 당신과 알랭의 관계에 대해서도, 당신의 이야기에 대해서도, 나는 듣고 싶은 게 너무 많다고. 사소한 것일지라도 모르는 게 너무 많고, 그래서 글을 쓸 수가 없었다고. 나의 말에 장은 뜸을 들이더니 이렇게 말했다. 방금 전에 말한 것처럼 바람에서 비냄새가 나네요. 날이 어두운 걸 보니 비가 오려는지도 모르겠습니다. 그의 시선이 창밖으로 향했다. 나도 그를 따라 밖을 봤다. 공원은 한적했고 나무 위로 바람의 흔적이 조용히 나부꼈다. 그는 자리에서 일어섰다. 오후에 약속이 있습니다. 불편하지 않다면 여기 계셔도 됩니다. 저녁쯤이면 돌아올 테니까요. 나는 망설였지만 곧 그에게 기다리겠다고 말했다.

나는 장이 공원을 가로질러 길 저편으로 멀어져가는 모습을 보았다. 그에게 몇 시쯤 돌아오는지 물어볼 수도 있었지만 그런 생각은 못 했고 멍하니 그의 뒷모습을 보기만 했다. 어쩌면 그의 뒷모습을 보던 게 아니었는지도 모르겠다. 공원에 시선을 두고 있던 내게, 아마도 그를 지나쳤을 바람이 불어와 이마를 덮고 있던 머리칼을 흐트러뜨렸다.

공원으로 몇몇 사람들—중년 남자와 남색 레인코트를 입은 여자, 교복을 입은 남자 아이가 지나갔다. 아마 오후 3시를 조금 넘긴 시간이었을 것이다. 서너 시간은 기다려야 한다는 생각에 그의 작은 방을 오갔지만 별반 볼 게 없었다. 책을 꺼냈지만 집중할 수 없었다.

나는 의자에 앉아 다시 밖으로 시선을 던졌다. 그러다가 책상 위의 랩톱을 켰다. 인터넷이라도 하며 시간을 때울 작정이었다. 창밖으로 공원의 일부와 주택가, 도로와 잿빛 하늘의 끝이 보였다. 부팅을 알리는 프로그램의 시작음이 들렸다. 그때쯤이었을 것이다, 내가 잠이 든 것은. 어젯밤에 미뤄두었던 잠이 그제야 눈꺼풀과 어깨 위로 내려앉았다. 나는 졸린지도 모른 채 잠에 빠져들었다.

알랭의 차는 이블린을 빠져나와 A6국도로 접어들었다. 해가 뜰 기미는 보이지 않았고 다른 차들도 없었다. 차창 밖으로 습한 어둠이 끊이지 않고 지나갔다. 알랭은 도로의 물결 위로 시선을 고정한 채, 떠오르는 생각들을 침착하게 펼쳐보았다.

진이 소설 속에 인용한 프랑스 작가의 구절이 있다. "내가 사로잡혀 있는 필연성에 대항해 당신은 아무것도 할 수 없다. 내가 지금 이대로의 나일 수밖에 없다면 나는 파괴될 수가 없다. 지금 있는 이대로의 나, 그리고 나의 고독은 아무런 거리낌 없이 당신의 고독을 알아본다."* 이 구절은 알랭이 자신의 수첩 첫 장에 적은 것과 동일한 것이었다. 알랭은 한국 작가의 소설에서 같은 구절을 발견하고는 반가움을 금할 수 없었다. 그래서 진을 처음 본 날 대뜸 그에게 수첩의 문장을 보여주었다.

그들이 처음 만난 곳은 신생 문예지의 필자 모임이 있었던 술집이었다. 진은 자신에게 수첩을 들이미는 파란 눈의 프랑스인을 기묘하게 바라봤다. 그 문장은 진의 데뷔작에 나왔던 것이었으나 그로선

* 장 주네, 『자코메티의 아틀리에』, 윤정임 옮김, 열화당, 2007, p. 61.

알랭의 수첩에 적힌 불어가 무엇인지 알 턱이 없었다. 술을 마셔 얼굴이 붉어진 채 자신의 행동에 당황하던 진의 모습을 떠올리면 알랭은 어느새 미소가 머금어졌다. 모든 일의 시작엔 사랑이 있다고 했던가. 그건 자신이 생각해도 어처구니없을 정도로 유치한 말이었지만 틀린 말은 아니었다. 진을 사랑하지 않았다면 그가 이토록 오래 한국에 머물진 않았을 테니 말이다. 진의 데뷔작에 나온 문장은 알랭을 한국에 단단히 붙잡아뒀을 뿐 아니라 알랭이 쓰고자 하는 글의 단초가 되었다. 그리고 장의 이야기와 소설이 마지막 영감을 가져다주었다.

적막과 어둠, 습기로 가득 찬 밤의 흐름은 알랭에게 책에 대한 영감을 계속해서 불어넣었다. 도로를 끝없이 잇는 가로등 불빛은 힘을 잃고 공기 중으로 흩어졌다. 빛은 어둠 속으로 모호한 경계를 남기며 사라졌다. 알랭은 어두운 도로 위에서 자신이 운전을 하는 것인지, 글을 쓰고 있는 것인지 혼란스러워짐을 느꼈다. 알랭의 몸은 운전을 하고 있었지만 그의 정신은 책의 모티프 속으로, 밤의 도로가 깨워주는 영감 속으로 들어가 기억과 아이디어를 끝없이 생산해냈다. 어느새 운전대는 펜으로 변해 도로 위에 문장들을 쓰기 시작했다.

장은 지난여름 내게 소설을 보냈다,라는 문장으로 글을 시작해야겠다고 알랭은 생각했다. 그는 유학생과 진을 사랑한 자신의 이야기와 장의 이야기, 그리고 그들의 소설에 대한 해제로 구성된 형식의 책을 구상하고 있었다. 알랭의 책은 에세이이자 소설이며, 그만의 비평서가 될 것이었다. 알랭의 머릿속에 사랑의 메커니즘은 문학 행위와 동일하다는 생각이 떠올랐다. 그것은 연결되어 있으나 동시에 떨어져 있었다. 우리는 독서를 하며 작가를 이해한다고 생각하지만 그것은 불가능했다. 그러나 동시에 우리는 책을 통해 전혀 다른 의미의 이해로 저자와 연결된다. 알랭에게 책이란 바로 사랑이었다. 그러니까 책을 통해 작가와 독자가 연결되는 것처럼 사랑을 통해 개개인이 연결되는 것이다. 우리는 책-사랑이라는 매개가 없다면 닿을 수 없었다. 우리는 책-사랑이란 매개를 통해서만, 그것이 만들어낸 공간 속에서만 서로를 느끼고 만지고 생각할 수 있었다. 그렇지 않다면 우리라고 말할 수 있는 관계조차 존재하지 않으리라. 우리가 끊임없이 글을 쓰고 글을 읽는 것은 바로 그런 맥락이었다.

생각이 여기에 이르자 알랭은 일종의 전율을 느꼈다. 자신의 형식에 대한 합리적인 설명을 찾아낸 것만 같았다. 또한 자신이 왜 이렇게 평론이나 글쓰기에 집착하는지, 작가들에게 빠지는지도 설명할 수 있을 것 같았다. 그는 가방 속의 원고를 꺼내야겠다고 생각했다. 지금의 영감을 당장 기록하고 싶었다.

가방은 뒷좌석의 중앙에 널브러져 있었다. 그는 눈앞의 도로로 시선을 던졌다. 언제부터였을까. 어스름한 회백색 빛이 도로의 끝에서 번져오는 게 보였다. 빛은 동이 트는 걸 알리는 태양의 신호 같기도 했고 공기 중에 생성된 안개 같기도 했다. 알랭은 눈살을 찌푸리며 앞을 응시했지만 모든 게 모호했다. 검은 물결 같은 도로가 끝없이 이어지고 이어졌지만 그것마저 확신할 수 없었다. 회백색 빛의 덩이가 어둠과 섞여 도로의 끝을 조금 더 먼 곳으로 안내했다. 알랭은 원고를 꺼낸 뒤 차를 세워야겠다고 생각하며 몸을 뒤로 젖히고 왼손을 뻗었다. 그의 손이 어렵지 않게 가방을 잡았다. 그러나 랩톱과 책, 원고로 가득한 가방을 한 손으로 들기엔 무거워 알랭은 가방을 뒷좌석 아래로 떨어뜨렸다. 그는 떨어진 가방의 끝을 잡고 앞 좌석으로 끌어올렸다. 자세가 불편해서인지 팔에 힘을 주는 게 쉽지 않다는 생각이 들 때, 그는 자신의 볼 위로 미약하지만 선명한 무언가가 닿는 걸 느꼈다. 아릿한 느낌이 파도처럼 번져나갔다. 그는 비가 오기 시작했나,라는 생각에 시선을 정면으로 던졌다. 그러나 빗방울은 보이지 않았고 도로의 끝에서 아른거리던 회백색 빛만이 눈 안 가득 들어왔다. 동시에 요란한 소리와 흔들림이 이어졌고 빛이 가득하던 공간이 공중으로 튀어 오르며 어둠이 마치 죽음처럼 눈앞을 덮쳐오는 모습이 보였다. 알랭의 몸은 거센 파도에 휩쓸린 듯 흔들렸지만 그는 눈을 감지 않았다. 원고를 움켜쥔 진의 모습이 보였다가 연기처럼 흩어졌고 셀 수 없는 기억들이 놀라울 정도로 정연하게 이어졌다. 언덕 아래로 굴러떨어지는 알랭의 차는 소음으로 가득했지만 알랭의 주위는 그의 내부에서 흘러나온 고요로 인한 정적만이 가득했다. 그리고 곧 그 정적마저 어둠 속으로 사라졌다.

내가 잠에서 깼을 땐 이미 밤이었다. 옅게 붉은빛이 도는 하늘은, 색색의 물감이 뒤섞인 물통의 물이 쏟아진 것처럼 얼룩덜룩했다. 나는 꿈을 떠올리려 애썼다. 꿈속에서 알랭은 운전을 하고 있었고 그것은 손에루아르로 향하는 그의 마지막 길이었을 것이다. 그러나 모든 게 불확실했다. 꿈속에서 알랭은 많은 말을 했지만—그러나 누구에게? 차 안에는 알랭뿐이었는데—나는 그 말이 하나도 기억나지 않았다. 꿈을 더듬을수록 알랭이 향하던 곳이 손에루아르였는지, 알랭이 타고 있던 게 비행기는 아니었는지 헷갈리기 시작했다. 꿈에 보인 이가 알랭이었는지조차 확신할 수 없었다. 꿈속에서 그를 볼 때만 해도, 그의 말을 들을 때만 해도 이 꿈을 꼭 기억해야겠다고, 잊지 말아야겠다고 다짐했지만 꿈은 너무나 쉽사리 내게서 벗어나고 있었다. 싸

한 촉감만 남기고 증발해버린 알코올처럼, 꿈은 흔적만을 남긴 채 어둡고 음습한 공기 속으로 숨어버렸다. 손을 내저어도 아무것도 잡히지 않는 그 속으로 말이다. 나는 창밖으로 시선을 던졌다. 어둠은 열린 창문을 입구로 무한히 펼쳐져 있었다. 축축한 바람이 불어왔다. 바람은 어느새 방 안을 가득 채우고 주위를 맴돌았다. 나는 생각했다. 밤이, 자신이 삼킨 꿈을 토해내듯 그렇게 바람이 불어온다고.

나는 장의 랩톱으로 글을 쓰기 시작했다. 문장들이 손끝을 통해 끝없이 불어 나왔다. 알랭의 죽음에 대해, 장의 이야기에 대해. 나는 그것들에 대해 아무것도 알지 못했다. 그러나 그것들을 아는 것에 무슨 의미가 있을까, 안다 한들 제대로 쓸 수 있을까. 그건 불가능했다. 그러나 그 불가능이 모든 것을 가능케 해주었다. 내가 몇 페이지에 걸쳐 글을 쓰는 동안에도 장은 돌아오지 않았다. 차고 축축한 어둠이 창밖의 밤을 감싸고 있었다. 그는 어디로 간 걸까. 문득 볼 위로 연약하지만 차가운 무언가가 떨어지는 것이 느껴졌다. 나는 고개를 들었다. 비가 내리고 있었다. 작고 가는 빗줄기가 언뜻 모습을 드러내며 떨어졌다. 공원은 눅눅한 습기로 가득 찼고 밖을 떠돌던 사람들은 하나둘 집으로 돌아갔다. 모든 문과 창문 들이 닫히고 가로등의 빛은 빗물에 번져나갔다. 나는 열린 창문을 통해 그 모습을 지켜보았다. 바람은 자그마한 빗방울들을 창 안으로 들여보냈다. 얼굴 위로 연약하지만 차가운 빗방울들이 계속해서 내려앉았다. 머리카락과 이마와 눈과 볼과 입술에 닿은 빗방울들은 눈물처럼 얼굴 위에서 턱 아래로 흘러내렸다. 장과 알랭 역시 비를 피하지 못했을 것이다. 그들은 비가 오는 걸 보지 못했지만 바람은 불었고 구름이 그 뒤를 따랐다. 물결처럼 드리운 밤과 그 속으로 흩어진 연기, 스며든 불빛. 그리고 비가 내리기 시작했다. 나는 장의 책상에서 쓴 글의 마지막 문장에 그렇게 적었다.

내가 뭔가에 홀린 듯 글을 쓰고 난 뒤 장은 비에 젖은 모습으로 들어왔다. 가는 빗발에도 불구하고 흠뻑 젖은 모습이었다. 그는 수건으로 머리를 털고 얼굴을 닦았다. 나는 그 모습을 본 뒤 밖으로 나왔다. 비는 그쳐 있었다. 비에 젖은 아스팔트와 보도블록이 강물처럼 반짝이고 있었다. 그의 집을 나오기 전 우리는 간단한 작별 인사를 했다. 내가 아무것도 묻지 않자 그 또한 아무것도 대답하지 않았다. 비에 젖은 장은 지친 듯 보였다. 나는 그게 그의 대답일 거라고 생각했다. 공원에서 본 장의 방은 은은한 빛을 내비치고 있었다. 걸음을 옮기던 중 내가 쓴 글이 그의 랩톱에 그대로 있다는 게 떠올랐다. 나는 발길을 돌릴까 잠시 생각했지만 그러지 않기로 했다. 문득 차가운 무언가가 턱 아래로 흘러내렸다. 나는 두 손으로 얼굴을 씻어냈다. 손안 가득한 물기가 보였다. 그리고 비가 내리기 시작했다.

선정의 말

—

'미래의 책'이라니? 모리스 블랑쇼의 제목을 과감히 자신의 소설 표제로 삼은 신인 정지돈은 과감하다. 혹은 무모하다. '현재의 책'도 구성하기 어려운 터에, 하물며 '미래의 책'이라니. 그것은, 작중 인물 알랭의 평론 제목처럼, "존재하지 않는 책들의 존재 가능성"에 대한 탐문의 서사이고, 또 그것을 위한 "무한한 대화"(작중 작가 장의 소설 제목이기도 한)의 도정을 카오스처럼 극화한 이야기다. 불확실하거나 불가능한 미궁을 헤매며 역설적 가능성을 모색한다. '미래의 책'은 주체의 안에서 오지 않는다. 언어의 안쪽에서 발원되지도 않는다. 차라리 주체의 바깥, 언어의 바깥에서 가까스로 불가능의 풍경으로 다가오는 듯 멀어진다. 발화된 것보다는 침묵한 것, 내 컴퓨터보다는 남의 컴퓨터, 내가 쓴 것보다는 남이 쓴 것, 의식의 층위보다는 무의식의 심연에서 단속(斷續)적으로, 혹은 그 사이 어딘가에서, 부재처럼 존재한다. 시선과 응시 사이에서, 초점화와 비초점화 사이에서, 부재하는 것으로 존재를 역설하고, 존재하는 것으로 부재를 암시한다. 경우에 따라 "오해와 착오로 쌓아 올린 서사의 벽"이 되기도 한다. 그러니까 정지돈이 '과거의 책'과 '현재의 책' '미래의 책'을 싸잡아 문화적 수사학적 싸움을 벌이는 형국이다. 그 싸움이 이제 막 시작되었다. 이 텍스트에서 보여준 것보다 보여주지 않은 것들이 훨씬 더 많다. 그가 욕망하고 독자가 소망한 '미래의 책'은 아직 미래의 시간 너머로 밀려나 있다. 미끄러짐은 언제나 교활하다. 더 활달하게 탈주하고, 더욱 전위적으로 대화하면서 이제까지 존재하지 않은 소설의 존재 가능성을 열어 나간다면, 젊은 신인의 무모함도, 그때 가서 나름대로 이해와 소통의 지평을 형성하게 될지 모르겠다. 아직 '미래의 책'은 도래하지 않았다. 그래서 '미래의 책'이란 말인가? **_우찬제**

작중 인물 '알랭'이 문예지에 발표한 평론의 제목은 '존재하지 않는 책들의 존재 가능성'이다. 그가 작중 화자인 '나'에게 건넨 '장'의 소설 제목은 '무한한 대화'다. 이 두 편의 글 제목은 서로 문답의 형식을 취하는데, 아직 존재하지 않는, 그러나 항상 도래 중인 '미래의 책'에 어떤 존재 가능성이 있다면 그것은 바로 그 책으로 인해 '무한한 대화'가 가능해지기 때문이다. 원칙적으로 말해, 혹은 블랑쇼나 데리다식으로 말해, 완전히 읽히는 책은 항상 '미래의 책'이다. 모든 책은 내부에 결여와 침묵의 맹점을 지니고 있을 수밖에 없고, 저자마저도 책의 온전한 주인일 수는 없기 때문이다. 그러나 책은 대화를 개시한다. 그리고 그 대화는 읽히는 한에 있어서 무한하다. 한 권의 책이 지나간 궤적에는 온전히 이해될 수 없는 채로나마 서로에게 '의존'하는 '(비)주체'들의 소통을 향한 안간힘 같은 것이 남는다. 만약 아직도 문학이 어떤 공동체의 이념과 연루되어 있다면, 혹은 연루될 수 있다면, 오로지 이런 방식 외에는 없을 것이다. 정지돈의 「미래의 책」은 '도래하는 공동체'에 대한 한국 소설이 아주 시의적절한 대응물이다. **_김형중**

2014년 5월

이달의 소설

888

이상우

1988년 인천에서 태어나 2011년 문학동네 신인상으로 등단했다.

작 가 노 트

작가노트는 사라져야 한다.

●••

888

—

너는 의자에서 일어난다. 여름, 쿨 앤드 더 갱. 그런 것들도 있었다. 치맛자락, 미러볼. 그런 것들은 있다. 너는 등을 보이며 스테이지로, 살갗에 달라붙는 빛들, 너는 흘려보내듯이, 스모그 속으로 걸어가고, 8비트로 회전하는 색깔들. 너는 랑방 드레스 입은 남자들 사이를 지나가고. 비밥, 흑인, 중력 장치 없이도 혼자 춤을 춘다. 어깨에 스냅을 걸면서, 귓불이 흔들리는 것을 느끼면서, 신시사이저 내부에서 너는 혼자 춤을 춘다. 리듬. 너는 리듬이라는 말을 들어본 적이 없고, 소름. 이라는 말을 들어본 적이 없고, 문레스, 또는 마더레스. 라는 말을 들어본 적이 있고, 춤이라는 것을 이해하지 못하면서, 너는 혼자 춤을 춘다. 언제인가 꿈에서 거울을 봤을 때, 거울 안에 온치민 보였을 때, 너는 네가 잠 밖에서 맴도는 사람이라는 것을 알았고, 우아한 손짓들을 배웠지만, 오르가슴은 없었고, 춤을 춰도, 왜 춤을 추는지 모르지만, 너는 혼자 춤을 춘다. 8비트. 신시사이저, 환각제, 변화하는 드레스 들. 방금 경찰이 열여덟 살 꼬맹이에게 총을 쐈어. 여섯 발씩이나. 점프슈트 겉에 더블코트를 걸친 남자가 말을 걸어오고, 너는 혼자 춤을 춘다. 너 반바지를 입었네. 남자는 손짓으로 스모그를 밀어내고, 너는 혼자 춤을 춘다. 나한테 팝이 있는데 같이하지 않을래? 너는 혼자 춤을 춘다. 밖에 나가면 자동차도 있어. 거기서 팝을 하며 드라이브나 하자. 너는 혼자 춤을 춘다. 네 반바지가 마음에 들어서 그래. 다른 사람들은 춤을 춘다. 남자는 더블코트를 벗어 너의 어깨에 걸쳐주고, 너는 혼자 춤을 춘다. 꼬맹이는 버려진 버스 안에서 칼을 들고 있었대. 남자는 뒤에서 스친다. 정말 안 나갈 거야? 나한테 팝이 있다니까. 구하기 어려운 건데. 너는 앞에서 스친다. 허리끈, 젖꼭지, 턱 선. 남자는 미소 짓고 너는 혼자 춤을 춘다. 팔꿈치를 흔들면서, 손가락에 힘을 풀면서. 먼저 나가 있을게, 팝을 하고 싶으면 나와서 자동차를 찾아. 너는 혼자 춤을 춘다. 자동차가 뭔지는 알지? 미러볼은 얼룩을 만들고, 네 개의 바퀴가 땅에 닿아 있는 거야. 속력이 있지. 남자는 스모그 속으로 걸어가고, 첫 발은 공포, 둘째는 불안, 셋째는 의심, 너는 혼자 춤을 춘다. 속력이라는 말을 들어본 적이 없고, 넷째 발은 거짓말, 다섯째 발은 신앙, 여섯째 발은, 너는 생각을 멈추고 혼자 춤을 춘다.

산에 문이 있다. 시체를 숨겨뒀어. 사내 하나가 말한다. 사내들이 문을 열고 들어간다. 문 안에 산이 있다. 시체를 찾아야 해. 사내 하나가 말한다. 사내들이 문을 열고 들어간다. 문 안에 산이 있다. 이 근처였던 것 같은데. 사내 하나가 말한다. 사내들이 문을 열고 들어간다. 문 안에 산이 있다. 아직이야. 사내 하나가 말한다. 시체들이 문을 열고 들어간다. 문 안에 아파트가 있다. 여기가 맞아. 사내 하나가 말한다. 문 앞에 경비원이 있다. 사내는 들어가지 못한다. 경비원은 의자에 앉아 졸고 있다. 경비원은 언제나 있지. 사내 하나가 말한다. 경비원은 비스듬히 앉아, 고개를 숙이고 있다. 저 각도가 문제야. 사내 하나가 말한다. 모자가 경비원의 눈빛을 가린다. 경비원은 언제나 저러고 있지. 시체들이 문 앞에서 맴도는 사내 하나를 구경한다. 사내 하나는 경비원을 지나가다, 멈추고 다시 돌아오고, 반대 방향으로 지나가다, 멈추고, 다시 돌아온다. 꼭 그것이 필요한 거야? 시체들이 고개를 끄덕인다. 경비원은 존다. 방법은 하나야. 시체들이 말한다. 사내 하나가 고개를 끄덕인다. 경비원들이 문을 열고 들어간다.

너는 남자를 흡입한다. 닷산 스카이라인. 너는 조수석에 앉아 허리를 숙이고, 차창 밖에서 쏟아지는 광선, 너는 남자를 흡입한다. 남자는 입을 벌려 신음을, 혀 위로 밀려오는 색채, 방사능, 팝을, 너는 남자를 흡입한다. 알아? 옛날 사람들은 이성애자였대. 너는 남자를 흡입한다. 그래. 나도 헛소리라고 생각해. 한쪽으로만 만족하다니 말도 안 되는 이야기지. 바퀴에 채는 돌멩이 같은 것들에 차체가 들썩일 때마다, 너는 남자를 흡입한다. 헤드라이트가 광선에 뚫릴 때마다, 마음에 들어? 그루브라고 하는 거야. 너는 남자를, 남자는 속력을 흡입하고, 아까 쌌잖아. 그만해도 돼. 광선이 사라지며, 마돈나. 너는 마돈나. 라는 말을 들어본 적이 없고, 크리스토퍼 크로스. 라는 말을 들어본 적이 없고, 브라이언 하이랜드. 라는 말을 들어본 적이 없지만, 너는 팝을 한다. 남자가 스낵바를 명령하자, 건물들이 솟아나고,

비행접시들이 순간 이동하고, 네온사인은 필기체처럼 흘러가는 홀로그램 속에서, 도시는 새벽을 구상하고, 너는 창문을 열어, 토하고, 이번에는 내가 네 걸 빨아줄게. 너는 팝을 한다. 남자는 홀로그램에게 캡슐 두 개를 받아 들고, 건물들은 흩어지고, 새벽은 멀어지고, 다시 광선이 쏟아지고, 네가 침대까지만 함께 가준다면 말이야. 너는 그루브를 본다. 보닛 너머에서 다가오는 광선이 차창에서 하나의 점이 되고, 너의 눈앞에서 천체가 되고. 소멸되는 방사능, 돌멩이는 여전히, 남아 바퀴에 부딪치고, 너는 덜컹거리며, 반바지가 부풀어 오르고, 엔진은 매 순간 네가 너를 앞지르게 하는데, 너는 팝을 한다. 팝을 하다 보면 그들이 나를 대신해서 살아주고 있다는 느낌이 들 때가 있어. 횡단보도를 지나치며, 횡단보도. 라 말해보고는, 표시에 따라 보도를 횡단하는 것에 대해 떠올려보지만, 왜 그런 것이 필요했는지 알 수 없기에, 멍해지다가, 상상 속 횡단보도 끝에 사람을 세워두어 보고, 그 사람이 무엇을 하고 있는 것인지 추적하다가는, 다시 멍해지다가, 레키쇼들이 왔어. 남자는 시동을 끄고, 너는 멈춰지고, 광선은 느려지고, 차창 앞으로 테일 램프가 부드럽게 휘어지고, 전조등이 광선처럼 쏟아지더니, 바이크들이 모이고, 점(点)주의자 새끼들. 창문이 깨지고, 남자의 목이 쇠사슬에 묶이고, 팝은 멈춘다. 너는 의자에서 움직이지 못한다. 테일 램프 하나가 멀어지고, 쇠사슬이 찰랑거림을 멈추고, 기이한 소리와 함께 남자는 굴절되며 끌려가고, 레키쇼들은 너를 둘러보는데, 자지를 긁적이고, 보지를 긁적이고, 도로에는 남자의 등가죽이 남겨지고, 너는 둘러 보여지고, 너의 종아리로 뜨거움이 흘러내리고, 레키쇼들은 자지를 긁적이고, 보지를 긁적이고, 너는 오줌 냄새를 맡는다. 그건 하얗다. 박살 나는 스카이라인. 트렁크에서 튀어

나온 주크박스. 너는 주크박스가 무엇인지 모르고, 알기 전에 부서지는 주크박스. 하얀 것은 더 하얘지지 않고, 유리 조각 사이로 팝이 흐르고, 너의 종아리에는 길이 생기고, 횡단보도는 복잡할 수도 있지만, 하얀 것에 대해서는 어떤 여지가 없다. 가까워지는 사이렌 소리. 레키쇼들이 너를 트렁크에 집어넣자, 너는 거의 하얗게 앞질러진다.

아직도 그녀가 나에게 했던 말이 생각나요. 그녀는, 있잖아요. 꼴리게는 하는데, 싸게 하지는 않는 여자들. 그런 여자였어요. 한편으로는…… 할머니 같다고 할까. 왜, 노인들은 아무 곳에나 혼자 세워두는 것만으로도 보고 있는 사람들을 슬프게 만들잖아요? 여하간 그런 여자였죠. 그날도 그녀는 뭔가에 찌들어 돌아왔어요. 술인지, LSD인지, 기시감인지, 그녀는 거실의 거울 앞에 서서, 자신의 머리카락을 쥐어뜯는 거였어요. 저는 그녀에게 말을 걸지 않았죠, 늘 그래 왔듯 그녀가 곧 옷을 벗고 침대로 들어갈 것을 알고 있었기 때문에요. 하지만, 그날따라 그녀는 좀처럼 거울에서 벗어나지 못했어요. 가느다라면서도 뼈마디가 도드라진 손으로 자신의 얼굴을 쓰다듬으며, 볼을 굴러 내리는 눈물 섞인 마스카라 진액을 자신의 입속으로 집어넣기 바빴죠. 무슨 말을 하고 싶긴 한데, 입을 벌리는 순간 마치 뇌가 입 밖으로 튀어나오기라도 할까 봐 두려워하는 것 같았어요. 파란색 벽지는 바깥 등대의 조명에 바닷물처럼 일렁이고, 두 손으로 입을 틀어막고 있는 그녀의 눈알은 월경하듯 붉어졌죠. 창밖에서는 마닐라 항구의 뱃고동 소리가 들려오는데. 저는 일단 기다렸죠. 그거 알아요? 저는 평생 기다려만 왔어요. 기다림은 저의 숨결과도 같죠. 여하간, 반성은 개수작이야. 맞아! 호호호. 선창가의 트랜스젠더들이 속삭거릴 때, 그녀는 다리를 벌려 자신의 질에 손가락을 쑤셔 넣기 시작했어요. 아, 그곳을 뭐라 표현해야 할지. 깊고 넓은 물의 해자와 아름다운 건축 양식의 구조 면이 모여 있는, 바빌론? 그래요. 그곳은 바빌론 같았죠. 상상에게마저 버려진 도시. 누구야. 당신 누구야. 부탁이에요. 누가 좀 있어요. 그녀가 신음과 함께 읊조리는 혼잣말을, 주제가 삼아 저 홀로 분홍빛 쾌락에 찬 그녀의 도시를 배회하고 있자니, 불현듯 어디선가 거세된 남성의 목소리가 들려오는 것이 아니겠어요? 방관자. 당신들은 모두 방관자들이야. 쿵쾅쿵쾅. 저는 제 심장이, 어디서 들려오는 것인지 모를 음성에 터질 듯 빨라지는 것을 느끼곤, 재빨리 그녀의 도시에서 벗어났지만, 바로 그 순간부터 진짜 공포가 시작되었죠. 그녀의 아름다운 도시의 입구가, 그녀의 그토록 예쁜 보지가, 아주 또렷하게 벌어졌다 닫히며 저에게 말을 거는 것이었어요. 방관자들. 방관자들. 방관자들. 이라고. 너무 놀란 저는 커튼을 닫고 망원경에서 떨어졌죠. 방관자? 방관자라고 내가? 그러나 하얀 커튼 너머로 보이는 그녀의 텅 빈 몸짓과 항구에서 풍겨오는 갈매기 똥냄새. 그리고 그들을 향해 고개를 끄덕거리는 제 자지를 지켜보며, 저는 바로 저 자신이 제 삶에게마저 방관되고 있다는 것을 깨달아버리고 만 것이에요.

벗어. 했었다. 담배. 피울 것이야. 냄새는, 깡통. 셋이서, 일곱이서 했었다. 불이 필요해. 있게 될 거야. 빨아줘. 커졌었어. 4구역은 푸르다. 물고기는 꽃잎. 그런 게 있나? 있었지. 보게 될 거야. 불꽃은 못생겼어. 못생기고 있잖아. 우리는. 흔들고 있어. 잘이라는 말이 무슨 뜻인지 모르겠는데. 알아. 잘. 담배. 폈겠지. 물은, 잘생겼어. 육교는? 하고 있잖아. 기차는? 지나갔어. 기차는? 오고 있어. 기차는? 쌌어. 쌌었지. 싸게 될 거야. 주크박스는, 죽었어. 방글라데시, 하이재킹, 모르겠어. 철망은? 환희. 오르간은? 지질. 물결은? 자폐증. 기차는? 가고 있어.

너는 눈을 가린다. 트렁크 바깥에 구도자가 서 있다. 너는 트렁크에서 나오다 넘어진다. 모래에 정액이 섞여 있지만, 레키쇼들은 없다. 대신 사막이 놓여 있다. 나는 구도자다. 구도자가 말한다. 너는 구도자에게 절을 한다. 나는 구도자다. 구도자가 말한다. 너는 구도자를 따라간다. 사막은 삼각형이다. 원이었던 시절도 있었다고, 구도자는 말한다. 돌아가다 보면 중심이었다. 구도자는 고개를 젓는다. 변은 의지다. 이제야 안에 있을 수 있다. 너는 구도자에게 절을 한다. 구도자는 변을 따라 걷는다. 나는 구도자다. 꼭짓점에서 너는 옷을 벗는다. 구도자 앞에서 발기된 네 성기를 흔들어본다. 구도자는 성기의 방향대로 걷는다. 너는 구도자를 따른다. 모래알이 발을 잡아당기고, 너는 무릎까지 삼켜지며, 발을 번갈아 뗄 때마다 분리된다. 중심에는 바깥이 없었다. 구도자가 걷는다. 나는 지루할 뿐이었다. 두번째 꼭짓점에서 구도자가 말한다. 나는 구도자다. 구도자가 걷는다. 너는 흩어진다. 사구는 스러지고, 너는 네 다리가 몰려가는 것을 느끼고, 분해된 이동력, 감각은 모래알과 함께 구르기도, 미끄러지기도, 너는 구도자의 뒷모습을 따라, 사구에 쓸려가며, 가끔 너의 혈관 사이를 지나다니는 곤충들을 마주하고, 그들의 육각형 시각을 통해, 너는 그들의 패턴이 되기도, 그들의 세계가 되어, 흐름을 멈추지 않고, 셋째 발가락에서 가닐거리는 곤충의 자그마한 날갯짓 소리에 떨기도 하면서, 놀람과 날갯짓 사이에서 네가 너의 환생에 대해 생각할 때, 곤충은 너에게서 그들의 전생을 보고, 사막의 하단부로 홀로 떨어져나간 너의 신경선 한 토막이, 사막 아래를 포복하며, 꽃들과, 풀들과, 돌, 마른 물방울들의 시체를 헤치고서는, 그 아래로 하얀색 아치의 궁정을, 1천 헥타르 정원을, 주위의 어룩더룩한 원색의 건물들을 발견해냈을 때, 너는 사막이 사막의 전생을 너의 몸으로 잠재우고, 그들의 재건을 막기 위해, 사구는 끊임없이 무너지고, 흘러가고, 무너지고, 흘러간다는 사실을 깨닫는다. 나는 구도자다. 구도자는 걷는다. 너는 끊임없이 따라간다. 세번째 꼭짓점에서, 걸음은 요상한 일이 아닐 수 없다. 구도자가 말한다. 요상하도다 요상해. 구도자가 물구나무선다. 반바지로다. 구도자가 말한다. 반바지라, 반바지. 구도자가 중얼거린다. 되찾아와야 해, 되찾아와야 해, 되찾아와야 해, 되찾아와야 해. 구도자는 물구나무선 채로 걷는다. 너도 물구나무서기로 구도자를 따른다. 손가락은 뿌리로, 팔은 기둥으로, 살갗은 벽화로, 구도자는 걷고, 너는 복기된다. 행진하는 노역자들은 너의 궁을 모른 체하고, 귀부인들은 너의 안채에서 광대들과 떼씹을 벌이고, 왕은 왕좌에 앉아 너를 바라본다. 아무도 왕이 무엇을 바라보는지 눈치채지 못하나, 왕은 정확하게 너를 바라본다. 야간, 공중에서 폭죽들이 터지고, 공원 사람들의 얼굴이 불꽃색으로 밝혀지고, 손을 잡거나, 발을 구르며 춤을 추거나, 양탄자를 훔치고, 골목에서 수음을 하고, 웃통을 벗은 채로 강가로 뛰어들고, 노역자들이 모여 앉아 술을 돌릴 때, 왕은 너를 바라본다. 너는 깊어지고, 왕의 눈에 모래알들이 가득 차오르고, 무너지고, 흘러가고, 되찾아와야 해, 되찾아와야 해. 구도자는 걷는다. 첫번째 꼭짓점. 두번째 꼭짓점, 세번째, 네번째, 다섯번째. 너는 모서리를 헤아릴 수가 없고, 변은 이어지며 길어진다. 누군가는 되찾아와야 한다. 구도자가 브리지 자세로 말한다. 변 밖에 도시로 통하는 워프 센터가 보이는데, 너는 변 안에서, 반은 사막으로 반은 왕국이 되어 구도자 뒤를 따른다. 구도자는 몸을 동그랗게 말아 굴러간다. 너도 굴러간다. 아니, 굴러가려다가 멀어지는 구도자를 지켜본다. 구도자는 다시 돌아올 것이다. 너는 생각한다. 동그란 구도자는 다시 돌아올 것이다. 너는 생각한다. 왕좌에 앉아, 노역자들의 행렬을 감상하다, 궁 밖의 동그란 것, 공중의 노랗다가, 하얬다가, 퍼렜다가 하는 동그란 것을 올려다보며, 너는 작은 날개를 움직이며 육각형의 세계에서, 패턴 밖의 패턴 안의 패턴을 가로지르고, 다시 나타나는 동그란 것을 바라보며, 생각한다. 구도자는 다시 돌아올 것이다. 너는 꼭짓점에 서서, 네가 꼭짓점인 것처럼 구도자를 마중하고, 모래알은 쏟아지고, 기병들은 창을 세우고, 지네들은 날아오르고, 너는 제자리서 몸을 구르며 전복되지만, 꼭짓점은 순번을 바꾸며 균형을 유지하고, 구도자는 돌아오지 않는다. 기하학. 변 바깥으로 광선이 쏟아지는데, 기하학. 구도자의 음성은 위에서, 광선을 무너뜨리며 들려온다. 기하학. 너는 구역질을 하지만, 기하학. 구도자는 중얼거린다. 나는 영성이다. 나는 영성이다. 너는 왕의 눈이 되어 무릎 꿇은 시녀의 젖은 머리칼 위로, 궁전 위의 커다란 눈알을 마주하고, 너는 곤충의 눈이 되어, 연계를 가득 채운 모래알 너머의 커다란 눈알을 마주하고, 공중에 떠 있는 단 하나의 눈알 속에서, 두 개의 눈동자가 가까워지고, 멀어질 때, 왕은 네가 되어 몸이 흩어지고, 곤충은 네가 되어 기둥을 세우고, 기하학 너는 기하학이라는 단어에서 풍겨오는 역겨움에 무릎 꿇어 토사물을 쏟아내지만, 누군가는 그 말을 다시 찾아와야만 한다. 구도자는 중얼거리고, 너는 변 바깥으로 기어 나간다.

가끔 의자는 이미 앉아 있다. 우리는 길가의 의자들을 내버려두고 걸어간다. 서부 공단에서. 어제는 휴일이었지. 오늘도 휴일이고, 내일도 휴일이야. 우리는 편지를 읽는다. 새벽에 길을 걷다 개 한 마리와 마주쳤다. 검은 개와 공장이 있었다. 굴뚝들은 멈춰 있었고, 개는 새들의 그림자처럼 쏘다녔다. 우리는 가로등 밑에서 편지를 읽는다. 사랑하는 이들아. 나를 조금 더 사랑해다오. (수취인란은 비어 있다.) 말했듯, 새벽에 길을 걸으며 개 한 마리와 마주쳤다. 내가 그랬듯, 개도 소문에서 떨어져 나온 듯했지. 공단에서 그런 일은 흔하니까. 나는 계속 걸었네. 우리 머리 위의 가로등이 깜빡인다. 아마 1백 년을 걸었지. 새벽은 늘 어둡잖아? 공장. 그리고 나와 개는 늙지 않더군. 공장장은 죽었을까. 알 수 없네. 나는 1백 년 동안 돌아가지 않았으니까. 그저 계속 걸었지. 개와 함께. 서로의 친구 시늉을 내면서. 우리는 페도라를 벗고서 잠시 기도했다. (수취인란은 비어 있다.) 어제는 겸손했지, 오늘은 거만했고, 내일은, 글쎄 1백 년이라 말했지만, 한 번도 햇빛을 본 적이 없었어. 그러니까, 나는 팔 수 있는 게 더 이상 아무것도 없었던 거라네. 개들은 늘어만 나는데, 두 마리, 네 마리. 개들은 늘어만 가는데. 여섯 마리, 열한 마리. 개들은 늘어만 가는데. 우리는 택시의 그림자를 본다. 검은 개에게 공장장이 선술집에서 자살했다는 이야기를 들었네. 어쩔 수 없는 일이라고 생각해. 그걸 누가 막을 수 있단 말인가. 나도, 공장장도, 신처럼 거대한 타워 크레인도 그걸 막을 수는 없는 거라네. 내가 잠시 길가에 주저앉아 공장장의 딸을 겁탈하려 했던 외국인들을 떠올리고 있을 때에, 하얀 개가 또 하나의 소식을 말해주더군. 다음은 네 차례야. 털도 얼마 남지 않은 말라비틀어진 하얀 개가, 어둠 속에서 눈알을 광석처럼 빛내며 속삭여줬던 걸세. 다음은 네 차례야. 다음은 네 차례야. 라고. 우리는 흐트러진 글씨체에 눈을 더 가까이 댄다. 편지지 위로 불빛이 지나간다. 오늘도 걸었네. 개들은 살아 있는 걸까. 요새는 그런 의문이 드네. 개들의 혀는 땅바닥까지 늘어져 있는데, 최초의 개가 이들을 불러온 것인지, 내가 그들을 불러낸 것인지. 그들이 나를 데려온 것일 수도 있지. 어쩌면, 나는 단지 개들의 상상력일지도 몰라. 그들은 이빨로 고양이의 눈알들을 걷고, 나는 아무래도 점점 더 말라가는 것만 같아. 우리는 편지지에서 눈을 떼고, 콜라 맛 사탕을 빤다. 그러고선 몇 그루의 나무와, 바람에 흔들리는 그림자들을 보며 동어반복에 대해 생각해본다. 친구들. 1백 년 후에는 어떤 일들이 일어날 것 같은가.

〔……〕

나는 결국 아무 일도 일어나지 않을 것이라 생각한다네. 우리는 공단의 의자에 앉아, 의자의 편지를 불태운다.

도시는 비가 설정되어 있다. 너는 비를 맞으며 멍해진다. club de striptease, 羊肉館, 99Rennstrecke, ぎんざ. 시가지의 빗방울은 분열적이고, 골목은 휘어졌으며 너는 골목으로 들어서서, 모여 앉아 비에 젖는 사람들을 지나친다. 우리들은 비에 중독됐어. 사람들이 너의 반바지를 붙잡고 말할 때, 골목은 빗방울과 함께 흐려지고. 너는 네 몸을 흘러내리는 인공의 축축함에 네 피부 또한 골목길로 흘러내려가는

것을 느끼고, 바닥에서 허우적거리며 길을 찾지 못하고, 웅덩이에 괸 다른 이들의 기억들과 섞이다가, 너는 둘이 되고 여럿이 되어, 실루엣 하나가 갇혀 움직이는 전화박스 앞으로 흘러가고, 실루엣은 동전을 집어넣으며 옷깃을 움직이나 말은 보이지 않고, 실루엣의 바짓단 밑으로 검은 빗방울들이 새어 나올 때, 너는 이자카야의 한편에서 술잔을 돌리고 있다. 호를 그리며 기울어지는 술을 바라보며, 비는 실패야. 옆자리의 여자가 말하고, 우리는 중독됐지. 너는 술잔 안에서 홍등과 여자의 얇게 갈라진 턱을 비추며 여자가 매음녀라 짐작하고, 당신은 아직 중독되지 않았구나. 매음녀는 술잔을 돌리며 말한다. 비행기라는 것을 타보고 싶어. 창밖으로 우산을 쓴 몇몇 이들이 걸어가는데, 너는 우산 위로 쏟아지면서, 그들의 방어하는 자세에 토 달듯 매달려, 그들과 함께 창 안의 붉은빛과, 히라가나와, 담배를 물고 있는 매음녀 그리고 불을 붙여주는 너를 감상한다. 코로 두 줄기 담배 연기를 내뱉으며, 비행기가 이륙하는 걸 본 적이 있어. 매음녀가 말한다. 그걸 타면 벗어날 수 있다던데. 너는 재떨이에 뭉개진, 빨간 립스틱 자국이 묻은 담배꽁초에서 비행기의 침몰만 떠올리고, 매음녀는 다시 담배꽁초를 들고, 우산을 쓴 이들은 알몸으로 서 있다. 전화박스에서는 여전히 하나의 실루엣이 움직이는데, 말은 보이지 않고, 다 가짜야. 바 구석의 노인이 말한다. 진짜는 소리가 나는 법이지. 노인이 소리 낸다. 챙. 그리고 챙, 챙. 알몸들이 우산을 들고 걸어간다. 너는 우산 위에서 뒹구나, 소리를 내지 못하고, 단지 좋은 차들을 몰고 싶었어. 노인이 말하고, 결국 운전사가 됐겠군요. 매음녀가 노인에게 담배를 건네며, 나를 공항에 데려다주세요. 알몸들은 우산을 버티고, 이제 그저 영원한 노인일 뿐이야. 영원한 노인이 대답한다. 모두 영원해졌어요. 너는 간판에서 떨어지며, 마작장 사람들의 표정 위로 미끄러져 내리고, 무한한 판돈에, 패들의 무의미함을 알았고, 유리창에 달라붙는, 실패의 가짜들과, 가짜의 실패들에 섞여 흐르며, 테이블 밑에서 네 반바지 속으로 손을 집어넣는 매음녀를 느낀다. 자기는 왜 이 도시에 들어왔어? 매음녀는 네 성기를 붙잡고, 받아야 할 것이 있어. 너는 대답한다. 뭘 받아야 하는 건데? 매음녀가 묻고, 글쎄, 아무래도 이 도시에는 없는 것 같아. 너는 매음녀의 손을 밀어낸다. 대비했지만 대비하지 않았고, 대비될 수도 없는 것이었다. 노인이 말하고, 하얀 손이 무릎 밑으로 떨어지고, 전화박스의 문이 열리고, 알몸들은 우산과 함께 실루엣이 되어 지나가고, 너는 전화기에 동전을 집어넣는다. 나는 아직 남아 있어. 누구세요? 나야. 나구나. 맞아. 남아 있구나. 맞아. 그쪽은 어때? 그렇지 뭐. 우산들이 두 발로 고아들처럼 걸어 다니고, 너는 실루엣에 포위되어, 공중전화 줄을 붙잡은 채 다음 말을 기다리고, 챙. 그리고 챙, 챙. 영원한 노인이 소리 낸다. 건물 안에도 비가 내리고 있는데, 챙, 챙. 진짜와 진짜가 마주쳐야 하는 거거든. 영원한 노인이 말한다. 그건 받았어? 아니, 아직. 그래. 계속 돌아다녀볼게. 그러도록 해. 그런데 그게 정말 있을까? 챙. 유리창이 떨리면서 시작되지. 너는 전화박스에서 나오려다, 수화기를 귀에 붙이고 머문다. 말없이 입을 뻥끗거리지만 우산 인간들은 너를 쳐다보지 않고, 너는 전화기를 내려놓지 못한다. 골목에 모여 앉은 사람들은 흐르지 못하고, 경계를 잃은 채로 우산이 되어버린 사람들은 시가지를 떠돌고, 너는 이자카야에서, 테이블과, 식탁보 위에서 분열되며, 네가 밖으로 향하는 문을 열었을 때, 혼자가 되는 것은 전화기인가, 너인가, 확신하지 못하고, 너는 유리창에 수화기를 갖다 대어, 도시의 파란 불빛과, 공중 전차의 진지함과, 빗방울들의 순간순간을 들려주다가, 다시 수화기를 내려놓을 때, 너는 유리창 안에서 혼자, 전화기에서 멀어지는 네 손이 단순히 검은 것을 보고, 몸을 움직여봐도 더플코트의 결과 살갗 대신 네 눈앞으로 온통 검은 실루엣들만 스치는 것을 보면서, 전화기는 전화기대로 섬뜩하게 벨을 울려대는데, 너는 실루엣이 되어 말을 중얼거리나 보이지도 들리지도 않는다. 받아야 할 것이 있다면 내가 데려가주지. 영원한 노인이 말한다. 역시 당신이 기장이었어. 나도 데려가주세요. 술잔 위로 폭우가 쏟아지고, 하이힐 밑으로 얼굴이 녹아내린 매음녀가, 이자카야 연못을 어지럽히며 노인의 발목을 붙잡지만, 자격이 있는 자들만 비행기를 탈 수 있어. 젖지 않는 영원한 노인은 말한다. 반바지는 가장 훌륭한 자격이지. 너는 고개를 들고, 공중 전차는 객실에 황홀한 빛을 품고선 전진한다.

선생님은 대만에 도착하였습니다. 기차가 지붕의 눈을 털어내며 사라질 때, 도둑들이 선생님의 배낭을 훔쳐갔습니다. 세탁소에서, 선생님은 일주일 동안 자신의 가방에 무엇이 들어 있었는지 생각해보았습니다. 돌아오는 화요일, 여장 남자가 세탁소에 들어와 선생님에게 물었습니다.

맡겼던 옷을 가져가고 싶어요.

제발 아무에게도 아무것도 맡기지 좀 마시오.

다음 일주일 동안 선생님은 시먼딩 거리를 걸었습니다. 일곱 번의 아침과, 일곱 번의 오후와, 무한대의 밤이었습니다. 공원에서 에어로빅을 구경하다 우울해진 선생님은 야시장 앞에 오토바이를 타고 모여 앉은 사람들에게 말을 걸었습니다.

오늘이 무슨 요일이요?

그중 우두머리로 보이는 남자가 대답했습니다.

오늘은 오늘이요.

선생님이 다시 물었습니다.

그럼 지금 몇 시요?

우두머리가 다시 대답했습니다.

당신에게 그런 것들은 전혀 중요해 보이지 않는데?

선생님은 주차장에서 린치 당하는 남학생을 지나치고 호텔 라운지로 돌아왔습니다. 텅 빈 테이블을 한 바퀴 돌고는, 하얀 냅킨을 한 장 펼쳐, 그 위에 대만의 지도를 그려보는 것이었습니다.

나는 나다. 나는 나다. 나는 나다. 나는 나다, 나는 나다. 나는 나다.

혼자 오셨나 봐요?

승무원 제복을 입은 여인이 선생님에게 말을 걸어왔지만,

눈이 내렸지. 이곳에 처음 도착했을 때, 눈이 내리고 있었어.

선생님은 완성된 노르웨이 지도를 보며, 자꾸 중얼거리기만 했습니다.

무슨 소리예요. 대만은 따듯해서 눈이 내리지 않아요.

맞아. 눈이야. 하얗고 어지러운 체하는.

선생님은 혼자 미소를 지어 보이며,

내가 손써볼 틈도 없이, 그 징그러운 냉소주의자들이 모든 것을 가져가버린 거지.

불 꺼진 라운지에서, 선생님은 여전히 선생님이 애초에 가방을 가져오지 않았다는 사실을 깨닫지 못하는 것이었습니다.

너는 공항을 떠올린다. 플립보드 앞에 서 있었다. 브뤼셀, 몬트리올, 다렌, 코펜하겐. 지명들이 멈춰 있었다. 너는 처음 들어보는 지명들을 발음해보았다. 몬트리올, 몬트리올. 네가 진짜를 향해 추락하는 비행기를 떠올릴 때, 활주로로 비행기가 들어섰다. 비행기에는 두 개의 날개가 달려 있었는데, 그 커다랗고 기괴한 생김새에, 너는 버려진 가게로 들어가 숨어버렸고, 박살 난 탁자 밑에 웅크려 앉아, 주문하듯 메뉴판을 읽어보았다. 샌드위치, 샌드위치, 샌드위치. 너는 그것이 네가 여태껏 발음해왔던 지명들 중 가장 슬픈 지명이라 생각했다. 샌드위치, 샌드위치, 이것 좀 봐, 옆자리의 남자가 비행기 객실 천장에 적힌 낙서를 가리킨다. “아무 일도 일어나지 않았다.” 샌드위치, 샌드위치. 등이 없어지니까 좋아. 남자가 말한다. 모든 순간이 처음부터라는 느낌으로 다가온 달까? 좌석 등받이로 남자의 내장들이 출렁거린다. 팝은? 때려치웠어. 비행기가 이륙한다. 단지 날아가기 위해서 이렇게 거창해야 하는 게 웃기지 않아? 등 없는 남자는 말한다. 너는 몸이 뒤로 쏠리고, 봐, 저 날개, 이 안전벨트, 그리고 중력. 모든 것들이 과장되어 있어. 너는 네가 남겨지는 것을 느낀다. 공항의 샌드위치 가게에서. 활주로의 잡초 사이에서. 멈춰 있는 플립보드 앞에서, 남자의 말대로 과장되게 멀어지는 비행기 꼬리를 지켜보는 너의 살갗이, 너의 모양새로 활주로에 두 발을 딛고 서서 너를 배웅한다. 이토록 큰 과장 안에서는 팝도 쓸모없어지는 거야. 너는 팔을 들어, 너의 드러난 근육 조직들을 살피고, 근데 넌 왜 비행기를 탄 거야? 남자의 물음에, 받아야 할 게 있어. 받아야 할 것? 응. 저건 뭐지? 너는 창밖의 절벽을 내려다보며 묻고, 이발소야. 이발소. 이발하는 곳이야. 이발. 균형을 만드는 일이지. 이발사는 절벽에서 떨어질지 말지 고민한다. 그래서 받아야 할 게 뭔데. 사과. 남자는 웃는다. 사과? 응. 그건 멸종됐어. 아주 한참 전에 사라져버렸다고. 너는 남자를 보고, 남자는 입술이 눈알의 위치에 달려 있다. 그래도 받아야만 해. 비행기는 쭉쭉쭉쭉쭉 쭉쭉쭉쭉쭉 올라간다. 아쉽네, 너도 등이 없어지면 그런 것 따윈 관심도 안 갖게 될 텐데. 남자는 눈알이 없어지고, 나는 이제 전진하는 일만 남은 거야. 남자는 코가 없어지고, 쭉쭉 쭉쭉 쭉쭉쭉쭉 쭉쭉. 네가 조종실로 들어가 기장의 좆이나 빨고 싶다는 생각을 할 때, 이대로 계속 올라가다 보면, 우리에게 마지막으로 남는 것이 무엇일까. 남자의 입술이 등받이에 붙은 채로 떠든다. 너는 펄럭이는 이발사의 하얀 가운이, 흔들거리는 날갯소리가, 환풍기의 먼지 냄새가, 푸석한 시트의 촉감이, 고도 밖으로 벗어나 자유 낙하하고 있음을 느끼고, 우리를 둘러싼 우리의 감각들이 하나씩 하나씩, 전부 다 벗겨져나가 우리에게서 떠나가면, 우리는 진짜 우리가 되는 걸까. 등받이는 말하고, 너는 너의 날개를 비틀어보며, 기류가 너의 분위기인 것처럼, 너에게 남겨진 아우라 속에서 비행한다. 이발사는 가위로 절벽을 다듬고, 어떤 들판들은 시체가 되어 자빠져 있고, 랜드마크는 유행 지난 얼굴처럼 쓸쓸하고, 도시들은 절뚝거리듯 구상되어지고, 너는 두 발이 떠 있는 스스로에게, 이 기이한 과장됨이 전혀 너를 벅차오르게 하지 않음에도, 아무 정취 없는 너의 아우라를, 그저 높이와 시선만 있는 고도의 감정과 동일시하여, 너는 너도 모르게 엔진오일을 뚝뚝뚝 흘리다가는, 저 멀리서 너를 지켜보는 구도자의 눈과 마주하고 만다. 하나의 눈알, 두 개의 눈동자. 항로 밖으로 흑두루미 떼들이 눈발마냥 흩어지고, 구름은 씨발새끼. 너의 어깨에 부딪히고 지나가는 정신병자들

중 누군가는 그 아무에게나 용서를 빌어야 한다고, 몬트리올 샌드위치, 몬트리올 샌드위치, 마치 그런 중얼거림이 너의 죄를 사하고 다른 이들의 죄를 벌할 수 있다는 듯이, 너는 중얼거리고, 오래전 진짜라는 이름의 도시로 추락했던 비행기의 기장이 되어, 등 뒤에 실린 예비 시체들을 모른 체하며, 공항 자판기에서 밀크커피를 뽑아 마시는 상상을, 오슬로의 얇은 광기, 라이베리아의 잔혹한 습기, 밀워키의 연쇄적인 초록빛, 브뤼셀의 광대한 우울함. 여태 돌아다녔던 수많은 해변과 호텔 방, 걸어 들어오는 계피색 스타킹, 종아리들의 휘어짐. 그녀들은 그녀들의 업무에서, 서로를 증오하면서도 끝없이 그녀들을 흉내 내며 살아갔지만, 너는 어떤 감흥, 홍차를 들고 조종실로 들어오는 그녀들의 젖은 겨드랑이나, 조종실 유리창으로 번져오는 야간 도시의 화사함이 일으키는 낭만 대신, 안도감 따위나 내려다 주며 단지, 너만의 안도감만을 싣고 이륙했고, 착륙해왔다고. 지상의 종이컵 안에서 커피 프림이 중력에 이끌려 퍼져가는 모습을 떠올리며, 나는 신일지도 몰라. 내가 이 세계에서 가장 높은 곳에 있고, 이 세계를 내 마음대로 가로질러갈 수가 있고, 이곳에서 나는 유일해. 밀크커피는 천천히, 별들의 궤도를 침몰시키는 은하처럼, 드러나면 없는 것 같고, 정말 보이지 않을 때는 바로 옆에 앉아 고개를 끄덕거리고 있는 느낌을 주는 정신병처럼 거리를 확장하고, 국경을 넘나드는 버스 운전사는 소설가와 같고, 도심의 골목에서 튀어나오는 택시 기사들은 고작 시인들일 뿐이라고, 지상에서 나는 농구도 못하고, 오믈렛 하나도 제대로 만들지 못하지만 지금 당장은 사람들의 목숨을 조종할 수 있어. 나는 신이니까. 스스로에 대한 신앙심을 위해, 그 지루함만이 연속되는 신적인 감정 상태에 심취되어 도시로 돌진해버렸다고, 너는 구도자의 눈을 마주하여, 기하학. 구도자의 말에 귀를 기울이고, 기하학. 구도자가 또 한 번 말하고. 기하학. 구도자는 전에 말했던 것인지도 모른다. 기하학? 언젠가는 결국 구도자가 말할 것이다. 내가 우리들은 모두 이성애자였던 적이 있다고 말했었지? 배기관이 따듯한 목소리로 말을 걸어오는데, 기하학. 이제 우리들은 중성애자이지만 머지않아 모두 무성애자가 될 거야. 그다음은, 아마…… 기하학. 너는 몸을 흔들며, 엔진 오일을 퍼붓듯 쏟아내다가, 너는 너에게로 쏟아져오는 광선을 향해, 미래의 아가리라 불리는 이 세계의 초고를 향해 질주한다.

비를 맞으며 인부 하나가 분전함에 붙은 벽보를 떼고 있었다. 인부는 온몸을 이용하여 조각칼로 벽보 풀을 긁어냈다. 햄버거를 주문하고 그들은 키스했다. 그들 중 여자는 창밖으로 걸어갔고, 남자는 창 안에서 그녀를 지켜봤다. 그녀가 걸음을 멈추지 않고, 창을 벗어나면 첫눈이 내릴 것 같았고, 폭풍과 함께 세계가 맛이 가버리지 않을까 생각했다. 고 남자가 여자에게 말했다. 별 무늬가 그려진 차렵이불 속에서 그들이 살을 섞을 때, 사거리로 우박이 내렸다. 그것이 비트라면 우리는 리듬이라고, 그들이 햄버거 포장을 벗기자 가로수 길에서 매미 울음이 들려왔다. 우리가 가게 될 호텔이 너무 작으면 어쩌지. 여자는 말하고, 익숙해질 거야. 남자가 대답했다. 편의점 앞으로 군용 트럭이 지나갔다. 군복을 입은 청년들이 그들을 지켜보며 터널 속으로 사라졌다. 겁나. 그들은 레키슈라 적힌 분홍새 성채 모양의 모텔로 들어갔다. 그들은 욕조에 마주 앉아 시집을 펼쳐 이승훈의 「바람 부는 날」을, 한 행씩 번갈아 읽었다. 난 수화기를 놓고 말했지. 이상해 돌아가신 선생님이 어떻게 전화를 했을까? 아마 누군가 김춘수 선생님이라고 속였을 거야요. 아내의 말이다. 아니야 선생님 목소리가 맞아 도대체 알 수 없군. 돌아가신 선생님이 전화를 하다니! 햄버거를 반쯤 먹었을 때, 여자가 울기 시작했다. 겁나. 아직 봄인데. 또 봄이야. 그들은 언덕을 올랐다. 남자가 말했다. 우리는 존재하는 것들에 한해서는 얼마든지 익숙해질 수 있어. 그러고는 턱에 손을 괸 채 말을 이었다. 그렇지만서도 이상하군. 도시에서 군인들이 총을 들고 다니다니. 여자는 침대에 누운 남자의 허리에 올라타 목을 졸랐다. 뭐하는 거야? 남자가 스스로의 목을 조르고 있는 여자를 쳐다보며 묻자, 모르겠어. 여자가 대답했다. 우리는 어쩌다 이렇게 됐는데, 지금은 그 일들이 확실한 일이었던 것마냥 굴고 있잖아. 비를 맞으며 인부 하나가 분전함에 붙은 벽보를 떼고 있었다. 남자든, 여자든 상관없다. 누군가 내 바지를 벗겨주고, 내 것이 아닌 다른 촉감으로 자지를 빨아주기만 한다면. 어제는 빌 위더스를 들었는데, 꽤 좋았었지. 그러나 리듬 앤드 블루스 싱어들은 모던함에서 나아가질 못하고 있어. 재밌는 일이네. 그래. 재밌는 일도 있군. 재밌는 일들을 생각하면 생각할수록 슬퍼지는 건 재밌는 일일까 슬픈 일일까. 남자는 인부가 혼잣말을 하고 있다고 생각했으나, 인부는 아무 말도 하지 않고 있었다. 빗물과 조각칼이 분전함을 긁어댔다. 어쩔 수 없지 않을까? 오토바이 불빛에 길모퉁이는 이지러지고, 어쩔 수 없다는 것에 의미가 있을까. 그들은 인부에게 우산 하나를 건네주고 마저 언덕을 올랐다. 어쩔 수 없다는 듯이. 우리가 꿈을 꾸고 있는 건 아니지? 여자가 가터벨트를 벗으며 물었다. 꿈이 뭔데? 남자가 셔츠 단추를 풀며 되물었다. 몰라. 아무튼 그건 이 방의 조명보다는 훨씬 어두울 거야. 터널에서 군용 트럭이 빠져나왔다. 짐칸에서 방탄모를 쓴 노인들이 그들을 올려다봤다. 반쯤 남은 햄버거를 사이에 두고, 남자는 창밖을 보며 말했다. 여기야. 여자는 창밖에서 걸어갔다. 찢어진 우산을 들고 있는 인부를 지나, 우리는 존재하는 것들에 한해서만 익숙해질 수 있어. 여자는 창밖을 벗어나고, 눈은 오지 않았다.

너는 해변을 걷는다. 물가에 아이들이 줄 서 있다. 곰, 사마귀, 순록, 코알라 인형 탈을 쓴 아이들은 바다로 들어간다. 뭐 하는 거니? 지구를 지키는 거예요. 그리고 그들은 바닷속에서 광선이 되어 발사된다. 너는 오클라호마 가면을 쓴 아이의 손을 잡고 함께 걷는다. 왜 벌써부터 지구를 지키려는 거야? 마땅히 할 일이 없어서. 너의 반바지가 펄럭인다. 아이는 너의 종아리를 만지작거리고, 병적으로 발작 중인 노을, 모닥불에서 뛰쳐나오는 개들처럼 달려드는 바람, 바람 안의 공간감이 너의 반바지 속을 휘저을 때, 너는 반바지의 허리춤을 열어보며, 바람이라는 것이, 노을이나 바다색이 아니라는 것이 놀랍고, 네가 숨겨둔 너의 여지, 식도나 혀의 밑에서 아직 중얼거리지 않은 너의 독백까지 일렁이려는 것을 느끼고는, 너는 손을 뻗어 바람 속으로, 바람의 투명한 38면체 공간으로 들어간다. 파도는 각도 없이 밀려오고, 뼈대만 남은 야자수는 나병 환자처럼 숨 쉬고, 말라 죽은 강가의 정적들이, 모래알 위로 기습적으로 불쑥불쑥 너를 포위해오고, 아이들을 배웅하러 온 부모들과, 지구를 지킨 뒤 노인이 되어, 혹은 팔다리가 하나씩 없어진 채로 돌아온 아이들, 너는 온몸을 뒹굴며, 풍경을 흔드는데, 나는 불꽃놀이를 본 적이 있어. 야자수가 말을 걸어온다. 나도, 너도, 나도. 야자수들의 웅성거림. 언제인지는 알 수 없어. 너의 면은 언젠가의 초록색으로 물들고, 별빛 모양의 잎사귀들을 찰랑이며, 숲의 내장을 엎지르듯, 거대하게 휘몰아치고, 어두운 하늘로 도망가는 나비 떼들을 좇는 중에 나비들의 무늬 너머로 불꽃이 퍼지는 것을 본다. 희망적인 것들이 비로소 우리 눈앞에서 펼쳐졌을 때 우리는 다 함께 자살 충동을 느꼈어. 너는 화려해지고, 분주하게 아스러지고, 다시 다채로워지고, 스스로가 스스로에 대해 설명할 수 없는 상태인 것처럼, 그러나 언젠가는 가능하리라 생각하고, 그 방식에 대해서는, 스스로든 다른 이, 다른 것을 통해서든, 어떤 수단, 말, 그림, 포켓볼, 린치, 섹스 그 어떤 방식으로든 가능해질 거라 믿어 의심치 않는 불안정한 머저리 새끼처럼, 팝, 팝, 팝. 폭발하는 너는 팝을 생각한다. 지금 우리 꼴을 봐. 숨소리도 썩어 문드러진 나병 환자들이 너를 내려다보고, 너는 아이의 손을 잡고 걸어 나간다. 형도 지구를 지킬 거야? 아니. 뭘 좀 받아야 할 게 있어서 와봤어. 뭔데? 사과. 형은 멍청이야? 아이가 걸음을 멈추고 묻는다. 구름은 갈퀴 모양으로 긁혀 있고, 너의 발목과 소년의 머리칼 사이가 노을빛으로 물든다. 형은 또라이야? 아니야. 너 왜 그런 소리를 하는 거야. 형이 이상한 소리를 하고 있어서 그래. 정말 그렇게 생각해? 응! 오클라호마 가면을 쓴 아이가 고개를 끄덕이고, 지구를 지키기 위해 날아가는 아이들의 시체들 반대 방향에서, 레키쇼들의 오토바이가 몰려온다.

핑크색 소파에 월터 반 베이렌동크 슈트를 빼입은 순록 세 마리가 앉아 있다. 전축에 존 서먼을 걸어놓고, 그들은 나란히 앉아, 브라운관을 바라본다. 벽지는 보라색. 열여덟 살 소년은 버스 안에서 식칼을 들고 섰고, 밖의 경찰은 열다섯 명, 고장 난 형광등이 소년을 번쩍

번쩍, 식칼은 멍청하고, 소년은 알 수 없다. 번쩍번쩍, 낙서들. 번쩍번쩍, 실수들, 번쩍번쩍, 부모들, 번쩍번쩍, 제2의 부모들, 번쩍번쩍. 오후, 번쩍번쩍, 알 수 없다. 칼은 밑으로, 칼을 밑으로. 위협 방송, 열다섯 자루 피스톨, 소년은 다른 나라에서 왔고, 가끔 스냅백을 썼고, 두 달에 한 번쯤 파티에 갔지만, 식칼로는 아무도 찌르지 않았다고, 여동생의 생리 때 말고는 피냄새를 맡아본 적 없는데, 식칼로는 누구도 찌르고 싶지 않다고, 순록들은 연극조로 웃는다. 불빛이 확신에 찬 눈빛처럼 소년에게 모이고, 브라운관은 하얘지고, 환함 속에서 튀어나온 두 개의 눈알, 끔뻑이지도 않은 채, 검은 두 눈알이 팽창된다. 흰자는 여백으로 점멸되고, 홍채 안의 광선들, 별빛같이. 멀어지다 가까워지고 다시 멀어지고, 구(球)의 태가 날카로워지고, 열다섯 개의 다른 구들은 반동되고, 소년의 이목구비가 억울함을 위해 속눈썹을, 입술의 주름들을, 브라운관 안에서 입체적으로 일그러뜨릴 때, 소리는 거의 창백하고, 저녁은 자빠지고, 순록들은 식칼처럼 웃고, 테이저건이 쓸모없는 충고처럼, 이미 구멍 난 소년의 시체 속을 왕복한다.

레키쇼들이 떠난다. 이상한 소리일까? 당연하지. 왜, 너도 그걸 받아보고 싶지 않아? 아이가 너를 밀친다. 형에게 무슨 일이 있었는지는 알고 싶지도 않지만, 형. 그건 없는 거잖아. 그래 알았어. 너는 다시 아이의 손을 잡고, 형. 형도 지구를 지키는 게 어때? 너와 아이는 해변 도로에 멈춰 선다. 무섭니? 무섭지? 무서운 게 뭔데? 나도 몰라. 그런데 방금 네가 나에게 함께하자고 했을 때 그 말이 생각났어. 아이는 해변에 남아 말한다. 난 아무렇지도 않아. 뭐가? 지구를 지키는 일 말이야. 너는 도로에 올라가 반대편의 클럽을 쳐다본다. 돌아온 친구들에게 물어봤거든. 뭘 물어봤는데? 뭐긴 지구를 지킬 때 중요한 사항들을 물어봤지. 너는 아이의 가면을 벗겨보고 싶으나 참는다. 뭐라든? 최선을 다하래. 최선을 다해? 응. 최선을 다해 죽으래. 돌아오지 말고. 너는 눈물이 나는 걸 참는다. 지구를 위해서 그렇게까지 해야 하는 거야? 너는 묻고, 형은 역시 머저리야. 아이가 대답한다. 지구하고는 아무 상관 없는 일이잖아. 지구를 지키러 가는 건데 그게 왜 지구와 아무 상관 없는 일이야. 아이는 고개를 저으며, 형도 사과하고는 아무 상관 없이 돌아다니고 있는 거잖아. 말하고, 뭐? 아니야. 클럽 뒤편에서 총성이 들려온다. 어떻게 그렇게 생각할 수 있어? 너는 묻고, 간단해, 그건 존재하지 않는 거니까. 아이는 대답한다. 총성은 다섯 번을 반복하고 멈춘다. 지구는 존재하잖아. 글쎄. 너는 아이의 손등이 주름진 것을 보고, 글쎄. 너는 아이의 살이 늘어진 것을 보고, 글쎄. 반바지도 존재하기는 하잖아? 아이는 왠지 노인 같은 목소리로 말한다. 바다에서 솟아오르는 광선들에서, 너는 쏟아지는 웃음소리, 어쩌면 울음소리 같은 것을 듣는다. 형 이야기를 해봐. 할 이야기가 없는데. 형의 여행이 만약 소설이라면, 아무도 여기까지 읽지 않을 거야. 너는 소설이 무엇인지 모르나, 고개를 끄덕인다. 그래도 형은 의미 있는 척 형의 여행을 이어나가지. 너는 아이에게 한 발자국 더 다가가며, 하지만 너는 지구와 상관이 있고, 나도 사과와 상관이 있어. 아이는 고갤 들어 지구를 지키는 친구들을 올려다보며, 아무 상관 없어. 나에게 상관있는 건 나뿐이야. 가면에 가려 아이의 표정은 보이지 않고, 어쩌면 나조차 나와 상관없을지 몰라. 너는 아이의 손을 놓치고, 형이 의미도 없이 의식적으로 형의 여행을 이어나가듯이. 아이는 해변으로 돌아간다. 아이야. 야 꼬맹아. 땅딸보 씹

새끼야! 너는 소리지르나 아이는 뒤를 돌아보지 않고, 그래도 누군가는 나에게 사과를 해야 해! 어떤 이유든지, 어떤 방식이든지, 어떤 뉘앙스든지, 누군가는 나에게 사과를 해야 해, 그 일이 이 세계를 바로잡을 수 있는 유일한 일이라고! 계속 걸어가던 아이의 목이 뒤로 꺾이며 너를 바라본다. 반바지를 아껴 입어. 뭐? 너는 놀라서 묻고, 아이는 말한다. 그냥. 너는 묻는다. 그냥? 아이는 말한다. 돌아온다면 레키쇼가 되겠어. 바다로 들어간 아이는 몸이 납작해지고, 그냥. 너는 심각하게 중얼거리고, 여섯번째 총성과 함께 아이는 광선이 되어 발사된다.

2013년 11월 9일. 길, 그 10년 후 비 오는 날 다음 날.

내 외투에는 올빼미 휘장이 달려 있다. 나는 야간에게 고용됐고, 내 직업은 경비원이다. 낮에는 영감들과 함께 공원에서 연을 날렸다. 다리를 못 쓰는 영감을 위해 휠체어도 밀어줬다. 방패연을 조종하던 그 영감은 아직도 자신이 조타실에 앉아 항해기를 살펴보고 있는 줄 아는 것 같았다. 어쩌면 그들 전부가 그럴지도. 내 생각에 연을 날리는 행위는 자살 시도와 비슷하다. 죽음을 체험해보는 것. 하늘 속으로 빨려 들어가는 연을 지켜보며, 나는 우리의 지나간 과거가, 어쩌면 이 생이 아니라 전생 혹은 환생, 다른 생의 것일지도 모른다는 생각을 잠시 했다. 연을 다 날리고는 카페에서 개똥 같은 커피를 한 잔 마셨다. 젊은 연인이 카페 고양이에게 참치 캔을 사다 주며 말을 걸었는데, 야옹, 야아옹. 나는 통조림으로 그들의 머리통을 바샆 내고 싶었지만, 잘 참아냈다. 그리고 생각을 하기 위해 탁자에 종이 한 장을 펼쳐놓았다. 하지만 내가 카페에서 나갈 때까지 종이는 단순히 종이였다. 주짓수 도장으로 가는 길에, 내가 문학을 참아내고 있는 것인지, 문학이 나를 참아내고 있는 것인지 고민했다. 둘 중 하나는 다른 하나를 참아내고 있을 일이니까. 주짓수가 작품에 도움이 좀 되시나요? 마스터가 물어왔다. 주짓수는 주짓수입니다. 나는 한여름의 선술집 주인처럼 그에게 미소 지어 보이며 대답해줬다. 주짓수가 적어도 경비 일에는 도움이 되시겠지요? 주짓수는 주짓수입니다. 마스터는 기분이 상한 듯, 다른 이에게 말을 걸러 갔다. 그 이후로는, 좋은 뜻으로 기억이 안 난다. 지금 나는 경비실 의자에 앉아 아파트의 건조한 불빛들을 지켜보고 있다. 바람이 불면, 각자의 불빛을 머금은 커튼들이, 한 권의 책 속에서 흘러가는 페이지들처럼 느껴진다. 지금 내 두 손에 볼펜과 종이 대신 손전등과 커피가 들려 있지만, 나는 내 작품—아마 유작일—이 출판되기 전까지는 이 세상에 다른 이들의 작품이 단 한 권, 아니 단 한 편도 발표되지 않기를 소망해보곤 한다. 그런데, 언젠가 나의 에필로그를 쓸 내가 이 생의 나일 것인가. 야 이 개새끼들아 잠 좀 자자! 대만에서 온 남자가 창문 밖으로 소리쳤다. 씨발새끼들아 여기는 신자유주의 국가다! 공장장이 소리쳤다. 실패자들아 숨어 있을 거면 아가리도 같이 숨기지 그래! 술집 여자도 소리쳤다. 나는 손전등을 내려놓고, 커피 잔에 두 손을 감싸 녹이며, 어릴 때, 함께 술을 마시고 빙판길에 자빠졌던 친구들의 웃음소리를 떠올렸다. 목욕탕 문이 열리기를 기다리며, 셔터 앞에서 제자리 뛰기를 하고, 문이 열리면, 냉탕에서 물구나무를 선 채로, 나무처럼 다리를 벌려, 구부러진 성기를 과시하다가는 후지산이 그려진 온탕에 누워 졸곤 했던. 그들은 잘 지낼까. 아버지의 장례식장에서 음악을 틀어놓고 무용을 하거나. 선원을 얻기 위해 바다의 거짓된 낭만을 팔거나, 정신

병동에서 당근주스를 만든 인간이야말로 진짜 정신병자라 주장하고 있을지도, 나는 혼자 웃다가 급히 손전등을 들어 내 사방을 비춰봤다. 가끔 누군가 지나간 것 같다. 손전등이 밝힐 수 있는 영역에 아무도 보이지 않았으나, 나는, 그러니까 가끔 누군가가 나를 지나가고 있다는 생각을 멈출 수 없다.

너는 문을 열고 들어간다. 겨울, 안티폰 블루스. 그런 것들도 있었다. 치맛자락, 미러볼. 그런 것들은 있다. 너는 앞을 보이며 스테이지로, 살갗에 달라붙는 빛들, 너는 흘려보내듯이, 스모그 속으로 걸어가고, 8비트로 회전하는 색깔들. 너는 드레스 입은 남자들 사이를 지나가고. 나초, 기분, 주크박스 없이도 혼자 술을 마시고 있는 너를 본다. 너는 반바지를 입고 의자에 앉아 다리를 꼬고 있고, 몇 사람들이 너의 곁에 서서 성기를 꺼내보지만, 너는 술잔을 들었다가 놓고 들었다가 놓을 뿐이다. 너는 옆자리를 비워두고, 어깨를 흔들거리며 스모그 속으로 맹인처럼 걸어가는 사람들을 지켜보고, 가만히 앉아, 미러볼의 빛들이 너를 중심으로 회전하듯이 느끼게끔, 빛들에게 눈길을 주지 않으며, 미러볼의 빛들이 모른 척 너를 통과해버리길 기대하며, 빛들에게 눈길을 주지 않고, 바에 혼자 앉은 너의 등이 매끄러워 보여서, 반바지 밑으로 드러난 종아리가 적당해 보여서, 너는 너의 옆에 앉는다. 왔구나. 응. 왔어. 너는 너의 반바지를 쓰다듬고, 너도 너의 반바지를 쓰다듬는다. 총성이 들리던데. 누군가 쐈겠지. 누군가 누군가를 쏜 거야. 너가 너와 말을 나눈다. 누군가가 누군데. 너가 쏜 건 아니고? 내가 쐈을 수도 있지. 네가. 내가? 그건 우리의 일이야. 내가 쏜 기억은 없는데. 그럼에도 그건 우리 모두의 일인 거야. 맞은 사람은. 내가 맞았을지도 모르지. 내가 맞았다고? 그것도 우리 모두의 일인 거야. 너는 바에 팔을 기대고, 너는 바에서 팔을 거둔다. 사건들에서 벗어날 수 있다고 생각하지 마. 사건이 일어나면 우리는 언제나 이미 사건의 일부니까. 너는 스모그 속에서 춤추는 사람들을 보고, 너는 스모그 속에서 울고 있는 사람들을 본다. 그래서 그건 받아 왔어? 너가 너에게 묻고, 아니. 너가 너에게 대답한다. 너도 가끔은 아름다울 줄 알았겠지. 발목 밑으로 엎질러지는 햇빛이라든가, 차양에서 미끄러져 내려오는 저녁의 기온이라든가. 전혀. 본 적도 없어. 무슨 일이 있었는지 이야기해줄래? 너는 너에게 이야기하려 한다. 그러나 이야기는 없다. 너는 너의 입이 벌어지길 기다리고, 너는 너의 눈이 멀어버리길 기다린다. 그러나 아무 일도 일어나지 않는다. 그게 정말 필요한 걸까. 못 받을 걸 알면서, 아니 끝까지 못 받기를 기대했던 걸지도 몰라. 그렇다면 아주 멍청하고 한심한 일인 거야. 넌 받을 수 있을 것 같아? 그것이 아직 남아 있다면 받을 수 있겠지. 아니. 그것을 받아들일 수 있을 것 같으냐는 말이야. 누군가 방아쇠를 당기면 누군가는 총알을 맞아야 하는 법이지. 너는 너의 반바지를 내려다보며, 상식이 폭주하고 있어. 너는 너와 함께 말없이 술잔을 돌린다. 술잔 안에 빛이 머물렀다 떠나고 다시 머무르고 떠나고. 너는 빛이 술잔 안에 있다고 생각하고, 너는 빛이 술잔 밖에 있다고 생각하고, 이제 어쩌지. 뭘. 있잖아, 모든 것들. 비트만 남은 음악이 스모그 속의 사람들을 흔들어대고, 너는 빛이 해체되고 있다고 생각하고, 너도 빛이 해체되고 있다고 생각한다. 사건은 사건 안에 있는 걸까 사건 밖에 있는 걸까. 방금에서야 깨달았는데, 너는 너의 눈을 마주하며 말하고, 그러니까 뭘? 너는 너의 눈을 마주하며 묻는다. 그래. 지금에서야 떠올랐어. 필요한 게 있으신가요? 바텐더가 묻고, 너는 고개를 젓고, 말동무가 필요해 보이시는데요. 바텐더는 다시 묻고, 너는 눈을 감고 손가락을 까닥거린다. 손님. 바텐더가 너의 어깨를 두드리고, 너는 반바지를 입고 너의 조명 없는 세계를 걸어간다. 돌아봐도 시작점을 볼 수 없고, 어디까지 와 있는지도 모르는 너의 세계를, 두 다리를 번갈아 놓으며, 한쪽 다리가 다른 한쪽 다리를 앞지를 때마다 살인, 존속, 피살, 출산, 결혼, 졸업 따위의 아무 일이라도 일어나길 바라며, 그러나 다른 한쪽 다리가 다시 다른 다리를 앞지를 때까지 역시 아무 일도 일어나지 않는 세계를 걸어가며, 손님에게 말동무가 필요해 보인다고요. 바텐더는 너의 어깨를 잡고 말하지만, 너는 여전히 눈을 감은 채로 중얼거린다. 맞아. 반바지, 반바지, 반바지. 바텐더가 어깨를 잡아 밀치고. 손님. 부탁드립니다. 제발 제 말동무가 되어주세요. 스모그는 없고, 미러볼은 없고, 반바지, 반바지, 반바지. 음악은 비트가 없고, 테이블에 고개를 처박고 앉아 표정 없이 울고 있는 사람들을 보며. 나는 의자에서 일어난다.

선 정 의 말

—

이 텍스트도 소설인가? 서사의 "패턴 밖의 패턴 안의 패턴을 가로지르"면서 "결국 아무 일도 일어나지 않을 것이라 생각"하게 하는 이 텍스트를 두고 소설이라고 불러도 좋은 것일까? "네가 숨겨둔 너의 여지"를 파고들면서 어쩌면 '소설이 숨겨둔 소설의 여지'를 실험적으로 탐문해본 것이 아닐까 짐작하게 하지만, 그렇다고 해서 소설일 여지가 있는 것일까? "할 이야기가 없"으면서도 단속적으로 중얼거리는 화자, "아무도 여기까지 읽지 않을 거야"라고 읊조리는 자멸파의 화자, "나조차도 나와 상관없을지" 모른다는 무심한 탈주체, 그런 양태들이 기존의 소설 리듬에 균열을 내고 새로운 비트의 출현 (불)가능성을 시도한다. 끊임없이 바깥으로 분열되면서 '공포'나 '불안'과 마주하고 '의심'하면서 '거짓말'로 도발한다. 이 정체불명의 화자에게 '거짓말'은 비트감 있는 '신앙'에 가깝다. 마치 이것은 소설이 아니다,라는 거짓말을 패러독스의 겹무늬로, 혹은 구조적 아이러니로 구성해보려 한 것인지도 모른다. '의심'은 여럿이다. 결코 해혹(解惑)되지 않을 의심의 변수들이 독자들을 고문한다. 그런데 독자를 고문하기 앞서 저자 스스로 자신을 고문하면서 문학 행위 그 자체를 추문화하면서 다른 문학으로 포월하려 하는지도 모르겠다. 그래서일까. 이 텍스트를 읽으면서 독자들은 이런 문장 앞에 오래 서성이게 된다. "내가 문학을 참아내고 있는 것인지, 문학이 나를 참아내고 있는 것인지 고민했다." 결국 나는 '이 텍스트도 소설인가?'라는 질문에 답하지 못한다. '팔팔'한 독자들마저 '할할' 허덕이게 하는 이 텍스트 앞에서 무슨 답을 마련할 수 있겠는가. 혹은 하지 않는다. 꼭 답을 해야 하는 것도 아니니까. 다만 에둘러갈 따름이다. 어떤 장르에 속한다는 것, 어느 부류에 끼어든다는 것보다 그렇지 않은 경우가 더 문학적일 수 있다. 있는 영토를 부정하고 새로운 문학의 영토로 탈주하면서 부단히 틀을 부수고 새로운 문학의 몸을 형상화하면서 동시에 부수는 놀이, 그 놀이 과정에 매설된 다채로운 코드들을 풀어보면 이 텍스트를 참아낸 보람을 느낄 수 있을지도 모른다. 물론 해호화(解號化), 그 코드 풀기 작업은 쉽지 않고, 가까스로 풀어본다 한들 해혹의 지평에 이를 가능성은 거의 없어 보인다. 그러니까, 어쩌면 이 텍스트는 매우 복합적인 부정형의 문학이다. 이루어지지 않았으므로 계속 떠돌며 파상적으로 진행되는 역동적 유목(遊牧) 텍스트다. _**우찬제**

자유연상된 이미지와 어휘들이 구문을 훼손한다. 시의 (비)문법이 소설의 문법을 침탈한다. 그래서 텍스트는 전체적으로 마치 초현실주의자들의 '데페이즈망dépaysemant' 원리에 따라 (반)구조화된 듯, 매 순간 서사를 지연시키고 기대를 배반하다. 지상에서 가장 타락한 어떤 도시의 풍경과 몇몇 인물들의 혼란한 내면 묘사가, 지극히 형이상학적이거나 신학적인 주제와 겹친다. 물론 이전부터 이상우 소설에서 흔히 그래왔듯이,

각종의 하위 장르들이 하나의 텍스트 내에서 종횡으로 절합하고 이종교배되는 것은 여전하다. 이 문장들은 소설인가? 시인가? 지극히 산만하고 병리적이 되었다는 오늘날의 '정신'이 수행한 자동 기술인가? 물론 우리는 그간 이와 유사한 실험들을 몇 차례 목도한 적이 있다. 그러나 이상우의 「888」은 '실험'이란 말만으로는 그 급진성을 다 포괄할 수 없을 듯싶다. 차라리 이 작품은 '실험'이라기보다는 아주 무모한 '모험'에 가깝다. 만약 우리가 이 모험을 여전히 '소설적'인 행위로 승인한다면, 우리도 기꺼이 그 무모한 내기에 동참하는 셈이 될 텐데, 치러야 할 대가가 무엇이든 이 내기에는 판돈을 걸어볼 만하다. 소설이란 장르의 형질 변화는 종종 이런 식의 무모한 내기로부터 비롯되곤 했기 때문이다. _**김형중**

2014년 6월

이달의 소설

급소

김덕희

1979년 포항에서 태어나 2013년 중앙신인문학상으로 등단했다.

작 가 노 트

진짜 괴물을 향한 무거운 무력감, 짙은 열패감이 해소되지 않으니 한낱 짐승에 불과한 늪돼지가 대신해서 괴물이 되어야 했다. 늪돼지 앞에선 애 어른 할 것 없이 모두가 용맹했다.

●••

급소

—

차 앞유리에 물기가 달라붙는다. 헤드라이트 빛 아래로 길게 뻗은 중앙선이 뿌옇게 흐려지고 곧 시야 전체가 흐물흐물 뭉개지기 시작한다. 나는 운전대를 잡고 있는 장을 쳐다본다. 뭔가 깊은 생각에 잠긴 사람 같다. 비가 오네요, 하고 일깨워주려는데 장이 핸들 아래쪽을 더듬어 레버를 조작한다. 낡은 트럭의 녹슨 와이퍼가 삐걱삐걱 소리를 내며 움직이자 뒷좌석에 조용히 엎드려 있던 백주와 흑주가 끙끙대며 몸을 일으킨다. 트럭 안에 누릿하게 개 비린내가 일렁인다.

"가만있어."

장이 뒤쪽의 기척에 대고 낮은 목소리를 던진다. 덩치 큰 두 잡종견은 와이퍼의 움직임을 따라 좌우로 고개를 움직이다가 곧 시들해서 가만히 엎드린다. 나는 뒤로 손을 뻗어 대가리를 한 번씩 쓰다듬어준다. 따뜻하고 축축한 혀 두 개가 내 손을 핥아댄다. 저 멀리 앞쪽에서 불빛이 나타나 빠르게 다가와서는 아슬아슬하게 비껴간다. 우리보다 훨씬 큰 화물차다. 나는 축축해진 손을 바지에 문질러 닦으며 방금 두 차가 정면으로 들이받았더라면 어땠을까 생각해본다. 짜릿한 광경이 슬로모션으로 펼쳐진다. 이렇게 꼬리뼈 언저리를 자극하는 상상을 하다 보면 시간이 훌쩍 지나가 있곤 하는 게 좋다.

장이 핸들을 꺾어 농로로 빠진다. 농로는 폭이 좁다. 이런 데서 다른 차와 마주치면 둘 중 하나는 길게 후진해야 할 것이다. 왠지 장은 절대 양보하지 않을 것 같다. 두 대의 트럭이 이마를 맞댄 채 안간힘을 쓰고 있는 그림을 떠올려본다. 장이 차를 세우면서 내 짜릿한 상상은 곧바로 흐지부지되고 만다.

비가 좀 내리는 줄 알았는데 밖에 나와보니 겨우 물기가 흩날리는 정도다. 가슴장화를 입고 뜰채와 빈 자루를 챙기는 동안 장은 개들을 뒷좌석에서 끌어내려 짐칸의 철골에 묶는다. 녀석들은 익숙한 듯 고분고분하다. 장이 개들을 잠시 묶어놓는 게 아니라 아주 동여매는 걸 보고 고개가 기울어진다.

"얘네, 데려가는 거 아니었어요?"

"아직 어리다."

"딱히 필요하지 않으면 집이라도 지키게 하는 게 낫지 않아요?"

장이 작은 눈을 세모꼴로 뜨고 나를 노려본다. 한 겹 싸늘한 바람이 장과 나 사이를 스친다. 나보다 머리 하나쯤 더 큰 장은 그렇게 노려보는 것만으로 충분히 위협적이다. 연달아 질문을 던진 게 실수였나 보다.

"개들 말이냐, 너 말이냐?"

이번에는 내가 입을 다물어버린다. 나는 오랫동안 대답할 말을 찾지 못하고 장은 내 대답을 기다려주지 않는다. 자기 짐만 챙겨 등을 돌리는 장을 따라 허둥지둥 나서다가 뒤를 보니 백주와 흑주가 슬금슬금 다가온다. 그러다가 목줄이 당기자 몇 번 흔들어보곤 가만히 이쪽을 바라보고 선다. 비를 맞으면서도 저렇게 충직하게 주인을 기다리며 서 있으려나 싶었는데 녀석들은 그럴 리가 있냐는 듯 슬그머니 트럭 아래로 기어 들어가서 배를 깔고 엎드린다. 어떻게 돌아가고 있는 건지 나만 빼고 모두가 잘 알고 있는 것 같다.

물기를 머금은 바람이 옷 속으로 파고든다. 젖은 이불을 덮고 있는 기분이다. 멀리 뒤쪽에서 차 한 대가 요란하게 어둠을 가른다. 덮칠 듯 다가왔다가 순식간에 멀어져가는 소리마저 축축하다. 발밑의 돌덩이들도 물기를 입고 미끄럽다. 나는 조금씩 거리가 벌어지는 장의 등에 손전등을 비춰본다. 골프채의 헤드가 장의 널찍한 어깨 위로 고개를 빳빳이 내밀고 있다. 마치 목이 너무 가늘고 긴 어떤 새를 보는 것 같다. 타조는 얄밉게, 홍학은 멍청하게 생겼어. 그리고…… 그리고…… 다른 표현은 생각나지 않았다. 내가 아는 타조나 홍학은 동물의 왕국에서 본 게 전부였다. 동물원에 다녀왔다는 애들과 말을 섞어야 할 때가 있었는데 동물들에 대한 내 독창적인 묘사에 친구들은 늘 어딘가 미심쩍다는 표정을 지어 보였다.

발밑의 돌덩이 때문에 걸음이 자꾸 엉킨다. 어느 순간부터 바람에 비릿한 풀냄새가 섞여 있다. 손전등으로 주위를 비춰본다. 온통 풀밭이다. 길게 곤두선 풀들이 나를 흘깃기리며 수군댄다. 괜히 온몸에 힘이 들어간다. 장이 뒤돌아 손전등으로 나를 빠르게 훑는다. 나는 거리가 제법 벌어졌음을 깨닫고 몇 걸음 뛰어 따라붙는다. 서두르다가

또 돌덩이를 밟고는 잠시 중심을 잃는다.

"못 하겠으면 돌아가거라."

장이 내 얼굴에 손전등을 겨눈 채 말한다. 눈이 아파 고개를 숙인다. 돌아가라는 말이 트럭에 가 있으란 뜻인지 아주 떠나버리라는 뜻인지 헷갈린다. 눈이 계속 아프다.

"아니에요."

나는 고개를 들지 못한 채 쥐고 있는 뜰채만 꽉 붙든다. 이제 겨우 일주일이 지났다. 아직은 장의 눈에 들 기회가 있을 것이다. 장이 나를 좋아하지 않는 이유는 내가 멍청하기 때문이다. 나는 어릴 때부터 눈치가 빠른 편인데 나만 필요할 땐 그런 기지가 발휘되지 않는 게 문제다. 낮에 이 뜰채를 사러 갔을 때가 꼭 그랬다.

쓰던 게 낡았으니 바꿔야 한다며 장이 시킨 일이었다. 되도록 큰 것으로 사 오라고 했다. 두 시간을 걸어서 읍내에 하나 있는 낚싯집을 찾아갔다. 그리고 주인에게 아주 커다란 뜰채를 달라고 했다. 처음 것은 매를 잡는 잠자리채라고 해도 좋을 만큼 컸다. 그러나 나는 고개를 저었다. 두번째 것도 처음 것과 크게 다르지 않았다. 나는 다시 고개를 저었다. 장이 나를 좋아하게 하려면 아무래도 더 큰 뜰채가 필요할 것 같았다.

고래라도 잡으려고?

그렇게 말한 주인은 매장 뒷문으로 사라졌다가 꽤 시간이 흐른 뒤에 나타났다. 아가리는 훌라후프를 껴놓은 것 같고 대의 길이는 내 키만 한 뜰채를 본 순간 정말 돌고래 따위를 잡는 물건이 아닐까 싶었다. 뜰채의 가격은 장이 준 돈보다 훨씬 쌌다. 그냥 싼 정도가 아니라 장이 내게 터무니없이 많은 돈을 맡긴 것 같았다. 나는 영문을 알 수 없어 낚싯집 주인에게 몇 번 되물어보고 나서 뜰채값을 치렀다.

미련한 놈……

내가 사 온 뜰채를 보곤 작은 눈이 잠깐 커졌다가 곧 평소처럼 밋밋하고 싸늘한 표정으로 돌아갔다. 나는 어렵게 연습하지 않아도 장의 그 싸늘한 표정과 뒤를 흐리며 그르렁거리는 말투를 똑같이 흉내 낼 수 있을 것 같았다. 장과 나는 아주 많이 닮았기 때문이다.

바꿔…… 올까요?

말을 하면서도 네 시간 넘게 걸어서 다녀온 거리가 아득히 떠올랐다. 발바닥이 뜨거웠고 정강이도 욱신거렸다.

됐다. 꾀가 없으면 몸으로 때워야지.

남겨 온 돈을 되가져가며 낮고 단호하게 호통치듯 말하고 돌아서는 장을 쳐다보며 속으로 방금 그 말을 따라해봤다. 꾀가 없으면…… 한 번쯤 써먹어보고 싶은 어른들의 말이었다. 혹시 뜰채값이라고 맡긴 그 큰돈은 나더러 그걸 가지고 떠나라는 뜻이었을까? 갑자기 그런 생각이 들어 눈두덩이 뜨거워지기도 했다.

돌덩이가 덜 밟힌다 싶더니 얕은 물이 철벙인다. 가슴장화를 입었는데도 발목을 휘감고 올라오는 찬 기운에 몸서리가 쳐진다. 물풀의 비릿한 냄새도 코앞에 바짝 다가와 있다. 줄기잎사귀들이 바람에 쓸리는 소리가 소란스럽다. 자기네끼리 무슨 신호를 주고받는 게 아닌가 싶다.

장이 느리게 걸으며 손전등으로 사방을 구석구석 더듬는다. 허리높이로 빽빽하게 자라 있는 물풀들이 손전등 빛이 닿을 때마다 숨을 죽이고 이쪽으로 고개를 돌린다. 마치 비밀을 지키기 위해 어떤 짓이든 하도록 훈련받은 경계병들 같다. 이대로 습지를 지나면 강이 나올 것이다. 놈들은 주로 야간에 습지와 뭍을 오가며 활동한다고 했다. 장의 뒤에 붙어서 몇 번 굽이굽이 휘젓고 다니다 보니 앞과 뒤가 헷갈리기 시작한다. 걸을 때마다 진흙이 발목을 움켜잡는다. 그러나 장은 내내 느리지만 확실한 걸음으로 앞서가고 있다.

장이 걸음을 멈추고 손전등을 내게 건넨다. 그런 뒤 스탠드 각도를 조절하듯 내 손을 움직여 빛이 한 곳을 겨누도록 고정한다. 나는 빛이 닿는 곳에 온 시선을 모아보지만 물풀 더미 속에서 다른 것을 구분해내지 못한다. 장은 넋을 놓고 있는 내게서 뜰채를 빼앗아 빛이 가리키는 곳을 향해 조심스럽게 다가간다. 한 손엔 골프채를, 한 손에는 뜰채를 들고 자세를 잔뜩 낮춘 장의 움직임이 나에게 따라오지 말라고 얘기하고 있다.

갑자기 거칠게 인 바람으로 물풀들 사이에 틈이 생긴다. 틈 안쪽에서 얼핏, 검고 반지르르한 형체가 드러난다. 의심할 것 없이 늪돼지다, 다음 순서를 생각하기도 전에 장이 이미 뜰채를 뻗었다. 이어서 바닥에 엎어진 뜰채의 손잡이를 재빨리 밟는다. 틀이 바닥에 밀착된 뜰채 그물이 사방으로 솟아오른다. 물이 튀고 풀이 뒤엉키는 소리에 바람도 부슬비도 모두 잠시 침묵한다. 장은 그물 쪽으로 차근차근 손잡이를 밟아나간다. 갇힌 놈은 발악하며 듣기 거북한 소리를 내지른다. 가까이 가서 보고 싶지만 발이 물밑에 박혀 떨어지지 않는다. 장이 다가서자 놈은 이제 뛰어오르지도 않고 비명을 한 호흡에 길게 내지르며 위협한다. 높고 절박한 소리에 소름이 돋는다. 장은 놈이 설쳐대는 꼴을 잠시 내려다보기만 한다. 난동이 쉽게 그칠 것 같지는 않다.

"그놈, 성질 한번 별나다."

장이 골프채를 어깨 위로 들었다가 짧게 호를 그으며 내려친다. 한 번, 두 번, 세 번…… 헤드가 공기를 가르며 떨어질 때마다 금속 덩어리가 거죽을 무시하고 뼈에 바로 닿는 소리가 따악, 따악 울린다. 마치 내 두개골이, 내 어깨뼈가 깨지는 것 같다. 매가 떨어질 때마다 짐승은 자지러지며 울부짖는다. 그러거나 말거나 매질은 계속된다. 지치는 기색도 없다. 간결하고 매끈한 타격은 지난 일주일 동안 매일 낮에 마당가에서 봐온 것과 똑같다. 장은 마당 한쪽에 절반쯤 묻어놓은 타이어를 골프채로 후려쳤다. 나는 그게 사냥 연습이라는 걸 말해주지 않아도 알 수 있었다. 무언가를 저렇게 내려치면 남아날 게 없을 것 같았고 꼭 실제 장면을 보고 싶었다.

스윙을 할 때 손목은 방향만 잡는다. 허리는 상체를 지지해주고 무릎의 각도로 헤드가 타격하는 높이를 조정한다. 놈은 가죽이 두껍고 뼈가 단단한 데다 급소가 없다. 빠르고 강하게, 충분히 두들겨 패야 한다.

혼자 집을 지키며 방 청소를 하다 앉은뱅이책상 아래쪽에 차곡차곡 쌓아둔 노트를 발견했다. 들춰보기가 조심스러웠지만 내가 봐선 안 될 것을 그렇게 허술하게 보관하진 않을 거라는 생각이 들었다. 마침 장은 시청에 다녀오겠다고 나선 참이라 시간은 충분했다. 장은 사냥에 관한 모든 것을 기록하고 있는 것 같았다. 처음부터 차근차근 장의 노트를 읽을수록 나도 사냥을 배워 장을 돕고 싶어졌다. 무언가 쓸모가 있다면 장이 나를 받아들여 주지 않을까 해서였다. 장이 돌아왔을 때 얘기해봤지만 장은 허락하지 않았다. 나는 시위하는 심정으로 장대를 주워와서 타이어를 두들겼다. 생각보다 힘이 들어 다른 도구를 쓰면 안 되는지 궁금해졌다. 그 순간 장의 노트에서 읽은 구절이 떠올랐다.

어떤 자는 덫을 놓거나 올무로 포박한 다음 주머니칼로 모가지를 딴다고 한다. 자비로운 일이다. 그러나 덫이나 올무 따위로 무엇을 할 수 있을까.

자비로운 일이다. 그러나 덫이나 올무 따위로 무엇을 할 수 있을까…… 자비로운 일이다…… 깊이 생각해보지 못했던 문장이 머릿속을 맴돈다.

"얼른 치워라."

매타작을 멈춘 장이 골프채를 지휘봉처럼 휘두르며 명령한다. 죽은 것을 뭍으로 옮겨 놓는 일은 내 몫이다. 나는 손전등을 사체 쪽으로 고정한 채 철벅거리며 다가간다. 장의 주변 물풀 사이의 물빛이 검붉다. 물살이 거의 없어서 놈의 피가 흩어지지 못하고 웅덩이를 만들고 있다. 방금까지 숨 쉬고 소리 지르고 발악하던 놈을 장이 가르쳐준 대로 꼬리를 잡고 들어올린다. 그래야 행여 숨이 붙어 있어 마지막 발광을 하더라도 이빨이나 발톱에 다치는 일이 없다고 했다. 어림잡아 10킬로그램은 되겠다. 거꾸로 들린 놈의 아가리에서 핏물이 질질 흘러 늘어진다.

언제 어디서 어떻게 들어왔는지는 아무도 모른다. 아래턱 양쪽에서 주둥이 밖으로 엄니가 삐죽 나와 있어 늪에 사는 멧돼지로 불리다가 늪돼지로 정착됐다. 그러나 발은 수달, 꼬리는 쥐를 닮았다. 장의 노트에는 농가의 밭이 기계로 갈아엎은 듯 완전히 망가지는 사례가 생기기 시작했다고 적혀 있었다. 주로 뿌리작물을 중심으로 큰 피해가 일어났다. 강과 연못에서는 토종 어류뿐만 아니라 배스와 황소개구리조차 개체 수가 가파르게 줄어들었다. 개울가에 놓아먹이던 흑염소 어미와 새끼가 내장을 드러낸 채 발견되기도 했다. 한 노파가 장마에 논을 돌보러 나갔다가 습격을 받는 일도 벌어졌다. 종아리를 물렸으나 물린 곳보다는 넘어지면서 깨진 엉치뼈가 더 치명적이었다. 노파는 결국 급성 패혈증으로 사망했다. 강변에 지어진 고급 아파트 단지의 방범 카메라에 늪돼지 일가족이 포착되기도 했다. 뒷짐 지고 있던 정부는 그제야 대책을 세우기에 바빴고 곧장 대대적인 퇴치 사업을 벌였다.

정부가 포상제를 도입하던 당시에는 한 마리당 지금의 다섯 배 가격이 걸려 있었다. 그만큼 늪돼지는 쉬운 사냥감이 아니었다. 그러나 돈이 되기 때문에 사냥꾼 수는 꾸준히 늘었다. 요령 없이 덤벼들었다가 다치는 사람이 부지기수였고 더러는 목숨을 잃기도 했다. 늪돼지의 개체 수가 줄어들면서 실력이 모자라는 사냥꾼은 늪을 떠나야 했다. 살아남은 놈들은 훨씬 예민하고 사납고 영리했다.

어느새 여섯 마리째 수확이다. 아직 밤은 많이 남았다. 구름이 갈라지며 한껏 부푼 달이 얼굴을 내민다. 바람에 실린 물기도 이젠 별로 느껴지지 않는다. 사냥을 하기에는 최적의 조건이다. 매질을 그친 장이 모자를 벗는다. 달빛 아래에서 장의 몸과 머리 위로 허연 김이 솟구친다. 프로레슬러 같은 체구를 감싸고 있는 허연 기운은 장을 마치 이승의 사람이 아닌 것처럼 보이게 한다. 장이 나를 향해 고개를 돌리다가 손을 들어 눈을 가린다. 나는 나도 모르게 손전등 빛을 장에게로 쏘고 있었다는 걸 깨닫고 얼른 빛을 거둔다.

"짐들 챙겨라."

장은 뜰채와 골프채를 내 쪽으로 던진 다음 바닥에 늘어진 놈의 꼬리를 잡고 들어 올린다. 그것마저 내게 넘길 줄 알았는데 장이 직접 운반한다. 자세히 보니 아직 숨이 붙어 있는 탓이겠다. 놈은 애써 몸을 뒤척여보지만 허공에는 의지할 것이 없다. 나는 장이 내던져놓은 것들을 집어 들고 따라붙는다.

"좀 쉬었다가 다시 시작하는 거죠?"

"……"

"아니면 이제부터 제가 한번 해볼까요?"

"……"

"겨우 나왔는데 제 몫은 해야죠."

뭍으로 나와서까지 대답 없는 질문을 던지는데 묵묵히 앞서가던 장이 갑자기 몸을 돌려 내 손에서 골프채를 빼앗더니 그대로 휘둘렀다. 휘둘렀다,는 생각이 드는 순간 숨이 콱 막히고 왼쪽 정강이에서 바위를 걷어찬 듯한 통증이 뼈를 타고 정수리까지 올라왔다. 나는 한 발로 깡충거리다가 어깨에 메고 있던 무거운 자루를 떨어뜨리고 그 위로 자빠지고 만다. 자루 안에서 물컹거리는 사체들이 내 몸을 잡아끄는 듯한 느낌에 소스라치며 일어난다. 그러나 다리의 통증 때문에 제대로 서 있기가 힘들다. 장이 검객처럼 골프채를 내게 겨눈 채 말한다.

"한 번 더 나대다가는 그 다리, 다시는 못 쓸 줄 알아라."

장은 또 저 혼자 몸을 돌려 걷는다. 무거운 자루를 짊어지고 아픈

다리를 끌자니 거리가 빠르게 벌어진다.

백주와 흑주가 멀리서 짖어대고 있다. 가까이 다가가자 녀석들은 차를 끌고라도 달려올 기세로 네 발로 번갈아 바닥을 긁고 목줄을 마구 흔들어댄다. 장이 늪돼지를 던져주자 두 녀석은 짖는 것을 멈추고 발 앞에 떨어진 것을 향해 몸을 바닥에 납작 깔며 으르렁댄다. 늪돼지는 잠시 죽은 듯 엎어져 있다가 천천히 움직여 강 쪽으로 몸을 튼다. 앞다리의 움직임도 둔한데 뒷다리는 바닥에 질질 끌리기만 한다. 장의 매질에 어딘가 손상된 게 틀림없다. 두 마리 개는 물체가 움직이는 것을 보자마자 달려들어 거칠게 숨을 몰아쉰다. 하지만 바로 물지는 않는다. 늪돼지는 개들의 서슬에 더 기어가지 못하고 결국 배설물을 지리고 만다.

"물어!"

장의 신호가 떨어지자마자 두 녀석이 동시에 물어뜯기 시작한다. 반쯤 실신한 늪돼지는 몸을 파고드는 이빨에 힘없이 비명을 흘려보다가 체념한 것처럼 고개를 떨어뜨린다. 개들이 놈의 살가죽을 물고 거세게 흔들 때마다 놈의 고개와 사지가 덜렁거린다. 백주가 놈의 목덜미를, 흑주가 뒷다리 하나를 물고 잡아당기기 시작한다. 두 힘이 팽팽하게 맞서는 바람에 사체가 공중에 붕 떠오른다. 물고 있는 힘을 조금도 거두지 않은 채 서로를 향해 으르렁거리는 꼴이 여차하면 둘이 붙을 기세다. 두 녀석 모두 포기할 기색이 보이지 않고 힘은 어느 쪽으로도 기울지 않는다. 갑자기 흑주가 반동을 주며 잡아당기자 살가죽 찢어지는 소리가 들린다. 어두워서 어느 부위인지는 보이지 않는다.

"그쳐!"

장이 다시 신호를 내린다. 백주가 재빨리 아가리를 벌리고 물러난다. 팽팽하던 힘이 순식간에 사라지자 흑주는 어리둥절하다. 꼬리를 내리고 귀를 접었으나 문 것을 놓지는 않는다. 아가리 틈새로 무언가 끈끈한 액체가 질질 흘러내리고 있다.

"그쳐!"

장이 다시 외친다. 그러나 흑주는 아쉽다는 듯 망설이기만 한다.

"이, 개새끼가."

장이 골프채를 휘둘러 흑주의 옆구리를 가격한다. 흑주는 외마디 비명과 함께 물고 있던 것을 떨어뜨리고 트럭 밑으로 기어든다. 장이 다가가서는 목줄을 짧게 잡고 끌어낸다. 개가 네 발을 바르작거리며 버티느라 작은 돌과 흙이 이리저리 튄다. 하지만 트럭 밖으로 끌려나오는 데는 오래 걸리지 않는다. 장은 한 손으로 멱살을 잡듯 목줄을 당겨 붙들고 다른 한 손으로 골프채를 짧게 잡고 개를 구석구석 두들기기 시작한다. 고통은 주되 다치지는 않을 만큼의 매질이다. 흑주가 비명을 지르는 동안 백주는 앉아 있던 자리에서 납작 엎드려 고개를 돌린다. 땅에 널브러진 늪돼지 사체는 겨우 형체만 알아볼 수 있을 정도로 넝마가 돼 있다. 장은 한참이 지나서야 흑주를 놓아준다. 흑주는 우는 소리도 내지 못하고 제자리에 누워버린다. 나는 순식간에 일어난 모든 일들을 머릿속에서 정리해보다가 현기증을 느끼고 포기한다.

"자루에 담아라. 어서!"

장의 호통에 겨우 주위를 살펴 자루를 찾고 아가리를 벌린다. 늪돼지 사체를 들어올리는데 놈의 복부에서 뭔가가 후두둑 쏟아진다. 쏟아진 것은 곧장 바닥에 닿지 못하고 몸체에 매달려 다른 것들을 자꾸 밖으로 끌어내린다. 놀란 나는 놈을 떨어뜨리고 만다. 그런 뒤 뭘 어떻게 해야 할지 몰라 장을 쳐다본다.

"밤샐 거냐?"

나는 여전히 흐릿한 정신으로 바닥에 놓인 자루의 아가리를 벌린 채 일단 놈의 몸체를 밀어 넣는다. 손이 떨리고 자꾸 미끄러져 오래 걸린다. 그런 뒤 쏟아진 내장을 두 손으로 옮긴다. 역한 냄새와 함께 아직 남아 손바닥으로 전해져 오는 온기에 정신이 번쩍 든다.

와, 씨발. 이건 진짜 짜릿하다.

장을 따라 시청에 왔다. 시에서 늪돼지를 사주는 날은 매주 화요일과 금요일 이틀뿐이다. 조만간 일주일에 한 번으로 줄어들 거라는 얘기도 돈다. 처음에는 시청 뒷마당이 아니라 시에서 미리 공지해주는 야산이었다. 야산에서는 공무원들이 중장비를 동원해 파놓은 집채만 한 구덩이가 사냥꾼들이 잡아온 늪돼지들로 일주일에 서너 번씩 메워진 적도 있다고 한다. 믿기 힘들었지만 장의 노트에서 과장된 표현을 만나는 건 드문 일이었다. 장이 시키는 대로 트럭에서 자루 세 개를 옮겨 놓는다. 집채만 한 구덩이를 메울 정도는 아니라도 장날만큼은 붐비곤 했다는 시청 뒷마당엔 이제 우리 말곤 아무도 없다. 잠시 뒤 청사의 쪽문이 열리고 한 남자가 느린 걸음으로 우리를 향해 걸어온다. 단체복으로 보이는 감색 점퍼 차림의 뚱뚱한 체구가 멀리서부터 압박감을 준다.

"맨날 마감 지나서 오시네. 좀 일찍일찍 다니시라니까."

남자는 손에 들고 있던 서류철을 겨드랑이에 끼고 담배를 빼물며 말한다. 점퍼 앞섶 사이에 자리 잡은 붉은색 넥타이가 안쓰러워 보일 정도로 목이 두껍다. 그는 담배에 불을 붙이면서 빠르게 나를 살폈으면서도 안 그런 것처럼 태연히 장에게 담배를 권한다. 두 사람은 담배 연기를 두어 번 내뿜을 동안 말이 없다.

“그, 아들이란 애가 이 친구예요?”

남자의 질문에 장의 표정이 일그러진다.

“조동아리들을 다 꿰매버리든지 해야지 원, 제길……”

장이 말하다 말고 담배 연기를 아주 길게 내뿜는다.

“뭐얼, 나쁜 소문도 아니고, 부럽기만 한데요? 난 어디서 이렇게 다 큰 아들 하나 안 나타나나 몰라. 내가 자빠뜨린 여자들, 열에 하나씩만 쳐도 축구단 정도는 만들고도 남는다니까? 지금이야 이렇지 옛날엔 꽤 괜찮았거든요.”

“어쩐 일로 서 과장이 직접 나오나 했더니 날 놀리고 싶어서 그랬구만. 흰소리 그만두고 빨리 값이나 쳐줘.”

“아무렴 제가 장 엽사님 놀리자고 나왔겠습니까. 우선 이것부터 처리하고 저랑 얘기 좀 하시죠. 열두 마리 맞죠?”

남자가 대답을 듣지 않고 서류철을 열어 뭔가 적으려는데 장이 남자를 향해 손바닥을 들어 보인다.

“다섯 늘었어.”

“어? 왜요?”

남자가 볼펜 든 손으로 안경을 밀어 올리며 묻는다. 안경알 너머에서 쌍꺼풀 짙은 눈이 화난 듯 커져 있다.

“입이 늘었잖은가.”

장이 턱짓으로 나를 가리키며 말하자 남자는 서류철을 덮어버리고 두 손을 옆구리에 얹는다.

“아 다들 왜 이러나 몰라, 알 만한 분들이? 그렇잖아도 예산이 깎이네 마네 하는데 이렇게 씨를 말려버리자고 들면 어떡합니까. 아니,

나 좋자고 이런 소릴 해요? 나야 싹 박멸해버리면 실적 쌓고 더 좋지. 근데, 그런 담에 엽사님은 어쩌려고? 뭐 다른 일 하시게?"

남자가 존댓말과 반말을 섞어 따박따박 말하는 동안 장은 먼 산만 볼 뿐이다. 나는 트럭에 가서 장의 골프채를 가져오면 어떨까 생각한다. 놈은 가죽이 얇고 뼈가 무른 데다 온몸이 급소투성이다. 빠르고 강하게, 한 번이면 제압될 것이다.

"이제부터는 한 다섯쯤 더 잡아올 생각이야. 대신 육 대 사로 하세. 그러면 되겠는가?"

남자는 장의 말을 듣고 볼펜을 세워 한참 동안 머리를 긁적인다.

"너무 야박하다 말아요. 일이 되게 하느라 나도 인사해야 할 데가 많은 거 알잖아."

둘의 대화는 그것으로 끝이다. 남자는 빠른 손놀림으로 뭔가를 써서 장에게 건넨다. 그리고 장이 그걸 받아 잘 접어 점퍼 안주머니에 갈무리하길 기다렸다가 잔뜩 조심하는 목소리로 장의 귀에다 대고 속삭인다.

"그런데 말예요, 뭐 좀…… 그쪽에 요새 이상한 분위기 없어요?"

"뭐가?"

남자는 넘겨짚듯 물어보느라 장에게 몸을 기울이고 있다가 장의 뚱한 반응에 천천히 허리를 젖히고 원래의 자세로 돌아온다.

"딴 게 아니라, 사람이 자꾸 바뀌고 있어서요. 짚이는 게 없는 건 아닌데……"

남자가 말을 하다 말고 나를 본다. 나는 몇 걸음 물러나 돌을 등지고 기다린다. 너무 멀리 떨어진 바람에 아무리 신경을 곤두세우고 귀를 기울여도 들리지 않는다. 둘이서 속닥이는 대화는 꽤 오래 이어진다.

시청에 다녀온 뒤로 장의 얼굴이 계속 어둡다. 원래의 무표정과는 분명히 다르다. 마치 머리에 무거운 걸 이고 있는 표정이다. 사냥 연습도 안 하고 마루에 앉아 허공만 바라보며 한숨짓다가 자주 담배를 피워 문다.

나는 장이 보는 앞에서 장대로 타이어를 두드린다. 틈틈이 장의 노트에서 읽은 대로 연습했다. 내 생각에는 조금씩 자세가 잡혀가는 것 같은데 장의 눈에는 어떻게 보일지 궁금하다. 한참을 두드리고 있으니 몸이 뜨거워지고 숨이 가빠온다. 이마에 맺힌 땀이 눈을 찌르고 들어온다. 손바닥이 얼얼하다. 셔츠를 벗고 다시 장대를 든다. 장대가 공기를 가르는 묵직한 소리와 타이어를 후려칠 때마다 터져 나오는 타격음이 귀에 익다. 소리의 기억이 몸의 기억을 부른다. 제가 안 그랬어요. 거짓말 마. 너 같은 건 맞아야 돼. 아니에요. 다시는 안 그럴게요. 이 도둑놈, 내가 모를 줄 알았니? 아파요. 제발요. 어디서 이런 새끼가 나왔나 몰라. 니 애비한테나 가버려. 아파요 엄마, 살려주세요. 닥쳐, 여기 니 엄마 없어.

"왜 그렇게 화를 내고 있는 거냐?"

장이 마루에 앉아 나를 보고 있다는 걸 깜빡 잊었다. 장의 목소리에 놀라 장대를 내리고 두 손으로 모아 잡은 채 장을 향해 선다. 숨이 가빠 가만히 서 있기가 힘들다. 장은 어느새 평소의 무표정으로 돌아와 싸늘히 나를 노려보고 있다. 무거운 걸 이고 있는 듯하던 어두운 기운은 사라지고 없다.

"밤에 나가서 밥값이라도 하려면 함부로 힘쓰지 마라."

장은 천천히 몸을 돌려 방으로 들어간다. 잠이라도 자둘 모양이다. 엄마도 저렇게 혼자 한참 동안 뭔가를 생각하다가 나를 혼자 남겨두고 방에 들어가버리곤 했다. 나는 주방이자 거실인 한 뼘짜리 공간에 앉아 맞은 자리를 매만지며 몸을 떨었다. 생각해보면 내가 엄마의 지갑을 건드린 적이 없다는 건 중요하지 않았다. 엄마는 그냥 외로웠을 뿐이었다. 엄마는 술에 취하면 늘 외롭다는 말을 했다. 외롭다는 건 깨고 부수지 않으면 사라지지 않는 기분이었다. 엄마는 외로워하다가 아주 가끔은 나를 으스러지도록 안아주거나 내 고추를 만져주었지만 대개는 날 좀도둑으로 몰아세우거나 불필요한 짐짝 취급하며 때렸다. 나는 엄마가 분명히 나를 사랑하지만 내가 모르는 무엇 때문에 그 사랑을 이상하게 표현하고 있다고 믿었다. 엄마가 나를 때리다 우울한 얼굴을 하고 앉아 있으면 나는 조용히 엄마에게 가 안겼다. 그러면 엄마는 날 안아줄 때도 있었고 밀쳐내고 방으로 들어가버릴 때도 있었다. 엄마가 방으로 들어가버리면 나는 이제 내가 할 수 있는 게 무엇인지 생각나지 않아 혼란스러웠다. 서너 걸음이면 엄마를 따라 방문을 열고 들어갈 수 있는데도 늘 그 거리가 아득했다. 엄마가 화를 풀면, 술냄새가 좀 가시면 방으로 들어가겠다며 밤새 기다리다가 맨바닥에서 오들오들 떨며 잠든 날도 많았다. 아침이 와도 엄마는 오랫동안 깨지 않았고 나는 냉장고를 뒤져 먹을 수 있는 것이면 아무거나 꺼내 요기를 한 뒤 학교에 갔다. 나는 그렇게 어느덧 열여섯 살이 되었다. 어느 날 엄마는 내게 작은 돈다발과 종이쪽지를 내밀었다. 종이쪽지에는 처음 보는 주소가 적혀 있었다.

나도 이제부턴 사람답게 좀 살아보려 해. 호구 영감을 하나 물었는데, 너까진 데려갈 순 없대. 그 주소 알아내느라 지금까지 내가 밑

구녕 팔아 모은 돈 다 털어 넣었어. 거기 적힌 데로 찾아가봐. 촌구석인데 농사를 짓는 건지 뭘 하는 건지 하여간 입에 풀칠은 하고 사나 보더라. 니 아빠야. 열여섯이나 됐으니 무슨 말인지 알지? 미안하게 됐지만, 사람은 양심이 있어야 돼. 이제 자기 앞가림은 각자 알아서 하자.

그렇게 말하는 엄마에게서는 술냄새가 나지 않았다. 그래서 나는 울어버렸다.

타이어를 내려친 장대가 부러져 멀리 달아난다. 화끈거리고 쓰라려 내려다보니 손바닥이 벌겋게 터져 있다.

달이 마치 노란 고름 덩어리 같다. 부기가 빠진 보름달인데도 손전등이 필요 없을 만큼 세상이 환하다. 장은 평소보다 절반도 일하지 않고 습지 근처 널바위를 찾아 앉더니 연거푸 담배만 피우고 있다. 오늘따라 왜 이렇게 의욕이 없느냐고 묻고 싶은데 왠지 그래서는 안 될 것 같다. 장이 한참 달을 바라보다가 묻지도 않은 말을 한다.

“무슨 죄가 있겠냐. 정신 차려보니 갑자기 물 설고 땅 선 곳에 부려졌을 뿐인데, 어떻게든 살아보겠다고 버둥거리는 건데……”

중얼중얼 흘리는 말을 알아듣기 힘들다. 멀리서 백주와 흑주가 짖는다. 곧이어 헤드라이트가 농로를 따라 들어오는 게 보인다. 보통 것 보다 훨씬 쨍한 빛을 뿜는 헤드라이트는 느릿느릿 위세를 뽐내듯 다가온다. 헤드라이트가 다가올수록 백주와 흑주가 온 힘을 다해 짜내듯 짖어댄다.

크고 검은 사람의 형체가 달빛을 이마에 얹고 나타난다. 빨간 점 같은 불빛이 머리 중앙에서 커졌다 작아졌다를 몇 번 반복하는 동안 가슴장화를 입고 있는 남자의 모습이 뚜렷이 보인다. 빨간 점은 남자가 피우고 있던 담뱃불이었다. 남자는 어깨에 걸치고 있던 몽둥이를 늘어뜨리더니 바닥에 소리 나게 끈다. 장이 그 모습을 보곤 널바위에서 내려서서 맞이한다. 남자가 담배를 뱉어내고 말한다.

"잘 지내셨수, 형님?"

"며칠 뒤에나 올 줄 알았는데? 꼭 이래야겠냐."

"조급증이 나서 말이지요. 난 비전 없이 사는 건 딱 질색이거든. 생각 좀 해보셨수?"

"다시 말하지만 그거 좋은 생각이 아니다."

"몇 번을 말해야 알아들으실까. 이거 사업 된다니까. 졸지에 아드님까지 생겼으면 쪽팔리게 현장에서 이러고 있을 때가 아니지. 내가 다 알아서 한다는데 뭐가 문제요? 옛날부터 구역 관리는 내 전공이었잖아. 당신은 뒤에서 폼만 잡고 말이야. 다시 그렇게 살게 해준다니까. 찌질한 것들 다 몰아내고 우리 애들 풀어서 고정 수입 따박따박 챙기고, 그러다 보면 다시 일어설 기회도 생길 거고. 얼마나 좋아?"

"대가리 굴리는 게 전공이었지. 그 대가리, 다시는 못 쓸 줄 알아라."

"그 재수 없는 말버릇은 여전하네요. 걸핏하면 손모가지가 어쩌고 발모가지가 어쩌고. 됐수다. 그만 정리합시다. 말해봐야 입만 아프지."

남자가 들고 있던 몽둥이를 내던지고 등 뒤에서 칼을 빼 든다. 긴 칼날에 달빛이 서늘하게 맺혀 있다. 언제부턴가 개 짖는 소리도 들리지 않는다. 나는 상황을 이해할 수 없어 널바위 근처에 꼿꼿이 선 채 둘을 번갈아 쳐다본다. 장이 골프채를 꼬나쥐고 거리를 좁힌다. 남자도 장을 향해 칼을 길게 겨누고 비스듬히 돈다. 둘의 덩치는 비슷한

데 아무래도 나이 든 장이 불리해 보인다. 숨이 잘 쉬어지지 않는다.

싸움은 싱겁게 끝나버린다. 남자가 먼저 덮쳤고 순식간이었다. 장이 당한 줄 알았는데 쓰러진 건 남자다. 장이 달려드는 남자의 등 뒤로 돌아 골프채로 뒤통수를 가격한 것이다. 골프채의 헤드가 뒤통수를 때리는 소리 한 번이 전부였다. 크지도 작지도, 날카롭지도 둔탁하지도 않은 소리였다. 평범하고 밋밋한 소리였다. 그러니까 그 소리가 내 귀에는 딱,이 아니라 끝,으로 들렸다. 남자는 떨어진 물건을 주을 때처럼 상체를 숙이더니 그대로 고꾸라졌다. 장은 남자를 드러눕히고 머리 뒤에 큰 돌을 괴었다. 그런 뒤 남자의 칼을 주워 챙기고 잡아놓은 늪돼지의 털을 뽑아 남자 주위에 흩뿌렸다.

"가자."

장이 조금 서두르는 걸음으로 트럭으로 향한다. 나는 뭔가에 홀린 기분으로 장을 따른다. 트럭에 가까워오자 그때까지 조용하던 백주와 흑주가 다시 짖는다. 장은 내게 개들을 진정시키라 이르고 계획된 수순인 것처럼 남자의 트럭으로 간다. 그리고 한참을 이곳저곳 살피더니 개 한 마리를 찾아 끌어낸다. 개는 꼬리를 가랑이에 말아 감추고 장이 이끄는 대로 비틀거리며 따라온다. 겨우 달래놓은 백주와 흑주가 다시 흥분해 짖어댄다. 장은 손전등으로 개의 아가리를 비춰보다가 슬며시 웃는다.

"너는 주둥이가 누렇구나. 황주라고 부르마."

장은 백주와 검주로부터 멀찌감치 떨어뜨려 개의 목줄을 짐칸 철골에 붙들어 매고 돌아와서는 백주와 검주의 목줄을 푼다.

"너는 여기 있거라."

나는 두 마리 개를 데리고 어둠 속으로 사라지는 장의 뒷모습을 멍한 눈으로 좇는다. 온몸이 저릿저릿해져 온다. 잠시 뒤 내가 들은 소리는 '물어'이고 한참 뒤 다시 들은 소리는 '그쳐'다. '그쳐'에 이어 백주인지 흑주인지가 날카롭게 비명을 지른다.

한참 만에 개들을 끌고 다시 나타난 장이 어딘가로 전화를 건다.

"다 끝났네. 뒤처리를 맡기지."

장의 숨소리가 조금 흔들린다. 백주와 흑주가 장의 곁에 얌전히 앉아 서로의 축축해진 주둥이를 핥고 있다.

3일 동안 장은 사냥을 나가지 않았다. 그날 장은 읍내 편의점 앞에 차를 세우고는 지폐 다섯 장을 주며 돈이 되는 대로 소주를 사 오라고 했다. 3일 만에 소주는 동났다. 장은 취해서 잠들었고 눈 뜨면 다시 취했다. 그리고 취할 때마다 많은 얘길 쏟아냈다. 내 존재를 전혀 몰랐으며 엄마조차 까맣게 잊고 살았다고 했다. 내가 대문을 열고 들어왔을 때 단박에 엄마의 얼굴이 떠오른 것과 거울을 본 듯한 기분을 고백했다. 장은 내 나이 때 유도 선수를 꿈꿨다. 흑주가 장의 손에 들어오게 된 계기가 황주의 경우와 같다는 것도 알게 됐다. 그리고 장은 차츰차츰 정상으로 돌아왔다.

"노트를 다 읽어보았느냐."

정오가 지나서야 눈을 뜬 장이 마루에 나와서는 나를 불러 앉히고 물었다. 목소리도 발음도 눈빛도 모두 제자리다. 나는 대답을 망설이다가 고개를 끄덕인다.

"언젠가는 다 밝혀야 될 일이다. 나는 벌을 받을 거다. 그러니 넌 끼어들지 마라. 공부는 어디까지 해봤느냐."

엄마를 따라 집을 옮겨 다니느라 1년에 한두 번씩 전학을 했는데 그때마다 아이들이 자꾸 싸움을 걸어와서 새 학교에 적응하는 데 오래 걸렸다. 아이들은 자기네보다 가난해 보이는데도 키가 큰 나를 두려워했다. 그렇지만 그런 건 내 잘못이 아니었고 나는 해롭지도 않았다. 왜 다들 나만 보면 기분이 나빠진다는 건지, 왜 나랑은 친해지려고 하지 않는지 모르는 채 피할 수도 질 수도 없는 싸움이 계속됐다. 중3이 되고부터는 지면 얻어터지고 이기면 매를 맞는 싸움이 지긋지긋해서 아예 학교를 가다 말다 했다. 도무지 다른 방법이 없었다. 장이라면 어떻게 했을까, 물어보려는데 갑자기 백주와 흑주가 발딱 일어서더니 그르렁댄다.

한 놈은 문밖을 향해, 한 놈은 딱 어느 방향이랄 것 없이 하늘을 향해 송곳니를 드러낸다. 황주도 가만히 앉아 있지 못하고 꼬리를 말아 감춘 채 낑낑대며 제자리만 뱅뱅 돈다. 잠시 뒤 세 놈이 동시에 짖어대기 시작한다. 그리고 곧 대문으로 두 남자가 들어선다. 허둥지둥 신발을 꿰 신고 마당으로 내려서는 장은 그들을 잘 모르는 눈치다.

"장정근 씨죠? 시경에서 나왔습니다."

말하는 남자는 장보다 덩치가 훨씬 커서 둘은 큰 늑대와 곰이 마주 선 것 같다. 남자와 함께 나타난 다른 사람은 발을 널찍이 벌리고 두 손으로 혁대 버클을 붙든 채 사방을 둘러보고 있다. 경찰이란 말에 잊고 있던 그날의 일이 떠올라 머리가 웅웅 울린다. 온몸이 저릿저릿하던 순간순간이 모조리 생생히 되살아난다.

"경찰이 무슨 일로 나를 찾소?"

장은 경찰 앞에서도 주눅 들지 않고 딱딱하다. 남자는 입꼬리 한쪽을 슬긋 당겨 웃는다.

"왜 찾을 일이 없습니까. 왔어도 벌써 왔어야지. 잘 아시면서 괜히…… 그러고 보니 우리 처음이지요? 서 과장 통해서 안부 잘 듣고 있습니다. 볼일도 있고 인사도 해야겠고 해서 겸사겸사 왔어요."

남자의 말투는 깍듯하면서도 싸늘하고 어딘가 가시가 있다. 장은 경찰이 뭘 원하는지 알아내기 위해 이마를 찡그린다. 남자는 그런 장에게서 시선을 거두고 고개를 돌려 나를 바라본다. 나는 남자가 눈빛으로 내 숨통을 조여오는 걸 느낀다. 남자의 눈빛만으로도 나는 내 예감이 맞다는 걸 알 수 있다. 남자는 그날의 일을 알고 있는 게 분명하다. 남자가 시선을 내게 꽂은 채 다가오며 말한다.

"우린 말이죠. 우리 관할에 이상한 게 들어오면 신경이 쓰여서 그냥 있질 못해요. 질서가 교란되거든요. 교란이란 말 알죠? 어지러울 교, 어지러울 란. 제가 제일 싫어하는 말입니다."

나는 남자의 커다란 몸집이 다가오는 동안 슬금슬금 뒷걸음친다. 남자가 눈을 동그랗게 뜨고 나를 위아래로 훑어보더니 다시 입꼬리를 당겨 웃는다.

"어이, 장민호. 어딜 가려고? 이 자식. 그런 짓을 저질렀으면 잘못했습니다, 하고 자수를 해야지 여기까지 와서 이러고 숨어 있으면 안 들킬 줄 알았어?"

나긋나긋 얘기하는 목소리가 마치 뱀이 천천히 온몸을 휘감아오는 것 같다.

"시끄럽게 굴지 말고 어서 아저씨들이랑 가자."

나는 말을 마저 듣지 않고 몸을 돌려 담장을 향해 달린다. 그날, 엄마는 쪽지를 손에 쥐고 우는 내게 소리를 지르기 시작했다. 담장 중간에 발을 걸치고 뛰어오른 뒤 손을 걸친다. 내가 뭘 잘못했다는 거니? 말해봐. 내가 널 버리는 거야? 말해보라니까. 넌 양심도 없니? 담장을 타 넘으려는데 담장 밖에도 낯선 남자가 둘이나 서 있다. 그들은 담장 위의 나를 발견하곤 팔을 벌리고 자세를 낮춘다. 엄마는 손가락을 세워 내 이마를 쿡쿡 누르며 고개를 들게 했다. 말해봐 이 새끼야. 너 지금 내가 밉지? 자식 버리는 에미라고 생각하는 거지? 이 새끼야, 말을 해보라니까. 담장에서 내려서자마자 잡힐 게 뻔하다. 다시 마당으로 내려와 틈을 찾는다. 나는 세숫대야며 돌멩이며 잡히는 대로 손에 든다. 뒤쪽에서 후다닥 하는 소리가 들려 돌아보니 담장 바깥에 있던 두 남자가 넘어와 있다. 네 명의 거구들이 두 팔을 벌린 채 내 위치에 따라 좌우로 움직이며 거리를 좁혀온다. 이 씨발년아! 나는 내 이마를 콕콕 누르던 뾰족한 손톱을 참을 수 없었다. 그래서 나도 모르게 욕을 하며 엄마를 떠밀어버렸다. 쿵, 하는 소리와 함께 엄마는 냉장고 모서리까지 가더니 거기에 잠시 기댔다. 정말이지 그 순간엔 기댔다,라고 생각할 수밖에 없었다. 엄마는 초점이 풀린 눈으로 뭔가를 찾는 것처럼 하다가 천천히 손을 들어 올리는데 그때 이미 손가락과 손목이 마구 뒤틀리고 있었다. 그런 뒤 엄마는 통나무처럼 넘어졌다.

손에 들고 있던 것을 던져본다. 남자들은 아랑곳하지 않고 한 걸음씩 다가온다. 두리번거리는 내 눈에 바닥에 부러진 채 뒹굴고 있던 장대가 들어온다. 재빨리 집어 들자 남자들이 조금 주춤한다.

"대체 무슨 일입니까. 저래 봬도 아직 어린놈입니다. 말로 하면 들을 거예요."

"물러나 있어요. 다칩니다."

나는 부러진 장대를 휘두르며 도망칠 기회를 노린다. 그러나 남자들은 좀처럼 틈을 내주지 않는다.

"거참, 그 새끼 성질 한번 별나네. 뭣들 해, 얼른 잡아."

곰처럼 덩치 큰 경찰의 말이 떨어지자마자 오른쪽 무릎 뒤가 뭔가에 맞아 꺾인다. 동시에 땅바닥이 일어서고 무수한 발길질이 쓰러진 내 몸 위로 쏟아진다. 매질은 쉽게 그칠 것 같지 않다. 나는 벌레처럼 몸을 똘똘 말아 매타작을 다 받아낸다.

"그만하면 되지 않았소. 사람 잡겠습니다."

"저리 물러나 있으라니까. 아까 다 보셨잖아, 흉기 휘두르는 거."

눈앞이 흐릿해져온다. 남자들의 발길질이 어지럽다. 발들 사이로 골프채를 높이 쳐든 장을 얼핏 본 것 같다.

선 정 의 말

—

원칙적으로 모든 소설이 다 그렇겠지만, 김덕희의 「급소」 역시 우선은 '가족 로망스'의 변형으로 읽힌다. 편모슬하를 떠나 친부를 찾아나서는 문제적 주인공으로서의 아들 이야기이기 때문이다. 아마도 이를 라캉식으로 '상징계 진입' 서사라 불러도 무방할 것이다. 어머니와의 이자적 관계를 끝장냈으므로(부친 살해가 아니라 모친 살해라니!), 소년은 늪돼지 사냥꾼 아비에게서(아비들의 세계란 항상 사냥꾼들의 세계가 아닐는지!) 이 냉혹한 세계를 살아가는 법을 배워야 한다. 그런데 문제는 소년이 진입 중인 상징계를 작가가 어떻게 묘사하고 있는가 하는 점이다. 주로 늪돼지 사냥 장면에 할애(소년이 진입해야 할 세계는 이처럼 잔혹하다)된 문장들이 지시하는 풍경이나 행위는 지극히 폭력적이고 그로테스크하다. 반면 그것들을 묘사하는 작가의 언어는 흥분하거나 과장하는 법이 없다. 목표물의 급소를 찾아 어떤 군더더기도 없이 순식간에 내리치는 숙달된 사냥꾼의 망치질이 그와 같을까. '하드보일드'란 말의 전범으로 삼아도 좋을 만큼 짧고 정확한 문장들이 텍스트를 마치 무슨 금속 재질로 이루어진 서판처럼 차갑고 단단하게 만들어놓는다. 매 장면은 보기 드문 박진감으로 넘쳐나지만, '문장들의 감정 경제'는 끝까지 유지된다. 그 숙고된 차가움에 이르기까지 얼마나 많은 것들을 다스려야 했을지 헤아리다 보면, 신예 작가 김덕희를 믿지 않을 도리가 없다. _**김형중**

한참 동안 제목을 '늪돼지'로 착각하고 있었다. '급소'라는 제목을 다시 확인하고선 착각의 이유를 생각하지 않을 수 없었다. 그만큼 '늪돼지'를 마치 내 손 안에 내장이 물컹하게 잡히고, 소름 돋는 피비린내가 금방 코끝에 끼친 것처럼 생생하게 감각화한 강렬함이 이 소설의 인상을 결정짓고 있다. 하지만 조금 더 생각해보면, 존재하지 않는 가상의 동물을 구체화한 실감보다 그것을 둘러싼 폭력의 즉물성이, 폭력을 가하는 주체의 무정함, 건조한 실행과 기계적 정확성이 실은 더 충격적이다. 이 때문에 '늪돼지'를 둘러싼 섬뜩함은 더더욱 배가된다. 살기(殺氣) 없는 폭력이야말로 가장 사악하다. 그것은 온갖 부정적 감정이 분출되는 폭력보다 주체를 진짜 괴물로 지목한다. 각종 사이코패스의 영화적 구현에서부터 홀로코스트의 재현 불가능한 무차별성까지, 살기 없는 폭력의 현실성이 우리를 충격과 혼란에 빠뜨리는 까닭은 예외성—범사의 일탈이라 할 수 있는 폭력 자체의 특수성—이 완전히 표백된 상태가 실제 가능하다는 사실을 증명하기 때문이다. 이러한 폭력은 비(非)-인간의 존재 여부를 부인하지 못하게 만든다. 「급소」가 건드리는 문제적 지점은 죽여 마땅한 동물이 죽여도 좋다는 이유 때문에 어떻게 잔인하게 도살되는가라는 도덕적 질문이 아니라 그와 직간접적으로 관련된 폭력이 인간에 의해, 인간을 향해 특별할 것 없는 일상의 형태로 만연되어 상호 간에 밀접한 연쇄성의 구조로 나타난다는 점이다. 이 소설의 등장인물들은 예외 없이 모두 폭력의 주체다. 장, 장의 아들, 아들의 엄마, 그리고 늪돼지 포획에 연루된 커넥션의 일당과 아들을 검거하러 나선 경찰들은 피해와 가해의 구분이 무용한 세계를 만드는 중이다. 누가 죽든 살든 이들은 비(非)-인간으로 행동한다는 점에서 '인간'으로 살지도 죽지도 않으며, 연민도 없고 애도도 없다. 있는 것은 마땅히 실행되는 폭력뿐이다. 그러니 급소가 없는 '늪돼지'든, 급소투성이인 사람이든 이런 세계에서 급소의 존재 여부는 전혀 중요하지 않다. 더 맞든 덜 맞든, 폭력의 양(量)의 차이가 있을 뿐이다. 그런데 이러한 세계는 다만 허구에 지나지 않는다고 우리는 단언할 수 있을까? '늪돼지'가 수사적 은유이듯, 「급소」의 세계도 언어화된 알레고리에 지나지 않는다고 할 수 있을까? 몇 가지 허점에도 불구하고, 지금 우리 세계가 안고 있는 가장 심각한 문제의 '급소'를 하드보일드한 문체와 감각과 시선으로 둔중하게 가격하는 소설의 사실성과 진지함은 여러 근작 중 확실히 손꼽을 만하다. _**강계숙**

2014년 7월

이달의 소설

개들

정용준

© 이상엽

1981년 전남 광주에서 태어나 2009년 현대문학 신인추천으로 등단했다. 소설집 『가나』, 장편소설 『바벨』이 있다.

작 가 노 트

철창을 사이에 두고 개를 바라보고 있으면 묘하게 '개 같은 기분'이 든다.
개에게 사과하고 싶다.

●••

개들

—

1

털이 젖어 몸피가 다 드러난 작은 개 한 마리가 농장에 들어왔다. 오전부터 비가 내렸고 근처에 다른 건물이 없으니 이 개는 온종일 비를 맞았을 것이다. 목줄을 바닥에 끌고 이마에 붉은 리본을 묶고 있는 시추다. 버려졌거나 길을 잃었거나 둘 중 하나겠지만 이 개는 다시는 주인을 만나지 못할 것이다. 개는 몇 번 몸을 털고 경계하는 눈으로 주위를 둘러보다 조심스럽게 처마 끝에 앉는다. 두려움이 깃든 동그랗고 까만 두 개의 눈동자가 나를 향하고 있다. 나는 생각에 잠긴다. 얘를 어떻게 해야 할지 결정하지 못하겠다. 이 개는 여기가 어떤 곳인지 모르고 있는 걸까? 아니, 그럴 리 없다. 이토록 강한 냄새를, 치욕과 고통으로 뒤범벅된 죽음의 냄새를 맡지 못할 리 없다. 빗속을 아무리 달려도 피할 곳도, 마른 땅도 찾을 수 없었기 때문이겠지. 내버려두기로 한다. 어차피 이 개의 운명은 정해졌다. 내일 아니면 모레, 아무리 길어도 일주일 안에 다시 잡혀 올 것이다. 하지만 오늘은 아니다. 우리는 잠시 나란히 앉아 내리는 비를 바라본다.

개를 발로 걷어찼다. 방심하던 개는 짧게 짖고 놀라 도망간다. 꼬리를 다리 사이에 끼고 빗속으로 피하는 개를 보며 헛웃음을 짓고 중얼거린다. 개새끼가. 겁도 없이. 개는 멀리 가지 않고 저만치 서서 나를 보고 있다. 땅바닥을 발로 탁 차고 소리를 지르고 위협한다.

워!

개는 완전히 몸을 돌려 농장 반대편을 향해 달렸다. 전력을 다하거라. 가능한 멀리 가거라.

비가 싫다. 마당은 오물과 진흙으로 뒤범벅되고 냄새는 심해진다. 도무지 익숙해지지 않는 개냄새. 주변을 장악하고 오염시키는 우울한 기운들. 마르지 않은 오줌 위에 누워 철창 밖으로 내리는 비를 바라보는 수십 개의 노랗고 빨간 눈들. 플라스틱 바구니를 무겁게 채워 팔이 끊어지도록 들었다 놨다를 반복해도 불쾌한 기분은 가시지 않는다.

가게에는 손님이 없을 것이다. 매대에 우두커니 서서 바깥을 바라보는 모란의 등을 쳐다보며 곰은 악력계를 쥐었다 놨다를 반복할테지. 마침내 불편한 심기를 어쩌지 못해 뭐든 할 것이다. 모란은 파를 썰고, 마늘을 까고, 개를 손질하고 할 수 있는 일을 다 하면서도 내내 등 뒤의 곰을 신경 쓰느라 어깨가 굳어갈 것이다. 병구는 리어카를 끌지 못할 테고 새로운 책도 구할 수가 없겠지. 비는 모든 걸 엉망진창으로 만든다.

스트레스가 심한 개들끼리 싸우기 시작한다. 구석 자리로 밀려난

약한 놈의 귀를 물어뜯고 놔주지 않는 날카로운 이빨들. 시끄럽다, 시끄럽다, 말해도 멈추지 않는 소리들을 향해 더 큰 소리로 시끄럽다, 시끄럽다, 말한다.

2

읍내를 벗어나 국도를 타고 한참 들어오다 보면 농가 사이에 뜬금없이 서 있는 단층의 작은 건물을 발견할 수 있다. 이곳엔 가게 두 개가 나란히 붙어 있다. 형제사철탕과 태양건강원이다. 곰은 모란과 형제사철탕을 운영하고 이 씨는 아들 병구와 함께 태양건강원을 운영한다. 곰과 이 씨는 언뜻 보면 형제처럼 살가워 보이지만 이 씨는 건물주 곰에게 다달이 세를 내는 세입자다. 나는 외딴 곳에 떨어진 농장에서 지내며 두 가게에 도축한 개를 공급하는 일을 한다.

문을 열고 들어서자 개를 손질하던 모란이 가볍게 눈으로 인사를 한다. 나는 그 눈을 마주하지 않고 고개를 푹 숙이며 들고 있던 플라스틱 바구니를 바닥에 내려놨다. 매대에는 반들반들하게 구어진 개 한 마리와 여러 부위로 절단된 고깃덩어리들이 보기 좋게 쌓여 있다. 테이블엔 취한 사내 둘이 식사를 하고 있다. 사내들은 철창에 갇혀 있는 개들을 조롱하며 논다. 불과 한 시간 전까지 철창 안에 들어가 있던 개의 살점을 씹으며 웃고 있다. 그들은 앞니로 쭉 뜯어낸 살점의 일부를 철창에 집어넣고 개들이 그것을 먹는지 안 먹는지 지켜본다. 안쪽 테이블엔 한심한 눈으로 그 모습을 바라보는 곰이 앉아 있다. 꼭 자신이 먹을 개를 지목해 직접 도살하는 걸 확인해야 직성이 풀리는 손님들을 위해 가게 내부에도 철창을 놓는다. 작업을 귀찮아하는 곰이 가장 싫어하는 종류의 손님이다. 단속에 걸릴까 봐 교살할 수도 없으니 전기봉을 사용해야 하는데 그게 효과가 신통치 않아 작업에 어려움이 많다. 곰은 벽에 등을 기대고 한 손엔 악력계를 다른 손엔 불을 붙이지 않은 담배를 들고 있다. 무료해 보이는 얼굴이다. 나는 바닥에 떨어진 휴지와 양파를 집어 쓰레기통에 던졌다. 모란이 말없이 다가와 내 팔목을 잡아끌고 팔뚝에 물수건을 댔다. 물수건에 피가 묻어났다. 언제 다친 걸까. 작업할 때 발버둥 치는 개의 앞발에 긁힌 것도 같고 바구니를 옮길 때 철문에 스친 것도 같지만 정확히 어떻게 다친 건지 기억나지 않는다. 모란은 별다른 말도 없이 의자에 앉아 썰고 있던 파를 다시 썰기 시작했다. 악력계가 내는 소리와 칼이 도마를 때리는 반복적인 소리는 기이한 박자로 어울린다. 나는 멍하게 서서 소리를 듣고 있다. 등 뒤에서 곰이 말했다. 낮은 음성이 뒷목을 지그시 누르는 두터운 손바닥처럼 무겁게 느껴진다.

애들 아프지 않게 약도 먹이고 심한 놈들은 주사도 줘라. 저기 간식 모아놨으니까 밥에 섞어주고.

손가락이 가리킨 곳엔 검정 비닐봉지가 놓여 있다. 나는 그것을 들어 입구를 묶고 뒷좌석에 달린 상자에 실었다. 태양건강원의 미닫이문이 열리고 키가 작고 등이 굽은 사람이 밖으로 나왔다. 이 씨다. 그는 입을 벌리고 소리 없이 웃으며 내게 다가왔다. 한때는 삼촌이라고도 불렀던 사람이었지만 지금은 그 어떤 호칭으로도 부르지 않는다. 그는 어깨와 목을 쓰다듬으며 가까이 다가와 속삭인다.

아버지 계시나.

나는 고개를 끄덕이고 몸을 비틀어 그의 손에서 몸을 떼어냈다. 축축하고 서늘한 손바닥. 그는 왜 항상 몸을 만지는 걸까. 왜 굳이 가까이 다가와 귀에 대고 소곤댈까. 앉은자리에서 큰 목소리로 사람을 부르는 곰과는 다른 모습이다. 오토바이에 시동을 걸기 전 물수건을 댔던 팔뚝을 쳐다봤다. 응고된 핏물이 맺힌 두 줄의 작은 상처. 고개를 돌려 모란을 봤다. 그녀는 고개를 숙이고 앉아 파를 썰고 있다. 속으로 다섯을 셀 때까지도 모란은 고개를 들지 않는다. 시동을 걸고 농장으로 향한다. 울퉁불퉁한 모양의 산길을 오르는 오토바이가 파도 위를 달리는 보트처럼 위아래로 넘실댄다. 봉지에 담긴 개 내장이 뒤섞이며 철썩철썩 물소리가 들린다.

3

철창을 열고 안을 들여다본다. 바닥에 누워 있던 개들이 벌떡 일어나 뭔가를 예감한 듯 구석을 파고들며 우왕좌왕 움직였다. 고개를 빳빳이 들고 꼼짝도 않고 나를 노려보는 용맹한 개가 보인다. 나는 녀석의 목덜미에 갈고리를 걸고 밖으로 끄집어냈다. 앞발을 바닥에 딱 붙이고 서서 끌려 나오지 않으려 저항한다. 소용없는 짓이다. 이빨을 보이며 으르렁거리는 주둥이를 피해 목에 밧줄을 건다. 밧줄을 도르래에 걸고 속으로 셋을 세고 쭉 잡아당긴다. 이 순간 팔뚝에 전해지는 묵직한 압박. 수도 없이 반복한 일이지만 이 감각은 언제나 좋다. 허공에 매달려 꿈틀대는 개. 손에 쥔 밧줄을 대못에 걸고 한 바퀴 감아 고정시킨 뒤 창고를 나온다. 10분. 딱 10분이면 끝난다.

개는 죽어 있다. 입을 벌리고 혀를 빼물고 눈을 가늘게 뜬 채 더 이상 움직이지 않는다. 작업은 최대한 빨리 끝내는 게 좋다. 과정 하나에 담배 한 대. 개 한 마리를 작업하는 데 세 개비면 충분하다. 순조로운 진행을 위해서는 정확한 리듬과 망설임 없는 손놀림이 필요하다. 가스 밸브를 열고 토치로 불을 붙인다. 담배에도 불을 붙인다. 근육의 경직이 시작된 개의 몸은 딱딱해진다. 몸통을 이리저리 돌리며 솜털 하나 남지 않도록 노릇하게 굽는다. 사포질을 끝내 부드럽게 변한 통나무처럼 개는 매끈해진다. 커다란 대리석 도마에 놓인 길이가 다른 세 자루의 칼과 작업용 목장갑. 담배에 불을 붙이고 칼을 쥔다. 작업이 끝나면 양철통에 내장을 쏟아붓고 김장용으로 쓰이는 대형 양동이에는 내장이 없는 개를 집어넣어 핏물을 뺀다. 마지막으로 배에 붙은 지방을 뜯어내고 수세미로 닦아낸 뒤 바구니에 차곡차곡 집어넣는다. 큰 개는 형제사철탕에 작은 개는 태양건강원에 보낼 것이다. 흐르는 물에 손을 씻고 손가락 사이사이를 벌려 상처가 없는지 확인한 후 담배에 불을 붙이고 마당으로 나온다.

폐자재와 나무판이 벽처럼 쌓여 있는 사방, 깨진 벽돌과 자갈이 깔린 마당, 그 위로 다섯 개씩 4열로 놓인 스무 개의 철창. 종이 다른 개들이 서로 엉켜 있다. 꼬리를 내리고 눈물이 고인 병든 눈으로 허공을 쳐다보고 있다. 보고 있다기보다 그냥 뜨고 있다고 해야 할 정도로 무의미한 반복으로 움직이는 눈꺼풀, 느리게 닫히고 천천히 뜨인다. 개들은 죽기 전엔 철창 밖을 나오지 못한다. 폐사한 닭과 음식물쓰레기, 동족의 내장이 섞인 밥을 먹고 산다. 불에 달군 쇠꼬챙이로 고막이 파열되어 아무것도 듣지 못하기에 짖지도 않고 10개월 동안 최대한 몸을 불린다.

인적이 드문 야산에 위치한 형제사육농장. 이곳은 내 일터이자 집이다. 개를 사육하지만 도살도 한다. 근수가 많이 나가는 도사견을 주로 키우지만 버려진 애완견이나 떠돌이 개도 키운다. 곰이나 병구가 거리에서 잡아 오기도 하고 개 주인들이 사육장에 맡기기도 한다. 그들은 자신의 개가 어떻게 되는지 묻지 않는다. 다시 찾아가는 이들도 없다. 농장에서는 거부하는 개가 없다. 늙고 병들어 움직이지 못하더라도 다리를 절고 눈이 돌아간 병신이라도 농장은 차별하지 않는다. 모든 고기는 저울 위에서 평등하기 때문이다.

4

작업을 마치고 개밥을 만들 때 병구의 소리가 들렸다. 신이 난 목소리로 멀리서부터 소리를 지르고 있다. 철문을 열고 마당에 들어선 병구는 뭔가를 질질 끌고 있었다.

한 놈 잡아 왔다.

병구는 자랑스런 얼굴로 나를 바라보더니 짐짓 거친 사내 같은 위악적인 포즈로 끌고 온 개의 목을 쥐고 들어 올려 보였다. 이마에 붉은 리본이 묶인 시추다. 3일 만에 다시 돌아온 것이다. 그사이에 무슨 일을 겪었는지 완전히 걸레로 변해 있었다.

통개로 쓰기에도 시원찮을 작은 놈을 데려다 뭐에 쓰려고.

나는 심드렁한 표정으로 개밥에 항생제를 섞고 막대기로 뒤섞었다. 칭찬을 해주지 않자 병구는 바로 의기소침한 모습으로 중얼거렸다.

그래도 개소주로 만들면 되잖아.

나는 병구의 뒤통수를 손바닥으로 톡톡 때리며 말했다.

아냐. 잘했어.

병구의 손에서 개를 넘겨받아 철창에 집어넣었다. 병구는 배시시 웃었다.

병구는 이 씨의 아들이자 내 유일한 친구다. 이 씨의 씨를 받아 유약하고 허접한 성격과 모양새를 갖고 있다. 겁이 많고 비위가 약해 아직 개 한 마리 잡아본 적 없다. 겨우 개밥이나 만들고 밥에 섞을 수 없는 털이나 잔뼈를 골라내는 일을 한다. 개소주를 담을 박스를 포장하고 가끔씩 철창을 청소하기도 하지만 주로 하는 일은 폐지를 줍는 일이다. 우리는 비슷하게 성장했다. 둘 다 학교를 다니지 않았고 다른 일은 해보지 못했으며 집 근처를 벗어나지도 못했다. 병구는 순진하고 착한 녀석이다. 마음을 숨길 줄 모르는 녀석이라 모든 감정이 표정을 통해 드러난다. 좋을 때는 감당하기 힘든 수다쟁이지만 어떤 때는 아이처럼 울고 칭얼거린다. 병구는 나를 좋아하지만 때로는 미워하고 질투한다. 병구가 내게 갖는 유일한 우월감은 자신이 이 씨의 친아들이라는 것뿐이다. 나는 내가 곰의 친아들이 아니라는 것이 하나도 부끄럽지 않은데 병구는 내가 고아라는 것을 불쌍히 여긴다. 곰과는 달리 확실히 이 씨는 병구를 진짜 아들처럼 예뻐한다. 용돈도 주고 맛있는 것도 사준다. 우리 아들, 우리 아들, 하면서 애정 표현도 잘한다. 하지만 술에 취하면 달라진다. 병신 새끼, 호로 새끼, 개새끼, 개 같은 새끼,라고 욕을 하거나 허리띠를 풀러 병구의 몸을 때린다. 그럴 때마다 병구는 나를 찾아와 울곤 한다. 웅크린 병구의 작은 등을 보고 있으면 병구도 나처럼 어디에서 데려온 아이일 거라는 확신이 든다. 그때마다 나는 말하곤 한다.

어쩌면 너도 나처럼 고아일지도 몰라.

순한 병구는 이 말을 들으면 화를 낸다. 나는 병구가 화내고 흥분하는 모습을 보는 것이 재밌다. 그 애가 뭘 어떻게 해야 할지 모를 때까지 놀린다. 반응은 언제나 똑같다. 처음에는 화를 내다가 나중에는 주먹으로 나를 때린다. 그리고 결국엔 운다. 병구의 주먹은 작고 가볍다. 약하고 하찮은 아이다. 언젠가 한번 어떻게 하나 보자는 마음으로 끝까지 놀렸던 날이 있었다. '너도 고아가 분명해. 너는 모르겠지만 나는 알아.' 이런 말들로 몰아붙였다. 병구는 아니야. 거짓말이야. 그만해,라고 소리치며 울다가 충동적으로 막대기를 들어 내 손등을 내려쳤다. 그것엔 작은 못이 하나 박혀 있었다. 병구는 내 손등에서 흐르는 피를 보고 자지러지듯 울었다. 나는 조금 놀랐지만 놀라지 않은 척 담담하게 손등을 바지에 문질러 닦고 병구를 달랬다. 어깨를 껴안고 괜찮다고 미안하다고 했다. 그 후로 몇 년이 지났지만 지금도 병구는 습관적으로 내 손등에 남아 있는 작고 동그란 흉터를 보면서 죄책감을 느끼곤 한다.

병구는 뭔가를 말하고 싶어 죽겠다는 표정으로 전전긍긍하며 내 곁을 졸졸 따라다니고 있다. 나는 밥그릇에 밥을 퍼주다 말고 짜증을 내며 말했다.

또 뭔데?

병구는 기다렸다는 듯 의미심장한 얼굴로 말했다.

나 모란에게 장가 갈 거다.

나는 낮게 한숨을 쉬며 말했다.

결혼하자고 했어?

아니. 아직. 그런데 곧 고백하려고.

나는 개밥을 푸다 말고 병구의 얼굴을 물끄러미 바라봤다. 최근의 병구는 모란에 대한 말만 한다. 그렇지 않아도 모자란데 모란에 대해 말하는 표정을 보고 있으면 실성한 애처럼 보인다. 무모한 흥분이 깃든 얼굴은 불안하다. 병구는 망상에 빠져 있다. 모란도 자신을 좋아한다고 생각하고 있는 것이다. 그 증거라는 것이 눈이 마주쳤을 때 자신을 바라보며 웃어줬다, 따뜻한 목소리로 인사해줬다와 같은 말도 안 되는 것들인데도 병구는 확신에 차 있고 기대에 부풀어 있다. 병구는 시도 때도 없이 모란에게 뭔가를 갖다 바쳤다. 사탕이나 과자 같은 것을 줄 때도 있고 길거리에 핀 하찮은 개망초 같은 것을 꺾어 주기도 하며 귓불에 구멍도 없는데 귀걸이를 선물한다. 그때마다 모란은 난감하고 쓸쓸한 표정으로 미소 지으며 고개를 숙이며 고마움을 표하는데 그 모습을 볼 때마다 병구는 잔뜩 흥분하여 내게 달려오는 것이다. 처음에는 그러려니 했는데 이제는 답답하다. 병구가 불쌍하고 걱정스럽다. 모란을 좋아해서는 안 된다는 것을, 모란은 곰의 것이라는 것을. 나는 말을 하려다 말고 병구의 어깨를 두 번 두드렸다. 말해줘도 그것이 무엇을 의미하는지 이해할 수 없을 것이다. 병구는 주위를 두리번거리더니 꼭 움켜쥐고 있던 주먹을 서서히 펴고 손바닥을 보여줬다.

이게 뭐야?

병구는 손으로 입을 가리고 쿡쿡 웃어댔다. 무늬 없는 까만 머리끈이었다. 병구는 코에 대고 깊게 심호흡을 했다. 녀석의 눈꺼풀이 파르르 떨렸다.

모란의 냄새야.

5

사람들이 언제부터 곰을 곰이라고 부르기 시작했는지 모른다. 하지만 가게에 오는 손님들과 읍내 사람들은 그를 곰 사장이라고 부른다. 나는 그 이유를 외모 때문이라고 추측한다. 곰은 누가 봐도 곰처럼 생겼다. 얼핏 보면 단순히 뚱뚱한 거구 같지만 자세히 보면 무른 곳이 없다. 골격이 크고 두꺼워 커다란 나무의 밑동 같은 느낌을 준다. 짧은 스포츠머리에 면도를 깔끔하게 하는 편이지만 하루라도 거르는 날엔 턱과 뺨에 수염이 자라난다. 그는 온몸에 털을 갖고 있다. 팔과 다리뿐만 아니라 가슴과 배, 심지어 등까지 털이 나 있다. 말수가 적지만 목소리가 크고 낮아 그의 말은 멀리까지 또렷하게 들린다. 작은 눈은 무심하고 게을러 보이지만 예리한 관찰력과 차가운 기운을 품고 있다. 또한 힘이 엄청나 무엇이든 들어 올릴 수 있다. 강한 태풍이 야산을 휘저어 농장 옆의 커다란 나무가 부러져 담장을 덮쳤던 적이 있었다. 곰은 누구의 도움도 없이 근력 하나로 그것을 들어 옮겼다. 아직까지 곰에게 주눅 들지 않는 사람을 본 적이 없을 정도로 그의 인상은 강하고 위협적이다.

곰은 아버지다. 내 피는 그의 피와 무관하지만 그는 나를 지목했고 나는 곰의 아들이 되었다. 일곱 살 때 나는 누군지 모르는 아이들과 창문이 없는 방에 함께 모여 있었다. 모두 부모가 없는 아이들이었고 지저분했고 아파 보였다. 그곳에서 세 밤을 자고 곰을 만났다. 그는 방문을 열고 들어와 아무 말도 하지 않고 사내아이들을 살펴보았다. 눈빛을 보고 입을 벌려 안을 확인했다. 팔뚝과 허벅지 같은 곳을 꽉 쥐었다 놓았다. 그가 만지면 아이들은 겁에 질려 울거나 비명을 질렀다. 곰이 내 앞에 다가왔다. 다른 아이들에게 했던 것처럼 이곳저곳을 살펴보더니 갑자기 팔을 꽉 움켜쥐었다. 나는 가만히 있었다. 그는 흥미로운 표정으로 희미하게 웃고 이렇게 말했다.

참을성이 좋구나.

춥고 눈이 많이 내리던 어느 겨울 읍내를 다녀온 곰은 처음 보는 개를 한 마리 잡아 왔다. 눈처럼 하얀 몸과 뾰족한 귀를 갖고 있는 잘생긴 개였다. 곰은 오른손엔 목줄을 쥐고 다른 손으로 내 손목을 잡고 야산에 있는 작은 창고로 갔다. 곰은 말했다.

아들, 오늘부터 일을 배우자.

곰은 팔뚝만 한 몽둥이를 집어 들고 개를 때리기 시작했다. 일정한 힘과 리듬으로 팔을 휘두르는 곰의 표정에서는 아무 감정도 읽을 수 없었다. 개는 처음에는 이빨을 보이며 저항하더니 나중에는 비명만 질러댔다. 결국엔 똑바로 서지도 못하고 늘어져 날아오는 몽둥이를 그대로 맞기만 했다. 그제야 곰은 바닥에 몽둥이를 내려놓고 담배에 불을 붙이며 말했다.

옛날엔 맛있으라고 이렇게 몇 대 때렸는데 이제는 귀찮아서 그냥 잡는단다. 오늘은 처음이라 고전적으로 보여준 거다. 패나 안 패나 실은 별 차이가 없어.

개는 피투성이가 된 몸을 구석에 비비며 떨었다. 곰은 담배를 한 쪽으로 비껴 물며 개 목을 두꺼운 손으로 움켜쥐고 들어 올리고 밧줄을 걸었다.

잘 봐.

목줄을 도르래에 걸고 쭉 끌어올린 뒤 대못에 걸었다. 그걸로 끝이었다. 곰은 허공에 떠서 꿈틀대는 개를 바라보며 다정하게 어깨동무를 했다. 나는 담배 연기 사이로 조금씩 질식해가는 얼굴을 바라봤다. 개는 진한 입김을 허공에 쉭쉭 내뿜었다. 10분이 흘렀다. 곰은 어깨동무를 풀며 일어서 개에게 다가갔다. 피우던 담배를 반쯤 감긴 눈동자에 비벼 껐다. 개는 미동도 하지 않았다. 곰은 이빨 열여섯 개를 모두 드러내 환히 웃으며 말했다.

이러면 죽은 거야.

나는 많이 맞고 자랐다. 실수하거나, 주저하거나, 망설이거나, 뭔가를 이해하지 못할 때마다 맞았다. 어떤 날은 나약해 보인다고 맞았다. 곰은 화도 내지 않고 욕도 하지 않고 차분하게 때렸다. 마치 주기적으로 하는 운동처럼 그는 때렸고 나는 맞았다. 곰은 가끔 때리다가 내 눈을 물끄러미 바라보며 감탄했다. 근성이 있다고 했다. 실은 나는 통증을 느끼지 못한다. 곰이 알려주기 전에는 인지하지 못했던 사실이다.

딱 한 번 곰의 뜻을 거스른 적이 있었다. 열세 살이 되던 초여름이었다. 당시엔 사철탕 영업은 안 하고 농장만 운영했다. 주문이 밀려 아침부터 저녁까지 쉴 틈 없이 작업에 몰두했다. 우리는 손발이 척척 맞았다. 곰은 기특하다는 듯 내 머리를 쓰다듬으며 말했다.

내가 아들 하나는 잘 뒀단 말이야. 이런 걸 바로 완벽한 호흡이라고 하는 거야.

나는 곰에게 칭찬받는 게 기뻤고 더 열심히 일했다. 그러던 어느 날이었다. 작은 개가 곰의 손을 물어뜯은 일이 발생했다. 죽음을 예감한 개는 두 가지의 모습을 보인다. 하나는 이빨을 보이며 강하게 저항하고 다른 하나는 눈을 깔고 꼬리를 마는 것이다. 저항하는 개는 목에 갈고리를 채우고 도르래에 줄을 걸 때까지 주의를 기울이지만 그렇지 않은 개는 목줄만 잡아끌면 된다. 그 개는 곰이 다가오자마자 꼬리를 말고 오줌을 쌌다. 곰은 별다른 의심 없이 목줄을 끌었는데 갑자기 돌변하여 곰의 손을 물어뜯은 것이다. 작지만 강단이 좋은 녀석이었다. 곰이 주먹으로 몇 번 내리쳤는데도 쉽게 포기하지 않고 매달렸다. 엄지손가락을 크게 다친 곰은 표정을 일그러뜨리고 한동안 그 개를 노려봤다. 곰은 개를 죽이지 않았다. 철창에 넣지도 않았다. 창고에 그냥 묶어놨다. 다음 날부터 개는 일종의 죄수처럼 취급받았다. 매일 죽지 않을 만큼 맞았다. 또한 개는 수많은 동료가 질식하는 모습을 지켜봐야 했다. 하지만 그 개는 꽤 오랫동안 곰에게 이빨을 드러냈다. 맞을 때마다 으르렁거렸고 눈으로는 증오가 서린 빛을 내뿜었다. 하지만 거듭된 고문과 반복된 폭력 앞에서 촛불처럼 반짝이던 빛은 차츰 사라졌다. 나중에는 철창에 누워 있는 다른 개들과 똑같아졌다. 나는 곰이 오토바이를 타고 읍내에 나가 있는 동안 개 목에 칼을 집어넣었다. 그 밤 이제껏 맞아보지 못한 방식으로 맞았다. 곰은 평소와 다르게 흥분했다. 욕도 하고 때리는 리듬도 불규칙했다. 나는 입술을 꽉 물고 소리 한 번 내지 않고 묵묵히 맞았다. 평소에는 참을성이 좋다고 칭찬했던 그 모습이 그날따라 보기 싫었던지 곰은 고함을 지르며 말했다.

새끼가 기분 나쁘게.

곰은 허리춤에 차고 다니던 접이식 칼을 꺼내 내 허벅지를 찔렀다. 그리고 잠시 둘 사이에 이상한 침묵이 흘렀다. 곰은 당황했다. 그리고 떨리는 목소리로 말했다.

넌…… 통증을 못 느끼는구나.

곰은 벌떡 일어나 창고 밖으로 나갔다. 철창에서 개 한 마리를 끌고 왔다. 쓰레기가 담긴 검정 비닐봉지를 길게 찢어 주둥이에 돌돌 말아 묶었다. 곰은 개의 얼굴을 움켜쥔 뒤 고개를 돌려 나를 보며 말했다.

잘 봐.

곰은 개를 때리기 시작했다. 발로 밟고 주먹으로 배를 때리고 벽에 던졌다. 입을 벌리지 못해 끙끙대며 신음만 하던 개는 마침내 비닐을 늘려 찢곤 입을 쩍 벌렸다. 곰은 희미하게 웃으며 중얼거렸다. 그렇지. 곰은 내게 다가와 무릎을 꿇고 말했다.

통증이란 저런 것이다. 아프면 비명을 지르지 않을 수 없는 거지. 그런데 너는 좀 다르구나. 그동안 너를 보면 늘 이상했지. 과묵하고 인내심이 좋은 아이라고만 생각했는데…… 그게 아니었어. 너는 고통이란 게 뭔지 아예 모르는 녀석이었어.

곰은 경이로운 얼굴로 잠시 나를 쳐다본 뒤 허벅지에 박힌 칼을 뽑아 허리춤에 집어넣고 밖으로 나갔다. 그 순간에도 피는 아무 느낌 없이 벌어진 틈에서 고요히 흘러 바닥에 흐르고 있었다. 나는 개 피와 내 피가 섞여 수챗구멍으로 들어가는 모습을 물끄러미 바라보며 생각했다. 통증을 느끼지 못한다는 것은 뭘까. 아니, 통증을 느낀다는 것은 뭘까. 어지럽고 눈앞이 흐려졌다. 나중에 이 느낌이 현기증이라는 것을 알았다.

나는 그날 이후부터 거의 맞지 않았다. 세월이 흘러 스무 살이 되었고 개를 사육하고 도살하는 일은 온전히 내 일이 되었으며 농장은 내 것이 되었다.

6

병구의 창고에 놀러 간다. 수없이 반복했지만 여전히 문을 열기 전 마음이 설렌다. 책이 뿜는 곰팡이 냄새와 젖은 종이에서 나는 상쾌한 냄새는 다른 무엇으로도 대체할 수 없는 강한 쾌감을 준다. 허파에 냄새가 배도록 깊게 숨을 들이마시고 천천히 내뱉는다. 병구는 아침 일찍부터 리어카를 끌고 농가를 돈다. 한 시간은 족히 걸리는 읍내까지도 거뜬히 다녀온다. 병구는 개를 대하는 일보다 상자와 폐지를 줍는 일을 더 좋아한다. 내가 병구를 좋아하는 가장 큰 이유는 어쩌면 그 애가 주워 오는 것들이 나를 기쁘게 하기 때문일 것이다. 크기와 종류별로 깔끔하게 분류되어 노끈으로 예쁘게 묶여 있는 종이로 쌓아 올린 탑들. 단정하게 배열되어 정리된 아름다운 풍경. 이곳은 내가 가장 사랑하고 아끼는 공간이며 누구와도 공유할 수 없는 은밀한 장소다. 도서관이고 학교고 놀이터고 병원이다. 이곳에서 수많은 단어를 배웠고 이야기를 들었으며 죽은 이와 외국인을 만났다. 피를 많이 흘려 어지럽거나 부은 눈이 잘 감기지 않을 때도 이곳에 숨어 책을 읽었다. 읍내의 헌책방이 문을 닫았을 때 병구는 엄청난 양의 책을 리어카에 싣고 왔다. 그때의 흥분과 감동을 잊을 수 없다. 어려운 단어와 문장 들이 빼곡히 적혀 있는 두껍고 단단한 책은 자물쇠로 굳게 잠겨 있는 보물 상자와 같았다. 이해할 수 없는 철학책의 한 문장에 손가락을 올려놓고 바보처럼 멍했던 날도 있었고 소설 속의 어떤 상황과 주인공이 너무도 불쌍해 새벽 내내 천장을 노려보며 억울해했던 날도 있었다. 형법에 관한 글을 읽을 때는 곰과 나의 행동들 중에서 죄가 될 만한 것들을 따져봤다. 법정에 선다면 우리는 각각 몇 년 형을 선고받게 될까에 대해 진지하게 고민해보기도 했다. 의학서적을 읽고 몰랐던 사실도 알았다. 통증이 없는 것은 일반적인 증상은 아니다. 몸이 주는 경고를 무시하므로 생명을 잃을 수도 있다. 하지만 그것을 정확히 인지하고 통제하면 좋을 수도 있다. 나는 스스로 상처를 치료하고 감염을 예방하는 법을 터득했다. 관절과 관절을 잇는 힘줄, 그것을 감싸는 근육과 근육, 그것을 덮고 보호하는 피부와 그 밑을 뚫고 복잡하게 꼬여 있는 수많은 혈관과 그 속을 흐르는 혈액에 대해서도 이해했다. 손가락으로 몸의 이곳저곳을 눌러가며 장기의 이름과 기능을 익혔다. 선홍빛이 도는 근육의 둥글고 단단한 테두리를 하나씩 짚어가며 해부도를 살폈다. 근육의 수축과 이완의 개념도 알게 되었고 팔과 다리의 근육이 움직이며 그것을 잡아당기는 힘줄의 탄성도 구체적으로 느낄 수 있었다. 근육은 노력에 따라 커지기도 하고 그에 따라 힘과 능력이 향상된다는 것도 배웠다. 신경과 감각에 대한 부분에서는 손을 머리에 대고 가만히 생각에 잠겼다. 앎이 늘어감에 따라 삶에 대한 다짐이나 지혜도 늘어갔다.

내장은 절대로 다치면 안 돼.

몸이 둔해졌다면 골절을 의심해.
피를 너무 많이 흘리면 안 돼.
현기증이 느껴진다면 몸을 살펴봐야 해.
흉터는 사라지지 않아.
얼굴을 다쳐선 안 돼.

하지만 최근엔 창고에 올 때마다 실망한다. 리어카에 실려 오는 폐지 속에서 책을 찾기가 힘들다. 가끔 책이 있더라도 유치하고 저급한 내용이 담긴 쓰레기일 경우가 많다. 기대가 꺾이고 무기력한 기운이 정신을 짓누르면 평온했던 감정이 흔들린다. 불쑥 병구에 대한 분노가 생기거나 명확한 대상도 떠오르지 않으면서 화가 난다. 불만이 생기고 반복적으로 행했던 일이 지루하게 느껴진다. 이런 것들은 내가 가장 주의하고 조심하는 감정인데 요즘엔 제어가 쉽지 않다. 이렇게 된 가장 큰 까닭은 모란을 향한 병구의 마음 탓이다. 덜떨어진 탓에 병구는 행동도 생각도 뭐 하나 정상적으로 하는 게 없다. 되돌려야 한다. 저능한 병구는 내가 도와야 한다.

가득 채운 바구니를 한 시간 동안 들었다 놓으며 운동을 했다. 근육이 아프고 숨이 찰 때까지 수축과 이완의 반복을 멈추지 않았다. 상의가 축축이 젖고 입안이 건조하게 말라붙으면 그만둔다. 옷을 벗고 찬물을 몸에 끼얹는다. 씻을 때 꼼꼼하게 몸을 본다. 비누칠을 하기 전 팔다리를 움직여 구석구석 빠짐없이 살핀다. 모르게 다친 상처나 흔적 들을 찾는 것이다. 목과 발목, 팔뚝이 나뭇가지에 걸려 깊게 파인 원인 모를 상처를 찾아 과산화수소를 부어 소독한다. 부글부글

끓고 부풀어 오르는 부드러운 피 거품을 보고 있으면 몸이 정화되는 것 같다. 그 느낌이 너무 좋아 온몸에 칼질을 하고 그 위로 과산화수소를 콸콸 들이붓고 싶은 충동에 사로잡힌다. 온몸이 거품으로 뒤덮이는 기분이란 어떤 걸까. 가벼워질까. 부드러워질까. 긴 거울을 벽에 놓고 까맣고 단단한 몸을 본다. 오랫동안 반복한 노력으로 작년에 비해 눈에 띌 정도로 몸이 달라졌다. 어깨의 굴곡과 전체적인 몸의 선이 커졌다. 이두박근, 승모근, 상박근, 전완근 등 근육이 붙고 그것이 커지며 결이 갈라졌다. 몸을 천천히 움직이며 거울 속의 나를 바라보며 문득 생각한다. 이제 내 근력은 곰에 비해 어느 정도일까.

마른 수건으로 물기를 닦아내고 옷을 입기 전 피부에 새겨진 상처들을 손가락으로 매만졌다. 잔기스는 너무 많아 셀 수조차 없다. 흉터엔 나이와 시간이 흐르고 사건과 기억이 녹아 있다. 하지만 어떤 흉터는 기억이 없다. 그럴 땐 순간 아득해진다. 도대체 언제 어떻게 생긴 걸까. 누가 만든 걸까. 깊고 넓은 상처는 단단하고 흰 살을 만들어낸다. 몸 곳곳에 옹이 같은 게 박혀 있다. 오른쪽 배에 있는 엄지손톱 크기의 단단한 흉터를 더듬으면 오래전 병구의 창고에서 배우고 마침내 깨달았던 게 떠올라 마음이 싸늘하게 식는다. 예전엔 몰랐지만 이제는 그 의미를 안다. 어떤 상처는 흉터를 만들기 전에 사람을 죽인다. 이 상처는 나를 죽일 수도 있었다. 이 상처를 준 자는 그 순간 나를 죽이려고 했던 것이다. 아니, 이미 그는 나를 한 번 죽인 것이다. 다시 그런 일이 생긴다면 피하거나 내가 그를 죽일 것이다. 새로 생긴 팔뚝의 상처에 미색의 연고를 발랐다. 문득 모린이 생각난다. 그녀가 들고 있던 물수건과 도마를 때리는 가벼운 칼질 소리도.

7

오랫동안 주방 일을 맡았던 아주머니가 말도 없이 사라지고 보름 뒤 곰은 모란을 데려왔다. 그녀는 한국말이 서툴다. 중국에서 왔는지 탈북을 했는지 정확히 알 수 없지만 손님들은 연변 아가씨라고 부른다. 곰은 모란을 손님들과 이 씨에게는 종업원이라고 소개하면서 내게는 딸이라고 했다. 둘 다 맞는 말이다. 모란은 곰의 딸이고 종업원이다. 또한 하인이고 아내다. 하지만 내 누나나 어머니는 아니다. 모란은 개를 손질하고 요리를 한다. 마늘을 까고 파를 썬다. 가게를 청소하고 읍내에 나가 시장을 본다. 이 모든 과정 속에서 모란은 늘 차분하다. 말도 거의 하지 않고 웃지도 않고 그렇다고 울지도 않는다. 그녀는 어떤 강한 힘에 의해 통제되고 있는 듯 보였다. 나는 병구를 이해한다. 나도 모란이 좋다. 좋다는 감정이 사람마다 같게 느껴지는지 다르게 느껴지는지 알 순 없지만 나 역시 병구가 느끼는 흥분을 알고 있다. 이 감정과 비슷한 것을 모란을 만나기 전에 느껴본 적이 없었으므로 나는 이 감정이 평범한 감정이 아니라는 것을 안다. 모란은 내가 만난 사람 중 가장 친절하다. 만날 때마다 고개를 숙여 인사를 하고 박하사탕이나 설탕이 묻은 튀긴 건빵이 담긴 비닐봉지를 주기도 한다. 그 행동에 담긴 의미를 알고 싶어 며칠 동안 잠을 설친 적도 있다. 어느 날 읍내에 다녀온 모란은 아무 말도 없이 뒷좌석에 신문지로 포장된 뭔가를 집어넣었다. 농장에 도착해 펼쳐보니 그것은 중학생들이 보는 수학 교과서였다. 붉은색 연필로 그려진 동그라미와 빗금 들, 그 안에 적혀 있는 알 수 없는 기호와 복잡한 숫자 들. 나는 그것을 창고 뒤편에 숨겨놓고 기회가 날 때마다 펼쳐봤다. 방정식 하나를 내 힘으로 풀어냈을 때, 그것이 동그라미 속에 들어 있는 숫자와 일치했을 때 느꼈던 희열을 잊을 수 없다. 그때 나는 모란이 몹시 생각났고 이 모든 생각과 감정을 그녀에게 말하고 싶었다. 그것이 병구가 느끼는 것과 같은 걸까? 나는 그렇다고 생각한다. 하마터면 나도 병구처럼 모란에게 다가가는 실수를 할 뻔했기 때문이다. 나는 운동을 하고 찬물로 몸을 씻을 때마다 그 감정이 땀과 함께 씻기길 원했다. 모란은 곰의 것이다. 병구는 그것이 무슨 의미인지 알 수 없겠지만 나는 안다. 또한 보고 들었다. 병구는 모란을 원해서는 안 된다.

아침부터 오후까지 내내 비가 내렸다. 병구는 아침부터 농장에 머물며 나를 귀찮게 했다. 말하고 싶은 비밀을 입속에 감추고 있는 어린아이처럼 하루 종일 곁을 따라다녔다. 어떻게 말하면 좋을까. 무엇을 사주면 좋을까. 결혼한다고 하면 아버지가 어떤 반응을 보일까. 쓸데없는 말을 늘어놓는 병구의 얼굴은 해맑다. 나는 작업을 멈추고 시계를 봤다. 오후 3시였다. 점심과 저녁 사이에 곰과 모란이 무엇을 하는지 또 어디에 있는지 안다. 게다가 지금은 비 때문에 읍내에 나갈 수도 없다. 병구는 엄지와 검지 사이에 모란의 머리끈을 걸고 강박적으로 빙빙 돌리며 눈을 감고 냄새를 맡길 반복했다. 나는 병구의 어깨를 눌러 의자에 앉히며 말했다.

지금 말해. 비가 오면 여자들은 마음이 부드러워지거든. 모란의 방에 찾아가. 마음을 고백하고 결혼하자고 말해. 모란도 원하고 있을 거야.

병구는 얼굴이 빨개졌다. 그리고 뭘 어떻게 해야 할지 모르겠다는 듯 발을 동동 굴리며 작은 소리로 말했다.

정말?

정말.

나는 확신에 찬 목소리로 답했다. 병구는 알겠다며 고개를 끄덕이고 크게 심호흡을 한 뒤 미친개처럼 빗속을 뛰어갔다. 우둔한 병구를 단념시키기 위해서는 이 방법밖에 없다. 직접 목격하고 확인하지 않으면 절대로 이해할 수도 받아들일 수도 없는 것이 있다. 내가 그때 느꼈던 것을 병구도 느껴야 한다. 알아야 한다. 배워야 한다. 힘이 약하다는 것이 무엇이고 포기라는 감정은 어떤 것인지. 왜 필요한지.

병구는 모란의 방문 앞에 서서 호흡을 가다듬고 있다. 나는 걱정스런 마음에 병구의 뒤를 쫓아왔다. 관찰력이 없는 병구는 모란의 방문 앞에 신발이 두 개라는 것을 발견하지 못했다. 병구를 위한 방법이지만 걱정이 된다. 어쩌면 얘는 충격을 이기지 못해 쓰러질지도 모른다. 한참 뜸을 들이던 병구는 마침내 결심했다는 듯 모란의 방문을 노크하고 작은 목소리로 말했다.

저기.

아무 소리도 들리지 않았다. 병구는 좀더 크게 노크하고 목소리에 힘을 실어 모란을 불렀다. 방문이 열렸다. 실오라기 하나 걸치지 않은 곰이 피곤한 눈으로 병구를 쳐다본 뒤 손을 몇 번 휘젓고 문을 닫았다. 병구는 마당에 우뚝 서서 꼼짝도 하지 않았다. 이제 곧 너는 얼음처럼 녹아내리겠지. 축 쳐진 어깨로 엉엉 울며 내게 달려올 것이다. 하지만 병구는 그러지 않았다. 주먹을 쥐고 부들부들 떨더니 방문을 열고 누워 있는 곰의 등에 올라타 목을 졸랐다. 곰은 병구를 목에 달고 그대로 일어서서 마당으로 걸어 나왔다. 곰은 정체를 알 수 없는 짐승의 모피로 만들어진 지저분한 발깔개 위에 두 발로 넓게 서서 병구의 머리카락을 움켜쥐었다. 소리를 지르며 큰 등에 달라붙어 목을 조르기 위해 안간힘 쓰는 병구의 모습은 두꺼운 곰의 가죽에 약한 이빨을 박고 버둥대는 강아지 같았다. 곰은 병구를 목에 걸고 그대로 등을 벽에 찍었다. 병구는 비명을 지르며 바닥에 떨어졌다. 곰은 마당에 주저앉은 병구와 이불로 몸을 가리고 있는 모란을 번갈아 쳐다보며 큰 소리로 껄껄 웃기 시작했다. 그리고 쓰러진 병구의 두 뺨을 움켜잡아 고개를 돌려 모란과 눈을 마주치게 한 뒤 몇 번 머리를 쓰다듬어주고 다시 방으로 들어갔다. 그때였다. 병구의 눈에서 빛이 났다. 그 옛날 곰의 손을 물어뜯었던 미친개의 광기가 병구의 몸을 휘감았다. 병구는 마루에 놓여 있던 작은 칼을 움켜쥐었다. 그것은 마늘을 까는 용도로 사용되는 작은 과도였다. 병구는 용감하게 방문을 열었다. 그리고 곰의 엉덩이를 찔렀다. 너무도 급작스럽게 일어난 일이라 말릴 틈도 없었다. 날이 무딘 장난감 같은 칼은 엉덩이에 박히지도 못하고 작은 상처만을 남긴 채 바닥에 떨어졌다. 병구는 분에 못이겨 씩씩거리면서도 두려움에 부들부들 떨었다. 곰은 엉덩이를 손으로 문질러 손바닥에 묻은 피를 확인했다. 그리고 더 이상 웃지 않았다. 병구의 머리카락을 휘어잡아 방 안으로 끌고 들어가 문을 닫았다. 뭔가 강하게 부딪치는 둔탁한 소리가 들렸고 병구는 울부짖었다. 나는 어금니를 꽉 깨물고 밖으로 나갔다. 농장으로 돌아가는 내내 성난 목소리로 소리쳤다.

병구 이 병신 같은 새끼.

병구는 농장의 철창 앞에 멍하게 앉아 있었다. 희미한 달빛이 웅크리고 있는 병구의 등을 비췄다. 병구는 두 팔로 머리를 감싸고 주먹을 움켜쥐고 있었다. 괜찮냐고 묻고 어깨를 만지고 등을 토닥거려도 아무 말도 하지 않았다. 얼굴이 엉망진창이었다. 성한 곳이 하나도 없었다. 두 눈은 완전히 부어 아예 감겨 있었고 콧대가 기이하게 휘어 주저앉았다. 상처받은 자존심이 좁은 미간에 서려 있었다. 어른 같은 낯선 얼굴이었다. 병구가 아닌 것 같았다. 수다쟁이가 말이 없었다. 울보가 울지 않았다. 화도 내지 않고 칭얼거리지도 않았다. 그저 멍하게 어둠의 한 점을 응시하고 있었다. 나는 병구가 무엇인가를 깨닫고 있다는 것을 느낄 수 있었다. 어떤 슬픈 인식과 무력감이 큰 칼처럼 깊이 박혀 부드럽고 깨끗했던 내면이 서서히 갈라지고 있을 것이다. 병구는 병구가 아닌 것 같은 이상한 음성으로 말했다.

넌 개새끼와 개 같은 새끼 중 뭐가 더 기분이 나빠?

글쎄 모르겠어. 생각해본 적 없어.

한 개만 골라봐.

개 같은 새끼.

그렇지. 나도 그래. 그런데 왜 그게 더 기분 나쁜 걸까?

참 이상하지. 그게 왜 더 기분이 나쁜 걸까. 개보다 개 같은 게 왜 더. 병구는 실성한 사람처럼 이상하지, 이상하지,라고 중얼거렸다. 나는 병구를 내버려두고 방으로 들어갔다. 그 밤은 잠이 안 왔다. 마음이 상하고 열이 올라 한 자세로 있기 힘들어 자세를 계속 바꾸며 뒤척였다.

다음 날 아침, 창고 문을 열고 작업장에 들어가니 병구가 있었다.

밧줄을 목에 걸고 고개를 숙이고 있었다. 허공에 떠서 쭉 뻗어 있었다. 오줌으로 변색된 면바지가 까맸다. 손목에 모란의 머리 끈을 걸었다. 마지막 순간에 밧줄을 잡고 힘을 쓴 듯 손가락이 다 벗겨져 있었다. 20년을 살다 죽은 병구의 사체는 10개월을 산 도사견보다 작아 보였다.

8

이 씨는 병구를 장례 없이 화장했다. 이 씨는 유골을 농장 근처 야산에 뿌렸다. 곰은 황망한 표정으로 우는 이 씨를 끌어안고 위로했다. 나는 온종일 병구의 창고에 들어가 종이 위에 앉아 있었다. 아무것도 하지 않고 아침과 점심과 저녁을 다 보냈다. 이따금씩 모란은 지금 무슨 생각을 하고 있을지 궁금했다. 개의 죽음은 수도 없이 봤지만 가까운 사람이 죽은 것은 처음 겪었기에 어색했다. 마음이 불편했고 숨이 잘 쉬어지지 않아 몇 번씩이나 억지로 기침을 했다. 나는 이미 고아인데 고아가 된 것만 같았다.

두 가게는 정상적으로 문을 열었다. 모란은 평소와 달라 보이지 않았다. 평소 같았으면 개만 놓고 바로 농장으로 돌아갔을 텐데 어쩐지 발길이 잘 떨어지지 않았다. 곰은 아침부터 밖에 나가고 없었다. 나는 괜히 할 일도 없이 가게 주변을 어슬렁거리며 낮 시간을 죽였다. 모란은 의자에 앉아 빈 벽을 바라보며 말 한 마디 행동 하나 없이 눈만 껌뻑였다. 그때였다. 태양건강원 문이 거칠게 열리고 이 씨가 나왔다. 그는 취해 비틀거렸고 잔뜩 화가 난 듯 부정확한 발음으로 알 수 없는 말을 중얼거렸다. 이 씨는 가게에 들어오더니 모란의 머리채를 잡아당기며 욕을 했다.

너지. 이 씨팔 년아. 네가 내 아들 홀렸지.

나는 이 씨의 손목을 잡아 꺾고 모란에게서 떼어내려 했다. 그는 비명을 지르며 아프다고 소리치면서도 모란의 머리카락을 놓지 않았다. 이 씨는 손목을 붙잡힌 채 발버둥 쳤다. 테이블이 넘어지고 숟가락과 젓가락이 떨어져 뒹굴었다. 나는 나 자신이 서서히 뜨거워지고 있음을 느꼈다. 주먹을 내리쳐 계란보다 약할 것 같은 저 작고 초라한 머리통을 깨부수고 싶은 강한 충동을 느꼈다. 그 순간 곰이 가게 안으로 들어왔다. 시끄럽던 이 씨가 입을 다물었고 나는 쥐고 있던 주먹을 풀고 이 씨의 손목을 놓았다. 곰은 우두커니 서서 모란과 이 씨와 나를 한 번씩 쳐다봤다. 그리고 어떤 생각에 잠긴 듯 입술을 꾹 다물었다. 곰은 이 씨의 손에서 모란의 머리카락을 넘겨받았다. 그러고는 손바닥을 쫙 펴서 모란의 뺨을 때렸다. 모란은 테이블 두 개를 넘어뜨리면서 바닥에 쓰러졌다. 썰어놓은 파가 바닥에 흩어졌다. 곰은 중얼거렸다.

쌍년이 여기저기 홀리고 다니고 있어. 죽을라고.

곰은 이 씨의 어깨를 감싸 안고 한잔하자며 밖으로 나갔다. 그리고 나를 흘깃 쳐다보며 말했다.

이것 좀 정리해라.

나는 쓰러진 모란을 일으켜 의자에 앉히고 테이블과 의자를 바로 놓았다. 바닥에 떨어진 숟가락과 젓가락을 줍고 빗자루로 파를 쓸어 담았다. 모란은 붉게 변한 왼쪽 뺨에 손을 올리고 턱을 덜덜 떨고 있었다. 그 순간 무엇이든 하고 싶었지만 무엇을 해야 할지 알 수 없었다. 나는 아무 말도 행동도 하지 않고 문을 열고 밖으로 나갔다. 오토바이를 타고 시동을 걸려는데 모란이 밖으로 나와 내 손에 뭔가를 쥐여주고 다시 가게 안으로 들어갔고 나는 농장으로 올라가는 도중에 브레이크를 밟고 멈춰 주먹을 펴고 안을 확인했다. 손님이 버리고 간 영수증이었다. 뒷면에 서툴게 씌어진 글씨가 있었다.

나를 죽여주세요. 부탁합니다.

9

일생 중 가장 긴 밤이다. 어두운 상태로 세상이 정지한 것만 같다. 개들조차 죽은 듯 고요한 농장, 나는 마당 한가운데 우두커니 서서 하늘을 보고 있다. 뭔가 잘못하고 있다는 생각은 드는데 그것이 무엇인지 모르겠다. 강한 분노가 피와 살을 다 태울 것처럼 뜨겁게 온몸을 휘감는데 이것을 어떻게 해야 할지도 모르겠다. 눈 감아도 밤이고 눈을 떠도 밤인 시간에 나는 빛 없는 불꽃처럼, 물속에서 폭발하는 화약처럼 방향 없이 위험하다. 모란이 처음으로 내게 부탁을 했다. 이 부탁을 들어준다면 나는 유일한 친구에 이어 가장 친절했던 한 사람을 잃게 된다. 문득 끝까지 저항하다 결국 광기를 잃고 까맣게 변한 개의 눈이 생각난다. 나는 작업장에 들어가 도마 위에 놓인 세 자루의 칼 중 가장 긴 칼을 손에 쥐고 농장을 빠져나온다.

모란의 방 앞에 앉아 굳게 닫힌 문을 바라본다. 모란의 신발 한 짝이 뒤집혀 있다. 나는 그것을 가지런히 놓고 조금 더 기다린다. 큰

별 몇 개만 떠 있는 어두운 밤. 나는 서늘한 마루에 걸터앉아 있다. 무엇을 기다리는지 무엇을 기대하는지 나조차 모를 마음은 다만 아주 고요하다. 막 숨이 멎은 짐승처럼 심장도 뛰지 않는 것 같다. 별의 위치가 조금씩 이동하며 밤이 흐르고 있다. 드디어 모란의 방문이 열린다. 익숙한 실루엣이 문턱을 밟고 넘어온다. 나는 어둠 속에서 몸을 낮춰 그것을 향해 다가가 조금의 망설임도 없이 왼쪽 복부에 칼을 찔러 넣었다. 형체가 없던 그림자가 갑자기 무게를 갖고 어깨 위로 고꾸라진다. 나는 자세를 낮추고 열쇠를 돌리듯 손목을 비틀어 칼끝을 서서히 돌린다. 나무에 나사를 박아 넣듯 온 힘을 다해 단단히 집어넣는다. 서서히 고개를 들었다. 실루엣 너머 어둠에 숨은 모란의 눈이 나를 향하고 있다. 미안하지만 나는 그녀의 부탁을 거절하기로 결정했다.

상대의 숨은 거칠고 불규칙적으로 변한다. 그의 몸이 떨린다. 주먹으로 뒤통수를 때린다. 나는 꿈쩍도 하지 않고 칼끝에 닿는 느낌에만 집중한다. 그의 두꺼운 손이 내 목을 쥐고 조른다. 숨이 찬다. 어지럽고 금방이라도 목뼈가 부러질 것처럼 강한 압박을 느낀다. 그도 나도 지금 전력을 다하고 있는 것이다. 하지만 잊었는가. 난 고통을 모른다. 질식시키거나 머리통을 박살 내지 못한다면 당신은 죽게 된다. 나는 결코 이 칼자루를 쥔 손을 놓지 않을 것이다. 당신이 내게 알려준 것이 맞다면 당신은 질 수밖에 없다. 나는 손가락의 감각만큼이나 이 칼끝의 감각을 잘 알고 있다. 이 칼이 찌르고 비틀고 잘라내고 있는 살점과 혈관과 내장을 명징히 느끼고 있는 것이다. 알려주고 싶은 게 있다. 내장은 절대로 다쳐서는 안 되는 중요한 장기다. 다시

한 번 힘을 주고 칼자루를 오른쪽으로 비틀었다. 드디어 비명이 터진다. 그렇지. 통증은 그런 것이라고 했지. 그의 손아귀에서 힘이 빠져나가는 게 느껴진다. 몸부림치던 힘이 점점 줄어들고 있다. 손목을 타고 피와 내장이 그리고 그의 생명이 바닥으로 쏟아지고 있다. 곰. 내 아버지. 바닥에 쏟아진 것을 보세요. 이것들은 개의 간식이 될 거예요. 당신은 곧 움직이지 않게 될 겁니다. 10분, 딱 10분이면 끝납니다.

선정의 말

—

정용준의 「개들」은 아버지와 아들에 관한 서사, 좀더 구체적으로는 아버지 살해라는 모티프를 가진 서사다. 공교롭게도 지난달 선정작이었던 김덕희의 「급소」 역시 아버지와 아들의 서사였다. 아주 오래되었다는 점에서 한편으론 인류학적이라 부를 만큼 고전적이기도 하고, 다른 한편으론 그리 새롭지 않은 것처럼 읽힐 수도 있을 이런 플롯이 젊은 '남성' 작가들에 의해 구현되고 있다는 사실을 어떻게 이해할지는 보다 깊이 생각해볼 문제이나 아무튼 인간이 사회적 존재인 한, 그리고 처음 대면하는 사회의 형태가 가족인 한 이런 서사가 사라질 리는 없을 것이다.

단편소설임을 감안할 때 「개들」에는 다소 넘치는 인물들과 그들 각각의 이야기가 등장하는데, 그럼에도 불구하고 작가의 시선은 시종일관 '나'의 내적 고민에 맞춰져 있다. 그리고 '나'의 고민은 최초의 반란에 착수할 것이냐 말 것이냐의 문제를 향해 한 단계씩 상승한다. 사회에 대한 최초의 반란이 아버지 살해라는 극단적인 형태를 띤다는 것은 그 사회가 만인의 동의 아래 이루어진 나름 정상적인 공동체가 아니라 폭력과 강압에 의해 가까스로 존립하는 위험한 상태임을 뜻한다. 마침내 반란을 도모하는 '나'의 내면은 다음과 같이 압축적으로 제시된다. "뭔가 잘못하고 있다는 생각은 드는데 그것이 무엇인지 모르겠다. 강한 분노가 피와 살을 다 태울 것처럼 뜨겁게 온몸을 휘감는데 이것을 어떻게 해야 할지도 모르겠다. 눈 감아도 밤이고 눈을 떠도 밤인 시간에 나는 빛 없는 불꽃처럼, 물속에서 폭발하는 화약처럼 방향 없이 위험하다." 그렇다. 사회에 대한 혹은 사회화에 대한 반란은, 그 여파가 얼마나 깊게 또 오래 미칠지는 케이스마다 다를지언정 본질상 자신의 전 존재를 건 도박이다. 이런 도박의 최종적인 목적지가 한 개인의 성장이 아닌 극단적인 파국을 향할 때, 그 사회는 위험하다. 그런데 잠깐 한숨을 돌리고 보니, 정용준의 「개들」에 대해 얘기하면서 지금 우리 사회를 지나치게 겹쳐놓은 것은 아닌가라는 생각이 들기도 한다. _**이수형**

개들을 사육하고 도축하는 농장을 중심으로 끔찍한 약육강식의 세계를 그리는 정용준의 「개들」은 명징한 구성과 매력적인 단문들이 돋보이는 깔끔한 단편이다. 핏줄이 아닌 폭력 교육으로 맺어진 곰과 '나', 유약하고 겁 많은 핏줄로 연결된 이 씨와 병구, 「개들」은 이처럼 힘의 우열이 분명한 두 부자의 모습을 그린다. 그리고 인간의 폭력에 맨몸으로 노출되어 말 그대로 개죽음을 당하는 농장의 개들과, 절대 약자로서 개보다도 못한 삶을 살며 "나를 죽여주세요. 부탁합니다"라고 말할 수밖에 없는 모란이 이 두 부자 사이를 가로지르고 있다. 이토록 명쾌한 약육강식의 세계에서 승리하는 자는, 즉 가장 힘이 센 자는 결국 "통증을 못 느끼는" '나'이다. 모란을 사랑한 유약한 병구가 개죽음을 맞을 수밖에 없었던 것은 그가 사랑이라는 감정을, 그리고 자신의 사랑이 폭력 앞에서 무참히

좌절될 수밖에 없다는 슬픔과 무기력을 알게 되었기 때문이다. 결국 「개들」은 아픔을 느낄 수 없는 자만이 이 비정한 세상에서 살아남을 수 있다는 사실을 증명하는 셈이다. 물론 이러한 통찰 자체에도 이미 익숙해졌을 정도로 현실의 우리는 안정된 폭력 세계의 공모자로서 무감하게 살아온 지 오래다. 이런 삶이 과연 인간다운 삶이라 할 수 있을까.

정용준의 단호하고도 세련된 문장들은 내내 어떤 냄새와 소리와 촉감들을 강조하고 있다. 작품 곳곳에서 들리는 규칙적인 빗소리, "철썩철썩 물소리"는 폭력에 무감해진 우리를 폭력의 실재에 노출시킴으로써 왠지 모를 불안을 조성한다. 모란의 머리끈 냄새를 맡으며 '무모한 흥분'을 느끼는 병구의 모습이나, 병구의 창고에서 "책이 뿜는 곰팡이 냄새와 젖은 종이에서 나는 상쾌한 냄새"를 맡으며 강한 쾌감을 느끼는 '나'의 모습을 통해서도 둔감해진 우리의 감각이 서서히 깨어나는 것을 느끼게 된다. 정용준의 「개들」은 마침내, 사방에서 들려오는 고통의 아우성에 눈 감고 귀 닫은 채로 무탈하게 살고 있는 우리들에게 "치욕과 고통으로 뒤범벅된 죽음의 냄새"와 생생하게 대면하라고 말하는 소설처럼 읽히게 되는 것이다. 고막이 파열되어 고통의 외침을 듣지 못하는 저 농장의 개들처럼 개죽음을 기다리며 무력하게 살 수는 없다고 말하는 소설이 되는 것이다. _**조연정(문학평론가)**

2014년 9월

이달의 소설

번역의 시작

조해진

1976년 서울에서 태어나 2004년 문예중앙 신인문학상으로 등단했다. 소설집 『천사들의 도시』 『목요일에 만나요』, 장편소설 『한없이 멋진 꿈에』 『로기완을 만났다』 『아무도 보지 못한 숲』이 있다.

작 가 노 트

미국 중부 도시 세인트루이스에서 지내는 동안 눈에 각인된 이미지들로 썼다. 내게는 앨범으로 번역되는 소설인 셈이다.

●••

번역의 시작

—

그 도시를 떠나온 뒤부터 하나의 꿈이 반복됐다. 영수 씨와 안젤라, 꿈의 주인공은 그들이었다. 그들은 마치 망각의 영역을 향해하는 한 쌍의 작은 조각배 같았다. 많은 그림과 문장 들이 실린 그 배들은 시간이란 이름의 거센 파도를 피해가며 고요하게 흘러갔고, 밤이 되면 꿈의 입구로 이어지는 내 머릿속 쓸쓸한 항구에 정박하여 밧줄을 내렸다.

가령, 이런 식의 꿈이었다.

캐리어 가방을 끌고 추운 거리를 헤매다가 허름한 문을 열고 들어가면, 오래전 그 도시에서 내가 잠시 살았던 태호의 스튜디오 아파트가 나타난다. 시트가 헝클어진 침대, 체크무늬 식탁보가 깔린 테이블, 여기저기 긁힌 자국이 있는 3단짜리 옷장…… 꼭 필요한 가구만 있었던 그 공간은 그때의 모습을 고스란히 간직하고 있다. 테이블 위에는 뚜껑이 열린 맥주 한 병이 놓여 있고 창밖으로는 반원 모양의 뒷마당이 보인다. 꿈의 세계가 제공하는 입주권인 듯 병 안에서 찰랑이고 있는 맥주를 들이켜고 나면 철컹철컹, 철컹철컹, 귀에 익은 기차 소리가 들려온다. 마침 뒷마당에선 기차 한 대가 느릿느릿 지나가고 있다. 창가로 다가갈수록 기차는 크고 선명해진다. 철로도 없는 뒷마당을 반복해서 돌고 있는 그 기차에는 기관사도, 검표원도, 화장실을 이용하는 승객도 없다. 탑승객은 오로지 영수 씨와 안젤라, 두 사람뿐이다. 나란히 앉은 그들은 하나같이 표정이 없고 입술을 뻥긋거리긴 하지만 목소리는 내지 못한다. 조금이라도 가까워지기 위해 창문 밖으로 손을 뻗어보지만 우리 사이의 거리는 좀처럼 좁혀지지 않는다. 뒤늦게 올라오는 취기에 비틀거리다가 맥없이 바닥에 주저앉으면 커다란 손이 아파트 벽을 뚫고 들어와 내 어깨를 흔든다. 철컹철컹, 철컹철컹. 나를 깨우는 손바닥에서도 늘 그렇게 기차 소리가 났다. 잠결에도 나는, 그 소리가 꿈속의 질서를 헝클이지 않기 위해 그 테두리만을 부드럽게 에두르며 지나간다는 걸 느끼곤 했다.

*

—영 레이디, 영 레이디!

들려오는 목소리에, 나는 가까스로 눈을 뜨고 내 어깨를 흔드는 여자를 올려다봤다. 그때 나는 안젤라의 이름이 안젤라란 것도 알지 못했으므로 그저 다부진 체격의 낯선 남미 여자가 내 잠을 깨웠다고 생각한 게 전부였다. 안젤라가 일주일에 한 번씩 아파트의 마당과 복도, 공동 세탁실을 청소하러 오는 용역 직원이란 것 역시 그날 처음 알게 된 사실이었다. 마주치는 모든 사람들을 피부색과 체형으로만 각인한 뒤 열린 서랍 같은 머릿속에 되는대로 처박아두고 지내던 시절이었다.

여긴, 어디인 걸까.

나는 몽롱한 눈길로 주위를 두리번거렸다. 마침 키가 큰 도토리나무에서 다 익은 도토리 몇 알이 떨어졌다. 내가 있는 곳이 떨어지면 부서지고 부서지면 소리가 나는 현실이라는 것을 일깨워주려는 듯, 도토리 소리는 한 줌의 메아리도 없이 단호히 울려 퍼졌다. 그러니까 그곳은 바람을 막아줄 차양 하나 없는 뒷마당의 철제 계단이었다. 공간이 확인되자 그제야 몸 안에 스민 한기가 느껴졌다. 두 팔을 엇갈려 몸을 감싸며 나는 몇 가지 사실들을 어렴풋이 떠올렸다. 간밤 그곳에서 맥주를 마시다가 현관문 열쇠를 떨어뜨렸다는 것, 닫으면 자동으로 잠기게 되어 있는 현관문을 열기 위해선 어떻게든 열쇠를 찾아야 했지만 이미 취한 상태였고 손전등 하나 챙겨 오지 않은 탓에 이내 포기한 채 쭈그리고 앉아 막연히 태호를 기다렸다는 것, 그러다가 잠이 들었고 그때껏 태호는 나를 찾으러 오지 않았다는 것, 그런 것들을 차고 건조하게.

여자는 자신을 안젤라라고 소개하며 도와주겠다고 말했지만 나는 일단 혼자 힘으로 상황을 정리하고 싶었다. 발치에 놓인 빈 맥주병들을 챙겨 일어나려던 순간, 그러나 나는 도로 주저앉고 말았다. 안젤라가 팔을 잡아주며 무슨 말인가를 걸어왔지만 내가 알아들을 수 있는 건 더 이상 없었다. 안젤라는 맥주병들을 한쪽으로 치운 뒤 청소용역 직원에게 배당된 열쇠로 현관문을 따주었고 302호 앞까지 나를 부축해주었다. 잘 알지도 못하는 타인의 과도한 친절은 불편했지만 체온을 나눠주고 쓰러지지 않도록 상체를 잡아주는 손길이 필요하긴 했다. 302호 열쇠는 다행히 주머니 안에 있었다. 열쇠를 꺼내며 언뜻 뒤를 돌아보자, 안젤라는 포갠 두 손을 오른쪽 귀에 대 보이며 푹 자라는 다정한 메시지를 보내왔다.

302호 안에선 태호가 베개에 얼굴을 파묻은 채 곤히 자고 있었다. 마치 안젤라의 메시지를 자신이 이미 접수했다는 듯이. 일주일 전부터였나, 아니면 한 달이 되어가는 걸까. 처음엔 밤마다 순순히 바닥에 담요를 깔던 그가 언제부터 나와 침대를 공유하게 되었는지 잘 기억나지 않았다. 어느 날 아침에 눈을 떠보니 침대 끝에서 동그랗게 몸을 말고 있는 그가 보였다. 며칠이 지나자 그는 자연스럽게 침대 한쪽을 차지하게 되었고 새벽을 통과하는 동안 우리의 다리나 팔이 겹치기도 했다. 늘 쉬운 건 아니었지만, 우리는 메마른 성욕을 외면하는 데 익숙해져갔다. 어젯밤, 그는 언제나처럼 자정이 다 돼서 귀가했을 것이고 불도 켜지 않은 욕실에 서서 대충 씻은 뒤 그대로 침대 위로 쓰러졌을 것이다. 내 숨소리가 들리지 않는다는 걸 의식할 틈도 없이 그는 곧바로 잠들었을 게 분명하다. 그렇게 생각하는 게 편했다. 내가 사라졌다는 걸 알고도 저렇듯 태평하게 잠을 자고 있는 건 아닐 거라고 믿어야 했다. 그 도시의 불문율 중 하나는 이것이었다. 내가 그곳에서 살고 있다는 것을 증언해줄 사람도, 뜻하지 않은 사고로 실종되거나 소멸된다면 그 상황을 세상에 알릴 사람도 태호 외엔 아무도 없다는 것……

나는 여전히 심하게 몸을 떨며 욕실로 들어가 샤워기를 틀었다. 가능한 오래오래 뜨거운 물방울의 위로를 받고 싶었지만 그새 깨어난 태호가 욕실 문을 거칠게 두드린 탓에 서둘러 샤워를 끝내야 했다.

대충 옷을 껴입고 문을 열자 태호는 급해서,라고 말하며 내 몸을 살짝 밀치고는 바로 욕실로 들어갔다. 변기에 쏟아지는 오줌 소리를 들으며 침대맡에 놓인 탁상시계를 내려다보니 시간은 어느새 7시 10분이었다. 그러고 보니 이 시간에 나는 주로 주방에 있었다. 빵과 샐러드를 준비하고 커피를 내리고 접시를 닦았다. 태호는 체크무늬 식탁보가 깔린 테이블에 앉으면 한숨부터 쉬곤 했다. 그는 늘 걱정이 많았다. 남들보다 월등한 조건으로 재취업을 하려면, 나아가 고액 연봉자가 되어 서울 한복판에 있는 아파트와 매끈한 중형차를 소유하려면 A로 가득한 성적표가 필수였지만 언어적 한계로 인한 학업의 장벽과 엄청난 분량의 과제가 그의 의욕을 꺾고 있었다. 경제적인 지원을 해주지 못하는 부모의 형편과 비행기까지 타고 날아와 좁은 아파트를 차지하고 있는 채권자도 그에게는 남들은 겪지 않아도 되는 자신만의 불우한 현실로 여겨졌을 것이다.

나는 주방으로 들어가 냉장고 문을 열어놓고 한참을 서 있다가 전날 먹다 남긴 베이글을 꺼내 토스터에 넣었다. 채권자는 채무자를 위해 이렇게 아침마다 식사를 준비한다. 물론 나 혼자만의 아침 식탁에 태호가 허락도 없이 끼어든 것이라 해야 더 정확한 표현이겠지만, 그런 태호를 제지하지 않은 건 분명 나였다. 커피 잔에 뜨거운 물을 붓다 말고 나는 신경질적으로 주전자를 탁 내려놓았다. 벌써부터 뒷마당 철제 계단에 앉아 맥주를 마시며 취해갈 수 있는 밤의 시간이 그리웠지만 현관문 열쇠를 찾을 때까지는 불가능할 터였다. 그날 아침, 태호와 마주 앉아 아침을 먹는 동안 내가 바라보는 허공에는 투명한 상자 안에서 잔뜩 웅크리고 있는 내 모습이 그려졌다. 열쇠로 인한 근심이 커갈수록 허공의 상자는 점점 더 내 몸을 옥죄어왔지만,

태호는 내가 열쇠 얘기를 꺼내기도 전에 마지막 베이글 한 조각을 입 안에 구겨 넣고는 황급히 302호를 뛰쳐나갔다.

*

침실이자 거실로 이용되는 방 하나에 작은 욕실과 주방이 갖춰져 있는 302호에는 세 개의 채널만 나오는 텔레비전과 국제전화가 제한되어 있는 전화기가 있었다. 태호는 할 일이 없을 땐 텔레비전을 보며 영어 공부를 해보라고 조언했지만 아무리 인내심을 갖고 화면을 들여다봐도 내게 들리는 거라곤 예스와 노, 그리고 오케이가 전부였다. 나는 주로 낮잠을 잤다. 낮잠을 자고 일어나면 302호에서 소비해야 하는 시간이 그만큼 차감되어 있어서 좋았다. 외출은 거의 하지 않았다. 섣불리 집을 나섰다가 길이라도 잃으면 또다시 태호의 도움을 필요로 하는 사람이 될 수밖에 없었고 그런 상황이라면 한 번으로도 충분했다. 서울에서처럼 무작정 드라이브를 나갈 수도 없었다. 미국에 온 지 일주일도 안 됐을 무렵 태호의 차를 몰다가 가벼운 접촉사고를 낸 이후부터, 자동차는 태호와 나 사이에서 금기어가 되어 있었다. 태호에게서 받은 돈으로 뉴욕에 머물다가 귀국하겠다는 계획이 틀어진 것도, 따지고 보면 그 접촉 사고 때문이었다. 태호는 자신의 차와 상대 차의 수리비뿐 아니라 내 근육통 치료비를 계산해야 했다. 청구서는 간격을 두고 한 장씩 날아왔고, 그때마다 그는 계산기를 두드리며 내게 갚아야 할 돈을 다시 산출했다. 내 적금은 그렇게 반으로 줄어들었지만 그에겐 그마저도 버거운 액수인 듯했다. 태호는 겨울방학이 시작되면 허드렛일을 해서라도 돈을 벌어 갚겠다고 큰소리쳤으나 그때가 되면 미국에서 비자 없이 체류할 수 있는 기간인 3개월을 초과하게 될 터였다. 일단 귀국하여 태호의 송금을 기다릴 것인가, 아니면 돈을 받아낸 뒤 불법체류자 신분으로 출국할 것인가 하는 문제를 동전 던지기로 결정할 수는 없었다. 어느 날은 꼭 돈을 받아낸 뒤 귀국하겠노라고 결심했지만, 또 다른 날이 오면 잘못한 것도 없는데 미국 출입국 사무소의 입국 거절 명단에 이름이 올라간다는 게 용납되지 않았다.

반원 모양의 뒷마당 철제 계단에 앉아 어둠에 젖어가는 밤의 풍경에 빠져들기 시작한 건 아무것도 결정하지 못한 채 속수무책으로 흘려보낸 시간이 한 달이나 되어가던 무렵이었다.

뒷마당에는 대체로 대여섯 대의 차들이 주차되어 있었고 두 그루의 키 큰 도토리나무가 있었다. 해가 저물면 고층 빌딩과 네온사인, 대형 멀티비전을 모르는 그 도시의 순박한 어둠은 숨을 곳을 찾지 못하고 그 뒷마당에까지 퍼져들어 왔다. 시간이 지날수록 주차된 차들과 도토리나무들은 조금씩 지워져갔고 끝내는 내 몸도 어둠 속으로 차근차근 스며들게 됐다. 첫날엔 아무것도 마시지 않았고 둘째 날엔 맥주 한 병을 마셨다. 그리고 셋째 날부터는 취할 때까지 마시고 또 마셨다. 술에 취하면 어딘가에서 꼭 기차 소리가 들려왔다. 철컹철컹, 철컹철컹. 기차는 기차라는 사물에서 연상되는 고전적인 소리를 내며 끊임없이 어딘가로 떠나갔다. 기차 소리가 깃들면 그 평범한 뒷마당이 어느 국경 도시의 환승역처럼 느껴졌다. 내가 갈아탈 기차가 어디로 갈지는 안내판을 보지 않아도 알 것 같았다. 나라는 한 인간이 덧없이 사라질 수 있다는 생소한 가능성, 기차의 목적지가 환기하는 그 가능성은 나를 두렵게도 했지만 매혹하기도 했다.

*

안젤라가 302호 문을 두드린 건 열쇠를 잃어버리고 한 주가 지난 수요일이었다. 안젤라는 안젤라라는 이름을 또 한 번 밝히며 한 손을 펴 보였는데, 그 안엔 놀랍게도 내 현관문 열쇠가 들어 있었다. 나는 두 눈만 끔벅이며 안젤라를 되바라봤다. 뒷마당에서 청소를 하다가 주웠는데 아무래도 302호에 사는 영 레이디의 열쇠 같아서 가져와봤다고 그녀는 말했다. 안젤라는 대수롭지 않은 일이라는 듯 열쇠를 건넸지만, 그 순간 내게는 그녀가 세상에 둘도 없는 위대한 마술사처럼 보였다.

열쇠가 없는 그 일주일 동안, 나는 현관문 밖으로 한 발자국도 나가지 못했으므로 뒷마당에서 맥주에 취해가는 밤의 시간도 소유하지 못했다. 안젤라가 아니었다면 그런 폐쇄된 생활은 좀더 지속됐을 것이다. 열쇠를 잃어버린 다음 날, 태호와 함께 뒷마당을 샅샅이 뒤져보긴 했지만 한 시간여가 지난 뒤 우리의 손에 들어온 거라곤 25센트짜리 동전 두 개와 껌 봉지, 그리고 빈 담뱃갑이 다였다. 새 열쇠를 맞출 수밖에 없는 상황이 되었지만 태호는 시험을 들먹이며 기다리라는 말만 되풀이했다. 왜 열쇠를 잃어버려서 사람을 귀찮게 하느냐며 짜증을 낸 날도 있었다. 내가 누구 때문에 직장도 그만두고 여기까지 왔는데! 참지 못하고 악을 쓰자 태호는 예의 그 불쌍한 얼굴로 학점에 대한 불안감을 토로하기 시작했다. 망할 놈의 쇳덩어리. 나는 종종 낮잠에서 깨어나 차갑게 중얼거리곤 했다. 쇳덩어리 하나도 내 힘으로 얻어낼 수 없다는 게 그 도시의 또 다른 불문율이었다. 나는 그 도시의 열쇠공 연락처를 알지 못했고, 다운타운에 있다는 아파트 관리 사무소에 전화를 걸어 상황을 설명하고 새 열쇠를 받는 절차엔 겁이 났다. 무언가를 새로 발급받을 때마다 밟아야 하는 절차는 대개 이런 식이었다. 대기실이나 로비에서 기다리고 있다가 이름이 불리면 신분증을 보여준 뒤 영어로 신청서를 쓰고 영어로 질문에 대답하는 것, 추가적으로 요구되는 서류나 유의 사항을 알아듣지 못하고 부자연스럽게 고개를 끄덕이다가 성과도 없이 돌아서는 것. 태호에게 도움을 청하지 않은 채 은행과 휴대폰 상점을 찾아간 적이 있었지만 계좌를 열고 휴대폰을 개통하는 것까지는 하지 못했다. 시립 도서관 대출증과 백화점의 할인 카드도 내 것이 되지 못했다. 나는 아무것도 하지 못했다. 아마도 그 무렵부터 영수 씨는 한 방울의 빗방울도 막아주지 못할 것 같은 천이 다 찢긴 우산을 들고 나를 찾아오기 시작했을 것이다. 나는 영수 씨에 대해 거의 아무것도 몰랐지만, 그가 나보다 영어를 못했다는 것 정도는 잘 알고 있었다.

태호는 내게 필요한 것을 궁금해하지 않았고 먼저 물은 적도 없었다. 내가 더 이상 아무런 사고도 일으키지 않고 없는 듯이 지내다가 때가 되면 조용히 돌아가길, 그는 오직 그것만을 바라고 있었을 것이다. 6개월 만에 만난 나를 건너다보던 그의 얼빠진 표정을 잊을 수 없었다. 열여덟 시간에 걸친 긴 여정 끝에 그의 아파트 현관문 앞에 도착한 내게 그가 처음 한 말은 미안해, 가 아니라 갚을게, 였다. 난 네가 빌려준 거라고 생각했어, 진짜야. 화도 나지 않았다. 나는 그를 밀치고는 기내용 캐리어 가방은 현관문 밖에 그대로 남겨둔 채 302호로 씩씩하게 올라갔다. 뒤에서 내 캐리어 가방을 들고 따라오는 그의 얼굴이 시무룩했다.

태호와는 거래처 직원의 소개로 만났다. 특별하지도 않고 뜨거울 것도 없는 데이트가 몇 번 이어졌다. 만난 지 석 달이 되어가던 무렵 그가 사회생활에 대한 염증을 늘어놓은 뒤 곧 모든 것을 정리하고 미국으로 유학을 갈 예정이라고 밝힌 순간, 담담했던 내 마음은 동요하기 시작했다. 공교롭게도 그 무렵, 뉴욕의 센트럴파크 벤치에서 시신으로 발견된 한 남자의 사연을 인터넷으로 접하게 됐다. 기사엔 그가 20여 년 전 혼자 미국으로 건너갔고 체류 기간의 대부분을 불법체류자로 살았다고 적혀 있었다. 연락이 되는 가족이 없어서 한인들의 기부금으로 공동묘지에 안치됐다는 마지막 문장에 내 시선은 오래 머물렀다. 기사에 나온 그의 이름은 최영수가 아니었고 사진 속 노년의 남자 얼굴은 젊은 시절의 영수 씨와는 겹쳐지지 않았지만, 20년의 세월은 모든 것을 가능하게 할 수 있는 긴 시간이기도 했다. 뉴욕 외곽에 있다는 그 공동묘지로 내 발길을 이끌기 위해 어떤 보이지 않는 힘이 짧은 시차를 두고 태호와 그 인터넷 기사를 내 일상으로 밀어 넣은 건 아닌가, 그런 생각이 들기도 했다. 어리석은 줄 알면서도, 도저히 그 생각에서 빠져나올 수가 없었다. 유학 얘기가 나오고 석 달 후, 등록금 때문에 어렵게 합격한 경영대학원 입학을 포기해야 할 것 같다는 태호의 말에 나는 주저 없이 적금을 해지했다. 돈을 받던 날 태호는, 회사에서 퇴직금이 나오면 그 돈으로 간소한 식을 올리자며 활짝 웃어 보였다. 그리고 보름 뒤, 그는 내게 전화 한 통 없이 혼자 출국했다. 그가 퇴직금을 거의 받지 못하는 계약직 직원이었다는 건 그의 미국 주소를 수소문하는 과정에서 뒤늦게 알게 됐다. 그가 합격한 대학 이름을 거짓으로 둘러댔다는 것 역시 나는 눈치채지 못했다. 그렇게 아무것도 눈치채지 못한 채 새벽에는 영어회화 학원에 다녔고, 주말에는 재혼해 청주에 살고 있던 어머니를 한 번이라도 더 만나기 위해 부지런히 버스 터미널을 오갔다. 운명적인 끌림이라든지 따뜻한 소속감, 혹은 뭐든지 감수할 수 있는 희생 같은 것에 대해서는 깊이 고민하지 않았다. 태호를 향한 그때의 내 마음은 허름한 여관의 공동 샤워실 세면대에 내팽개쳐진 낡은 칫솔 같은 거였는지도 모르겠다. 필요하지만 더 깨끗한 칫솔이 있었다면 굳이 사용하지 않았을 대체 가능한 사물…… 그 벌을 받고 있는 거라고, 때때로 나는 302호 안에서 혼잣말로 중얼거리곤 했다. 감정보다 상황에 이끌린 죄, 진심을 모른 척했던 죄, 동시에 그의 진심도 보지 못한 죄, 그 모든 죄들의 대가가 바로 302호의 무료한 시간이었다.

그날 안젤라는 내 초대로 302호 안으로 들어왔다. 체크무늬 식탁보가 깔린 테이블에 앉아 내가 건네는 접시와 커피 잔을 받던 그녀와 눈이 마주쳤을 때, 순간적으로 나는 그녀처럼 환하게 웃고 말았다. 안젤라의 그 웃음은 그날 내게 찾아온 두번째 열쇠였을 것이다. 그 열쇠가 열어준 곳은 뜻밖에도 고향이었다. 신분증이 없어도 불안하지 않고 아무 데나 전화를 걸어도 소통이 되는 곳, 언어가 곧 거리감으로 치환되지 않는 곳…… 또한 그곳은 도로에서 가벼운 접촉 사고를 냈다 해도 수갑과 감옥을 상상하며 공포감에 짓눌리지 않아도 되는 곳이기도 했다. 하지만 그 고향에 아무런 미련도 두지 않고 훌쩍 떠나려 했던 건, 그날로부터 불과 6개월여 전의 일이었다.

*

안젤라의 그 환한 웃음을 떠올리면 그 도시의 지하철역에 설치되어 있던 주황색의 티켓 체크인 상자가 내 감정의 모양이 되었다. 티켓을 상자에 넣으면 찰캉, 하는 소리와 함께 탑승 가능한 날짜와 시간이 찍혀 나오듯 안젤라의 웃음은 친구가 생겼다는 소식을 알리는 유효 표지처럼 내 마음속에 새겨졌다.

안젤라와의 수요일 점심 식사는 그 후로도 세 번 더 이어졌다. 수요일마다 아파트로 청소를 하러 오던 그녀는 일을 끝내고 나면 어김없이 302호를 노크했고 302호로 들어온 뒤엔 빵과 수프, 샐러드와 커피가 차려진 테이블 앞에 앉았다. 그녀는 점심을 거르고 저녁의 직장인 이탈리아 식당으로 출근하곤 했으므로 내가 차려준 음식을 늘 남김없이 맛있게 먹어주었다.

몇 차례의 점심 식사를 통해 나는 안젤라가 진짜 마술사와 다름없다는 걸 알게 됐다. 내 현관문 열쇠를 찾아다 준 건 그녀가 펼쳐 보일 다양한 마술의 서막에 불과했다. 일단 그녀는 오직 영어만으로도 나와 대화를 나눌 수 있었다. 간혹 내가 대화 흐름과 상관없는 말을 하거나 적당한 단어가 생각나지 않아 뜸을 들여도 그녀는 답답해하거나 재촉하지 않았다. 오히려 무슨 말에든 적극적인 반응을 보였고, 말과 말 사이에 침묵이 끼어들면 차분히 기다려주었다. 그뿐만이 아니었다. 안젤라에겐 언어를 초월하는 교감 능력도 있었다. 마지막이 된 우리의 네번째 점심 식사에서 새벽의 도로에서 일어났던 접촉 사고에 대해 언급하자 그녀의 얼굴은 마치 그 사고 현장을 목도하기라도 한 듯 순수한 걱정으로 물들어갔다. 그것만으로도, 나는 뜨거운 눈물을 쏟을 뻔했다. 전화를 받고 현장으로 달려온 태호는 영어에 서툰 나 대신 경찰과 보험사 직원 앞에서 사고 상황을 설명했고 내 음주 여부와 운전 경력 등을 밝혔다. 그날 그와 나는 동이 틀 무렵에야 302호로 돌아올 수 있었다. 허락도 없이 자신의 차를 끌고 나가 사고까지 낸 것에 화를 낼 법도 한데 그는 내내 아무 말도 하지 않았다. 마치 그 방에 내가 없다는 듯 입을 꾹 다문 채 옷을 갈아입고 가방을 챙겨 그가 방을 나간 순간, 내 안은 잡동사니로 가득한 다락방의 거울로 채워졌다. 거울이 그곳에 존재하는 한 거울 속 풍경도 결코 바뀌지 않을 무용한 사물…… 영 레이디, 슬퍼하지 마. 접촉 사고 이후 태호가 보인 반응까지 털어놓자 안젤라는 내 손등을 어루만지며 부드러운 목소리로 말했다. 안젤라의 가장 뛰어난 마술이 펼쳐진 건 그때였다. 실수에는 죄책감을 느낄 필요 없다고 그녀는 말했다. 아니, 꼭 그렇게 말한 건 아니었지만 나는 그녀의 눈빛에서 분명 그 문장을 읽었다. 그녀는 타인에게 언어가 아닌 눈빛으로 그 사람이 듣고 싶어 하는 말을 전할 줄 알았다.

안젤라는 이야기꾼이기도 했다. 신비롭고 아름다운 은유들로 가득한 그녀의 이야기를 듣고 있노라면 아무리 읽어도 지루하지 않은 책 속에 들어와 있는 기분이 들었다. 그녀는 15년 전, 보름 동안 쉬지 않고 걸어서 미국으로 왔다. 강을 건너고 들판과 사막을 가로질러 미국 국경을 넘어왔을 때, 서른 명의 동행자 중 세 명이 바람 속으로 사라지고 없었다. 그녀의 남동생도 그중 한 명이었다. 바람이 멈추지 않는 한 그도 걷는 걸 멈출 수 없으므로 그가 언제 이곳에 도착할지는 아무도 몰랐다. 알 수 없지만, 기다림을 포기한 적은 없다고 안젤라는 이어 말했다. 하루에 딱 한 번 거리 전체가 황금빛으로 변하는 동네에서 그녀는 어머니와 함께 날마다 남동생을 기다렸다.

—그리고 내 남자친구 벤지는 커다란 새장 안에서 일해.

벤지가 화제에 오르자 그녀의 목소리가 저절로 높아졌다.

—벤지의 몸은 정말 아름다워. 그의 몸은 울퉁불퉁한 산맥과 윤기 흐르는 들판과 깊은 계곡이 모두 있는 검은 대지의 축소판이라고 할 수 있어. 그 대지 곳곳에는 세계 각국의 글자가 새겨져 있는데 왼쪽 어깨에서 팔꿈치까지 이어진 마야어 타투가 그중 가장 특별하게 보여. 새장 안에서 그가 무슨 일을 하느냐고? 사실 별거 없어. 그저 눈부신 조명과 사람들의 환호를 받으며 그가 가장 잘하는 걸 보여주면 되는 거야. 일이 끝나면, 그의 검은 대지엔 비가 내리고 상처 입은 새들이 그 빗속을 낮게 날아다니지. 영 레이디, 사실 난 이제 그만……

거기까지 말한 뒤 안젤라는 긴 침묵 속으로 들어갔다. 침묵이 흐르는 동안 세상은 부지런히 어두워져 갔고 안젤라의 얼굴도 그만큼 희미해졌다.

—이제 그만, 새장 속에서 그를 꺼내주고 싶어.

그 말과 함께 안젤라가 다시 침묵에서 빠져나왔을 때, 그녀와 나는 뒷마당 철제 계단에 앉아 맥주를 마시고 있었다. 그녀가 엄청난 양의 설거지를 해야 하는 아파트 근처의 이탈리아 식당이 인테리어 공사로 일주일간의 휴업을 한 덕이었다. 여느 때와 달리 조금은 우울해 보이던 안젤라는 나보다 두 배 이상 빠른 속도로 맥주를 마셨다. 안젤라는 결국 취했다. 취한 안젤라가 몸을 좌우로 흔들며 고향의 노래를 부르는 동안, 내 눈에는 예의 그 찢긴 우산을 든 영수 씨가 보였다. 안젤라는 계속해서 노래했고 영수 씨는 안젤라의 노래에 맞춰 이리저리 우산을 돌리며 기이한 춤을 추었다. 그렇게 우리의 시간은 다른 통로 속을 지나갔지만 결국엔 똑같은 분량으로 뒷마당을 떠났다. 성실하게 지구를 왕복하는 어둠을 타고, 철컹철컹, 철컹철컹, 단 한 번도 인간의 시간을 거절한 적 없는 그곳을 향해. 버스 막차 시간이 다 되어서야 자리에서 일어난 안젤라는 헤어지기 전 살짝 날 안으며 연거푸 속삭였다. 굿바이. 씨 유. 해브 어 나이스 나이트. 갓 블레스 유. 나는 그 인사를 한국말로 한 번 더 반복했다. 잘 가. 또 봐. 근사한 밤을 보내. 너에게 신의 축복이 있길. 내 한국말 인사를 모두 들은 안젤라는 어쩐지 물기가 밴 목소리로 속삭이듯 물었다.

—영 레이디, 너는 방금 내 고향의 말을 한 거니?

*

12월이 되면서 기온이 급격하게 떨어졌다. 무비자 체류 기한은 열흘로 좁혀졌고, 그건 열흘이 지나기 전에 돈과 안전한 귀국 중 무엇에 중점을 둘지 결정해야 한다는 걸 의미했다. 결정한 것도 없으면서 무작정 한국 여행사에 전화를 걸어 6개월짜리 오픈티켓의 돌아가는 날짜를 조율하고 있을 때, 누군가 302호 문을 두드렸다. 테이블에 앉아 책을 보는 척했지만 실은 내 통화를 주의 깊게 듣고 있던 태호가 머리를 긁적이며 문 쪽으로 걸어갔다.

잠시 후, 태호의 짧은 비명이 들려왔다. 뒤를 돌아본 나는 예약을 마무리하지 못한 채 전화를 끊어야 했다. 열린 문틈으로 믿을 수 없게도 안젤라가 서 있는 게 보였다. 안젤라, 외치며 나는 태호를 밀치고는 걸쇠를 풀었다. 그 추운 겨울밤에 안젤라는 짧은 셔츠에 얇은 트레이닝복 바지 차림이었고 양말도 없이 여름 슬리퍼를 신고 있었다. 게다가 한쪽 눈은 흉하게 부풀어 있었고 입가에는 피가 고여 있었으며 드러난 팔뚝에는 찍히고 멍든 자국이 있었다. 내 얼굴을 확인한 안젤라가 평소와 다르게 잔뜩 주눅 든 목소리로 두서없이 말했다.

—있지, 영 레이디, 처음엔 택시를 타고 병원에 가려고 했어. 근데 지갑이랑 휴대폰이 없었어. 집을 뛰쳐나올 때 필사적으로 뭔가를 움켜잡긴 했는데 한참을 걷다가 주먹을 펴보니까 이 아파트의 현관문 열쇠더라고. 처음엔 호텔, 참, 내 정신 좀 봐, 호텔이 아니라 병원에 가려고 했다니까. 진짜야.

나는 일단 안젤라를 침대 쪽으로 데려갔고 주방으로 가서 물을 끓였다. 얼음과 마른 수건을 준비했고 세탁해놓은 두터운 담요도 꺼냈다. 정신없이 안젤라와 주방 사이를 오가는데 돌연 뒷덜미를 지나가는 서늘한 기운이 느껴졌다. 태호가 문 옆에서 팔짱을 끼고 선 채 나와 안젤라를 번갈아 보고 있었다.

—저 여자, 뭐야?

나와 시선이 마주치자 태호가 한국말로 물었다.

—친구야. 프렌드, 몰라?

태호는 웃었다. 그건, 내가 들어본 그 누구의 웃음소리보다 차가웠다. 웃음이 가시자 그는 붙박이장으로 걸어가 신경질적으로 외투를 꺼내 입으며 혼잣말인 듯, 그러나 내가 들을 수 있을 만큼은 큰 목소리로 중얼거렸다. 시험 기간 된 거 알고 저러는 거야, 뭐야. 이젠 약쟁이 여자까지 내 집에 끌어들여? 그래, 갚는다 갚아. 그래봤자 한 학기 등록금도 안 돼, 네 돈. 가방과 차 키를 챙겨 그는 곧 302호를 나갔다. 볼륨 장치가 고장난 라디오를 나는 느끼고 있었다. 안에서는 분노의 가사가 담긴 노래가 터질 듯한 음량으로 울려 퍼지고 있었지만 스피커에서는 아무 소리가 나지 않는 바보 같은 라디오…… 담요를 뒤집어쓴 채 얼음 수건을 눈가에 대고 있던 안젤라가 흔들리는 눈동자로 날 건너다보고 있었다.

—괜찮아.

나는 아무 일도 아니라는 듯 최대한 덤덤하게 말했다. 마음은 이미 짐을 싸 들고 공항으로 달려가고 있었지만 주방에서는 물이 끓고 있었고 내게는 날짜가 확정된 티켓이 없었다. 안젤라는 뜨거운 물을 마시는 동안에도 끊임없이 기침을 했다. 팔뚝 어딘가에 주삿바늘 자국이 있는지 유심히 살펴보다가 이내 그만두었다. 그 대신 안젤라, 부르며 나는 그녀 곁에 앉았다.

—안젤라, 병원에 가야 하지 않아? 여기엔 비상 약품도 없어.

반 정도 비운 컵을 도로 내밀며 그녀는 고개를 지었다.

—걱정하지 마, 영 레이디. 난 어려서부터 자고 일어나면 아픈 게 다 나아 있곤 했어.

—마술사처럼?

되묻자, 안젤라는 그제야 안젤라답게 환하게 웃었다. 나는 곧 자리에서 일어나 히터의 강도를 높이고 이불을 정리해주었다. 고마워, 침대에 누우며 그녀가 말했고 천만에, 나는 대답했다. 추위를 견디며 긴 거리를 걸어서인지 그녀는 이내 잠이 들었다. 태호는 돌아오지 않았고 새벽은 길었다. 테이블에 엎드려 있다가 자명종 소리에 놀라 눈을 떴을 때, 안젤라는 보이지 않았다.

*

그다음 주 수요일, 안젤라는 오지 않았다. 안젤라에게 작별 인사를 한 뒤 떠날 계획으로 수요일 밤 비행기를 예약해놓은 게 소용없는 일이 되고 말았다. 오전 수업이 끝나면 차를 갖고 오겠다던 태호를 기다리다가 노트북을 켜고 구글 지도를 열어보았다. 그 근처에 이탈리아 식당은 다섯 군데가 있었다. 정오쯤 짐을 정리하여 혼자 태호의 아파트를 나왔다. 처음 그 도시에 도착했을 때처럼 내게는 기내용 캐리어 가방 외에는 아무것도 없었다.

세번째 들른 이탈리아 식당에서 덜 마른 페인트 냄새가 났다. 카운터로 걸어가 안젤라를 찾아왔다고 말하자 안젤라는 일주일째 결근 중이라는 대답이 돌아왔다. 그 대신 안젤라와 친분이 있다는 주방 직원이 잠시 나를 만나주긴 했다. 주방 직원의 이름은 에즈네였다. 에즈네에게도 내 이름을 밝히자 그녀는 안젤라에게서 들은 적이 있다며 반가워했고 자연스럽게 나에 대한 경계심도 풀었다. 에즈네를 통해 나는 안젤라를 조금 더 알게 됐다. 아니, 나는 안젤라라는 이름 외에는 그녀에 대해 아무것도 몰랐으니 그제야 그녀를 조금이나마 알게 된 것에 불과했다.

에즈네는 안젤라의 집 주소도 알려줬다. 주소에 적힌 거리 이름은 도시의 북쪽으로 한때는 공장단지였지만 제조업 쇠락으로 대부분의 공장들이 문을 닫으면서 이제는 우범 지역으로 전락한 곳이었다. 나는 캐리어 가방을 끌며 무작정 북쪽을 향해 걸었다. 두 시간여를 쉬지 않고 걸으니 녹슨 건물들이 하나둘 보이기 시작했다. 러스트 빌리지rust village. 그런 별칭으로 불리고 있는 옛 공장단지가 비로소 시작된 듯했다. 버려진 건물이 흔하고 행인이나 차량이 거의 눈에 띄지 않아서인지 녹(綠)의 동네에는 음산한 기운마저 돌았다. 그곳에서도 12월의 해는 짧았다. 오후 4시가 지나자 뉘엿뉘엿 해가 저물었다. 부지런히 앞을 향해 걷던 나는 어느 순간 가만히 멈춰 서서 눈앞의 풍경을 하염없이 바라보았다.

노을 속에서 공장들의 녹슨 배관통과 굴뚝이 황금빛으로 물들어 가고 있었다.

마술의 시간이었다.

마술의 시간 속에서 나는, 에즈네가 내게 들려준 이야기를 떠올렸다. 나를 늘 영 레이디라 불렀던 안젤라는 실제로는 이제 겨우 이십대 초반으로 나보다 여섯 살이나 어렸다. 15년 전, 고향인 아르헨티나를 떠나 미국으로 밀입국하면서 잃어버린 남동생을 찾겠다는 일념 하나로 착실히 일만 했던 안젤라가 변하기 시작한 건 벤지를 만나고부터였다. 벤지는 격투기 선수라고는 하지만, 실제로는 도박용으로 만들어진 무허가 격투기장에서 실감 나게 맞는 쪽을 담당하는 아마추어 중의 아마추어라고 했다. 매 맞는 게 일인 주제에 툭하면 안젤라를 괴롭혔지. 돈이나 빼앗고. 거기까지 말한 뒤, 에즈네는 크게 한숨을 내쉬었다. 그 순간, 새장 모양의 경기장 안에서 온몸이 땀에 젖도록 맞고 또 맞아 새처럼 슬피 우는 흑인 남자가 내 마음속에 쓱쓱 그려지기 시작했다. 은유로 가득했던 안젤라의 언어는 그렇게 하나의 그림으로 번역되었다.

노을이 지자 황금은 이내 녹으로 되돌아갔고, 그 녹은 다시 희미한 어둠에 묻혔다. 어둠과 추위는 같은 속도로 거리를 장악해갔다. 문득 이상한 느낌이 들어 손을 내려다보니 안젤라의 집 주소가 적혀 있던 메모지가 보이지 않았다. 깨지기 직전의 유리컵을 가슴에 품고 있는 것처럼 어지러움에 가까운 불안감이 엄습해왔다. 차도가 나올 것 같은 폭이 넓은 길을 따라 무작정 뛰고 또 뛰었다. 하지만 아무리 뛰어도 차도는 나오지 않았고 그 흔한 상점 하나 보이지 않았다.

그때였다.

철컹철컹, 철컹철컹. 실체도 없이 나를 위로해주곤 했던 그 기차 소리가 먼 곳에서부터 희미하게 들려왔다. 실에 끌려가듯 나는 맹목적으로 그 소리를 따라갔다. 기차와 철로 같은 건 발견하지 못했지만 어둠 속에서 조명을 밝히고 있는 레스토랑은 보였다. 레스토랑은 따뜻할 터였고 그 안엔 택시를 부를 수 있는 전화기도 있을 거였다. 반가운 마음에 레스토랑 안으로 들어서자 두셋씩 모여 햄버거나 샌드위치를 먹고 있던 몇 명의 흑인들이 일제히 내 쪽을 쳐다봤다. 창가 자리에 앉아 웨이트리스에게 커피와 베이글을 주문했다. 레스토랑 창문에는 흔들흔들 움직이는 샌드백 하나가 비쳤다. 단 한 번도 경기에서 이겨보지 못하고 퇴역한 늙은 복서의 샌드백 같았다. 안젤라는 내 마음속의 티켓 체크인 상자를 밀어내고는 그토록 남루하고 고독한 샌드백으로 돌아와 있었다.

시간이 흐를수록 레스토랑은 비어갔고, 어느 순간 나 혼자만 남게 되었다.

텅 빈 레스토랑 창가 자리는 마치 승객이 한 명도 남지 않은 기차의 마지막 칸 같았다. 기차가 설 때마다 짐을 들고 주저 없이 기차에서 내린 사람들은 다시 돌아오지 않았다. 그사이 커피는 차갑게 식었고 베이글은 단단하게 굳어갔다. 택시를 불러야 하는 시간이 다가오고 있었지만 나는 레스토랑 어딘가에 있을 전화기를 찾는 대신 의자 옆에 세워둔 캐리어 가방에서 영수 씨의 공책을 꺼냈다. 20년의 세월을 지나오는 동안 공책의 회색 하드커버는 비닐처럼 얇아져 있었고, 그 안의 종이는 손만 대도 바스라질 것처럼 누렇게 삭아 있었다. 큰 돈을 벌려면 외국으로 나가야 한다고 믿던 시절, 영수 씨는 뉴욕 플러싱에 한인 마트를 개업한 친척을 돕겠다며 혼자 비행기를 타고 떠났다. 그리고 그로부터 3년 뒤, 그는 사라졌고 그가 갖고 있던 통장과 간소한 소지품만이 귀향했다. 그의 마지막을 보았다는 사람들은 많았지만 그들의 증언은 모두 달랐다. 사라지기 직전의 그는 술집 앞에도 있었고 기차역 대합실에도 있었으며 상가의 지하 주차장에도 있었다. 인사도 받지 않은 채 고개를 푹 숙인 모습으로 어딘가를 향해 빠르게 걸어가는 걸 보았다는 증언도 있었다. 어머니와 나는 그 증언들 중 무엇을 믿어야 할지 알 수 없었다.

영수 씨가 남긴 소지품 중에, 서툴게 그린 그림으로 채워진 이 회색 공책이 있었다. 나이가 들면서, 그가 공책에 그린 그림들이 단순한 풍경이 아니라 그의 감정은 아니었을까, 나는 생각하게 됐다. 공식적인 기관에서 영어를 배워본 적 없는 영수 씨는 뉴욕에 사는 동안 영어도 모국어도 될 수 없는 표현의 한계에 자주 절망했을 것이다. 그에게는 제3의 언어가 필요했을 터이다. 게다가 그의 머릿속에서 나는 한글을 깨치지 못한 다섯 살 아이로 남아 있었다. 그림이라면 하나뿐인 딸도 해독할 수 있을 거라고, 그는 생각했을지도 모른다. 다리의 길이가 제각각인 의자는 불안감, 식품 판매대에 생뚱맞게 놓여 있는 곰 인형은 외로움, 갖가지 모양의 사탕들로 가득한 유리병은 그리움…… 때로는 불확실한 언어보다 형체가 뚜렷한 사물이 그 순간의 감정을 더 정확하게 표현할 수도 있는 거라고, 나는 이 공책을 보며 배웠다.

저녁 8시가 지나자 웨이트리스는 내 쪽을 흘끔거리며 빈 의자들을 테이블 위로 올리기 시작했다. 나는 자리에서 일어나 웨이트리스에게 다가가 조심스럽게 물었다. 당신은 안젤라를 압니까? 웨이트리스는 인상을 쓰며 어깨를 으쓱해 보일 뿐, 모른다는 대답도 하지 않았다.

계산을 마친 뒤 레스토랑을 나오자 습기가 밴 찬바람이 불어왔다. 안젤라의 남동생과 나의 영수 씨도 어딘가에서 이 바람을 맞으며 걷고 있을 거라고 생각하자 나는 춥지 않았다. 멀리서 그 무뚝뚝한 웨이트리스가 예약해준 택시가 다가오는 게 보였다. 칠컹칠컹, 칠컹칠컹. 택시 트렁크에 캐리어 가방을 실을 때, 또다시 기차 소리가 들려왔다. 택시가 공항으로 가는 동안에도 그 소리는 내 귀 뒤편 어딘가에서 힘차게 울려댔고 의아한 마음에 차창을 열면 가뭇없이 사라졌다. 공항에 도착해서야 그 소리가 내게만 들리는 사라진 사람들의 언어라는 걸 나는 깨달았다. 아직 번역할 수 없는 먼 곳의 언어였지만, 뚜렷하게 감각되는 위로이기도 했다.

*

태호는 결국 돈을 갚지 않았다. 2년 만에 다시 만난 그는 내가 그 도시에서 자신의 아파트와 식료품과 물과 전기를 나눠 썼으니 내게 갚아야 할 돈은 실질적으로 제로가 되었다고 말했다. 바라던 대로 미국 대학의 경영학 학위를 소지하게 됐지만 그는 여전히 구직 중인 듯했다. 무언가에 쫓기는 사람처럼 조급해하는 그의 얼굴을 물끄러미 바라보다가 커피숍을 나왔다. 이상하게 후회되는 게 없었다. 내가 있는 곳은 배들의 회항을 기다리는 텅 빈 항구일 뿐이었고, 나는 그 사실이 마음에 들었다. 어딘가에서 바람이 불어왔다. 습관처럼 손가락 끝으로 바람의 온도를 재보았지만 예전만큼 바람 속의 추위와 외로움이 걱정되는 건 아니었다. 꿈이 지속되는 한, 나는 더 이상 혼자가 아닌 영수 씨를 만날 수 있을 터였다. 망각을 거부하는 것, 어쩌면 그건 안젤라가 내게 선물해준 마지막 마술인지도 모르겠다. 언젠가 나도 그 기차에 탑승하게 될 거라는 투명한 확신은 바람 속을 둥둥 떠다니는 풍등(風燈)으로 내 눈앞에 나타나곤 했다. 풍등이 지나간 자리마다 사라진 사람들의 체온이 불빛으로 어른거렸다.

철컹철컹, 철컹철컹.

그리고 기차는 끊임없이 떠나갔다.

영수 씨와 안젤라를 태운 그 기차가 늘 반원 모양의 뒷마당을 도는 건 아니었다. 기차는 내가 헤매고 다녔던 러스트 빌리지를 돌아다니기도 했고, 끝내 가보지 못한 뉴욕 플러싱의 허름한 뒷골목과 가족이 없는 자들이 묻힌 음산한 공동묘지를 통과하기도 했다. 총성이 울리는 삼엄한 국경 지대를 지나간 적도 있었고, 비가 내리고 새들이 우는 검은 대지를 가로지른 적도 있었다.

그래도 기차 소리는 한결같았다.

철컹철컹, 철컹철컹.

그건, 나를 깨우는 아침의 소리이기도 했다. 하나의 꿈이 끝나면 꿈속의 이야기는 영수 씨와 안젤라의 조각배에 새로이 얹어졌다. 그때마다, 또 다른 번역이 시작되었다.

선정의 말

—

조해진의 「번역의 시작」에는 빛도 소리도 없는 어둡고 차가운 공간에 내버려진 듯 삶의 고독과 공허를 온몸으로 느끼는 사람들이 등장한다. 꿈에서 갓 깨어난 시간에 그렇듯, 한낮의 빛들이 어둠 속으로 서서히 사라지는 해질 무렵의 시간에 그렇듯, 알 수 없는 외로움과 두려움이 온몸을 감싸는 순간의 느낌, 아마도 이 소설은 그러한 느낌을 그려내고 싶었던 게 아닌가 싶다. “승객이 한 명도 남지 않은 기차의 마지막 칸”에 홀로 남겨진 듯한 느낌, “한 방울의 빗방울도 막아주지 못할 것 같은 천이 다 찢긴 우산”을 쓴 채 빗속에 홀로 남겨진 듯한 느낌, 조해진은 이러한 문장들로 그 느낌을 번역해내고 있다. 정확하게 뭐라 명명할 수 없는 그 느낌들은 더 구체적인 모습으로 형상화될 수도 있다. 의사소통이 제대로 되지 않는 미국의 낯선 도시에서 친밀감이라고는 전혀 느껴지지 않는 옛 남자의 채권자가 되어 단기 체류 중인 ‘나’, 매일매일의 고된 노동과 애인의 폭력에 속수무책으로 노출되어 있는 밀입국자 안젤라, 그리고 오래전 아메리칸 드림을 꿈꾸며 홀로 미국행 비행기에 올랐으나 결국 그 낯선 곳에서 행방불명되어버린 영수 씨. 이들이 고향이 아닌 낯선 곳에서 느꼈을, 마치 집 앞에서 영영 열쇠를 잃어버린 듯한 그 느낌을, 우리도 모르지는 않는다고 말하면 과장일까.

인간이라면 누구나가 마치 숙명인 듯 함께하게 되는 그 공허하고 외롭고 두렵고 낯선 기운에 대해 「번역의 시작」은 언어의 문제로 접근해보기도 한다. 그리고 그러한 삶의 공허를 메울 수 있는 것으로서 언어 이상의 어떤 것을 제시한다. 그것은 안젤라의 은유의 말들이기도 하고, 오래전 영수 씨가 아직은 말을 배우지 못한 어린 딸 '나'에게 남긴 그림들이기도 하다. 삶의 의욕이라고는 기내용 캐리어 딱 하나만큼만을 지닌 내가 낯선 곳에서 마주한 것은 이 같은 "사라진 사람들의 언어" "아직 번역할 수 없는 먼 곳의 언어"이다. 그리고 이러한 "제3의 언어"로부터 '나'는 "뚜렷하게 감각되는 위로"를 느꼈다고 말한다. 낮의 시간과 밤의 시간을 오가는 인간에게는 언어로써 좀처럼 번역되지 않는 어떤 빈 곳이 존재하기 마련이다. 그리고 그 텅 빈 공허는 언어 이상의 무엇을 통해 마술처럼 채워지기도 한다. 「번역의 시작」에서 발견되는 이러한 통찰은 사실 그리 새로운 것은 아니다. 놀랄 만한 것은 「번역의 시작」이 다양한 이미지와 비유를 통해 직접 그러한 제3의 언어를 고안해보고 있다는 사실이다. 「번역의 시작」은 우리 안의 아득한 공허가 순간적이고도 강력한 이미지의 힘으로 채워질 수 있다는 사실을 스스로 체현하는 소설이 된다. 소설을 읽고 나면 마치 누군가와 같은 꿈을 꾸고 난 듯한, 꿈에서 깨어나서도 전혀 무섭지 않은 듯한 느낌을 받게 된다. 잠시나마 강력하게 위로를 받았다는 느낌이 드는 것이다. _**조연정**

삶에 대한 희망도 기대도 없이 그저 각자가 감당해야 할 고독하고도 불행한 삶을 겨우 이어나가는 사람들의 신산함이 어떤 평등한 소통의 가능성을 열어줄 수도 있는 법이다. 조해진의 「번역의 시작」은 서로 말이 온전하게 통하지 않는 고독한 개인들이 오히려 그러한 언어적 한계 덕분에 마술적인 대화를 이어나갈 수 있다는 사실을 보여주는 소설이다. 이 작품에서 상처를 안고 등장하는 나와 안젤라는 영어라는 제국의 언어와의 관계에 있어 철저하게 밖으로 소외되어 있는 존재들이다. 그런데, 이러한 조건이 두 인물로 하여금 그 무엇보다 평등하고 감각적인 대화를 가능케 한다. 나와 안젤라 사이에 형성된 관계는 어쩌면 어린아이들끼리 맺는 천진난만한 우정과 유사할지도 모른다. 본래 타국의 말을 처음 배워나가려 애쓰는 모습은 인간이 어느새 망각해버린 유아기의 기억, 그러니까 모국어의 세계에 진입하면서 마침내 성장을 이루어나가던 순수했던 시절을 떠올리게 한다. 안젤라가 자신보다 나이가 많은 '나'를 향해 '영레이디'라고 불렀던 것도 '나' 역시 그녀의 실제 나이를 알기 전까지 큰 이질감을 느끼지 못한 것도, 더 나아가 둘 사이에서 그 어떤 외부적 맥락의 개입 없이 순수하고도 충만한 대화가 이루어질 수 있었던 것도 최소한 이 둘은 대화의 시간 속에서 각자가 서로 자신의 유아기로 돌아갈 수 있었기 때문이다. 그리고 그것이 나로 하여금 방어적으로 망각했던 과거의 불행했던 기억까지도 소생시키게 만들었던 마술적 힘의 정체일 것이다. “아직 번역할 수 없는 먼 곳의 언어였지만, 뚜렷하게 감각되는 위로이기도 했다.” 조해진의 「번역의 시작」은 위로라는 것이 이처럼 온전한 형태로 번역될 수 없는 이국의 말이지만, 그럼에도 불구하고 그 무엇보다 생생하게 감각될 수 있는 유아기의 말이라는 사실을 마술적으로 체험할 수 있게 한다. _**강동호**

2014년 10월
이달의 소설

웃는 남자

황정은

1976년 서울에서 태어나 2005년 『경향신문』 신춘문예로 등단했다. 소설집 『일곱시 삼십이분 코끼리열차』 『파씨의 입문』, 장편소설 『百의 그림자』 『야만적인 앨리스씨』 『계속해보겠습니다』가 있다.

작 가 노 트

건강하시기를

●••

웃는 남자

—

오랫동안 나는 그 일을 생각해왔다.

생각하고 생각해 마침내는 이해해보려고 나는 이 방에 머물고 있다. 오래전, 이 방 바깥에서 내 등을 두드리며 나를 이해할 수 있다고 말한 이가 누구였는지는 모르겠다. 그의 이름이 뭐였는지 내가 어쩌다 그 사람을 만났는지 그가 내게 중요한 사람이었는지 아니었는지 남자였는지 여자였는지조차 기억해낼 수 없다. 밤이었다는 것은 분명하다. 나는 너를 이해할 수 있어. 컴컴한 모퉁이에서 그 말을 들은 순간 나는 깜짝 놀랐다. 이 사람이 이해할 수 있다는 나를, 나는 왜 이해할 수 없는가.

나는 이해한다는 말을 신뢰하지 않는 인간이었다. 이해한다는 말은 복잡한 맥락을 무시한 채 편리하고도 단순하게 그것을, 혹은 너를 바라보고 있다는 무신경한 자백 같은 것이라고 나는 생각하고 있었다. 나 역시 남들처럼 습관적으로 아니면 다른 마땅한 말을 찾지 못해 그 말을 할 때가 있었고 그러고 나면 낭패해 고개를 숙이곤 했다. 다른 사람에게 들었을 때는 좋지 않은 심보로 그 말을 되새겼다. 그런데 그 밤에 그가 내 등을 두드리며 너를 이해할 수 있다고 말했을 때 나는 진심으로 놀랐고 그 말에 고리를 걸듯 매달렸다. 이 사람이 나를 이해할 수 있다면 나도 해볼 수 있지 않을까. 저 날의 나를 내가 이해해볼 수 있지 않을까. 그것을 할 수 있으려면 무엇부터 하면 좋을까. 내가 이제 무엇이 되는 게 좋을까.

단순해지자.

가급적 단순한 것이 되자고 나는 생각했다.

그러므로 이 집은 매우 단순한 집이 되어버렸다. 가구도 식기도 벽에 걸린 것도 없고 조명도 없다. 바깥이 어두워지면 이 집도 어두워지고 바깥이 밝아지면 이 집도 조금 밝아진다. 단순하게 그것으로 낮과 밤을 구분하면서 가급적 단순하게…… 나는 이 공간에서 지내고 있다. 이것은 복도처럼 생긴 공간이다. 거실과 부엌과 욕실과 방이 열차 칸처럼 일렬로 이어져 있어 현관에서 방으로 가려면 거실과 부엌과 욕실을 반드시 거쳐야 하고, 역으로 나가려 해도 중간에 있는 공간을 전부 거쳐야 한다. 이 나란한 공간엔 현관문을 제외하고 세 개의 문이 있다. 문들은 거의 똑같이 생겼다. 바니시가 흘러내린 자국과 못을 잘못 박은 자국이 있는 목조 문으로, 나는 대개 이 문들을 모두 열어두고 저 멀리 입구를 바라보며 지낸다.

현관엔 불투명한 유리를 끼운 네모난 창이 있다. 저녁이 되면 그 창으로 가로등 불빛이 들어온다. 가로등이 켜지면 현관 부근이 주홍

색으로 약간 밝아진다. 가로등은 꺼져 있다가 누군가 지나가면 켜진다. 이렇게 머물게 된 후로 알게 된 일이지만 누구도 지나가지 않는 밤이란 없다. 어느 밤이든 어느 순간에 문득 가로등은 켜지고 다시 꺼진다. 나는 세 개의 문 너머에서 밤새 그것을 지켜보며 생각한다.

그 일을 생각한다.

그리고 그 일을 생각할 때, 무슨 이유에선지 열에 서너 번의 빈도로 나는 아버지를 생각한다.

예컨대 장롱에 등을 기대고 앉아 무방비하게 웃거나 하면서 아기공룡이 등장하는 만화책을 읽던 아버지, 갓 빤 것인지 새것인지 몹시 하얀 러닝셔츠를 입었고 그 하얀색 덕분에 더욱 젊고 생생한 모습으로 기억되는, 아버지를 생각한다. 내가 이 모습을 사진으로 보아서 기억하고 있는 것인지 직접 보아서 기억하고 있는 것인지는 확실하게 말할 수 없다. 어쨌거나 나는 그와 같은 모습을 기억해낼 수는 있지만 상상할 수는 없다. 이를테면 지금의 늙은 아버지가 러닝셔츠 차림으로 만화책을 읽고 있는 모습 같은 것, 그런 것은 상상할 수 없다.

내 아버지는 건축된 지 36년 된 아파트 5층에서 우울증을 앓고 있는 내 어머니와 살고 있다. 어머니는 종일 소파에 앉아 아무것도 하지 않는다. 그녀가 앉은 소파와 벽 사이엔 빳빳한 푸른 봉투가 끼워져 있는데 그 속엔 그녀의 머리를 찍은 자기공명영상 필름이 들어 있다. 어머니의 머리 사진을 찍어보자고 제안한 의사는 필름에 나타난 강낭콩 모양의 반점들을 가리켜 보이며 그녀 자신도 모르게 앓고 지나간 뇌출혈의 흔적이라고 말했고 아직은 심각하지 않지만 어쨌든 그녀에게 경미한 치매 증상이 있다고 말했다. 내 아버지는 종일 소파에 앉아 있는 내 어머니를 대신해 양파수프나 잣죽을 끓이고 양말과 속옷을 손수 빨아 입으며 지내고 있다. 이즈음 그에 관한 생각은 그 집의 낡은 변기와 세면대에 관한 생각으로 이어지는 때가 많다. 마지막으로 그 집을 방문해 변기를 골똘하게 내려다본 것이 언제였는지 모르겠다. 그리 오래 지나지 않은 여름날이었을 것이다. 변기와 세면대엔 거품 섞인 구정물이 고여 있었고 변기 손잡이도 떨어져나가고 없었다. 상아색 손잡이가 있어야 할 부분에 손목이 쑥 들어가는 구멍이 남아 있었다. 일부러 뽑아버린 것이라고 아버지는 말했다. 그는 머리를 감거나 양말을 빨거나 이를 닦은 뒤에 남은 물을 세면대에 모았다가 그 물을 바가지로 퍼서 변기에 붓는 방법으로 오물을 처리하고 있었다. 그렇게 하면 물을 아낄 수 있다는 것이었다. 아버지는 자신의 배설물 냄새가 밴 어두컴컴한 거실에서 나를 물끄러미 보고 있다가 이렇게 덧붙였다. 물을 아끼는 게 옳은 것 아니냐. 내가 뭐라고 대답했겠는가. 나는 불그스름하게 착색된 변기를 다만 내려다보았다.

내 아버지는 목수였다. 어렸을 적 나는 어두컴컴한 목공소에 딸린 작은 방에서 살았다. 아버지는 목공소를 찾아온 사람들에게 주문을 받아 탁자나 서랍장, 문짝이나 창틀 같은 것을 만들었는데 가족을 위해서는 무엇도 만들어주지 않았다. 솜씨 좋은 요리사는 집에서 요리를 하지 않는 법,이라고 했지만 물건을 맞춰 간 손님이 목공소를 방문해 항의하는 일이 곧잘 있었던 것을 생각해보면 솜씨가 썩 좋은 목수는 아니었던 것 같다. 아버지는 손가락과 관절에 심한 통풍을 앓기 시작하면서 목공소를 그만두었다. 8년 전의 일이다. 40년은 그 일을 해온 셈으로 어쨌든 열심히 했으니까, 돈을 부지런히 모아서 외곽에 허름한 집을 한 채 샀고 그 집에서 나온 세로 현재의 생활을 버텨

가고 있다. 그 집 근처 염색 공장에서 일하는 근로자와 가난한 부부들이 그의 세입자로 그들 각각의 살림이 어떨지는 몰라도 내 아버지가 그들보다 번듯하게 산다고는 말할 수 없을 것이다. 아버지는 이제 늙었고 당신이 잘못했다는 말을 들으면 화를 내는 사람이 되었다. 언제부터인지 모르게 그 말에 유독 반응하는 사람이 되어버렸다. 이것은 잘못되었다, 당신이 뭔가를 잘못하고 있다, 아무리 사소한 맥락이라도 그 같은 말을 들으면 그는 화를 참지 못한다. 아랫집 노인들, 친척들, 통신 회사 서비스 센터의 직원, 상대를 가리지 않는다. 지금 내가 잘못했다는 거냐? 빨개지거나 파랗게 질려서 따져 묻고 씩씩거리고 머리를 흔들고 혼자 구석진 곳으로 가서 생각에 잠겼다가 다시 돌아와 분통을 터뜨리며 똑같은 것을 몇 번이고 되묻는다. 내가 잘못이냐? 내 잘못이라고? 그래서 지금 잘못한 사람이 나라는 거냐? 조용하고 침울하고 전체적으로 회백색을 띠고 있는 평소의 당신과는 전혀 다른 존재인 것처럼 생생하게 분노한다. 어쩔 수 없을 것이다. 화를 내는 것 말고는 도리가 없는 거라고 나는 생각하고 있다. 잘못이 있었는지도 모른다는 것을 진지하게 생각하기 시작하면 그도 나처럼 틀어박혀야 할 것이다. 암굴 같은 곳에라도 틀어박혀 참으로 단순하게…… 이제 와 모든 걸 다시 생각해보는 것은 그처럼 나이를 먹어버린 사람에겐 너무 가혹한 일이 될 것이다.

암굴 같은 곳이라는 말이 나왔으니 말이지만 이곳은 암굴이다. 암굴이나 다름없다. 나는 여기서 매일, 단순해지자고 생각한다. 매일 조금씩 더 단순해지려고 노력하고 있다. 자고 먹고 싸고 생각한다. 생각하는 것을 하고 있을 뿐이다. 잠이 오면 자고, 잠에서 깨면 내 자리에 앉아 생각한다. 먹는 것도 단순하게, 조리를 하지 않고 먹을 수 있는 것을 먹는다. 불을 사용해 조리한 음식은 뜨겁고, 뜨거운 것은 맨손으로 쥘 수 없어 접시와 식기를 사용해야 하고, 다 먹고 난 뒤엔 버리거나 닦아야 할 것이 남으므로 좋지 않다. 단순하고 간단한 게 좋다. 나는 날고기를 먹지 못해 생곡을 먹는다. 먹을 때가 되면 자루에 담긴 쌀이나 보리를 한 줌 쥐고 의자에 앉는 것으로 단순하게 식사가 시작된다. 의자, 그렇지, 이 공간엔 아직 의자가 하나 남아 있다. 나는 이 의자에 앉아 주먹에 든 보리나 쌀을 조금씩 입에 넣으며 출입구를 바라본다. 암굴에 틀어박힌 짐승처럼 불을 다루는 생활에서 멀어져 생곡을 먹으며 지낸다. 별로 움직이지 않으니 이 정도만 먹고도 충분한 에너지를 얻을 수 있지만 털이 빠지고 있다. 머리털도 눈썹도 팔뚝에 돋은 털도 손으로 문지르면 부스러지듯 묻어난다. 아쉽지는 않다. 엄청 옛날에, 굴에 틀어박혀 마늘과 쑥만 먹고 지냈다는 곰은 이렇게 털을 잃었을 것이다. 잡식성인 곰은 영양부족으로 털을 잃고 잃다가 마침내 매끈한 모습이 되었을 것이다. 곰이 인간이 되었다는 것은 그런 의미가 아닐까. 그런 것을 생각하기도 하며 출입구를 바라본다. 때때로 생각한다. 굴에 틀어박힌 짐승은 인간이 되어 나왔는데 인간은 무엇이 될까. 인간이 굴에 틀어박혔다면 그는 이제 무엇이 될까.

아버지는 이제 작은 공룡이 등장하는 만화책은 읽지 않을 것이다.

나는 아버지와 별로 닮지 않았다. 내가 아버지를 닮지 않은 것처럼 아버지도 자신의 아버지를 닮지 않았다. 나는 오랫동안 그렇게 생각해왔다. 아버지의 아버지, 내 할아버지는 갸름하고 둥근 머리에 탁하고 흰 피부색을 가졌지만 내 아버지는 일단 상체가 넓게 발달했고 피부도 거무스름하다. 할아버지는 옷을 별로 더럽히지 않는 관리직에 있었거나 별다르게 하는 일 없이 집에 머물곤 했으니 평생 해온 일도 다르다. 누가 봐도 닮지 않은 부자간이다. 그런데 나는 어느 날 우연하게 그 둘의 잠든 모습을 번갈아 보게 되었고 두 사람의 얼굴이 놀랍도록 닮았다는 것을 알았다. 얼핏 죽은 사람처럼 보이는 무감한 얼굴, 입을 약간 벌린 채로 잠든 그 얼굴이.

나는 디디에게 나도 그렇게 자느냐고 물은 적이 있었고 언제고 내가 세상모르게 자고 있을 때 사진을 한 장 찍어달라고 부탁했다. 디디는 그 사진을 찍거나 찍지 않았을 것이다. 찍지 않았다면 세상에 그런 사진은 없는 것이고 찍었다면 내가 찾아내지 못한 것이지. 2년 전 겨울에 그 부탁을 했다. 그랬을 것이다. 2년 전 겨울. 그 후에 나는 부탁을 잊었고 디디는 죽었다.

디디, 디디를 생각할 때는 내 얼굴 앞으로 우산 하나가 펼쳐진다. 빗물이 튀고 얼굴이 상쾌할 정도로 차가워진다. 디디가 우산 속에 있다. 왼쪽 눈꼬리 아래 작은 갈색 점이 있다. 비슷한 농도에 비슷한 크기의 점이 오른쪽 젖꼭지 부근에도 있다. 둘 다 따뜻하고 짠 점이다. 디디를 생각할 때 내게 벌어지는 일은 예컨대 이런 것에 가깝다. 디디가 죽었다는 말은 내게 아무것도 연상시키지 못한다. 디디는 죽었다. 무감하게 생각한다. 그 말엔 디디도 없고 나도 없다.

나는 디디를 동창생으로 만났다. 우리는 어렸을 때 같은 학급에서 공부했다. 나는 그때 디디를 잘 몰랐다. 머리를 늘 뒤쪽으로 땋아 늘어뜨리고 있었던 조그만 여자아이, 매일 똑같은 조끼를, 누군가가 손수 뜬 것처럼 보이는 초록색 헌 조끼를, 당시의 조그만 몸에도 꼭 끼게 입고 다녔던 여자아이로, 얼핏 기억하고 있을 따름이었다. 어른이 된 뒤에 동창회에서 만난 그녀는 여전히 작았고 별말이 없었다. 그녀는 쑥스러워 하면서도 자주 내 눈을 바라보았고 나는 뭔지 모르게 그녀가 바라보는 것, 이따금 말하는 것, 듣고 있는 모습 같은 걸 보는 게 좋았다. 같이 살게 된 뒤에도 그랬다. 디디는 잘 먹고 잘 지내다가도 이따금 엉뚱한 것을 골똘하게 생각할 때가 있었고 그러면 그 생각에서 한참 헤어 나오질 못했다. 맛있는 것을 솔직하게 기뻐하며 먹었고 시간을 들여 책을 곰곰이 읽은 뒤 거기서 발견한 내용을 내게 말해주었다. 색실을 사용해 티셔츠 따위의 구멍 난 자리에 무당벌레 같은 것을 소박하게 만들어두곤 했다. 여름에 넓은 나뭇잎을 줍게 되면 잎맥을 절묘하게 잘라내 숲을 만든 뒤 내게 보여주었다. 작은 것 속에 큰 게 있어. 나는 그런 것이 다 좋았다. 디디가 그런 것을 할 줄 알고 그런 말을 할 줄 아는 사람이라는 게 좋았다. 디디는 부드러웠지. 껴안고 있으면 한없이 부드러워서 나도 모르게 있는 힘껏 안아버릴 때도 있었어. 이 사람을 행복하게 해주고 싶다고 나는 생각했다. 처음으로 내가 아닌 다른 사람을 행복하게 만들고 싶다고 생각했고, 그 행복으로 나 역시 행복해질 수 있다고 생각했다.

잡곡을 한 줌 먹었다.

입술에 거칠거칠하게 달라붙은 분이 느껴진다.

잡곡은 그냥 내버려두면 저절로 부서지는 걸까. 분이라는 것이 매일 늘어나는 것 같다는 생각이 든다. 그제보다 어제가 더 많고 어제보다 오늘 더 많이. 증식이라도 하는 것처럼 가루가 늘어나서, 이제는 자루에 손을 넣는 것만으로도 손이 노르스름한 가루로 뒤덮인다. 아무리 씹어도 입속 어딘가 가루가 남아 있다. 씹고 씹는다. 씹고 씹으며 벽을 바라본다. 저 벽엔 아무것도 없어…… 걸린 것이 아무것도 없다. 벽지도 없다. 모조리 떼어내고 뜯어냈으니까. 그렇게 하는 것이 조금 더 단순해지는 데 도움이 된다고 나는 생각했다. 처음엔 시계였다. 초침이 움직일 때마다 티 크 티 크 소리를 내던…… 어느 날 오후에 나는 그걸 바라보고 있다가 떼어냈다. 그다음엔 액자에 담긴 그림이었다. 초록색 화병에 담긴 노란 국화를…… 그린 그림을, 그다음엔 사방의 못이며 고리를…… 잘 떨어지지 않는…… 그러다 벽지를 찢어 먹었다. 풀을 바른 안쪽 면이 반들반들하게 굳어 있었다. 넓은 잎처럼 떨어져 나온 부분을 잡아당기자 죽 찢어졌다. 다른 부분을 잡아당기자 그것도 주욱, 찢어졌다. 차례차례 벗겨냈다. 다 벗겨내고 보니 벽은 내가 미처 상상하지 못한 방식으로 흉했다. 반듯하지도 균일하지도 않았다. 회색도 아니었다. 오렌지색, 자주색, 검은색, 흰색, 푸른색으로 불규칙한 얼룩투성이었다. 각종의 폐기물을 섞어 만들었기 때문일 것이다. 얼룩들은 쐐기, 소용돌이, 동그라미 모양을 하고 있다. 녹물이 길게 흘러내린 자국도 있고 아예 녹슨 것이 일그러진 채로 박혀 있는 곳도 있다. 벽은 심지어 단단하지도 않았다. 방에서 욕실로 넘어가는 문턱 근처에서 새 발가락 모양의 얼룩을 발견하고 긁어본 적이 있었는데 쉽게 부스러졌다. 이 벽을 보기 전에 나는 이런 벽을 상상해본 적이 없다. 벽이 이럴 수 있다는 것을 상상해본 적이 없다. 얼마나 많은 벽이 이렇게 되어 있을까. 누구나 벽 곁에 머물지만, 벽과 벽 사이에서 벽에 둘러싸인 채, 방심한 채 온갖 정신 나간 짓을 하고 밥을 먹고 화를 내고 웃고 울거나 안정감을 얻고 잠을 자지만, 벽의 실상이 이렇다는 것을 사람들은 알까. 그것을 생각하면 바깥으로 달려 나가 아무에게나 묻고 싶어진다. 벽을 본 적이 있어? 내 말은,

벽을 본 적이 있느냐고…… 당신 집에도 벽이 있을 것 아냐…… 당신 집에도…… 당신이 항상 바라보고 있는 벽, 너무 믿고 있어서 믿고 있지도 않은 그 벽이…… 실은 그렇다는 걸 알아? 하고 묻고 싶어지는 것이다.

알아?

이것은 내 아버지의 말버릇이다. 아버지는 말을 많이 하는 편은 아니지만 대부분 그것으로 말을 맺는 습관을 가지고 있다. 자부인지도 모르겠다. 피난민에 전쟁고아로 자라 배부르게 먹는 것 외엔 욕심도 별다른 재주도 없었다고 하는 자신의 아버지와는 다르게, 손수 가족을 먹이고 재산을 불렸다는 자부. 그래서 그렇게 묻는 것이고 그렇게 묻기를 좋아하는 것인지도 모르겠다. 자신이 그것을 안다는 의미가 아니고 자신은 알지만 너는 모른다는 의미로.

알아?

이것은 나쁜 말,이라고 나는 생각한다. 뭘 알아,라고 반문하고 싶게 만든다는 점에서 나쁜 것 같다. 니가 뭘 알아 새끼야,라고 말하고 싶게 만든다는 점에서. 왜냐하면 나는 내 아버지를 싫어하지 않으니까. 좋아한다고 말할 수는 없어도 말이다. 특별하게 반감을 품고 있는 것도 아니다. 반감을 품는 순간이 있기는 해도 그것을 내내 유지하고 있지는 않다. 오히려 많은 경우 나는 내 아버지가 안쓰럽다. 뭘 해야겠다는 마음은 들지 않아도 안쓰러워. 아버지와 나는 다툰 적도 별로 없다. 그런데 그가 내 앞에서 알아? 하고 말하는 것을 들으면 상당한 순간 그를 떼밀고 싶어진다. 그가 그렇게 물으면…… 아는 걸 말해봐, 당신이 제대로 알고 있는 걸 말해봐,라고 되물으면서 아주 떼밀고 싫어지는 것이다. 그걸 당신은 알아?

알아?

그런데 나는 아버지가 자신의 아버지에게 그렇게 말하는 것을 들은 적이 없다. 내 할아버지에게, 내 아버지가, 그렇게 묻는 것은 들어본 적이 없다. 상당히 조심하는 것이겠지. 해서는 안 되는 말이라고 의식하고 있으니까 안 하게 되는 것이겠지. 입버릇처럼 하는 그 말을 어째서 자신의 아버지에게만은 하지 않는 걸까. 감히 그렇게 해서는 안 된다고 생각하는 걸까. 아니면 그렇게 물어봤자,라고 생각하는 걸까. 존경일까 경멸일까. 어느 쪽일까…… 한번은 가족이 모여 비싼 고기를 먹던 자리에서 무슨 이야기를 하다가 할아버지가 내게 충고한 적이 있었다. 옛날엔 모두 잘 먹고 잘 살려고 노력했단다. 네가 지금 누리고 있는 자유와 번영으로 나를 판단하지 마라. 지금 당연한 것 가운데 상당수가 당시엔 당연하지 않았지. 아무것도 없는 상에 감 놓기란 일단은 나무를 키워야 하는 일이다. 내 세대가 나무를 키웠으므로 지금 네가 수천 개의 감이 놓인 상 앞에 앉아 있는 거라는 사실을 잊지 마라.

그러자 아버지가 바로 곁에서 내뱉듯 말했지. 그렇게 먹지 좀 마요. 다 익지도 않은 거 세 점 네 점 한 번에 집어서 먹지 말고, 아버지 옆에 새끼들이 먹고는 있는지 엄마는 먹고 있는지 좀 살펴가며 잡수라고요……

나는 여전히 의자에 앉아 있다. 이런저런 생각을 거듭한다. 아주 이상하다. 나는 단순해지려고, 보다 간단해지려고 이렇게 앉아 생각을 정리하고 있는데 생각을 하면 할수록 정리라는 것에서는 멀어지는 것 같다. 어쩌면 단순해지자고 생각하고 사는 덕에 단순해지지 않는지도 모르겠다. 생각 같은 건 하지 않는 게 나은 걸까. 내가 생각을 하고 있는 것이 아니고 생각이 나를 하고 있는 듯하다는 이상한 생각도 하게 된다. 그게 뭐야…… 생각이 나를 하고 있다면 생각은 나에 관해서는 만능인가? 생각이 나를 하고 있어. 생각이 나를 먹고 있어. 생각이 나를 짓누르고 있어. 생각이 나를 씹고 있어. 생각이 나를……

비.

비가 내리고 있다. 어두워진 지도 한참 되었다. 비가 내리면 이 방은 더욱 고요해지고 무거워진다. 사방의 벽들이 시멘트 냄새를 뿜어낸다. 습하고 매캐해 숨을 들이쉴수록 가슴이 갑갑하다. 디디는 이런 집에서라면 매일 울적하게 지냈을 것이다. 채광과 환풍. 집을 얻을 때 그것 두 가지가 디디에게는 중요한 조건이었다. 거실은 없어도 좋아, 방이 좁아도 좋아, 한참 올라가야 하는 층이라도 좋아, 햇빛하고 바람, 햇빛하고 바람이 잘 들어야 해. 그러나 그 두 조건은 상당히 비싼 옵션이었고 우리가 가진 돈으로는 옥탑이 최선이었다. 그런 이유로 대부분 옥탑에서 옥탑으로 옮겨 다니는 생활이었다. 마지막으로 둘이 살았던 옥탑은 크게 기울어진 비탈 아래쪽에 있었다. 작고 좁고 더러운 건물이었지. 디디는 일을 쉬고 그 집에 머무는 날이면 아래쪽 길이 내려다보이는 곳에 의자를 가져다 두고 앉아서 잡지나 천일야화 같은 것을 읽었다. 그러다 퇴근해 돌아오는 나를 발견하면 이야, 하고 부르며 손을 흔들었다. 아래쪽에서 바라보면 디디의 머리가 옥상 가장자리로 불쑥 나와 있었다. 둥근 단발머리 때문에 작은 버섯처럼 보이는 머리가…… 디디는 제때 나를 발견하려고 내가 도착할 무렵엔 자주 고개를 들어야 했을 것이다. 한 줄을 읽고 고개를 들어 비탈을 바라보고 다시 한 줄을 읽다 말고 고개를 들어 비탈을 바라보고. 더 행복해지자, 담배와 소변 냄새가 나는 가파른 계단을 올라가며 나는 다짐하고는 했다. 행복하다. 이것을 더 가지자. 더 행복해지자. 다른 것은 아무것도 생각하지 말고 그것 한 가지를 생각하자. 그런 생각을 하며 마지막 계단에 이르면 디디가 햇빛에 빨갛게 익은 얼굴을 하고 마중 나와 있었다. 번거롭게 뭐하러 이래, 겸연쩍고 안쓰러워 그렇게 말하면 디디는 싱글벙글 웃으며 이렇게 대답했다. 네가 돌아오는 걸 보는 게 좋아. 그게 정말 좋아서 그래.

내 잘못이 무엇인가.

내가 잘못한 것이 무엇인가. 그것은 정말 내 잘못인가. 잘못이기는 한가. 잘못이 있었다. 뭔가 잘못되었다. 그 잘못에 내 잘못이 있었나. 내 잘못인가. 잘못이다. 그게 잘못이 아니라면 뭐가 잘못인 걸까. 나 자체가 잘못인 걸까. 나는 어쩌면 총체적으로, 잘못된 인간은 아닐까. 어떤 인간인가, 나는.

끈질기게 떠오르는 일이 있다.

몹시 건조하고 무더웠던 한여름의 일이다. 입을 벌리면 체온보다도 뜨거운 공기로 금세 입천장이 말라버릴 정도의 폭염이었다. 햇빛을 정수리로 받으며 속수무책으로 서 있어야 하는, 차양도 없는 버스 정류장에서, 나는 조금 멍해진 채로 버스를 기다리고 있었다. 넓은 도로 위로 투명한 폭포처럼 아지랑이가 끓고 있었다. 그때 내 곁에 서 있던 노인이 내 쪽으로 쓰러졌고 간발의 차이로 나는 그를 피해 비켜섰다. 다갈색 바지에 흰 면 셔츠를 입은 노인이었다. 그는 조짐도 없이 기울어지기 시작해서 조금 전까지 내가 서 있던 자리에 퍽, 하고 머리를 박고 쓰러졌다. 그리고 거의 동시에…… 버스가 당도했고 나는 버스를 탔다. 무슨 생각을 했던 것은 아니었다. 버스를 기다리고 있었으므로 마침 도착한 버스에 탔다. 그게 다였다. 죄책감을 느껴서 도망을 치고 싶었다거나 뭔가를 계산한 것도 아니었다. 죄책감이라니…… 저 사람이 쓰러진 게 나와 무슨 상관인가. 저 사람은 무더위 때문에, 자신의 몸 상태 때문에 저절로 쓰러졌는데 그게 내 탓인가. 쓰러지라고 내가 저 사람을 떼민 것도 아닌데…… 나 말고도 사람이 더 있었으니까 아마도 누군가가 조치했을 것이다. 어쩌면 지금쯤 툭툭 털고 일어났을 수도 있다…… 그런 생각을 하며 나는 그 정류장에서 멀어졌다.

버스가 조금 늦게 당도했더라면, 이제 와 그런 것을 생각한다.

그랬더라면 나는 어떤 조치를 취했을 것이다. 그렇게 했을 것이다. 그렇게 생각하고 싶다. 그러나 그렇게 하지 않았다. 지나간 일은 이미 지나가버렸다. 돌이킬 수 없다. 고통스럽게 그것을 곱씹는다. 달라지는 것이 없다.

그는 어떻게 되었을까.

그 뒤로도 이따금 그것을 생각하는 순간이 있었다. 지금처럼 자주는 아니더라도 꾸준하게, 그리고 무감하게 나는 그 노인을 생각했다. 디디가 죽은 뒤로는 더 자주, 그를 생각했다. 이제는 불로 새긴 작은 자국처럼 그의 모습이 기억 어딘가에 눌어붙어 있다. 뙤약볕 아래 짧고 짙은 그림자를 거느린 채 팔꿈치를 바닥에 대고 쓰러져 있던 노인. 그 뒤에 그는 어떻게 되었을까. 죽지는 않았을까. 죽지는 않았더라도 치명적인 상해를 입지는 않았을까. 그런데 그것은 내 탓인가.

결정적으로 내 탓인가. 그의 죽음이나 치명적인 상해가…… 내가 비켜서지 않았더라면 그는 괜찮았을까. 재빠르게 판단해서 그의 몸을 받았더라면 아니지 판단이고 뭐고 없이 그렇게 했더라면 그는 적어도 퍽, 하고 머리를 박지는 않았을 것이다. 판단이고 뭐고 없이…… 그런데 나는 그렇게 하지 않았지. 판단이고 뭐고 없이 그렇게 하는 인간이 있고 그렇게 하지 않는 인간이 있는데 나는 그렇게 하지 않았지. 어째서일까. 나는 도대체 뭔가.

조금도 단순해지지 않는다.

어떤 인간인가 나는.

단순해지자.

더 단순해지자.

오랫동안 나는 그 일을 생각해왔다.

나는 저녁에 디디를 만났다. 퇴근하고 돌아오는 길에 모처럼 시간을 맞춰 바깥에서 만났다. 정류장 근처 트럭에서 만두를 찌고 어묵을 끓이는 냄새가 났고 디디는 그걸 먹고 싶어 했다. 거리에서 선 채로 만두를 몇 접시 먹을까 망설이다가 우산이 거추장스러워 그냥 집에 돌아가 저녁을 먹기로 했지. 배고픈 채로 버스를 탔는데 앉을 자리가 없었다. 내가 먼저 올라타 손잡이를 잡고 섰고 디디가 바로 곁에 와 섰다. 첫번째 좌석 앞이었다. 버스가 움직이기 시작했고 누군가의 이어폰에서 새어 나오는 음악이 자글자글 들려올 정도로 버스 안은 고요했다. 혁명, 하고 디디는 말했지. 뻐꾸, 하는 것처럼 혁명, 하고.

뭐? 하고 묻자 디디가 손잡이에 매달린 채로 나를 보았다. 일하다 묻었는지 이마 오른쪽에 눈썹 한 올이 달라붙은 것처럼 사인펜 자국이 나 있었다. 혁명, 하면 뭐가 생각나느냐고 디디는 물었고 나는 조금 생각을 해본 뒤에 가격,이라고 대답했다.

가격?

가격 혁명, 하고 말하자 디디는 하하하, 하고 웃더니 나는 있지, 하고 말했다.

나는 오스칼.

……영양제?

베르사이유의……

궁전?

아니 장미. 도도는 모르나?

몰라.

있어, 그런 만화가. 배경이 프랑스혁명이거든. 앙투아네트하고 앙드레하고 로자리…… 그리고 교과서에 실린 그림이 있었는데 세계 사인가…… 들라, 들라크루아의 여신…… 이렇게 가슴을 드러낸.

자유의 여신.

그래 그거. ……잘 아네. 단번에 아네.

유명하니까.

가슴이라서?

아니 유명하니까.

디디는 하하, 웃더니 다시 말했다.

일전에 나는 있지, 버스 안에서 혼자 혁명, 하고 말한 적이 있었어. 그냥 책 제목을 읽었을 뿐이었는데 말이야, 나 엄청 놀랐어. 이렇게 사람 많은 곳에서 이 말을 하다니, 하고 놀라서 눈치 보고 그랬어. 그런데 그렇게 놀라고 보니까 이상한 거야. 엄청 이상한 거야. 그게 그렇게 놀랄 정도의 일인가? 사람들 많은 곳에서 혁명…… 하고 말하는 것이. 그런데 나는 놀랐다? 되게 놀랐고 그렇게 놀란 게 좀 웃기다고 생각했어. 어머 나 좀 봐…… 하고.

그날의 디디를 반복해 생각한다. 손잡이에 매달린 팔에 왼쪽 얼굴을 묻고 선 채로 소곤소곤 말하던 디디, 속눈썹에 걸린 머리카락이 성가시다는 듯 눈을 깜빡이던 디디. 디디의 얼굴 너머로 와이퍼로 닦이고 있는 전면 창과 그 창을 가득 메운 검은 도로가 보였다. 그건 내가 일상적으로 오가는 길이었지. 출근길과 퇴근길에. 창밖은 검정과 주홍, 낯익은 간판 불빛들은 흘러내리는 빗물로 경계가 번져 보였고 그런 광경들이 계속해서 뒤쪽으로 흘러갔지. 그 순간을 반복해 생각한다. 어느 순간 집에 호박이 있다고 디디가 말했던 것 같다. 집에 호박이 있어. 그렇게 말을 했거나 그렇게 말하려고 했을 것이다. 나는 그 순간을 소리가 사라진 광경으로 기억하고 있다. 갈림길에서 신호를 기다리며 멈춰 서 있을 때였다. 디디는 여전히 머리의 무게를 팔로 지탱하며 내 쪽을 바라보고 있었지. 집에 호박이…… 이윽고 금속 조각으로 가득 찬 자루가 바로 귀 곁에서 터진 것처럼 요란하고 날카로운 마찰음이 들려왔다. 계속해서…… 계속해서…… 그런데 이것은 상당히 왜곡된 기억일 것이다. 왜냐하면 그건 아주 짧은 순간이었으니까. 아주 짧지만…… 돌이키고 돌이키기를 거듭하는 동안 억겁으로 늘어나버린 그 순간, 최초의 충격이 있었을 때…… 9인승 승합차와의 충돌로…… 작은 유리 조각들과 빗물, 차가운 빗물이 바늘처럼 얼굴로 튀어 나는 나도 모르게 눈을 감았고…… 다른 차원의 소용돌이에 휘말린 것처럼 버스가 크게 회전했을 때…… 어깨에 메고 있던 가방을 있는 힘껏 붙들었지. 그 짧은 순간…… 나는 디디가 아니고 가방을 붙들었지.

가방을.

여기 그것이 있다.

내 무릎 위에.

평범한 가방이다. 내가 오랫동안 사용한 가방. 오래 사용해 부드럽게 단련된 가죽끈이 달린 배낭. 주머니처럼 불룩하게 채울 수 있는 형태로 위쪽을 끈으로 조일 수 있고 바닥엔 방수 천을 덧댔고 기분 좋은 소리를 내며 잠기는 버클이 달린 내 낡은 가방. 여기 무엇이 들었나. 몇 번이고 뒤집어봤으므로 가방을 열지 않고도 안에 든 것을 나는 다 말할 수 있다. 충전기, 열쇠, 150만 원쯤의 잔고가 찍혀 있는 통장, 인감으로 사용했던 도장, 피부염 연고, 포장지에 들러붙은 껌, 수십 번 손을 문질러 닦아 변색된 손수건, 색연필로 낙서가 되어 있는 영화 티켓, 복권 한 장, 조그만 봉투에 담긴 방습제, 동전들, 메모들, 언제나 내가 사용했던 용품들, 나의 일상들, 잡동사니들. 이것뿐이다. 내가 움켜쥔 것, 그래서 지금 내 손에 남은 것.

이것뿐이다.

이것을 이해해보려고 생각에 생각을 거듭하며 나는 여기 머물고 있지만 구제 불능이다.

이해할 수 없다.

단순해지지 않는다.

내 아버지는 오래전에 사고로 목공소 직원을 잃은 적이 있었다. 어린 시절에 내가 혜지 아저씨라고 불렀던 남자. 인색하게 지불되는 임금을 받고도 일을 배우겠다며 부지런히 목공소에 나오던 남자로 지금의 나와 비슷한 나이였을 것이다. 출근길에 그가 몰던 은색 티코 차량이 길가에 서 있던 덤프트럭 꽁무니에 처박혔다. 혜지 아저씨는 사고 후에도 정신을 잃지 않았고 연락처를 묻는 사람들에게 목공소 번호를 댔다. 내 아버지가 최초 연락을 받았다. 현장에 가서 보니 조수석과 운전석이 트럭 아래로 완전히 밀려 들어가 있더라고 아버지는 말했다. 구급차와 장비가 도착했을 때까지도 혜지 아저씨에게는 의식이 있었고 이윽고 구겨진 운전석에서 빠져나온 그가 응급차에 실려 병원으로 가는 길, 내 아버지가 보호자로 동행했다.

구급차를 타고 가는데, 하고 아버지는 말했다.

그놈이 의식은 있는데 머리가 자꾸 부풀더라고. 머리가 이렇게 자꾸 커져. 겁이 더럭 났지. 그런데 이놈이 자꾸 말을 하려고 하는 거야. 가만히 있으래도 말을 해요. 뭐라고 자꾸, 말하려고 안간힘을 쓰는 거야. 가만히 있으라고 해도. 가만히 있으라고 해도. 그래서 내가 아 닥치라고, 가만히 좀 이렇게 닥치고 있으라고 열불을 냈단 말이지. 그랬더니 나를 한 번 끔벅 보더니 그다음부턴 말을 안 해. 눈을 감아. 그리고 바로 파래졌지. 바로 파래졌어.

혜지 아저씨는 의식불명인 채로 병원에 도착해서 이틀을 버티다가 중환자실에서 숨졌다. 아저씨에겐 세 살 먹은 딸과 눈이 노란 부인이 있었는데 그녀가 장례식장에서 내 아버지를 찾아와 물었다고 한다. 마지막 순간에 그 사람이 뭐라던가요. 뭐라고 말을 남기지는 않았나요? 저나 혜지에게…… 뭐라던가요, 하고 묻는데 할 말이 없더라고 내 아버지는 말했다.

그렇게 죽을 줄 알았으면 내가 그렇겐 안 했지. 차라리 말을 하게 둬서 의식이라도 유지하게 만들었으면 부인이라도 보고 갔을지 모르는데 그놈이 그렇게 갈 줄은 몰랐던 거지 내가……

이것은 내 아버지가 유일하게 대놓고 후회하는 일로 나는 언젠가 그에게 왜 그렇게 했느냐고 물은 적이 있었다. 아버지는 왜 혜지 아저씨에게 닥치라고 다그쳤을까. 말하는 데 사용할 에너지를 아껴서 사는 데 집중하라고? 말하지 않는 것이 그의 상태에 더 도움이 된다고 판단했기 때문에? 아버지는 내 질문을 듣고 조금 생각을 해보더니 그것은 아니었다고 답했다. 그러게 자신이 무슨 생각으로 그랬는지 참 후회가 되지만 그때는 그냥 아무 생각이…… 없었다고 내 아버지는 말했고 그건 아마 사실일 거라고 나는 생각했다.

아무 생각이 없었을 것이다.

그는 그냥 하던 대로 했겠지. 말하자면 패턴 같은 것이겠지. 결정적일 때 한 발짝 비켜서는 인간은 그다음 순간에도 비켜서고…… 가방을 움켜쥐는 인간은 가방을 움켜쥔다. 그것 같은 게 아니었을까. 결정적으로 그,라는 인간이 되는 것. 땋던 방식대로 땋기. 늘 하던 가락대로 땋는 것. 누구에게나 자기 몫의 피륙이 있고 그것의 무늬는 대개 이런 꼴로 짜이는 것은 아닐까. 그렇지 않을까. 나도 모르게 직조해내는 패턴의 연속, 연속, 연속.

얼마나 오래 여기 머물렀는지 모르겠다.

더는 싫다.

여기 있고 싶지 않다. 내가 있고 싶은 곳은 디디, 디디가 있는 곳. 하지만 디디는 죽었고 나는 살아 있다. 보잘것없는 것을 무릎에 올린 채 버티고 있지만 그러나 살아 있어…… 내 아버지도 살아 있고 내

어머니도 살아 있다. 두 사람의 부고를 전해 들은 적이 없으니 그들은 여태 그 집에서 살고 있을 것이다. 아버지의 소변 냄새와 어머니의 마비가 고여 있는 공간에서. 조금의 생기도 느낄 수 없어 거의 죽음처럼 여겨지는 그 공간이 저 문 바깥에 있다. 그것에 가까이 가기 싫다. 죽음은 싫다.

죽기 싫다.

죽기 싫다고 생각하며 매일 착실하게 생곡을 씹는다.

누군가 골목을 지나갔다. 가로등이 켜졌다. 그리고 꺼졌다. 어둠 속에서 그것을 지켜본다. 다시 바깥을 생각한다. 사람들이 거리낌 없이 들이켜는 공기로 가득한 곳, 과도한 호흡으로 가득한 거리를 생각하고 생각한다. 디디를 먹어치운 거리. 디디의 목을 부러뜨린 거리. 뼈를 부러뜨리고 피부를 찢은 거리. 의미도 희망도 없어. 죽음이나 다름없다. 그러나 여기는 다른가. 내가 지금 머물고 있는 곳, 여기엔 뭐가, 남아 있나. 여기 무엇이 있나. 벌거벗은 벽이 있고 내가 있고 의자가 있고 내 잡동사니가 있다. 나는 이것들과 더불어 이곳에서 먹고 자고 이따금 눈살을 찌푸리며 기묘한 욕을 뱉어낸다. 공중에 대고 침을 뱉듯이. 그리고 그 침은 대개 내 눈썹과 내 턱으로 떨어지지.

내가 여기 틀어박혔다는 것을 아는 이 누구인가.

아무도 나를 구하러 오지 않을 것이다.

아무도 나를 구하러 오지 않을 것이므로 나는 내 발로 걸어 나가야 할 것이다.

오랫동안 나는 그것을 생각해왔다.

선정의 말

—

황정은의 「웃는 남자」는 범상치 않은 소설이다. "오랫동안 나는 그 일을 생각해왔다"라는 문장에서 시작해서, "오랫동안 나는 그것을 생각해왔다"라는 문장으로 끝나는 이 소설은 그야말로 오래 생각하고 오래 성찰하면서 쓴 소설로 보인다. 서사적 문제의식도 웅숭깊을 뿐만 아니라 잘 짜인 구성이나 빈틈없는 형상화 전략 등 여러 면에서 인상적이다. 나날의 삶에서 저도 모르는 사이에 빠져들게 되는 무반성적 매너리즘에 대한 예리한 성찰을 통해 진실의 애도의 지평을 모색한 소설이다.

먼저 애도에 대해 얘기해보자. 주인공은 사고로 먼저 간 디디를 애도한다. 함께 버스를 타고 당한 순간적인 교통사고 과정에서 디디를 붙잡지 않고(못하고) 자기 가방을 잡았다는 죄책감에 사로잡히기도 하면서 그는 도대체 왜 그랬을까, 생각하고 또 생각한다. 어두운 방에 칩거하면서, 거의 단군신화에 나오는 곰의 패턴처럼 그렇게 암굴 같은 공간에서, 미친 듯이 단순하게 지내면서, 미친 듯이 깊이 있게 생각한다.

주인공의 아버지 또한 애도 작업이 필요한 인물이다. 늘 당당하기만 했던 아버지가 단 한 차례 자기 실수를 인정한 적이 있었는데, 사고로 목공소 직원을 잃었을 때였다. 혜지 아저씨라 불렸던 직원이 교통사고를 당한 직후 현장으로 달려간 아버지는 보호자로 응급차에 동승했다. 의식은 있지만 머리가 자꾸 부풀어 오르는데, 그는 자꾸 말을 하려고 안간힘을 썼다. 그러자 아버지는 안정을 취하는 것이 좋을 것 같다는 생각에서 "가만히 있으라"고 말한다. 그럼에도 그가 자꾸 말하려고 하자, 아버지는 "가만히 좀 이렇게 닥치고 있으라"고 열불을 낸다. 그 말에 눈을 감더니 혜지 아저씨의 얼굴은 이내 파래지고 끝내 말 한마디 못 하고 육신을 거둔다. 아내와 딸에게 남긴 마지막 말 한마디라도 전해 듣고 싶어 했던 그의 아내 앞에서 아버지는 어쩔 줄 몰라 할 수밖에 없었다.

"가만히 있으라"고 했던 아버지의 말과, 그 말을 듣고는 가만히 있다가 말 한마디 남기지 못하고 죽어간 혜지 아저씨의 서사 단위를 거치면서 나는 '세월호' 정국의 알레고리로, 「웃는 남자」를 좁혀 읽을 뻔했다. 그러나 그렇게 읽기에는 차고 넘치는 서사소들이 많았다. 은근히 스며드는 서사소들 또한 어지간했다. 주인공은 디디를 애도하면서 지난 시절 자기 행적을 반성적으로 되씹게 된다. 어느 무더웠던 여름날 버스 정류장에서 자기 쪽으로 갑자기 쓰러진 노인이 있었다. 노인의 몸은 가까스로 자기를 비껴난 채 쓰러졌고 기다리던 버스가 다가섰다. 그는 아무 생각 없이 버스에 오른다. 바로 옆에 있던 노인의 위험 상황을 나 몰라라 했음에도 그는 전혀 죄책감을 느끼지 않았다고 했다. 노인이 쓰러진 것과 자기와의 관계를 애써 차단한 채 짐짓 아무 일도 없었을 것이라고 생각하면서 자기 합리화에 급급해한다. 그러던 그가 디디와 사별한 다음에 생각이 많아진다.

그래서 애도의 주제는 타인에 대한 무관심과 배려 없음의 매너리즘에 대한 반성적 성찰이라는 심층 주제로 내려간다. 디디와 함께 탔던 버스에서 그 위기의 순간에 디디를 잡지 못하고 고작 가방을 붙잡았던 자기, 그 이전에 쓰러진 노인을 방치한 채 그냥 버스에 오른 자신은 물론, 혜지 아저씨에게 "가만히 있으라"고 했던 아버지나 할 것 없이 모두 타인에 대한 진실한 이해나 공감 내지 소통 없이 자기만의 매너리즘에 빠져 한 행동이었음을 반성하게 되는 것이다. 다음의 인용문에서 보이는 것처럼 매너리즘의 패턴화에 대한 숙고가 눈길을 끈다.

> 아무 생각이 없었을 것이다.
>
> 그는 그냥 하던 대로 했겠지. 말하자면 패턴 같은 것이겠지. 결정적일 때 한 발짝 비켜서는 인간은 그다음 순간에도 비켜서고…… 가방을 움켜쥐는 인간은 가방을 움켜쥔다. 그것 같은 게 아니었을까. 결정적으로 그,라는 인간이 되는 것. 땋던 방식대로 땋기. 늘 하던 가락대로 땋는 것. 누구에게나 자기 몫의 피륙이 있고 그것의 무늬는 대개 이런 꼴로 짜이는 것은 아닐까. 그렇지 않을까. 나도 모르게 직조해내는 패턴의 연

속, 연속, 연속.

누구나 저마나 해왔던 방식, 패턴으로부터 자유롭지 못하다는 것. 그것 때문에 자기 안에 갇히고 만다는 것. 그 안의 매너리즘으로 인해 나와 남의 허심탄회한 소통은 요원할 수밖에 없다는 것. 그런 마당에 누가 누구에게 가만히 있으라,라고 말할 수 있겠느냐는 것. 그렇다는 것은 우리네 실존이 무척 험악하다는 사실을 반증하는 것이 아니겠느냐는 것. 이런 생각들을 저작하게 한다. 실제로 암굴과도 같은 공간에 갇힌 듯 살아가는 주인공은 자신의 실존적 상황에 대해 매우 비극적인 진술을 하고 있다. 그것은 어쩌면 현대인의 슬픈 초상인지도 모르겠다.

내가 여기 틀어박혔다는 것을 아는 이 누구인가.

아무도 나를 구하러 오지 않을 것이다.

아무도 나를 구하러 오지 않을 것이므로 나는 내 발로 걸어 나가야 할 것이다.

과연 구하러 오는 이 아무도 없는 험악한 세상에서 그는 스스로 걸어 나올 수 있을 것인가! 황정은의 「웃는 남자」에서 보이는 실소(失笑)가 서늘한 이유는 참으로 깊다. _**우찬제**

2014년 11월

이달의 소설

어제의 일들

정소현

1975년 서울에서 태어나 2008년 『문화일보』 신춘문예로 등단했다. 소설집 『실수하는 인간』이 있다.

작 가 노 트

이것은 시간에 관한 이야기다. 모든 것을 공평하게 파괴하는 시간. 화무십일홍(花無十日紅)이라는 말을 처음 들었던 어린 나는 그토록 서글프고 무서운 문장이 없다고 생각했으나, 30년이 지난 지금은 그보다 희망적인 문장은 없다고 생각한다. 꽃은 시들고 고통도 스러진다는 사실이 얼마나 다행인지 모른다. 그 다행스러움을 어찌 말로 다 표현할 수 있을까? 이만큼 오는 데도 한참 걸렸다. 갈 길이 멀다.

●••

어제의 일들

—

1

어제는 경찰이 주차장으로 찾아왔다. 아침 식사 전, 티타임을 가지려던 차였다.

주차장은 대로를 향해 정문이 난 빌딩들의 뒤편에 딱 붙어 있는 데다 곧 부서질 건물들이 둘러싸고 있어 좀처럼 해가 들지 않았다. 주차장이 그늘에서 벗어나는 시간은 이른 아침 잠깐과 해가 머리 위에 있을 때뿐이었다. 주차장은 내가 직접 심거나 어디선가 날아와 뿌리를 내린 식물들로 둘러져 있다. 이른 아침 햇빛이 빌딩 사이를 비집고 들어오는 짧은 순간, 주차장은 햇빛 가득한 정원이 되었다. 나는 그 시간을 사랑했다. 나는 커피 한 잔을 타 들고 부스 밖으로 의자를 들고 나와 앉아 햇빛을 쬈다. 떠돌이 고양이와 비둘기 두 마리가 햇빛을 찾아 들어와 한적한 풍경을 완성시켜주었다. 모든 게 제자리에 있었고, 아무도 찾아오지 않았으므로 행복했다.

경찰차가 주차장 안으로 들어섰다. 고양이와 비둘기는 재빨리 달아났고 조용한 풍경은 무참히도 깨져버렸다. 경찰은 영업을 하는지 물었다. 내가 그렇다고 하며 요금을 받아야 할지 고민하고 있는데 그가 신분증을 보여달라고 했다. 내가 여기에 없다고 하자 장애인 등록증도 괜찮다고 했다. 장애인이라는 말을 들으니 정신이 번쩍 들었다. 도무지 말을 듣지 않는 내 몸뚱이를 보면 그 말도 맞는 것 같은데, 장애인이라는 말에 대해서 생각해본 적도 없고 등록을 해야 하는지도 몰랐기에 등록증 같은 건 없었다. 내가 빨리 대답을 하지 않자, 경찰은 귀가 먹먹하도록 소리를 질렀다.

"장, 애, 인, 등, 록, 증, 이, 요. 알, 아, 듣, 겠, 어, 요?"

없어요, 하고 쌀쌀맞게 대답하고 싶었지만, 내 입에서는 업, 떠, 요, 하고 혀짜래기소리가 나올 뿐이었다. 경찰은 한숨을 푹 쉬더니 사장이 언제 오는지 물었다.

"안 오세요. 일은 다 내가 알아서 해요."

그는 내게 몇 시부터 몇 시까지 일하는지, 시간당 얼마를 받는지 물었다. 나는 부끄러울 게 없는 사람이므로 있는 그대로 말해주었다. 그는 고개를 절레절레 흔들며 사장의 연락처를 물었다. 내가 대답을 하지 않자 그는 답답하다는 듯 말했다.

"아줌마. 신고가 들어와서 그래요. 신, 고, 가. 알아들어요? 도와드릴 테니까 대답해요."

"괜찮아요. 아무 문제 없어요."

나는 신고라는 말에 가슴이 철렁했다. 경찰은 미심쩍은 눈으로 내 주민등록번호를 물었다. 그것쯤은 외우고 있었지만 모른다고 해버렸다. 경찰은 부스 안을 흘끔거리더니 말했다.

"여기서 사는 거예요?"

"여기는 사무실이에요. 나도 집 있어요."

일어나자마자 간이침대를 접어놓기를 잘했다 싶었다. 나는 부스에서 거의 살다시피 하지만 거짓말을 한 건 아니었다. 자주 가지는 않아도 살림살이가 있는 집이 있었다. 그는 내 집 주소를 물었는데 난 그것도 못 외운다고 했다. 왠지 이야기하면 안 될 것 같기도 했고 사실 못 외우고 있기도 했다. 외우는 일은 정말 어려운데, 쓸데없이 짐만 갖다 놓고 잘 들어가지도 않는 집의 주소까지 외울 필요는 없었다.

"아줌마, 어차피 결국 다 알게 돼요. 그냥 얘기하면 편하겠구만 꼭 일을 두 번 시키네. 그 돈 받고 그렇게 오래 일 안 해도 돼요. 도와준다니까요."

"내가 하고 싶어서 하는 일이에요. 안 도와줘도 돼요."

경찰은 어슬렁거리며 주변을 살피더니 주차장 입구에 쌓여 있는 쓰레기를 가리키며 짜증스러운 말투로 말했다.

"아줌마가 하고 싶어서 하는 거라도 사장이 벌 받아요. 그리고, 저기 쌓인 쓰레기 치우세요. 이렇게 쌓여 있으면 자꾸 버리고 간다고요. 아줌마가 여기 와서 좀 봐요. 여기가 어디 주차장 같아요? 쓰레기장이지. 냄새난다고 민원이 자꾸 들어온다고요. 아 진짜. 영업을 안 하면 문을 닫든지 해야지. 이게 무슨 민폡니까?"

그가 떠난 뒤에도 주차장을 가득 채우고 있던 햇빛은 한참 그 자리를 비추고 있었지만, 나는 식어버린 커피를 하수구에 흘려 버렸다. 조금 전까지도 그토록 아름다웠던 풍경이 황랑히고 디럽게 느껴졌다. 주차장은 자동차 여섯 대가 겨우 들어갈 정도로 작은 데다 시멘트로 포장만 해놓았을 뿐 주차 선도 그려져 있지 않아 유료 주차장이 아닌 공터 같았다. 양심 없는 인간들이 밤 사이 입구에 쌓아놓은 쓰레기봉투들이 주차장 안쪽으로 밀려 들어오고 있었고, 주차장 구석에는 바람이 몰고 들어온 나뭇잎과 종이 뭉치들이 굴러다녔다. 그것들은 내가 매일 아침마다 치워왔던 것들이지만 유난히 더러운 오물처럼 느껴졌고, 주차장 바닥에 덕지덕지 말라붙은 허연 비둘기 똥 자국들을 보니 구역질까지 났다. 나도 그것들처럼 주차장으로 굴러 들어온 쓰레기들과 다를 바 없다는 생각이 들었고, 부스 역시 누군가 버리고 간 폐가구와 다를 바 없어 보였다. 나아지려고 발버둥쳤지만 결국 제자리로 돌아온 것 같아 나는 서글펐다.

어머니가 이 자리에 주차장을 만든 후 7, 8년 정도는 호황이었다. 뒷골목이라 접근성이 좋지 않음에도 길 건너에 의류 도매 상가와 재래시장이 있어 주차장에는 손님이 끊이지 않았다. 주차장이 부족했던 시절이라 차를 댈 자리를 못 찾은 손님들이 급하게 찾아 들어오곤 해 공영 주차장의 두 배까지 올려 받아도 항상 만차였다. 재래시장이 재건축되고 의류 도매 상가가 리모델링 되면서 상가 주차장이 늘어났을 때만 해도 조금 귀찮더라도 돈을 아끼려는 사람들이 찾아오곤 해 큰 타격은 없었는데, 지난해 큰길에 고층 주차 타워가 생긴 뒤부터는 손님이 완전히 끊겨버렸다. 주차장 문을 닫는다고 생각하면 입맛이 뚝 떨어졌다. 안 그래도 어머니가 자꾸만 주차장을 그만두고 싶다면서 내 갈 길을 가라고 하기에, 아직은 손님이 든다고 거짓말을 하며 내 돈으로 매상을 채우고 있던 차였다. 그런데 도대체 어떤 인간이 신고를 했을까 궁금했다. 혹시 내가 기억하지 못하는 일이 있었던가 싶어 노트를 뒤적여 보았지만 오랫동안 아무 일도 없었다. 심지어 거의 매일 찾아오던 율희도 발을 끊은 지 오래되었다.

2

어제도 율희가 찾아왔다. 또 자신에게 필요 없는 물건이라고 하며 선물을 들고 왔다. 차에서 내린 그녀의 손에 백화점 쇼핑백이 들려 있는 것을 본 순간, 나는 머리가 터질 것처럼 화가 났다. 그렇게 화가 난 것은 성인이 된 이후 처음이었던 것 같았는데, 도저히 그것을 가라앉힐 수가 없어 책상에 이마를 쾅쾅 내리쳤다. 머리가 깨질 듯 아파오고서야 비로소 그 통증 때문에 화를 삭일 수 있었다. 율희는 부스 밖에서 나를 들여다보고 있다가 내가 행동을 멈추자 쇼핑백을 건넸다. 영문을 모르겠다는 표정의 얼굴을 보자 사그라들었던 화가 다시 솟구쳤다.

그녀를 다시 만난 것은 여름이 시작될 무렵이었다. 두 달 만에 처음 든 손님이었던 그녀는 일방통행로로 잘못 들어섰다가 온 동네를 뱅글뱅글 돌아 겨우 주차장을 찾았다며 투덜거렸다. 자동차 키를 맡기고 나갔을 때까지만 해도 우리는 서로를 알아보지 못했다. 나는 어두운 부스 안에 앉아 있었고, 그녀의 얼굴은 반 이상이 선글라스로 덮여 있었다. 그녀는 요금을 정산할 때 내 목소리가 귀에 익어서 유심히 살펴보았다고 했다. 그때 난 내가 무슨 실수를 해 그녀가 노려보는 줄 알고 가슴이 두근거렸다. 주차된 차가 한 대뿐이었으니 차 넘버를 착각한 것도 아니었고, 계산기를 다시 두드려봐도 틀리지 않았다. 혹시 자동차 키를 빨리 안 내줘서 그런 건가 싶어 슬그머니 그녀 앞에 내놓았다. 그녀는 내 이름과 내가 나온 중고등학교 이름을 말하더니 맞냐고 물었다. 내가 고개를 끄덕이자 자기가 누구인지 밝히지도 않고 호들갑스럽게 소리를 질러대며 내 두 손을 잡고 위아래로 흔들며 말했다.

"어머, 상현아, 상현아. 그래 상현이었어. 내가 못 알아볼 리가 없지. 목소리만 들어도 알지. 정말 상현이가 맞구나. 그동안 어떻게 지냈어? 잘 지냈고?"

그녀가 선글라스를 벗어 얼굴을 보여주었는데, 내가 전혀 모르는 사람이었다. 알은체하지 않고 멀뚱히 바라보자 그녀는 이름을 말하면 내가 기억할 거라는 듯 말했다.

"나야, 나. 율희잖아. 정말 못 알아보겠어?"

난 그녀의 이름을 제대로 알아듣지 못하고 유리, 하고 따라해 보았다. 그녀는 유리가 아니고 율희라고 몇 번 고쳐 말했는데, 유리건 율희건 간에 처음 듣는 이름인 건 마찬가지였다.

"유, 디, 가 아니고 윤히, 윤, 히."

입속에서 덜그럭거리는 이름을 몇 번 따라 불러보다가 입술 밖으로 침이 흘러내릴 것 같아 그만두었다. 입속을 한가득 채운 뻣뻣한 혀가 내 것 같지 않았다. 내 것 같지 않은 건 혀뿐이 아니라 머리 또한 마찬가지였다. 아무리 머리를 쥐어짜봐도 누구인지 도통 기억해낼 수가 없었다. 율희는 우리가 중고등학교 시절 같은 학교를 다녔던 단짝 친구였다고 알려주었다. 내게 친구가 있었다니 당황스러웠다. 친구가 있었다면 20년 가까운 세월 동안 한 번도 나를 찾지 않았을 리가 없었다. 내가 기억을 전혀 하지 못하자 그녀는 내가 몇 반이었고 내 담임의 이름이 무엇이었는지, 내가 반장 혹은 부반장을 언제 했는지, 그때 우리가 얼마나 가까운 사이였는지 이야기했다. 그녀가 이야기하는 사실들은 틀리지 않았지만 나의 친구였다는 말은 믿을 수가 없었다. 그 마음이 전해졌는지 그녀는 내가 조부모, 고모와 함께 살았다는 것과 할머니가 콩가루를 섞어 반죽한 칼국수를 맛있게 끓이곤 했다고 이야기했다. 또, 할아버지가 근처 남자 고등학교의 교장으로 일하다가 정년 퇴직을 한 사실과 할아버지의 서재를 한가득 채우고 있던 서가와 커다랗고 묵직해 보였던 마호가니 책상도 기억했다. 할아버지가 코 끝에 걸친 금테 돋보기 너머로 확대된 커다란 눈을 굴리며 "넌 누구냐. 어른을 봤으면 자동으로 인사를 해야지" 했을 때 호랑이 앞에 선 것처럼 숨이 막혔다고 이야기했다. 그리고 그 시절이 끝나갈 무렵 내게 있었던 추락 사고에 대해 이야기하다가 말끝을 흐렸다. 그녀가 할아버지의 표정과 카랑카랑한 목소리와 고압적이지만 유머러스한 말투를 그대로 흉내 내었을 때, 비로소 내 기억에서 그녀가 누락되어 있다는 것을 알았다. 새로운 것을 잘 기억 못 하지만 사고 이전의 일들만큼은 확실히 기억하고 있다고 생각했는데 그것도 아니었던 거다. 그동안 옛날 일을 온전히 기억하고 있는지 확인할 방법이 없었을 뿐이었다.

"미안해, 기억을 잘 못해. 내가, 그렇게 됐어."

나는 그녀를 세워둔 것이 미안해져 부스 밖으로 나가 접이의자를 펼쳐 주었다. 내 왼쪽 다리는 평소보다 더 말을 듣지 않고 심하게 절룩거렸고 왼쪽 팔은 부들부들 떨렸다. 율희는 내가 펴 놓은 의자에 나를 앉히며 말했다.

"에휴, 어떻게 이 지경이 됐니."

이런 몸으로 오래 살다 보니 내 몸이 남에게 어떻게 보이는지 신경쓰지 않게 되었다. 그런데 그녀의 말을 듣자, 오래된 부끄러움들이 한꺼번에 몰려오는 것 같았다.

율희는 그날 이후부터 아침 일찍 남편과 딸을 배웅하자마자 나를 찾아왔다. 너무 덥거나 비가 많이 오는 날을 제외하고 거의 매일 찾아온 것 같다. 나는 매번 그녀를 알아보지 못했다. 헤어지는 순간부터 그녀의 얼굴과 이름은 서서히 흐려지기 시작했고, 다음 날 아침이 되면 머릿속에서 거의 지워져 있었다. 처음 며칠은 그녀의 차가 주차장으로 들어오면 오랜만에 들어온 손님인 줄 알고 인사를 했다. 그녀는 기억하지도 알아보지도 못하는 나에게 섭섭하다고 했지만 나로서는 어쩔 수 없었다. 그녀를 만날 때마다 노트에 그녀의 이름을 쓰고, 얼굴을 그렸다. 그녀가 했던 이야기를 받아 적고 그녀가 돌아간 뒤 다시 그것을 소리 내어 읽었다. 이것은 주차장에서 일을 시작하고 생긴 습관이었다. 주차장에서 할 일은 자동차 키를 받고, 장부에 자동차 넘버와 입, 출차 시간을 적고, 간단한 계산을 하는 정도였다. 가장 큰 걱정은 계산할 때 실수하지 않을까 하는 것이었는데, 시간이 조금 걸리는 것 말고는 괜찮았다. 그런데 차주의 얼굴을 기억하지 못해 엉뚱한 사람에게 자동차 키를 내어주는 실수를 저질렀다. 자동차를 도둑맞게 될 것 같은 불안감 때문에 노트를 한 권 사서 메모를 시작했다. 자동차 넘버를 적고, 자동차 심벌을 그리고, 차주의 얼굴을 그렸다. 메모를 통해 기억력을 되찾을 수 있을 거라 생각했는데 큰 효과는 없었고, 그림 실력만 조금 늘었을 뿐이었다. 기억력을 되찾는 것은 실패했지만 노트가 기억을 보완해주기도 하고 그렇게 계속 쓰고 그리다 보면 결국에 가서는 단골 손님 한둘쯤은 기억할 수 있게 되었다. 나는 일주일 정도 지나자 노트를 뒤적이지 않고도 그녀의 얼굴과 이름, 그녀의 자동차의 차종과 넘버를 기억할 수 있게 되었다. 그렇게 빨리 기억하게 된 데는 그녀의 선물이 한몫했다.

그녀의 선물은 캔 커피나 빵 같은 간식거리 정도에서 시작해 자신에게 더는 필요 없는 물건이라고는 하지만 새것으로 보이는 액세서리, 내게 맞는 구두나 옷 같은 물건들로 점점 커졌다. 나는 매번 사양했으나 그녀는 우리 사이에 자존심 같은 건 필요 없다며 받아두라고 했다. 나는 그 물건들을 받는 것도 거절하는 것도 견딜 수가 없었다. 예의상 사양하는 것도 아니었고 율희에게 빚지는 게 싫다거나 자존심이 상해서 그러는 것도 아니었다. 그것들이 필요 없었고, 필요도 없는 물건을 억지로 가져야만 하는 상황이 견딜 수 없이 싫었다. 내게 필요한 물건은 계절마다 입을 옷 서너 벌, 신발 두 켤레, 로션 정도였다. 어쩌다가 가지고 있는 물건과 같은 품목이 생기면 어머니나 동네 할머니에게 선물하거나 동사무소 재활용 센터에 기부했다. 다 쓰고 나면 내 돈을 들여 새로 사야 할지언정 한꺼번에 여러 개를 쌓아놓는 것은 정말 싫었다. 나는 억지로 받은 선물을 버리거나 남에게 줄 수 없어서 쇼핑백에 담긴 그대로 책상 밑에 쌓아 두었다. 그런 일이 몇 번 반복되고 나니 책상 밑은 쇼핑백으로 가득 차 발을 넣기가 힘들어졌다. 책상 밑에 가득한 쇼핑백을 보면 불편한 마음이 들었는데, 그로 인해 율희의 얼굴과 이름을 빨리 기억할 수 있었다.

나는 불편한 마음을 숨긴 채 반갑게 그녀를 맞아 의자를 꺼내놓고 커피를 타 주곤 했다. 그녀는 마치 내 기억을 되돌려야 할 사명을 가진 사람처럼 옛이야기를 했고 나는 그 이야기들을 받아 적었다. 그녀는 나도 모르는 나를 아주 잘 알고 있었다. 나는 국사 선생님이 시험지 채점을 맡기고 밥을 먹으러 갈 정도로 성직한 아이였고, 도시락을 싸 오지 못하는 아이에게 자신의 도시락을 내주었던 상냥한 아이였다. 그녀는 아이들과 선생님들이 나를 매우 좋아했다고 했는데, 나는 사춘기 내내 나를 괴롭혔던 소외감과 고립감을 분명히 기억하고 있었기에 그녀가 잘못 기억하거나 나를 위해 거짓말을 하고 있다고 생각했다. 그것을 제외하면 그녀의 이야기들은 사고 직후 완전히 잊혔다가 서서히 돌아와 제자리를 찾은 기억들과 거의 비슷했다. 그런데 이상하게도 내 기억 속에는 그녀가 없었다. 다른 것들은 기억하면서 그녀만 잊어버렸다는 사실을 들키게 되면 그녀가 섭섭해할 것 같아 옛일들이 거의 기억나지 않는다고 했다.

그녀는 엄청나게 기억력이 좋은 것인지 거짓말을 잘 하는 것인지 아주 사소한 것까지 기억하고 있었다. 그녀는 내가 그렸던 게을러빠진 풍경화에 대해 이야기했다. 붓을 빠는 것이 귀찮아서 울트라마린과 비리디언, 번트 엄버를 붓마다 묻혀놓고 그 세 가지의 조합으로만 그렸던 탓에 채도가 낮아져 매우 음울해 보였던 수채화를 기억했다. 제대로 된 기억이 그렇게 구체적인 것이라면 나는 구멍이 숭숭 뚫린 기억을 가지고 있을 뿐이라는 생각이 들었다. 어느 부분에 구멍이 뚫려 있는 것인지는 알 수 없는 노릇이었다. 처음에는 그녀와 나의 기억을 비교하면서 내가 잊고 있는 부분이 무엇인지 가늠해보았다. 계속 옛이야기를 듣다 보니 어떤 깨달음에 도달했다. 내가 기억하지 못하는, 그녀를 포함한 구멍들은 중요한 일들이 아니었기에 잊혔다는 생각이 들었다. 그것들은 이미 지나갔고, 나는 그것 없이도 잘 살아왔다. 아마 내가 머리를 다치지 않았다 하더라도 20년 이상 지난 지금쯤이면 잊혔을 것들이었다. 그렇게 생각하니 더는 아무것도 궁금하지 않았다. 난 그녀가 이야기를 그만두었으면 좋겠다고 생각했으나 너무 열심이어서 말하지 못했다. 다만 더 이상은 그녀의 이야기를 받아 적지 않았고 귀 기울이지도 않았다.

내 마음이 어떻게 변했건 간에 그녀는 종일 떠들다가 딸이 학교에서 돌아오는 저녁이 다 되어서야 집으로 돌아가곤 했다. 그녀는 주차장에 너무 오래 머물렀고, 그로 인해 내 조용한 일상은 망가져버렸다. 그녀는 내가 자꾸 거절해야 하는 상황을 만들었다. 이야깃거리가 떨어질 때면 그녀는 나와 함께 맛집 순례를 하거나, 수영이나 아쿠아로빅을 하거나, 문화센터를 다니며 이것저것 배워보자고 했다. 문화센터의 미술치료나 글쓰기, 노래나 악기를 배우는 일이 나의 마음을 치료하는 데 많은 도움이 될 거라고 권유했다. 내 몸은 나으려야 나을 수가 없고, 마음은 이미 괜찮아졌다는 것을 율희는 모르는 것 같았다. 구구절절 말하기 힘들어서 아주 짧게, 주차장을 비울 수 없다고 거절했다. 그녀는 자기가 와 있는 동안 차가 들어오는 것을 전혀 본 적이 없는데 왜 주차장 영업을 계속하는 건지 이해가 안 간다고 했다. 그녀는 내가 주차장의 좁은 부스에 매여 있어서 상태가 더 나빠지는 것 같다며 다른 직장으로 옮겨보라고 했다. 나는 내 인생의 반가량을 보낸 이곳에서 벗어날 생각이 없었다. 이제 일흔을 훌쩍 넘긴 어머니가 자꾸 주차장을 그만두고 싶어 해 말리고 있는 참인데, 내가 자리를 자꾸 비우게 되면 정말 주차장은 텃밭으로 갈아엎어질지도 모르는 일이다. 번번이 여러 가지 거절을 해야 하는 나는 늘 불편하고 화가 났다.

그래서 어제 나는 기어이 율희의 쇼핑백을 받아 들지 않았다. 그녀는 쇼핑백을 계속 나를 향해 내민 채로 서 있었다. 이제 자리가 없으니 그만두라고, 반쯤은 소리를 질렀다. 그녀는 개의치 않는다는 듯 쇼핑백 안에 든 선물을 직접 꺼내 포장을 뜯었다. 그 안에는 내가 읽지 못하는 외국어가 씌어진 화장품 세트가 들어 있었는데, 처음 본 것이지만 한눈에도 고가의 물건 같았다.

"마흔 살쯤 되면 좋은 걸 써야 돼. 얼굴 쭈글쭈글한 거 봐라. 아무리 니가 이런 처지라도 그렇게 살지 마."

"아니야. 정말 괜찮다니까. 나갈 일도 없어."

"괜찮긴 뭐가 괜찮아. 자존심 세우지 말고 그냥 받아둬. 결혼은 해보고 죽어야지. 계속 이 꼴이면 아무도 너 안 데려가. 혼자 살다 시체로 발견될걸?"

율희는 신발이나 옷 같은 다른 선물을 주면서도 그런 식으로 말했는데 어제는 나의 확고한 거절 때문이었는지 한층 더 심한 말을 내뱉었다. 그러자 오래전에 그녀가 뱉어낸 말들이 부옇게 덮여 있던 안개를 갑작스럽게 헤치고 우르르 뒤따라 나와 내 가슴팍을 툭툭 치고 지나갔다. 중학교 시절 나는 점심을 늘 혼자 먹곤 했는데, 다른 반이었던 그녀가 찾아와 말했다. "어머, 불쌍하게 밥을 혼자 먹네. 어떻게 아무도 너랑 안 먹어주니? 걱정 마. 이제 내가 같이 먹어줄게." 나는 밥을 혼자 먹는 것이 불편하거나 부끄럽다고 생각하지 않았는데, 그 말을 듣는 순간 비참해져 울고 싶어졌다. 나는 그때의 기억이 나 기분이 나빠졌다. 어떻게 이야기하면 이렇게 필요 없는 호의를 그만 둘지 알 수 없었다.

"나는 지금이 딱 좋아. 가족도 있고, 친구도 있고, 이웃도 있어. 내 몫의 일도 있으니까 난 여기서 늙어 죽을 거야. 그리고 정말 필요 없어서 그러는 거야. 둘 데도 없어."

나는 그녀가 기분 나빠할 거라 생각했는데, 그녀는 아무 이야기도 듣지 않은 사람처럼 입가에 미소를 띤 그대로였다. 그녀의 표정은 쇼핑백으로 가득 찬 책상 밑에 들어가지 않는 발을 억지로 집어넣을 때처럼 답답하고 불편한 마음이 들게 했다.

"으이구. 알았다 알았어. 그래도 이건 넣어둬. 얼마나 쥐구멍만 하기에 둘 데가 없다고 해?"

그녀는 부스 문을 열고 안으로 쑥 들어왔다. 그녀는 부스 안이 생각보다 넓고 없는 게 없다고 감탄하며 둘 곳도 많은데 엄살 부린다고 등을 쿡 찔렀다. 쇼핑백들이 그대로 책상 밑에 처박혀 있는 것을 본 그녀가 한숨을 쉬었으나 표정은 그대로였다. 그녀는 책상 앞쪽 벽에 붙여놓은 내 그림들을 보았다. 건조시키기 위해 붙여놓은 세 장의 그림은 바싹 말라 있었다. 다음 장을 그려야 했지만, 그녀를 다시 만난 후 그릴 시간이 나지 않았다.

"네가 그린 거야?"

난 고개를 끄덕이며 책을 꺼내 건넸다. 그것은 내가 9년 전 그림책 공모전에 당선되어 처음 낸 그림책이었다. 그녀는 그것을 들춰보더니 다시 제자리에 꽂았다. 그 옆에 꽂힌 두 권의 책에 내 이름이 써 있는 것을 못 보았는지 꺼내보지는 않았다.

"이 꼴로 살면서 뭘 믿고 그렇게 자존심을 세우나 했더니 믿는 구석이 있었구나. 나 같은 사람이랑은 뭐도 같이 하기 싫다는 거구나. 넌 어렸을 때부터 그랬어. 남의 호의를 쉽게 거절하고, 밀어내고, 사람을 참 비참하게 만들었어. 그러니까 친구가 없었던 거야. 너는 기억 못 하겠지만, 상처받을까 봐 말 안 하려고 했는데, 너 따돌림 좀 당했어."

"나도 알아. 안 그랬으면 내가 왜 이렇게 됐겠니?"

그녀는 어이없다는 듯, 나를 한번 쳐다보더니 책상 밑의 쇼핑백을 모두 꺼내 차에 실었다. 그러고는 뒤도 돌아보지 않고 돌아갔다. 주차장은 예전의 평온함을 되찾았다. 내가 나쁜 사람이 된 것 같은 기분이 들었지만, 모처럼 혼자인 시간을 즐기며 그녀가 다시 오지 않기를 바랐다.

3

어제는 의진 부부가 찾아왔다. 의진은 치킨을, 상혁은 맥주를 사 들고 주차장으로 각자 퇴근했다. 모처럼 주차장에 두 대의 차가 서 있어서 마음이 흡족했다. 의진은 내가 태어나서 처음 사귄 친구다. 적어도 율희를 다시 만나기 전까지는 그녀가 유일하다고 생각했다.

그녀와 나를 엮어준 것은 나의 불운이었다. 내가 사고를 당하는 불운이 없었다면 머리를 다치는 일도 없었을 것이고, 이 정도로 머리가 나빠지지는 않았을 것이다. 그랬다면 주차장 같은 곳에서 일하지 않았을 거고, 노트에 메모를 그렇게 열심히 하지도 않았을 것이다. 아마 노트에 메모를 하지 않았다면 결코 그림을 그릴 수 없었을 것이다. 내가 그린 그림이 그녀를 이곳으로 데려왔고, 그녀와 친구가 된 것은 내 인생에서 얼마 되지 않는 행운이었다. 처음에 불운이라고 생각했지만 훗날 행운으로 변한 것이 꽤 있는 걸 보면, 살아 있는 게 다행이라는 생각이 들었다.

멀쩡하게 장사가 잘되던 주차장의 손님이 눈에 띄게 줄어들어 갈 때, 어머니는 맑은 날도 흐린 날도 있는 거라며 괜찮다고 했지만 나는 내가 불운을 몰고 다녀 그렇게 된 것 같아 급여를 받는 것도 미안해졌다. 그때부터 늦은 시간 들어오는 손님까지 놓치지 않으려고 퇴근하지 않고 주차장에서 지냈다. 딱히 할 일도 없고 멍하게 있는 것이 싫어서 주로 외울 것들을 메모하던 노트에 다른 것들을 쓰고 그렸다. 내가 기억하는 옛일들, 가족들과의 추억, 내가 잘못한 일이나 잘한 일, 나를 이렇게 몰고 온 것들, 가족들에게 하고 싶은 말 같은 것들을 적어두고 옆에 그림을 그렸다. 새벽 시장의 손님이 완전히 끊기고 밤 시간이 온전히 내 것이 된 뒤에는 물감과 종이를 사서 본격적으로 그림을 그렸다. 날마다 그린 작은 그림들이 빠른 속도로 쌓였는데, 어머니는 그것을 그냥 버리기 아까워해 아버지의 세탁소 벽에 붙여놓고 자랑하곤 했다. 그것을 본 이웃들은 그냥 썩히기 아까운 솜씨라며 내가 뭐를 어떻게 해서든 무엇이라도 되기를 바랐지만 그 '뭐'나 '어떻게'나 '무엇'이 무엇인지 알 수 없었다. 한 젊은 여자 손님이 그림책 공모전이 있다는 것을 알려주기 전까지 나도 내가 무엇을 할 수 있을지 전혀 감을 잡지 못했다. 나는 처치 곤란한 그림들을 모아서 공모전에 응모하기 시작했는데 번번이 떨어졌다. 당선될 거라고 생각했던 것도 아니고 딱히 다른 할 일이 있는 것도 아니어서 포기하지 않고 연례 행사처럼 응모하곤 했다.

의진은 내가 응모했던 원고를 들고 나를 찾아왔다. 연락처가 없어 주소를 보고 찾아왔다고 하기에 당선이 되면 으레 그러는 줄 알고 혼자 좋아했다. 의진은 공모전을 개최한 출판사의 담당 직원이었던 상혁의 여자 친구일 뿐이었고 사적인 방문이었다. 그녀는 내 원고를 우연히 보았는데 그림이 마음에 들어 나를 꼭 만나고 싶었다고 하며 명함을 건넸다. 그녀는 대안 공간의 큐레이터로 서양화를 전공했다가 적성에 맞지 않아 미술 이론으로 석사 학위를 받은 지 얼마 안 되었다고 자신을 소개했다. 큐레이터, 전공, 대학원, 석사 이런 말들은 입에 올려본 적조차 없던 것들이었기에 그녀가 나와는 다른 부류라고 생각하고 위축되었다. 의진이 훗날 말하길 상혁이 내 그림을 보여주며, 매년 조금 이상한 원고를 몇 편씩 내는 사람이 있는데 왠지 무섭다고 했다고 한다. 그도 그럴 것이 그때는 어떻게 이야기를 만들고 어떻게 글을 써야 하는지 전혀 몰랐다. 이미 그려놓은 그림들을 붙여 이야기를 만들기도 했고, 이야기를 만든 뒤 그림을 그리기도 했는데, 끝도 시작도 없는 이야기들이었다. 게다가 그때는 나를 이렇게 만든 것들과 내 자신을 원망하는 마음이 엄청나게 컸으니 무서울 만도 했다. 그녀가 본 원고는 자신이 물고기라고 생각하는 소녀가 원래 자신이 무엇이었고 왜 그런 이상한 생각을 하게 되었는지 알아가다가 결국 강으로 뛰어들어 물고기가 되는 이야기였다. 아동용 그림책에 맞지 않는 기괴한 내용이었음에도 에메랄드빛 강을 배경으로 한 몽환적인 수채화가 인상적이어서 나를 찾아왔다고 했다. 그녀는 다른 그림을 볼 수 있는지 물었다. 그림은 넘치도록 많았으므로, 책상 밑에 쌓인 그림들을 꺼내 보여주었다. 그녀는 자리를 잡고 앉아 그림들을 찬찬히 들여다보더니 다른 방식으로 글을 써보면 좋은 결과를 얻을 수 있을 것 같다고 말했다. 의진은 퇴근 후 가끔 나를 찾아와 그림과 이야기의 방향에 대해 이야기를 나누었다. 처음에 그녀는 내가 자기와 대화하기 싫어 딴짓을 하는 줄 알았는데, 그녀의 이야기를 잊지 않기 위해 받아 적고 있었다는 것을 알고 놀랐다. 자기를 매번 기억하지 못할 만큼 내 기억력이 좋지 않다는 사실에 놀랐고, 누군가가 자신의 이름과 얼굴을, 자신이 한 이야기를 잊지 않기 위해 노력하는 건 처음이라며 감동하기까지 했다.

결국 난 이듬해, 늘 응모하던 공모전에 당선되었다. 당선작이 출간되고, 의진이 다른 일러스트레이터들과 나를 묶어 그림책 원화전을 기획해 전시하기도 했다. 어머니는 내가 정말 한 사람 몫을 제대로 하게 되었다고 앞으로 완전히 다른 인생을 살 수 있을 거라며 기뻐했다. 그러나 나는 부스에 앉아 그림을 그리기 시작한 그 밤에 이미 이전과는 다른 세계로 진입했기에 더 달라질 것이 없었다. 나는 계속 주차장에서 일을 하고 그림을 그렸다. 어차피 사는 데 돈이 많이 드는 것도 아니었고 성공하고 싶은 생각도 없었기에 다른 것은 바라지도 않았다. 그동안 나는 상혁이 독립해 만든 출판사에서 두 권의 책을 더 냈다. 의진은 자기가 한 일이 없다고 했지만, 내가 쓰는 이야기가 써도 되는 이야기인지, 말이 되기는 하는 건지 봐주었고 팬블로그도 운영했다. 블로그에 내 책에 관한 이야기, 일러스트와 짧은 글, 책의 리뷰 같은 것들을 간간이 올렸고, 가끔은 작업 근황에 대해 올리곤 했는데, 아주 많지는 않지만 고정적인 독자나 책 검색을 통해 들르는 사람들이 있다고 했다.

의진이 찾아온 이유는 얼마 전부터 블로그에 올라오기 시작한 악의적인 익명의 댓글 때문이었다. 나는 블로그가 무엇인지 잘 모르므로 그것이 어떤 상황인지 이해되지 않았지만 그녀가 신경 쓰는 것 같아 대수롭지 않게 말했다.

"지웠으면 되지 뭐."

그러나 지운 다음 날 그 자리에 똑같은 댓글이 달렸고, 다른 글에도 하나씩 같은 댓글이 붙기 시작했다. 지워도 자꾸만 올라오는 것을 보면 누군가 악의적으로 하고 있는 일 같아 내가 알아두어야 할 것 같다고 하며 댓글을 보여주었다

"거짓 이야기 만들지 말고 네가 저지른 나쁜 짓에 대한 반성문이나 써라. 너에 대한 더러운 소문을 알고 있다."

상혁도 그 비슷한 시기에 출판사 건의 게시판에 며칠에 걸쳐 반복적으로 나를 모함하는 글이 올라왔다고 했다. 블로그 댓글처럼 짧은 글이 아니라 조금 긴 글이었다. 나와 중고등학교 동창임을 밝힌 독자가, 내가 중학교 시절부터 고등학교 때까지 유부남 미술 교사와 부적절한 관계를 지속했다고 했다. 그 소문이 퍼지게 되자 나는 따돌림을 당했고, 그로 인해 자살 기도를 했던 것이라고 써놓았다. 그 일로 교사는 구속되었다가 풀려나긴 했지만 해직되었고, 부인과도 이혼했다고 했다. 그리고 어린 나이에 한 가정을 파괴한 파렴치한 작가가 아이들을 대상으로 책을 쓰는 것도 역겹다며, 사실을 밝히고 조처하지 않으면 불매운동을 벌일 거라고 했다.

"그렇게 자세히 읽어줄 필요는 없잖아? 기분 나쁘게."

의진은 상혁이 무신경하다며 화를 냈다. 그들이 자꾸 툭탁거리는 것이 내 탓인 것 같아 나는 아무렇지도 않다고 했다. 사실 나는 그들의 말을 듣고도 그게 무슨 뜻인지 도통 이해가 가지 않았다. 더러운 소문, 부적절한 관계가 구체적으로 무엇이겠냐고 물으니 의진은 좀 난감해하면서 조심스럽게 말했다.

"뉘앙스로 봐선 섹스 스캔들을 말하는 것 같아. 말이 돼야 말이지. 중학생이면 애잖아."

나는 갑자기 웃음이 터져 나와 멈출 수가 없었다. 그 순간에는 40년 동안 남자 손도 한 번 못 잡아본 나에게 건네는 더러운 농담이라고 생각했다.

"내가? 정말? 내가 그랬다고?"

나의 웃음에 안심이 되었는지 의진 부부도 따라 웃었다. 웃다 보니 어디선가 맡아본 냄새가 훅 끼쳐오는 것 같았다. 그것은 밖에서 오는 것이 아니라 내 몸속에 저장되어 있다가 피어오르면서 한 시절의 기억을 불러오는 냄새였다. 부드럽고 포근한 느낌이 드는 따뜻하고 비릿한 체취였다. 그것은 선생님의 하얗고 갸름한 얼굴을 가까이 불러왔다. 그리고 그의 목덜미에 송글송글 맺힌 땀과 단단한 어깨, 넓은 등을 하나하나 되살렸다. 뺨에 와 닿던 그의 부드러운 손이 떠올랐을 때, 나는 더 이상 웃을 수가 없었다. 그의 다정했던 목소리와 그의 차 안에서 듣던 '들국화'의 노래가 귀에 들려오는 것 같았다. 마치 헤어진 옛사랑을 떠올릴 때처럼 마음이 설레고 아팠다. 차라리 기억에서 완전히 사라져버렸다면 마음이라도 편했을 텐데, 어설프게 떠오른 기억들 때문에 절대 그런 일을 한 적이 없다고 장담할 수 없었다. 나와 율희가 기억하는 것이 그렇게 다른데, 진짜 나는 또 얼마나 다른 사람이었는지 알 수가 없었다.

"같은 시기에 올라온 걸 보면 같은 사람인 것 같은데, 왜 그러는 걸까 싶어. 원한이 있는 사람처럼 그러는 게 영 마음에 걸려서 이야기해두는 거야. 내용이야 뭐 말할 것도 없지. 마음에 담아두지 마."

떠오른 기억을 의진에게 차마 이야기하지 못했지만, 그런 일을 한 적이 없다고도 말하지 못했다.

"사실 나도 잘 모르겠어. 기억 못 하는 건지도 모르고. 나를 믿을 수가 있어야지."

의진은 어이없다는 듯이 대답했다.

"내가 너를 10년 가까이 봤잖니? 너는 그런 사람이 아니야. 네가 살아온 세월 자세가 그걸 증명하고 있는데 뭔 소리? 너도 널 믿어. 이건 단순한 악플이야. 골치 아프니까 일단은 계속 지울 거야. 당신도 조처고 뭐고 간에 그냥 지워버려. 더 골치 아프게 하면 신고하자고."

의진은 내 노트를 펼치고 연필꽂이에서 마커펜을 꺼냈다.

"너는 걱정 말고 그림이나 그리셔. 얼른 그리셔. 찝찝할 때마다 이거 펼쳐서 따라 읽어. 기억이 안 나면 외워."

"나는 그런 사람이 아니다."

커다랗고 굵은 글씨로 노트 한가득 써놓았다. 그녀의 글씨는 동글동글하고 끝이 날렵해 경쾌한 느낌을 주었다. 그 문장을 경쾌하게 따라 읽어보려 했지만 입이 떨어지지 않았다. 나는 그 말을 믿을 수가 없었다.

4

어제는 옛집에 다녀왔다. 다녀온 것은 아니고 그냥 지나쳤다고 하는 게 맞겠다. 나는 율희의 차에 타고 있었고, 어딘가로 가는 길이었다. 율희가 오랜만에 찾아와 다짜고짜 차에 타라고 했다. 무엇 때문이냐고 묻자 그녀는 보조석 문을 열고 선 채로 나를 쳐다보며 말했다.

"오늘 일당은 내가 줄 테니 그냥 타. 선생님 소식이 궁금하다면서?"

그녀는 내가 전화를 해 물어봐놓고 또 잊었다며 타박을 했다. 나는 부스의 창을 내리고 문을 잠근 뒤, 그녀의 차에 올랐다. 나는 다급한 마음에 물었다.

"저기, 나, 미술선생님이랑 이상한 소문이 있었다는데, 진짜야?"

"이상한 소문이 있었다는 게 진짜냐는 거야, 아님 그 이상한 내용이 진짜냐는 거야?"

"둘 다. 나한테 이야기해준 적 없었지? 난 처음 알았어."

"아, 언제 적 이야길 하는 거야. 기억도 안 나. 소문이 한두 개 돌아다니는 것도 아니고, 그러다가 사라지는 거지, 그런 걸 아직까지 누가 기억하겠어."

"그 소문이 믿겨? 말이 된다고 생각해?"

"나야 뭐 둘 사이에 뭔 일이 있었는지 모르지. 소문이 어떻든 너만 아니면 되는 거 아니야? 그리고 그 변태 선생한테 한두 명 당한 게 아니야. 우리가 다 응징했으니까 신경 꺼."

나는 그녀의 말에 적잖이 당황했다. 그 선생님은 그런 사람이 아니었어,라고 말하고 싶은 것을 간신히 참았다. 그녀가 말하는 우리가 누구인지 알 수 없어 물었지만 있어,라는 말로 일관했다. 율희의 자동차는 큰길로 나갔다. 50미터만 나가면 큰길이었지만 오랫동안 그리 나갈 일이 없었다. 율희는 내가 묻는 말에 대답하지 않고 말을 돌렸다.

"저기 길 건너 시장에도 못 가봤지? 주차장 밖으로 나가본 적은 있니?"

율희는 친절한 말투로 말했지만 나는 조금 기분이 나빴다. 나도 시장 정도는 가보았다. 가족도 찾아오지 않는 나를 10개월간 보살펴준, 지금 내가 어머니라고 부르는 간병인을 따라서 동네에 들어왔던 날 그곳에 갔다. 병원에서 오는 길에 이불과 간단한 가재도구를 사기 위해 들렀던 시장은 헐겁게 들어선 나지막한 상가 건물과 길바닥의 난전 들로 뒤엉켜 복잡하고 더러웠나. 지나가는 오토바이와 짐꾼들이 다리를 절며 굼뜨게 걷는 내게 빨리 비키라고 소리를 질러댔고, 상인들은 가격만 묻고 지나가는 어머니의 뒤통수를 향해 재수없다고 악다구니를 썼다. 나는 아비규환의 세상에 맨몸뚱이로 내던져진 것 같아 슬프고 두려웠다. 어머니는 앞으로 이런 곳에 오지 말자고, 좋은 말만 듣고, 좋은 사람만 만나자고 하며 내 손을 꽉 쥐고 얼른 길을 건넜다. 그 뒤로 다시는 그곳에 가지 않았다. 길 건너편에는 멀리서도 한눈에 보이는 높은 빌딩과 아케이드가 서 있었고, 의류 쇼핑 센터 옆에는 말로만 듣던 거대한 주차 타워가 서 있었다. 줄을 서서 타워로 진입하는 자동차들의 꼬리 물기 때문에 그 일대의 교통이 매우 혼잡했다. 그 광경을 직접 보고 나니 이제 우리 주차장은 정말 끝난 게 맞다는 생각이 들었다. 복잡한 도심을 빠져나와 터널로 들어선 자동차는 한참을 달려 반대편의 출구에 도달했다. 율희는 내 옆쪽 창밖을 가리키며 말했다.

"저기가 너 살던 아파트야. 기억나?"

아파트는 지나간 세월만큼 허름해진 채로 그 자리에 있었는데, 그동안 울창해진 나무들이 주변을 둘러싸고 있어 마치 뒷산의 일부가 된 것처럼 보였다. 나는 그 아파트에서 조부모님과 고모와 함께 살았다. 내가 그곳에 간 것은 세 살 무렵, 교통사고로 부모님을 한꺼번에 잃은 뒤였다. 조부모님과의 생활은 늘 조용했지만 소소한 즐거움이 있었다. 할아버지는 나를 도서관이나 서점에 데려가는 것을 좋아했다. 할아버지와 나란히 앉아 책을 읽다가 내가 모르는 것을 물으면 대답해주지 않고 도리어 내게 이상한 질문을 던졌다. 할아버지의 질문에 계속 답하다 보면 결국 내 질문의 답까지 도달하긴 했지만, 놀림을 당한 것 같아 뾰루퉁해지곤 했다. 달달한 간식을 사주면 금세 풀어져 헤헤거리는 나를 데리고 할아버지는 도심을 산책하며 옛이야기를 해주었다. 할머니는 계절이 바뀔 때면 나를 백화점으로 데려가 새로 나온 원피스와 속옷을 사주었다. 쇼핑이 끝나고 우리를 데리러 온 할아버지와 함께 백화점 식당가에서 일식 돈가스와 메밀국수를 먹고 새로 개봉한 가족영화를 보거나 공원을 산책했다. 조부모님은 나와 함께 걷는 것을 좋아했다. 매일 이른 새벽마다 뒷산에 오를 때도 나를 데려가고 싶어 했지만 난 잠에 취해 일어나지 못했다. 아파트의 뒤편은 뒷산을 향해 있어 내 방이나 뒤 베란다 창 앞에 서면 산책로로 이어지는 길이 보였다. 뒤늦게 잠에서 깨어 창밖을 내다보면 산책로를 걷던 할머니와 할아버지가 어느새 나를 향해 손을 흔들어주었던 것을 기억한다. 나는 어디에 있건 늘 할머니, 할아버지와 연결되어 있는 듯한 기분이 들었다. 그곳에서 보낸 시절은 내 인생에 다시 없을 완벽한 시간이었으므로 잊을 리 없었다. 결국 함께 뒷산 한번 못 갔네, 하고 혼잣말을 삼키다가 결국이라는 말이 참 싫은 단어였구나, 하고 깨달았다.

"너희 집이 제일 바깥 동 5층이었잖아. 그런데 이제 와서 하는 이야기지만, 계속 궁금했어. 그때 5층이란 거 생각 못 했어?"

"그때?"

"너 사고 쳤을 때 말이야. 이것도 기억 못 하려나? 이렇게 되는 걸 원한 건 아니었을 텐데. 정말 안됐어."

나는 그녀가 무엇을 묻는지 이해했으나 나를 위로하려는 건지 조롱하는 건지는 알 수 없었다. 고등학교 3학년이었던 나는 5월의 첫날 이른 아침, 속치마와 스타킹을 걷으러 뒤 베란다에 나갔다가 학교를 안 갈 수 있을 뿐 아니라 고통을 근본적으로 끝낼 수 있는 간단한 방법을 떠올렸다. 방충망을 열고 속치마를 머리에 쓴 뒤 안전망 밖으로 허리를 숙이는 것까지는 순식간이었다. 창밖은 아주 화창한 봄날이었고, 아파트 뒷마당에는 아무도 없었다. 언제고 죽을 거라면 그날이 딱 좋을 것 같았다. 깊은 생각 따위는 필요도 없었다. 내가 조금만 느렸더라면, 조금 덜 힘들었더라면 그곳이 5층이라 실패할지도 모른다는 생각을 했을 것이고, 아마도 그길로 엘리베이터를 타고 아파트 옥상으로 올라갔을 것이다. 옥상으로 올라가는 동안 마음이 바뀌어 다시 내려왔을 수도 있었을 테고, 올라갔다면 어쨌든 지금처럼 불편한 몸으로 살아 있지는 않았을 것이다. 한때 이런 몸으로 살아 있는 것이 저주스러웠던 적도 있었지만, 지금은 그렇지 않다. 어쨌건 살아 있으니 이곳에 다시 와보는 날도 있는 거 아닌가 하는 생각이 들었다. 나는 뭐라고 대답해야 할지 몰라, 응, 하고 대충 대답했는데 그녀가 딱히 대답을 원해서 묻는 것 같지는 않았다.

"나는 이 동네에 진짜 오랜만에 와봐. 우리 부모님은 오래전에 이사하셨거든. 너희 가족들은 아직 여기 사시니?"

율희에게 사고 뒤 내가 집으로 다시 돌아가지 못했다는 말을 했는지 기억나지 않았지만 입에 다시 올리기 싫어 대답하지 않았다.

"이런, 미안. 의절당했다고 했지."

율희는 뒤늦게 생각났다는 듯 말했다. 그 말을 듣고 나니 콘센트에서 플러그가 빠져 있는 것을 뒤늦게 발견한 것 같은 기분이 들었다. 10개월 넘게 병원에 입원해 있는 동안 할머니는 한 번도 찾아오지 않았고, 할아버지는 단 한 번 찾아왔다. 일주일이 넘도록 의식이 없다가 정신을 차렸을 때 할아버지가 침대 옆에 앉아 있었다. 나는 그곳이 어디인지, 무슨 일로 누워 있는 건지 알 수가 없었다. 할아버지가 나를 향해 "죽을 용기로 살았어야지" 하고 울부짖는 것을 듣고서야 내가 큰일을 저질렀다는 것을 알았다. 기억이 돌아오지 않았던 데다가 아무 생각도 할 수 없던 상태였지만 그 말은 분명 틀렸다고 생각했다. 그것은 생각이 아니라 반사에 가까웠다. 분 단위, 초 단위로 용기를 쥐어짜며 삶을 버티는 것과 한 번의 용기로 모든 것을 끝내버리는 것을 등가로 놓는 건 말이 안 된다고 생각했다. 내가 왜 그런 슬픈 생각을 하게 되었는지는 전혀 기억나지 않았다. 멍청하게 바라보는 나를 보며 울던 할아버지는 병실을 나갔고 다시는 오지 않았다. 퇴원할 때 찾아온 사람은 고모 뿐이었다. 고모는 내 옷가지 등속이 담긴 이민 가방을 건넸고, 내 이름으로 된 통장을 주며 이제 내 갈 길로 가라고 했다. 통장에는 허름한 원룸 전세를 얻을 정도의 돈이 들어 있었다. 자기는 할 만큼 한 거라고, 엄청난 액수의 병원비 영수증을 보여주었다. 고모는 나 때문에 집안이 풍비박산이 났으며, 장애까지 얻은 나를 부양할 수 없으니 집에서 나가라고 했다. 내가 내쳐져야 할 만큼 잘못한 것인지 이해가 되지 않았고, 왜 그런 일을 했는지 한마디 물어보지 않는 가족들이 원망스럽긴 했지만 내가 큰 잘못을 저지른 것 같아서 고모의 말대로 해야겠다고 생각했다. 아무리 그래도 할머니와 할아버지에게 용서라도 빌고 마지막 인사라도 하겠다고 하자 고모는 내가 이렇게 망가진 꼴을 아무도 보고 싶어 하지 않는다고 했다. 나는 집으로 돌아가지 않았고, 가족들을 다시 만나지 못했다. 그들과의 약속을 지키는 것이 사죄하는 것이라 생각했는데, 과연 잘한 건지 모르겠다. 나는 잠시 내려 집에 다녀오고 싶었지만, 그런 식으로 찾아가는 건 아닌 것 같아 다음에 찾아가기로 했다.

내 노트에는 내가 살던 아파트와 뒷산의 풍경이 그려져 있을 뿐, 우리의 대화 내용은 여기까지만 씌어져 있었다. 고통스러운 기억을 떠올리는 것만으로도 힘들어 메모를 계속할 수가 없었던 것일까. 우리가 어디로 가고 있었는지도 써두지 않아서 잊었다. 선생님을 만난 것이 아닌가 생각해보았는데, 그것도 아닌 듯했다. 선생님을 잊을 리 없는 데다 아무것도 쓰지 않을 수 없었을 것이다. 머리가 더 나빠지는 것 같은 기분이 들었다.

5

어제는 중학교 동창들이 찾아왔다. 점심으로 김치전을 부쳐 들고 왔던 어머니가 돌아가는 중이었는데, 주차장으로 자동차 세 대가 줄지어 들어왔다. 어머니는 손님이 계속 들어오긴 하는구나, 하며 얼른 돌아갔고 나는 무슨 일인가 하는 생각이 들었다. 여자 넷이 차에서 내려 내게 알은체를 할 때도 난 그들이 그냥 손님인 줄 알았다. 그들은 내가 자신들을 못 알아보는 것이 거짓말이라 생각하는 건지 아니면 신기해서 그러는 건지, 정말 모르는 거냐고 되물었다. 그들은 내가 율희와 함께 그들이 모여 있던 곳에 간 적이 있다고 했다. 노트를 뒤적여봐도 그런 기록은 없었는데, 곰곰이 생각해보니 그런 것 같기도 했다. 그의 얼굴은 처음 보는 것처럼 낯설었다. 그들 중 몇은 완전히 푹 퍼진 아줌마가 되어 있었고 몇은 젊은 차림새를 하고 있었지만 나이를 속일 수 없는 얼굴이었는데, 모두 나보다는 젊어 보였다. 20년 넘게 너만 빼고 나머지 아이들이 모두 만나고 있었다는 율희의 말이 떠올랐다. 나를 뺀 나머지라는 말은 언젠가 내가 거기 포함돼 있었다는 이야기처럼 들렸는데, 나는 그런 친구들이 있었는지조차 기억나지 않았다. 그들은 우리가 만났던 날, 나를 갑작스럽게 만났던 거라 당황해서 이야기를 많이 나누지 못해 찾아온 거라고 했다. 나는 그들에게 다시 자기소개를 좀 해달라고 했고, 노트에 그들의 얼굴을 그리고 이름을 써두었다. 미영, 지영, 선미, 예숙. 나는 그들 중 몇 명의 이름을 알고 있었다. 사실 내가 알고 있는 이름이 그들의 이름인지는 잘 모른다. 여자들의 이름은 거의 비슷비슷했다.

내가 입원해 있는 동안 비슷한 이름들을 가진 수많은 여자아이들이 병실을 다녀갔다. 반 아이들은 내가 혼수상태였을 때 모두 다녀갔다고 했다. 그들은 메모장에 짧게 글을 남기고 갔다. 미안하다, 얼른 일어나서 함께 학교 다니자는 이야기들이었다. 의식이 돌아온 뒤에도 아이들의 방문은 끊이지 않았다. 입원해 있는 동안 나를 알고 있는 아이들 대부분이 찾아온 것 같았다. 중학교와 재단이 같은 고등학교로 진학했으므로 거의 전교생에 가까운 아이들이었다. 아이들은 내 손을 잡고 대성통곡을 하거나, 무릎을 꿇고 빌었다. 나는 그들이 내게 무슨 짓을 해 미안하다고 징징대는 건지 알 수 없었고 기억도 나지 않았다. 그들은 내가 자기들 때문에 투신을 했다고 생각하는 것 같았다. 사실 나는 왜 그런 무서운 짓을 결심했는지 도통 이해가 가지 않았고 기억도 나지 않았다. 자기들이 따돌리고 괴롭혀 내가 그런 거라고 울고불고하니 그런가 보다 했다. 아무것도 기억나지 않았으므로 그들의 사죄도 와 닿지 않았다. 나는 그저 자꾸 찾아와 우는 것이 귀찮아서, 그래, 다 용서한다, 괜찮다,라는 말을 기계적으로 해주었을 뿐이다. 울며 들어온 그들은 웃는 얼굴로 돌아가곤 했는데, 나는 그들의 예쁜 다리와 건강한 걸음걸이를 견디기 힘들었다. 그들이 용서받고 행복하게 사는 동안, 나는 병실 커튼 뒤 사람들의 웅성거리며 했던 말처럼 '반병신'이 되어 고통스러운 인생을 살아가게 될 거라는 생각을 하면 괴로웠다.

그들이 왜 나를 찾아왔는지 잘 모르겠지만, 선생님에 대해 물을 수 있을 것 같아 일단 앉을 수 있는 모든 것들을 꺼내 자리를 만들어 주었다. 그들과 나는 주차된 차로 비좁아진 주차장에 둘러앉아 이야기를 나누었다. 오랜만에 만난 친구들과 할 수 있는 이야기는 옛날 이야기뿐이었다. 기억하거나 못 하거나 별 상관 없는 이야기, 하나 마나 한 이야기들이었다. 그들은 이야기를 아름답게 윤색했지만 그 일들은 내 머릿속에서 사실 그대로 재생되었다.

나와 함께 미술반이었다는 지영은 학교 대표로 사생 대회에 나갔던 이야기를 해주었다. 그녀는 내 완성된 그림과 옷에 붓을 빤 물을 엎었고, 옷을 닦아준다며 그림을 옷에 문질렀다. 물에 흠뻑 젖은 그림은 찢어져버렸고, 내 옷은 물감 범벅이 되었다. 나와 같은 아파트에 살았던 미영과 예숙은 나와 함께 하교를 하던 사이라고 했다. 그들은 쌀집 앞에 놓아둔 콩 다라이 위로 내가 넘어지는 바람에 콩과 팥이 뒤섞여버린 이야기를 하며 웃었다. 나는 내 등을 떠밀던 예숙이의 작은 손을, 둘은 학원에 가야 한다며 집으로 가버리고 나 혼자 해가 질 때까지 그것을 나눠 담았던 일을 기억하고 있다. 입을 다문 채 아무 말 하지 않고 있던 선미는, 물론 범인으로 밝혀지지는 않았지만, 체육 시간이 끝난 뒤 내 교복을 가위로 다 잘라버렸고, 구두를 쓰레기장에서 불태웠다. 지영과 예숙은 함께 쓰레기통을 비우고 오다가 수돗가에서 걸레를 빨고 있는 나를 지나쳐가며 이상한 소리를 지껄였다. "걸레가 걸레를 빨고 있네." "서 있는 뒷모습만 봐도 처녀인지 아닌지 딱 알 수 있대." 나는 곧잘 '더러운 년'이라는 말을 듣곤 했는데, 사고 이후 들은 '병신 같은 년'이라는 말보다 훨씬 더 많이 들었다. 교복 블라우스가 네 개에 치마가 세 개였고, 날마다 빨아 빳빳하게 다려 입었는데 그런 소리를 듣는 것이 이해가 안 됐다. 그때는 무슨 말인지 몰랐는데, 소문을 알고 보니 그런 소리가 나올 법도 했던 것이었다. 다른 아이들이 내게 침을 뱉은 일, 다리에 걸려 계단을 구른 일, 책상 서랍에 우유가 한가득 부어져 있던 일이 쭈뼛거리며 뒤따라 나와 내 앞에 널브러졌다. 그때 힘들고 비참했던 마음이 퍼렇게 살아 올라 내 가슴를 깊게 찔렀고 그 마음이 재생시킨 수많은 기억들이 한꺼번에 내 머리를 치고 지나갔다.

나는 그 시절 늘 죽고 싶은 마음이 들곤 했지만, 내 얼굴과 머리에 침을 뱉은 아이를 죽이기 전에는 절대 혼자 죽지 않겠다고 다짐했다. 꼭 잘돼서 그들이 어떻게 할 수 없는 사람이 되겠다고 결심했다. 책상 앞에 그 아이들의 이름을 써 붙여놓았던 것 같은데 이름은 기억나지 않는다. 나는 이를 악물고 6년을 견뎠다. 고등학교로 진학하니 새로운 아이들이 몇몇이나마 유입되어 괴롭힘은 조금 덜해졌다. 중학교 시절에 비하면 살 만했고 졸업도 얼마 안 남았던 그때, 뒤늦게 왜 그런 일을 했던 건지 정말 이해가 되지 않았다. 나는 그들에게 미술선생님에 대해 물었다. 그들은 지난번 만났을 때 율희 앞에서 모든 것을 이야기해주지 못해 찾아온 거라고 했다. 계속 침묵을 지키고 있던 선미가 어렵게 입을 뗐다.

"우리가 선생님 인생을 망쳤어. 율희는 선생님이 죗값을 덜 치렀다고 하지만, 우리는 그 애랑 달라. 난 죄책감 때문에 종교까지 가졌어."

선미는 눈물을 그렁거렸다. 나는 그녀가 무슨 말을 하는지 알아듣지 못했다. 그들은 내가 병원에 누워 있을 때 일어났던 일들을 이야기해주었다.

사고가 터진 다음 날, 할아버지가 중학교로 선생님을 찾아가 주먹을 휘둘렀다는 이야기가 고등학교까지 퍼져나갔다. 선생님이 구속되어 재판정에 서게 되었을 때, 증언을 한 것이 이 네 명과 율희였다. 그들은 선생님이 자신의 몸을 만졌고, 옷 속을 더듬었고, 더러운 짓을 시켰다고 거짓으로 증언했다. 율희는 그와 내가 모텔에서 나오는 것, 선생님의 차 안에서 키스하는 것을 보았다고 진술했고, 그가 자신도 성추행했다고 했다. 그러나 선생님의 알리바이가 증명되고, 지영이 진술을 번복하는 바람에 무죄로 풀려나게 되었다.

"율희는 정말 당했다고 했는데, 걔가 여럿이 증언을 해야 감옥으로 보낼 수 있다고 해서 우리가 입을 맞춰주었던 거야. 그래도 지영이가 우리를 살렸지, 안 그랬다면 더 큰 잘못을 저지를 뻔했어. 선생님은 학교 그만두고 이혼도 했어. 뭐라고 변명도 할 법했는데, 아무 말 안 해서 더 의심을 산 것 같아. 그때는 정말 너랑 그런 사이가 아니었나 하고 의심도 했는데 오랜 세월 선생님을 지켜보니까 그럴 사람이 아니더라고. 우리가 너무 어리고 무지해서 악했던 것 같아."

선미는 곧 울 것 같은 얼굴이었다. 옆에서 조용히 있던 지영이 조그만 목소리로 말했다.

"난, 중학교 때 소문을 믿었어. 율희가 정말로 봤다고 했고, 다른 애들도 학교 밖에서 같이 있는 걸 봤다고 해서 믿었어. 그래서 너를 괴롭혔던 거야. 얘들도 그랬고, 다른 애들도 그랬을 거야. 그 소문이 엄청났었거든. 너 그렇게 되고 나서 할아버지가 학교까지 찾아와 도저히 용서할 수 없다고 하시기에 맞는 거구나, 고등학교 가서도 만났구나 했지. 나도 선생님 좋아했잖아. 그래서 더 배신감이 들었던 것 같아. 그래도 없었던 일을 거짓으로 말하는 게 두려웠어."

아줌마가 되었지만 소녀처럼 수줍은 인상의 지영은 얼굴을 붉혔다.

"너희 할머니 돌아가시고, 할아버지가 많이 힘드셨던 것 같아. 소문만으로는 고소가 안 되지, 너도 누워 있지, 선생님은 묵묵부답이지…… 선생님이 죗값을 치르지 않으면 할아버지도 돌아가실 것 같았어. 매일 학교로 찾아오셨는데, 곧 쓰러질 지경이셨어. 우리는 거짓말을 해서라도 도와드리고 싶었어. 사실 네가 죽으려고 한 게 우리 때문이 아니라는 걸 증명하고 싶었어."

"할머니가 돌아가셨다니? 무슨 말이야? 언제?"

나는 할머니가 돌아가셨다는 말에 놀라, 다른 말이 귀에 들어오지 않았다. 너희들 때문에 죽으려고 한 게 아니라고 말하려 했는데, 입을 열 수가 없었다. 그들은 갑자기 입을 다물고 당황한 얼굴로 나를 쳐다보았다.

"몰랐구나. 이렇게 알게 해서 어쩌면 좋니. 정말 미안해. 네가 그렇게 되고 한 달도 안 돼서였을 거야. 우리 엄마가 너희 옆집 아줌마랑 같이 수영을 다녀서 그날 알았어. 심장마비로 돌아가셨대."

예숙이 안타까워하며 말했다. 나는 어이가 없어 눈물조차 흘릴 수 없었다. 그동안 더 늙고 병들었을지 몰라도 여전히 할머니가 살아계실 줄 알았는데, 20년 전에 돌아가셨다니 어떻게 해야 할지 알 수가 없었다. 병원에 한번 오지 않는다고 원망했던 것을 생각하니 마음이 산산이 부서지는 것 같았다. 미영이 나를 도닥거리며 손을 잡았다.

"상현아, 정말 미안해. 우리가 너를 진작에 찾아서 미안하다고 했어야 했는데. 우리도 먹고 사느라 세월이 이렇게 지나버렸어. 우리는 인간도 아니야."

"아니야. 괜찮아."

붉게 충혈된 눈을 이리저리 굴리며 애써 눈물을 참는 그들에게 해줄 말이 없어서, 20년 전 병원에서 아이들에게 대답했듯 그렇게 말했다. 그리고 그들에게 내가 그린 그림책을 나눠주었다. 그들은 내가 작가가 되었다는 사실을 모르고 있는 것 같았다. 나의 이야기가 그들과 그들의 아이들에게 들리길 바라며, 내가 그들이 오해했던 그런 사람이 아니었다는 것을 기억하기를 바랐다.

6

어제는 아무도 찾아오지 않았다. 오랫동안 작업을 하지 못해 맨 위 장의 와트만지에 먼지가 부옇게 앉아 있었고 벽에 붙여놓은 그림은 쭈글쭈글하게 말라비틀어져 있었다. 나는 그것들을 떼내어 휴지통에 버리고 새 종이를 펼쳤다. 노트를 뒤적여 무엇을 그릴까 궁리하는데 중학교 동창들이 남겨준 선생님의 전화번호와 가게 이름이 보였다.

선생님은 학교를 그만두고 몇 년을 학원 강사로 전전하다가 도시 외곽에 작은 인테리어숍을 열었다고 했다. 말이 좋아 인테리어숍이지 도배, 장판, 칠을 전문으로 하는 동네 가게였다. 선생님은 혼자 일을 했고, 가족도 없이 고독하게 살고 있다고 했다. 동창들은 이제 그에게 선생님이라는 직업의 흔적은 전혀 남아 있지 않다며 그 모든 것이 다 자기들 탓이라고 징징거렸다. 그들은 선생님의 인생이 망가졌다는 의미로 말한 것 같았는데, 난 내 인생이 망가지지 않았다고 생각하는 것과 마찬가지로, 그의 인생도 망가지지 않았다고 생각했다. 나는 인생이란 것이 누군가에 의해 그렇게 쉽게 망쳐지도록 생겨 먹지 않았다는 것을 알고 있었는데, 그것을 그들에게 이야기해줘봐야 이해하지 못할 것 같아 그만두었다. 그들은 선생님과 가끔 식사를 하는데, 다음에는 나도 함께 가자고 했다. 나는 싫다고 했다.

나는 새 종이와 만년필을 꺼내 페인트를 칠하는 한 남자의 뒷모습을 집게손가락만하게 그렸다. 아무것도 없는 공간에, 버려진 것들을 모아 새집을 짓고 정원을 만드는 남자의 이야기를 그리려고 했다. 지금은 누구에게도 아무것도 아닌 사람이지만 한때 누군가를 살게 했던 남자를 떠올렸다. 그의 삶을 어떻게 그려야 할지 생각해보았으나 한 사람이 보낸 기나긴 세월을 상상하는 것은 불가능에 가까웠다. 누군가 나의 지금을 보고 그간 내가 보낸 세월과 나의 행불행을 상상할 수 없듯 그의 삶 역시 그럴 터였다. 선생님에게 그동안 어떤 마음으로 살았는지, 지금은 괜찮은 건지 직접 묻지 않고서는 어떤 것도 짐작할 수 없다는 생각이 들었다.

나는 가게 번호인지 집 번호인지 알 수 없는 숫자들을 무작정 눌렀다. 한번 걸어 받지 않으면 다시는 걸지 않을 생각이었다. 네번째 벨이 울리자, 가우디 인테리어입니다, 하는 소리가 들렸다. 남자는 맞는데, 선생님인지 확실치 않았다. 다른 할 말을 찾지 못해, 상현이에요, 하고 말하자 그쪽에서는 아무 대답이 없었다. 한참 듣고 있다가 아닌가 싶어 끊으려고 하는데, 잠기고 기력이 없는 목소리로, 잘 지냈니, 건강하니, 하고 물었다. 나는 네, 잘 지내요, 하고 대답했다. 발음이 시원치 않아 잘 못 알아들었을 것 같아 다시, 건강해요,라고 말했다. 그는 한참 아무 말 하지 않다가 내게 말했다.

“미안하다. 언젠가는 꼭 이 말을 하고 싶었어. 소문이 무서워 너를 외면하지만 않았어도, 네가 그렇게 되지는 않았을 텐데. 모든 게 내 탓인 것 같아서 무슨 벌이든 받으려고 했는데 그렇게도 안 됐다. 평생 사죄하는 마음으로 살게.”

나는 그가 무엇을 미안하다고 하는 건지 알 수 없었다. 오랜만에 만나면 미안하다고 하는 것이 유행인지 약속인지, 보는 사람마다 미안하다고, 다 자기 때문에 내가 이 지경이 되었다고 하는데, 그 흔하디 흔한 말이 별로 감동적이지 않았다.

“언제 직 이야기를 하시는 건가요. 그 시간은 이미 오래전에 지나갔고 나는 여기에 이렇게 잘 살고 있는데 무슨 말씀이세요. 선생님과는 아무 관계 없는 일이었어요. 그런 마음은 버리고 행복하게 지내세요.”

나는 전화를 끊었다. 그와 함께 듣던 음악은 여전히 귓전에 들리고, 둘이 함께 까먹던 오렌지의 향기는 코를 간지럽히는데, 그는 이제 없구나 싶었다. 외면이라는 단어는 과거 많은 사람들이 내게 보여주었던 차가운 얼굴과 표정 없는 뒷모습을 하나하나 불러왔고, 나는 그때의 기분이 기억나 숨을 쉴 수 없을 정도로 심장이 빨리 뛰기 시작했다.

아무도 말을 건네지 않고, 누구도 웃어주지 않았던 중학교 시절, 내게 말을 걸어주는 사람은 율희와 선생님뿐이었다. “너한테 말을 걸면 다른 아이들이 싫어해, 이제 학교에서는 아는 척하지 말아줄래?” 라고 율희가 말했던 것과 그 이야기를 들은 선생님이 그녀를 눈물이 쏙 빠지게 혼냈던 일이 기억났다. “둘이 잤지? 안 그러면 너 같은 애한테 굳이 그럴 필요 없잖아"라고 막말했던 것이 떠올랐다. 그때는 그 말이 무슨 의미인지 몰라 대답도 못 했다. 그는 세월이 지나면 외로움이나 고통들이 결국 자산이 될 거고 곧 나아질 거라고 말해주었다. 그와 이야기를 나누다 보면 내가 겪는 고통이 빠른 속도로 지나가고 있는 것처럼 느껴졌기에 그나마 살아갈 수 있었다. 그런데 중3 여름이 시작되기 전, 그가 갑자기 나를 외면하기 시작했다. 눈도 마주치지 않고 말도 걸지 않았으며 멀리 돌아가는 것을 내게 몇 번 들켰다. 남은 중학교 시절은 그가 주는 고통이 너무 커서 아이들의 괴롭힘쯤은 아무것도 아닌 듯 느껴졌다. 고등학교 시절 나는 모르는 곳까지 무작정 버스를 타고 가 배회하곤 했는데, 뜻하지 않은 장소에서 그와 우연히 마주친 적이 있었다. 고개를 숙이고 종종걸음을 걷는 나를 향해 클랙슨이 울렸다. 자동차 창 너머에서 선생님이 나를 보고 웃고 있었다. 오랜만에 보는 웃음이라 마음이 놓였다. 그는 나를 차에 태우고 예전처럼 따뜻하게 말을 건네며 요즘은 잘 지내느냐고 물었다. 다시 들을 수 없을 것 같았던 다정한 목소리를 들으니 눈물이 핑 돌았다. 나는 더 나빠졌다고, 앞으로도 좋은 날은 없을 것 같다고 말하다가 소리를 내 울어버렸다. 그는 나를 말없이 가만히 안아주었다. 그러다가 누가 먼저인지 모르게 입을 맞추었다. 그는 나를 밀어내려 했으나 나는 그의 품으로 맹렬히 파고들며 떨어지지 않으려고 안간힘을 썼다. 나는 그에게 빨려 들어가 세상에서 사라져버렸으면 좋겠다고 생각했다. 그는 나를 간신히 떠밀더니 뺨을 때렸다. 나는 키스를 하고 싶었던 것이 아니라 따뜻함 속에서 죽고 싶었던 것인데, 그 방법을 알지 못했을 뿐이었다. 나는 문을 열고 뛰어나와 거리를 달렸다. 울지 않으려고 눈을 부릅떴지만 자꾸만 눈물이 났다. 너와 다시 엮이기 싫으니 자기의 이름을 입에 올리지도 말고, 서로 모르는 척하자는 그의 마지막 말이 자꾸 등을 떠밀었다. 우는 얼굴로 집으로 돌아가 할머니와 할아버지에게 걱정을 끼칠까 봐 눈물이 마를 때까지 집을 향해 달렸다. 온몸이 땀 범벅이 되고, 머리카락에서 땀이 뚝뚝 떨어질 때까지도 눈물이 마르지 않아 뒷산 산책로를 해가 진 뒤로도 한참 달렸다. 그날이었나? 밤늦게 집에 돌아가니 할머니와 할아버지는 주무시고, 고모만 공부하느라 깨어 있었다. 고모는 땀에 젖고 상기된 얼굴로 돌아온 나를 욕실로 밀어 넣었다.

"율희한테 들어서 다 알고 있어. 노인네들 실망시키지 마. 그게 그렇게 좋으면 커서 해. 당분간 말 안 하겠지만, 계속 그러면 내쫓을 거야."

'그게'가 무엇인지 묻기도 전에 고모는 방문을 닫았다. 따돌림당한다는 것을 고모가 알아버렸구나 생각하니 비참한 기분이 들었을 뿐, 그녀가 들었다는 이야기가 무엇인지 짐작하지 못했다.

시간을 훌쩍 뛰어넘어온 부정적인 감정들은 내 머리를 쉴 새 없이 내리쳤다. 끝없이 몰아치는 감정과 기억의 파편을 맞은 머릿속이 팽팽하게 부어올라 곧 터질 것처럼 아팠다. 그대로 있다가 죽을 수도 있겠다 싶어 부스 밖으로 나가 주차장을 빙빙 돌았다. 입구에 쌓인 쓰레기 더미가 악취를 풍기며 안으로 밀려 들어올지라도, 햇빛을 받을 수 없는 그늘 속이라도 이 주차장이 있다는 사실이 나를 안심시켰다. 한참을 돌고 나자 부어오른 머릿속이 가라앉는 것 같았다. 나는 누구라도 만나서 그때의 이야기를 하고 싶었다. 율희라도 찾아와 준다면 좋을 텐데, 오지 않은 지 너무 오래됐고 전화조차 받지 않았다. 의진은 필요하면 언제든 전화하라고 했지만, 그녀는 옛날의 나를 전혀 알지 못하기에 이야기를 해도 아마 잘 모를 것이었다.

옛날 사람이 필요했다. 무엇보다 가족들을 만나고 싶었다. 죄책감 때문에 고모의 마지막 부탁이라도 들으려 했던 게 잘못이었다. 맞고 쫓겨나게 될지라도 그곳에 가보았어야 했다. 그랬다면 뒤늦게 할머니의 부고를 듣는 일은 없었을 것이다. 할머니가 돌아가셨다는 사실을 믿을 수가 없었다. 지난 20년간 나에게 할머니는 살아 계신 분이었다. 아파트에서 할아버지와 함께 책을 읽고, 텔레비전을 보고, 산책로를 걷고 계시다고 생각했다. 할머니가 나를 쫓아낸 것이 아니라는 것을 알게 되었지만, 차라리, 손녀 한번 찾지 않은 매정한 할머니로라도 살아 계시면 좋을 것 같았다. 할머니가 보고 싶었다. 할머니보다 세 살이 많은 할아버지는 건강히 지내실지 궁금했다. 그리고 여전히 그곳에 살고 계실까. 가족을 만나 하고 싶은 말들을 적어둔 노트를 챙아 들고 큰길로 나가 택시를 탔다.

아파트 안으로 들어가려 하자 경비가 나를 유심히 바라보았다. 503호요, 하자 경비가 고개를 갸웃했지만 들어가는 것을 막지 않았다. 우편함이 비어 있어 가족이 그곳에 살고 있는지 확인할 수 없었다. 나는 엘리베이터를 타고 5층에 내렸다. 철로 된 현관문은 아무 표정도 온도도 없어 그것만을 보고는 누가 살고 있을지 전혀 추측할 수 없었다. 나는 벨을 누르려다 그만두기를 여러 번 반복한 끝에 계단에 앉았다. 그러고 있다가 식구가 나오면 어떻게 인사를 해야 할까 고민했다. 우연히 지나다 들렀어요, 지나가는 길이었어요, 둘러댈 말을 고민했는데 생각하는 것마다 말도 안되는 말이어서 조금 웃겼다.

옆집 현관 앞에는 어린이용 자전거가 놓여 있었다. 어쩌면 우리 집 현관 앞에 놓인 것인데 밀려갔을지도 모르겠다 싶었다. 할아버지도 나처럼 몸이 불편하지 않을까, 할아버지와 고모는 함께 살고 있을까, 고모는 결혼을 했을까, 결혼을 했다면 아이들이 있겠지. 나와는 사촌인데 얼굴도 모르고 자랐겠구나. 나는 계단에 앉아 잠깐 졸기도 하고 위아래를 오르내리기도 했다. 오랫동안 노트에 조금씩 써둔 가족들에게 하고 싶은 말들을 읽기도 했다. 엄청난 양이었는데 그것을 다 읽을 때까지도 양쪽 현관은 한 번도 열리지 않았다. 생각해보니 노트에 적어두었던 이야기는 엄청난 오해를 바탕에 둔 이야기들이어서 쓸모가 없었다. 나는 노트에 새로운 문장을 썼다. 그간의 자초지종을 모두 담으려니 한 장이 넘어가버렸는데, 다시 읽어보니 부질없는 이야기들이었다. 무어라 한들 그것이 세월을 돌릴 수 있겠나 싶었다. 다시 노트 한 장을 찢어 큰 글씨로 몇 글자 써서 현관 문 틈에 끼웠다.

"저는 그런 사람이 아니었어요. 그렇지만 정말 죄송합니다. 모두가 그립습니다. 내내 건강하세요.—상현"

주차장으로 돌아왔을 때 해가 뉘엿뉘엿 져가고 있었다. 컴컴해지는 주차장 바닥에 어머니가 폐신문을 깔고 앉아 있다가 돌아오는 나를 보고 와락 끌어안았다. 어디 갔었느냐고, 한참을 기다렸다며 유난스럽게 반가워했다. 어머니는 어제 경찰이 찾아와 나에 대해 물으며 장애인을 약취하고 있다는 신고가 들어갔다고 했고, 주차장에서 나는 악취 때문에 잦은 민원이 들어온다며 큰소리를 쳤다고 했다. 돈을 찔러주면 조용해진다는 아버지의 말에 어머니는 일단 봉투에 돈을 담아 돌려보내긴 했지만 시간이 지나면 또 찾아올 것을 생각하니 넌더리가 났다고 했다.

"사실, 너한테 주차장 그만하자고 하려고 점심 먹기 전에 왔거든.

그런데 니가 없는 거라. 이상하게 가슴이 덜컹해, 기다려도, 기다려도 안 오데. 그래도 여기가 있으니까 오겠지 해도 또 안 오고, 또 안 오고. 여기가 없어지면 너를 어디서 기다려야 하나 싶고. 그렇게 생각을 한참 하고 나니까, 이걸 그냥 두자. 또 그런 생각이 드네."

"어머니, 사실 손님이 하나도 안 든 지 오래됐어요. 제가 거짓말을 한 거예요. 죄송해요. 이제 어머니 마음 편하신 대로 하세요."

어머니는 한숨을 쉬며 내 손을 꼭 잡았다. 어머니는 부스로 들어가 점심 식사로 들고 온 보따리를 풀어 밥상을 차려주었다. 다 식어버렸다며 안타까워하면서 밥 위에 반찬을 놓아주며 주절주절 이야기를 시작했다. 이 손바닥만 한 땅의 역사였다.

이 자리에는 성냥갑 같은 판잣집이 있었는데, 어머니 부부가 서울살이 10년 만에 장만한 집이었다. 터가 어찌나 좋았는지 큰아들이 대기업 직원으로 취직하고, 작은아들이 세무사가 되고, 막내딸이 여대에 수석으로 입학을 하고, 집을 하나 더 장만할 정도로 가족들이 술술 풀려나갔다. 30년 전 호시절에 동네 사람들은 다 쓰러져가는 집들을 헐고 몇 집을 합쳐 빌딩을 올리거나 건축업자에게 팔고 이사를 가 큰돈을 손에 넣었다. 아버지는 우리도 팔아버리자는 어머니의 닦달에도 꿈쩍하지 않고 그냥 가만히 있었다. 불과 50미터 떨어진 곳에 세탁소가 딸린 번듯한 이층집 한 채도 가지고 있었고 세탁소 일로 늘 바빴기에 골치 아프게 생각하고 싶지 않았다. 대학 신입생 막내가 공사장에서 변사체로 발견되었을 때, 어머니 부부는 온 동네를 공사판으로 만든 이웃들을 원망했다. 결국 빌딩 사이에 홀로 끼어 쓸모 없게 돼버린 손바닥만 한 집은 월세 20만 원 받는 잠만 자는 방이 되었다가 창고로 전락했다. 어머니는 딸의 죽음에서 시작된 우울증을 이겨보려 간병인으로 일하기 시작했고, 그로 인해 나를 만났다. 폐인이 되어가는 나를 제 몫 하는 사람 만들겠다고, 다 쓰러져가는 창고를 부수고 주차장을 만들었다. 어머니는, 간병인으로 출근하던 병원 옆의 작은 주차장을 보고 생각해낸 것이 나를 살릴 줄도, 많은 돈을 벌어들일 줄도 몰랐다고 했다.

나는 여러 번 듣고 받아 적어 이 기나긴 이야기를 외우고 있었다. 어머니는 어떤 지점에서 시작을 하더라도 결국 모든 이야기를 다 풀어낸 뒤 원망과 후회, 슬픔이 뒤섞인 눈물을 조금 흘리고서야 이야기를 끝냈다. 세월이 지난 뒤 노트에 적어놓은 이야기를 읽어보니 어머니의 태도는 아주 미묘하게 변해 조금씩 덤덤해지고, 내범해졌다. 일흔이 넘은 지금은 남 얘기처럼 하고 있었다.

"모든 게 화무십일홍인 거라. 후회하고 원망하고 애끓이면 뭐해. 좋은 날도 더러운 날도 다 지나가. 어차피 관 뚜껑 닫고 들어가면 다 똑같아. 그게 얼마나 다행이냐."

어머니는 밥을 먹고 있는 내 등을 쓰다듬었다. 밥이 가득한 입속으로 어머니의 말을 따라 중얼거렸다. 그리고 이해할 수 없이 복잡했던 날들을 생각했다. 차마 다 기억할 수도, 돌이킬 수도 없는 그것들은 명백히 지나가버렸고, 기세등등한 위력을 잃은 지 오래다. 살아 있어 다행이다. 다행이라 말할 수 있어 정말 다행이다.

선정의 말

—

인간이 짓는 죄 중 가장 큰 죄는 무엇일까? 참척(慘慽)이 인간이 겪는 고통 중 가장 끔찍한 고통이라 하니 고의적으로 참척을 범하는 일이 가장 큰 죄일지 모르겠다. 하지만 정소현의 「어제의 일들」을 읽고 나면, 자신의 죄를 끝내 모르거나, 모르는 척하면서 그 죄를 되풀이하는 태연함이 아닐까라는 생각을 하게 된다.

미수에 그친 자살로 평생 장애를 안고 살아가는 '나'를 우연히—이 우연은 우연이 아닐 것이다—만난 율희의 이상한 선의는 모두 의도된 악의의 다른 모습이며, 율희 자신의 죄를 씻고자 하는 이기적 정화(淨化)에 불과하다. 희미한 '나'의 기억과 망각을 샅샅이 뒤져 자기에게 유리하게끔 기억을 채색하고 주입하려는 그녀의 웃는 낯은 어느 순간 추한 악의 얼굴로 드러난다. 그리고 그 얼굴이 너무나 평범하고, 너무나 일상적이고, 너무나 흔한 얼굴이라는 사실에 머리에서 발끝까지 얼음 알갱이가 혈관 속으로 쏟아지는 서늘함을 느끼게 된다. 악한이 친구로 위장하고 있다는 뜻이 아니다. 아무 죄도 짓지 않는다고 믿으며 태연히 죄를 짓는 순진과 죄가 없고 지은 죄 또한 모르니 속죄를 모른다는 무지는, 정도의 차이만 있을 뿐, 우리 주위에서 흔히 볼 수 있는 사람, 자주 보도되는 사건 들의 양상과 매우 닮았다. 오늘날 한국 사회를 살아가는 우리 모두는 무분별한 오해와 풍문과 편견을 양산하고 퍼뜨리면서 죄-있음을 모른다. 죄-지음을 알려 하지 않는다. 그것이 돌이킬 수 없는 파국에 이르렀을 때야 비로소 부랴부랴 성토하고, 후회하고, 애도한다. (그런 점에서 너무 지나친 애도는 기실 속죄를 위한 방편이다.) '윤희'의 친구들은 그러한 우리의 평범성을 대신하며, '윤희'는 다만 그 평범성을 조금 초과한 인물이다. '나'를 찾아와 집요하게 과거를 상기시키고, 자기 뜻대로 응하지 않는 '나'를 다시 험담하는 그녀의 행동은 자기 죄를 알기에 그것을 감추고 싶은 방어 심리에서 비롯하며, 순진한 무지를 가장(假裝)하여 자기기만을 이어가려는, 미성숙한 소녀의 이기심에서 비롯한다. 그러나 타인을 죽음으로 모는 어린 소녀의 사악함이란 얼마나 무서운가? 그리고 그 소녀가 마음도, 정신도, 도덕도 영영 자라지 않는다는 것은 얼마나 더 무서운가? 우리는 모두 때로 그런 소녀이지 않은가? 그런 소녀를 키우고 있지는 않은가? '윤희'와 친구들은 비극을 비극이 아니라 흔해빠진 일상으로 만드는 주범이 나 자신이자 우리 모두라는 것을 인정하게 만든다. 우리가 우리의 '혀'로 끝내 자살로 내몰았던 이들이 누구누구였던가를 떠올려보면, 이 소설이 품고 있는 고통과 절망은 허구 속 가상 인물들이 빚어낸 예외적 '과거'의 죄가 아니라 한국 사회 전반의 '현재'의 죄에서 기인한다.

정소현은 일상에 내재된 폭력(성)에 날카로운 통찰력을 지닌 작가다. 「어제의 일들」도 그러한 예민한 통찰력이 빛을 발하며 만연한 폭력과 보편화된 죄의 형상을 일깨운다. 어느 고등학교에서 있었을 법한 '왕따' 사건의 과거와 현재가 인물들의 각기 다른 발화 속에서 기억과 망각이 상호 교차하며 씌어지고 지워지고, 다시 씌어지고 다시 또 지워지는 반전 속에서 그 전모가 점차 드러나는 과정은 독자를 대면하고 싶지 않은 고통의 진원지로 데려간다. 읽는 내내 괴로움을 떨치기 힘들었고, "정말 살아 있어 다행이다. 다행이라 말할 수 있어 다행이다"라는 마지막 문장이 오랫동안 떨쳐지지 않았다. 하지만 언제나 그렇듯, 그것은 진실한 이야기만이 선사하는 행복한 불쾌다. 「어제의 일들」은 그러한 진실의 불쾌가 성찰의 즐거움을 동반하는 것이 문학의 의의라는 고전적 명제를 다시금 확인시키는 소설이다. _**강계숙**

2014년 12월

이달의 소설

여름의 정오

백수린

© 강재훈

1982년 인천에서 태어나 2011년 『경향신문』 신춘문예로 등단했다. 소설집 『폴링 인 폴』이 있다.

작 가 노 트

해가 머리 꼭대기에 있어 짧아진, 우리의 그림자가 흔들렸다.

●••

여름의 정오

—

여자는 스크린에 비친 사진 속에서, 저쯤에 앉아 45도가량 고개를 돌린 채 옆을 바라보고 있었다. 대단한 미인이 아니었지만 같이 앉은 남자가 못생긴 탓에 여자는 꽤 아름다워 보였다. 삼십대 같았지만 사십대일 수도 있었다. 사실 나는 여전히 서양인의 나이를 외모만으로 쉽게 가늠하지 못한다. 흑백사진 속에서 빛나는 여자의 눈동자만 여자가 아직은 한창때의 나이를 지나고 있을 거라고 추측하게끔 할 뿐이었다. 그러고 보니 여자가 쓴 책 중에도 이와 유사한 제목이 있었던 것 같다. 읽어보지는 않았지만 '한창때'였는지 '한창나이'였는지 그 비슷한 제목으로 번역되어 있는 책을 세계문학전집 코너에서 본 일이 있었다.

여자는 몇 달 전, 우연한 기회에 본 다큐멘터리영화에 아주 잠깐 등장했다. '세기의 사랑'이란 제목의 다큐멘터리로 쇼팽과 조르주 상드, 로댕과 카미유 클로델 같은 역사 속 유명한 연인들의 삶을 다루는 내용이었다. 시내의 한 독립영화관이 경영난으로 문을 닫게 되면서, 폐관일까지 매일, 매 상영 시간마다 보여주었던 각기 다른 영화들 중 하나였다. 사진 자료와 성우의 내레이션을 위주로 구성된 다큐멘터리에서 여자의 목소리를 직접 들을 수 있던 것은 딱 한 번뿐이었다. 노인이 된 여자는 가장 기뻤던 순간의 기억에 대해 묻는 화면 밖의 인터뷰어를 향해 답했는데, 퍽 인상적이었던 그 답은 다음과 같은 말로 시작했다. "그 시절, 파리의 거리들은 점령군에 의해 봉쇄되어 있다시피 했죠. 어느 날인가, 레리스가 연극이 끝난 뒤, 남아 있는 사람들에게 파티를 계속하자고 하더라고요. 도시는 거대한 감옥이나 다름없었지만, 어둠 속에서 우리는 밤새 술을 마시고 이야기를 나누었어요. 그 순간이 문득 떠오르네요. 그 뒤, 우리는 레리스의 집에서 초현실주의자들을 종종 만났어요. 한번은, 사르트르가 크노에게 초현실주의운동에서 얻은 것이 무엇이냐고 물었어요. 크노는 이렇게 답했어요. '청춘을 가진 적 있었다는 느낌.' 나는 그가 부러웠어요." 그때까지도 나는 그들이 대화를 나누고 있던 장소를 알아보지 못했다. 스크린 위의 자막을 보고서야 그들이 앉아 있던 곳이 어딘지를 알 수 있었다. 그곳은 파리의 관광지 대로변에 있는 한 카페였는데, 나는 아주 오래전 그 카페에 가본 적이 있다는 사실을 떠올렸다. 화면은 어느새 바뀌었지만 내 마음은 클로즈업되어 있는 여자의 뒤편으로 보이는, 20세기에 찍힌 것이 분명한 그 카페 앞에 오래 멈추어 섰다. 그러자 오랜 역사를 가진 것들 앞에서는 종종 그러하듯, 잊고 살았던 내 지난 시절의 한 계절이 예상치 못한 장소에서 이름을 불린 어린아이처럼 당혹스러운 눈빛으로 불려 나왔다.

이곳에 나를 처음 데리고 온 것은 타카히로였다. 그때 나는 스무 살이었고, 그는 서른 살이었다. 스무 살의 나와 서른이었던 그가 카운터 가까이에 위치한 자리에 앉아 무슨 이야기를 나누었는지는 잘 기억나지 않는다. 테이블에 놓여 있던 그의 담뱃갑 위로 금속 라이터에 반사된 빛이 그리던 무늬와 내 잔에 묻어 있던 어설픈 립스틱 자국은 기억 속에 여전히 선명하게 남아 있는데도. 그리고 그날 카페의 실내가 무척 한산했던 기억도 남아 있다. 테라스 자리는 관광객들로 붐볐지만 실내는 거의 비어 있었다. 우리가 실내에 자리 잡은 것은 햇볕에 타는 것이 싫다며 내가 실내 테이블을 고집했던 탓일 가능성이 많았다. 그는 에스프레소를 마셨는데 그때 나는 그런 것들이 괜히 멋있어 보였다. 그가 마시는 쓴 커피, 쓴 담배, 쓴 술 따위의, 지금 생각해보면 아무것도 아닌 것들이 말이다. 내 스무 살의 여름은 온통 타카히로에 대한 기억으로 점철되어 있었다.

타카히로는 오빠의 친구였다. 나는 그 당시 파리로 유학 간 오빠의 집에서 여름방학을 보내고 있었다. 일종의 유배 기간이었는데, 유배 기간치고는 달콤한 시간이었다. 나의 유배가 결정된 것은 내가 대학교에 입학하고 나서 첫 학기에 학사경고를 받았기 때문이었다. 나는 그 학기에 과제를 하지도, 수업에 가지도 않았고 그 때문에 아버지와 매일같이 싸웠다. 어머니는 아버지와 나의 싸움에 지쳐, 나를 방학 중에 오빠에게 보내기로 결정했다. 어려서부터 내가 터울이 많이 지는 오빠의 말을 유난히 잘 따랐기 때문이다. 비싼 돈 들여 넓은 세상을 보여주니 돌아오면 정신을 차리라는 말과 함께 어머니는 오빠에게 줄 각종 밑반찬을 담은 18킬로그램짜리 트렁크에 주소가 적힌 태

그를 달았다. 모르긴 몰라도, 오빠에게는 전화를 걸어 내게 정신교육을 단단히 좀 시키라고 말했을 것이다. 유럽까지의 비행은 길었고 나는 재미도 없는 영화를 보다가 잠들기를 반복했다. 공항에는 오빠가 나와 있었다. 사방에서 알 수 없는 언어가 들렸지만, 낯선 나라에 왔다는 느낌은 전혀 들지 않아 그것이 더 낯설게 느껴졌다. 우리는 공항버스를 타고 시내로 들어갔다. 영화에서나 보았던 석조 건물들과 정갈하게 정돈된 가로수들은 아름다웠지만 생각한 것만큼 나를 설레게 하지 않아 나는 왠지 서글펐다. 다만, 밤 9시가 넘었는데도 해가 채 지지 않아 서울의 7시처럼 푸른빛을 띠던 하늘만은 신기했던 기억이 아직 남아 있다. 밤이었으나 밤이 아니었던 시간. 타지였으나 타지가 아니었던 도시. 우리였으나 우리가 아니었던 날들.

남편이 겨울방학 동안 런던에서 열리는 학회에 발표자로 참여한다고 했을 때 굳이 동반하겠다고 나섰던 것은 핑계 김에 파리에 다시 와보고 싶었기 때문이다. 그런 핑계라도 대지 않으면 유럽은 그냥 오기에는 경비가 너무 많이 드는 여행지였다. 확신이 없는 사람들은 쉽게 우연에서 어떤 계시의 흔적을 찾고 싶어 하는 법이다. 나 역시, 시간을 때우기 위해 들어갔던 낡고, 작은 상영관에서 타카히로가 나를 데리고 갔던 카페와 조우한 것이, 어떤 신호라는 생각에 기꺼이 사로잡히고 싶었다. 그렇지 않고서야 남편이 런던에서 개최되는 학회에 참여하게 될 무렵, 오빠가 수년 만에 내게 타카히로의 이야기를 꺼냈을 이유도 없었다. 나는 이 모든 것이 내게 타카히로를 만나러 가라는, 내가 그 존재를 짐작할 수 없으나 가끔은 겸허한 마음을 갖게 하는 존재가 내게 보내는 암시라고 믿고 싶었다. 타카히로를 만난들, 타카히로가 나를 기억할지도 미지수였고, 달라질 것은 아무것도 없다는 것을 알면서도 나는 한 번쯤은 더 그를 만나보고 싶었다.

우리는 학회가 열리는 사흘을 런던에서 보낸 뒤, 나흘 일정으로 파리에 왔다. 런던에서 파리로 넘어오는 동안 우리는 별것도 아닌 일로 조금 다투었다. 앞으로 함께 보낼 나흘 동안의 일정에 대해 계획을 세워보려는데 그가 너무 매사에 심드렁했던 탓이다. 사실 그가 세계 각지에서 모여든 19세기 영미문학 전공자들과 탈식민주의니 정신분석학이니 운운하며 19세기 소설 속 중국인들의 재현 방식 따위를 논하는 발표를 할 때, 나는 혼자 런던 시내를 돌아다녀야 했다. 혼자 하는 여행도 나쁘지 않았지만 함께하는 편이 더 나았기 때문에 나는 파리에서의 일정을 기대하고 있었다. 그런데 그는 출국 직전까지 발표문을 만들고, 각종 논문을 심사하고, 학교 행정에 필요한 여러 잡무에 치였던 터라 몹시 피곤하다고 했다. 계약직 교수는 언제라도 잘릴 수 있으니 소처럼 일해야 한다는 말을 입에 달고 살았다. 그는 결국 누가 따라오라 그랬느냐고 쏘아붙이더니 호텔에 도착할 때까지 말이 없었다. 우리는 엘리베이터가 없는 낡은 호텔의 4층에 위치한 방까지 커다란 트렁크를 들고 오느라 서로 도우며 무미건조하게 화해했다. 당신 어차피 파리에서 만나야 할 친구가 있다고 했잖아. 친구부터 만나. 나는 나중에 합류할게. 결국 그는 호텔에서 좀더 쉬기로 하고, 나는 혼자 시내로 나왔다. 10여 년 만에 찾은 파리는 변한 것이 없어 보였지만 낯설었다. 나는 호텔에서 받은 지하철 노선도를 눈으로 좇으며 기억을 더듬었다. 그 당시 오빠가 살았던 집 근처 지하철역 이름이 눈에 들어왔으나 굳이 그곳에 가고 싶은 생각은 없었다. 타카히로와 걸었던 장소들에 가보고 싶었지만 그것이 어디였는지 처음엔 쉽사리 기억나지 않았다. 그와 함께 갔던 것이 틀림없던 그 카페, 다큐멘터리에 등장했던 그 카페를 나는 여행 책자에서 찾았다. 그리고 그곳에 가봤자 타카히로를 다시 만날 가능성이 없다는 것을 알면서도 나는 사랑한다는 말을 외국인 연인의 모국어로 처음 배운 사람처럼, 낯선 언어로 쓰어진 지하철역 이름을 천천히 발음해보았다.

19세기에 지어졌다 했으니 낡은 것이 어제오늘일 리는 결코 없는데도 카페는 내 기억과 어딘지 달랐다. 초록색 차양이 드리워진 테라스는 날이 추웠지만 예전의 기억보다 더 많은 관광객들로 붐볐다. 무슨 행사를 하는지 길을 막은 탓에 거리가 혼잡해 카페를 찾느라 애를 먹었다. 나는 예전처럼 카페 안으로 들어가 타카히로와 앉았던 자리를 찾아냈다. 햇빛이 쏟아지는 밖과 달리 카페 안은 다소 어두웠는데, 나는 그것이 마음에 들었다. 그렇지만 자리에 앉아 주변을 둘러보는 순간 이상하게 서글퍼졌다. 왜인지는 정확히 알 수 없었다. 기억 속 그대로인 아이보리색 벽과, 원목 카운터, 도금 장식의 샹들리에 같은 것들. 무수한 예술가들이 들고 났다는 이유로 나를 설레게 했던 카페는 어딘지 조잡한 세트장 같은 느낌을 풍겼다. 오래전 타카히로와 처음 이곳을 찾았을 때, 나는 시간의 단조로움이 주는 위안을 느꼈다. 창밖으로는 언제까지고 계속될 듯한 한낮이었고, 소음은 단절되어 있었고, 카페 안의 모든 움직임은 19세기에서 20세기로 건너오는 것처럼 느렸다. 갈색의 테이블들과 자주색 의자 위로 계절마다 쌓였을 먼지들조차 고요히 가라앉아 있었다. 테이블 위를 일정한 리듬으로 두드리던 하얀 손가락. 그것이 타카히로의 습관이었다는 것을 나는 나중에야 알았다. 에어컨이 나오지 않는 실내의 카페는 더웠을 텐데, 이상하게도 나는 그날을 떠올리면 그와 나 사이에 서늘한 바람이 불었던 것만 같다.

카페의 문이 열리고, 근처의 백화점 상호가 찍힌 커다란 쇼핑백 여러 개를 팔에 걸친 미국인들이 카페 안으로 들어섰다. 그들은 시끄럽게 웃고 웨이터에게 커다란 목소리로 말을 건넸다. 관광객에게 지친 듯한 표정의 웨이터가 나에게 다가와 영어로 된 메뉴판을 주었다. 나는 에스프레소 한 잔을 시켰다. 오빠는 타카히로를 만나려면 오페라 쪽으로 가야 한다고 했다. 나는 시계를 보았다. 아직 시간은 있었다. 타카히로를 보러 갈 것인지, 가지 않을 것인지. 나는 아직 결정을 내리지 못했다.

타카히로와는 오빠의 집에서 처음 만났다. 무슨 일 때문이었는지 기억이 정확히 나지 않지만 그날 오빠는 몹시 바빴다. 드디어 오빠 감시에서 벗어날 수 있으리란 생각에 나는 무척 신나 있었다. 오빠가 '돌봐줄' 사람을 불렀다 했을 때 평소보다 화가 더 났던 것은 그런 이유였다. 나는 오빠에게 나를 애 취급하지 말라며, 나도 이제 성인이라고 소리를 질렀다. 오빠는 성인이면 성인답게 행동하라며, 자기 인생에 대한 목표도 책임감도 없는 인간이 성인이라는 말은 잘도 한다고 빈정댔다. 타카히로는 오빠와 내가 서로를 향해 온갖 저주의 말을 퍼붓고 있을 때 초인종을 눌렀다. 첫눈에도 일본인처럼 보이는 외양을 가진 그는 머리카락이나 눈썹이 부자연스럽다 느껴질 정도로 까맸다. 면도를 했을 것이 틀림없었지만 턱에는 푸르스름하게 수염 자국이 남아 있었다. 오빠는 내가 알아들을 수 없는 외국어로, 불어였겠지만, 타카히로를 향해 말했다. 타카히로가 내 쪽을 보며 웃었고 그 때문에 나는 더 불쾌해졌다. 오빠가 나를 애 취급하는 말을 한 것이 분명했다. 다 짜증이 났지만 오로지 오빠와 떨어져 있기 위해 나는 타카히로를 따라나섰다. 그는 나보다 키가 조금 컸지만 왜소한 탓에 나보다 훨씬 작은 것처럼 느껴졌다. 나란히 걸으면 그렇게 뚱뚱한 편이 아니었음에도 내가 비대한 것처럼 보일 것 같아 신경이 좀 쓰였던 것도 기억난다. 이도 저도 다 짜증나고, 도망가고 싶단 마음뿐이라 혼자 앞장서서 걷는데 타카히로는 아무 말도 없이 내 뒤를 따라왔다. 골목은 계속 이어졌고, 나는 어디를 가는지도 모르고 걸었다. 한참을 걷다 다리가 아파올 무렵 제자리에 서서 뒤를 돌아보니 타카히로는 여전히 나를 잘 따라오고 있었다. 내일 당장 한국에 돌아가고 싶은데, 그러려면 어떻게 해야 해? 그것이 내가 타카히로를 향해 내뱉은 첫마디였다. 타카히로는 억지 쓰는 어린아이를 바라보는 듯한 눈빛으로 나를 보며 웃었다. 내가 언제부터 그를 좋아하게 되었는지는 분명하지 않다. 이때가 아니었을 것은 확실하지만.

그 뒤로 우리는 자주 만났다. 오빠와 같이 보기도 했고, 단둘이 보기도 했다. 오빠는 나 같은 괴팍한 성격의 애를 잘도 본다며 타카히로를 칭찬했다. 나는 오빠가 타카히로 앞에서 나를 애 취급할 때마다 화가 났다. 그때마다 타카히로는, 우리는 사이가 좋아,라고 말했는데 나는 그 말이 마음에 들었다. 그의 영어는 짧았고 게다가 불어로 오염이 되어 놀라울 정도로 엉망진창이었지만 나는 그가 하는 말을 다 알아들을 수 있었다. 타카히로와 함께 보낸 날들의 풍경은 대충 이랬다. 그는 말이 없는 데다 낯을 가리는 편이었고 사실 나도 그런 성격이었기 때문에 우리는 그냥 서로 멀찍이 떨어져서 아무 말도 없이 한참을 걸었다. 그는 파리가 어디든 다 걸어갈 수 있는 도시라

좋다고 말했다. 도쿄는 너무 커. 그가 말하면, 서울도 마찬가지야, 내가 맞장구를 치는 식으로 대화는 이어졌다. 그는 가끔 6구에 있는 예술영화관에 데려가 그전까지는 내가 한 번도 본 적 없는 유형의 영화들, 이를테면 아무런 줄거리 없이 비행기가 이륙 준비하는 모습만을 여러 각도에서 보여주는 것 따위의 무성영화들을 내게 보여주었다. 영화를 다 보고 나서, 도쿄는 너무 시끄러워, 그가 말했고, 서울도 그래, 내가 후렴구처럼 덧붙였다.

지금도 그렇지만, 그 시절 서울은 내게 너무 크고 복잡했다. 대학교에서 만난 아이들은 모두, 원래부터 그런 삶에 익숙해 있었다는 듯, 너무나도 아무렇지 않게 새로운 삶에 적응해갔다. 대학 생활은 내가 오빠를 통해 간접적으로 들어 상상했던 낭만적 삶과는 너무나도 거리가 멀었고 나는 쉽게 적응하지 못했다. 아버지는 그 무렵 내게 교사가 되어야 한다고 매일같이 말했다. 나는 교사가 되고 싶지 않았다. 학교 수업은 시시했고, 마주쳤던 선배들은 더욱 시시했다. 그때 알고 지내던 선배들 중 지금까지 연락이 되는 사람은 거의 없다.

파리에서 지냈던 두 달 동안 오빠는 거의 매일 학교 도서관에 갔는데 그때마다 나를 데리고 가려 했다. 나는 가고 싶지 않았다. 타카히로는 오빠와 달리 도서관 근처는 얼씬도 하지 않으면서 공원에 멍하니 앉아 있거나 아침부터 밤까지 영화관에 앉아 멀미 날 때까지 쓸데없는 영화를 보면서 시간을 낭비해댔다. 나는 타카히로와 있는 것이 오빠와 있는 것보다 더 편했다. 타카히로는 내 주변의 모든 사람처럼 매사에 최선을 다하지도 않았고, 삶이 얼마나 가치 있는 것인지에 대해 내게 주입하려 하지도 않았다. 오빠가 공부를 하는 동안 나는 타카히로를 쫓아다녔다. 그때나 지금이나 사람이 많은 관광지에는 그다지 관심이 없었다. 어느 날, 우리는 관광객들이 시내의 전경을 내려다보며 사진을 찍기 위해 찾는 사크레 쾨르에 가는 대신 그 뒤쪽의 묘지를 찾았다. 타카히로와 나는 둘 다 별다른 말 없이 묘지 위로 쏟아지는 햇살을 보았다. 이상하다, 우리가 지금 앉아 있는 곳에 죽은 사람들이 묻혀 있다는 게. 사방이 신비롭게 반짝이는 느낌이었다. 나는 태어나서 묘지에 처음 와본 거였다. 세상이 지나치게 조용하고 평온했다. 갑자기 눈물이 쏟아졌다. 타카히로는 내게 아무것도 묻지 않았다. 다만 그는 내 어깨를 살짝 감싼 뒤 두어 번, 손에 지그시 힘을 주었다. 어깨뼈 위에 닿던 그의 손가락 마디뼈의 감촉. 그의 손은 가늘었지만 여자의 손과는 달리 손등에 정맥이 불거져 있다는 것을 알고 있었다. 그 뒤로도 며칠 동안 나는 내 몸에 닿았던 손가락뼈의 감촉을 느꼈다. 조금 더 힘이 들어갔던 엄지손가락과 어딘지 어색하게 닿았다가 떨어지던 나머지 손가락들.

서로에 대해 많은 이야기를 하지는 않았지만 그를 만나는 횟수가 늘어나면서 나는 그에 대해 좀더 알게 되었다. 타카히로는 이바라키(茨城) 출신으로 아버지, 어머니, 형, 타카히로 이렇게 네 식구였다. 아버지는 한 사립대학의 교수로 1960년대에 반미안보투쟁을 벌이기도 했지만 지금은 그냥 재즈에 심취해 있다고 했다. 타카히로는 형에 대해 말하기를 가장 주저하다가, 결국 몇 해 전 사이비 종교에 빠졌다가 가까스로 빠져나왔으며 지금은 작은 회사의 파견직으로 근무하고 있다고 말했다. 거품경제 때 무리하게 대출을 받아 주식에 투자했다가 가격이 폭락하면서 감당을 하지 못해서 정신적으로 힘들어했던 것 같다고 말하던 타카히로의 얼굴은 의외로 담담했다. 나는 타카히로에게 힘든 이야기를 억지로 시킨 것 같아서 몹시 미안했지만 한편으로는 그가 내게 내밀한 이야기를 해주었다는 사실에 기뻤다. 나 역시 용기를 내어 그에게 누구에게도 발설하지 못했던 일을 말해주고 싶었다. 외국어로는 모국어로 하기 힘든 이야기도 훨씬 더 쉽게 털어놓을 수 있다는 사실을 그 시절의 나는 몰랐다.

웨이터는 불친절하고 거만했다. 하늘이 쨍했던 것도 잠시, 창밖이 흐려졌다. 시간이 흐를수록 나는 이곳이 내 기억 속의 카페와 너무 많이 다르다는 사실을 깨달았다. 그때, 이곳도 이토록 시끄럽고 소란스러웠나. 나는 그날 타카히로를 따라 처음으로 에스프레소를 마셨다. 꼭 쥔 주먹보다도 작은 잔에 담겼던 새까만 액체. 커피에 섞여 있던 여름 공기. 타카히로가 입고 있던 티셔츠는 낡아서 곧이라도 해어질 것 같았다. 해어질 것 같던 티셔츠. 곧이라도 사라질 것 같던 타카히로. 타카히로는 왜 땀도 안 흘려? 내가 물으면 전혀 웃긴 질문이 아니었는데 그는 내가 건네는 말이 세상에서 가장 재미있다는 듯 웃었다.

일본 관광객들이 카페 안으로 들어와 어느새 카페 안에는 일본어가 들려왔다. 영어와, 일본어와, 어쩌면 포르투갈어와, 몽골어가 뒤섞여 흐르는 카페.

한번은 내가 타카히로에게 물었다. 타카히로는 언제 일본에 돌아가? 내가 귀국해야만 하는 날이 다가오는 것이 아쉽게 느껴지기 시작할 무렵이었다. 그 당시 내게 프랑스는 너무 멀었지만 일본이라면 왠지 가까운 느낌이었다. 난 일본에 돌아가지 않을 거야. 타카히로가 대답한다. 왜? 내가 묻는다. 일본에는 미래가 없어. 그는 몇 해 전에 발생했다는 도쿄의 지하철 테러에 대해 이야기한다. 러시아워에 맞춰 5

편성의 지하철 차량에 사린가스를 살포해 사람들을 무차별적으로 대량 살상하려 했다는 내용이었다. 테러범들은 독성 액체가 든 비닐봉지를 날카롭게 간 우산 끝으로 가볍게 찔렀고 그 결과 열두 명이 사망하고 수천 명이 피해를 입었다. 위기관리 시스템은 총체적으로 엉망이었어,라고 타카히로는 덧붙인다. 그러면 여기에는 미래가 있어? 내가 또 묻는다. 그건 모르지. 어디에도 미래가 없다면 차라리 자기 나라에서 사는 게 낫지 않아? 이방인으로 평생 사는 건 외로운 일이야. 내 말에 짧은 침묵을 두고, 그가 말한다. 자기 나라에서 이방인으로 사는 것보다 더 외로운 일은 없어.

그건 정말 그럴 것이다. 가족들에게 이해받지 못하는 일이 그러하듯이. 사실 오빠와 재회하기 전에 나는 오빠라면 내 마음을 이해해줄 수 있을지도 모른다는 기대를 갖고 있었다. 무엇을 하더라도 아래로, 아래로 추락하는 듯한 아찔함. 그러나 그것은 모두 헛된 희망이었다. 오빠는 오빠의 자취방에 나를 앉혀놓고 이야기를 했다. 20구에 위치한 작은 원룸이었는데, 근처에 소방서가 있어서 가끔씩 경광등 불빛이 집 안까지 어른거렸다. 오빠는 지난 3년 사이 오빠가 알던 유학생들의 대부분이 중도 귀국했다는 말로 이야기를 시작했다. 모든 것이 달라져 있다는 소식을 들었다고도 했다. 너는 거기서 사는데 피부로 느껴지는 바가 없냐. 오빠가 내게 물었다. 잘난 척해봤자 너도 공무원 부모 덕에 유학하는 신세잖아, 하고 받아치고 싶었으나 목구멍까지 차오르는 그 말을 가까스로 참았다. 지금 생각하면, 그때 오빠도 불안했을 것이다. 예전과 다 달라졌다는데, 돌아가서 취업이나 할 수 있을까, 하는 걱정 따위. 어쩌면 나라도 안정적인 직업을 가질 거라는 확신이 있다면 부모님께 덜 죄스러울 거 같다는 생각을 내심했을 수도 있겠다는 생각이 이제는 든다. 오빠 역시 기껏해야 스물여덟이었으니까. 그렇지만 그때 나는 스물이었다. 오빠는 정신 차리고 열심히 살아야 해, 하고 내게 말했다. 네가 앞으로 살아갈 세상은 우리 때와 달라. 그렇게도 말했다. 그래도 열심히 하면 경쟁에서 살아남을 수 있어. 오빠는 아무것도 몰랐다. 오빠는 정말 그렇게 믿는 것 같았다. 열심히 하면 된다고. 지금 생각해보면 오빠는 진심이었을 것이다. 그때까지 오빠는 아직 열심히 해도 아무것도 되지 않는 세상을 살아보지 못했던 거니까. 나는 오빠가 나를 위해 중고로 마련했다는 매트리스 위에 누워서 생각했다. 오빠는 아무것도 몰라. 나는 오빠에게 털어놓고 싶었던 말은 꺼내지도 못했다. 내 마음을 알아주는 것은 타카히로뿐이었다. 타카히로라면 그렇게 말하지 않을 거야. 소방차의 붉은 불빛이 어두운 벽을 번쩍, 흔들고 지나갔다. 나는 그 불빛이 무서워 눈을 꼭 감았다. 어둠보다 무서운 것은 그 무렵, 빛이었으니까.

그리고 얼마 안 있어 그 일이 벌어진다.
오랫동안 내가 잊고 살려 했던 그 일.
그날, 다급하게 달리던 나의 발소리.
허겁지겁 눌렀던 초인종.
오빠, 오빠, 타카히로가, 이상해.

창밖이 갑자기 소란스러워졌다. 수많은 사람들이 카페 앞을 시성였다. 카페 안에 앉아 있던 관광객들이 나처럼 창밖을 놀란 눈으로 기웃거렸다. 웨이터들만 창밖의 소란에 동요되지 않고 각자 자기의 자리에서 무료한 얼굴을 하고 서 있었다. 무슨 일인가요? 나는 내 옆을 지나가던 웨이터에게 영어로 물었다. 웨이터는 영어로 설명할 능력이 안 되는지 불어 단어를 몇 차례 반복하더니 미안하다고 말하며 나를 지나쳤다. 건너편 테이블에 앉은 관광객들이 내게 시위 중이에요,라고 영어로 말했다. 일어나 내다보니 아닌 게 아니라 시위를 하는 사람들이 도로를 행진하고 있었다.

나는 다시 자리에 앉았다. 시계를 보았다. 남편과 만나기로 한 시간까지는 아직 좀 남았다. 남편과는 오데옹 근처의 비스트로에서 식사를 하기로 되어 있었다. 이제라도 타카히로를 만나러 간다면 오데옹까지 시간 맞춰 돌아올 수는 있을 거였다. 아직 이른 시간인데도 갑작스럽게 어스름이 깔려와 나는 조금 당황했다. 여름과는 전혀 다른 낮의 길이. 사위가 제법 어둑어둑해졌다. 촘촘한 레이스 커튼 사이로 비치던 긴 사다리꼴 모양의 햇살은 이미 짧아졌다. 나는 가방에서 머플러를 찾아 꺼내어 목에 둘렀다. 서늘한 기분. 나는 의식적으로 등을 반듯이 세우고 앉았다. 갑작스러운 한기에 나는 커피를 한 잔 더 시킬까 말까 고민했다. 테이블마다 사람들은 무엇인가를 먹거나 마시고, 떠들다가 웃음을 터뜨렸다. 나는 웨이터를 향해 손을 들어 올렸다.

그 일이 있기 며칠 전, 우리는 몽파르나스 역에서 만났다. 여러 개의 지하철 노선이 겹쳐 혼잡한 약속 장소여서 나는 그와 엇갈릴까 봐 조금 긴장했다. 그날 나는 하나밖에 가져오지 않았던 원피스를 입었다. 화장도 했다. 타카히로가 나를 좋아하고 있을지도 모른다고 생각했다. 아무리 오빠와 친하다 해도, 관심이 없다면 친구의 동생을 이렇게 자주 만날 리가 없으니까. 우리는 약속대로 역사 안의 향수 가게 앞에서 만났다. 화장했네. 타카히로가 웃었다. 나는 마음을 들킨 것 같아 조금 창피했다. 예쁘다. 귀까지 빨개지는 것을 들킬까 봐 나는 앞장서 걸었다. 타카히로는 역사 안의 대형 서점에 들러 책을 골랐다. 읽을 수조차 없는 언어로 쓰인 책들에서 풍기는 종이 냄새를 나는 맡았다. 타카히로가 내게 좋아하는 작가가 있느냐고 물었다. 그도 나도 다자이 오사무를 좋아했다는 것을 그날 알았다. 그리고 기억이 틀리지 않다면 우리는 근처 공동묘지에서 점심을 먹었다. 숱한 예술가들이 묻혔다는 묘지였다. 우리는 보들레르의 묘지 앞에서 샌드위치와 체리를 먹었다. 청회색의 묘비들, 푸른 나뭇잎. 새빨간 체리가 유리구슬처럼 투명하게 반짝였다. 타카히로의 고향은 바닷가의 도시라 했는데, 그는 파도를 거스르며 말하는 탓에 그 도시 출신들은 억양이 강하다는 이야기를 했다. 어쩐지 네 말투는 부산 사람 말투 같아. 내가 웃었다. 그래도 거기서 살던 때가 가장 행복했었지. 타카히로가 말했다. 이차성징이 아직 나타나기도 전이었다고 했다. 누구에게나 정점인 시기가 있잖아? 바람이 건뜻 불었다. 해가 머리 꼭대기에 있어 짧아진, 우리의 그림자가 흔들렸다. 타카히로가 말했다. 일본 사람들은 그게 러일전쟁 때라고 생각하나 봐. 그 시기를 배경으로 하는 사극은 엄청 인기가 많아. 나는 그 전쟁을 계기로 우리나라가 주권을 잃었다는 말은 굳이 하지 않았다. 너는 언제가 가장 행복했니? 타카히로의 질문에 나는 지금,이라고 굳이 대답하지도 않았다.

그다음 번 약속이 있던 날, 타카히로는 만나기로 한 장소에 나오지 않았다. 나는 한 시간을 생 외스타슈 성당 앞에서 기다렸다. 그때 내게는 휴대전화가 없었다. 공중전화로 타카히로 집에 전화를 걸었지만 타카히로는 받지 않았다. 이상한 기분이 들어 타카히로의 집까지 찾아가 초인종을 눌러봤지만 아무도 답이 없었다. 불길한 예감이 나를 엄습했다. 아무런 징조도 없었는데. 그렇지만 그 겨울, 그 일이 일어났을 때도 나는 아무런 징조를 느끼지 못했다. 등굣길이 유난히 추웠던 것 같지만, 다 만들어진 기억에 불과할 수도 있었다. 갑자기 심장이 너무 빨리 뛰어댔다. 나는 아무것도 모른 채, 집까지 달려갔다. 지하철을 타고, 뛰고 또 뛰어서. 오빠가 놀라서 현관문을 열었다. 무슨 일이야? 오빠가 밖으로 뛰쳐나갔다. 그날 밤, 오빠는 내게 말했다. 타카히로가 자살을 시도했다고. 처음이 아니라고. 연애 문제 때문이라고. 너 혹시 타카히로를 좋아하니? 오빠가 너무 심각한 목소리로 물어본다. 오빠의 목소리가 심각해서, 아니, 나는 거짓말을 한다. 타카히로는 좋아하지 마라. 타카히로가 무사하다는 말을 들었지만 내 몸에서 피가 전부 빠져나가기라도 한 것처럼 온몸이 떨려왔다. 타카히로가 어떤 방법으로 자살을 시도했는지 오빠에게 묻지 않았다. 나는 귀국 날이 다가올 때까지 그냥 집에만 처박혀 있었다. 오빠가 구해 온 중고 매트리스에 누워 오빠가 공부를 하거나, 가끔씩 걱정스러운 얼굴로 나를 돌아다보는 모습을 그냥 바라만 보았다.

노인이 된 여자가 젊은 시절 사진에서처럼 저쪽 테이블에 앉아 있는 모습을, 영화는 꽤 오랫동안 보여주었다. 극장에 있었던 관객이라고는 사실 나까지 셋뿐. 하긴, 대낮에 누가 이런 영화관에, 하고 나는 생각했었나? 어쨌든 세 명의 관객은 외로운 항성들처럼 떨어져 있었지만, 여자가 화면을 정면으로 보고 말해서 나는 우리 넷이 카페에 둘러 앉아 대화를 하고 있는 것 같은 착각이 들었다. 여자는 계속 말했다. “가장 기뻤던 순간을 물어보셨죠? 글쎄 딱 하나를 꼽을 수 있을지 모르겠어요. 아, 그날은 기억이 나네요. 1944년 8월 16일이었던 거 같아요." 여자는 잠깐 말을 중단한 채 물을 한 모금 마셨다. "당시 파리는 전기도 나가고, 지하철도 끊기고, 식료품도 바닥이 나 있었어요. 독일군이 퇴각할 때 파리를 폭파시킬 거라는 소문이 유령처럼 돌았지요. 8월 18일이었나, 19일이었나. 나는 생미셸 거리를 지나다가 독일군을 실은 트럭들이 북쪽으로 도망치는 것을 목격했어요. 어쩌면 모든 것이 내일이면 끝날지도 모른다는 기대감에 그날 밤, 잠을 못 이뤘죠. 그런데 그다음 날에도 나치의 깃발은 여전히 펄럭이고 있었어요. 독일군들은 생제르맹 거리를 향해 행진하고 있었고요. 곧 전쟁이 끝날 거라는 말들이 많았지만, 그날이었나, 그다음 날이었나, 독일군의 장갑차가 상원을 나오면서 거리를 향해 기관총을 난사했어요. 식료품을 구하기 위해 거리를 나서야만 했던 기억이 나네요. 정말 얼마나 무서웠는지." 여자는 그렇게 말하며 살짝 웃었다. "그로부터 며칠 후였어요. 길가에 모여든 군중들의 환호성 소리가 온 도시에 울렸어요. 그렇게 큰 환호성은 두 번 다시 들어본 적이 없는 것 같아요. 지붕 위에서 쏜 누군가의 총에 맞아 사람들이 쓰러지기도 했지만, 무엇도 그날의 열기를 멈출 수 없었죠. 나와 사르트르는 하루 종일 삼색기가 나부끼는 파리 시내를 걸어 다녔어요. 그다음 날 오후 드골이 샹젤리제를 행진했죠. 그때 나는, 파리가 해방되었고, 결국 미래가, 희망이 우리 것이라고 생각했어요." 꿈을 꾸는 듯한 여자의 얼굴에 클로즈업. "알제리전쟁이 일어날 거라고는 짐작도 못 하던 시절이었죠."

나는 귀국하기 전날, 타카히로와 작별 인사를 하기 위해 용기를 내어 집 밖으로 나섰다. 오빠는 타카히로를 만날 거면 셋이 만나는 게 어떻겠냐고 내게 물었다. 나는 단둘이서 만나고 싶다고 답했다. 내가 너무 단호했는지 오빠는 웬일로 내 뜻을 따라주었다. 우리는 타카히로의 집과 오빠 집의 중간쯤 되는 바스티유 근처에서 만났다. 고작 2주 만인데 타카히로의 얼굴이 너무 야위어 그의 얼굴을 똑바로 볼 수가 없었다. 우리는 바스티유 근처의 작은 항구를 따라 걸었다. 일광욕을 하거나, 여럿이 둘러앉아 포도주를 마시는 사람들을 우리는 말없이 지나쳤다. 집처럼 꾸며진 무수한 배들, 그러나 집도 배도 아닌 것들이 강둑에 묶인 채 물살에 기우뚱거렸다.

타카히로, 좋아하는 사람이 있어? 그 사람이 받아주질 않아?

나는 걸음을 갑자기 멈추고 나의 발끝을 내려다보며 농담조로 말했다. 나라면 받아줄 텐데,라고 말하는 대신, 그 여자가 나보다 더 예뻐? 하고 물었다. 나는 내 발끝에서 시작되는, 우스꽝스러울 정도로 짧은, 나와 타카히로의 그림자를 보았다. 이 그림자도 점점 자라다가 사라지겠지. 타카히로는 아무 말이 없었다.

우리를 감싸고 있던 정적이 스무 살이었던 내게는 너무 버거웠다. 다시는 타카히로를 보지 못할 수도 있다는 것을 알았다. 그와 마지막으로 함께하는 시간이라고 생각하자 목구멍이 뜨거워졌다. 타카히로. 이것이 그와의 영원한 작별이라면, 나는 그에게 꼭 전하고 싶은 말이 있었다. 아니, 사실 그것은 말로는 표현해 전할 수 없는 것이었다. 누구에도 전하지 못한, 굳이 말하자면 어떤 감각 같은 것. 그렇지만 가뜩이나 영어가 유창하지도 않은데 그토록 추상적인 감각을 내가 잘 전달할 수 있을지 자신이 없었다. 그래서 나는, 축제로 교내는 시끄러웠어,라고 말하지 못했다. 캠퍼스 곳곳에 조명을 달아 사방이 눈부시도록 환했어,라고도. 나는 그때 문과대 건물 가장 꼭대기에 위치한 독서실의 칸막이 책상 앞에 앉아 있었다. 과거에 시위로 일부 불탔었다고 선배들이 신입생 오리엔테이션 날 설명해주기도 했던 건물이었다. 시험 때면 자리를 맡기 힘들 정도로 협소한 공간이었지만 모두 축제의 열기로 들뜬 터라 독서실은 텅 비어 있었다. 창밖의 소란이 비현실적으로 느껴질 만큼 독서실은 고요하고, 초라했다. 그해 봄, 나는 모두가 독서실에 자리를 차지하고 있으면 밖으로 도망가고 모두가 독서실 밖에 있을 때는 안으로 숨어드는 이상한 날들을 흘려보내고 있었다.

나는 우두커니 칸막이 책상 앞에 앉아 있었어, 그렇게 말하고 싶었지만 나는 그냥 타카히로 앞에 서 있을 뿐이었다. 우리는 작열하는 태양을 머리에 이고 서 있었다. 우리 사이로 바람 한 점 불지 않았다. 독서실에서 느꼈던 갑작스러운 충동에 대해 이야기하고 싶었던 것은 아니었다. 어쩌면 그런 것에 대해서는 나보다 타카히로가 더 잘 알고 있었을 테니까. 나는 독서실을 가로질러 가 창문을 열었다. 오랫동안 열지 않은 커다란 창문에서는 쇳소리가 났다. 덩어리진 먼지가 날렸다. 창밖으로 음악 소리와 웃음소리, 그리고 간간이 고함 소리. 왜 그 시절에는 사방에서 시도 때도 없이 고함치는 사람들이 꼭 있었을까. 언덕 위에 위치한 문과대 건물의 5층은 무척 높았어,라고 나는 타카히로에게 말하지 않았다. 필통에서 지우개를 꺼내 밖으로 던져봤어, 라고도. 지우개가 포물선을 그리며 아래로, 아래로, 떨어져 내렸다. 사실 죽고 싶었던 것은 아니었다. 나는 그저 J를 이해하고 싶었을 뿐이라고, 타카히로에게 변명처럼 말하지 않았다. 나는 창틀 위로 기어올라갔다. 창틀에 걸터앉아서 들었던 노랫소리. 광장에서부터 들려오던 노랫소리. 그저 엉덩이만 들면 되는 일이었다. J는 그냥 엉덩이를 들기만 했을 것이다. 그 아이의 몸은 복도식 아파트의 15층에서부터 아래를 향해 곤두박질쳤다. 몸이 산산조각 났다는 소문을 들었지만 실제로 보지는 못했다. J가 그토록 다니고 싶어 했으나 점수가 모자랐다던 학교에 나는 입학했다. J와 나는 같은 반이었다. 아파트의 주차장 아스팔트 위에 하얀 분필로 그려 넣었던 J의 둘레. 나는 J의 체구가 그토록 작았는지도 미처 몰랐다.

창틀에 오랫동안 앉아 있었어. 나는 타카히로에게 설명하고 싶었다. 창틀에 오래 앉아서 내가 바라보았던 풍경에 대해서. 언덕 위의 문과대 5층 꼭대기. 창틀 위에 앉아 내려다보니, 캠퍼스의 광장 쪽에서는 여기저기 달아놓은 조명 탓에 인공의 불빛이 강렬히 뿜어지고 있었다. 눈이 시려 얼른 시선을 돌렸다. 발아래는 컴컴한 어둠. 나는 고개를 좀더 숙였다. 죽고 싶어서는 결코 아니었다. 단지 나는 어둠이 더 익숙했을 뿐이었다. 손목에 힘을 꽉 주는데, 내가 알고 있는 어휘 중 이 어둠을 묘사할 수 있는 형용사가 충분하지 않다는 엉뚱한 생각이 났다. 어둠은 푸른색 같기도 했고 먹색 같기도 했지만 사실 둘 다 아니었다. 둘 다 아니었지만 그런 것 따위는 그 누구에게도 상관이 없었다. 그런데, 있잖아. 그 어둠 속에서 무엇인가 빛이 어슴푸레 보였어, 하고 나는 타카히로에게 말하지 않았다. 내가 보았던 것이 학교 뒷산에 만개했던 조팝꽃이었던 것을 나는 나중에야 알았다. 그렇지만 그때는 그것이 무엇인지 알 길이 없었다. 무엇도 보이지 않는 어둠 속에서 희미한 빛무리가 아슴아슴 바람에 흔들렸다. 이상하지, 그렇지만 어디에도 불빛은 없었어. 나는 그때 보았던 그 어렴풋한 빛에 대해서 말하고 싶었던 걸까. 떨어질 듯 말 듯 허공에 흩날리던 꽃잎이나, 뭉근한 봄바람에 실려 오던 꽃향기에 대해서? 아무튼 나는 내 발밑의, 아찔한 어둠 속에서 설탕 가루를 흩뿌린 듯 어른거리던 빛다발을 오랫동안 바라보았다. 들큼한 봄밤의 공기가 내 폐 가득 들어왔다. 창틀을 붙잡은 손목이 너무 아팠다. 엉덩이에 배긴 창틀의 모서리가 차갑고 딱딱했다.

그래도 죽지는 마.

나는 타카히로의 팔을 온 힘을 다해 붙잡았다. 내 말에 타카히로가 그날 처음으로 웃었다. 타카히로가 내 머리를 흐트러뜨렸다.

창밖으로 비가 갑자기 쏟아졌다. 카페 안은 더욱 어둑해졌다. 갑자기 수없이 많은 사람들이 비를 피하기 위해 카페 안으로 들어섰다. 웨이터가 무엇을 주문하겠느냐고 그들에게 물었다. 그들은 모두 구호가 적힌 피켓을 들고 있었다. 웨이터는 노골적으로 인상을 찌푸렸다. 시위자들 중 일부는 문가에 서 있고, 일부는 테이블을 잡고 자리에 앉았다. 그들의 몸에서 물이 뚝, 뚝, 떨어져 내렸다. 무슨 시위예요? 나는 그중 한 사내와 눈이 마주쳐 영어로 물었다. 그는 아랍인처럼 생겼는데, 자신은 프랑스 사람이며 재단사라고 서툰 영어로 말했다. 그는 남반구의 한 나라에서 공장이 붕괴되어 수많은 섬유 노동자들이 죽었다는 사실을 알고 있느냐고 내게 더듬거리는 영어로 물었다. 그는 무엇인가를 더 설명하려다가 포기한 채, 죽었어, 라는 단어만 여러 차례 반복했다. 낯선 발음 탓에, 죽었어, 라는 영어의 형용사는 이물스럽게 들렸다. 나는 아주 오래전에 우리나라에도 섬유 노동자들이 많이 있었다고 말했다. 그들도 죽었어. 갑자기 왜 그런 말이 튀어나왔는지 몰라 나는 당황했다. 그와 나의 눈빛이 찰나적으로 얽혔다. 다갈색의 진중한 눈빛.

여름의 끝과 함께 나는 귀국을 했고 내 안에서 뭔가 바뀐 듯한 느낌이 들었다. 무엇이 바뀌었는지는 정확히 몰랐다. 내가 수업에 들어가기 시작했고 과제를 제출했기 때문에 부모님은 만족해하셨다. 복학생과 신입생의 연애는 아무짝에도 신입생에게 득이 될 게 없다던 선배들의 조언을 깜박한 채 복학생과 아무짝에도 득이 될 게 없던 연애를 1년 남짓 했다. 시간은 그렇게 흘렀다. 동기들은 대체로 취업을 준비했고 졸업한 뒤 대부분 전혀 원하지 않던 직장에 가까스로 취직했다. 후배들은 더욱더 힘들게 취직했으나 대체로 계약 연장을 하지 못하고 실직을 하더라는 풍문이 들려오기도 했다. 그렇지만 그런 풍문은 국민연금이 노후를 보장해주지 못한다는 흉흉한 소문에 묻혀 금세 잊혔다. 그 탓인지 연금보험 대신 결혼을 선택한 친구들이 처음에는 욕을 먹었고 나중에는 선망의 대상이 되었다. 나는 임용고시에 번번이 소수점 차로 낙방했다. 결국은 정규직 교사가 되는 대신 오빠가 소개시켜준 친구와 결혼을 했다. 남편은 비교적 이른 나이에 교수가 됐지만 그 역시 정년 트랙을 밟지 못했기 때문에 나는 친구들의 선망을 절반만 받았다. 19세기가 왜 좋으냐고 내가 물을 때마다 남편은 언제나 커다란 증기기관차에 대해서 이야기했는데 그의 대답은 이해가 될 듯 말 듯 했다.

일상의 속도는 너무 빨라서 나는 돌아온 이후 그해 여름의 기억을 꺼내어본 일이 없었다. 딱 두 번을 제외하면 말이다. 한 번은 몇 해 전, 뉴스에서 사린 테러의 마지막 수배자를 체포했다는 기사를 접했을 때였다. 기사는 일본 경찰이 오전 9시 15분께 도쿄의 한 만화 카페에서 마지막 지명 수배자였던 타카하시 가쓰야(高橋克也)를 검거했다고 보도했다. 그나마 이 사건에서는 타카히로를 떠올릴 만한 이유가 있었지만 나머지 한 번의 경우 사실 타카히로가 왜 떠올랐는지 나도 잘 모르겠다. 그것은 돌아온 다음 해, 9월 11일의 일이었다. 그해, 9월 11일. 뉴스에서는 뉴욕 한복판의 고층 건물로 비행기가 날아가 꽂히는 장면을 반복적으로 보여주었다. 커다란 굉음과 함께 불길이 치솟았다. 시커먼 구름 같은 연기가 건물 위로 피어올랐다. 건물이 비현실적으로 무너져 내리는 광경이 네모난 티브이 화면 속에서 집요하게 되풀이됐다. 처음 그 뉴스를 목격했을 때, 나는 비스듬하게 소파에 앉아 있었다. 사람들이 비명을 지르고 소방관이 뛰어가는 모습이 흔들리는 화면 속에 반복적으로 보이고, 나는 몸을 일으켜 소파에 똑바로 앉았다. 짙은 회색의 구름과 불길이 솟구치는 건물의 꼭대기에서 무엇인가 검은 물체가 너무도 가볍게 떨어져 내렸다. 그것이 사람이라는 것을 깨닫는 데는 그리 오랜 시간이 필요하지 않았다. 하나, 둘 꽃잎처럼 낙하하는 사람들과 푸른 하늘. 검은 연기가 쓰나미처럼 거리를 집어삼킬 듯 뒤덮었다. 사람들이 비명을 질렀다. 나는 나도 모르게 타카히로, 하고 속으로 중얼거렸다. 타카히로를 만난 것이 뉴욕도 아니었고 그 순간 그의 이름을 불러야 할 이유는 전혀 없었는데, 도대체 왜였는지는 모르겠지만, 나도 모르게.

다행히 비는 조금씩 잦아들었다. 피켓을 들었던 사람들이 하나, 둘 카페 문을 열고 다시 밖으로 나섰다. 내 앞에 앉아 있던 아랍계 프랑스인도 내게 인사를 건네고 밖으로 나갔다. 웨이터가 다가와 교대 시간이 되었다며 계산을 미리 해줄 수 있느냐고 내게 사무적인 어조로 물었다. 내가 건넨 지폐를 받고 동전을 거슬러 주며 그는 나에게 어느 나라에서 왔느냐고 물었다. 내가 대답을 하자 그는 남에서 왔어, 북에서 왔어, 식상한 질문을 던졌다. 네댓 명의 새로운 관광객들이 한국에도 매장이 있는 브랜드의 쇼핑백을 양손에 들고 카페 안으로 들어왔다. 그들이 어느 나라 사람들인지는 알 수 없었다. 나는 더러운 동전을 테이블 위에 그대로 둔 채 차갑게 식어버린 커피를 입속에 털어 넣었다. 검은 액체와 함께 잔 바닥에 남아 있던 커피 찌꺼기가 식도를 타고 넘어갔다.

카페의 문을 열었다. 비가 온 뒤라 저녁 공기가 청량했다. 지하철역 방향을 눈으로 가늠하며 옷깃을 여미고 있을 때 아까 대화를 나누었던 아랍계 프랑스인이 카페 입구에서 내게 손짓했다.

프랑스에는 왜 왔니?

친구를 만나러.

지금 만나러 가는 길이니?

이제부터 오데옹까지 걸어가면 시간은 충분했다. 남편은 늘 그렇듯 나보다 조금 일찍 식당에 도착해 있을 거였다. 우리는 음식을 시키고, 포도주도 한 잔 마시겠지. 그러고 나면 그는 나에게 물을 것이다. 만난다던 친구는 만났어? 나는 대답할 것이다. 아니. 그는 아마 다시 물을 것이다. 피곤하고 지쳐 있는 얼굴로. 왜? 그러면 나는 무엇이라 답해야 할까. 시간이 너무 많이 흘렀어, 라면 그것은 적절한 대답이 될까. 오빠는 타카히로가 국립오페라 근처의 일본 식당 밀집지역에서 작은 일본 식품점을 운영한다는 소식을 공통의 지인으로부터 들었다고 했다. 어쩌면 운영이 아니라 그냥 거기에서 직원으로 일하는 것일지도 모르겠다고 덧붙였다. 어느 쪽이라도 상관없었다. 어쨌든 그는 살아 있었다. 나도 살아 있었다. 그러고 보니 나는 이미 그 시절의 오빠보다도, 타카히로보다도 나이가 더 많았다. 그것이면 충분해, 나는 조그맣게 읊조렸다. 그렇지만 정말 그럴까? 입안이 썼다. 등 뒤로, 카페 간판의 조명에 불이 환하게 들어왔다. 그러자 카페의 자줏빛 소파에 앉아 있던 타카히로와 나의 모습이 환영처럼 눈앞에 떠올랐다. 누군가가 내 등을 떠미는 악몽을 자꾸만 꿔. 테이블 위에 손가락으로 낙서를 하며 우리 둘 중 한 명이 말했다. 아닌가? 누군가를 내가 떠미는 악몽이라 했었나? 차가운 금속라이터 위로 어룽지던 빛의 조각들. 분홍색 립스틱 자국이 묻어 있던 새하얀 커피 잔. 우리 곁으로 수의를 입은 시위자들이 조문 행렬처럼 줄을 지어 지나갔다. 그중 누군가가 들고 있는 사진 속에는 붕괴된 건물에 갇혀 죽었다는 이의 얼굴이 담겨 있었다. 죽은 이는 이십대 같았지만 십대일 수도 있었다. 해가 어느새 졌네, 아랍계 프랑스인이 내게 말했다. 정말 그렇구나. 어둠이 내린 거리를 바라보면서, 나는 입속에 남아 있는 커피의 씁쓸한 이물감을 잊지 않기 위해 다시 한 번 입술을 핥았다.

* 이 원고를 집필하는 데 『처녀시절/여자 한창때』(시몬 드 보부아르, 이혜윤 옮김, 동서문화사, 2010)를 참조.

선정의 말

—

말하고 싶었지만 말하지 못했던 것에 대해 말하는 방식이 따로 있다. 혹은 지금 말하고 싶지만 말할 수 없는 것을, 말할 수 없다고 부정법을 제시하면서, 역설적으로 말하는 방식이 있다. 백수린의 「여름의 정오」는 그런 소설이다. "나는 오빠에게 털어놓고 싶었던 말은 꺼내지도 못했다." "너는 언제가 가장 행복했니? 타카히로의 질문에 나는 지금, 이라고 굳이 대답하지도 않았다." "나는 우두커니 칸막이 책상 앞에 앉아 있었어, 그렇게 말하고 싶었지만 나는 그냥 타카히로 앞에 서 있을 뿐이었다." "언덕 위에 위치한 문과대 건물의 5층은 무척 높았어, 라고 나는 타카히로에게 말하지 않았다." "그 어둠 속에서 무엇인가 빛이 어슴푸레 보였어, 하고 나는 타카히로에게 말하지 않았다." …… 이런 예문들을 우리는 이 소설에서 얼마든지 찾아볼 수 있다. 서술자는 "말하지 않았다"는 부정문으로 말한다. 그렇다면 왜 서술자는 그토록 말할 수 없다는 점을 드러내고 싶었을까?

혹시 이런 말 때문이 아닐까. "그래도 열심히 하면 경쟁에서 살아남을 수 있어." 예전부터 그러지 않았던가. 최근 신자유주의 이데올로기 부상과 더불어 더 만연된 말이지만, 그 말 때문에 많은 사람들이 변두리로 밀리고 치여 소수자 신세를 면하기 어렵게 된다. 주인공의 학창 시절 친구 J는 학교라는 경쟁환경 속에서 살아남지 못한 채 자살로 육신을 거두어 간다. 그 친구의 마음과 몸을 이해하기 위해 주인공은 문과대 건물 5층 창틀까지 올라갔지만 온전히 J를 이해하기 어려운 상태에서 이내 살아남는다. 이 때문에 대학 생활에 제대로 적응하지 못했던 주인공은 오빠가 유학하고 있는 프랑스 파리로 가서 타카히로를 만나게 되는데, 그 또한 경쟁 이데올로기로부터 밀려난 영락없는 소수자였다. 그도 자살을 시도하지만 가까스로 목숨만은 건진다. 오빠는 동생에게 그 메시지를 전하며 동생을 격려하고 자신도 곧추세우려 했던 인물이지만, 그 역시 단지 불안의 소산일 따름이었으며, 그 불안의 증후는 그로부터 오랜 시간이 지난 다음에도 계속되고 있음을 서술자는 담담하게 보고한다. 그러니까 이 소설에서 주인공은 물론 그 주변 인물들은 대부분 그 경쟁 이데올로기에서부터 멀어질 수밖에 없었던 사람들이다. "아래로 추락하는 듯한 아찔함" 속에서 "그것은 모두 헛된 희망"일 따름이라는 사실을 깨닫게 되는 변두리 인물들, 그 "외로운 항성들"의 핵심적 특성은 무엇인가. 자기가 말하고 싶은 것을 제대로 말할 수 없는 것, 혹 말하더라도 들어줄 이 거의 없다는 것, 그래서 그들의 상처는 곰삭을 수밖에 없다는 것 아닐까. 그러기에 누군가는 그들의 목소리를 혹은 목소리의 그림자를 전해줄 이가 필요하다는 것, 하여 말할 수 없다면서 말하는 역설적 부정문으로 진술될 수밖에 없다는 것이 작가 백수린의 기본적인 생각이었을 터이다.

그러니까 "말로는 표현해 전할 수 없는 것" "누구에도 전하지 못한, 굳이 말하자면 어떤 감각 같은" 기미들에 예민하게 촉수를 부여한 결과로 만들어진 이야기가 아닐까 싶다. 마침 이 소설이 실린 『문예중앙』의 '편집자의 말'을 맡은 작가 한유주는 롤랑 바르트의 말을 인용하고 있었다. 비록 이 소설과 관련하여 인용한 것은 아니지만, 그럼에도 문학과 관련한 오래된 생각을 거듭 환기시킴과 동시에 「여름의 정오」의 핵심을 관통하는 코드 하나를 제공하는 문장이었다. "너무도 분명한 것을 그러나 소리 내어 말하지 못하는 무능력, 그래서 문학이 탄생한다." 그렇게 「여름의 정오」는 새로운 소설의 탄생을 알리는 시간이 되었다. _**우찬제**

2015년 1월

이달의 소설

사물과의 작별

조해진

작 가 노 트

소멸과 망각만을 생각하던 때가 있었다.
망각에 맞서는 것, 지금은 그것을 생각한다.

●••

사물과의 작별

—

내가 일하고 있는 지하철 역사 귀퉁이의 유실물 센터가 세계를 구성하는 하나의 표준적인 조각 같다는 생각이 들 때가 있다. 세계는 유실물 센터와 유사한 조각들로 끝없이 이어져 있는, 무한히 크지만 시시한 퀼트 같은 것에 지나지 않는다고 여겨지는 것이다. 엄청난 오지가 아닌 이상 세계의 어디를 가도 그곳엔 지갑과 안경과 책이 있을 것이다. 휴대전화와 디지털카메라, 노트북 같은 전자 제품도 없는 곳보다는 있는 곳이 더 많을 터다. 내가 여행을 싫어하고 가능하면 생활권 안에서만 움직이려 하는 것도 세계란 사물들의 총합에 지나지 않는다는 오래된 믿음 때문인지 모르겠다. 낯선 도시의 호텔 욕실에도 알루미늄 재질의 휴지 걸이와 플라스틱 비누 받침이 있을 테니 말이다. 내가 고모에게 이런 생각을 밝혔을 때, 고모는 심드렁한 목소리로 대꾸했다.

— 게으른 성격이란 걸 참 복잡하게도 설명하는구나.

고모가 요양원 생활을 시작하고 두 달 정도가 지났을 무렵이었다. 그날 고모와 나는 요양원 휴게실에 나란히 앉아 저녁까지 긴 이야기를 나눴다. 대부분 서 군에 관한 것이었는데, 내게는 고모가 아프고 나서야 알게 된 서 군의 존재보다 예전과 똑같이 말하고 웃고 반응하는 고모의 모습이 더 인상적이었다. 아무리 봐도 고모는 환자 같지 않았다. 하나같이 어눌한 말투에 혼자서는 제대로 걷지도 못하던 요양원의 노인 환자들과는 전혀 다른 종류의 사람 같기만 했다.

가벼운 두통일 거라 생각하고 병원을 찾아갔다가 알츠하이머 초기 진단을 받은 고모는 바로 그다음 날부터 주변을 정리하기 시작했다. 30년 넘게 교사로 근속한 학교에 사직서를 냈고 아파트를 정리했으며 예금과 각종 연금으로 죽을 때까지 요양원 비용이 해결되도록 조치를 취해놓았다. 가구와 가전제품, 옷과 책은 대부분 기증하거나 처분했고 애지중지 키우던 고양이 두 마리는 동네 동물병원에 맡겼다. 부족함 없이 먹이되 두 놈 중 한 놈이라도 병이 들거나 먼저 가게 되면 안락사를 시켜달라며 거금을 내놓자, 동물 병원 측은 흔쾌히 고모의 제안을 받아들였다고 한다. 이미 고양이의 평균 수명에 근접한 늙은 고양이들이었다.

고모는 요양원으로 떠나기 바로 전날에야 시내의 고급 레스토랑에 형제들과 형제들의 가족들을 불러놓고 그 사실을 밝혔다. 왁자지껄한 식사를 마친 뒤 후식으로 나온 과일전병을 먹고 있을 때였다. 레스토랑엔 일순간 정적이 흘렀다. 알츠하이머는 진행만 될 뿐 근본적인 치료가 불가능한 퇴행성 질환이라고 고모는 덤덤히 설명했지만, 요양원을 남은 삶의 거주지로 삼겠다는 고모의 선택은 그 병명만큼이나 모두에게 충격을 주었다. 고모는 그때 고작 예순 살이었던 것이다. 마침내 작은고모가 울먹이기 시작했고, 나의 아버지는 충혈된 눈으로 고모를 노려보다가 그러게 왜 시집을 안 가서 가족 하나 없이 요양원에서 말년을 보내느냐며 언성 높여 윽박지른 뒤 레스토랑을 뛰쳐나갔다. 고모를 보살펴주겠다고 나서는 이는 없었다. 작은고모의 흐느낌만 깃든 어색한 침묵 속에서 고모는 입을 꾹 다문 채 두 손으로 보듬고 있던 찻잔만 하염없이 내려다봤다. 찻잔에 투영된 조명이 고모의 얼굴을 투명하게 음각하고 있었다. 그날 저녁, 레스토랑엔 손님이 들지 않았다. 나중에야 나는 고모가 그 레스토랑을 통째로 빌렸다는 걸 알게 됐다. 고모는 그 저녁 식사를 기억이 유효하고 의식이 선명한 시절의 마지막 만찬이라 생각하고 생에서 가장 큰 사치를 부렸던 것이다.

그게 벌써 5년 전의 일이다.

5년 동안, 고모는 급속도로 늙고 병들었다. 고모의 몸을 장악한 병은 인색한 신전(神殿)에서 보내온 신탁 같기만 해서 관용 따위는 베풀지 않았다. 저기, 간호사의 부축을 받으며 로비로 내려오는 고모는 이제 내가 이곳 요양원에서 처음 마주쳤던 그 수많은 노인들과 구분되지 않는 모습이었다. 온몸은 깡마르면서 미묘하게 안으로 말렸고 움직임은 둔해졌으며 표정은 없었다. 의자에서 일어나 간호사가 건네는 접이식 휠체어와 하루분의 약과 기저귀 등이 담긴 천 가방을 받고 있는데, 어느새 곁으로 다가온 고모가 내 어깨를 쓸어주며 반갑다는 표현을 해왔다. 단박에 나를 알아보지 못하고 한동안 초점 없는 시선으로 주위를 두리번거렸던 지난번과는 달랐다. 그러고 보니 고모는 연하게 화장도 한 상태였다. 그제야 나는 고모가 6개월 전 나와의 약속을 기억하고 있었다는 걸 깨달았다. 낡은 전등이 아주 가끔씩만 켜지는, 어딘가에서 끊임없이 삐걱거리는 소음이 나고 기억의 상자들이 얹힌 선반들이 대부분 붕괴된 고모의 폐허 같은 머릿속에서 내 약속의 말은 기적적으로 온전했다.

*

6개월 전 고모에게 나는, 다음번엔 외출 허가를 받아 청계천을 둘러본 뒤 서 군을 만나러 가자고 말했었다. 유난히 우울해 보이는 얼굴이 마음에 걸려 얼결에 나온 말이었는데, 고모는 순간적으로 환하게 웃으며 나를 향해 크게 고개를 끄덕였다. 고모가 오랜만에 웃었으므로 나는 내가 내뱉은 말을 고아처럼 버려둘 수가 없었다.

청계천은 고모가 중학교 시절부터 대학을 졸업할 때까지 가족과 함께 산 곳이다. 그 무렵의 청계천은 더러운 하천과 판잣집, 헌책방과 고물상, 수많은 영세 공장들과 간판도 따로 없는 남루한 상점들로 채워져 있었다. 나의 친할아버지, 그러니까 고모의 아버지가 고향의 땅을 팔아 상경하여 청계천 근처 평화시장 골목에 레코드 상점을 연 건 1960년대 중반이었다. 정식 레코드는 진열대에만 있을 뿐, 상점 안에는 미군 부대에서 밀반출된 레코드를 불법으로 복제한 일명 빽판들이 쌓여 있었지만, 그래도 외관만큼은 보기 드물게 번듯했다고 들었다. 할머니는 하고많은 장사 중에서 먹고사는 것과 아무런 관련이 없어 보이는 레코드 장사를 하겠다는 할아버지를 이해하지 못해서 몇 달을 앓아누웠다. 땀 흘려 일하는 것을 병적으로 싫어하던 할아버지를 믿지 못했던 것이다. 하지만 그 레코드 상점—맏딸의 이름을 딴 태영음반사는 할머니의 우려와 달리 성공적으로 운영됐고 다섯 가족의 생계를 넉넉하게 책임져주었다. 레코드가 음악을 들을 수 있는 거의 유일한 수단이던 시절이었고, 전축이 부의 상징으로 부각되던 때였다. 내가 태어나기 직전까지, 그러니까 할아버지가 청계천 8가의 아파트로 이사 간 첫날 술에 취해 난간에서 실족사하기 전까지, 태영음반사는 서울의 돈 많은 한량들을 끌어 모으는 유명 상점이었다.

고모가 서 군을 만난 곳도 태영음반사였다.

서 군, 고모는 그를 그렇게 불렀다. 자신보다 여섯 살이나 연상인 사람에게 군(君)이라는 호칭을 쓴 건 애정의 표현이었을 것이다. '서 군'은 누구누구 씨나 선배님 같은 호칭보다는 확실히 애틋한 데가 있었다. 그렇다고 고모가 주변 사람들에게 서 군과 관련된 이야기를 아무렇지도 않게 하고 다닌 것 같진 않다. 나의 아버지나 작은고모도 서 군을 전혀 모르는 눈치였다. 내가 그에 대해 좀더 알게 된 건, 10여 년 전에 국내에서 출간된 그의 에세이를 통해서였다.

서 군이 한국에 온 건 1971년이었다. 그때 서 군은 지쳐 있었다. 재일 조선인이었던 그에게 국적은 무력하게 당해야 하는 폭력이자 치유가 불가능한 상처였다. 폭력도 상처도 없는 고국을 막연히 동경해오던 서 군은 대학을 졸업하자마자 서울의 K대학에서 석사과정을 밟기 위해 유학을 왔다. 그러나 고국에는 또 다른 고통이 그를 기다리고 있었다. 학자가 되고 싶었던 서 군은 그 어떤 학생 조직에도 몸담지 않은 채 깨어 있는 시간의 대부분을 강의실과 도서관에서만 보냈지만, 시위와 휴교가 반복되던 고국의 교정에서는 책을 읽는 것 자체가 거대한 부채감으로 연결됐다. 자고 일어나면 알고 지내던 학생 중 누군가가 잡혀갔다는 소식이 들려왔고 교수들은 반 이상 비어 있는 강의실을 침울한 얼굴로 둘러보곤 했다.

늦은 봄이었다. 서 군은 전공과목이 휴강되면서 무작정 학교를 나와 걷다가 자연스럽게 청계천으로 발길을 돌리게 됐다. 한 노동자의 분신자살 이후, 청계천은 그 당시 학생들 사이에선 언제나 화제의 중심에 있던 공간이었다. 청계천에서 그의 시선을 가장 처음으로 잡아 끈 것은 다리 밑 오물 위로 등을 보인 채 떠 있는 젊은 남자의 시체였다. 시체는 모든 살아 있는 인간에게 불안과 공포를 안길 수밖에 없다. 인간의 몸이란 체온이 없으면 냄새를 풍기며 썩어가는 고깃덩어리에 불과하다는 걸 일깨워주는 물리적인 슬픔의 증표, 시체는 그런 것이다. 서 군은 천변에 앉아 끊임없이 자신의 죽음으로 환원되는 그 시체를 깨진 거울 보듯 들여다봤다. 몇몇 사람들이 몰려와 다리 밑을 가리키며 쑤군대긴 했지만 비명을 내지르거나 울음을 터뜨리는 이는 없었다. 얼마나 시간이 흘렀던가. 공무원으로 보이는 두 명의 사내가 긴 막대기로 시체를 개천에서 끄집어내더니 리어카에 실었다. 그제야 서 군은 정신을 차리고 사내들에게 다가가 시체를 어디로 가져가느냐고 물었다. 사내들은 그걸 왜 알려 하느냐며 적대적으로 되물었고, 서 군은 지갑에서 현금을 몽땅 꺼내 그들의 손에 쥐여주며 화장이라도 제대로 해달라고 부탁했다. 사내들은 서 군에게서 받은 돈을 뒷주머니에 구겨 넣고는 무성의하게 고개를 끄덕인 뒤 리어카를 끌고 어딘가로 떠나갔다. 훗날 서 군은 에세이에 썼다. 고문받고 투옥되고 수감 생활을 하던 중에도 세계 한복판에 내던져져 있던 그 시체를 생각하면 두려움이 사라졌다고, 언젠가 나 역시 그 어떤 가면이나 장식 없이 누군가에게 시체로 발견될 테니, 설계된 기능에 문제가 생기면 쓰레기통에 버려진 뒤 매립되거나 소각되는 하나의 사물처럼……

서 군이 다시 청계천 거리를 걷기 시작한 건 거리에 어둠이 내릴 무렵이었다. 목적지가 없던 서 군의 걸음이 멈춘 곳이 태영음반사 앞이었다. 그때껏 서 군은 음악이 그토록 절대적인 힘을 발휘할 수 있다는 걸 한 번도 체감한 적이 없었다. 넋이 나간 채 닐 세다카에서 사이먼 앤드 가펑클로 이어지는 선율을 듣고 있는데 상점 안에서 거즈로 레코드를 닦고 있던 교복 차림의 여고생이 고개를 들어 서 군 쪽을 바라봤다. 한순간이었어. 5년 전에 고모는 그렇게 말했다. 첫사랑이라는 화제는 장난처럼 시작됐지만, 그날 고모는 내내 진지했고 조금은 절박해 보이기까지 했다. 서 군을 처음 만난 날부터 그의 원고와 관련된 사건들, 대전교도소 앞까지 갔다가 되돌아온 일과 오랜 시간 후에 거짓말처럼 걸려왔던 한 통의 전화까지, 고모는 마치 훼손되어 가는 기억을 안전한 시험관에 담아 보관하고 싶다는 듯 서 군과 있었던 모든 일들을 쉬지 않고 내게 쏟아냈다. 믿어지니? 긴 이야기의 끝에서 고모가 나른한 목소리로 물었다. 이렇게나 늙고 병들었는데도, 아침에 눈을 뜨면 내가 있는 곳은 여전히 그 봄밤의 태영음반사야.

늦은 점심을 먹고 휴대전화의 구글 지도를 따라 태영음반사가 있던 자리를 찾아가니 프랜차이즈 커피숍이 나왔다. 야외 테라스까지 손님들로 꽉 찬 3층짜리 커피숍은 다른 세계로 떠나기 위해 탑승 수속을 모두 마친 거대한 유람선 같았다. 근데…… 고모가 휠체어에서 일어나 내 소매를 슬쩍 잡아끌며 아주 작은 목소리로 물었다.

— 근데, 여기가 어디예요, 오빠?

고모의 머릿속 전등이 꺼졌다. 난데없이 나의 누이가 되어버린 고모는 거의 울 것 같은 얼굴로 나를 건너다봤고, 나는 이곳이 태영음반사가 있던 자리란 걸 밝혀야 할지 말아야 할지 알 수 없어 머뭇거렸다. 사라졌으므로 부재하지만 기억하기에 현존하는 그 투명한 테두리의 공간 바깥으로는 바람이 일었다. 조각과 조각으로 잇대어진 세계의 표면을 훑으며 부지런히 가을의 끝에 도달한 바람은 건조했다. 어느 순간부터 불결한 냄새가 그 건조한 바람을 타고 내 쪽으로 실려 왔다. 요양원 간호사에게서 이런 일이 분명 일어날 거라고 여러 번 경고를 들었는데도 나는 당황했다. 일단 화장실로 가야 했다. 나는 고모를 다시 휠체어에 태운 뒤 지하철역을 향해 있는 힘껏 밀기 시작했다. 휠체어에 속도가 붙자 고모는 불안하다는 듯 쉼 없이 주위를 두리번거렸지만 걸음을 늦출 수는 없었다. 고모는 지금 벌거벗겨진 상태와 다를 바 없었다.

지하철역의 여자 화장실 앞에서, 그러나 나는 더 이상 어디로도 가지 못하고 갈팡질팡했다. 여자들만 오가는 화장실 입구와 고모를 번갈아 보며 어머니라도 불러야 하는 걸까, 고민하고 있는데 고모가 내 쪽을 돌아보며 태평한 목소리로 물었다.

— 너, 환이 아니니?

전등이 켜졌다. 나는 그 전등이 꺼질세라 재빨리 고개를 끄덕였다.

— 어머, 이런……

금세 상황을 파악했는지 고모가 그렇게 말하며 얼굴을 붉혔다. 조심스럽게 휠체어에서 일어난 고모는 내 손에 들려 있던 천가방을 낚아채듯 가져가더니 화장실 쪽으로 뒤뚱거리며 걸어갔다. 나는 고모의 뒷모습을 건너다보며 주머니 안의 담뱃갑만 손끝으로 매만졌다. 끊임없이 서 군을 이야기하던 5년 전의 고모에게 간절하게 묻고 싶은 심정이었다. 미래의 태영이 서 군을 만나는 것을 허락하겠느냐고, 내가 지금 상상하는 것, 배설물의 냄새가 밴 병든 자신을 서 군 앞으로 데려간 조카에게 절대로 용서하지 않겠다고 울부짖는 고모의 모습은 과도한 걱정에서 빚어진 허상인 게 맞느냐고…… 그러나 허락과 용서의 여부를 판단할 수 있는 고모는 폐쇄된 과거 속에만 있을 뿐, 지금 이 지하철역 화장실 앞엔 존재하지 않았다.

*

특별한 사람과 관련된 일련의 기억은 연극과도 같아서 기억 속 장면들은 실제와는 다소 차이가 나는 인위적인 무대에서 연출될 때가 많다. 기억의 주체는 감정적으로 과잉되어 있기 마련이고, 때로는 사소해 보이는 소품 하나가 되돌릴 수 없는 비극을 불러오기도 한다. 서 군에게 할당된 고모의 기억 속에선 일본어로 씌어진 원고 뭉치가 그 문제의 소품일지도 모르겠다. 막이 내릴 때까지 무대 한가운데서 스포트라이트를 받는, 서 군을 향한 고모의 모든 회한과 정념이 수렴되는 단 하나의 사물……

그 늦은 봄날 이후, 서 군은 종종 청계천을 찾았고 산책을 끝내고 나면 태영음반사에 들러 음악을 들으며 레코드를 구경했다. 서 군이 태영음반사에 갈 때마다 고모가 있었던 건 아닐 것이다. 그러나 그들은 제법 자주 마주쳤고 대화를 나누게 되었으며 조금이나마 서로에 대해 알아갈 수 있었다. 밖에서 따로 만나 청계천을 걷다가 황학동 노천 식당에 마주 앉아 국수를 먹은 일요일 오후도 있었다. 단 한 번의 데이트였다.

서 군의 에세이에는 그 시절 자신의 발길을 청계천으로 이끈 건 풍경이었다고 적혀 있었다. 빨랫줄에 걸린 한 가족의 남루한 옷들, 수

치감 따위 모른다는 듯 가판대에 아무렇게나 펼쳐진 포르노 잡지, 약장수의 빤한 거짓말을 주의 깊게 듣고 있는 행인들과 성인 남자의 머리통보다 몇 배나 큰 짐 꾸러미를 불가해한 힘으로 이고 가는 여인들, 여공들의 핏기 없는 새파란 입술과 품 안에 법전과 휘발유를 숨기고 있을 것만 같은 젊은 노동자의 잿빛 눈동자…… 커다란 주크박스인 듯 끊임없이 미국 팝송이 흘러나오던 태영음반사는 젊은 남자의 시체를 발견한 날을 기록한 페이지 외에는 더 이상 등장하지 않았다. 그럴 만했다. 서 군이 증언하고 싶었던 풍경은 가난과 피로의 청계천이었을 테니까, 고국을 떠난 뒤 한국 정부를 비판하는 기고문을 일본의 언론 매체에 지속적으로 발표한 건 훗날의 투옥과 상관없이 청계천을 산책하며 이미 결심했던 일이라고 그는 썼으므로……

화장실을 나온 고모는 다시 휠체어에 올라탄 뒤에도 주눅 든 얼굴로 흘끗흘끗 내 쪽을 돌아봤다. 부끄러워하는 것도 같았고, 자신에게서 아직도 냄새가 나는지 알고 싶어 하는 것도 같았다. 나는 고모가 좋아하는 유실물 센터 이야기를 꺼냈다. 유실물 센터에서 일한다는 건 시간을 견딘다는 의미라고, 사람들이 규칙적으로 소지품을 잃어버리는 건 아니라서 어느 날은 한 건의 접수도 받지 않고 지나가기도 한다고, 그래서 종종 선반에 놓인 유실물을 가져와 꼼꼼히 살펴보곤 한다고, 재미있다고, 나는 고모 뒤편에서 휠체어를 밀며 짐짓 경쾌한 목소리로 떠들어댔다.

실제로 유실물에는 저마다 흔적이 있고, 그 흔적은 어떤 이야기로 들어가는 통로처럼 나를 유혹할 때가 많다. 다이어리나 카메라는 비교적 세밀하게 그 이야기가 기록된 경우이고 녹슨 반지, 굽이 닳은 구두 한 짝, 세탁소 라벨이 붙어 있는 비닐 안의 와이셔츠 같은 것은 어느 정도 상상력을 동원해야 완성되는 이야기를 갖고 있다. 엄밀히 말하면 그 이야기는 유실물을 사용한 누군가의 손때로 만들어진 것에 지나지 않지만, 그 누군가를 잃어버린 유실물은 선반의 고정된 자리에서 과거의 왕국을 홀로 지켜가는 것이다. 간혹 유실물에서 빛이 날 때가 있다. 1년 6개월이라는 보관 기간을 채우고도 찾아오는 이가 없어 처리되기 직전, 홀연히 나타났다가 한순간에 사라지는 빛이었다. 그때마다 나는, 한 개인에게 귀속되지 못하고 망각 속으로 침몰해야 하는 유실물이 세상에 보내오는 마지막 조난신호를 본 것 같은 상념에 빠져들곤 했다. 일종의 상실감이었다.

거기까지 말했을 때 고모의 뒷목이 가볍게 툭, 꺾였다. 잠이 든 모양이었다. 차를 주차해놓은 교보빌딩 지하에 도착하여 잠든 고모를 안아 조수석에 앉히는데, 등허리로 땀이 흘러내렸다. 고모는 잠결에 입술을 오물거리며 어깨를 안으로 옴츠렸고 그 모습이 내 눈에는 잠투정을 하는 아이처럼 보였다. 고모의 변해가는 모습이 내게 고통이었던가, 스스로에게 물어보았다. 최근 1, 2년 사이 요양원을 찾아가는 빈도가 뜸해진 진짜 이유는 연민이 아니라 공포였다는 걸 끝까지 모른 척할 수는 없었다. 고모의 현재에 나의 미래를 투영하는 것이 괴로웠고, 나 역시 언젠가는 노인들의 보편적인 얼굴로 소멸이란 이름의 롤러코스터에 탑승하게 되리란 예감이 무서웠다. 휠체어를 접어 트렁크에 넣은 뒤 운전석에 앉아 시동을 걸었다. 고모에게 지금 우리는 서 군을 만나러 가는 거라고 차근차근 설명해주고 싶었지만 고모는 쉽게 깨어날 것 같지 않았고, 나는 여전히 내가 옳은 선택을 한 건지 확신할 수 없었다.

*

그 일본어 원고 뭉치는 그해 겨울방학이 시작되기 직전 서 군이 태영음반사로 와서 고모에게 직접 건넨 거였다. 방학이 끝날 때쯤 귀국하면 찾으러 올 테니 그때까지만 남들 눈에 띄지 않는 곳에 잘 보관해달라고 서 군은 부탁했다. 고모는 무턱대고 그 원고를 받긴 했지만, 왜 자신에게 이런 부탁을 하느냐는 질문은 끝까지 안으로 삼켰다. 서 군의 신뢰를 받고 있다는 것이 순수하게 기뻤던 고모는, 서 군에게서 서울에 아는 사람이 없어서라거나 비행기를 타고 오갈 때 거추장스러워서라는 상식적인 이유를 듣게 될까 봐 겁이 났던 것이다. 고모는 몰랐지만, 사실 그 무렵 서 군에게는 불길한 일이 하나 있었다. 갈 곳이 없다며 찾아온 고향 친구를 며칠 동안 하숙집에 기거하도록 해주었는데, 나중에야 그 친구가 조총련과 접선해왔다는 걸 알게 된 것이다. 친구에게는 곧 수배령이 떨어졌다. 조총련이 법정 최고 실형을 받을 수 있는 간첩과 동일하게 치부되던 시절이었다. 서 군은 친구가 머물렀던 자신의 하숙집이 언제라도 경찰의 수색을 받을 수 있다고 판단했으므로 문제가 될 만한 서적들은 모두 버리거나 태웠다. 그 원고는 아마도 처분하고 싶지 않아 고모에게 맡겼을 것이다. 서 군이 하고 많은 사람 중에서 왜 하필 레코드 상점 딸에게 원고를 위탁했는지는 원고에 담긴 내용과 함께 이제는 아무도 알지 못하는 영역 속에 있다. 그는 그 이야기를 에세이에 쓰지 않았고, 고모는 일본어를 전혀 할 줄 몰랐으므로 그 원고를 읽어보려는 시도조차 하지 않았다.

그 겨울 고모는 대학 합격 통지서를 받았지만 다른 예비 대학생들처럼 마음 편히 지낼 수 없었다. 영화관이나 양장점에 구경 가자는 친구들의 권유를 모두 뿌리치고 고모는 거의 매일 태영음반사에 나가 할아버지 대신 가게를 보았다. 고모에게는 질리도록 길었던 겨울이 끝나고 이듬해 3월이 되었지만 서 군은 나타나지 않았다. 서 군에게 연락할 방법은 없었다. 고모는 그의 일본 집 주소나 하숙집 전화번호를 알지 못했다. 서 군을 만날 수 있는 공간은 오직 태영음반사뿐이었지만 이제 막 대학생이 된 고모에게도 많은 일들이 일어나고 있었다. 사정이 생겨 태영음반사에 들르지 못한 날이면 서 군이 원고를 받으러 왔다가 헛걸음만 하고 돌아간 건 아닌지, 그 원고가 없어서 학업에 지장이 된 건 아닌지 걱정이 되어 아무것도 손에 잡히지 않았다. 고모가 서 군의 원고를 서류 봉투에 담아 K대학을 찾아간 건 3월 말이었다. 그날 K대 근처에선 시위가 있었다. 시위대에 떠밀려 매캐한 연기 속을 무작정 뛰어다니다가 가까스로 K대 법학과 사무실에 도착했을 땐, 머리칼은 잔뜩 헝클어져 있었고 난생처음 입어본 원피스에선 최루액 냄새가 났다. 사무실에서 나오던 서 군 또래의 남자가 그런 고모를 유심히 쳐다봤다. 조교라고 생각했어. 고모는 말했다. 당연하잖아. 학과 사무실에 나온 이십대 청년을 그럼 무어라고 생각하겠니. 항변하듯 거친 목소리로 덧붙여 말하며 얼굴까지 붉히던 고모를 휴게실의 몇몇 노인들이 흘끗거렸던 기억이 난다. 지금 와서 그 청년의 정체를 확인할 길은 없지만, 어쨌든 그는 서 군을 알고 있었고 서 군에게 줄 것이 있다는 고모에게 호의적이었다. 괜찮다면 자신이 원고를 전해주겠다던 청년에게 고모는 의심 없이 서류 봉투를 건넸다. 고모는 그토록 엉망인 상태로 서 군과 마주치고 싶지 않았다.

그리고 그날로부터 보름 정도 후에 아무도 예상하지 못한 일이 벌어졌다. 모든 언론을 통해 대대적으로 보도된 일본 유학생들의 간첩단 조직에 서 군의 이름이 포함되어 있었던 것이다. 고모는 자연스럽게 그 원고가 당시 정부의 시선으로 봤을 땐 불온한 내용이고 법학과 사무실에서 만난 청년은 기관원이라고 확신하게 됐다. 충격과 공포의 나날이 이어졌을 것이다. 서 군이 맡긴 원고를 기관원에게 넘긴 행위는 한껏 멋을 내고 K대학을 찾아간 천진한 용기와 합쳐지면서 용서할 수 없는 죄 덩어리가 되었다. 고모는 학교 수업에도 거의 나가지 않고 집 안에만 틀어박힌 채 자신의 삶에서 스무 살의 봄과 여름을 아프게 도려내었다.

그런데 고모가 미처 알지 못한 것, 아니 알려 하지 않은 것이 하나 있다. 서 군의 에세이에는 그가 이미 2월 말에 하숙집 근처에서 사복 차림의 사내들에게 납치되었다고 나와 있다. 그때 서 군이 끌려간 곳은 높은 담으로 둘러싸인 목조식 2층 가옥이었고 그곳에서 서 군은 간첩이 되었다. 고모의 추측대로 그 원고가 불온한 내용이고 기관원에게 흘러 들어가 또 다른 증거물이 되었을 수도 있지만, 그 모든 건 가능성의 차원일 뿐 진실은 아니었다. 게다가 그들의 시나리오는 서 군의 원고와 상관없이 이미 오래전부터 완벽하게 짜여 있었을 것이다. 어쩌면 고모는 자신의 잘못을 믿고 싶어서 믿어버린 건지도 몰랐다. 악역으로라도 그의 삶에 개입하고 싶었을 고모의 마음을, 그러나 나는 자학적인 욕심이었다고 함부로 단정하고 싶지는 않다. 고모는 충분히 외로웠다. 고모에게도 몇 명의 애인들이 있었고 그중엔 결혼 이야기가 오간 사람도 있었다지만, 그 누구를 만나던 시절에도 고모의 하루는 태영음반사의 유리문 사이로 서 군과 눈이 마주쳤던

1971년의 늦은 봄밤에서 시작됐다. 사랑이 아닌 것은 때때로 사랑의 영역 바깥에서 하나의 영토를 일구기도 한다. 서 군이라는 이름의 영토 한가운데엔 상상의 법정이 있었고 고모는 수사관과 피고인, 증인의 역할을 모두 떠맡으며 한평생을 살았다. 고문하고 고문받으며, 죄를 묻는 동시에 자백하면서, 어제의 증언을 오늘 다시 부정하길 반복하며…… 인간의 삶이 뿌리내리기엔 지나치게 척박한 영토였지만 그곳을 떠나지 않은 건 고모의 선택이었다. 고모와 서 군을 한 번만, 딱 한 번만 다시 만나게 해주기로 결심한 건 내게는 고모의 삶 전체가 마지막 조난신호 같았기 때문인지도 모르겠다. 침몰은 이미 시작되었고, 무대는 곧 막을 내릴 터였다.

*

강북에 위치한 대학병원 지하 주차장으로 내려가면서 과속 방지턱을 감속 없이 지나간 탓에 차가 한 번 출렁였다. 깜짝 놀라며 잠에서 깬 고모가 주섬주섬 상체를 바로 하더니 재킷 소매로 차창을 닦았다. 차를 주차한 뒤 실내등을 켜고 고모를 바라봤다. 시간과 공간의 좌표를 잃은 눈동자는 공허해 보였지만, 나는 고모가 무언가를 예감한 듯 긴장하고 있다고 느꼈다. 준비되었느냐고 묻는 대신, 한 칸씩 잘못 꿰인 고모의 재킷 단추를 모두 풀어 새로 채워주었다. 단추를 하나하나 채우는 동안 고모의 가는 어깨가 여러 번 떨렸다.

서 군에 대해 조사하는 건 사실 그리 어렵지 않았다. 그는 제법 많은 글을 남겼고, 그를 취재한 국내 신문 기사도 여러 건 검색됐다. 이십대 중후반에 서울구치소와 대전교도소를 돌며 2년 6개월의 형기를 마친 서 군은 일본으로 돌아가서도 공부를 계속한 끝에 교토 지역의 사립대학 교수가 됐다. 그동안에 결혼을 했고 딸을 낳았으며 아내와는 사별했다. 그의 에세이 서문에는 죽은 아내를 향한 헌사의 문장이 적혀 있었다. 사랑과 존경이라는 단어가 들어간 그 문장을 읽을 때, 내 마음은 설명할 길 없이 쓸쓸해졌다. 그가 다시 한국으로 온 건 재작년이었다. 서울에서 살고 있던 그의 외동딸과 한국인 사위가 병든 그를 데려왔을 것이다. 그는 근육이 서서히 마비되는 병을 앓고 있었다.

두 달 전부터 나는 격주에 한 번씩 이곳 대학 병원을 찾아와 그의 병실 근처를 서성였다. 내가 실질적으로 접근할 수 있는 사람은 오십대로 보이던 조선족 간병인뿐이었는데, 그녀가 소변 통을 들고 화장실로 걸어갈 때 슬쩍 다가가 다른 환자의 보호자인 양 말을 건네면 자연스럽게 대화가 이루어졌다. 간병인에 따르면 서 군은 목 아래가 거의 마비된 상태로 작년 겨울부터 병이 악화되어 기관을 절개하고 인공호흡기까지 삽입한 상태였다. 딸의 집에서 요양하다가 병원에 장기 입원하게 된 것도 그 무렵부터라고 했다. 의사가 지나가면서 한 말, 고문으로 인한 정신적 외상이 오랜 기간 잠복해 있다가 차츰차츰 치명적인 병으로 발전했을 거라는 비공식적인 진단도 간병인에게서 들은 거였다. 몸은 마비되어가도 의식은 멀쩡하기 때문에 고통이 더 클 거라던 말을 들은 날에는 새벽까지 악몽을 꾸기도 했다.

서 군은 보통 저녁을 먹은 뒤 외출을 했다. 그래봤자 간병인이나 딸이 밀어주는 휠체어에 몸을 싣고 병원 로비를 오가는 게 다였지만, 그래도 서 군에게는 하루 중 유일한 외출이었다. 로비를 서너 바퀴 돌고 나면 서 군의 휠체어는 대형 텔레비전 앞에 정물처럼 놓이곤 했다. 접수대도 마감을 하고 메인 조명도 꺼진 조용하고 어둑한 로비에서 서 군은 표정 변화 없이 텔레비전을 시청했다. 간병인과 딸은 간혹 밤이 깊어질 때까지 로비의 서 군을 데리러 오지 않았다. 신문을 보는 척하며 서 군 옆에 앉아 있던 날들이 많았다. 장태영 씨, 기억해요? 한번 만나보시겠어요? 수도 없이 묻고 싶었지만 번번이 입이 떨어지지 않았다. 도저히, 그럴 수가 없었다.

— 고모, 서 군이 저 위에 있어요.

마지막 단추까지 채운 뒤 그렇게 일러주자 고모는 내 말을 알아들었다는 듯 서 군, 서 군, 나지막이 중얼거렸다. 차에서 내릴 때 보니 고모는 쇼핑백을 품에 안은 채였다. 그러고 보니 고모는 하루 종일 저 쇼핑백을 몸에서 떼어놓으려 하지 않았다. 휠체어는 꺼내지 않았다. 그 대신 고모의 어깨를 부축하며 병원 로비로 이어지는 엘리베이터에 올랐다. 엘리베이터가 멈추고 로비로 나가자 여느 때의 저녁처럼 대형 텔레비전 앞에 놓인 서 군이 보였다.

서 군의 휠체어 옆 플라스틱 의자는 마침 비어 있었다. 그쪽으로 다가가 조심스럽게 고모를 앉히자 고모는 슬쩍 서 군을 보는 듯하더니 이내 가만히 나를 올려다봤다. 고모의 표정은 이제 너는 퇴장해도 된다는 허락으로도 읽혔고, 나를 두고 떠나지 말라는 애원으로도 읽혔다. 이번에도 판단은 오로지 내 몫이었다. 나는 천천히 고모의 손을 놓았고 고모는 소리 없이 입술로만 서 군? 하고 물었다. 그렇다는 의미로 고개를 끄덕여 보인 뒤 그대로 돌아섰다. 숨어 있을 만한 공간을 찾고 있는데 희미한 불빛이 어른거리는 음료수 자판기가 눈에 들어왔다. 고모와 서 군의 시선이 닿지 않도록 자판기 측면에 몸을 붙였다. 한참을 허공만 응시하다가 그들 쪽으로 고개를 돌린 순간, 긴장감으로 굳어 있던 두 다리에서 힘이 빠져나갔다.

그곳에선, 내 예상과 전혀 다른 장면이 연출되고 있었다.

서 군과 고모는 나란히 앉아 물끄러미 텔레비전만 올려다볼 뿐, 아무것도 하지 않았다. 그들은 기차에서 우연히 동석하게 된, 그래서 대화를 나눌 필요도 없고 서로의 얼굴을 들여다볼 까닭도 없는 한시적인 동승자들처럼 보였다. 어느 순간부터 나는 선반 위의 분실물들을 떠올리고 있었다. 어쩌면 그들은 정말로 세계에서부터 분실된 존재들인지도 몰랐다. 동의 없이 그들을 이 세계로 밀어내고는 향유할 기억과 움직일 수 있는 자유를 빼앗아간 뒤 결국엔 이 어두컴컴한 병원 로비에 방치한 그 최초의 분실자를 용서할 수 없었다. 그자의 잔인함에 가까운 무신경을, 끝까지 아무런 책임을 지지 않는 게으름을, 뒤늦게라도 그들에게 이야기를 되돌려주지 않는 고집스러움까지, 그 모든 것을……

그때였다. 텔레비전에서 시선을 떼고는 한곳을 유심히 바라보던 고모가 갑자기 의자에서 벌떡 일어나더니 그쪽을 향해 허둥지둥 걸어가기 시작했다. 재빨리 고모를 따라가던 나는 이내 걸음의 속도를 조금씩 늦출 수밖에 없었다. 고모는 현금인출기에서 돈을 찾던 젊은 남자 뒤에 바짝 서 있다가 그가 돌아선 순간, 그때껏 품에 안고 있던 쇼핑백을 넌지시 건넸다. 나는…… 남자가 얼결에 그 쇼핑백을 받자 고모가 힘겹게 입을 열었다.

— 나는, 미안합니다.

— ……

— 미안하고 또 미안했습니다. 다……

— ……

— 다, 전부, 잊어주세요.

— ……

거기까지 말하고 고모는 남자를 향해 허리를 90도로 꺾었다. 괴로운 건, 서 군을 만날 수 있는 마지막 기회를 놓쳐버린 고모의 오인이 아니라 고모가 가짜 서 군에게 전한 그 몇 마디의 말이었다. 사랑하는 사람에게 영원한 타자일 수밖에 없었던 고모의 긴 인내의 시간은 미안하다는 말과 잊어달라는 부탁으로 끝났다. 고작, 그뿐이었다.

어리둥절한 얼굴로 누구냐고 묻는 남자를 향해 고모는 또 한 번 정중히 목례를 하고는 천천히 돌아섰다. 쇼핑백이 이번 생의 유일한 짐이었다는 듯 느린 걸음으로 로비를 가로질러가는 고모는 홀가분해 보였다. 아니, 그래야 했다, 반드시. 나는 남자에게 다가가 대충 상황을 설명하고 쇼핑백을 받아온 뒤 멀찍이 서서 고모를 지켜봤다. 고모는 어느새 유리로 된 병원의 출입문 앞에 서 있었다. 비가 내리고 있었는지 유리에 투영되는 불빛이 물에 젖은 듯 번져 보였다. 그 캄캄한 유리문을 마주 보며 고모는 한참을 서 있었다.

5년 전, 알츠하이머 진단을 받은 날에도 고모는 저런 자세로 병원 출입문 앞에 서 있었을 것이다. 인간이란 구르는 걸 멈추지 않는 한 조금씩 실이 풀려나갈 수밖에 없는 실타래 같은 게 아닐까, 그때 고모는 그런 생각에 잠겨 있었을지도 모르겠다. 병원 문을 열고 나가면 실타래는 이전보다 훨씬 더 빠른 속도로 굴러갈 것이고, 실타래에서 풀려나간 실은 밟히고 쓸리고 상하면서 먼지가 되어갈 것이다. 친밀했던 사람, 아끼던 사물, 익숙한 냄새를 잃게 될 것이고 세상도 그 속도로 고모를 잊어갈 터였다. 어느 날은 거울 속 늙고 병든 여자를 보며 이유도 모른 채 뚝뚝 눈물을 흘리기도 하리라. 하나의 실존은 그렇게 작아지고 또 작아지면서 아무도 모르게 절연을 준비하는 것이다. 그 누구의 배웅도 없이, 따뜻한 작별의 입맞춤과 헌사의 문장도 없이…… 오후가 저녁이 되고 저녁이 밤이 될 때까지, 실제로 고모는 그 문을 열지 못했다.

*

고모를 요양원에 도로 데려다주고 유실물 센터로 온 나는, 불도 켜지 않고 내 책상에 앉아 고모의 쇼핑백 안에 들어 있던 것을 하나 하나 꺼내보았다. 남성용 양말과 비누 세트, 수건과 담요였다. 오래전 고모가 대전교도소에 가면서 준비한 영치물도 이렇게 구성되어 있었을 것이다. 서 군이 서울구치소에서 대전교도소로 이송되고 몇 달 뒤에야 고모는 자리를 털고 일어나 서울역으로 갔다. 그 몇 달 동안 고모는, 서 군에게 잘못을 고해야 한다는 강박증과 그가 자신을 절대로 용서하지 않을 거라는 불안감 사이를 유령처럼 오갔을 것이다. 국가보안법을 위반한 수감자는 직계가족 외에는 면회가 안 된다는 걸 알면서도 부딪치면 방법이 있을 거라고 막연히 기대하며 고모는 대전행 기차에 몸을 실었다. 9월의 어느 날이었지만 교도소 근처는 겨울처럼 추웠다.

놀랍게도 고모의 그 대책 없는 시도는 거의 성공할 뻔했다. 고모가 교도소 문 앞에서 면회 신청을 받아달라며 교도관에게 사정하고 있을 때, 서 군이 투옥된 뒤로 한국으로 건너와 지내고 있던 서 군의 어머니가 마침 고모 곁을 지나가게 된 것이다. 고국이라고는 하지만 친척 하나 남지 않은 한국에서 외롭게 옥바라지를 하고 있던 서 군의 어머니는 아들을 보러 대전까지 내려온 서울 아가씨가 그저 반가웠다. 하지만 그 반가움이 미안한 마음으로 바뀌는 데는 그리 긴 시간이 걸리지 않았다. 서 군에게는 오래 만나온 정혼자가 있었다. 그녀는 서 군과 같은 재일 조선인으로, 서 군 대신 결혼 비용을 벌어놓기 위해 간호사로 재직 중인 병원에서 퇴근한 후에도 오사카 시내 응급실을 돌며 파트타임으로 일을 하던, 보기 드물게 성실하고 속 깊은 사람이었다. 거기까지 말한 서 군의 어머니는, 아가씨를 내 막내딸이라고 속이면 함께 접견실로 들어갈 수 있을 텐데 정말 그걸 원하느냐고, 한층 조심스러워진 목소리로 물었다. 고모는 그 사려 깊은 질문에서 단단한 방어막을 느꼈다. 가족, 그 방어막의 이름이었다.

그날 고모는 영치물을 다시 품에 안고 서울행 기차에 올랐다. 피곤하고 배도 고팠지만 고모는 허리를 꼿꼿이 편 정자세로 정면만을 응시했다. 아무도 의도하지 않은 슬픔이라면 그 감정은 오류투성이인 거라고 고모는 생각했다. 자세가 흐트러지면 그 기만적인 슬픔에 잠식되고 말 터였다. 고모는 자신과의 감정 게임에서 지고 싶지 않았다. 그러나 그 소모적인 게임이 기차에서 내린 뒤에도 끈질기게 이어질 거라고는 고모 역시 예감하지 못했을 것이다. 고모가 사랑한 것은 서 군이 아니라 서 군의 이미지였으므로, 실체가 없는 이미지는 때려눕힌 뒤 링 밖으로 내던질 수가 없는 거니까. 서 군의 한 시절을 망쳤다는 근거 없는 죄책감은 서 군 대신 링에서 내려가려는 고모의 뒷덜미를 잡아채고는 끈질기게 상상의 법정으로 끌고 갔다. 서 군을 향한 고모의 영토는 그렇게 유지됐다. 국경도 여권도 없는 땅, 이민과 망명이 봉쇄된 독재의 나라, 아름답지도 않고 따뜻한 적도 없던 불모의 유형지……

나는 휴대전화 조명에 의지하여 쇼핑백을 빈 상자에 담아 밀봉한 뒤 작성한 유실물 접수 서류와 함께 빈 선반에 두었다. 41327, 새 유실물의 일련번호였다. 그것은 시간 단위로 환산될 수 없는, 상자 속 사물들에 선고된 기다림의 형량이기도 했다.

전화벨이 울린 건 가방을 챙겨 유실물 센터를 막 나가려던 참이었다. 나는 수화기를 들 생각도 하지 못한 채 어둠 속에서 두 눈만 끔벅였다. 오랫동안 잊고 있었던, 그래서 정지된 화면 같던 어린 시절의 어느 하루가 갑자기 눈앞에 펼쳐지면서 움직이기 시작했다. 이제 막 수리된 영사기가 등 뒤편 어딘가에 숨겨져 있기라도 한 것처럼 그날의 모든 일들은 손에 잡힐 듯 선명하기만 했다.

겨울방학이었을 것이다. 어머니를 따라 고모의 아파트에 놀러 간 날, 나는 안방 침대에 누워 책을 읽다가 전화 한 통을 받았다. 한국말에 서툰지 한 음절 한 음절 힘주어 말하는 남자 목소리에 의아해했던 기억이 난다. 장태영 씨의 아들이냐는 물음에 아니라고 대답하려는데 마침 안방 문이 열리면서 고모가 들어왔다. 나는 고모에게 수화기를 건넨 뒤 다시 책을 집어 들었다. 책장을 넘기다가 이상한 느낌에 고모 쪽으로 고개를 돌린 순간, 두 손으로 수화기를 보듬은 채 연거푸 고개만 끄덕이는 고모가 보였다. 그때 서 군이 뭐라고 했는데요? 5년 전, 요양원 휴게실에서 내가 그렇게 묻자 고모는 쑥스러운 듯 작게 웃으며 말했다. 학위를 받고 딸을 낳고 교수 임용을 준비하면서 바쁘게 살고 있었는데, 그러다가 문득 어머니가 한 말이 생각났대. 그분이 생전에 내 얘기를 한 적이 있었나 보지.

— 한국에 있는 지인들한테 부탁해가며 고모 전화번호를 알아낸 사람이 고작 그런 말만 했다고요?

—알고 있었대.

—네?

—그 사람은 언젠가 한 번은 내게 연락하리란 걸 늘 알고 있었대.

—……

—그런 날이 오면 자식과 남편 자랑을 하고 직장 상사를 흉보고 휴가 계획에 대해 떠드는 그런 일상적인 이야기를 듣고 싶었다고 하더라.

—그래서 뭐라고 대답하셨어요?

—아무 말도……

—……

—아무 말도 하지 못했어. 그냥 듣기만 했어. 서 군이 작별 인사를 하는데도 입을 꾹 다물고 있었지.

—……

—그리고 전화는 끊겼고, 그렇게 끝났어.

—……

고모의 말은 사실이었다. 나는 그때 고작 여덟 살이었지만 말 한마디 없이 고개만 끄덕이는 통화가 이상하다는 것쯤은 알 수 있었다. 수화기에선 곧 남자의 목소리가 사라지고 신호음만 울리는 게 내게도 들렸지만 고모는 좀처럼 수화기를 내려놓지 않았다.

내 기억은 거기에서 끝났다.

그러나 영사기는 계속 돌아가며 그때 내가 미처 보지 못했던 고모의 얼굴을 비췄다. 이제야 확인하게 된 그 얼굴을 하염없이 바라보고 있는데, 지금쯤 잠이 들었을 고모의 꿈속으로 밀려들어 온 듯 몽롱한 기운이 순식간에 유실물 센터를 에워쌌다. 어딘가에서 삐걱거리는 소음이 났고 선반들은 물렁하게 휘어지면서 하나둘 무너지기 시작했다. 고모는 어쩐지 쇼핑백을 내버려둔 채, 대전을 출발하여 45년 만에 서울역에 도착한 기차에서 하차하는 꿈을 꾸고 있을 것만 같았다. 고모가 유기한 쇼핑백이 이곳에 있는 한, 유실물 센터는 세계의 그 어떤 곳으로도 대체될 수 없는 고유한 공간으로 남게 되리란 걸 나는 알 수 있었다. 동시에, 이 세계를 구성하는 데 없어도 무방한 덧없는 조각일 뿐이란 것도, 내가 분명하게 그것을 알고 있다는 사실이, 나는 슬펐다.

선정의 말

—

청계천에 가본 적이 있는가. 남산·북악산·인왕산 등으로 둘러싸인 서울 분지의 물들이 흘러들어 동쪽으로 흐르다가 중랑천과 만나 그 흐름을 동쪽으로 바꾸어 한강으로 향하는 길이 10.84킬로미터, 유역면적 59.83제곱킬로미터의 개천. 누가 그 청계천을 모르겠는가. 그렇지만 그 누가 청계천의 풍경을 제대로 말할 수 있는가. 『천변풍경』에서 당대의 풍속을 매우 역동적으로 그리면서 다양한 욕망의 풍경을 실감나게 재현한 1930년대 모더니스트 박태원이라면 혹 어떨까. 그 후 80여 년의 세월 동안 청계천은 온갖 현대사의 풍상을 겪으며 여러 이야기의 배경이 되었다. 「아름다운 청년 전태일」을 비롯하여 「조폭 마누라」 「텔 미 썸딩」 「피에타」 등 여러 영화는 물론 여러 시편들에서도 다양하게 형상화되었다. 조해진의 「사물과의 작별」도 청계천을 배경으로 한 소설이다.

「아름다운 청년 전태일」에서 분명하게 증거된 바 있는 정치적 공간으로서 청계천의 풍경을, 작가 조해진은 사려 깊은 언어로 점묘한다. 작중 관찰자의 고모와 서 군은 1970년대 초반 청계천에서 우연히 조우한다. 재일 조선인으로 국내 대학원에 유학 왔던 서 군은 청계천에서 한 죽음이 너무나도 하찮게 취급되는 장면을 우연히 목도하고 몸서리친다. "설계된 기능에 문제가 생기면 쓰레기통에 버려진 뒤 매립되거나 소각되는 하나의 사물처럼" 처리되는 데 연민과 분노를 느낀다. 인간적인, 너무나도 인간적인 것에 대해 고뇌하게 된다. 그러나 현실은 그에게 가혹했다. 내막을 알지 못하는 상태에서 한 친구를 우연히 도와준 적이 있는 서 군은 그로 인해 간첩단 사건에 휘말려 구속되기에 이른다. 그 과정에서 고모는 혹독한 상처를 입게 된다. 우연히 청계천변에 위치한 고모네 레코드 가게에 들렀던 서 군이, 하루쯤 가벼운 데이트를 한 적이 있는 서 군이, 그럼에도 이미 고모의 첫사랑을 차지해버린 서 군이, 어느 날 일본어로 된 원고 뭉치를 맡겼다. 고모는 그것을 보관하며 찾으러 오기를 기다렸으나 서 군이 나타나지 않자 초조한 마음에 서 군의 학교로 간다. 순진하게도 학과 사무실을 나오는 기관원을 조교로 오인한 고모는 그에게 원고 뭉치를 전해 달라고 넘긴다. 그로 인해 서 군이 잡혀가게 되었다고 자책하며 평생을 힘겹게 산다. 서 군을 향한 고모의 영토는 "국경도 여권도 없는 땅, 이민과 망명이 봉쇄된 독재의 나라, 아름답지도 않고 따뜻한 적도 없던 불모의 유형지……"였다. 그런 영토 앞에서 속수무책일 수밖에 없었던 고모는 "서 군에게 잘못을 고해야 한다는 강박증과 그가 자신을 절대로 용서하지 않을 거라는 불안감 사이를 유령처럼" 오가며 지내야 했다.

조해진의 소설은 그 사건 이후 한 번도 만난 적이 없던 고모와 서 군이 오랜 시간이 지난 후에 아련히 마주치는 장면을 그린다. 알츠하이머에 치매까지 있는 고모는, 인생의 치명적인 과제를 수행하기 위해, 조카의 도움을 받아 서 군의 병원을 찾는다. 근육이 서서히 마비되어 턱 아래가 거의 굳어, 인생이란 실타래가 거의 풀린 것처럼 보이는 서 군이다. 병원 로비에서 휠체어에 가까스로 의지한 서 군을 고모는 알아보는 듯했다. 그러나 오랜만의 해후는 기이하고도 안타까운 장면을 연출한다. "서 군과 고모는 나란히 앉아 물끄러미 텔레비전만 올려다볼 뿐, 아무것도 하지 않았다. 그들은 기차에서 우연히 동석하게 된, 그래서 대화를 나눌 필요도 없고 서로의 얼굴을 들여다볼 까닭도 없는 한시적인 동승자들처럼 보였다." 지하철 역사 유실물 센터에서 근무하는 조카는 이 예상 밖의 장면을 보면서 "선반 위의 분실물들"을 떠올린다. "어쩌면 그들은 정말로 세계에서부터 분실된 존재들인지도 몰랐다." 안타까운 연민에서 발원된 분노로 이어진다. "동의 없이 그들을 이 세계로 밀어내고는 향유할 기억과 움직일 수 있는 자유를 빼앗아간 뒤 결국엔 이 어두컴컴한 병원 로비에 방치한 그 최초의 분실자를 용서할 수 없었다. 그자의 잔인함에 가까운 무신경을, 끝까지 아무런 책임을 지지 않는 게으름을, 뒤늦게라도 그들에게 이야기를 되돌려주지 않는 고집스러움까지, 그 모든 것을……" 작가의 작의가 분명히 감지되는 부분이다. 세계에서부터 분실된 사람들을 위무하는 한편 분실자들에게 항의하고자 쓴 소설로 보인다.

고모는 결국 서 군을 만나지 못한다. 끝내 알아보지 못한다. 서 군이 아닌 다른 남자에게 쇼핑백을 건네면서 미안하다고, 잊어달라고 탄원한다. 어두운 치매기 때문이다. 쇼핑백에는 과거 대전교도소에 수감 중이던 서 군을 면회 갔을 때 가져갔던 물품들이 들어 있었다. 과거에도, 현재에도 제 주인을 찾지 못한 쇼핑백은 조카에 의해 유실물로 처리된다. "이 세계를 구성하는 데 없어도 무방한 덧없는 조각일 뿐이란" 사실 때문에 조카는 슬퍼한다.

45년 전 청계천에서 유실물이었던 서 군의 원고 뭉치와 45년 동안 고모가 품고 있다가 마침내 유기한 쇼핑백을 겹쳐 읽을 때, 청계천의 정치학은 연민과 분노를 자아낸다. 게다가 그 유실물들의 주인들이 또한 세계에서부터 분실된 존재들이라는 인식까지 포개어놓으면 그 페이소스는 더욱 깊어진다. 그래서 복개된 청계천의 외양과는 달리 역사적 격동을 끌어안은 청계천은 엘레지처럼 흐를 수밖에 없다. 예전에 비슷한 시기의 풍경을 그렸던 최윤은 「회색 눈사람」에서 "아프게 사라진 모든 사람은 그를 알던 이들의 마음에 상처와도 같은 작은 빛을 남긴다"고 적었다. 「빛의 호위」의 작가답게 조해진은 그 "상처와도 같은 작은 빛"을 제대로 응시한다. 그 마음의 눈이 미덥다. _**우찬제**

2015년 1월

이달의 소설

임시교사

손보미

© 이상엽

1980년 서울에서 태어나 2009년 21세기문학 신인상과 2011년 『동아일보』 신춘문예로 등단했다. 소설집 『그들에게 린디합을』이 있다.

작 가 노 트

이 소설을 쓰는 내내 나는 '나쁨'에 대해 생각하고 있었다.

●··

임시교사

—

날씨가 좋은 오후에 P부인은 낮잠에서 깬 아이의 손을 잡고 밖으로 나오곤 했다. 그곳은 고급 아파트가 모여 있는 동네였고, 아파트 단지의 한가운데에는 공들여 만든 놀이터가 있었지만, P부인은 항상 아파트 단지 바깥으로 나와 근처에 있는 공원까지 걸어갔다. 공원으로 향하면서 P부인은 이 아이, 동그랗게 자른 머리와 쌍꺼풀이 없는 큰 눈을 가진 이 다섯 살짜리 사내아이의 손을 잡고 함께 거리를 거닌다는 것이 자신에게 얼마나 순수한 기쁨을 주는 행위인지 새삼스럽게 깨닫곤 했다. 공원의 한가운데에는 아이들이 뛰어놀 수 있도록 잘 손질된 잔디가 깔려 있는 공터가 있었다. P부인은 공터의 가상자리에 가지고 온 돗자리를 펴고 아이와 함께 앉았다. 근처에는 P부인처럼 아이들을 데리고 나온 젊은 여자들이 삼삼오오 모여서 이야기를 나누거나, 아이들이 뛰어노는 것을 지켜보고 있었다. P부인은 그 여자들과 가볍게 눈인사를 나누었지만 한 번도 이야기를 나눈 적은 없었다. 아이가 "가서 놀아도 돼요?"라고 물었고 P부인은 웃으며 고개를 끄덕였다. 아이가 달려가고 나면 P부인은 조그마한 천가방에서 책을 꺼내 읽기 시작했다. 책을 읽는 것을 멈추고 눈으로 아이를 좇을 때도 있었다. 거기에 모인 아이들은 저희들끼리 잘 어울려 놀았다. 가끔 아이가 다른 아이의 장난감을 빼앗으려고 하거나, 자기보다 어린 아이를 힘으로 제압하려고 하는 모습이 보이면 P부인은 읽던 책 페이지의 귀퉁이를 접어두고 아이에게 다가갔다. 그리고 아이의 어깨를 가볍게 잡고 작지만 힘이 들어간 목소리로 말했다. "착한 아이가 아니구나." 젊은 여자들이 P부인이 아이에게 경고하는 것을 지켜보았다.

이쯤에서 잠깐 아이 엄마에 대해 언급하고 넘어가는 것이 좋을 것 같다. 아이 엄마의 말을 빌리자면 그녀는 "남편에게 속아서 결혼한 케이스"였다. 하지만 그건 그저 귀여운 하소연에 불과했다. 그녀는 자신이 예술 작품에 대한 감식안을 가지고 있다는 것을 깨달은 순간부터 프랑스에서 일할 수 있게 되기를 바랐고, 실제로 고등학교 때 파리로 날아가, 파리의 대학에서 예술사를 전공했다. 하지만 오랜 타국 생활에 지친 그녀는 대학원을 졸업한 후 곧바로 한국으로 돌아오게 된다. 계속 한국에 머물 생각이 있었던 것은 아니었다. 반년 정도만 부모님 곁에 머물면서 심신을 치유한 후 다시 떠날 생각이었다. 하지만 어찌된 일인지 그녀는 불과 9개월 후에 버진로드 위를 걷고 있었다. "함께 공부하던 친구들은 뉴욕이나 암스테르담이나 런던에 자리를 잡았어요. 막연하게나마 나 역시 언젠가는 파리로 돌아갈 수도 있다는 정신 나간 생각을 했더랬죠. 결혼한 후에도 말이에요." 그녀는 직장 동료들에게 자신의 결혼 이야기를 들려준 적이 있었다.

"그이가 얼마나 내게 잘해주는지 몰라요. 그이는 정말로 저를 사랑한답니다." 하지만 그 이야기의 클라이맥스는 바로 이것이었다. "임신 테스트기에 글쎄 줄이 두 개 나타난 거예요. 그때 얼마나 당황했는지!" 그녀는 이 부분을 이야기할 때마다 금방이라도 울 것 같은 기분이 들었다. "그애를 정말 사랑해요. 지금 제게는 무엇과도 바꿀 수 없는 보물이에요. 아이를 키우는 게 힘들었냐고요? 아니요, 아니요, 정말 행복했어요." 정말로, 그녀는 꼬박 3년 동안 집에 머물면서 아이를 키웠다. 그녀의 어머니는 그녀가 결혼을 한다고 했을 때 일종의 배신감을 느꼈고, 아이를 낳아도 육아에 도움을 주지 않겠다는 선언을 했으며, 실제로도 그렇게 했다. 그녀의 이야기를 들으면 사람들은 그녀의 겉모습에 깊은 인상을 받게 된다. 왜냐하면 그녀에게서는 아이를 낳고 키운 여자의 흔적을 전혀 찾을 수 없기 때문이다. 단백질이 충분히 공급된 머릿결은 보기 좋게 컬이 들어간 채 어깨를 살짝 덮고 있었고, 피부는 생기가 넘쳤으며 팔다리는 길고 날씬했다. 어쨌든 그녀는 그해 봄이 시작될 즈음 미술관에 취직—비록 인턴직이었지만—했고, 그녀 대신 보모—그러니까, P부인—가 아이를 돌보고 있었다. 가끔 그 이야기를 듣던 사람들이 그녀에게 보모에 대해 물어보는 경우가 있었다. 그럴 때마다 그녀는 잠시 생각에 빠졌다가, 이렇게 대답하곤 했다. "그분요? 음…… 좋은 분이세요."

만약에 누군가가 자신에 대한 질문을 아이 엄마에게 던진다는 사실을 알았다면 P부인은 이런 식으로 대답하길 원했을 것이다. "그분요? 그분은 임시교사셨대요." 물론 '임시'라는 단어를 빼고 말해도 되겠지만, 그건 어쩐지 올바르지 못한 일처럼 여겨졌다. P부인은 무려

20년 동안 학교에서 아이들에게 역사—때로는 사회, 때로는 지리—과목을 가르쳤다. 그리고 그 일을 무척 좋아했다. 모르긴 몰라도, 젊었던 시절엔 '정식'교사가 되기를 간절하게 바랐을 때도 있었을 것이다. 어쨌거나 다행스럽게도 임시교사가 필요한 학교는 생각보다 많이 있었고, P부인은 작년까지 여러 학교를 전전하며 중학생이나 고등학생 들에게 역사—때로는 사회, 때로는 지리—과목을 가르칠 수 있었다. 하지만 작년 봄에 출산휴가를 얻은 여선생 대신 일한 후로는 어떤 학교도 그녀를 써주려고 하지 않았다. 그 사실—이제 영원히 임시교사로서 교단에 설 일이 없을 거라는—을 결국 인정해야 했을 때도 P부인은 별로 절망하거나 속상해하지 않았다. P부인은 천성적으로 남을 비난할 줄 모르는 사람이었다. 지하철에서 누군가 메모를 돌리며 적선을 부탁하면 절대로 거절하는 법이 없는 여자였다.

보모가 되기 위한 면접을 보러 그 집에 처음 갔을 때 아이 아빠가 말했다. 아이 아빠는 몇 년 전 사법고시에 합격했고, 지금은 이름을 대면 알 만한 기업의 법무팀에 있었다. "교직에 계셨다고 들었습니다만." 왜인지 알 수 없지만 그는 P부인이 아이의 보모가 되겠다고 자신의 집 거실에 앉아 있는 상황에 약간의 동정심이나 측은함, 심지어는 미안한 감정까지도 느끼고 있었다. 그러나 P부인은 간단하게 이렇게 대답했다. "나보다 훨씬 더 젊고 유능한 임시교사들이 있는데 내가 어떻게 거기에 더 머물 생각을 하겠어요. 그건 양심도 없는 생각이죠." P부인은 자신이 가르친 아이들을 떠올렸다. 자신의 말을 경청하고 고개를 끄덕거리며 눈을 마주치던 아이들. 그런 생각을 하며 P부인은 그제야 티테이블 위 화병에 꽂혀 있는 백합을, 베란다 유리창을 덮고 있는 커튼의 기하학적 무늬를, 거실과 바로 통하는 부엌의 목재 장식장과 그 안에 순전히 장식용으로 넣어둔 티세트를 둘러보았다. 그리고 이 가족—잘생기고 예의 바른 젊은 아버지와 아름답고 우아한 젊은 엄마와 귀엽고 똑똑해 보이는 아이. 어쩌면 그 순간, P부인은 자신의 집을 떠올렸을지도 모른다. 소박한 벽지와 합성섬유로 만들어진 커튼, 작은 침대 같은 것. 그리고 그곳에서 혼자 밥을 먹거나, 혼자 옷을 갈아입거나, 혼자 잠을 청하는 자기 자신을. 하지만 그런 생각을 한 것은 짧은 순간—심지어 그런 것을 떠올렸다는 것을 알아차릴 수 없을 정도로—에 불과했고, P부인의 머릿속은 금방 자신의 책상으로 가득찼다. 거대한 마호가니 책상. 아니, 사실 그건 식탁이었지만, P부인은 그걸 책상으로 사용했다. 아무려면 어땠을까. 그건, P부인이 가진 것 중 가장 비싸고, 그리고 가장 아름다운 것이었다. 아름다운 것. P부인은 그 문장을 마음속으로 반복해보았다. 그런 후 허리를 꼿꼿하게 세우고 이렇게 덧붙였다. "그러니까, 그게 바로 세상의 이치랍니다." 그렇게 말한 후 P부인은 입고 온—자신이 가지고 있는 것 중 가장 좋은 옷인—트위드재킷의 금속 단추를 만지작거렸다.

P부인의 일은 비교적 단순했다. 오후 두 시쯤, 이를테면 출근하는 길에 어린이집에 들러서 아이를 집으로 데리고 온 다음, 아이의 부모 중 누군가가 귀가할 때까지 함께 있어주면 되었다. 아이의 부모는 해가 진 후까지 아이를 남의 손에 맡겨두는 것에 대한 막연한 거부감을 가지고 있었고, 둘 중 한 명이라도 아이와 함께 저녁 식사하는 것을 일종의 원칙으로 삼아두고 있었다. 냉정하게 말해서, 그 식탁에 P부인이 공헌한 바는 하나도 없었다. 그건 주말에 들러서 온갖 반

찬을 만들어놓는 도우미 아주머니와 퇴근한 후의 아이 엄마(때때로는 아빠)의 합작품이었다. 그러므로 P부인은 아이 아빠(때때로는 엄마)가 저녁 식탁을 다 차릴 때까지 아이를 돌보아주었지만, 그 식탁에 함께 앉아본 적이 없었고, 거기에 대해 어떤 감상을 가진 적이 없었다.

첫날, P부인이 아이를 데리러 어린이집에 갔을 때, 아이는 제 엄마가 올 때까지 집에 가지 않겠다고 고집을 부렸고 결국은 울었다. 그런 일은 여러 번이나 반복되었다. 그럴 때마다 P부인은 아무 일도 아니라는 듯이 능청스럽게 한숨을 쉬고, "그럼, 그러자꾸나"라고 대답했다. 그녀에게는 여하튼, 20년간의 노하우가 있었다. 시간이 지나면 아이는 결국 P부인의 손을 잡고 집으로 돌아오게 되어 있었다. 아이가 낮잠에 들면, P부인은 자신의 조그마한 천가방에서 책과 집에서 싸 온 음식을 꺼냈다. P부인은 그 집에 있는 사과 한 알도 먹은 적이 없었다. P부인이 그 집에서 일하는 것이 결정되었을 때, 아이 엄마가 제일 먼저 한 일은 각종 티백이 정리된 티박스와 온갖 약이 들어 있는 진열장, 그리고 과일을 보관하는 냉장고를 알려주는 것이었다. "남의 집이라고 생각하지 마세요." 하지만 P부인은 그 집의 티브이나 라디오를 켜본 적이 없었고, 전화기를 사용한 적도, 심지어는 약통을 건드린 적도 없었다. 아이의 방과 거실, 부엌을 제외하면 다른 곳은 구경한 적조차 없었고, 서재 책장에 꽂혀 있는 책, 그 수많은 책에도 손을 대지 않았다.

공원 산책을 마치고 돌아오면 아이는 대부분 시간 동안 장난감을 가지고 놀았고 때때로 P부인에게 책을 읽어달라고 요청할 때가 있었다. P부인이 소리내어서 책을 읽으면 아이는 조그만 목소리로 P부인의 목소리를 따라 했다. P부인은 그런 아이를 보면서 언젠가 들었던 노래의 가사를 떠올렸다.

갈매기의 울음이 마음을 흔드네. 그건 죄인들이 죄를 짓는 동안, 아이들이 뛰어놀기 때문이지. 아이들이 뛰어놀기 때문이지.

어째서 이런 노래가 떠오른 걸까? 그녀는 무심코 고개를 돌려 유리창 밖을 바라보았다. 그 집에선 한강을 가로지르는 다리, 그리고(다리와) 그 너머 일렬로 늘어선 아파트 단지, 그리고 그 단지와 조금 떨어진 곳에서 하루 종일 돌아가는 거대한 관람차를 볼 수 있었다. 햇빛이 비친 강의 표면은 반짝반짝거렸고 완연한 봄의 바람에 수면이 마치 몇 백 장이나 되는 종이를 차르르 넘긴 것처럼 넘실거렸다. P부인은 문득 자신의 마음속에서 무엇인가 뚝 떨어져 나간 느낌이 들었고, 덜컥 겁이 났다.

그녀는 다시 고개를 돌려 자신의 말을 따라 하는 그 귀엽고 영특하고 조그마한 아이를 잠시 바라보다가, 애정을 담아 아이의 머리를 쓰다듬었다.

어느 날, 아이는 커다란 스케치북과 크레용을 양손에 들고 말했다. "그림 그릴 줄 알아요?" "당연하지." P부인은 부드럽게 미소 지으며 아이에게서 크레용과 스케치북을 받아들었다. "공, 그려주세요." "공?" 그녀는 까만색 크레용으로 커다란 원을 그렸다. "이건 공이 아닌데." 아이가 말했다. P부인은 약간 혼란스러움을 느꼈다. "이건 공이란다." 아이가 고개를 흔들었다. "축구공은 이렇게 안 생겼단 말이에요." 축구공이 어떻게 생겼더라……? 농구공은 어떻게 그리지? 야구공은 대체 어떤 모양이지? 채근하는 아이에게 떠밀려 스케치북을 한 장 더 넘기고 까만색 크레용으로 크게 원을 그렸지만, 그다음, 원의 어느 부분에 어떤 식으로 선을 그어야 할지 판단할 수 없었다. P부인은 자신의 머릿속을 둥둥 떠다니는 세상의 온갖 공들에 대해 집중하려고 애썼다. 그날 밤 P부인은 집으로 돌아가는 길에 문구점에 들러서 축구공과 농구공, 야구공과 골프공, 럭비공과 색색깔의 공을 오랫동안 구경했다. 그리고 집으로 돌아와 볼펜으로 작은 수첩에 종류별로 공의 모양을 정리해두고 그걸 여러 번 따라 그렸다. P부인은 그다음 날엔 꽃의 종류를, 또 그다음 날엔 색깔의 종류를, 또 다른 날엔 자동차의 종류……를 공부했다. 그리고 어느 날엔 그 나이 또래 아이들을 양육하는 데 필요한 지식이 담긴 책을 구입해서 읽기 시작했다. 자신의 그 작은 방 한구석에 놓인 커다란 책상—사실은 식탁이었지만—앞에 앉아 그런 것들을 정리하고 있을 때면 견딜 수 없는 행복을 느꼈다. 이런 감정을 마지막으로 느껴본 게 언제였을까? 하지만 곧바로 그녀는 그런 생각 자체가 아주 불경하다는 것을 깨달았다. 어쨌든 하루하루에 감사하며 살아가야 한다고, 그녀는 생각했다. 하지만 잠시 후 P부인은 조금 타협하기로 하고, 이렇게 중얼거렸다. "지금은 그 어느 때보다도 더 행복하구나."

봄이 끝나고 여름이 시작될 무렵은 엉망진창이었다. 거의 매일 비가 내렸고, 뜨거운 습기가 대기를 감싸고 돌았다. P부인은 이제 더 이상 트위드재킷을 입지 않았다. 대신 소매가 손목 위로 조금 올라오는 얇은 면 블라우스를 입었다. 어느 날, 비가 억수같이 쏟아지던 날 아이는 어린이집 현관에 앉아서 장화를 신으려고 애쓰면서 말했다. "오늘 우리 엄마는 집에 있어요." 정말로 그랬다. 전날 아이의 부모는 큰 소리로 다퉜다. 처음엔 그저 여름휴가에 대한 이야기였을 뿐이었다. 그들 부부는 몇 달 전부터 아이를 데리고 로마에 가는 계획을 세워놨었는데, 이제 와서 남편이 일 때문에 갈 수 없다고 한 것이다. 게다가 그는 화를 내며 그렇게 어린 아이를 데리고 로마에 가는 것이 무슨 소용이 있는지 알 수 없다는 말을 했다. 아이 엄마는 그게 아주 부당한 판단이고, 자기 자신에 대한 모욕이라고 생각했고, 결국 아이의 방에 가서 잠든 아이를 끌어안고 울음을 터뜨렸다.

P부인은 그들의 싸움이 본질적으로는 자신과 상관이 없는 일이라는 걸 알고 있었고 아무런 참견도 해서 안 된다는 것을 잘 알고 있었다. 하지만 아이는? 이 어린아이는 어쩐단 말인가? 그들의 다툼이 아이에게 어떤 나쁜 영향을 끼친다면? 자신을 안고 울음을 터뜨리는 엄마를 이 아이가 잊어버릴 수 있을까? 그 기억이 이 아이의 가슴속 깊은 곳에 숨어 있다가 나중에 예상치 못한 방식으로 나타나지 않을 것이라는 보장이 있는가? P부인은 자신이 가르쳤던 문제아들을 떠올렸다. 그 아이들은 대체 어떤 모습으로 이 세상을 살아가고 있을까? 담배를 피우고, 상스러운 말을 하고, 소리를 지르던 그 아이들, 그애들의 탁한 목소리. 그런 생각을 하자, P부인은 가슴이 철렁 내려앉는 것 같았고, 그 젊은 부부의 경솔함 때문에 화가 났다. 하지만 집에 도착해서 탐스러운 머리칼이 헝클어진 채 잠옷을 걸치고 침대 위에 누워 있는 아이 엄마를 보자, P부인의 마음은 조금 누그러졌다. P부인은 그녀에게 다가가서 도울 일이 없느냐고 물었다. 그녀는 고개를 가로저었고 잠긴 목소리로 말했다. "부끄러운 모습을 보였어요." P부인은 고개를 흔들었다. "제가 일을 시작한 이후로 우리는 제대로 된 시간을 가져본 적이 없었어요. 알아요. 그이도 힘들겠죠. 그렇지만……"

P부인은 아이 엄마의 어깨를 토닥여주었고 부엌으로 가서 따뜻하게 데운 우유를 가져다주었다. "이걸 마시고 한숨 자고 일어나면 기분이 괜찮아질 거예요." 마치 아이처럼 뜨거운 우유를 후후 불며 마시는 아이 엄마를 보며 P부인은 마음속에서 설명하기 어려운 감정을 느꼈고 그 마음을 억누르느라 혼이 났다. P부인은 아이 엄마에게 이렇게 말했다. "하지만 이 이야기는 꼭 하고 싶어요. 아이 앞에서 싸우는 건 좋은 행동이 아니에요." 아이 엄마는 나중에 P부인의 말을 되새기게 되는데, 그렇게 되기까지 아주 긴 시간이 필요한 것도 아니었다. 당장 그날 밤에, 그러니까 그녀의 남편이 그녀의 기분을 풀어주려고 장미꽃 한 다발을 건넨 그 밤에 그녀는 남편의 품에 안겨서 이렇게 말한 것이다.

"나한테 충고를 다 하더라니깐."

"뭐라고 했는데?"

"아이 앞에서 싸우는 건 좋지 않은 행동이라고."

"아이를 키워본 적이 없어서 그럴 거야. 모든 게 이론처럼 되지 않는다고."

그녀는 잠시 생각에 잠겼다. 왜 어떤 여자들은 결혼도 하지 않고 애도 낳지 않은 채 그런 식으로 늙어가는 걸까? 하지만 그녀는 곧 그런 생각을 하는 것을 멈췄다. 왜냐하면 자신의 그런 삶과는 너무나 거리가 멀었기에 그녀의 상상력은 그곳 근처에도 도달하지 못했다.

"가족이 있다고 했나?"

"남동생 부부가 지방에서 자동차 정비소를 한다고 첫번째 만난 날 이야기한 거 기억 안 나?"

"아, 기억나. 기억났어."

"동생을 공부시켜 대학에 보내고 결혼까지 시켰다고 했는데."

그건 사실이었다. P부인은 동생이 전문대학을 졸업할 때까지 학비를 대주었고, 결혼할 때와 정비소를 차릴 때에도 자신이 모은 돈의 많은 부분을 떼어 주었다. 하지만 지난 몇 년간 P부인은 동생 부부와 만나거나 연락을 해본 적이 없었다. 그녀는 그런 사실을 몰랐으면서도 이렇게 말했다.

"생각해보면 참 불쌍한 여자야."

하지만 한 달쯤 후에, 그녀가 P부인에게 아쉬운 소리를 하게 되었을 때는 남편과 이런 이야기를 나누었다는 것조차 잊어버리고 말았다.

아이 엄마가 일하는 미술관에서는 가을에 「동유럽의 현대」라는 전시회를 개최하기 위해 애쓰고 있었다. 그 전시회에 관여된 거의 모든 일이 살얼음판을 걷는 것처럼 조심스럽고 더디게 진행되었고 이제 막 단단한 땅을 밟으려고 하는 찰나에 문제가 생겨버렸다. 갑자기 루마니아의 작가가 그 전시회에 작품을 보내고 싶지 않다고 한 것이다. 더 안 좋았던 건, 그 소식을 들은 동유럽 쪽 작가들 모두 줄줄이 그 전시회를 취소하고 싶다는 의사를 전달했다는 점이었다. 아이 엄마를 비롯한 미술관의 직원들은 루마니아나 폴란드, 혹은 체코의 해가 지는 시간까지 미술관에 머무르면서 그들과 대화를 시도해야만 했다. 그녀는 어쩔 수 없이 P부인에게 전화를 걸어 사정을 설명했다. P부인은 전화를 끊을 때쯤 아무 생각도 없이 이런 농담을 덧붙였다. "동유럽은 까다롭죠." 전화를 끊은 후 P부인은 몇 년 전 자신이 임시교사였던 시절, 포르투갈이 동유럽인지 아닌지 항상 헷갈려했던 여학생이 문득 떠올라서 웃음이 났고, 어쨌든 동유럽에 대해서만큼은 아이 엄마보다 자신이 더 잘 알고 있으리라는 생각을 했다.

그날 밤, 냉장고를 뒤져서 콩나물과 계란을 꺼낸 P부인은 아이에게 콩나물 다듬는 법을 알려주었다. 식물을 손으로 직접 만지는 것이 아이의 발달에 좋다는 걸 얼마 전에 읽은 참이었다. 아이는 콩나물의 꼬리를 제멋대로 잘라내며 노래를 불렀고, 그녀는 계란을 풀어 파와 당근을 썰어 넣고 계란말이를 만들었다. 그걸 다 한 후에는 아이가 어질러놓은 콩나물을 정리하고 콩나물국을 끓였다. 다른 밑반찬은 이미 준비되어 있었다. 잠시 후, P부인과 아이는 단둘이 식탁에 앉아서 식사를 했다. P부인이 그곳에서 식사하는 것은 처음이었다. 그녀는 아이가 스스로 식사를 끝낼 때까지 참을성 있게 기다렸다. 식사가 끝난 후 P부인은 설거지를 했고, 아이를 씻겨주었다. 아이가 잠들 때에는 침대 옆에 앉아서 동화책을 읽어주었다. "내일 눈을 뜨면 엄마랑 아빠가 짠 하고 나타나실 거야." 아이는 고개를 끄덕이며 알고 있어요, 라고 말했다. P부인은 이불을 아이의 목까지 끌어 올려주며 말했다. "착한 아이구나."

아이가 잠든 지 한참이 지난 후에도 아이의 부모는 돌아오지 않았다. P부인은 거실 한가운데에 있는 소파에 앉았다. 아이가 낮잠에 들었을 때 언제나 그녀가 앉아 있곤 했던 자리였다. 하지만 어쩐 일인지 P부인의 마음은 갈피를 못 잡고 있었다. 그녀는 아이를 깨우고 싶은 충동을 느꼈고, 마치 자신이 빈집에 침입해 있고, 뭔가 대단히 부도덕한 일을 하고 있다는 느낌을 받았다. 결국 P부인은 집의 불을 모두 다—거실, 부엌, 그리고 빈방까지—켜둔 후에야 소파 한 귀퉁이에 오도카니 앉을 수 있었다. P부인은 너무나 두려워졌다. 도대체 왜?

그날 밤, 집으로 돌아간 P부인은 자신의 방, 작은 침대에 누워 있다가 문득 상체를 일으켰다. 그리고 창문을 향해 꿇어앉아 기도를 했다.

그 후로도 그들 부부의 원칙—해가 지기 전에 돌아가 아이가 가족과 함께 집에 있도록 하는 것—은 지켜지지 않기 일쑤였다. P부인은 부부가 늦게 들어오는 날 밤이면 아이와 함께 저녁 식사를 하고, 아이에게 양치질을 시킨 후 입안을 검사했다. 잠옷으로 갈아입히고 잠자리에서 아이의 이불을 덮어주고 동화책을 읽어주었다. 그녀는 그 어느 때보다 아이에게 정성을 들였다. 그들 부부는 P부인이 더 오래 머문 시간을 계산해서 급여를 더 주겠다 했지만, 거절했다. "그럴 필요 없어요." 빈말이 아니라 P부인은 정말로 그렇게 생각했다. "이게 내 일인걸요." 이렇게 말하기도 했다. "아무 걱정 말아요." 며칠 후, P부인은 아이를 재운 후 부엌으로 향했다. 그리고 잠시 망설였지만, 결국 찬장을 열었다. P부인은 자신이 이 집에 처음 온 날, 아이 엄마가 했던 말을 떠올렸다. "남의 집이라고 생각하지 마세요. 제발요." P부인은 작은 새가 앙증맞게 그려진 찻잔—그것이 P부인의 마음에 가장 들었다—을 꺼냈다가 집어넣었다가 다시 꺼냈다. 그리고 뜨거운 물을 찻잔에 부은 후, 티박스에서 보라색 티백을 하나 꺼내 포장을 풀고 찻잔에 담갔다. 잠시 후 그녀는 티백을 꺼내 쓰레기통에 넣었고, 찻잔 받침 위에 찻잔을 받쳐서 거실로 나왔다. P부인은 조심스럽게 티테이블 위에 찻잔을 올려둔 후, 이번에는 집의 모든 불—거실, 부엌, 빈방—을 꺼두고 거실의 장식용 스탠드만 밝혀두었다. 그리고 소파에 몸을 기대고 앉아 자신이 가지고 온 책을 꺼내 읽기 시작했다. 남의 집이라고 생각하지 마세요, 제발요. P부인은 그제야 아이 엄마의 그 말뜻을 완전하게 이해할 수 있을 것 같았다. 며칠 후에

P부인은 그들의 서재의 문을 열고 그 안으로 들어갔다. 그리고 약간 망설이다 책을 한 권 꺼냈다. 더 이상 그녀는 자신의 작은 가방에 읽을 책을 넣어가지 않아도 되었다. 그 집에는 읽을 책이 너무도 많았기에.

그해 가을을 어떻게 설명해야 할까? 6년 후 가을에, 한 무리의 잘 차려입은 여자들은 작은 포치가 딸린 레스토랑에서 점심을 먹으면서 수다를 떨고 있었다. 그녀들은 이제 막 자신들의 고민을 털어놓으며 유대감을 확인하는 데까지 나아간 참이다. 그들은 다소 떨어진 아이의 성적, 주식 손해, 남편의 진급 실패, 잘못된 부동산 투자 같은 것을 이야기했다. 물론 그들은 아이가 다니는 학원의 수를 늘릴 것이고, 손해를 메꾸기 위한 다른 투자를 하거나, 남편의 기를 살려주기 위해 새 커프스 단추를 준비할 것이다. 아이 엄마는 이제 조금 나이를 먹은 티가 나긴 했지만, 오히려 그 때문에 훨씬 더 품위 있고 아름다워 보였다. 그녀는 적당하게 따스한 햇볕이 거리를 비추고 색색깔로 물든 나뭇잎이 바스락거리는 이런 날에 모여서 왜 저런 이야기를 나눠야 하는 것인지 알 수 없다고 생각했지만, 다른 사람들의 이야기를 듣는 동안 문득 그해 가을이 떠올랐다. 사실은 문득 떠올린 것이 아니었다. 그해 가을을 처음으로 떠올린 건, 3년 전 여름이었다. 그후로 그녀는 종종 그해 가을을 떠올렸다. 원하지 않아도 저절로 그렇게 되었다. 그해 가을엔 여러 가지 일이 일어났다. 마치 그렇게 되라고 짜기라도 한 것처럼. 그녀는 「동유럽의 현대」를 위해 이리 뛰고 저리 뛰었고, 주말마다 살림을 도와주던 도우미 아주머니는 아들 부부의 아이를 돌봐줘야 한다면서 갑자기 일을 그만뒀으며, 남편이 속한 회사 법무팀은 차례로 죽은 공장 노동자들 때문에 몇 주째 비상이었다. 무엇보다 갑작스러웠던 건 시어머니가 알츠하이머 진단을 받은 일이었다. 남편의 하나뿐인 누나는 외국에 거주하고 있어서 그들 부부가 시어머니를 모셔 와야만 했다. 그녀의 남편은 그들이 손쓸 기회를 "놓쳐버렸다"고 표현했다. 그리고 그것 때문에 그들 부부는 통속적이고 전형적인 싸움을 여러 번 해야 했다. 하지만 손쓸 기회라는 게 과연 있었을까? 그녀는 한 번도 그 누군가에게 시어머니의 병명을 이야기한 적이 없었다. 그녀는 막연하게나마 알츠하이머가 유전이 될 거라는 사실을 알고 있었고, 그렇기 때문에 그 일은 단순히 시어머니의 발병에 그치는 게 아니라 자신의 남편—그는 나이에 비해 꽤 높은 직급에 있었다—과 아들—그 아이는 이제 열한 살이 넘었고 혼자 있는 걸 좋아하게 되었다—의 유전자에 새겨진 불길한 결함의 표지라는 생각에 누구에게도 이 이야기를 하는 것을 꺼렸다.

그녀의 기억은 자연스럽게 시어머니와 자신의 가족을 돌보았던 P부인으로 미치게 된다. 아니, 그건 어쩌면 잘못된 판단인지도 모른다. 그녀는 어쩌면 처음부터 그저 P부인을 떠올리고 싶었던 것일지도 모른다. 그녀의 생각은 꼬리에 꼬리를 물고 어느 날 밤 남편의 품에 안겨서 '그런' 여자들의 삶에 대해 궁금해했던 자기 자신에게로 향했다. 여하튼 그해 가을, 그녀는 그때가 자신의 인생 중 가장 힘든 시기가 될 거라고 생각했었다. 하지만 그건 정말로 순진한 생각이었다. 상상도 못 한 일들이 그녀의 인생에 침입할 때마다 그녀는 자신이 저주받았다고 생각했다. 하지만 누가 누구에게 저주를 건단 말인가?

이제 그녀가 말할 차례였다. 그녀는 정말로 아무런 이야기도 하고 싶지 않았지만, 다른 사람들에게 유별나거나 으스대는 것처럼 보이는 것도 싫었다.

"몇 년 전에 어머니가 편찮으셔서 모셔 왔던 적이 있어요. 알츠하이머셨죠."

그녀는 자기 자신이 '알츠하이머'라는 단어를 입 밖에 낸 것 때문에 깜짝 놀랐다. 처음이었다. 하지만 곧바로 다른 여자들이 훨씬 더 크게 충격받았다는 사실을 깨달았다. 그들은 누군가의 입에서 '그런' 이야기가 나오는 걸 한 번도 원한 적이 없었다. 하지만 그들은 언제나 금방 회복한다.

"아픈 시어머니를 모셔 오다니 대단하시네요."

"그때 전 미술관에서 큐레이터로 일했어요."

여기까지 말하자, 그녀와 친분이 있던 다른 여자가 대신 이야기했다.

"이이는 프랑스에서 예술사를 전공했거든요"

누군가 감탄 어린 탄식을 내뱉었다.

"프랑스어 잘해요?"

그녀는 장난스럽게 케스크 세, 사 바, 메르시 보쿠,라고 말했다. 거기에 있는 여자들이 유쾌하게 웃었고, 다른 테이블의 사람들이 그녀들을 쳐다보았다.

"내 일에, 가족들 뒷바라지에, 시어머니까지 그런 상태셔서 정말 힘들더라고요."

"세상에 상상도 못하겠네요. 정말 대단하세요."

그녀는 겸손한 말투로 대답했다.

"우리 아들을 돌보던 보모가 많이 도와주셨어요. 그분이 안 계셨으면 어떻게 되었을지 모르겠어요." 그렇게 말한 후 그녀는 재빨리 덧붙였다. "하지만 아무리 누군가 도와준다고 해도, 아시잖아요. 그게 얼마나 힘든 일인지."

아무도 시어머니가 지금 어떤 상태인지 물어보지는 않았다. 그녀는 다행이라고 생각했다. 시어머니는 작년에 돌아가셨다.

그녀는 헛기침을 한 번 한 후 말했다.

"하지만 이제 모두 끝난 일이에요."

만약 P부인이 그 시절에 대해 누군가에게 이야기할 기회가 있다면 어떻게 말했을까? 아마도 그녀는 이렇게 말할 것이다. "그 가족에겐 저밖에 없었죠. 얼마나 저에게 고마워했는지 몰라요. 그 젊은 부부는 교양이 몸에 배어 있고, 품위가 있어서 누군가에게 받은 호의는 절대 잊지 않는 사람들이었어요." 하지만 P부인은 아마 이런 이야기를 아무에게도 하지 못할 것이다. 왜냐하면 이 세상에 P부인의 그 시절에 대해 궁금해하는 사람은 아무도 없을 것이기에. P부인은 아주 오랜 시간이 흐른 후까지, 알츠하이머에 걸렸던 노부인을 처음 만났던 날을 떠올릴 수 있었다. 남색 캐시미어 카디건을 입고 진주 목걸이와 진주 반지를 끼고 있던 알츠하이머 환자. P부인은 자신이 그 노부인의 나이쯤이 되었던 어느 날 아침, 세수를 하다가 문득 욕실 거울을 보며 상념에 빠졌고, 결국 노부인에 대한 기억을 모두 잊기로 결심했다. 하지만 그건 너무나 오랜 후에 일어날 일이었고, 그 당시 P부인은 알츠하이머에 걸린 일흔에 가까운 노인이 그토록 정갈하고 멋스러울 수 있다는 것이 놀라울 뿐이었다.

P부인은 아침 일찍 그 집에 가서 그들 부부가 출근할 수 있도록 도와주었다. 장을 보고 음식을 만들고 청소와 빨래를 하고 아이와 노부인을 돌봤다. 그들을 데리고 산책을 나갈 때도 있었고, 또는 병원

에 갈 때도 있었다. 부부가 출근을 하고 나면 P부인은 노부인의 장롱에서 매일 아침 다른 옷을 꺼내주었고, 그런 후에는 목걸이와 플립형 귀걸이, 그리고 반지까지 챙겨주었다—하지만 나중에 노부인이 반지를 낀 채로 P부인의 얼굴을 때리는 사고가 발생한 후로는 반지는 결국 보석함에서 영영 나오지 못하게 되어버렸다. 때때로 P부인이 전혀 어울리지 않는 옷과 액세서리를 고른다고 화를 낼 때도 있었지만, 결국에는 노부인은 자신이 화를 냈다는 사실조차 잊어버리고 말았다. "저희 어머니가 정말 복이 많으세요. 아주머니가 안 계셨다면 어쩔 뻔했어요. 정말 감사드려요. 정말 어떻게 해야 할지 알 수가 없었어요……" 아이 아빠는 자주 이런 말을 했다. 두려움과 슬픔에 빠져 허둥거리던 그들 부부는 P부인의 도움을 받으며 조금씩 평정심을 되찾았다.

주말이 되면 P부인은 그야말로 녹초가 되었다. 허리에 통증이 생겼고, 팔을 들어 올릴 때마다 어깨가 욱신거려서 파스를 붙여야만 했다. 다행인 건 아이가 파스 냄새를 좋아했다는 점이었다. 월요일마다 엉망진창이 되어 있던 그 집만 떠올려봐도 P부인은 그들 가족이 어떤 주말을 보내는지 대충 짐작할 수 있었고, 자신이 없는 시간 동안 고군분투할 젊은 부부, 그 아무것도 알지 못하는 그 어린 부부가 걱정이 되어 견딜 수가 없었다. 그래서 어느 토요일 오후에 아이 아빠가 자괴감과 고통에 빠진 목소리로 전화를 걸었을 때, P부인은 오히려 깊은 안도감을 느꼈다.

그 집에 도착했을 때, 아이 아빠는 거의 반쯤 정신이 나간 모습이었고, 아이 엄마는—P부인은 그 모습에 너무 큰 충격을 받았다—퉁

퉁 부은 얼굴로, 여전히 나이트가운을 입은 채 헝클어진 머리에 헤어밴드를 아무렇게나 착용하고 있었다. 아이는 내복 차림이었는데 아직 세수도 하기 전인 것 같았고, 백과사전을 꼭 안은 채로 소파에 앉아 있었다. 노부인은 방에 갇혀 있었다.

"어쩔 수 없었어요."

아이 아빠는 부끄러움과 죄책감과 슬픔에 가득 차서 말했다. 노부인은 P부인을 보자마자 엉엉 울며 집으로 돌아가고 싶다고 말했다. "여기가 집이에요. 여기가 어머니의 집이라고요." 아이 아빠가 절망감이 담긴 목소리로 말했다.

P부인은 자신이 노부인과 아이를 씻길 테니 아이 아빠에게 그동안 거실 청소를 좀 하라고 말했다. 그리고 아이 엄마에게는 세수를 하고 머리를 빗고 옷을 갈아입으라고 말했다. 잠시 후 니트 티셔츠와 슬랙스를 입은 아이 엄마가 나타나서 이제 뭘 하면 좋겠냐고 P부인에게 물었다. P부인은 그녀에게 노부인 방을 환기시키고 침대 커버를 벗겨서 세탁기에 집어넣으라고 말했다. 그녀는 그렇게 했다. P부인은 먼저 아이를 씻긴 후 옷을 입혀 제 엄마에게 보냈다. 그리고 노부인이 목욕을 할 수 있도록 도와주고, 목욕이 다 끝난 후 노부인의 장롱에서 초록색 스웨터와 스커트를 꺼내서 입혀주었다—나중에 아이 아빠는 그날을 떠올리면서 자신의 어머니가 마치 '크리스마스트리' 같았다고 말했다. 그리고 진주 목걸이와 귀걸이를 걸어주는 것도 잊지 않았다. 하루 종일 엄청난 감정의 소용돌이를 겪은 노부인은 P부인이 차려준 밥을 엄청나게 많이 먹고 일찌감치 잠에 들었다.

그날 밤, P부인과 아이의 부모, 그리고 아이는 저녁 식사를 함께 하게 되었다. 그런 식으로 함께 저녁 식사를 하는 건 처음이었다. 그들 부부는 마치 자신들이 방금 재난에서 구조된 것 같다고 느꼈고 P부인은 그들, 그 곤경에 처한 아이들, 아니 그러니까 그 젊은 부부가 아까와는 전혀 다르게 정돈되고 깔끔하고 우아한 모습으로 식사하는 걸 바라보며 문득, 다시 한 번 더 그 노래를 떠올렸다. 갈매기의 울음이 마음을 흔드네. 그건 죄인들이 죄를 짓는 동안, 아이들이 뛰어놀기 때문이지. 아이들이 뛰어놀기 때문이지. 아이들이 뛰어놀기 때문이지. 아이들이 뛰어놀기 때문이지…… "정말 죄송해요. 의사를 부를 생각도 못 했어요. 그냥 아주머니 생각이 났어요."

아이 아빠가 P부인을 바라보며 벌써 다섯 번 정도 똑같은 말을 반복했다.

"아니, 아니에요. 괜찮아요. 왜 그런 말을 해요."

P부인은 아이가 밥 먹는 걸 도와주면서 말했다. 아이는 P부인의 어깨에 거의 매달리다시피 붙어 있었다. 원래라면 시간이 아주 오래 걸리더라도 아이가 스스로 밥을 먹게 하자는 주의였지만, 그날만은 아이의 입에 밥과 반찬을 직접 넣어주고 있었다.

"어머니는 저를 못 알아보세요. 며느리도, 심지어 손자도 못 알아보세요."

"곧 괜찮아지실 거예요."

P부인이 그를 위로했다.

"만약 못 알아보시면 어떻게 해요? 이제 우린 어떻게 하죠?"

아이 엄마가 P부인에게 물었다. P부인은 그런 건 알지 못했다. 그런 걸 알 리가 없었다. 그래도 P부인은 자신이 그녀에게 무언가 답을 해줘야 한다고 느꼈다.

"그분은 병에 걸리신 거예요."

"그분은 병에 걸렸어."

아이가 P부인의 말을 따라 했다.

"정말 끔찍했어요. 어떻게 해야 할지 알 수가 없었어요. 어머니 상태는 괜찮았어요. 아시잖아요. 어제까지만 해도 멀쩡하셨다고요."

아이 아빠는 약간 횡설수설했다.

"저희 부부는 요즘 눈코 뜰 새 없이 바쁘죠. 우리 애 좀 봐요. 물론 아주머니가 잘 돌봐주시지만…… 제가 하고 싶은 말은…… 모르겠어요…… 그냥 모든 게 엉망진창이에요. 아주머니, 그거 아세요? 저희 회사 공장에서 일하던 사람들이 죽었어요. 그런데 저희는 너무 많은 서류를 검토하고 작성해야 해서, 그러니까 제 말은……"

"여보, 그만 말해도 돼요."

아이 엄마가 남편을 위로하듯 말했다. 하지만 아이 아빠는 계속 이야기했다.

"모르겠어요, 제가 지금 무슨 이야기를 하고 있는 건지, 그냥 너무 무서워요. 어머니가 어떻게 되신 거죠? 아니, 제 말은 어머니가 병에 걸리신 건 아는데, 그러니까 저희가 뭘 어떻게 해야 하는 건지…… 정말 아무것도 생각이 안 나고 그냥 아주머니 생각만 났어요. 저는, 저희는……"

그 말을 하던 아이 아빠가 갑자기 울기 시작했다. 그러자, 아이가 제 아빠를 따라 울기 시작했고, 결국 아이 엄마까지 울기 시작했다. P부인은 하나도 난감해하지 않았다. 마치 그런 상황이 올 거라는 걸 예상이라도 하고 있었던 것처럼, 혹은 지금 이 상황을 해결하는 것이 자신의 의무인 양, 그들을 차례로 달래주었다.

"죄송해요. 우린 아무 생각도 못 했어요…… 모든 게 엉망이 되어버렸어요……"

아이 엄마가 울먹이며 말했다.

"세상에, 가엾어라. 더 이상 아무 말도 하지 말아요. 나쁜 일은 아무것도 생기지 않아요."

P부인은 울음을 멈출 때까지 그들을 돌보아주었다. 그들이 식사를 겨우 끝낸 후에는 식탁을 깨끗이 치우고 설거지를 했다. 그리고 작은 새가 그려진 찻잔을 꺼내서 따뜻한 우유 세 잔과 자기가 마실 차를 한 잔 만들었다. 그들은 티테이블에 모여앉아 그걸 함께 마셨다. P부인은 그들 가족이 모두 잠들 때까지 그 집에 머물렀다.

그후로 두 달여 동안 P부인은 매일매일, 하루도 거르지 않고 그들의 집에 들렀다. 그들 부부는 전문 요양사를 구하려고 했지만 P부인은 그러지 말라고 했다. "나 하나로 충분하다우."

가을이 거의 끝나갈 무렵의 어느 금요일 밤, 아이 엄마가 퇴근하는 P부인에게 말했다.

"이번 주말은 안 오셔도 돼요. 집에서 푹 쉬세요. 그동안 너무 고생 많이 하셨어요."

"아니에요. 괜찮아요. 내가 없으면 할머니를 누가 돌봐요?"

"걱정하지 마세요. 아주머니도 쉬셔야죠."

아이 엄마는 P부인의 손을 잡았다가 놓았다.

나중에 P부인은 노부인이 요양소로 떠났다는 걸 알게 되었다. 아이의 외할머니가 알아본 곳으로, 국내에서 가장 비싸고 좋은 의료진이 모여 있는 곳이었다. "저흰 주말마다 시어머니를 보러 갈 거예요." 아이 엄마가 변명하듯 말했다. 그리고 실제로 그들 가족은 특별한 일이 없는 한 노부인이 죽을 때까지 일요일마다 거기에 들렀다. P부인은 노부인을 요양소로 보내는 것에 대해 자신에게 아무런 의견도 묻지 않은 것 때문에 조금 상처를 받았고, 그들 부부에게 무언가를 물어보고 싶었지만, 결국 아무것도 물어보지 못했다. 나중에, 그러니까 아주 많은 시간이 흐른 후에 P부인은 자신이 아무것도 물어보지 않은 것에 대해 스스로에게 감사했다. 여하튼 노부인이 떠난 이후로 P부인은 주말에 자신만의 시간을 가질 수 있었다. 나쁘지 않아. 좋아, 모든 게 좋아. 괜찮을 거야. 아무런 일도 일어나지 않을 거야. P부인은 자신의 어깨와 등에 파스를 붙이면서, 마치 기도하듯이 중얼거렸다.

여전히 P부인이 그 집, 그 가족을 위해 할 일은 많았다. 그들 부부 대신 장을 보고, 음식을 만들고, 아이와 함께 저녁을 먹고, 아이가 잠이 들면 작은 스탠드만 켜놓고 책을 읽으며 차를 마셨다. 날씨가 추워졌기 때문에 공원 산책은 그만둬야 했지만 집 안에서 아이와 함께 책을 읽거나 노는 것도 나쁘지 않았다. 얼마 안 있어 아이 엄마가 일하는 미술관에서는 「동유럽의 현대」 전시회를 무사히 마쳤다. 무사히, 라는 표현은 좀 불공평한 것 같고, 사실 그 전시회는 대성공이었다. 그들의 전시회에 대한 기사가 지역신문이나 여성지 여기저기에 실렸다. 그들을 찍은 사진도 있다. 사진 속의 아이 엄마는 누구보다 여유로운 미소를 짓고 자연스럽게 카메라를 응시하고 있다. 아이 아빠의 회사일도 잘 해결되었다. 그들 회사는 아무런 조치를 취하지 않아도 되었다. P부인이 말했던 것처럼 나쁜 일은 아무것도 일어나지 않았다. 그전만큼은 아니었지만, 이제 부부는 자신들의 원칙—아이와 함께 저녁을 먹는 일—을 지키는 날이 지키지 못하는 날보다 훨씬 더 많아졌다.

성탄절이 다가올 때, 부부는 여름에 가지 못한 휴가를 떠나기로 마음먹었고 아이를 데리고 동남아시아의 작은 섬으로 날아가서 며칠을 머물렀다. P부인에게도 오랜만에 찾아온 장시간의 휴가였다. P부인 역시 여행을 떠나려고 마음먹었지만 결국 아무 곳에도 가지 못했다. 휴가의 마지막 날에 P부인은 서점에 들러 아이가 읽을 만한 책을 잔뜩 산 후, 시내 카페에 혼자 앉아서 창밖으로 흩날리는 눈을 바라보며 차를 마셨다. 그해 겨울에는 눈이 많이 내렸다. 카페 안은 성탄절이 끝난 직후 흔하게 느낄 수 있는 피로함과 공허함, 그리고 미미하게 남아 있는 흥분감과 새로운 해를 맞이한다는 막연한 기대감이 뒤섞여 있었다. P부인의 맞은편에는 사십대 초반쯤으로 보이는 부부가 딸처럼 보이는 여자애와 함께 과일타르트를 앞에 두고 차를 마시고 있었다. 여자애는 간간이 핸드폰을 살펴보기도 했지만 웃거나 불평을 터뜨리거나 뭔가에 대해 자신의 부모에게 끝도 없이 이야기하기도 했다. P부인은 잠시 동안 그 가족을 물끄러미 쳐다보았다. 얼마나 시간이 흘렀을까? 갑자기 여자애가 고개를 돌렸고 그들은 눈이 마주쳤다. P부인은 황급히 짐을 챙겨 카페에서 나왔다. 엿보고 있다는 것을 여자애에게 들켜서가 아니라, 어쩐지 남동생에게 전화를 걸고 싶어졌기 때문이었다. 핸드폰을 집에 두고 나왔기 때문에 그녀는 공중전화를 찾아 헤매야만 했다. 그녀는 다섯 블록을 넘게 걸었다. 눈 때문에 양말이 젖었고, 머리끝이 얼어서 딱딱해졌지만, 그녀는 결국 공중전화를 찾아냈다.

드디어, 겨울이 끝났을 때, P부인은 다시 산책을 시작했다. 그녀는 아이에게 기분이 좋으냐고 물었고, 아이는 그렇다고 대답했다. 아이는 P부인의 손을 꽉 잡았다. 공원에서, P부인은 여전히 다른 젊은 여자들과는 한마디도 섞지 않았다. 그녀는 그전에 늘 그랬던 것처럼 책을 읽고, 아이를 눈으로 좇고, 하지 말아야 할 일과 해야 할 일을 구분해주었다. 주말에 집안일을 대신 해줄 도우미 아주머니가 새로 고용되기도 했고, 아이 엄마에게 시간적 여유가 조금 생겼기 때문에 더 이상 P부인이 음식을 만들거나 집안일을 할 필요가 없어졌다. 그래도 가끔 아이 부모가 돌아올 때쯤 간단한 음식을 만들 때도 있었다. 겨울에는 몇 번쯤 함께 식사를 했지만, 봄이 시작되고는 한 번도 그런 기회가 생기지 않았다. 가끔 그들 부부가 둘 다 늦을 때 그 집에 늦게까지 머물렀지만, 이제 그건 아주 때때로만 일어나는 일이었다. 하지만 P부인은 실망하기는커녕 자신의 인생이 새로운 형태의 안정기에 접어들었다고 믿었다.

인생이 새로운 시기에 접어들었다는 생각을 한 건, 그들 부부도 마찬가지였다. 아이 아빠는 토요일에 직장 상사들과 함께 골프를 치러 나갈 때가 있었다. 아무나 거기에 참여할 수 있는 게 아니었다. 아이 엄마는 「동유럽의 현대」를 준비하는 동안 보여주었던 애정 어린 헌신이 좋은 평가를 받고 있었다. 그들 가족은 자주 외식을 했고 일요일에는 요양소에 갔다. 아이 아빠는 어머니의 상태가 점점 좋아진다고 생각했고, 실제로도 그랬다.

어느 날 도어록의 비밀번호를 누르고 집으로 들어선 아이 엄마는 이상한 기분에 사로잡혔다. P부인은 왜 항상 티테이블 위의 작은 전등불만 켜놓는 거지? 왜 이렇게 집 안을 어둡게 해놓는 거야? 그녀는 P부인이 자신에게 인사를 한 후 읽고 있던 책 페이지의 귀퉁이를 접어서 책장에 집어넣는 걸 바라보았다. 대체 왜 P부인은 책갈피를 사용하지 않는 거지? 그녀는 그런 광경을 이제껏 몇 번이나 봐왔다는 사실을 믿기 어려웠다. P부인이 집으로 돌아간 후 그녀는 P부인이 설거지통에 덩그러니 넣어둔 찻잔을 바라보았다. 작은 새가 앙증맞게 그려진 찻잔. 그건 영국제로 그녀가 가장 아끼는 것이었다. 그걸 사고 싶어서 그녀는 백화점 직원에게 몇 번이나 부탁했고, 두 달이나 기다려야 했다. 그럴 만한 가치가 있는 물건이었다.

그날 밤 그녀는 남편에게 이제 아이를 어린이집의 종일반에 맡기는 게 좋겠다고 말했다.

P부인은 보모일을 그만두게 되었다.

몇 달 후 아이 아빠는 승진을 했고, 아이 엄마는 정직원이 되었다. 모든 것이 너무나 완벽했고 잘못된 건 아무것도 없었다. 정말로 나쁜 일은 하나도 일어나지 않았다.

해고 통보를 받은 날 밤, 잠들기 위해 침대에 누웠을 때 P부인은 언젠가 그 집에서 바라봤던 밤의 풍경을 떠올렸다. 가을밤의 기분 좋은 바람을 느끼며 P부인은 까만 강을 가로지르는 다리와 조명, 자동차 불빛의 행렬, 그리고 저 건너 커다란 관람차의 움직임을 보고 있었다. 그때 P부인은 그런 생각을 했었다. 저 불이 모두 꺼지면 이 세상에 무슨 일이 일어날까 하는. 만약 그런 일이 생긴다면, P부인은 자신이 달려가야 하는 곳은 너무도 명백하다고 믿었었다.

그건 착각이었을까?

그녀는 자신의 삶에서 반복되었던 잘못된 선택, 착각, 부질없는 기대, 굴복이나 패배 따위에 대해 생각했다. 언제나 그런 식이지. 그녀는 항상 그게 용기라고 생각했었다. 그리고 나중에서야 그녀는 그게 용기가 아니라는 걸 깨닫곤 했다. 그렇다면 그건 무엇이었을까?

때때로 무엇인가를 붙잡고 싶어질 때가 있었다. 삶이, 그녀 앞에 놓인 삶이 버둥거림의 연속이고, 또한 기도의 연속이라는 생각이 들 때도 있었다. 더 이상 기도를 하지 않기를 바라는 기도. 제발 내가 또다시 어리석은 결정을 내리지 않게 도와주세요. 그녀는 얼마나 자기 자신이 기도를 하지 않게 되기를 바랐던가.

그때, 아직 그녀가 젊었던 시절에 그녀는 '정식'교사가 되기 위한 시험을 계속 준비했어야 했다. 그녀는 자신의 부모, 그 무능했고 자신에게 기대기만 했던, 그렇지만 자신이 너무나 사랑했던 부모를 떠올렸다. 그리고 동생 부부. 그들에게도 자식이 있었지만 P부인은 그 애를 본 적이 없었다. 그녀에게도 좋았던 시절이 있었다. 그녀가 사랑했고 그녀를 사랑했던 남자들이 있던 시절. 끝나지 않을 거라고 믿었던 시절, 결국 그녀의 곁에 아무도 남지 않게 되었지만 그건—누구라도 그러하듯이—그녀가 선택한 삶이 아니었다. 하지만 그녀는 잘못된 일들이 언젠가 아주 조그마한 사건을 통해 한순간에 해결될 것이라고 믿었다.

그 젊은 부부는 갑자기 외국으로 떠나게 되었다고, 그러니까 이제 오지 않아도 된다고 말했다. P부인은 그게 거짓말이라는 걸 알고 있었다. 하지만 그게 거짓말인들 어떠하랴? 그들 부부에게야말로 잘못된 일은 아무것도 일어나지 않을 것이었다. 그 귀여운 아이는 부족함 없이 부모의 사랑을 받으며 잘 자랄 것이다. 얼마나 똑똑하고 멋진 아이로 자라날까? 어쩌면 그 아이는 나중에 멋진 청년으로 자라나서 자신에 대한 이야기를 할지도 모른다. 그 젊은 부부, 그 품위 있고 교양이 넘치는 부부는 어쩌면 나에게 역사—지리 혹은 사회—과목을 배운 적이 있는 아이들일지도 몰라. P부인은 그게 너무나 과장된 생각이라는 점을 인정했다. 하지만, 적어도 자신이 가르친 아이들이 어디에선가 그 젊은 부부처럼 건강하고 우아하게 성장해서 넓고 깨끗한 건물의 꼭대기에 살며, 좋은 차를 몰고, 교양 있는 말투를 구사하며, 사회의 중요한 한 부분을 차지하고 있으리라는 생각을 했다.

사는 건 그런 거지. 그녀는 생각했다. 아, 괜찮을 거야. 언젠가 마치 끈 하나를 잡아당기면 엉킨 끈이 풀어지듯이 잘못된 일들이 고쳐질 거야. P부인은 그렇게 생각하면서 잠들기 위해 눈을 감았다. 잠들기 위해 눈을 감는 건, 생각보다는 언제나 쉬운 일이었다.

선 정 의 말

—

“모든 것이 너무나 완벽했고 잘못된 건 아무것도 없었다. 정말로 나쁜 일은 하나도 일어나지 않았다.” 이런 문장들이 머금고 있는 미세하고 불길한 붕괴의 징후와 그 징후를 둘러싼 개인의 “잘못된 선택, 착각, 부질없는 기대, 굴복이나 패배” 같은 것들을 드러내는 손보미의 언어는 건조하며 적확하다. 비개인적인 시점의 거리감과 무감한 위트, 도덕적 장식이나 정서적인 습기가 없는 미니멀한 스타일 등은 여전히 손보미 소설을 도드라지게 만든다. 이 소설의 주인공 P부인은 “품위 있고 교양이 넘치는” 젊은 부부의 아이의 보모일을 맡게 된다. 한때 교사였던 P부인은 이 젊은 부부의 아이에게 가장 완벽한 교양 있는 보모가 되고자 한다. 한때 ‘교사’였다는 자부심과 그럼에도 불구하고 ‘임시’였다는 삶의 벗어날 수 없는 한계가 P부인의 자기기만을 구성한다. ‘임시’의 존재는 제도에 ‘정식’으로 편입될 수 없다는 측면에서 제도로부터 배제된 자, 그럼에도 불구하고 제도의 어떤 결여를 채우는데 소모되는 자다.

겉으로 완벽한 젊은 부부는 육아와 살림과 병든 시어머니의 수발이라는 현실적인 문제들을 감당할 수 없기 때문에 P부인은 그 결여를 메우는 일을 하게 되며, 그것은 붕괴 직전의 젊은 부부의 일상생활을 봉합하는 결정적인 헌신을 의미한다. 이 시간들 속에서 P부인은 이 가족의 인간적인 연약함을 감싸주는 가족의 일원처럼 느껴질 때도 있었지만, 그런 순간 역시 '임시'에 불과할 뿐이다. 이 소설에는 어떤 광포한 폭력도 참담한 비극도 등장하지 않는다. 그럼에도 불구하고 이 소설에서 묘파해내는 삶에서의 '임시'적인 것으로서의 불안정성과 그 잔혹함은 예리하게 잘려나간 생의 단면을 가차 없이 드러낸다. '임시교사'의 타인에 대한 호의와 교양의 욕구는 젊고 완벽한 중산층 부부의 현실적 결여를 메우는데 소모되어 버릴 수밖에 없다. 이렇게 '다른' 서사의 방식으로 계급의 문제에 접근할 때, 손보미 소설미학은 또 다른 사회적 현실성의 차원에 다가간다. '정식'이라는 말의 반대편, '임시'라는 말 속에서 숨어 있는 삶의 잔인성과 계급적 뉘앙스는 이렇게 소설화된다. **_이광호**

「임시교사」는 우리의 인생이 '임시로 맡아 행하는 일들'의 더미에 불과하지 않은가를 묻는 소설이다. 체호프의 「귀여운 여인」을 떠올리게 하는 P부인은, 그러나 체호프 단편의 음각(陰刻)인 듯, 되풀이되는 착각과 잘못된 선택과 계속된 기대의 좌절을 함축하는 인물이다. 20여 년 동안 이곳저곳의 임시교사를 했고, 지금은 아이 돌보미를 맡아 하는 그녀는, 자신의 간곡한 바람과 달리, "더 이상 기도를 하지 않기를 바라는 기도"를 드리는 삶을 산다. 용기라고 믿은 결정이 용기가 아니었음을 깨닫는 뒤늦은 후회를, 그러한 후회마저 너무 늦은 감상으로 만드는 공허를 마음 깊이 안고 있다. P부인이 자기 안의 죽음 같은 공허를 모르는 척 눈감는 것으로 여생을 보낼 것임을 소설은 긴 여운 속에 암시한다. 그녀의 인생은 어디서부터 잘못된 것일까? 아마도 그녀가 욕망의 추구를 자기 삶의 '정규직'으로 삼지 않았던 데 이유가 있을 것이다. 타인의 욕망을 위해 자기 욕망을 양보하고 포기했던 삶, 타인의 욕망을 자신의 욕망으로 착각했던 많은 결정과 선택들, 자기 욕망이 추구되어야 한다는 것이 무엇인지를 모를뿐더러 타자의 욕망에 자신을 맞추는 것을 용기로 여긴 어리석음은 '착한' P부인을, 그녀의 삶 자체를 영원한 '임시직'으로 만든다. 그녀가 문득문득 알 수 없는 두려움을 느끼는 장면은 자기 안의 욕망을 감지하는 때로, 소설의 짧은 행간은 P부인이 자기 욕망을 억누르며 부인하는 때를 포착한다. "남의 집이라고 생각하지 마세요"라는 말을 정말 그렇게 받아들이는 순간, "작은 새가 앙증맞게 그려진 찻잔"을 사용하고, 거실에 비치된 책을 집주인처럼 읽고 표시하며, 아이를 마치 제 자식처럼 걱정하는 자신을 의식하는 순간, 그녀는 "창문을 향해 꿇어앉아 기도를" 한다. 그렇게 자신의 욕망을 불안과 두려움 속에 억압한다.

「임시교사」는 P부인이라는 인물이 어느 부유한 중산층 가정에서 아이 돌보미로 일했던 상황을 단편적으로 다룬다. 젊고 유능한 부부와 도우미 P부인의 모습은 겉보기엔 평이한 듯하지만 묘한 긴장과 대조를 이루면서, 누구나 부러워하는 안정된 가정과 그 속을 깊숙이 파고든 임시직 인생 간의 기묘한 낙차와 균열과 은밀한 무의식의 뒤얽힘을 되비춘다. P부인의 임시직 일상이 행복과 충만과 안정을 바란다면, 그것의 형상은 결국 부르주아 이데올로기의 환상과 그것의 충실한 연기(演技)일 뿐이라는 사실은 현대적 삶의 텅 빈 공허를 더욱 배가한다. 이는 중산층 이데올로기의 허위와 자기기만을 압축된 심리 묘사를 통해 환기하는 작가의 특장이 유감없이 발휘된 이 소설에서 P부인의 말년이 한없이 쓸쓸한 것으로 예감되는 또 다른 이유이기도 하다. _**강계숙**